Controlling zwischen Shareholder Value und Stakeholder Value

Neue Anforderungen, Konzepte und Instrumente

herausgegeben von

Univ.-Prof. Dr. Friederike Wall

und

Dr. Regina W. Schröder

Oldenbourg Verlag München

Bibliografische Information der Deutschen Nationalbibliothek

Die Deutsche Nationalbibliothek verzeichnet diese Publikation in der Deutschen
Nationalbibliografie; detaillierte bibliografische Daten sind im Internet über
<http://dnb.d-nb.de> abrufbar.

© 2009 Oldenbourg Wissenschaftsverlag GmbH
Rosenheimer Straße 145, D-81671 München
Telefon: (089) 45051-0
oldenbourg.de

Lektorat: Wirtschafts- und Sozialwissenschaften, wiso@oldenbourg.de
Herstellung: Dr. Rolf Jäger
Coverentwurf: Kochan & Partner, München
Gedruckt auf säure- und chlorfreiem Papier
Gesamtherstellung: Druckhaus „Thomas Müntzer" GmbH, Bad Langensalza

ISBN 978-3-486-58794-4

Vorwort

Die erste Idee zu diesem Herausgeberband kam uns in der zweiten Hälfte des Jahres 2007: Zu dieser Zeit waren Konjunktur und Stimmung in der Wirtschaft hervorragend, wenngleich grundlegende Entwicklungen auf längere Sicht Anlass zu Besorgnis gaben. Beispielsweise war der demographische Wandel, der die Wirtschaft in absehbarer Zeit vor ernste Personalengpässe stellen dürfte, ein in der Öffentlichkeit diskutiertes Thema. Unter dem Eindruck des Klimawandels wurden nicht zuletzt neue EU-Abgasgrenzwerte für die Automobilindustrie diskutiert – mit dem Potenzial für Verwerfungen zwischen Deutschland mit seinen Premium-Herstellern und anderen EU-Staaten, in denen vornehmlich Kleinwagen gefertigt werden.

Vor diesem Hintergrund stellten wir uns seinerzeit die Frage, ob sich in der Unternehmensführung nicht möglicherweise eine Verschiebung hin zu einer stärkeren Fokussierung auf Stakeholder-Interessen anbahnt und welche Ansätze das Controlling hierfür bereitstellen sollte.

Auch wenn zwischen unserer ersten Idee und dem Erscheinen des Buches weniger als zwei Jahre vergangen sind, haben sich die Vorzeichen drastisch verändert. Inzwischen hat sich die Finanzkrise zu einer Wirtschaftskrise entwickelt, die fast alle Bereiche der Wirtschaft ergriffen hat. Der in der Öffentlichkeit ohnehin noch nie besonders wohl gelittene Shareholder Value-Ansatz ist vollends in Verruf geraten. Die Politik sieht sich genötigt, gegen (vermeintliche) Begleiterscheinungen des Shareholder Value („Boni", Aktionsoptionspläne) vorzugehen. Die internationale Gemeinschaft arbeitet auf eine stärkere Regulierung der Kapitalmärkte hin.

Angesichts dieser Entwicklungen dürfte das Anliegen dieses Herausgeberbandes wohl noch an Aktualität gewonnen haben. Daher hoffen wir, dass das Buch auf wohlwollendes Interesse und einen breiten Leserkreis treffen wird. Als Adressaten kommen alle diejenigen in Wissenschaft und Unternehmenspraxis in Betracht, die über den „Tellerrand" des Shareholder Value hinausblicken und darüber nachdenken wollen, ob und wie das Controlling die Interessen anderer Stakeholder stärker als bislang berücksichtigen sollte und ggf. könnte.

Dieses Buch hätte ohne Mitwirkung und Unterstützung vieler anderer nicht entstehen können. Zu allererst bedanken wir uns herzlich bei den Autoren, die durch ihr Engagement und ihre Termintreue sichergestellt haben, dass der Band zu diesem Zeitpunkt vorgelegt werden kann.

Das Buch ist zum größten Teil in einem Zeitraum entstanden, in dem noch beide Herausgeberinnen an der Universität Witten/Herdecke am Dr. Werner Jackstädt-Stiftungslehrstuhl für Betriebswirtschaftslehre, insbesondere Controlling und Informationsmanagement beschäftigt waren. Herzlich danken wir der Dr. Werner Jackstädt-Stiftung für die freundliche Unterstützung unseres Vorhabens.

Unser Dank gilt ferner Mitarbeiterinnen des Dr. Werner Jackstädt-Stiftungslehrstuhls der Universität Witten/Herdecke. Frau Gabriela Koerber hat die administrative Betreuung des Projekts übernommen. Frau Dipl.-Kff. Isabel Klappert und Frau Svetlana Shestakova haben am redaktionellen Feinschliff mitgewirkt.

Nicht zuletzt danken wir dem Oldenbourg-Verlag und namentlich Herrn Dr. Jürgen Schechler für die konstruktive und flexible Zusammenarbeit.

Über Anregungen und Bemerkungen jeder Art freuen wir uns.

Friederike Wall und *Regina W. Schröder*   Klagenfurt und Witten, im April 2009

Inhaltsverzeichnis

Teil A. Perspektiven eines wertorientierten Controllings

1 Zwischen Shareholder Value und Stakeholder Value: Neue Herausforderungen für das Controlling?!

Friederike Wall und Regina W. Schröder

1.1   Zeit für einen Perspektivenwechsel?

Die Ausrichtung des Unternehmensgeschehens am Shareholder Value, dem Wert des Unternehmens für die Eigenkapitalgeber, muss in Öffentlichkeit und Politik regelmäßig als Sündenbock herhalten, wenn sich Unzufriedenheit mit Unternehmensentscheidungen breitmacht. Und auch für die jüngste Finanz- und Wirtschaftskrise ist die Shareholder Value-Orientierung unter den „Hauptverdächtigen". Publikumswirksam wird beispielsweise eine *„Zeitenwende in der Unternehmensführung"* (*Fockenbrook*, 2008) gefordert, so dass, wie der SPD-Vorsitzende Franz Müntefering verlangt, *„sich Manager künftig nicht länger vorrangig an kurzfristigen Renditeerwartungen orientieren. Die neuen Regeln sollen vielmehr eine nachhaltige und auf Langfristigkeit ausgerichtete Unternehmensführung fördern, die auch die Interessen der Mitarbeiterinnen und Mitarbeiter an sicheren Arbeitsplätzen berücksichtigt"* (*o.V.*, 2009); und auch aus der FDP wird die Forderung nach einer *„Art ‚Ethikkodex' für Manager"* (*Niebel*, 2008) laut.

Jenseits vordergründiger (parteipolitischer) Polemik lässt sich feststellen, dass die Orientierung am Shareholder Value auch unter Fachgelehrten nicht ohne Widerspruch ist. Als Alternative wird der Stakeholder-Ansatz vorgeschlagen. Dieser verlangt, die Interessen aller Anspruchsgruppen bei der Unternehmenspolitk zu berücksichtigen und auszubalancieren. Die Diskussion „Shareholder Value versus Stakeholder Value" wird im einschlägigen Schrifttum verstärkt seit dem grundlegenden Werk „Strategic Management: A Stakeholder Approach" von *Freeman* aus dem Jahr 1984 geführt (vgl. *Freeman*, 1984), ohne dass sich ein Konsens herausgebildet hätte. *Sundaram/Inkpen* stellen fest, das Pendel sei in den letzten hundert Jahren mehrfach zwischen Shareholder- und Stakeholder-Orientierung ausgeschlagen (vgl. *Sundaram/Inkpen*, 2004, S. 351 f.).

Interessanterweise zeigt sich im Controlling ein anderes Bild. Das Controlling richtet sich seit langem am Ziel einer Ergebnismaximierung aus und in den letzten Jahrzehnten ist die „Wertorientierung" – im Sinne einer Wertschaffung für die Eigenkapitalgeber – vorherrschend. Überspitzt ausgedrückt lässt sich sagen: Im Controlling wird traditionell nicht um das „Ob", sondern um das „Wie" der wertorientierten Unternehmensführung gerungen.

Vor diesem Hintergrund bilden die folgenden Fragestellungen die Ansatzpunkte für den vorliegenden Herausgeberband: Angesichts der konsequenten Ausrichtung des Controllings auf das Ergebnisziel und insbesondere die Shareholder Value-Maximierung erhebt sich die Frage, ob das Controlling auf eine stärkere Stakeholder-Orientierung vorbereitet wäre. Welche Konzepte und Instrumente liefert das Controlling, um das Unternehmensgeschehen auf die Ziele anderer Interessengruppen auszurichten? Welche Ansätze kennt das Controlling, um die Ziele verschiedener Interessengruppen auszubalancieren?

Davon ausgehend mag man fragen, weshalb derartige Problemstellungen überhaupt von Interesse sind. Gibt es Gründe, die erwarten lassen, das Controlling sei demnächst stärker stakeholder-orientiert auszurichten? Dass die Antwort auf diese Frage „Ja, möglicherweise."

lautet, ist eine zentrale Annahme dieses Bandes. Diese Annahme sei exemplarisch anhand von drei „Mega-Entwicklungen" plausibilisiert:

- Inzwischen bezweifeln nur noch wenige, dass der Klimawandel in vollem Gange ist und demnächst viele Bereiche unseres Lebens beeinflussen wird. Die klimatischen Veränderungen und ihre Folgen einzudämmen, wird eine zentrale Zielsetzung in Politik und Wirtschaft der nächsten Jahrzehnte sein.

- Der demographische Wandel lässt bereits jetzt absehen, dass in manchen Bereichen qualifiziertes Personal eine knappe Ressource werden und sich der Arbeitsmarkt zu einem ausgeprägten Anbietermarkt entwickeln wird.

- Auf vielen Konsumgütermärkten kämpfen Anbieter mit hybridem Kundenverhalten, hoher Wechselbereitschaft der Kunden und geringen Margen. Auch das Customer Relationship Management kann diese Entwicklungen nicht völlig eindämmen.

Diese Aspekte lassen es zumindest möglich erscheinen, dass zukünftig eine wertorientierte Unternehmensführung anderer Prägung relevant wird, die verstärkt z.B. auf ökologische Ziele, auf den Wert für den Mitarbeiter oder den Wert für den Kunden auszurichten ist. In welcher Weise derartige Wertkonzepte in die Zielfigur der Unternehmung eingehen, sei dahingestellt. Ebenso soll offenbleiben, ob beispielsweise das Ergebnisziel (weiterhin) dominierend wirkt und die anderen Wertkonzepte als Nebenbedingungen in die Entscheidungsfindung einfließen, oder ob die Unternehmensführung eine mehrfache Zielsetzung mit allen daraus resultierenden Schwierigkeiten zu berücksichtigen hat.

Die Leitfrage dieses Herausgeberbandes richtet sich auf die Konzepte und Instrumente des Controllings für eine möglicherweise relevante „neue wertorientierte Unternehmungsführung". In dem vorliegenden Beitrag werden nachfolgend zunächst kurz einige Schlaglichter auf die Shareholder- versus Stakeholder-Diskussion geworfen. Im Anschluss daran stellen wir dar, wie das Controlling zu seiner Zielfigur kommt und welche Zielsetzungen vorherrschen. Der Abschnitt 1.4 leitet her, welche (weitgehend neuen) Anforderungen das Controlling zu erfüllen hat, wenn es zu einer (stärker) stakeholder-orientierten Unternehmensführung beitragen will. Der Abschnitt 1.5 gibt schließlich einen Überblick über den Aufbau und die Beiträge dieses Herausgeberbandes.

1.2   Zur „Shareholder vs. Stakeholder"-Diskussion

Auch wenn sich sowohl die Shareholder- als auch die Stakeholder-Perspektive der Unternehmensführung seit langem im einschlägigen Schrifttum finden (vgl. dazu *Sundaram/Inkpen*, 2004, S. 351 f.), hat die Diskussion mit dem Werk von *Freeman* einen neuen Ausgangspunkt genommen (vgl. *Freeman*, 1984). Ohne diese Diskussion hier detailliert nachzeichnen zu wollen, sollen wesentliche Aspekte überblicksartig herausgestellt werden. Der Schwerpunkt liegt dabei auf der Stakeholder-Perspektive, da diese im Rahmen des Controllings weniger geläufig ist.

1.2.1   Merkmale von Shareholder- und Stakeholder-Orientierung

Die Shareholder-Perspektive postuliert es als oberstes Ziel, den Wert des Unternehmens für seine Eigentümer zu maximieren (vgl. *Rappaport*, 1986). Die Interessen anderer Anspruchsgruppen werden nur insoweit berücksichtigt, als sie ein **Mittel** zur Erreichung dieses Ziels darstellen. Diese Sichtweise kommt plastisch bei *Friedman* zum Ausdruck: *"There is one and only one social responsibility of business – to use its resources and engage in activities designed to increase its profits so long as it ... engages in open and free competition, without deception and fraud"* (*Friedman*, 1962, S. 133).

Dagegen sehen die Anhänger einer Stakeholder-Perspektive die Aufgabe des Managements darin, sowohl die Interessen der Eigentümer als auch diejenigen anderer Anspruchsgruppen zu berücksichtigen und auszubalancieren: *"... stakeholder theory demands that interests of all stakeholders be considered even if it reduces company profitability"* (*Smith*, 2003, S. 86). Anders als in der Shareholder-Perspektive werden die Interessen der Stakeholder, die nicht Eigentümer sind, nicht als Mittel, sondern als **Mittel und Ziele** verstanden (vgl. z.B. *Freeman/McVea*, 2001, S. 194; *Smith*, 2003, S. 86).

Der Begriff „Stakeholder" ist weit gefasst, nämlich als „... *any group or individual who can affect or is affected by the achievement of the organization's objectives*" (*Freeman*, 1984, S. 46). Diese Abgrenzung lässt Raum für zahlreiche Gruppen, wenngleich üblicherweise (zumindest)

- Eigentümer (Shareholder),
- Fremdkapitalgeber,
- Kunden,
- Mitarbeiter,
- Lieferanten und
- lokale Kommune/Kommunalverwaltung

unterschieden werden, ohne dass dies auch nur annähernd eine abschließende Aufzählung wäre. Dabei liegt der Stakeholder-Perspektive keineswegs eine einheitliche Forschungsfrage zugrunde. Vielmehr lassen sich nach *Jones/Wicks* zumindest drei Richtungen unterscheiden (vgl. *Jones/Wicks*, 1999, S. 207):

- *Deskriptive Stakeholder-Theorie*:
  Die deskriptive Stakeholder-Theorie untersucht das tatsächliche Verhalten von Managern. Legen Manager in ihrem Entscheidungsverhalten die Ziele mehrerer Anspruchsgruppen zugrunde und welche Motive leiten das Verhalten der Manager?

- *Instrumentale Stakeholder-Theorie:*
  Die instrumentale Stakeholder-Theorie will Entscheidungsergebnisse in Abhängigkeit von stakeholder-orientierten Verhaltensweisen der Manager vorhersagen. Hierzu zählt beispielsweise die Vorstellung, dass Unternehmen, die mit ihren Stakeholdern auf der Basis von gegenseitigem Vertrauen und Kooperation verbunden sind, einen Vorteil gegenüber solchen Unternehmen haben, deren Geschäftsbeziehungen einen anderen Cha-

rakter aufweisen. Natürlich sind derartige Aussagen empirisch zu überprüfen, womit dieser Forschungsrichtung auch zahlreiche einschlägige empirische Arbeiten zuzurechnen sind.

- *Normative Stakeholder-Theorie:*
  Die normative Stakeholder-Theorie unterscheidet sich von den beiden zuvor genannten grundlegend. Während jene sich eher als „social science" mit den entsprechenden Forschungsmethoden verstehen, geht es in der normativen Theorie darum, die moralischen Verpflichtungen von Managern gegenüber den Stakeholdern zu spezifizieren. Dabei wird den Interessen von Stakeholdern ein „intrinsischer Wert" zugemessen.

Jones/Wicks führen insbesondere die instrumentale und die normative Richtung in ihrer „convergent" Stakeholder-Theorie zusammen: Danach sollen Manager vertrauensvolle und auf Kooperation angelegte Beziehungen zu den Stakeholdern des Unternehmens schaffen und aufrechterhalten, da derartige Beziehungen moralisch wünschenswert sind und Wettbewerbsvorteile schaffen (vgl. *Jones/Wicks* 1999, S. 16 ff.).

Tab. 1.1 stellt Merkmale der Shareholder- und der Stakeholder-Perspektive noch einmal gegenüber (vgl. *Stadler/Matzler/Hinterhuber et al.* 2006, S. 42).

Tab. 1.1: Vergleich von Shareholder Value- und Stakeholder Value-Perspektive

	Shareholder Value-Perspektive	Stakeholder Value-Perspektive
Verständnis der Unternehmung als …	Shareholder Value maximierende Einheit	Sozio-ökonomisches System
Zweck der Unternehmung	Erreichen der Ziele der Eigentümer	Erfüllen der Interessen aller Stakeholder
Langfristiges Ziel	Maximierung des Shareholder Value	Nachhaltigkeit der Entwicklung/Fortbestand der Unternehmung
Stakeholder Interessen	Mittel zur Maximierung des Shareholder Value („means")	Ziel und Mittel („end and means")
Hauptproblem	Interessenkonflikte und Informationsasymmetrien zwischen Prinzipal (Shareholder) und Agenten (Management)	Ausbalancieren der Interessen verschiedener Stakeholder
Corporate Governance durch …	Regulation und externe Überwachung	Vertretung von Stakeholdern
Beitrag zum Gemeinwohl durch …	Verfolgung individueller Interessen	Verfolgung ausbalancierter Interessen

(Quelle: Leicht verändert nach Stadler/Matzler/Hinterhuber et al. 2006, S. 42)

1.2.2   Argumente in der Diskussion

Die Diskussion um Shareholder Value versus Stakeholder Value kann keineswegs als abgeschlossen betrachtet werden. Vielmehr führen die Anhänger der einen Richtung gegen die jeweils andere Auffassung zahlreiche Argumente ins Feld und betonen die Vorzüge der eigenen Anschauung.

Für diesen Band sind insbesondere solche Argumente von Interesse, die das Controlling berühren. Controlling sei hier allgemein als diejenige Funktion im Unternehmen verstanden, die Entscheidungen dezentraler Entscheidungsträger auf die obersten Unternehmensziele ausrichtet; hierbei kommt vorrangig ein quantitativ-rechnerisches Instrumentarium zum Einsatz (vgl. für einen Überblick über Controllingkonzeptionen *Wall*, 2008).

Ohne die Shareholder- vs. Stakeholder-Debatte auch nur annähernd im Detail nachzeichnen zu wollen, werden nachfolgend solche Argumente aufgeführt, die für das Controlling besonders relevant erscheinen. Dabei sind die Kritikpunkte am Shareholder Value-Ansatz weithin bekannt (und selbst der Tagespresse regelmäßig zu entnehmen). Beispielsweise wird kritisiert, dass der Shareholder Value-Ansatz (vgl. z.B. *Ghoshal*, 2005; *Mintzberg/ Simons*, 2002; *Mintzberg*, 2000)

1. die berechtigten Interessen anderer Anspruchsgruppen verletze,
2. eine Ausrichtung an kurzfristigen Ergebniszielen anstatt an langfristigem Erfolg bewirke,
3. latent Unterinvestitionsanreize setze und
4. egoistisches Verhalten von Managern verstärke.

Weniger geläufig sind Kritikpunkte am Stakeholder-Ansatz. Für die in diesem Band interessierende Controllingperspektive erscheinen folgende Aspekte besonders relevant:

5. Unklarheiten bei der Abgrenzung relevanter Stakeholder
   Der Stakeholder-Ansatz lässt im Unklaren, welche Anspruchsgruppen in die Entscheidungsfindung einbezogen werden sollen. Zudem gibt es auch innerhalb einer Anspruchsgruppe unterschiedliche Interessen bezüglich des Unternehmens. Welche Stakeholder und wessen Interessen innerhalb einer Anspruchsgruppe dominieren, bleibt entweder dem Zufall überlassen oder der Manager hat darüber zu entscheiden, ohne hierfür eine Legitimation zu besitzen (vgl. *Sundaram/Inkpen*, 2004, S. 354 f.). Damit ist auch unklar, auf welche Ziele die Unternehmensführung ausgerichtet werden soll.

6. Problematik der Mehrfachzielsetzung
   Die Stakeholder-Orientierung verlangt, mehrere Ziele bei der Entscheidungsfindung zu berücksichtigen. Dies führt zu Unklarheit und Verwirrung bei der Entscheidungsfindung: *"It is logically impossible to maximise in more than one dimension at the same time unless the dimensions are monotone transformations of one another ... The result will be confusion and lack of purpose that will fundamentally handicap the firm in its competition for survival"* (*Jensen*, 2001, S. 301; vgl. ähnlich z.B. *Ballwieser*, 2002, Sp. 1744).

7. Verschärfung opportunistischen Verhaltens von Managern
   Dem Stakeholder-Ansatz wird entgegengehalten, Managern keine Hinweise dafür zu geben, wie Trade-Offs zwischen den Interessen verschiedener Stakeholder zu behandeln sind. Ob es besser ist, die Interessen der einen Gruppe zugunsten der anderen zu verfolgen oder umgekehrt, beantwortet dieser Ansatz nicht und gerade das eröffnet diskretionäre Handlungsspielräume: *"Because stakeholder theory provides no definition of better, it leaves managers and directors unaccountable for their stewardship of the firm's resources. With no criteria for performance, managers cannot be evaluated in any principled way. Therefore, stakeholder theory plays into the hands of self-interested managers al-*

lowing them to pursue their own interests at the expense of society and the firm's finan-cial claimants ... Viewed in this way it is not surprising that many managers like it" (*Jensen*, 2001, S. 305).

Die genannten Argumente berühren das Controlling insoweit, als entweder

- die **Zielfigur** des jeweiligen Ansatzes (Punkte 1, 5 und 6),
- die **Praktikabilität** für die Unternehmenssteuerung (ebenfalls Punkte 5 und 6) oder
- die daraus resultierenden **Anreizwirkungen** (Punkte 2, 3, 4 und 7)

in Zweifel gezogen werden. Der Vollständigkeit halber sei erwähnt, dass natürlich keines der hier aufgeführten sowie der zahlreichen nicht genannten Argumente ohne Widerspruch geblieben ist (vgl. z.B. *Freeman/Wicks/Parmar*, 2004 zu *Sundaram/Inkpen*, 2004).

Für das Anliegen dieses Bandes wird bereits deutlich, dass eine Ausrichtung des Controllings auf den Stakeholder Value teils neue Anforderungen mit sich bringen dürfte, da – wie der nachfolgende Abschnitt herausarbeitet – bislang im Controlling eine Shareholder-Perspektive vorherrscht.

1.3   Anknüpfungspunkte für ein Stakeholder-orientiertes Controlling

1.3.1   Zielfigur des Controllings

Im Weiteren soll die Zielfigur des Controllings skizziert und insbesondere daraufhin beleuchtet werden, welche Bedeutung die Shareholder- bzw. Stakeholder-Perspektive darin besitzen. Dabei konzentrieren wir uns auf die Anschauungen, die in prominenten konzeptionellen Darstellungen des Controllings zum Ausdruck kommen.

Über den Kern des Controllings herrscht nach wie vor Uneinigkeit. Diese Diskussion soll hier nicht vertieft dargestellt werden. Vielmehr möge die grobe Klassifikation prominenter Controllingkonzeptionen danach genügen, ob sie dem Controlling nur eine Entscheidungs(unterstützungs)- oder zusätzlich auch eine Verhaltenssteuerungsfunktion zuordnen (vgl. mit weiteren Verweisen *Wall*, 2008, S. 466 ff.):

- *Entscheidungsfunktion*
  Die menschlichen Informationsverarbeitungskapazitäten sind begrenzt und dies macht es erforderlich, die Gesamtentscheidungsaufgabe der Unternehmung in Teilentscheidungen zu zerlegen und auf dezentrale Entscheidungsträger zu delegieren. Zwischen den Teilentscheidungen bestehen mitunter vielfältige Interdependenzen, aus denen ein sachlicher Abstimmungsbedarf resultiert, will die Unternehmung nicht Einbußen bei der Erreichung ihrer obersten Ziele riskieren. Das Controlling soll diesen **sachlichen Koordinationsbedarf** decken. Interessenkonflikte zwischen Akteuren bleiben dabei außer Acht, weil diese durch organisatorische Maßnahmen als entschärft gelten.

- *Verhaltenssteuerungsfunktion*

   Das Controlling erlangt über die Entscheidungsfunktion hinaus eine Verhaltenssteue-rungsfunktion, wenn es auch zur Entschärfung (der Folgen) von Zielkonflikten bei asymmetrisch verteilter Information zwischen Unternehmensleitung (bzw. übergeordneter Instanz) und den untergeordneten Entscheidungsträgern beitragen soll. Damit wird die Möglichkeit opportunistischen Verhaltens von Managern berücksichtigt und das Controlling soll somit auch einer **personellen Koordination** dienen (vgl. *Küpper*, 2007, S. 14 ff.).

Innerhalb beider Konzeptionsgruppen gibt es weitere Ausdifferenzierungen wie Abb. 1.1 andeutet.

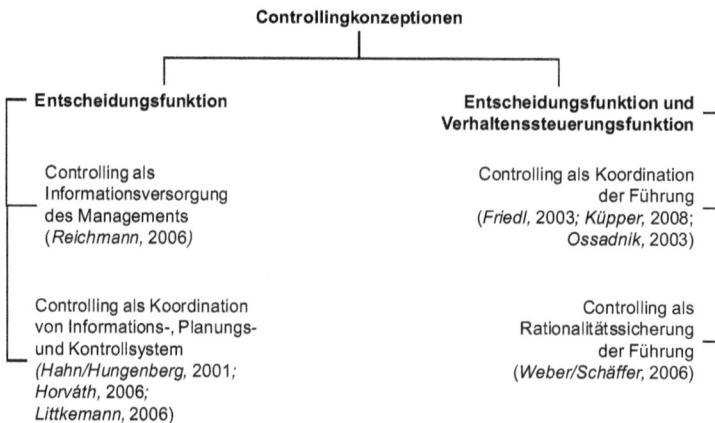

Controllingkonzeptionen

Entscheidungsfunktion

Controlling als
Informationsversorgung
des Managements
(*Reichmann*, 2006)

Controlling als Koordination
von Informations-, Planungs-
und Kontrollsystem
(*Hahn/Hungenberg*, 2001;
Horváth, 2006;
Littkemann, 2006)

**Entscheidungsfunktion und
Verhaltenssteuerungsfunktion**

Controlling als Koordination
der Führung
(*Friedl*, 2003; *Küpper*, 2008;
Ossadnik, 2003)

Controlling als
Rationalitätssicherung
der Führung
(*Weber/Schäffer*, 2006)

Abb. 1.1: Klassifikation von Controllingkonzeptionen
(Quelle: Modifiziert nach Wall, 2008, S. 468)

Für die Frage nach Shareholder- oder Stakeholder-Orientierung des Controllings erscheint es zweckmäßig zu analysieren, auf welchem Weg die handlungsleitende Zielfigur für das Controlling definiert wird. Die verschiedenen Controllingkonzeptionen lassen sich in dieser Hinsicht zwei Gruppen zuordnen.

Die eine Gruppe von Autoren integriert das **Ergebnisziel** der Unternehmung in die **Controllingdefinition** oder grenzt das Ergebnisziel als das für das Controlling maßgebliche Ziel ab. Unterschiede innerhalb dieser Gruppe bestehen darin,

- ob die Liquiditätssicherung als Nebenbedingung berücksichtigt (vgl. *Hahn/Hungenberg*, 2001; *Reichmann*, 2006) oder aus dem Gegenstandsbereich des Controllings ausgegrenzt wird (vgl. *Littkemann*, 2006),
- ob das Ergebnisziel weiter spezifiziert wird (z.B. als Wertmaximierung bei *Hahn/Hungenberg*, 2001) oder nicht (vgl. *Horváth* 2006, *Reichmann*, 2006) oder
- ob die Koordination von Sach- und Sozialzielen durch das Controlling auf das Ergebnisziel hin erfolgt (vgl. *Hahn/Hungenberg*, 2001) oder die Koordination hinsichtlich der

Sach- und Sozialziele nicht primär zum Controlling zählt (vgl. so offenbar *Horváth* 2006, *Reichmann*, 2006).

Die andere Gruppe von Autoren nimmt **keine Eingrenzung der Unternehmensziele** vor, auf die sich das Controlling erstreckt (vgl. z.B. *Friedl*, 2003; *Küpper*, 2008; *Ossadnik*, 2003). Auch wenn dem Ergebnisziel eine herausragende Bedeutung zugebilligt wird, sei das Controlling nicht darauf beschränkt. Demzufolge kann es ein Controlling auch in nicht-gewinnorientierten Unternehmen geben, die vornehmlich Bedarfsdeckungsziele verfolgen (vgl. z.B. *Küpper*, 2008, S. 33 f.). Auch *Weber/Schäffer* schränken die für das Controlling relevanten Zieldimensionen nicht ein, schließlich sei die Rationalität der Führung im Hinblick auf jedes Ziel zu sichern (vgl. *Weber/Schäffer*, 2006, S. 59 f., 68).

Der Shareholder Value kann mithin auf zweierlei Weise zur dominierenden Zielfigur für das Controlling werden:

1. Controlling wird von vornherein so definiert, dass es auf das Ergebnisziel ausgerichtet ist und dieses wird konkretisiert als Shareholder Value.
2. Das Controlling ist auf die obersten Ziele der Unternehmung ausgerichtet. Welche die für das Controlling relevanten obersten Unternehmungsziele sind, ist nicht Bestandteil der Controllingdefinition. Verfolgt die Unternehmung aber das Ziel der Wertmaximierung, so ist darauf auch das Controlling auszurichten.

Offensichtlich ließe sich eine Stakeholder-Orientierung leichter und umfassender in diejenigen Controllingkonzeptionen integrieren, welche die Zielfigur des Controllings nicht von vornherein auf das Ergebnisziel konzentrieren. Welche Herausforderungen sich damit allerdings für das Controlling ergeben könnten, bildet den Gegenstand des nachfolgenden Abschnitts.

1.3.2   Konsequenzen einer Stakeholder-Orientierung für das Controlling

Ein Blick auf die vorrangig im Controlling eingesetzten Instrumente, aber auch auf empirische Befunde legt den Schluss nahe, dass das Controlling traditionell vorrangig auf das Ergebnisziel ausgerichtet ist. Allein die hohe Bedeutung, die Kostenrechnung und Kostenmanagement für das Controlling nach wie vor besitzen, mag dies belegen (vgl. *Binder/Schäffer*, 2005).

In den letzten Jahrzehnten beschäftigt sich das Controlling zudem verstärkt mit Steuerungskonzepten, die das Unternehmensgeschehen auf den Shareholder Value ausrichten sollen. Exemplarisch sei auf die zahlreichen wertorientierten Spitzenkennzahlen verwiesen, die in Kennzahlensystemen „heruntergebrochen" werden, nach Möglichkeit bis auf die Ebene der „Werttreiber". Die entsprechenden Kennzahlen(systeme) gehören mittlerweile zum festen Bestandteil jedes Controlling-Curriculums.

Auch hat sich das Controlling in den letzten Jahren verstärkt das Problem der Verhaltenssteuerung zu Eigen gemacht, das bei Interessenkonflikten und asymmetrischer Informationsverteilung entsteht (vgl. *Küpper*, 2007). Damit knüpft das Controlling letztlich an eine zentrale Problemstellung des Shareholder Value-Ansatzes an, wie es nämlich gelingt, die Entscheidungen von Managern (Agenten) auf die Ziele der Shareholder (Prinzipal) auszurichten, wenn man die Möglichkeit opportunistischen Verhaltens mit ins Kalkül zieht (vgl. bereits Tab. 1.1). So hat insbesondere die Gestaltung von Anreizsystemen Eingang in das Aufgabenfeld des Controllings gefunden.

Angesichts dieser Ausgangsituation erhebt sich die Frage, welche Konsequenzen sich für das Controlling ergeben, wenn die Stakeholder-Perspektive größeres Gewicht erlangen sollte. Ohne den Darstellungen der übrigen Beiträge in diesem Band vorgreifen zu wollen, seien drei Aspekte betont:

- *Hybrides Wertkonzept*
  Dem Stakeholder-Ansatz liegt eine weite Abgrenzung der Anspruchsgruppen zugrunde, die das Management zu berücksichtigen hat. Dies sind – wie bereits erwähnt – alle Gruppen, welche die Zielerreichung der Unternehmung beeinflussen oder ihrerseits von den Unternehmenszielen und deren Erreichung beeinflusst werden. Will man mithin abschätzen, welchen Wert das Unternehmen für die verschiedenen Stakeholder (z.B. Mitarbeiter, Kunden, Lieferanten) schafft, bedarf es **spezifischer, auf die Nutzenfunktion der jeweiligen Stakeholder** zugeschnittener Konzeptualisierungen der **Performance und der zugehörigen Messkonzepte.** Die Performance eines Unternehmens ist dann nicht mehr verdichtet in einer Größe zu bemessen, sondern verlangt ein **operationalisiertes hybrides Wertkonzept.**

- *Koordination bei mehrfacher Zielsetzung*
  Angesicht begrenzter menschlicher Informationsverarbeitungskapazitäten wird die Gesamtentscheidungsaufgabe der Unternehmung zerlegt und die (Teil-)Entscheidungen dezentralen Managern übertragen. Mit zunehmenden Interdependenzen zwischen den Teilentscheidungen resultiert ein komplexes sachliches Koordinationsproblem, zu dessen Lösung das Controlling beitragen soll. Dieses Koordinationsproblem wird im Rahmen eines Stakeholder-Ansatzes offensichtlich noch wesentlich komplexer. So sind **Teilentscheidungen nicht nur auf ein Ziel, sondern auf mehrere Ziele hin zu koordinieren.** Es genügt nicht, für den Trade-Off zwischen den Ergebnisbeiträgen mehrerer Teilentscheidungen die optimale Lösung zu finden. Vielmehr muss zusätzlich der Trade-Off zwischen den Ausprägungen für verschiedene Wertkonzepte und zwar für jede Anspruchsgruppe optimal gelöst werden. Dass der Stakeholder-Ansatz – wie erwähnt – hierfür keine Hinweise gibt, unterstreicht die Herausforderung, die daraus für das Controlling resultiert.

- *Verhaltenssteuerung bei mehrfacher Zielsetzung*
  Nicht nur für die sachliche, sondern auch für die personale Koordination bringt der Stakeholder-Ansatz besondere Herausforderungen mit sich. Soll das Entscheidungsverhalten der Manager auf die Interessen der relevanten Stakeholder ausgerichtet werden, so müssen konsequenterweise auch die **Anreizsysteme** entsprechend ausgestaltet sein. Wo im Rahmen einer Shareholder-Orientierung eine (mehr oder weniger) mit dem Unternehmenswert korrelierte Bemessungsgrundlage für die Vergütung verwendet wird, sind im Rahmen des Stakeholder-Ansatzes **mehrere Bemessungsgrundlagen** vonnöten, welche

die Wertkonzepte der Stakeholder widerspiegeln. Letztlich wird die Relation dieser Bemessungsgrundlagen zueinander in der Vergütungsfunktion ausschlaggebend dafür sein, wie der Manager den **Trade-Off zwischen konfliktären Stakeholder-Interessen** auflöst.

Die Beiträge in diesem Herausgeberband konkretisieren einerseits die Herausforderungen, die aus einer Stakeholder-Orientierung resultieren, und zeigen andererseits auf, welche Konzepte und Instrumente zu deren Bewältigung im Controlling bereitstehen.

1.4 Aufbau des Bandes und Übersicht über die Beiträge

Die Struktur des Bandes orientiert sich in erster Linie an den Stakeholdern, die plausiblerweise für die Unternehmung zu unterscheiden sind. Die Beiträge dieses einführenden *Teils A* („Perspektiven eines wertorientierten Controlling") stellen zunächst den Stand des Controllings als einer stark auf den **Shareholder Value** ausgerichteten Disziplin innerhalb der Betriebswirtschaftslehre dar.

So beschäftigt sich *Lingnau* mit der Frage, ob der Shareholder Value oder, allgemeiner, die Eigenkapitalgeberorientierung den Kern des Controllings zu erfassen vermag. Damit geht sein Beitrag über die Feststellung hinaus, dass das „real existieren Phänomen Controlling" stark vom Shareholder Value geprägt ist. Vielmehr kommt *Lingnau* zu dem Ergebnis, dass die Eigenkapitalgeberorientierung den Kern des Controllings als einer Teildisziplin der Betriebswirtschaftslehre bildet und in dieser Konzeptualisierung mit der Privatwirtschaftslehre im Sinne *Riegers* auch über eine theoretische Tradition verfügt.

Der Umsetzung einer Shareholder Value-orientierten Unternehmensführung in geeigneten Kennzahlenkonzepten ist der Beitrag von *Weißenberger* gewidmet. Wie der Artikel aufzeigt, bilden residualgewinnorientierte Kennzahlen den State-of-the-Art in der wertorientierten Unternehmensführung. So ist der Residualgewinn als Performance-Maß geeignet, Manager zu Investitionsentscheidungen zu bewegen, die den Unternehmenswert steigern, und damit Kongruenz zu den Shareholder-Interessen herzustellen. *Weißenberger* stellt unterschiedliche Konzeptionen residualgewinnorientierter Kennzahlen dar und diskutiert deren Steuerungswirkungen.

Littkemann und *Derfuß* knüpfen in ihrem Artikel an die aktuelle Corporate Governance-Diskussion an und zeigen aus Sicht des Controllings Ansatzpunkte für die Gestaltung der Corporate Governance auf. Dabei gehen sie über die traditionelle Sichtweise hinaus, die vornehmlich einen Interessenausgleich zwischen Eigentümern und Unternehmensleitung fokussiert. Vielmehr fassen *Littkemann* und *Derfuß* alle relevanten Anspruchsgruppen ins Auge und geben aus einer konflikttheoretischen Perspektive Hinweise für die Ausgestaltung der Corporate Governance und für daraus resultierende Folgen für den „Alltag" des Controllings.

In *Teil B* wendet sich der Band ausdrücklich anderen Stakeholdern als den Eigenkapitalgebern zu und beschäftigt sich insbesondere mit den Stakeholdern, die unmittelbar an der **Wertschöpfungskette** beteiligt sind: Kunden, Mitarbeiter und Lieferanten.

Zunächst enthält der Band drei Beiträge, die sich auf den **Kunden** als wichtigen Stakeholder des Unternehmens beziehen. So arbeiten *Stauss* und *Seidel* Merkmale eines Kundenverlust-Controllings als einem neuen und integralen Bestandteil des Customer Relationship Management (CRM) heraus: Üblicherweise wird das CRM mit der Devise betrieben, die Kundenzufriedenheit zu erhöhen, um so die Loyalität insbesondere der rentablen Kunden(segmente) zu erhöhen. Allerdings kann auf diese Weise das mittlerweile beachtliche Problem der Kundenfluktuation nur unzureichend gelöst werden. Ein Kundenverlust-Controlling kann dagegen die Ursachen für Kundenabwanderungen aufspüren und gezielte Gegenmaßnahmen entwickeln.

Im nachfolgenden Aufsatz beschäftigen sich *Schröder* und *Wall* mit dem Wert, den ein Unternehmen für seinen Kunden schafft. Der „Customer Perceived Value" kann in unterschiedlicher Weise operationalisiert werden, wie der Beitrag diskutiert. Eine Messung des Customer Perceived Value ist Voraussetzung, um diesen im Rahmen von Performance Measurement Systemen berücksichtigen und beeinflussen zu können. Wie der Beitrag zeigt, wird allerdings der Customer Perceived Value derzeit in gängigen Performance Measurement Systemen wenig berücksichtigt.

Eine spezielle Variante des Kundenwerts behandelt *Schröder* in ihrem Beitrag zum Patientenwert als wesentliche Größe im Rahmen des Medizincontrollings. Wie sie zeigt, ist der Patient nicht unbedingt dem Kunden gleichzusetzen, zudem ist die Beziehung zwischen Patient und Behandlungsträger von einem dritten Akteur, der Gesundheitsversicherung des Patienten, abhängig. Folglich kann das Kundenwertkonzept nicht (einfach) auf den Patienten(wert) übertragen werden. Vielmehr stellt *Schröder* drei verschiedene, aber durchaus miteinander verknüpfte Konzeptionen des Patientenwerts vor: den Patientenwert aus Versicherungssicht, jenen aus Sicht des behandelnden Krankenhauses und den aus Patientensicht geschaffenen Wert.

Zu den Stakeholdern, die unmittelbar an der Wertschöpfungskette teilhaben, zählen ferner die **Mitarbeiter** des Unternehmens. Hierzu enthält der Herausgeberband drei Beiträge. Den Anfang macht der Aufsatz von *Herrmann-Pillath* zum Diversity Management. In einer Zeit zunehmender Internationalisierung nicht nur der Lieferungs- und Leistungsbeziehungen eines Unternehmens, sondern auch seiner Mitglieder verschiebt sich auch die Sicht auf die damit einhergehende Diversifität. Diese kann als „Erfolgsfaktor" verstanden werden und sollte dann auch zielgerichtet gesteuert werden. Auch wenn dies für das Controlling bislang weitgehend unbekanntes „Terrain" ist, lassen sich im Diversity Management bekannte Konzepte des Controllings anbringen. Wie *Herrmann-Pillath* mit einer evolutionsökonomischen Sicht zeigt, kann dies auf der Basis der Balanced Scorecard geschehen.

Anschließend behandeln *Strack*, *Baier* und *Dyrchs* in ihrem Beitrag „HR-Management in Krisenzeiten" ein Thema, das angesichts der aktuellen Wirtschaftskrise eine hohe Bedeutung hat. Wie die Autoren herausstellen, kann ein kurzfristiger personalwirtschaftlicher Aktionismus in Gestalt von unüberlegten Personalfreisetzungen den langfristigen Bestand des Unternehmens gefährden. Dazu trägt der demographische Wandel einen gewichtigen Teil bei. In dem Beitrag werden mit dem „Workonomics"-Kennzahlensystem und dem „Strategic Workforce Planning" praxiserprobte Ansätze zur gezielten Steuerung des Human Resources-Bereichs vorgestellt.

Aufgrund der demographischen Entwicklung zeichnet sich ab, dass Mitarbeiter künftig zu einer noch knapperen Ressource für die Unternehmen werden dürften. Vor diesem Hintergrund erlangt die Frage, wie die Humanressourcen eines Unternehmens zu bewerten sind, in Zukunft wachsende Bedeutung. Diesem Thema wendet sich *Gebauer* in seinem Beitrag zu. Er gibt einen Überblick über die historische Entwicklung, Methoden und Ausgestaltungsmöglichkeiten des Human Resource Accounting. Neben traditionellen Verfahren wird mit der Einbindung von Informationsmärkten auch ein völlig neuartiger Ansatz vorgestellt.

Zwei Beiträge stellen anschließend Bezugspunkte zu **Lieferanten** als Partner in der Wertschöpfungskette her. Zunächst behandeln *Hirsch* und *Nitzl* das Thema Wertecontrolling. Die Grundidee besteht darin, dass Geschäftspartner einander besser vertrauen, wenn sie gemeinsame Wertvorstellungen haben. Vertrauen wiederum reduziert die Kosten der Geschäftsbeziehung, z.B. weil Kontrollen reduziert werden können. Allerdings ist „blindes" Vertrauen nicht zweckmäßig; vielmehr sollten nach Auffassung der Autoren im Rahmen des Wertecontrollings Informationen darüber beschafft werden, ob der Geschäftspartner ähnliche Wertvorstellungen besitzt.

Möller und *Isbruch* wenden sich dem Netzwerkcontrolling zu. Sie präsentieren eine Analyse der Besonderheiten von Unternehmensnetzwerken aus Controllingsicht. Diese Besonderheiten bringen Anforderungen an das Netzwerkcontrolling mit sich, für welche die traditionellen Controllingansätze nicht ohne weiteres geeignet erscheinen. Dazu zählen etwa die Bewertung und Verteilung der Wertschöpfungsbeiträge zwischen den Netzwerkpartnern. *Möller* und *Isbruch* streichen damit die eigenständige Problemstellung des Netzwerkcontrollings heraus und zeigen zugleich weiteren Forschungs- und Entwicklungsbedarf auf.

Im *Teil C* erlangen schließlich die **nicht-marktlichen Stakeholder** Beachtung. Im Zusammenhang mit dieser zugegebenermaßen wenig homogenen Stakeholder-Gruppe spielen Anforderungen wie Nachhaltigkeit und Corporate Social Responsibility eine wichtige Rolle.

Fischer, *Sawczyn* und *Brauch* stellen zunächst die Struktur eines Substainability Accounting vor. Dieses soll Informationen über ökonomische, ökologische oder soziale Sachverhalte generieren, analysieren und kommunizieren, um die Unternehmensleistung im Hinblick auf diese Sachverhalte zu steigern. Die Autoren differenzieren dabei zwischen dem Substainability Controlling und dem Sustainability Reporting. Ersteres soll vor allem die Unternehmensführung unterstützen, während letzteres der stakeholder-bezogenen Kommunikation dient und zugleich eine Möglichkeit für das Unternehmen bieten kann, sich glaubwürdig zu Nachhaltigkeitsmaßnahmen zu verpflichten.

Barkemeyer, *Figge*, *Hahn*, *Liesen*, *Schuler* und *Wald* präsentieren in ihrem Beitrag den neuartigen Substainable-Value-Ansatz zum Management von Nachhaltigkeitszielen und illustrieren diesen im Detail am Beispiel der BMW Group. Die Besonderheit dieses Ansatzes besteht darin, dass er ökologische Ressourcen nicht belastungsorientiert, sondern auf der

Basis von Opportunitätskosten bewertet. Damit lässt sich die Nachhaltigkeitsperformance – ähnlich wie die Kapitalverzinsung der (Eigenkapital-) wertorientierten Unternehmenssteuerung – als Mindestverzinsung für die eingesetzten ökologischen Ressourcen steuern.

Anschließend stellen *Bassen* und *Kovács* Kennzahlensysteme zum Management der Corporate (Social) Responsibility (CR) vor. Schließlich ist ein Management der CR nur möglich, wenn dafür geeignete unternehmensinterne Steuerungs- und Kontrollmechanismen zur Verfügung stehen. Dazu müssen CR-Ziele formuliert und in geeigneten Performance-Maßen operationalisiert werden. Wie die Autoren feststellen, kommen CR-Kennzahlen und darauf basierende Berichte den Bedürfnissen zahlreicher Stakeholder entgegen und sind für Kapitalmarktteilnehmer, insbesondere denjenigen, die sich auf das „Substainable & Responsible Investing" konzentrieren, von hohem Nutzen.

Auf den ersten Blick würde man das „Controlling der forstlichen Produktion", das *Lethmathe* und *Urigshardt* behandeln, möglicherweise vorrangig im Zusammenhang mit der natürlichen Umwelt diskutieren. Allerdings zeigen die Autoren, dass Forstbetriebe ökonomischen, ökologischen und gesellschaftlichen Anforderungen genügen müssen. Die von *Lethmathe* und *Urigshardt* vorgestellte Konzeption eines forstwirtschaftlichen Controllings integriert diese mehrfachen Zielsetzungen und berücksichtigt Interdependenzen mitsamt Zielkonflikten. Die prinzipiellen Herausforderungen an ein stakeholder-orientiertes Controlling werden in dem Beitrag für das Controlling in Forstbetrieben konkretisiert und exemplarisch einem Lösungsansatz zugeführt.

Der letzte *Teil D* dient schließlich der Integration der verschiedenen Perspektiven eines wertorientierten Controllings, die in den vorangehenden Beiträgen zum Ausdruck kommen. So arbeitet *Wall* konfliktäre und komplementäre Beziehungen zwischen den verschiedenen Wertansätzen heraus. Im Vordergrund steht dabei, das komplexe Koordinationsproblem, dem sich ein stakeholder-orientiertes Controlling gegenüber sieht, genauer zu modellieren und damit die Grundlage für einen entscheidungstheoretisch gesicherten Steuerungsansatz zu liefern.

Der Beitrag von *Schröder* erstellt abschließend ein Anforderungsprofil für integrierte Steuerungskonzepte, die nicht nur auf die Interessen der Shareholder, sondern auch auf diejenigen anderer Stakeholder ausgerichtet sind. Ausgehend von Effektivitäts- und Effizienzanforderungen, die an wertorientierte Steuerungskonzepte zu stellen sind, nimmt *Schröder* sich den Interessen verschiedener Stakeholder und zwischen diesen bestehenden Abhängigkeiten an.

Allerdings können wir bereits an dieser Stelle eines herausstreichen: Das Controlling ist zwar bislang stark auf die Interessen der Eigenkapitalgeber, vielfach konkretisiert im Shareholder Value, ausgerichtet. Jedoch zeigen die Beiträge in diesem Band, dass das Controlling eine bemerkenswerte Bandbreite an Konzepten und Instrumenten für eine stakeholder-orientierte Unternehmensführung zu bieten hat.

Literatur

Ballwieser, W.: Shareholder Value, in: Küpper, H.-U.; Wagenhofer, A. (Hrsg.): Handwörterbuch Unternehmensrechnung und Controlling, 4. Aufl., Stuttgart 2002, Sp. 1745–1754.

Binder, C./Schäffer, U.: Die Entwicklung des Controllings von 1970 bis 2003 im Spiegel von Publikationen in deutschsprachigen Zeitschriften, in: Die Betriebswirtschaft, 65. Jg. (2005) Nr. 6, S. 603–626.

Fockenbrook, D.: Zeitenwende in der Unternehmensführung, in: Handelsblatt vom 27.12.2008, online abrufbar unter http://www.handelsblatt.com/unternehmen/strategie/zeitenwende-in-der-unternehmensfuehrung;2115003 (18.02.2009).

Freeman, R.E.: Strategic Management: A Stakeholder Approach, Boston (MA) 1984.

Freeman, R.E./McVea, J.: A Stakeholder Approach to Strategic Management, in: Hitt, M./Freeman, R.E./Harrison, J.: Handbook of Strategic Management, Oxford 2001, S. 189–207.

Freeman, R.E./Wicks, A.C./Parmar, B.: Stakeholder Theory and "The Corporate Objective Revisited", in: Organization Science, 15. Jg. (2004), Nr. 3, S. 364–369.

Friedl, B.: Controlling, Stuttgart 2003.

Friedman, M.: Capitalism and Freedom, Chicago, 1962.

Hahn, D.; Hungenberg, H.: PuK – Planung und Kontrolle, Planungs- und Kontrollsysteme, Planungs- und Kontrollrechnung: Wertorientierte Controllingkonzepte, 6. Aufl. Wiesbaden 2001.

Horváth, P.: Controlling, 10. Aufl., München 2006

Jensen, M. C.: Value Maximisation, Stakeholder Theory and the Corporate Objective Function, in: European Financial Management, 7. Jg. (2001), Nr. 3, S. 297–317.

Jones, T. M./Wicks, A. C.: Convergent Stakeholder Theory, in: Academy of Management Review, 24. Jg. (1999), Nr. 2, S. 206–221.

Küpper, H.-U.: Betriebswirtschaftslehre als Wertschöpfungstheorie – Perspektiven für die Entwicklung einer mehrdimensionalen Theorie der Unternehmung, in: ZfbF-Sonderheft 56/07: Zukunft der Betriebswirtschaftslehre, S. 1–26.

Küpper, H.-U.: Controlling: Konzeption, Aufgaben, Instrumente, 5. Aufl., Stuttgart 2008.

Littkemann, J. (Hrsg.): Unternehmenscontrolling: Konzepte, Instrumente, praktische Anwendungen mit durchgängiger Fallstudie, Herne/Berlin 2006.

Niebel, D.: Passt!? Niebels Woche vom 31.10.2008, online abrufbar: http://blog.fdp.de/-archives/151-Passt!.html (18.02.2009).

Ossadnik, W.: Controlling, 3. Aufl., München/Wien 2003.

O.V.: Managerbezüge neu regeln, online abrufbar: http://www.spd.de/de/aktuell/-nachrichten/2009/02/Managerbezuege-neu-regeln.html?pg=1&y=2009&m=0 (18.02.2009).

Rappaport, A.: Creating Shareholder Value: The New Standard for Business Performance, New York 1986.

Reichmann, T.: Controlling mit Kennzahlen und Management-Tools: Die systemgestützte Controlling-Konzeption, 7. Aufl., München 2006.

Smith, H. J.: The Shareholders vs. Stakeholders Debate, in: MIT Sloan Management Review, 44. Jg. (2003), Nr. 4, S. 85–90.

Stadler, C./Matzler, K./Hinterhuber, H. et al.: The CEO's attitude towards the Shareholder Value and the Stakeholder Model: A Comparison between the Continental European and the Anglo-Saxon Perspectives, in: Problems & Perspectives in Management, 4. Jg. (2006), Nr. 3, S. 41–48.

Sundaram, A. K./Inkpen, A. C.: The Corporate Objective Revisited, in: Organization Science, 15. Jg. (2004), Nr. 3, S. 350–363.

Wall, F.: Controlling zwischen Entscheidungs- und Verhaltenssteuerungsfunktion – Konzeptionelle Gemeinsamkeiten und Unterschiede innerhalb des Fachs, in: Die Betriebswirtschaft, 68. Jg. (2008), Nr. 4, S. 463–482.

Weber, J. /Schäffer, U.: Einführung in das Controlling, 11. Aufl., Stuttgart 2006.

2 Shareholder Value als Kern des Controllings?

Volker Lingnau

2.1 Einleitung

Die Controllingforschung ist ausgezogen, den Heiligen Gral der eigenständigen Führungs-funktion zu finden und mit der zerbrochenen Teetasse des Shareholder Value zurückgekehrt. So könnte man in Anlehnung an *William Starbuck* die Situation der Controllingforschung pointiert darstellen (vgl. *Starbuck*, 1981, S. 192). Ein auch nur weitgehend allgemein akzep-tiertes Verständnis von „Controlling" ist auch 30 Jahre nach der Erstauflage von *Horváths* „Meilenstein" (vgl. *Horváth*, 2006) nicht existent, ja nicht einmal in Sicht. Man kann daher konstatieren: Das Controlling hat seinen Platz in der Betriebswirtschaftslehre und damit als akademische Disziplin noch nicht gefunden, ja es ist nicht einmal allgemein geklärt, ob Controlling überhaupt eine wissenschaftliche Disziplin ist. Denn für die Anerkennung als wissenschaftliche Teildisziplin müsste es mit *Kant* gelingen, „*das Unterscheidende, was sie mit keiner anderen gemein hat und was ihr also eigentümlich ist*" (*Kant*, 1783, S. 13), genau zu bestimmen, was bislang daran scheitert, dass ja noch nicht einmal Einigkeit über die kon-stituierenden Eigenschaften des Controllings besteht.

Vor diesem Hintergrund wird im Folgenden der Frage nachgegangen, ob eine Shareholder-Value-Orientierung – oder allgemeiner formuliert, eine Eigenkapitalgeberorientierung – des Controllings geeignet ist, diese Defizite zu beheben.

2.2 Bisherige Konzeptionalisierungsversuche – Ein Überblick

Betrachtet man die bislang formulierten Controllingkonzeptionen, so fällt auf, dass diese – unbeschadet ihrer zum Teil erheblich divergierenden Basisannahmen – sämtlich versuchen, Controlling in Relation zum normativen Leitbild des ökonomischen Rationalprinzips zu kon-zeptionalisieren, wie es auch der „klassischen" Betriebswirtschaftslehre zu Grunde liegt, die in der Tradition von *Gutenberg*, der in diesem Punkt *Schmalenbachs* Überlegungen weiter-führte, allgemein als (apersonale) „Wirtschaftlichkeitsoptimierungslehre" interpretiert wird (vgl. z.B. *Eichhorn*, 2005). So galt *Gutenbergs* Interesse der Suche nach, vom jeweiligen Wirtschafts- und Gesellschaftssystem unabhängigen, ökonomischen Strukturen des Betrie-bes, was zur Formulierung eines systemindifferenten Prinzips der Wirtschaftlichkeit führte, bei dem nicht zuletzt das „*psycho-physische[...] Subjekt ... aus der Unternehmung als Ob-jekt betriebswirtschaftlicher Theorie eliminiert*" (*Gutenberg*, 1929, S. 41 f.) ist.

Grundannahme des **rationalitätssicherungsorientierten** Controllingansatzes (vgl. *Weber/ Schäffer*, 2008) ist, dass Manager aufgrund ihrer beschränkten Rationalität und ihres (grund-sätzlich unbeschränkten) Opportunismus Entscheidungen treffen, die nicht dem ökonomi-schen Rationalprinzip entsprechen. Aufgabe des Controllings ist es danach, diesen Entschei-dungsdefekten entgegenzuwirken, d.h. Rationalitätssicherung zu betreiben. Die **koordinati-**

onsorientierten Ansätze (vgl. *Horváth*, 2006 oder *Küpper*, 2008) gehen davon aus, dass das Verhalten arbeitsteilig organisierter Führungssysteme aufgrund der in ihnen existenten Schnittstellen vom ökonomisch rationalen Verhalten einer monolithischen Führung abweicht. Die Controllingfunktion besteht danach in der Koordination des Führungssystems, um ökonomisch rationales Verhalten zu bewirken. Nach den **rechnungswesen-** bzw. **informationsorientierten** Ansätzen (vgl. z.B. *Reichmann*, 2001) liegt die Controllingfunktion in der Bereitstellung der nach dem ökonomischen Rationalprinzip entscheidungsrelevanten Informationen aus dem Rechnungswesen bzw. dem gesamten Informationssystem der Organisation.

Auch wenn unbestritten ist, dass dem Controlling Informationsversorgungs-, Koordinations- und Rationalitätssicherungsaufgaben zukommen, so kann man doch als Fazit der Diskussion der letzten Jahrzehnte ansehen, dass diese Funktionen weder controllingexklusiv noch controllingumfassend sind, also keine controllingdiskriminierende Wirkung entfalten. Dem entsprechend ist es auch bislang nicht gelungen, das Unterscheidende, was Controlling mit keiner anderen Teildisziplin gemein hat und was ihm also eigentümlich ist, zu bestimmen.

Vor dem Hintergrund der im letzten halben Jahrhundert nicht gelungenen Verankerung des Controllings in Relation zur traditionellen Betriebswirtschaftslehre wird der weitere Versuch, auf diesem Wege eine „Lücke" zu finden, die (exklusiv) durch das Controlling zu schließen ist, als wenig aussichtsreich eingeschätzt. Zieht man daraus nicht die Konsequenz, auf eine konzeptionelle Fundierung des Controllings ganz zu verzichten und sich z.B. darauf zu beschränken, Anwendungsbedingungen und Wirkungen von Controllinginstrumenten zum Untersuchungsobjekt zu erheben (vgl. *Becker*, 2003) – was aber letztlich den Verzicht auf die Etablierung einer eigenständigen wissenschaftlichen Teildisziplin bedeuten würde – so bleibt als Möglichkeit konsequenterweise nur, eine Verankerung mithilfe eines alternativen Referenzrahmens vorzunehmen, der im Folgenden skizziert sei.

2.3   Controlling und anspruchsgruppenbezogenes Wissen

Ausgangspunkt der weiteren Ausführungen sind die Überlegungen von *Cyert* und *March* zur organisatorischen Zielbildung, die die Unternehmung als Koalition von Individuen betrachten, die wiederum in Subkoalitionen organisiert sind (vgl. *Cyert/March*, 1995, S. 29). Dem entsprechend ist jede Organisation einer Vielzahl von Ansprüchen unterschiedlicher Gruppen mit zum Teil divergierenden Zielen ausgesetzt, wobei die Bezeichnungen Stakeholder, Anspruchsgruppen, Partizipanten und Interessengruppen im Folgenden synonym verwendet werden (dagegen unterscheidet z.B. *Achleitner*, 1985, S. 76, nach dem Einfluss auf die Organisation zwischen Bezugsgruppen, Interessengruppen und strategischen Anspruchsgruppen). Stakeholder können in einem breiten strategischen Sinn als *„any group or individual that can affect or is affected by the achievement of a corporation's purpose"* (*Freeman*, 2004, S. 229) verstanden werden. Da auf Basis dieses Verständnisses eine unüberschaubar große Anzahl von Gruppen und Individuen als Stakeholder in Frage kommt, ist es sinnvoll und notwendig, die Stakeholder nach geeigneten Kriterien zu strukturieren, wozu mehrere Ansätze entwickelt wurden. (vgl. z.B. *Post/Lawrence/Weber*, 2002; *Clarkson, 1995*, S. 106 f.). Hier soll in Anlehnung an *Scholz* lediglich eine Differenzierung in relevante und nicht relevante Stakeholder erfolgen (*Scholz, 1987*, S. 29 f.). Danach weisen relevante Stakeholder Zielansprüche mit einer gewissen Zielhöhe und -gewichtung auf und haben die Macht, ihre Ansprüche auch einzubringen. Aus dieser Formulierung wird deutlich, dass es nicht darum geht, etwa zwischen „gerechtfertigten" und „ungerechtfertigten" Ansprüchen zu unterscheiden. Ansprüche ohne Macht führen, unabhängig von ihrer sonstigen Beurteilung, zu einer geringen Relevanz der Anspruchsgruppe, während die Zielstrukturen der relevanten Stakeholder in die Formulierung der strategischen Ziele der Organisation einfließen müssen, um den Fortbestand der Organisation nachhaltig zu sichern.

Angesichts des in Literatur und Praxis aufgrund der wachsenden Bedeutung des Kapitalmarktes und dem dadurch begründeten wertorientierten Management derzeit dominierenden Shareholder-Value-Ansatzes ist allerdings zu fragen, ob nicht die (alleinige) Ausrichtung an den Interessen der Eigenkapitalgeber bereits eine nachhaltige Sicherung des Fortbestands der Unternehmung bewirkt. Die von den Vertretern des Shareholder-Value-Ansatzes (vgl. z.B. *Rappaport, 1999)* behauptete Komplementarität der Eigenkapitalwertmaximierung mit den Zielen anderer Anspruchsgruppen erweist sich jedoch ausschließlich bei vollkommenen Märkten, d.h. bei Gültigkeit der Prämissen der (neo)klassischen Theorie, als zutreffend (vgl. *Lorson, 2004*, S.160). Diese Anwendungsbedingungen sind jedoch in der Realität praktisch nicht existent, da die Prämissen der Vollkommenheit weder für Kapital- noch für Güter- und Arbeitsmärkte gelten, sodass eine Eigenkapitalwertmaximierung nicht automatisch die Interessen der anderen Anspruchsgruppen befriedigt (vgl. z.B. *Hax*, 1993, S. 770; *Janisch*, 1993, S. 109; *Hardtmann*, 1996, S. 173) und so auch nicht den Anforderungen einer nachhaltigen Sicherung des Überlebens gerecht wird (vgl. *Janisch*, 1993, S.106).

Aufgabe des Managements ist es damit, die – zum Teil konfligierenden – Ansprüche der zahlreichen relevanten Anspruchsgruppen zu integrieren, um das Überleben der Organisation nachhaltig sicher zu stellen, wie dies auch die nachfolgenden Äußerungen beispielhaft deutlich machen: *"[C]orporate executives [do not] answer only to shareholders. There is a long list of interest groups that exercise influence in the head offices and boardrooms of the world. Employees and unions, customers and consumer advocates, bankers and creditors, environmentalists, governments and the public at large all have legitimate interests that you have to balance off against the shareholders' desire to make money."* (*Bemmels*, 2004). *"[M]anagers are challenged to achieve good economic results while also considering the needs and requirements of their business stakeholders"* (*Post/Lawrence/Weber*, 2002, S. 3). Anders ausgedrückt sind Manager *„ ... confronted with the task of making sense of very complex and ambiguous environments"* (*Garud/Porac*, 1999, S. xiv).

Für die Organisation ist es damit überlebenswichtig, die Interessen der relevanten Anspruchsgruppen zu kennen, auch ohne dass diese direkt in den Entscheidungsprozess involviert sind, da es dem Management ohne Kenntnis der Zielstrukturen der relevanten Stakeholder nicht möglich ist, fundierte Entscheidungen zur nachhaltigen Entwicklung der Organisation zu treffen. Hierzu bedarf es des Wissens darüber, wie die Zielerreichung dieser Anspruchsgruppen durch Entscheidungen des Managements beeinflusst wird. Die Organisation institutionalisiert daher das Wissen über die Zielstrukturen der relevanten Anspruchsgruppen, mit dem Ziel, über Expertise zumindest in Bezug auf die wichtigsten Anspruchsgruppen zu verfügen.

Es gibt zahlreiche Beispiele für derart institutionalisiertes Wissen von Anspruchsgruppen in Unternehmungen:

- Käufer: Marketingabteilung
- Lieferanten: Beschaffungsabteilung
- Mitarbeiter: Personalabteilung
- Fremdkapitalgeber: Finanzabteilung / Bilanzbuchhaltung
- natürliche Umwelt: Umweltschutzbeauftragter
- Staat: Steuerabteilung

Aus dieser Aufzählung wird deutlich, dass die Institutionalisierung des Wissens über die Interessen der einzelnen Gruppen nicht etwa im Sinne eines Lobbyismus für die entsprechende Gruppe verstanden werden darf, was am augenfälligsten bei der Steuerabteilung sein dürfte.

Damit stellt sich die Frage, wo das Wissen über die Interessen der Eigenkapitalgeber institutionalisiert ist. Hier käme natürlich zunächst einmal das Management in Frage, das ja schließlich von den Eigentümern zur Führung des Unternehmens eingesetzt wird. Die obigen Überlegungen haben allerdings gezeigt, dass die primäre Aufgabe des Managements, die Unternehmung in einer durch Interessenkonflikte gekennzeichneten komplexen Umwelt auszurichten und zu führen und damit das Überleben der Unternehmung nachhaltig zu sichern, nicht identisch mit der Verfolgung der Ziele der Shareholder ist; die Berücksichtigung der Interessen der Shareholder damit also zusätzlich erfolgen müsste. Die Forderung, dass Manager zusätzlich zu ihrer Unternehmensführungsexpertise auch noch über „Eigentümerexpertise" verfügen müssen, ist aufgrund der kognitiven Beschränkungen realer Entscheidungsträger allerdings nur in einer wenig komplexen Umwelt zu erfüllen (Zur Bedeutung kognitiver Beschränkungen speziell für das Controlling siehe *Lingnau*, 2004; *Lingnau*, 2005; *Lingnau*, 2006a).

Diese „bounded rationality" realer Entscheidungsträger thematisiert die managerial and organizational cognition theory, deren Erkenntnisse auch den weiteren Ausführungen zugrunde liegen (zur Bedeutung der managerial and organizational cognition theory für eine kognitionsorientierte Konzeptionalisierung des Controllings vgl. *Lingnau*, 2004; *Lingnau*, 2005; *Lingnau*, 2006a). Damit bedarf das Management eines Experten für das Wissen über die Interessen der Eigentümer, um seiner Aufgabe, die Unternehmung zu führen, nachkommen zu können, genauso wie es des Wissens über die Interessen der anderen relevanten Anspruchsgruppen bedarf.

Als Träger dieses Wissens kann das Controlling identifiziert werden, womit Controlling (institutional) folgendermaßen definiert werden kann: *Das Controlling ist Träger des Wissens über die (formalzielorientierten) Ansprüche der Eigenkapitalgeber und bringt dieses (aus Sicht des Managements sekundäre) Wissen in die Entscheidungsarenen innerhalb der Organisation ein* (zur Unterteilung von primärem und sekundärem Wissen vgl. *Lingnau*,

2004). *Hierzu gestaltet und nutzt das Controlling Systeme zur Entscheidungsunterstützung und Entscheidungsbeeinflussung.*

Die Controllingfunktion umfasst damit das Einbringen dieses Wissens in die Entscheidungsarenen innerhalb der Organisation, sodass Funktion und Institution kongruent sind. Nochmals sei unterstrichen, dass die Träger des Wissens (hier die Controller) über die Ziele einer Anspruchsgruppe (hier die Eigenkapitalgeber) nicht etwa als Interessenvertreter der entsprechenden Anspruchsgruppe interpretiert werden dürfen. In Anlehnung an die oft nautischen Metaphern für das Controlling liegt die Analogie nahe, dass der Navigator als Träger des Wissens über die Untiefen ja keinesfalls als Interessenvertreter der Untiefen zu interpretieren ist. Des Weiteren sei darauf hingewiesen, dass die hier vorgenommene Einschränkung auf die formalzielorientierten Interessen der Eigenkapitalgeber nicht konstitutiv ist. Andere als formalzielorientierte Interessen von Eigenkapitalgebern (z.B. Macht, Ansehen, Gerechtigkeit) scheinen bislang jedoch im Rahmen der Stakeholderbetrachtung weder in der Literatur noch in der Praxis eine Rolle zu spielen, wenngleich auch reale Eigenkapitalgeber natürlich nicht dem homo oeconomicus Paradigma entsprechen, wobei hier ggf. noch zwischen institutionellen und natürlichen Eigentümern zu unterscheiden wäre.

Die hier formulierte Idee einer Konzeptionalisierung des Controllings mithilfe einer Institutionalisierung von anspruchsgruppenrelevantem Wissen soll im Folgenden in Analogie zum Marketing illustriert werden (zu Ähnlichkeiten in der Entwicklung von Controlling und Marketing vgl. z.B. *Homburg*, 2001), ohne dabei allerdings auf unterschiedliche Sichtweisen des Marketings einzugehen, wie sie insbesondere zwischen deutschen und US-amerikanischen Ansätzen existieren.

Das Marketing beschäftigt sich mit der Nachfrage nach den derzeitigen und zukünftigen Leistungen des Unternehmens. Mit *Meffert et al.* kann man Marketing funktional als Planung, Koordination und Kontrolle aller auf die aktuellen und potenziellen (Absatz-)Märkte ausgerichteten Unternehmensaktivitäten verstehen (vgl. *Meffert/Burmann/Kirchgeorg*, 2008, S. 9–12). In seiner Zielform bedeutet dies die Ausrichtung aller Unternehmensaktivitäten am Markt. In diesem Zusammenhang wird auch von der Marketingphilosophie einer marktorientierten Unternehmensführung gesprochen.

Unabhängig davon, ob eine derartige Ausrichtung (allein) an den Interessen des Absatzmarktes sinnvoll oder überhaupt möglich ist, dürfte es unbestritten sein, dass es Unternehmensaktivitäten gibt, die auf die Absatzmärkte ausgerichtet sind. Ebenso unbestritten dürfte es sein, dass diese Aktivitäten der Planung, Koordination und Kontrolle bedürfen, wofür nun wiederum entsprechendes Fachwissen benötigt wird, wie es im Rahmen der akademischen Disziplin Marketing erforscht und gelehrt wird. Der Marketingbereich im Unternehmen kann demgemäß als institutionalisiertes Wissen über Absatzmärkte angesehen werden.

Beschränkt man die weitere Betrachtung zunächst auf **kapitalmarktorientierte Unternehmen**, so kann in Analogie zum Marketing Controlling funktional als Planung, Koordination und Kontrolle aller auf die aktuellen und potenziellen Kapitalmärkte ausgerichteten Unternehmensaktivitäten verstanden werden. In seiner Zielform würde dies die Ausrichtung aller Unternehmensaktivitäten am Kapitalmarkt bedeuten mit der dazugehörigen Philosophie einer kapitalmarktorientierten Unternehmensführung. In der aktuellen Diskussion wird dies typischerweise mit dem Terminus der Shareholder-Value-Orientierung belegt. Auch hier gilt, unabhängig davon, ob eine derartige Ausrichtung (allein) an den Interessen der Aktionäre sinnvoll oder überhaupt möglich ist, dass die Notwendigkeit, Aktionärsinteressen überhaupt in irgendeiner Form zu berücksichtigen, wohl unbestritten ist. Ebenso unbestritten dürfte auch hier sein, dass diese Berücksichtigung der Planung, Koordination und Kontrolle bedarf, wofür nun wiederum entsprechendes Fachwissen benötigt wird, wie es im Rahmen der akademischen Disziplin Controlling erforscht und gelehrt wird. Der Controllingbereich in kapitalmarktorientierten Unternehmen kann demgemäß als institutionalisiertes Wissen über die Interessen der Aktionäre angesehen werden.

Diese Überlegungen lassen sich nun auch auf **andere nicht-eigentümergeführte Unternehmen** übertragen, da auch diese als Koalition von Anspruchsgruppen interpretiert werden können, in denen dem Management der Interessenausgleich obliegt. Zweifelsohne besteht auch hier die Notwendigkeit, die Eigentümerinteressen in geeigneter Form zu berücksichtigen, was wiederum einer Planung, Koordination und Kontrolle der entsprechenden Aktivitäten bedarf, wofür nun wiederum entsprechendes Fachwissen benötigt wird, wie es im Rahmen der akademischen Disziplin Controlling erforscht und gelehrt wird. Der Controllingbereich kann demgemäß allgemein als institutionalisiertes Wissen über die Interessen der Eigentümer angesehen werden.

In **eigentümergeführten Unternehmen** ist die Notwendigkeit der Institutionalisierung eigentümerorientierten Wissens zunächst nicht ohne weiteres plausibel, zumal unbestritten ist, dass das Thema Controlling in eigentümergeführten Unternehmen spezielle Implikationen aufweist. So scheint sich z.B. in (typischerweise eigentümergeführten) kleinen und mittelständischen Unternehmen (KMU) die Gestaltung und Nutzung von Systemen zur Entscheidungsbeeinflussung als Controllingaufgabe *„überhaupt nicht wiederzufinden"* (Hoogen/ Lingnau, 2009, S. 110). Insgesamt kann festgestellt werden, *„dass ... die aktuell diskutierten [koordinationsorientierten und rationalitätssicherungsorientierten, Anm. d. Verf.] Controllingkonzeptionen nicht geeignet sind, die Besonderheiten von Controlling in KMU abzubilden bzw. zu erklären"* (Hoogen/Lingnau, 2009, S. 113). Eine Konzentration auf die Entscheidungsunterstützungsfunktion in Form sekundären, eigentümerorientierten Wissens, wird aber zumindest nachvollziehbar, wenn man dieses Wissen im Sinne einer Professionalisierung formalzielorientierter Eigentümerinteressen interpretiert. So bedienen sich ja auch Privatpersonen bei der Verfolgung ihrer Ziele der Unterstützung durch Finanzberater, in der Erwartung, dass diese über die entsprechende Expertise verfügen, die finanziellen Aktivitäten im Sinne der Ziele ihrer Auftraggeber zu planen, zu koordinieren und zu kontrollieren. Bei eigentümergeführten Unternehmen kommt der Identität von Eigentum und Management eine konzeptionelle Bedeutung in Bezug auf die Controllingaufgaben zu. Aufgrund der Identität von Eigentümern und Managern kann es kein Auseinanderfallen bei den verfolgten Zielen geben, sodass für ein entsprechendes Anreizsystem – und damit einen Aufgabenschwerpunkt des Controllings in nicht-eigentümergeführten Organisationen – gar keine Notwendigkeit besteht. Sieht man ferner als grundlegende Funktion des Controllings das Einbringen von Wissen über die Interessen der Eigentümer an, so erklärt dies auch die nicht nur graduellen Unterschiede im Rahmen der Führungsunterstützungsfunktion: Das Wissen über die Interessen der Eigentümer ist mit diesen selbst schon im Unternehmen vorhanden. Lediglich dort, wo die Verfolgung der Interessen der Eigentümer-Manager an deren kognitive

Grenzen stößt, bleibt Platz für eine entsprechende Controllingfunktion, denn zur Berücksichtigung formalzielorientierter Eigentümerinteressen im Rahmen von Problemlösungsprozessen bedarf es einer bestimmten „*geistigen Ausstattung*" (*Arbinger, 1997*, S. 17) des Problemlösers in Form von Wissen. Verfügt ein Problemlöser nicht über das dafür notwendige Wissen, so bedarf es einer zusätzlichen Informationsaufnahme und -verarbeitung, die jedoch nur im Rahmen der engen kognitiven Grenzen realer Problemlöser möglich ist (vgl. *Simon*, 1998, S. 30 ff.). Hieraus erwächst die Notwendigkeit, den Entscheidungsträgern dieses Wissen in geeigneter Weise zur Verfügung zu stellen. Grundlegende Voraussetzung dafür ist aber, dass diese eine derartige Unterstützung überhaupt wünschen und nicht z.B. die real existierenden kognitiven Beschränkungen als persönliche Schwäche interpretieren.

In einem letzten Schritt kann dieses Controllingverständnis auch auf **nicht gewinnorientierte Organisationen** erweitert werden. Auch diese können als Koalition von Anspruchsgruppen interpretiert werden, bei denen die Aufgabe der Organisationsleitung in der Integration der Interessen der Anspruchsgruppen besteht. Anders als in gewinnorientierten Organisationen (Unternehmungen), dominieren hier jedoch Sachziele. Die (privaten oder öffentlichen) Kapitalgeber erwarten dabei, dass die von ihnen zur Verfügung gestellten Mittel möglichst optimal zur Erreichung der Sachziele eingesetzt werden. In Anlehnung an die Formalziele der Eigenkapitalgeber von Unternehmungen könnte man hier von dem Interesse an der Erzielung einer als angemessen betrachteten Sachrendite sprechen. Aufgrund der Probleme der Operationalisierung dieser „Sachrendite", ist eine derartige Orientierung in der Praxis jedoch nicht üblich. Anzutreffen ist vielmehr neben den Sachzielen das Wirtschaftlichkeitsziel als Ersatzziel, sodass die Planung, Koordination und Kontrolle der Wirtschaftlichkeit das dominierende Einsatzgebiet des Controllings darstellt. In der allgemeinsten Form kann der Controllingbereich somit als institutionalisiertes Wissen über die Interessen der Eigenkapitalgeber angesehen werden.

Diese Überlegungen in Analogie zum Marketing sind in nachstehender Tabelle noch einmal zusammengefasst.

Tab. 2.1: Controlling in Analogie zum Marketing

	Marketing	Controlling
Philosophie	Marktorientierte Unternehmensführung	Kapitalmarkt- / eigenkapitalgeberorientierte Unternehmensführung
Zielform	Ausrichtung aller Unternehmensaktivitäten am (Absatz-)Markt	Ausrichtung aller Unternehmensaktivitäten am Kapitalmarkt / den Eigenkapitalgeberinteressen
Inhalt	Planung, Koordination und Kontrolle aller auf den (Absatz-)Markt ausgerichteten Unternehmensaktivitäten	Planung, Koordination und Kontrolle aller auf den Kapitalmarkt / die Eigenkapitalgeberinteressen ausgerichteten Unternehmensaktivitäten

Die folgende Abbildung macht deutlich, dass das problemlösungsrelevante Wissen des Managements nur zum Teil von diesem selber stammt (primäres Wissen), zu einem anderen Teil jedoch von anderen Wissensträgern (sekundäres Wissen). Ein derartiger Sekundärwissensträger ist das Controlling. Andere Sekundärwissensträger könnten z.B. technische Bereiche oder das Marketing sein (hier weiß dargestellt).

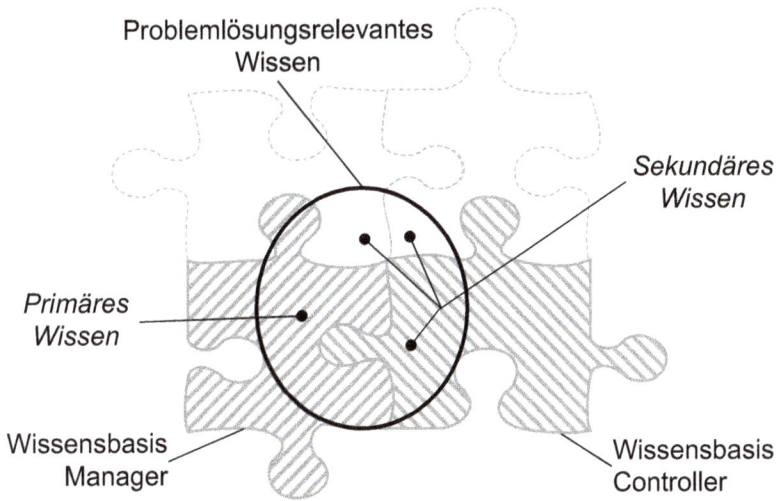

Abb. 2.1: Primäres und sekundäres Wissen

Folgt man diesen Überlegungen, so ermöglichen diese auch die ansonsten nicht unproblematische Differenzierung zwischen Management und Controlling. Nicht geklärt ist damit allerdings die Frage nach dem Status des Controllings als eigenständige wissenschaftliche Disziplin. Die Eigenständigkeit des Controllings würde voraussetzen, dass die Ziele der (Eigen-) Kapitalgeber nicht identisch mit betriebswirtschaftlichen Zielen auf Basis des ökonomischen Rationalprinzips sind, die traditionelle Betriebswirtschaftslehre also nicht die Interessen der Eigenkapital-Geber verfolgt, wie ihr dies ja nicht selten vorgeworfen wird (vgl. *WSI-Forum*, 1973). Ansonsten wäre „Controlling" lediglich eine Umbenennung von „Betriebswirtschaftslehre". Die Untersuchung der Eigenständigkeit des Controllings soll im Folgenden unter Rückgriff auf die historische Entwicklung der Betriebswirtschaftslehre erfolgen.

2.4 Betriebswirtschaftslehre versus Privatwirtschaftslehre

Wie oben bereits dargelegt, wird die Betriebswirtschaftslehre allgemein im Sinne einer apersonalen „Wirtschaftlichkeitsoptimierungslehre" interpretiert. Diese Ausrichtung ist jedoch keineswegs selbstverständlich und war zumindest in den Anfangszeiten der Etablierung als wissenschaftliche Disziplin auch nicht unumstritten. Historisch ist hier insbesondere auf die Kontroverse zwischen *Eugen Schmalenbach* und *Wilhelm Rieger* zu verweisen. *Riegers* inhaltlicher Leitgedanke war die Idee der Rentabilität. Damit stand er in Konkurrenz zu *Schmalenbachs* Idee der Wirtschaftlichkeit, wie dies exemplarisch an folgenden Zitaten deutlich wird:

„Die Frage lautet tatsächlich nicht: Wie verdiene ich am meisten?, sondern: Wie fabriziere ich diesen Gegenstand mit der größten Ökonomie?" (*Schmalenbach*, 1911, S. 311)

„Die Unternehmung ist eine Veranstaltung zur Erzielung von Geldeinkommen – hier Gewinn genannt – durch Betätigung im Wirtschaftsleben. Wenn wir also von einem Zweck der Unternehmung reden, so kann es nur dieser sein, Gewinn zu erzielen, und zwar für den Unternehmer" (*Rieger*, 1964, S. 44).

Unabhängig von dem heute teilweise etwas „altertümlich" wirkenden Stil *Riegers*, ist inhaltlich dessen spezifischer Gewinn- und auch Wirtschaftlichkeitsbegriff zu berücksichtigen. *Kuno Barth*, ein Schüler *Riegers*, formuliert pointiert: *„Wirtschaftlich ist für Rieger nur das, was [dem Unternehmer] mehr Geld einbringt."* (*Barth*, 1992, S. 834) – oder mit den Worten *Riegers*: *„Alles Wirtschaften muß im Gelde münden"* (*Rieger*, 1964, S. 34). Damit wird die Gewinnmaximierung im Sinne einer Renditemaximierung für den Unternehmer verstanden.

Dieser Unternehmer ist nach *Rieger* ein rein wirtschaftlich handelnder Mensch, der vom „Betriebsgebahren" nichts verstehen müsse, sondern den nur die Verzinsung seines eingesetzten Kapitals interessiere. Beim Unternehmer kommt es also nicht auf eigene Mitarbeit an und schon gar nicht auf die Notwendigkeit, persönliche Qualifikationen einzubringen. So auch das Verständnis einer Unternehmung von *Engel* – ganz im Sinne *Riegers*: *„Nur wenn der Unternehmer neben dem Kapitaleinsatz und dem Einkauf der Arbeit eines Delegierten keine Tätigkeit, also auch nicht die Kombination von Einkauf und Verkauf, selbst durchführen muß, haben wir eine Unternehmung vor uns"* (*Engel*, 1965, S. 32).

Dies entspricht exakt der Rolle eines reinen Eigenkapitalgebers, da auch dieser (lediglich) sein Kapital zur Verfügung stellt und alles andere an den Manager delegiert, d.h. *Riegers* „Unternehmer" ist letztlich (nur) ein Eigenkapitalgeber. Damit sind (anonyme) Aktionäre für *Rieger* der absolute Urtyp dessen, was er sich als Unternehmer vorstellt und alle Aussagen, die er über den Unternehmer macht, sind letztlich auf diesen Typ bezogen.

Der Grundlagenstreit zwischen *Schmalenbach* und *Rieger* wurde seinerzeit eindeutig zugunsten der Wirtschaftlichkeitslehre entschieden. Die auch als „Profitlehre" titulierte Privatwirtschaftslehre von *Rieger* mit dem von diesem vertretenen Auswahlprinzip der Gewinnmaximierung für private Eigentümer wird heute – sofern sie überhaupt noch wahrgenommen wird – *„uneingeschränkt abgelehnt"* (*Hahn*, 1997, S. 9). So z.B. auch *Pracht*: *„Schließlich heißt die Betriebswirtschaftslehre nicht Profitlehre. Sprachanalytisch sind insbesondere die Begriffe Betrieb und Wirtschaft(lichkeit) relevant. Es geht also ... darum, eine Organisation wirtschaftlich zu gestalten."* (*Pracht*, 2004, S. V).

Nun ist diese Differenzierung allerdings keineswegs nur von historischer Bedeutung, da sich die Überlegungen *Riegers* in inhaltlich nahezu identischer Form im Shareholder-Value-Ansatz wiederfinden. Danach ist es das vorrangige Ziel, die Zahlungsströme an die Shareholder zu maximieren, womit diesem Ansatz das Unternehmensmodell einer *„private[n] Erwerbseinheit der Eigentümer zur reinen Einkommensmaximierung"* (*Happel*, 2001, S. 35) zugrunde liegt. Man kann damit feststellen: *„Riegers Rentabilitätsorientierung entspricht etwa dem, was man heute als wertorientierte Unternehmenssteuerung bezeichnet. Damit gehört Rieger zu den geistigen Wegbereitern des Shareholder Value-Gedankens"*

(*Wöhe/Döring*, 2008, S. 22)*, oder noch prägnanter: „Rieger nimmt 1928 den Shareholder Value geradezu vorweg"* (*Bühner*, 2002, S. 282).

Festzuhalten bleibt: Schon auf Basis buchhalterischer Rechengrößen deckt sich der Punkt maximaler Wirtschaftlichkeit (definiert als Ertrag / Aufwand) nicht mit dem Punkt maximaler Rentabilität (vgl. z.B. *Pack*, 1965), wobei an die Stelle der Rentabilität situationsbedingt deren „Derivate" ROI und Shareholder Value treten können. *„Es können vier Paarungen auftreten: wirtschaftlich und rentabel, wirtschaftlich und unrentabel, unwirtschaftlich und rentabel sowie unwirtschaftlich und unrentabel"* (*Eichhorn*, 2005, S. 164). *Oswald Hahn* präsentiert ein Zahlenbeispiel, in dem der Betrieb mit der höchsten Rentabilität die geringste Wirtschaftlichkeit aufweist (vgl. *Hahn*, 1997, S. 60). *Ludwig Pack* zeigt, dass die in der klassischen BWL verwendete „optimale" bzw. „wirtschaftliche" (=gewinnmaximale) Losgröße erheblich von der rentabilitätsmaximalen Losgröße abweichen kann (vgl. *Pack*, 1989). Dieses Auseinanderfallen von betriebswirtschaftlichen Zielen und Eigentümerzielen gilt umso mehr, wenn man statt der auf buchhalterischen Rechengrößen basierenden Rentabilität die Zahlungsströme an die Eigentümer berücksichtigt, in die bei kapitalmarktorientierten Unternehmen ja z.B. auch Kurssteigerungen eingehen. Eine Rentabilitätsorientierung ist dabei für das Controlling nicht neu, wie ein Blick auf das DuPont-Schema, die „Mutter aller Kennzahlensysteme", zeigt, dessen Entwicklung nicht unwesentlich für die Verbreitung des Controllings war.

Akzeptiert man den Unterschied zwischen Rentabilitätsmaximierungs- und Wirtschaftlichkeitsoptimierungslehre, wird deutlich, dass dem Controlling ein anderes betriebswirtschaftliches Basisprogramm zugrunde liegt als der klassischen Betriebswirtschaftslehre, sodass es nicht weiter verwundert, dass es bislang nicht gelungen ist, das Controlling in Relation zu dieser zu konzeptionalisieren. Mit anderen Worten: Die klassische BWL bietet keinen Platz für das „real existierende Phänomen Controlling". Eine derartige Unterscheidung zwischen der Sichtweise von Ökonomen und Controllern ist in der internationalen Literatur interessanterweise nicht neu – wenn auch mit anderem Fokus (vgl. z.B. *Oxenfeldt/Baxter*, 1961; *Gordon*, 1974; *Kim/Moore*, 1988; *Groth/Byers*, 1996; *Lucas*, 1999). Die Wertorientierung ist damit nicht nur „ein" Controllingansatz, sie ist der Kern des Controllings – zumindest sofern man von einer zahlungsstrommaximierenden Monozielorientierung der Kapitalgeber ausgeht.

Die unterschiedlichen Basisprogramme würden auch erklären, warum sich die „Wirtschaftlichkeitsoptimierungslehre" bislang weitgehend unbeeindruckt von der Shareholder-Value Diskussion zeigt, da die damit einhergehende „Zielverschiebung" zur „Wertorientierung" (d.h. der Renditemaximierung für die Eigenkapitalgeber) die klassische BWL offenkundig völlig unberührt lässt, die weiterhin in ihren Entscheidungsmodellen „Gewinnmaximierung" (d.h. Wirtschaftlichkeitsoptimierung i. S. d. ökonomischen Rationalprinzips) auf ihre Fahnen geschrieben hat. Der Grundlagenstreit der frühen BWL ist allerdings mittlerweile einem unaufgeregten Nebeneinander gewichen, das man sogar als weitgehende gegenseitige Ignorierung bezeichnen könnte.

2.5   Potenzielle Missverständnisse

Zunächst gilt es hier noch einmal zu betonen, dass diese Überlegungen das Controlling nicht als Interessenvertreter der Eigenkapitalgeber konzeptionalisieren, wenngleich dies bei entsprechender Stärke dieser Stakeholdergruppe in der Realität faktisch der Fall sein kann. Dem entsprechend berichten Controller auch nicht an die Eigenkapitalgeber oder werden gar von diesen eingesetzt. Der Marketingmanager (eines Konsumgüterherstellers) wird ja auch nicht von der Verbraucherzentrale eingesetzt oder berichtet an diese. Controller wären nach diesen Überlegungen auch nicht etwa dem Aufsichtsrat zu unterstellen. Das Controlling ist keine Überwachungsinstanz – schon allein deshalb nicht, weil Controller in die zu überprüfenden Prozesse mit eingebunden sind (anders als z.B. die Interne Revision). Formal ist zusätzlich darauf hinzuweisen, dass es einen Aufsichtsrat nur in deutschen Aktiengesellschaften gibt, Controller jedoch auch in Nicht-Aktiengesellschaften sowie international anzutreffen sind.

Aus der aktuellen „Wertorientierungswelle" könnte man schließen, dass ein wertorientiert geführtes Unternehmen keines institutionalisierten Wissens über die Interessen der Eigenkapitalgeber mehr bedarf. Dies würde jedoch voraussetzen, dass die strategischen Ziele der Unternehmung mit den formalzielorientierten Interessen der Eigenkapitalgeber identisch sind, was nach den oben angestellten Überlegungen in realen Unternehmen aber nicht der Fall ist – auch dann nicht, wenn diese sich explizit als „wertorientiert" bezeichnen. Genauso wenig wird ja auch bei einem „marktorientiert" geführten Unternehmen das Marketing als Institution überflüssig.

Controller verstehen sich selbst als Wirtschaftlichkeitsexperten oder gar als – quasi neutrales – „betriebswirtschaftliches Gewissen" des Unternehmens und nicht als Träger anspruchs-gruppenbezogenen Wissens. Gerade in Bezug auf das Controlling ist allerdings ein Auseinanderfallen von (jahrzehntelanger) Rhetorik und ökonomischem Inhalt nicht unbedingt neu, sodass *„der Grünspan der Gepflogenheit die Prägnanz durch die Frequenz ersetzt."* (*Lapide*, 2008, S. 92, wenn auch in anderem Kontext). Man denke nur an die beinahe reflexartig wiederholten Beteuerungen, dass Controlling nichts mit Kontrolle zu tun habe: *„Controller haben immer wieder mit Nachdruck darauf hingewiesen, dass ihre Tätigkeit nichts mit Kontrolle zu tun habe."* (*Schäffer*, 2001, S. 417). Wenngleich oben die unterschiedlichen Basisprogramme von Wirtschaftlichkeitsoptimierungs- und Rentabilitätsmaximierungslehre betont wurden, so bleibt doch festzuhalten, dass beide Ansätze zwar zu unterschiedlichen Ergebnissen führen können, nicht jedoch zwangsläufig führen müssen, wie die dort angeführten Paarungen „wirtschaftlich und rentabel" sowie „unwirtschaftlich und unrentabel" deutlich machen. Analog ist auch das wohl immer noch zentrale Controllinginstrument, die Kostenrechnung, zu beurteilen. Ihrem Selbstverständnis nach ist sie eine Wirtschaftlichkeitsrechnung. Eine kritische Betrachtung legt allerdings nahe, dass die Kostenrechnung unter dem „Mantel der Wirtschaftlichkeitssicherung", eine eindeutige Shareholder-Orientierung aufweist: *„Die ‚gute alte' Kosten- und Erlösrechnung weist erhebliche Ähnlichkeiten mit den wertorientierten Residualgewinnkonzepten auf."* (*Weber/Bramsemann/Heineke/Hirsch*, 2004, S. 104). Erwähnt sei in diesem Zusammenhang insbesondere die Berücksichtigung von Eigenkapitalkosten bei der „Wirtschaftlichkeitsbeurteilung". Die (deutsche) Kostenrechnung berücksichtigt also implizit die Interessen der Eigenkapitalgeber, der Shareholder-Value-

Ansatz tut dies explizit. Im Kern ist diese Erkenntnis nicht neu, da es schon seit längerem (bevor die Shareholder-Value-„Bewegung" überhaupt existierte) kritische Stimmen in Bezug auf die (deutsche) Kostenrechnung gibt, die genau diese Vermischung thematisieren: *„Man redet von Kosten, meint Profit."* (*Schneider*, 1984, S. 2528). Daraus folgt aber auch: Eigentümerinteressen und Wirtschaftlichkeitsorientierung (BWL) sind nicht deckungsgleich, wenngleich die deutsche BWL beide in Teilen vermischt. Durch Nutzung des Controllinginstruments Kostenrechnung bringt das Controlling also das Wissen in die Entscheidungsarenen ein, wie die Zielerreichung der Eigenkapitalgeber durch Entscheidungen des Managements beeinflusst wird.

Controller nehmen in der Praxis traditionell ein breites Aufgabenspektrum wahr, *„for which his training and experience have especially qualified him."* (*Jackson*, 1949, S. 23), ohne dass all diesen Aufgaben eine spezifische Eigenkapitalgeberorientierung immanent wäre. Dies lässt sich inhaltlich mit der bereits diskutierten Schnittmenge zwischen Wirtschaftlichkeits- und Rentabilitätsorientierung erklären, instrumentell mit den bis vor Kurzem weitgehend fehlenden „wertorientierten" Instrumenten sowie konzeptionell mit der in Literatur und Praxis zu konstatierenden Unschärfe des Controllingbegriffs: *„... jeder meint etwas anderes, wenn er von Controlling spricht."* (*Preißler*, 2007, S. 14).

2.6 Eigenkapitalgeberorientierung und real existierendes Controlling

Abschließend sei auf einige Aspekte der Entwicklung und der Ausprägung des Controllings eingegangen und anhand dieser das Erklärungspotenzial einer Eigenkapitalgeberorientierung als Kern des Controllings untersucht.

Ein Blick auf die historische Entwicklung des Controllings (vgl. *Lingnau*, 1999) zeigt, dass als wesentlicher Grund für die Entstehung von Controllerstellen in der Privatwirtschaft ein starkes industrielles Wachstum angeführt wird, das zu einer Vergrößerung vorhandener Unternehmen und zu Unternehmenszusammenschlüssen führte. Um den damit einhergehenden Kapitalbedarf zu befriedigen, bedurfte es eines angemessenen Schutzes des investierten Kapitals, mit anderen Worten des institutionalisierten Methodenwissens zur Berücksichtigung der Interessen der Kapitalgeber – und dies vor dem Hintergrund einer entsprechend zunehmenden Komplexität. Blickt man weiter zurück, so zeigen sich interessanterweise erstaunliche Parallelen in der Argumentation bei Einführung des Quästorenamtes im Römischen Reich 446 v. Chr. Aber auch die contrarotularii, die sich an den europäischen Höfen seit Mitte des 13. Jahrhunderts rasch verbreiteten, können als Wissensträger in Bezug auf die Interessen des Herrschers (Kapitalgeber) interpretiert werden.

Anders als im englischen Sprachraum weist der deutsche Sprachraum eine Trennung von internem und externem Rechnungswesen auf. Vor dem Hintergrund der hier angestellten Überlegungen kann dies damit erklärt werden, dass in Deutschland das Vorsichtsprinzip die Interessen der Fremdkapitalgeber und das Maßgeblichkeitsprinzip die Interessen des Fiskus berücksichtigt. Mit anderen Worten liefert das externe Rechnungswesen keine Informationen darüber, wie Entscheidungen des Managements die Zielerreichung der Eigenkapitalgeber beeinflussen; es ist daher auch nicht Gegenstand des Controllings. Anders in den USA: Beim Jahresabschluss steht vom Grundverständnis her die „decision usefulness" (für Investoren) im Zentrum. Deshalb gehört der Jahresabschluss (das „externe" Rechnungswesen) dort auch zum Aufgabengebiet der Controller. Diese Überlegungen sind auch kompatibel mit der gegenwärtigen Konvergenzdiskussion im deutschen Sprachraum (vgl. für einen Überblick *Jonen/Lingnau*, 2006). Die Anwendung internationaler Rechnungslegungsstandards drängt das Vorsichts- und das Maßgeblichkeitsprinzip zurück. So verwundert es nicht, dass in diesem Zusammenhang auch eine Aufhebung der institutionellen Trennung von internem und externem Rechnungswesen im deutschen Sprachraum zu beobachten ist, bis hin zur Propagierung eines neuen Berufsbildes des „Biltrollers".

In den USA geriet gleichzeitig mit der Kritik an der zweifelhaften Aussagekraft des Jahresabschlusses und insbesondere an der geringen Korrelation zwischen bilanziellem Gewinn und Kursentwicklung börsennotierter Unternehmungen auch das management accounting unter Druck, wie die „Relevance lost"-Diskussion zeigt (vgl. *Johnson/Kaplan*, 1987). Dies lässt sich (auch) damit erklären, dass die „accounting perspective" ihrem eigenen Anspruch der Eigenkapitalgeberorientierung nicht (mehr) gerecht wurde. Eine wesentliche Bedeutungssteigerung von Controllern (im angelsächsischen Raum) erfolgte erst wieder durch die Shareholder-Value-Bewegung. Mit Hilfe wertorientierter Controllinginstrumente konnten Controller (wieder) das Wissen in Entscheidungsarenen einbringen, welchen Einfluss Entscheidungen des Managements auf die Zielerreichung der Eigenkapitalgeber haben.

Der Siegeszug des Controllings in den USA fiel historisch zusammen mit der Verbreitung des DuPont-Kennzahlenschemas, also einem Instrument, das eine praktikable Möglichkeit bot, Auswirkungen von Entscheidungen auf die Rentabilität zu zeigen. Mit der Ende der zwanziger Jahre eingeführten Budgetierung war die Controllingentwicklung in den USA nahezu abgeschlossen – eine Weiterentwicklung oder gar eine Neuentwicklung von Controllinginstrumenten fand nach Meinung von Johnson und Kaplan (*Johnson/Kaplan*, 1987, S. 125) praktisch kaum noch statt. In Bezug auf die Budgetierung ist fraglich, inwieweit diese eher rentabilitäts- oder eher gewinnorientiert ist. Bleibt man auf der Ebene von Kostenbudgets, so wären „deutsche" Budgets als deutlich shareholderorientierter einzustufen, als „amerikanische". Die Kritik an der Budgetierung könnte also auch aus der Perspektive betrachtet werden, ob die Budgets gewinn- oder (zumindest implizit) wertorientiert sind.

Die geringe Bedeutung des Controllings in eigentümergeführten Unternehmungen lässt sich auch dadurch erklären, dass der Eigentümer seine Interessen selbst einbringt, die im Zweifel deutlich komplexer sind, als eine reine „Zahlungsstrommaximierung". Er verfügt damit über „primäres Wissen" in Bezug auf seine eigenen Interessen und sieht keinen Bedarf für eine Unterstützung durch „sekundäres Wissen" in diesem Bereich. Dass diese Wahrnehmung möglicherweise in einem komplexen Umfeld verzerrt ist, zeigen die o. a. Überlegungen zur Notwendigkeit einer „Professionalisierung" dieses Wissens.

Es wurde betont, dass das Controlling nicht als Interessenvertreter der Eigenkapitalgeber zu interpretieren sei. Gleichwohl gibt es Fälle, in denen das Controlling faktisch genau diese Aufgabe wahrnimmt, wie insbesondere ein Blick auf den Venture Capital-Bereich zeigt.

Venture Capital-Geber „drücken" Unternehmen als erstes ein straffes Controlling auf, um ihre Interessen zu berücksichtigen, was nicht selten dazu führt, dass Unternehmensgründer sich beklagen, gar nicht mehr „Herr im eigenen Haus" zu sein. Dies ist auch kompatibel mit den Erkenntnissen zur Entstehung privatwirtschaftlicher Controllingstellen: auch hier waren private Investoren offensichtlich nur bereit, das erhöhte Risiko einer Investition zu tragen, wenn ein entsprechender Schutz der investierten Summen – durch das neu geschaffene Amt des Controllers – gewährleistet schien.

Der unterschiedliche Umfang und die unterschiedliche Bedeutung von Controlling in der Praxis hängen von der Stärke der Kapitalgeber ab. Die Entwicklung von der Entscheidungsunterstützung zur Entscheidungsbeeinflussung kennzeichnet den zunehmenden Einfluss der Shareholder: Von der reinen Informationsfunktion über Shareholderinteressen bis hin zur Ausrichtung der Unternehmung an Shareholderinteressen (analog der Marketing-Philosophie).

Während sich die bisherigen Überlegungen auf das Unternehmenscontrolling bezogen, lassen sich diese doch auch auf ein Bereichscontrolling anwenden: Der Produktions-/Marketing-/Personal-Manager ist Träger des (primären) Wissens für Produktions-/Marketing-/Personal-Entscheidungen. Diese Entscheidungen betreffen aber (auch) die Interessen der Kapitalgeber. Das Produktions-/Marketing-/Personal-Controlling ist Träger des (sekundären) Wissens, wie diese Entscheidungen die Interessen der Kapitalgeber betreffen (Ein Beispiel für eine Abgrenzung zwischen primärem und sekundärem Wissen im Produktionsbereich findet sich bei *Lingnau*, 2006b).

2.7 Resümee

Die Überlegungen haben gezeigt, dass es möglich ist, Controlling institutional als Träger des Wissens über die Ziele der Eigenkapitalgeber zu konzeptionalisieren. Die Controllingfunktion besteht damit in der Einbringung dieses Wissens in die organisationalen Entscheidungsarenen. Damit besteht Konsistenz in Bezug auf die institutionale und die funktionale Komponente des Controllings. Konsequenz dieser Konzeptionalisierung ist das von der klassischen Betriebswirtschaftslehre im Sinne einer Wirtschaftlichkeitsoptimierungslehre abweichende Basisprogramm in Fortführung der Tradition einer Privatwirtschaftslehre im Sinne Riegers, womit eine eigene Theorietradition des Controllings existent ist. Durch diese Konzeptionalisierung gelingt es auch, eine Reihe von bislang nicht oder nur unbefriedigend erklärten Spezifika des „real existierenden Phänomens Controlling" zu erklären.

Somit kann festgestellt werden: In Bezug auf kapitalmarktorientierte Unternehmen kann der Sharehoder-Value in direkter Anknüpfung an die Tradition Riegers tatsächlich als „Kern des Controllings" angesehen werden. Erweitert man diese Überlegungen auch auf nicht kapitalmarktorientierte Unternehmen sowie nicht gewinnorientierte Organisationen, so ergibt sich die hier formulierte eigenkapitalgeberorientierte Konzeption des Controllings.

Literatur

Achleitner, P.: Sozio-politische Strategien multinationaler Unternehmungen, Bern 1985.

Arbinger, R.: Psychologie des Problemlösens, Darmstadt 1997.

Barth, K.: Wilhelm Riegers Bedeutung in der deutschen Betriebswirtschaftslehre, in: ZfB, 62. Jg. (1992), H. 8, S. 831–842.

Becker, A.: Controlling als reflexive Steuerung von Organisationen, Stuttgart 2003.

Bemmels, B.: zit. n. Hoggan, J.; Littlemore, R.: Corporate redemption, online im Internet: http://www.bcbusinessonline.ca/bcb/top-stories/2004/07/01/corporate-redemption, 2004.

Bühner, R.: Der Shareholder Value im Spiegel traditioneller betriebswirtschaftlicher Bilanzansätze, in: Brockhoff, K. (Hrsg.): Geschichte der Betriebswirtschaftslehre, 2. Aufl., Wiesbaden 2002.

Clarkson, M.B.E.: A Stakeholder Framework for analyzing and evaluating Corporate Social Performance, in: Academy of Management Review (1995), H. 20, S. 92–117.

Cyert, R.M.; March, J.G.: Eine verhaltenswissenschaftliche Theorie der Unternehmung, 2. Aufl., Stuttgart 1995.

Eichhorn, P.: Das Prinzip Wirtschaftlichkeit: Basiswissen der Betriebswirtschaftslehre, 3. Aufl., Wiesbaden 2005.

Engel, D.: Wilhelm Riegers Theorie des „heutigen Wertes" und sein System der Privatwirtschaftslehre, Berlin 1965.

Freeman, R.E.: The Stakeholder Approach Revisited, in: Zeitschrift für Wirtschafts- und Unternehmensethik, (2004), H. 5, S. 228–241.

Garud, R.; Porac, J.F.: Kognition, in: Garud, R.; Porac, J.F. (Hrsg.): Advances in managerial cognition and organizational information processing, 1999, S. ix–xxi.

Gordon, L.A.: Accounting Rate of Return vs. Economic Rate of Return, in: Journal of Business Finance & Accounting, 1. Jg. (1974), H. 3, S. 343–356.

Groth, J.C.; Byers, S.S.: Creating value: economics and accounting – perspectives for managers, in: Management Decision, 34. Jg. (1996), H. 10, S. 56–64.

Gutenberg, E.: Die Unternehmung als Gegenstand betriebswirtschaftlicher Theorie, unveränderter Nachdruck der 1. Aufl., Wiesbaden 1929.

Hahn, O.: Allgemeine Betriebswirtschaftslehre, 3. Aufl., München / Wien 1997.

Happel, M.A.: Wertorientiertes Controlling in der Praxis, Lohmar / Köln 2001.

Hardtmann, G.: Die Wertsteigerungsanalyse im Managementprozeß unter besonderer Berücksichtigung bewertungsmethodischer Fragen, Wiesbaden 1996.

Hax, H.: Investitionstheorie, 5. Aufl., Würzburg 1993.

Homburg, C.: Der Selbstfindungsprozess des Controlling: einige Randbemerkungen aus der Marketing-Perspektive, in: Die Unternehmung, 55. Jg. (2001), H. 6, S. 425–430.

Hoogen, M.; Lingnau, V.: Perspektiven eines kognitionsorientierten Controllings für KMU, in: Müller, D. (Hrsg.): Controlling für kleine und mittlere Unternehmen, München 2009, S. 101–126.

Horváth, P.: Controlling, 10. Aufl., München 2006.

Jackson, J.H.: The Comptroller: His Functions and Organization, 2nd printing, Cambridge Mass. 1949.

Janisch, M.: Das strategische Anspruchsgruppenmanagement – Vom Shareholder Value zum Stakeholder Value, Bern et al. 1993.

Johnson, H.T.; Kaplan, R.S.: Relevance Lost – The Rise and Fall of Management Accounting, Boston Mass. 1987.

Jonen, A.; Lingnau, V.: Konvergenz von internem und externem Rechnungswesen – Betriebswirtschaftliche Überlegungen und Umsetzung in der Praxis, in: Lingnau, V. (Hrsg.): Beiträge zur Controlling-Forschung des Lehrstuhls für Unternehmensrechnung und Controlling der TU Kaiserslautern. 2. Aufl., Kaiserslautern 2006.

Kant, I.: Prolegomena zu einer jeden künftigen Metaphysik, die als Wissenschaft wird auftreten können, Riga 1783.

Kim, M.; Moore, G.: Economic vs. Accounting Depreciation, in: Journal of Accounting and Economics, 10. Jg. (1988), H. 2, S. 111–125.

Küpper, H.-U.: Controlling – Konzeption, Aufgaben, Instrumente, 5. Aufl., Stuttgart 2008.

Lapide, P.: Ist die Bibel richtig übersetzt?, 2. Aufl., Gütersloh 2008.

Lingnau, V.: Geschichte des Controllings, in: Lingenfelder, M. (Hrsg.): 100 Jahre Betriebswirtschaftslehre in Deutschland, München 1999.

Lingnau, V.: Kognitionsorientiertes Controlling, in: Pietsch, G.; Scherm, E. (Hrsg.): Controlling, München 2004, S. 729–749.

Lingnau, V.: Kognitionswissenschaftliche Implikationen für das Controlling, in: Weber, J.; Meyer, M. (Hrsg.): Internationalisierung des Controllings: Standortbestimmung und Optionen, Wiesbaden 2005, S. 231–246.

Lingnau, V.: Controlling – Ein kognitionsorientierter Ansatz, in: Lingnau, V. (Hrsg.): Beiträge zur Controlling-Forschung des Lehrstuhls für Unternehmensrechnung und Controlling der TU Kaiserslautern. 2. Aufl., Kaiserslautern 2006a.

Lingnau, V.: Produktionscontrolling – Eine kognitionsorientierte Perspektive, in: Winter, P.; Nietzel, V.; Otte, M. (Hrsg.): Controlling im Wandel der Zeit. Festschrift anlässlich der Emeritierung von Prof. Dr. Hans-Jörg Hoitsch, Lohmar et al. 2006b, S. 229–244.

Lorson, P.: Auswirkungen von Shareholder-Value-Konzepten auf die Bewertung und Steuerung ganzer Unternehmen, Herne et al. 2004.

Lucas, M.: The Pricing Decision: Economists versus accountants, in: Management Accounting (UK), (1999), H. 6,. S. 34–35.

Meffert, H.; Burmann, C.; Kirchgeorg, M.: Marketing, 10. Aufl., Wiesbaden 2008.

Oxenfeldt, A.R.; Baxter, W.T.: Approaches to pricing: Economist vs accountant, in: Business Horizons, 4. Jg. (1961), H. 4, S. 77–90.

Pack, L.: Rationalprinzip, Gewinnprinzip und Rentabilitätsprinzip, in: ZfB, 35. Jg. (1965), H. 9, S. 525–551.

Pack, L.: Gewinnmaximale oder rentabilitätsmaximale Losgröße bzw. Bestellmenge?, in: ZfB, 59. Jg. (1989), H. 1, S. 5–26.

Post, J.E.; Lawrence, A.T.; Weber, J.: Business and Society – corporate strategy, public policy, ethics, 10. Aufl., Boston 2002.

Pracht, A.: Vorwort, in: Bachert, R.: Kosten- und Leistungsrechnung, Wernau 2004.

Preißler, P.R.: Controlling: Lehrbuch und Intensivkurs, 13. Aufl., München et al. 2007.

Rappaport, A.: Shareholder Value – Wertsteigerung als Maßstab für die Unternehmensführung, 2. Aufl., Stuttgart 1999.

Reichmannn, T.: Controlling mit Kennzahlen und Managementberichten, 6. Aufl., München 2001.

Rieger, W.: Einführung in die Privatwirtschaftslehre, 3. unveränd. Aufl., Erlangen 1964.

Schäffer, U.: Kontrollieren Controller? – Wenn ja, sollten sie es tun?, in: Die Unternehmung, 55. Jg. (2001), H. 6, S. 401–417.

Schmalenbach, E.: Die Privatwirtschaftslehre als Kunstlehre, in: ZfhF, 6. Jg. (1911), S. 304–316.

Schneider, D.: Entscheidungsrelevante fixe Kosten, Abschreibungen und Zinsen zur Substanzerhaltung, in: Der Betrieb, 37. Jg. (1984), H. 49, S. 2521–2528.

Scholz, C.: Strategisches Management, Berlin 1987.

Simon, H.A.: Information 101 – It's not what you know, it's how you know it, in: Journal for Quality and Participation, (1998), S. 30–33.

Starbuck, W.H.: A trip to view the elephants and rattlesnakes in the garden of Aston, in: Van De Ven, A.H.; Joyce, W.F. (Hrsg.): Perspectives on Organization Design and Behavior, New York 1981, S. 167–198.

Weber, J.; Bramsemann, U.; Heineke, C.; Hirsch, B.: Wertorientierte Unternehmenssteuerung: Konzepte, Implementierung, Praxisstatements, Wiesbaden 2004.

Weber, J.; Schäffer, U.: Einführung in das Controlling, 12. Aufl., Stuttgart 2008.

Wöhe, G.; Döring, U.: Einführung in die Allgemeine Betriebswirtschaftslehre, 23. Aufl., München 2008.

WSI-Forum: Arbeitsorientierte Einzelwirtschaftslehre contra Kapitalorientierte Betriebswirtschaftslehre, Köln 1973.

3 Shareholder Value und finanzielle Zielvorgaben im Unternehmen

Barbara E. Weißenberger

*"A fundamental fiduciary responsibility of corporate managers
and boards of directors is to create economic value for
their shareholders." (Rappaport, 1981, S. 148).*

3.1   Einleitung

Der Begriff des Shareholder Value wurde seit den 1980er-Jahren ausgehend von den Arbeiten *Alfred Rappaports* in die betriebswirtschaftliche Diskussion eingeführt. Zentrales Merkmal ist die Forderung nach der strikten Orientierung sämtlicher unternehmerischer Dispositi-
onen an den Zielsetzungen der Eigenkapitalgeber. Die Formalisierung dieser Forderung
erfolgt durch die Kombination finanz- und investitionstheoretischer Konzepte.

Der Shareholder-Value-Ansatz schlägt damit eine Brücke zwischen modernen Ansätzen der
Kapitalmarkttheorie und dem traditionellen Verständnis der Unternehmensführung. Das
Unternehmen wird nicht mehr in erster Linie als realwirtschaftliche Produktionsfunktion
modelliert – dieses Verständnis liegt beispielsweise den klassischen Kostenrechnungs- und
Budgetierungsverfahren zugrunde –, sondern vielmehr als Konglomerat von (Real-)Investi-
tionsprojekten, deren erwartete Cashflows unter Berücksichtigung einer kapitalmarktorien-
tiert hergeleiteten Verzinsung bewertet werden. Die Aufgabe der Unternehmensführung
besteht darin, die einzelnen Komponenten (Werttreiber) dieser Bewertung möglichst günstig
auszugestalten. Das grundsätzliche Erfolgsverständnis im Shareholder-Value-Ansatz liegt
damit nahe an dem bereits in der frühen Betriebswirtschaftslehre entwickelten Konstrukt des
ökonomischen Gewinns (vgl. zu einem kurzen historischen Abriss *Weißenberger*, 2003,
S. 117), der allerdings weder kapitalmarkttheoretisch fundiert noch konzeptionell in periodi-
sche Erfolgsgrößen überführt wurde und somit in der Unternehmenspraxis kaum Anwendung
fand.

Insbesondere auf der Top-Management- bzw. Segment-Ebene bis hin zur Profit-Center-
Steuerung werden für Zwecke der wertorientierten Steuerung Finanzkennzahlen genutzt, die
auf der Datenbasis der Rechnungslegung aufsetzen. Sie haben den Vorteil, dass sie zu vergleichsweise geringen Kosten zeitnah, präzise sowie hinreichend objektiv und reliabel ermittelt werden können. Konzeptionell lässt sich bei entsprechender Gestaltung der Kennzahlen
eine Kongruenz zum Ziel der Wertmaximierung erreichen. In Abhängigkeit von der Struktur
der Datenbasis können sie schließlich auch – anders als aus Börsenkursen o.Ä. abgeleitete
Finanzkennzahlen, wie z.B. der Total Shareholder Return – für beliebige Entscheidungs- und
Steuerungsobjekte auch unterhalb der Unternehmensspitze konzeptionell angepasst und
berechnet werden. Aufgrund der hohen Bedeutung rechnungslegungsbasierter Finanzkennzahlen für die wertorientierte Führung behandelt der vorliegende Beitrag im Folgenden ausschließlich diese; eine umfassende Diskussion marktwertbasierter Wertkennzahlen findet
sich u.a. bei *Weißenberger* (2003, S. 144ff.).

Da im Kontext der Wertorientierung die Kommunikation und betriebswirtschaftliche Erläu-
terung der für Führungszwecke verwendeten Finanzkennzahlen an externe Investoren bedeutsam ist bzw. deren Erfolgserwartungen in unternehmensinterne Zielvorgaben übersetzt

werden müssen, wird als Datengrundlage für die Ermittlung wertorientierter Kennzahlen im Regelfall die externe Finanzbuchhaltung verwendet und nicht die traditionelle kalkulatorische Kostenrechnung. In diesem Zusammenhang stellt das Streben nach wertorientierter Führung auch einen bedeutsamen Treiber für die Durchsetzung einer integrierten Rechnungslegung dar (vgl. *IGC/Weißenberger*, 2006, S. 46f.; *Simons/Weißenberger*, 2008, S. 137ff.).

Nach einer intensiven Diskussion über mögliche geeignete Kennzahlen für die laufende Erfolgsmessung (,*metric wars*', vgl. ausführlich *Ewert/Wagenhofer*, 2000, S. 4ff.) sind heute residualgewinnbasierte Kennzahlen, wie z.B. in Form des Economic Value Added (EVA, vgl. grundlegend *Stewart*, 1996 sowie zu empirischen Untersuchungen weltweit z.B. *Haspelagh/Noda/Boulos*, 2002, S. 46ff. sowie auf Deutschland bezogen *Aders/Hebertinger/Schaffer/Wiedemann*, 2003, S. 720ff.), der State-of-the-Art für die wertorientierte Führung und damit auch für die Formulierung entsprechender Zielvorgaben übergeordneter Instanzen (z.B. der Eigenkapitalgeber oder des Top-Managements) an nachgelagerte Entscheidungsträger.

Der vorliegende Beitrag stellt zunächst die grundsätzliche Einordnung residualgewinnbasierter Kennzahlen in das Konzept der wertorientierten Führung (Abschnitt 3.2) vor und beschreibt dann die Umsetzung zur Herleitung von finanziellen Zielvorgaben sowie die damit verbundenen Schwierigkeiten einer zielkongruenten Führung (Abschnitt 3.3). Abschnitt 3.4 diskutiert neben der Formulierung residualgewinnbasierter Zielvorgaben weitere Anforderungen bzw. Restriktionen bezüglich der Effektivität einer wertorientierten Führung. Ein Fazit (Abschnitt 3.5) schließt den Beitrag ab.

3.2 Finanzielle Zielvorgaben im Kontext einer wertorientierten Unternehmensführung

3.2.1 Management by Objectives als Führungsinstrument in dezentralisierten Unternehmen

Von den 1950er-Jahren bis in die 1980er-Jahren war sowohl in den USA, aber auch in Europa ein starkes Wachstum vieler Unternehmen zu beobachten, die sich von einer fokussierten Ausrichtung auf ein Geschäftsfeld hin zu divisionalisierten (*multi-business*) Strukturen entwickelten. Ein Treiber war das starke Wirtschaftswachstum dieser Zeit, das etablierte finanzstarke Firmen häufig dazu nutzten, um sich insbesondere durch Zukäufe neuer Geschäftsfelder weitere Wachstumspotenziale zu erschließen (vgl. ausführlich *Hungenberg*, 2002, S. 23f.).

Diese Entwicklung führte zu einer Durchsetzung dezentraler Führungsstrukturen, in denen Manager umfassende Leitungsrechte über Unternehmensressourcen in einem bestimmten Geschäftsfeld erhielten und diese weitestgehend eigenständig ausüben sollten. Praktisch äußerte sich dies in der aufbauorganisatorischen Bildung von Profit- bzw. Investment-

Center-Strukturen bzw. in der zunehmenden Verbreitung von (strategischen) Management-holdings als Grundmuster für die Konzernorganisation (vgl. z.B. *Wurl/Mayer*, 1999, S. 13). Die organisatorischen Veränderungen trugen der Tatsache Rechnung, dass eine zentrale Führung zunehmend mit der Ausübung der Leitungsrechte für eine wachsende Zahl von Geschäftsfeldern überfordert war, sowohl bezogen auf die zeitliche Inanspruchnahme als auch auf fehlende Fähigkeiten der Informationsverarbeitung und parallelen Entscheidungs-findung.

Als dominantes Führungsinstrument setzte sich in dezentralisierten Unternehmen Manage-ment by Objectives (MBO), d.h. die Koordination durch Pläne, durch (vgl. *Weber/Schäffer*, 2008, S. 61f.). Pläne sind dabei als formales Instrument zur Formulierung bzw. Vorgabe von Zielen zu verstehen, die über verschiedene Hierarchieebenen auf einzelne Organisationsbe-reiche heruntergebrochen werden. Im Gegensatz zu anderen Koordinationsmechanismen wie z.B. Programmen als weiterem technokratischen Koordinationsinstrument (vgl. *Kieser/Wal-genbach*, 2003, S. 106ff.) erlauben Pläne dem dezentralen Management hinreichend Hand-lungsspielraum zur Nutzung von Wissensvorsprüngen aufgrund von Spezialisierungsvortei-len. Durch die Abstimmung der Ziele und der darin in Form von Vorgaben enthaltenen Re-striktionen wie z.B. Umsatz-, Erfolgs-, Kosten- oder Mengenbudgets wird gleichzeitig ein abgestimmtes Verhalten der dezentralen Einheiten sichergestellt. So wird beispielsweise über das jährliche Investitionsbudget festgelegt, in welchem Umfang die Zentrale finanzielle Mit-tel beschaffen muss, um bestehende Investitionsbedarfe abzudecken; gleichzeitig besteht aber in den einzelnen Investment-Centern insgesamt Spielraum, für welche konkreten Inves-titionsprojekte diese Mittel eingesetzt werden können.

Kritisch ist in diesem Zusammenhang der Konflikt zwischen Koordinations- und Motivati-onsfunktion von Vorgaben zu sehen: Während für Koordinationszwecke Vorgaben möglichst realistisch geplant werden sollten, um die Zielerreichung und damit ein abgestimmtes Ver-halten der dezentralen Einheiten sicherzustellen (Prognoseplanung), sollten die Vorgaben für Motivationszwecke verhaltenstheoretische Überlegungen mitberücksichtigen (vgl. *We-ber/Schäffer,* 2008, S. 68f.), was möglicherweise in einer Formulierung ambitionierter Ziele im Sinne einer Optimalplanung resultiert.

3.2.2   Konzeption der wertorientierten Führung

Die wertorientierte Führung greift den der Organisationsstruktur divisionalisierter Unter-nehmen inhärenten Portfolio-Gedanken auf: Das Unternehmen wird als Portfolio von Real-investitionsprojekten modelliert und dementsprechend gesteuert. Im Mittelpunkt der Überle-gungen stehen dabei Fragen der Investitionssteuerung. Eine wertorientierte Führung fokus-siert sich darauf sicherzustellen, dass die von den Eigenkapitalgebern bereitgestellten finan-ziellen Mittel in möglichst erfolgreiche Projekte investiert werden. Insoweit beziehen sich die folgenden Ausführungen auf Investment-Center, d.h. Unternehmenseinheiten mit eigen-ständigen Entscheidungskompetenzen bezüglich der Beschaffung von Potenzialfaktoren.

Die Zielgröße der Eigenkapitalgeber wird im Grundkonzept der wertorientierten Führung als finanztheoretischer Unternehmenswert modelliert, d.h. sämtliche nichtmonetären Ziele wie z.B. Prestige-, Umwelt-, Human-, Sozial- oder gar ethisch-religiöse Ziele werden ausgeblendet. Der Unternehmenswert setzt sich aus den Gegenwartswerten (*present values*) der erwarteten Zahlungsströme der einzelnen Geschäftsbereiche zusammen. Dabei wird der Grundsatz der Wertadditivität unterstellt, d.h. Synergieeffekte oder andere Interdependenzen zwischen den Geschäftsbereichen werden nicht explizit modelliert.

Der Unternehmenswert kann sowohl nach dem Brutto-Prinzip ermittelt werden (*entity approach*), d.h. Ansprüche der Fremdkapitalgeber auf Kapitalrückzahlung werden in der Ermittlung der Gegenwartswerte nicht abgezogen, oder aber nach dem Netto-Prinzip (*flow to equity approach*), das lediglich auf die Bewertung der Anteile der Eigenkapitalgeber abstellt. Um von Veränderungen der Kapitalstruktur zu abstrahieren, die insbesondere auf nachgelagerten Hierarchieebenen nur schwer zu berücksichtigen sind, wird in industriellen Unternehmen meist das Brutto-Prinzip in Form der Discounted Cashflow-Methode angewendet.

Gebräuchlich ist hierbei der so genannte WACC-Ansatz (vgl. ausführlich *Baetge/Niemeyer/Kümmel*, 2005, S. 283ff.). Formal ergibt sich der (Brutto-)Unternehmenswert dabei als Barwert der mit risikoadjustierten gewichteten *Gesamtkapitalkosten (weighted average cost of capital*, WACC) diskontierten künftigen Free Cashflows. Dies sind die vom Unternehmen erwirtschafteten Zahlungsströme, die unter Berücksichtigung von Auszahlungen für Investitionen und Steuern ‚frei' für Transfers an Eigen- und Fremdkapitalgeber in Form von Dividenden bzw. anderen Ausschüttungsformen oder Zinszahlungen sind. Die Free Cashflows lassen sich näherungsweise als Summe aus operativem Cashflow und Cashflow aus Investitionstätigkeit schätzen. Zieht man von dem so ermittelten Brutto-Unternehmenswert den Marktwert des Fremdkapitals ab, ergibt sich der den Eigenkapitalgebern zustehende (Netto-)Unternehmenswert.

Unter der Annahme, dass die Free Cashflows in jeder Periode vollständig ausgeschüttet werden bzw. dass die Struktur der Gewinnausschüttungen irrelevant für die Marktbewertung des Eigenkapitals ist (Dividenden-Irrelevanz-Theorem nach *Modigliani/Miller*, 1961), entspricht der Netto-Unternehmenswert nach der Discounted Cashflow-Methode dem Barwert der Gewinnausschüttungen an die Eigenkapitalgeber. Auf diese Weise verbindet die Discounted Cashflow-Methode die Modellierung des Unternehmens innerhalb der Rechnungslegung und die sich daraus ergebenden Free Cashflows mit der für die wertorientierte Steuerung maßgeblichen Zielsetzung der Eigenkapitalgeber, ihr bestehendes Kapital möglichst erfolgreich (d.h. verbunden mit einem möglichst breiten Strom an Rückflüssen) einzusetzen (Dividenden-Diskont-Modell).

3.2.3 Residualgewinn als periodische wertorientierte Finanzkennzahl

Frühe Konzeptionen wertorientierter Finanzkennzahlen setzten unmittelbar an dem über die Discounted Cashflow-Methode ermittelten Unternehmenswert an, so z.B. die von *Rappaport* (1986, S. 49ff.) vorgeschlagene Kennzahl Shareholder Value Added als Differenz der Brutto-Unternehmenswerte zweier aufeinander folgender Perioden. Für die periodisch, d.h. jahres- oder sogar quartalsbezogen ausgelegte wertorientierte Steuerung erwiesen sich diese Kennzahlen jedoch aus mehreren Gründen wenig geeignet. Zum einen ist die erforderliche

Unternehmensbewertung äußerst zeit- und ressourcenaufwändig; zum anderen lassen sich Unternehmenswerte aufgrund der darin enthaltenen Zukunftsprognosen nur wenig reliabel bzw. objektiviert ermitteln.

Einen Lösungsansatz für die Bedarfe nach einer periodischen Erfolgsermittlung auch innerhalb der wertorientierten Führung stellen Residualgewinne dar, die sich nach dem *Preinreich-Lücke-Theorem* (vgl. *Preinreich*, 1938, S. 234ff.; *Lücke*, 1955, S. 323) in den o.a. (Brutto- oder Netto-)Unternehmenswert überführen lassen. Ganz allgemein ermittelt sich im Rahmen einer Brutto-Betrachtung der Residualgewinn (RG_t) am Ende einer Periode t als Periodenüberschuss G_t (z.B. als operatives Betriebsergebnis berechnet) abzüglich von mittels eines Zinssatzes i Kapitalkosten auf die Buchwerte des Periodenbeginn eingesetzten Vermögens ($V_{t-1}^{Buchwert}$).

$$RG_t = G_t - i \times V_{t-1}^{Buchwert} \tag{1}$$

Unter den Annahmen, dass das Kongruenzprinzip gilt, d.h. sämtliche Ausgaben und Einnahmen aus Güterbeschaffung und Leistungserstellung erfolgswirksam verrechnet werden, und dass der zur Ermittlung der Kapitalkosten angesetzte Zinssatz *i* auch zur Diskontierung verwendet wird, entspricht die Summe der erwarteten diskontierten Residualgewinne zuzüglich dem Buchwert des eingesetzten Vermögens dem Unternehmenswert. Diese Eigenschaft des Residualgewinns wird auch als Barwertkompatibilität bezeichnet. Dabei ist es unerheblich, wie z.B. Abschreibungen genau verrechnet werden. Erfolgsneutrale Vorgänge allerdings – wie z.B. unter IFRS bei bestimmten Bewertungsvorgängen (*revaluation* gem. IAS 16, *available-for-sale*-Finanzinstrumente gem. IAS 39) – führen dazu, dass das Kongruenzprinzip durchbrochen wird und keine Barwertkompatibilität mehr besteht.

Eine besondere Eigenschaft weist der Gegenwartswert der Residualgewinne auf, der sich bei börsennotierten Unternehmen bzw. Geschäftsbereichen in Bezug zum Market Value Added (MVA) setzen lässt. In einer marktbezogenen Sichtweise ist der MVA die Differenz zwischen dem Brutto-Buchwert des Unternehmens und dem korrespondierenden Marktpreis von Eigen- und Fremdkapital. Als so genannter ‚blinder Fleck‘ der externen Rechnungslegung beinhaltet er solche Informationen, die zwar offensichtlich wert- und damit börsenkursbestimmend sind, im Vermögen des Unternehmens aber nicht abgebildet werden. Dies können z.B. erwartete Projekterfolge sein, die aufgrund des Anschaffungskostenprinzips, des Prinzips der Einzelbewertung oder anderer Bewertungsvorschriften nicht in der Finanzberichterstattung ausgewiesen werden dürfen. Unter der Annahme, dass der Marktpreis den – faktisch unbekannten – fundamentalen Unternehmenswert hinreichend gut abbildet, ist der MVA mit dem Barwert der künftigen Residualgewinne identisch. Diese Überlegung ist allerdings dann bedeutsam, wenn der MVA im Sinne von Erwartungen der Eigenkapitalgeber als informativ für die Formulierung von Zielvorgaben im Rahmen der wertorientierten Führung angesehen wird (vgl. hierzu ausführlicher Abschnitt 3.3.3 dieses Beitrags).

Zu beachten ist schließlich, dass der Residualgewinn einer einzelnen Periode nicht – anders als teilweise plakativ formuliert – ‚Wertgenerierung‘ bzw. ‚Wertvernichtung‘ ausdrückt (vgl. ausführlich *Ewert/Wagenhofer*, 2000, S. 15ff.), sondern vielmehr nur einen Teil der Wertveränderung beinhaltet. Auch Projekte, die einen negativen Netto-Kapitalwert aufweisen, deren Realisierung also Wert vernichtet, können in einzelnen Perioden positive Residualge-winne besitzen und umgekehrt. Erst in Verbindung mit der Veränderung eines MVA, der inhaltlich auch künftige Residualgewinne berücksichtigt, lässt sich eine Gesamtaussage über die Wertsteigerung treffen (vgl. *Richter/Honold*, 2000, S. 269ff.)

3.3 Ermittlung von wertorientierten Zielvorgaben auf Basis von Residualgewinnen

3.3.1 Buchwertbasierte Ermittlung des Residualgewinn auf Basis des EVA-Konzepts

Die wohl bekannteste wertorientierte Finanzkennzahl in Form des Residualgewinns ist der von der Unternehmensberatung *Stern/Stewart* propagierte Economic Value Added (EVA). Dabei wird der Residualgewinn buchwertbasiert, d.h. auf Basis der im Einzelfall angepassten Buchwerte des Erfolgs bzw. Vermögens der externen Finanzberichterstattung hergeleitet. Die folgenden Ausführungen beziehen sich auf die IFRS als Rechnungslegungsstandard, wie er für kapitalmarktorientierte Konzerne in der Europäischen Union seit 2005 bzw. 2007 ohnehin verpflichtend anzuwenden ist.

Der EVA wird nach dem Brutto-Ansatz als periodenbezogene Differenz zwischen dem betrieblichen Ergebnis (*net operating profit after taxes*, NOPAT) und den aus dem investierten Vermögen (*invested capital,* IC) resultierenden Kapitalkosten definiert (vgl. hierzu auch die allgemeine Definition in Abschnitt 3.2.3, auf die Notation von Periodenbezug usw. wird dabei verzichtet):

$$EVA = NOPAT - WACC \times IC \qquad (2)$$

Beim NOPAT handelt es sich um das Ergebnis der betrieblichen Tätigkeit des Unternehmens nach Abzug von Ertragsteuern, jedoch vor Zahlungen an Eigen- und Fremdkapitalgeber (Dividenden bzw. sonstige Ausschüttungen, Zinsen). Das investierte Vermögen umfasst korrespondierend das im betrieblichen Vermögen des Unternehmens gebundene Kapital zu laufenden Buchwerten und zu Beginn der Betrachtungsperiode.

Der Kapitalkostensatz WACC reflektiert die durchschnittlichen Verzinsungsansprüche von Eigen- und Fremdkapitalgebern. Er wird daher als mit den jeweiligen Kapitalanteilen des Eigen- und Fremdkapitals gewichteter Mittelwert der Verzinsungsansprüche der Eigen- und Fremdkapitalgeber bestimmt. Dabei beinhaltet der Eigenkapitalkostensatz auch das unternehmensspezifische Risiko der Investoren; der Fremdkapitalkostensatz wird bei der im Folgenden unterstellten Nach-Steuer-Betrachtung um den *tax shield*, d.h. den Steuervorteil der Fremdfinanzierung, reduziert (vgl. *Steinle/Krummaker/Lehmann*, 2007, S. 204ff.).

Neben der o.a. Formel, die auch als *capital charge formula* des EVA bezeichnet werden kann, lässt sich der EVA als Produkt aus dem investierten Vermögen und der Differenz zwischen dem Kapitalkostensatz und dem prozentalen Verhältnis von NOPAT und IC, vielfach auch als ROCE (*return on capital employed*) bezeichnet, berechnen (*spread formula*):

$$EVA = (NOPAT/IC - WACC) \times IC <=>$$
$$EVA = (ROCE - WACC) \times IC \qquad\qquad (3)$$

Das zentrale konzeptionelle Merkmal des EVA-Konzepts besteht darin, dass die IFRS-Datenbasis durch Anpassungen (*conversions*) vom so genannten „*accounting model*" in ein „*economic model*" (*Stewart*, 1986, S. 24) überführt werden soll. Diese Anpassungen sollen solche Rechnungslegungsvorschriften, die einer ökonomisch ausgerichteten Erfolgsmessung widersprechen, wie beispielsweise das Aktivierungsverbot für Marketingausgaben gemäß IAS 38, für Zwecke der wertorientierten Führung korrigieren.

Gemeinhin werden nach *Hostettler* (2002, S. 97ff.) vier verschiedene Gruppen von Überleitungspositionen unterschieden, die in den zusammengehörigen Bestands- und Erfolgsgrößen in konsistenter Weise umgesetzt werden müssen:

1. *Operating conversions* umfassen zum einen die Eliminierung von nicht betriebsnotwendigem Vermögen sowie von Finanzvermögen, das zu Marktpreisen bewertet ist und keine Synergien zum operativen Geschäft aufweist, sodass es keine positiven Residualgewinne erwirtschaften kann. Dazu gehören auch Renditeimmobilien bei Anwendung des *fair value model*. Zum anderen werden im Rahmen der *operating conversions* insbesondere Zins- und Beteiligungsergebnis aus dem Jahresergebnis eliminiert.
2. Innerhalb der *funding conversions* werden zum einen unverzinsliche Verbindlichkeiten eliminiert, zum anderen *off-balance-sheet*-Finanzierungen, z.B. über Leasing oder *asset backed securities*, offengelegt und als wirtschaftliches Eigentum in NOPAT bzw. gebundenem Kapital berücksichtigt.
3. Die *shareholder conversions* zielen insbesondere auf die Abgrenzung von Aufwendungen mit Investitionscharakter, wie z.B. Forschungs- oder Marketingaufwand, ab. Aber auch Verzerrungen durch erfolgsneutrale Vermögensbewertungen werden innerhalb der *shareholder conversions* korrigiert, da diese Verletzung des Kongruenzprinzips aus Sicht der Eigenkapitalgeber eine zu hohe (erfolgsneutrale Wertsteigerung) bzw. zu niedrige (erfolgsneutrale Wertminderung) Kapitalkostenbelastung innerhalb des EVA impliziert (vgl. *Weißenberger*, 2005, S. 202f.).
4. *Tax conversions* transformieren schließlich den im IFRS-Abschluss ausgewiesenen Steueraufwand in eine Steuerbelastung unter Berücksichtigung sämtlicher Anpassungen, d.h. insbesondere unter der Fiktion einer vollständigen Eigenkapitalfinanzierung des Unternehmens. Der dadurch vernachlässigte Steuervorteil der Fremdfinanzierung wird über den *tax shield* innerhalb des WACC und die daraus resultierende geringere Kapitalkostenbelastung berücksichtigt.

In der Praxis sind zwei Vorgehensweisen gebräuchlich:

- Wird konzeptionell auf die tatsächlichen Steuerzahlungen der Betrachtungsperiode abgestellt, so kann es im *economic model* keine Steuerlatenzen geben. In diesem Fall wird zur Ermittlung des NOPAT die Konzernsteuerquote auf das Vorsteuerergebnis unter Berücksichtigung der übrigen Anpassungen angewendet. Bilanziell ausgewiesene Steuerlatenzen gelten ebenfalls als nicht entstanden, sodass das Vermögen zur Ermittlung des investierten Vermögens um aktive latente Steuern in der Eröffnungsbilanz gekürzt wird. Während sich dies günstig auf die EVA-Ermittlung auswirkt, dürfen andererseits passive latente Steuern nicht als Abzugskapital interpretiert werden, sondern stellen für Zwecke der Kennzahlenbildung ein Eigenkapitaläquivalent dar.
- Sollen dagegen erwartete Steuervor- oder -nachteile aus den Anpassungen im Sinne von temporären Differenzen berücksichtigt werden, wird die Steuerbelastung im IFRS-Abschluss für Zwecke der Ermittlung des NOPAT durch die Bildung von latenten Steuern auf alle vorgenommenen Anpassungen korrigiert. Aktive latente Steuern in der IFRS-Bilanz sind demnach im IC enthalten, passive latente Steuern dürfen jedoch als unverzinsliches Abzugskapital berücksichtigt werden.

Da sich die erste der beiden Methoden als einfacher erweist, hat sich diese in der Praxis weitgehend durchgesetzt. Insbesondere bei hohen passiven und gleichzeitig niedrigen aktiven Steuerabgrenzungsposten in der IFRS-Eröffnungsbilanz wirkt sich jedoch die zweite Methode günstiger auf die Höhe der Kapitalkosten und damit auch des EVA aus.

Abb. 3.1 fasst die Herleitung von Überschuss- (NOPAT) und Vermögensgröße (IC) für die Ermittlung des EVA aus dem IFRS-Abschluss heraus zusammen. Bezüglich der *tax conversions* wird dabei auf die erste der beiden genannten Möglichkeiten, d.h. die Nichtberücksichtigung von Steuerlatenzen, abgestellt.

Die Umsetzung der verschiedenen Anpassungsvorschläge wird in der Unternehmenspraxis sehr viel einfacher gehandhabt, als in der Literatur vorgeschlagen, da die Transformation der Finanzberichterstattung in eine wertorientierte Kennzahl umso aufwändiger und externen Investoren schwieriger kommunizierbar ist, je stärker das *economic model* vom *accounting model* abweicht. Während bezüglich der Empfehlungen des Beratungshauses *Stern/Stewart* die Zahl von 164 Anpassungsvorschlägen kolportiert wird (vgl. *Schneider*, 2001, S. 2509), zeigt die Studie von *Weaver* (2001, S. 58), dass US-amerikanische EVA-Anwender bei einer Spannbreite von zwischen 7 und 34 Anpassungen durchschnittlich nur 19 Anpassungen vornehmen. Vergleichbare Ergebnisse finden sich auch bei *Ballwieser/Wesner/KPMG* (2003, S. 19) bezüglich der DAX 100-Unternehmen.

Jahresergebnis lt. IFRS-GuV			Vermögen lt. IFRS-Eröffnungsbilanz	
+/-	Unregelmäßige Aufwendungen/Erträge gem. IAS 1.97		-	Zur Veräußerung stehende Vermögenswerte bzw. aufge-
+/-	Verlust/Gewinn aus zur Veräußerung stehenden Ver-mögen bzw. aufgegebenen Geschäftsbereichen gem. IFRS 5			gebene Geschäftsbereiche gem. IFRS 5
+/-	Zinsaufwendungen/-erträge	*Operating*		
+/-	Aufwendungen/Erträge aus nicht betriebsnotwendigen Beteiligungen	*Conversions*	-	Nicht betriebsnotwendige Beteiligungen
+/-	Aufwand/Ertrag aus zum *fair value* erfolgswirksam bewerteten Finanzinstrumenten		-	Zum *fair value* erfolgswirksam bewertete Finanzinstru-mente
+	Zinsaufwand in der Zuführung zu den Pensionsrück-stellungen bzw. zu anderen abgezinsten Rückstellungen			
+	Abschreibungen der Periode auf nicht betriebsnotwendige Vermögenswerte		-	Sonstiges nicht betriebsnotwendiges Vermögen, z.B. Renditeimmobilien gem. IAS 40
=	**Ergebnis nach Operating Conversions**		=	**Vermögen nach Operating Conversions**
+	Miet- und Leasingaufwendungen aus verdeckten Finanzierungen	*Funding*	+	Buchwert von verdeckt finanzierten Miet-/Leasingobjekten unter Berücksichtigung kumulierter Abschreibungen aus Funding Conversions früherer Perioden
+	Abschreibungen der Periode auf verdeckt finanzierte Miet-/Leasingobjekte	*Conversions*	-	Unverzinsliche Schulden (z.B. aus Lieferungen und Leistungen, Anzahlungen, kurzfristige Rückstellungen)
=	**Ergebnis nach Funding Conversions**		=	**Vermögen nach Funding Conversions**
+	Aufwendungen der Periode mit Investitionscharakter (z.B. Marketing-, Forschungsaufwand)		+	Aktivierung von Aufwendungen früherer Perioden mit Investitionscharakter (z.B. Marketing-, Forschungsauf-wand) unter Berücksichtigung kumulierter Abschreibungen
-	Abschreibungen der Periode auf in Vorperioden im Rahmen der Shareholder Conversions aktivierte Aufwen-dungen mit Investitionscharakter	*Shareholder Conversions*	+/-	Nicht erfolgswirksam, sondern im Other Comprehensive Income verrechnete Wertänderungen von Vermögen (z.B. Fehlerkorrekturen gem. IAS 8, *revaluation gem.* IAS 16/38 oder Währungsumrechnungsdifferenzen gem. IAS 21)
=	**Ergebnis nach Shareholder Conversions**		=	**Ergebnis nach Shareholder Conversions**
-/+	Eliminierung der Bildung aktiver bzw. passiver latenter Steuern der Periode	*Tax*	-	Aktive latente Steuern
-/+	Steueraufwand bzw. Steuerertrag aus den bisher vorgenommenen *conversions*	*Conversions*		
=	**NOPAT** (*net operating profit after taxes*)		=	IC (*invested capital*)

Abb. 3.1: IFRS-basierte Herleitung von Überschuss-(NOPAT) und Vermögensgröße (IC) zur Ermittlung des EVA (Quelle: Weißenberger, 2009, Rz. 75)

3.3.2   Cashflow-basierte Messung des Residualgewinns als Alternative? Die Kennzahl CVA

Ein Kernkritikpunkt am EVA-Konzept ist der so genannte Buchwerteffekt. Allein durch die Abschreibung des Buchwerts des Betriebsvermögens sinkt im Zeitablauf nämlich die Kapitalkostenbelastung, was sich positiv auf die Ermittlung des EVAs auswirkt. Zwar werden niedrige bzw. möglicherweise sogar negative EVAs in frühen Phasen eines Investitionsprojekts in der Gesamtbetrachtung aller diskontierten Residualgewinne aus einem Projekt durch spätere positive Residualgewinne kompensiert. Gleichsam wird jedoch die periodenbezogene Aussagekraft des EVAs durch den Buchwerteffekt geschmälert. Dies ist insbesondere in solchen Industrien bedeutsam, deren Investitionsvolumen stark schwankt, so z.B. in der Luftverkehrsindustrie (vgl. hierzu auch *Beißel/Steinke*, 2004, S. 119) oder im Anlagenbau. Zudem streben Unternehmen in der Praxis teilweise auch an, interne Finanzkennzahlen u.a. aus Objektivierungsgründen cashflow-basiert zu ermitteln.

Alternativ zum EVA wird für Zwecke der wertorientierten Residualgewinnermittlung deshalb der Cash Value Added (CVA) vorgeschlagen (vgl. *Stelter*, 1999; *Crasselt/Schremper*, 2001). Er wird – wiederum nach dem Brutto-Prinzip – ermittelt, indem der Brutto-Cashflow (BCF) abzüglich so genannter ökonomischer Abschreibungen (ökABB) um Kapitalkosten auf die Brutto-Investitionsbasis (BIB) gemindert wird. Letztere wird dabei aus den – ggf. inflationierten – ursprünglichen Anschaffungs- bzw. Herstellungskosten des Betriebsvermögens hergeleitet. Als Kapitalkostensatz wird dabei wiederum der gewichtete Gesamtkapitalkostensatz (WACC) verwendet.

$$CVA = BCF - ökABB - WACC \times BIB \qquad (4)$$

Beim Brutto-Cashflow handelt es sich um den Zahlungsmittelrückfluss des in die Brutto-Investitionsbasis investierten Kapitals, der als operativer Cashflow der laufenden Geschäftstätigkeit vor Zinsen ermittelt wird. Er steht allerdings nicht vollständig für Zahlungen an Eigen- und Fremdkapitalgeber zur Verfügung, sondern es müssen noch ökonomische Abschreibungen abgezogen werden, um zukünftig erforderliche Ersatzbeschaffungen der Brutto-Investitionsbasis zu finanzieren. Brutto-Cashflow und ökonomische Abschreibungen bilden gemeinsam die Hürde, an der eine Wertschaffung zu messen ist.

Im Unterschied zu traditionellen buchhalterischen Abschreibungen drücken die ökonomischen Abschreibungen keine Approximation des realwirtschaftlichen Wertverzehrs eines Potenzialfaktors aus, sondern sind vielmehr als ‚Anspar'-Abschreibung zum Zweck der Substanzerhaltung zu verstehen. Sie werden finanzmathematisch mithilfe des Rückwärtsverteilungsfaktors aus der BIB, der durchschnittlichen Nutzungsdauer der darin enthaltenen Vermögenswerte (T) und dem Kapitalkostensatz (WACC) berechnet, d.h.

$$ökABB = BIB \times WACC / ((1 + WACC)^T - 1) \qquad (5)$$

Die prozentuale Relation des um die ökonomischen Abschreibungen reduzierten Brutto-Cashflow und der Brutto-Investitionsbasis wird auch als Cashflow Return on Investment (CFROI) bezeichnet (vgl. *Hachmeister*, 1997, S. 556ff.).

Konzeptionell basiert der CVA auf dem investitionstheoretischen Konzept der ‚ewigen Rente', das hier folgende Fiktion beinhaltet: Die Kapitalgeber stellen zu Periodenbeginn Kapital zur Finanzierung der Brutto-Investitionsbasis bereit; aus diesem Grund ist das Vermögen zu – ggf. inflationierten – Anschaffungs- und Herstellungskosten zu bewerten. Diese Realinvestition generiert weiterhin annahmegemäß eine dauerhaft konstante Zahlung, die über den Brutto-Cashflow der Betrachtungsperiode approximiert wird. Da aber die Brutto-Investitionsbasis zumindest teilweise abgenutzt wird, muss ein Teil dieses Brutto-Cashflow angespart werden, damit nach Ablauf der Nutzungsdauer hinreichend Kapital zur Reinvestition der Brutto-Investitionsbasis bereitsteht. Obwohl dieses Konzept inhaltlich mehrperiodisch ausgelegt ist, ist der CVA immer noch als einperiodige Steuerungskennzahl zu verstehen, da lediglich Informationen der laufenden Betrachtungsperiode berücksichtigt werden.

Wie sich einfach zeigen lässt, ist der CVA ebenso wie bereits der EVA grundsätzlich barwertkompatibel, da der faktische Vorteil der im Vergleich zu buchhalterischen Abschreibungen niedrigeren ökonomischen Abschreibungen durch den Nachteil der höheren Kapitalkosten, die sich aufgrund des fehlenden Buchwerteffekts im Zeitablauf nicht reduzieren, gerade ausgeglichen wird (vgl. *Pellens/Crasselt/Schremper,* 2000, S. 207). Damit dürfen die Kapitalkosten aber konzeptionell nicht vollständig als Opportunitätskosten der Kapitalgeber verstanden werden, da sie auch einen Teil des Reinvestitions- bzw. Rückzahlungsbetrags enthalten, der durch die ökonomischen Abschreibungen ja nur teilweise angespart wird.

Zudem ergibt sich bei der periodenbezogenen Beurteilung des CVA eine zum Buchwerteffekt gerade umgekehrte Problematik, die hier als Kapitalkosteneffekt bezeichnet wird: Der Vorteil aus den niedrigeren ökonomischen Abschreibungen ist entweder konstant (im Vergleich zu linearen buchhalterischen Abschreibungen) oder abnehmend (im Vergleich zu geometrisch-degressiven Abschreibungen). Der Nachteil aus den höheren Kapitalkosten nimmt dagegen im Zeitablauf zu. Insgesamt werden deshalb in frühen Perioden tendenziell höhere, in späteren Perioden dagegen im Vergleich zum EVA niedrigere CVA-Werte ausgewiesen.

Für die Herleitung des CVA aus dem IFRS-Abschluss können vergleichbare Anpassungen wie im EVA-Konzept vorgenommen werden. Damit ergibt sich die in Abb. 3.2 dargestellte Ermittlungslogik, allerdings unter Berücksichtigung folgender Besonderheiten:

- Bei der indirekten Herleitung des Brutto-Cashflows aus dem Jahresergebnis sind auch nicht zahlungswirksame Zinsanteile in den Zuführungen zu den Pensionsrückstellungen oder anderen abgezinsten Rückstellungen zu berücksichtigen, da aufgrund der Perspektive des CVA als Übergewinngröße die gesamte Kapitalkostenbelastung über WACC und Brutto-Investitionsbasis abgebildet werden soll. Wird ausnahmsweise auf die Eliminierung nicht zahlungswirksamer Zinsanteile im Brutto-Cashflow verzichtet, so müssen die entsprechenden Rückstellungen als Abzugskapital von der Brutto-Investitionsbasis abgezogen werden.
- Die Inflationierung der Brutto-Investitionsbasis ist praktisch nur bei Vermögenswerten erforderlich, bei denen die aktuellen Anschaffungs- und Herstellungskosten deutlich unter dem ursprünglichen Preisniveau liegen. Bei niedrigen Inflationsraten und geringem Anlagenabnutzungsgrad kann darauf verzichtet werden. Hilfestellung für eine Inflationierung können im Einzelfall in der Anlagenbuchhaltung vorgehaltene kalkulatorische Wiederbeschaffungskosten sein.
- Als zahlungsstromorientiertes Konzept stellt der CVA lediglich auf die relevanten Ertragsteuerzahlungen der Periode ab. Dementsprechend werden aktive Steuerabgrenzungsposten in der Brutto-Investitionsbasis nicht berücksichtigt, passive Steuerabgrenzungsposten aber auch nicht als Abzugskapital angesetzt. Die Steuerbelastung im Brutto-Cashflow wird unter Anwendung der durchschnittlichen Steuerquote des Unternehmens auf das bereinigte operative Ergebnis vor Zinsen und Ertragsteuern ermittelt (vgl. *Weißenberger/Blome,* 2005, S. 11ff.).

Jahresergebnis lt. IFRS-GuV		Vermögen lt. IFRS-Eröffnungsbilanz	
+/-	Unregelmäßige Aufwendungen/Erträge gem. IAS 1.97		
+/-	Verluste/Gewinn aus zur Veräußerung stehendem Vermögen bzw. aufgegebenen Geschäftsbereichen gem. IFRS 5	-	Zur Veräußerung stehende Vermögenswerte bzw. aufgegebene Geschäftsbereiche gem. IFRS 5
+/-	Zinsaufwendungen/-erträge		
+/-	Aufwendungen/Erträge aus nicht betriebsnotwendigen Beteiligungen	-	Nicht betriebsnotwendige Beteiligungen
+/-	Aufwand/Ertrag aus zum *fair value* erfolgswirksam bewerteten Finanzinstrumenten	-	Zum *fair value* erfolgswirksam bewertete Finanzinstrumente
+	Zinsaufwand in der Zuführung zu den Pensionsrückstellungen bzw. zu anderen abgezinsten Rückstellungen	-	Sonstiges nicht betriebsnotwendiges Vermögen, z.B. Renditeimmobilien gem. IAS 40
+	Abschreibungen der Periode auf nicht betriebsnotwendige Vermögenswerte		
+/	Ertragsteueraufwendungen/-erträge lt. GuV	-	Unverzinsliche Schulden (z.B. aus Lieferungen und Leistungen, Anzahlungen, kurzfristige Rückstellungen)
=	**Bereinigtes operatives Ergebnis vor Ertragsteuern und Zinsen**	=	**Operatives Netto-Vermögen zu Buchwerten**
+	Abschreibungen	+	Kumulierte Abschreibungen vergangener Perioden auf das betriebsnotwendige Vermögen
+/-	Zuführung zu /Auflösung von Rückstellungen (ohne Zinsanteile bei abgezinsten Rückstellungen)	+	Inflationsanpassung, sofern erforderlich
+	Miet-/Leasingaufwand bei verdeckter Finanzierung	+	Anschaffungskosten von Miet-/Leasingobjekten bei verdeckter Finanzierung (ggf. inflationiert)
+	Aufwendungen der Periode mit Investitionscharakter (z.B. Marketing-, Forschungsaufwand)	+	Aktivierte Aufwendungen vergangener Perioden mit Investitionscharakter (ggf. inflationiert) Aktive latente Steuern
-	Ertragsteuerzahlungen auf das bereinigte operative Ergebnis vor Ertragsteuern und Zinsen		
=	***BCF (Brutto-Cashflow)***	=	***BIB (Brutto-Investitionsbasis)***

Abb. 3.2: IFRS-basierte Herleitung von Brutto-Cashflow und Brutto-Investitionsbasis zur Ermittlung des CVA (Quelle: Weißenberger, 2009, Rn. 80).

3.3.3 Bildung finanzieller Zielvorgaben im Residualgewinn-Konzept

Mit der Bildung finanzieller Zielvorgaben mittels Residualgewinnen im Kontext einer wertorientierten Führung soll sichergestellt werden, dass ein Manager, in dessen Leitungskompetenz die Identifikation und Umsetzung von Investitionsprojekten fällt, eigenständig und ohne direkte Weisung einer übergeordneten Instanz das kapitalwertmaximale Investitionsprogramm umsetzt. Dies betrifft sowohl das Verhältnis von Eigenkapitalgebern vs. Top-Management als auch das von Top-Management und dezentralen Entscheidungsträgern, z.B. Leiter von Geschäftsbereichen oder anderer Investment-Center.

Damit sich Residualgewinne zur Bildung finanzieller Zielvorgaben eignen, müssen sie das Kriterium der Zielkongruenz erfüllen. Dies bedeutet, dass ein Projekt, das zu einem absoluten bzw. relativen Vorteil für die Instanz führt (ausgedrückt als Netto-Kapitalwert), auch aus Sicht des Managers vorteilhaft sein muss. Das Merkmal der Zielkongruenz ist schwächer als die vielfach im Kontext von Steuerungsproblemen geforderte Anreizkompatibilität, da es hierbei nicht um zusätzliche Faktoren, wie z.B. die Berücksichtigung von Arbeitsleid o.Ä. aus der Umsetzung von Projekten geht (vgl. *Weißenberger*, 2003, S. 59ff.).

Grundsätzlich erfordert die Bedingung der Zielkongruenz zunächst die Barwertkompatibilität der verwendeten Zielvorgaben. Dies ist für die beiden oben dargestellten Residualgewinnkonzepte des EVA bzw. CVA grundsätzlich erfüllt; im letzteren Fall allerdings nur, wenn im Zeitablauf auf die vorgeschlagene Inflationierung von Teilen oder gar der gesamten Bruttoinvestitionsbasis verzichtet wird. Sind nämlich die Inflationserwartungen bereits in Zinssatz und Cashflow-Prognosen erhalten, entspricht der Barwert der CVA aufgrund der nach der Inflationsanpassung höheren Kapitalkosten nicht mehr dem Gegenwartswert des Projekts. Die folgenden Darstellungen orientieren sich schwerpunktmäßig am Konzept des EVA, lassen sich aber analog auch auf einen barwertkompatiblen CVA übertragen.

Im einfachsten Fall wird für die Formulierung von Zielvorgaben unterstellt, dass Manager und übergeordnete Instanz einen identischen Zeithorizont zur Berücksichtigung von Cashflows besitzen sowie künftige Cashflows mit einem identischen Zinssatz diskontieren, d.h. unter Berücksichtigung gleicher Zeit- und Risikopräferenzen bewerten. Weiterhin wird angenommen, dass unbegrenzte Finanzmittel zur Verfügung stehen, sodass jedes Investitionsprojekt mit einem positiven Netto-Kapitalwert auch realisiert werden kann. In diesem Fall stellt ein barwertkompatibler Residualgewinn bei linearem und konstanten Prämiensatz sicher, dass der Manager einen positiven Netto-Kapitalwert seiner durch ein Projekt induzierten Prämienzahlungen nur dann realisiert, wenn auch das Projekt selbst einen positiven Netto-Kapitalwert besitzt. Ein solches Szenario wird auch als schwache Zielkongruenz bezeichnet (vgl. *Ewert*, 2006, S. 202ff.). Für die Formulierung von Zielvorgaben bedeutet dies, dass für jede Periode ein Soll-EVA von null vorgegeben wird. Abweichungen nach oben werden belohnt, Abweichungen nach unten mit entsprechend gleichem Prämiensatz bestraft.

In der Praxis treffen eine Vielzahl der geschilderten Ausgangsbedingungen nicht ohne weiteres zu. Dies soll im Folgenden an einigen ausgewählten Szenarien diskutiert werden. So ist z.B. möglicherweise starke Zielkongruenz erforderlich, weil der Manager einen kürzeren Zeithorizont besitzt und deshalb Residualgewinne in späten Projektphasen bzw. die damit verbundenen Prämienzahlungen nicht in seinem Kalkül berücksichtigt. Dies wird auch als „Problem des ungeduldigen Managers" (*Pfaff/Kunz/Pfeiffer*, 2000, S. 562) bezeichnet und kann sowohl zur Ablehnung von Projekten mit positivem Netto-Kapitalwert (Unterinvestition) als auch zur Durchführung von Projekten mit negativem Netto-Kapitalwert (Überinvestition) führen, wenn der vom Manager berücksichtigte Ausschnitt des Cashflow-Profils einen entsprechenden negativen bzw. positiven Gegenwartswert besitzt. Bei Anwendung des CVA-Konzepts wird das Problem der Unterinvestition im Vergleich zum EVA zwar tendenziell vermieden, durch durch den „Kapitalkosteneffekt" (vgl. Abschnitt 3.3.2) wird allerdings das Überinvestitionsrisiko noch verstärkt.

Auch im Kontext des EVA lässt sich Unterinvestition teilweise vermeiden, wenn die Entlohnung auf die Veränderung des Residualgewinns zweier Perioden abgestellt wird, z.B. über die Kennzahl Delta-EVA. Damit können negative Prämien in frühen Projektphasen vermieden werden, da Residualgewinne von Projekten mit positivem Netto-Kapitalwert in vielen Fällen eine im Zeitablauf steigende Tendenz aufweisen. Zudem ist der Gegenwartswert der diskontierten Residualgewinnveränderungen strikt proportional zum Gegenwartswert der diskontieren Residualgewinne selbst (vgl. *Baldenius/Fuhrmann/Reichelstein*, 1999, S. 56f.). Allerdings weisen auch Projekte mit negativem Netto-Kapitalwert afugrund des Buchwerteffekts steigende Delta-EVAs auf, so dass sich das Überinvestitionsproblem verstärkt.

Eine vollständige Lösung des angesprochenen Zeitpräferenzproblems ergibt sich erst dann, wenn die Residualgewinne eines Investitionsprojekts über spezifische Abschreibungsverfahren, d.h. konkret das von *Rogerson* (1997) entwickelte relative Beitragsverfahren, ermittelt werden. Dieses periodisiert Abschreibungen und Kapitalkosten dergestalt um, dass bei Projekten mit positivem (nichtpositivem) Netto-Kapitalwert in jeder Periode auch ein positiver (nichtpositiver) Residualgewinn ausgewiesen wird. *Reichelstein* (1997, S. 168f.) zeigt, dass dies im Falle sich überlappender Projekte in Verbindung mit linearen Prämien die einzige Möglichkeit darstellt, Zielkongruenz herzustellen. In der Praxis scheitern solche Verfahren jedoch an ihrer Komplexität sowie an den vergleichsweise hohen Anforderungen an den ex ante-Informationsstand der übergeordneten Instanz zur zielkongruenten Berechnung der erforderlichen Abschreibungsbeträge.

Eine andere Problemstellung sind Verbundeffekte zwischen einzelnen Investment-Centern. Sie treten bereits dann auf, wenn Synergiepotenziale bestehen, z.B. bei vertikaler Integration oder aber bei der Bedienung eines Marktes durch mehrere Geschäfteinheiten mit komplementären Leistungen (z.B. Produkt- und Serviceleistungen). Hebt ein Investment-Center diese Synergiepotenziale durch eine spezifische Investition, fließen die damit verbundenen zusätzlichen Residualgewinne in aller Regel auch anderen Investment-Centern zu. Diese ‚Sozialisierung' der Erfolge mindert jedoch den Anreiz für die Investition in Synergien (vgl. grundlegend *Hart*, 1995, S. 41). Eine Lösung besteht darin, die Synergieerfolge z.B. über Verrechnungspreise vollständig der investierenden Einheit zufließen zu lassen. Dies setzt allerdings sowohl die Messbarkeit der Synergieeffekte als auch die zentrale Lösung dieses Koordinationsproblems voraus, was letztlich der Idee einer Dezentralisierung von Entscheidungskompetenzen widerspricht.

Andere Verbundeffekte entstehen, wenn Finanzmittel nicht in unbegrenzter Höhe verfügbar, sondern beschränkt sind (sog. Ressourcen-Verbund). In diesem Fall versagen individuelle Vorgaben, da nicht mehr jedes Projekt mit positivem Netto-Kapitalwert realisiert werden kann. An ihre Stelle treten beispielsweise Vorgaben, die nicht nur den eigenen Residualgewinn betreffen, sondern auch die Residualgewinne anderer Bereiche. Das damit verbundene Gewinnbeteiligungssystem kann z.B. ein *Groves*-Schema darstellen (vgl. hierzu ausführlich *Ewert/Wagenhofer*, 2008, S. 486ff.). In jedem Fall resultiert aber eine Zielvorgabe mit einem positiven Soll-Residualgewinn, sofern der Kapitalkostensatz in Höhe des WACC angesetzt wird, bzw. eine Zielvorgabe mit einem Soll-Residualgewinn von null, wenn der Kapitalkostensatz den Grenzerfolg des optimalen Investitionsprogramms repräsentiert.

Eine andere Einschränkung der o.a. Überlegungen ist das Vorhandensein von Ressourcen-Präferenzen, d.h. der Manager zieht zusätzlichen Nutzen wie z.B. Ansehen, Karrieremöglichkeiten o.ä. aus der Umsetzung von Investitionsprojekten. In diesem Fall greift selbst bei Gültigkeit aller anderen Annahmen aus dem Ausgangsmodell der schwachen Zielkongruenz eine residualgewinnbasierte Zielvorgabe nicht mehr, weil ein negativer Prämienbarwert durch den Nutzen aus der Verfügungsmacht über zusätzliche Ressourcen kompensiert werden kann. In diesem Fall muss, z.B. über eine Anhebung des Kapitalkostensatzes, praktisch eine Verschärfung der Residualgewinnvorgabe erfolgen, um den Nutzenzuwachs des Managers aus den bestehenden Ressourcenpräferenzen wieder abzuschmelzen (vgl. hierzu umfassend das Modell von *Ewert*, 1992).

Kritisch zu hinterfragen sind auch andere Parameter der Modellierung, so z.B. die Vernach-
lässigung von Arbeitsleid des Managers aus der Umsetzung von Investitionsprojekten – dies
wird in der Literatur aufgrund der Fokussierung auf Zielkongruenz statt Anreizkompatibilität
vielfach ignoriert – sowie die Möglichkeit eines durchgängigen linearen Prämiensatzes. Dieser impliziert, dass im Falle hoher negativer Residualgewinne beispielsweise auch hohe
Strafzahlungen des Managers (negative Prämie) angesetzt werden müssen. Dies kann teilweise durch Bonusbanksysteme aufgefangen werden, in denen positive und negative Prämienzahlungen im Zeitablauf miteinander verrechnet werden. Weiterhin arbeiten viele Unternehmen aus Motivationsgründen mit variablen, z.B. intervallweise steigenden Prämiensät-
zen mit oberer und/oder unterer Beschränkung; allerdings kann auch dies die Zielkongruenz
der Residualgewinnvorgaben ungünstig beeinflussen.

Abschließend sei auf zwei in der Praxis durchaus gebräuchliche, aus theoretischer Sicht
allerdings nicht unproblematische Verfahren zur Herleitung von Zielvorgaben mittels Residualgewinnen im Rahmen einer wertorientierten Führung verwiesen.

Zum einen wird teilweise der Kapitalkostensatz als Renditevorgabe z.B. für einen Mindest-
ROCE im Gesamtunternehmen bzw. Investment-Center angesetzt (vgl. die Übersicht bei
Weißenberger 2003, S. 172, über bestehende empirische Studien). Ohne Verbindung mit der
Vorgabe eines absoluten Residualgewinns führt dies zum Problem der Unterinvestition: Der
Manager hat nun nur noch einen Vorteil davon, das Projekt mit dem höchsten ROCE umzu-
setzen. Alle weiteren Projekte mit einem niedrigeren ROCE mindern die Ist-Rendite und
damit die Prämienzahlung, selbst wenn diese Projekte per se einen positiven Netto-
Kapitalwert besitzen und damit aus Sicht einer übergeordneten Instanz umgesetzt werden
sollten.

Ebenso kritisch ist der Versuch zu würdigen, aus dem beobachteten MVA eines börsennotierten Unternehmens retrograd die erwarteten Residualgewinne künftiger Perioden („Future
Growth Value", vgl. *Nenning/Kuiper*, 2006, S. 4f.) in Form von Zielvorgaben herzuleiten. Im
einfachsten Fall unterstellter konstanter künftiger Residualgewinne entspricht der marktba-
siert hergeleitete Soll-Residualgewinn der Verzinsung des MVA zum Kapitalkostensatz
WACC, denn nach der investitionstheoretischen Formel der nachschüssigen ‚ewigen Rente'
gilt:

$$MVA = EVA^{Soll} / WACC \hspace{4cm} (6)$$

Auf den ersten Blick erscheint die augenscheinlich ambitionierte Zielvorgabe unter Berücksichtigung der Erwartungen gut informierter Kapitalmarktteilnehmer zwar sinnvoll, sie kann
aber mehrere dysfunktionale Verhaltenseffekte bei den betroffenen Managern induzieren
(vgl. *Dobbs/Koller*, 1998, S. 17 ff.).

Dies ist bereits dann der Fall, wenn der MVA überhöht ist, weil er auf überschießenden Ka-
pitalmarkterwartungen beruht. In diesem Fall wird die Zielvorgabe zu hoch gesetzt werden,
was nicht nur zu Demotivation führt, sondern möglicherweise auch zu Datenmanipulationen
und Sachverhaltsgestaltung, um die als ‚unfair' empfundenen Ziele auf diesem Wege zu
realisieren. Im Fall einer Baisse, wie z.B. nach der in 2008 aufgetretenen Finanzmarktkrise,
sind korrespondierend die Zielvorgaben deutlich zu niedrig. Ohnehin lässt sich der MVA

kaum objektiviert ermitteln, da aufgrund der täglichen Kursschwankungen eine Vielzahl von Stellhebeln z.B. bei der genauen Ermittlung des Durchschnitts bestehen.

Ein weiteres Problem wird durch die formale Verbindung zum Refined Economic Value Added-Konzept (REVA, vgl. *Bacidore et al.*, 1997) deutlich. Dieses entspricht formal der Vorgabe eines Residualgewinns, bei dem die Kapitalkosten auf Basis von Marktwerten statt Buchwerten des gebundenen Vermögens ermittelt werden. Die Überlegung kann folgendermaßen illustriert werden (vgl. zu den Notationen Abschnitt 3.3.1):

$$MVA = EVA^{Soll} / WACC <=>$$

$$WACC \times MVA = NOPAT - WACC \times IC^{Buchwertbasis} <=>$$

$$0 = NOPAT - WACC \times (IC + MVA) <=> \qquad (7)$$

$$WACC \times MVA = NOPAT - WACC \times IC^{Marktwertbasis} <=>$$

$$0 = REVA^{Soll}$$

Das REVA-Konzept zeichnet sich im Gegensatz zum EVA-Konzept nicht durch Barwertkompatibilität aus, da der NOPAT nicht sämtliche Wertänderungen im Gesamtvermögen zu Marktwerten erfasst, sondern lediglich Veränderungen der Buchwerte (vgl. auch *E-wert/Wagenhofer*, 2000, S. 18). Reichen die Überschüsse eines Projekts zwar aus, um die Kapitalkosten auf Buchwertbasis zu decken (dies führt zu einem positiven Netto-Kapitalwert und damit zu einer unbedingten Vorziehenswürdigkeit des Projekts zumindest bei unbegrenzten Finanzmitteln), nicht aber auf Marktwertbasis, dann wird dieses Projekt nicht umgesetzt (vgl. hierzu das Rechenbeispiel bei *Weißenberger*, 2005, S. 203). Das REVA-Konzept – und damit auch die Herleitung von Soll-Residualgewinnen aus dem MVA – enthält damit sogar den Anreiz, z.B. durch die Implementierung von Projekten mit negativem Netto-Kapitalwert, den MVA und damit die EVA- bzw. REVA-Vorgaben künftiger Perioden zu reduzieren. Um das Problem der „*expectation treadmill*" (*Dobbs/Koller*, 1998, 17) (in der *agency*-Literatur werden die damit verbundenen Steuerungsprobleme auch als *ratchet*- oder Sperrklinken-Phänomen bezeichnet) zu mildern, schlagen *Dobbs/Koller* eine Reduktion (Erhöhung) der Vorgaben bei hohem (niedrigen) Total Shareholder Return vor.

3.4 Restriktionen für den Einsatz residualgewinnbasierter Zielvorgaben

In Abschnitt 3.3 wurde argumentiert, dass absolute residualgewinnbasierte Zielvorgaben, sofern das dahinter stehende Modell Barwertkompatibilität besitzt, für Zwecke einer wertorientierten Führung grundsätzlich geeignet sind. Trotz der unterschiedlichsten Problembereiche bereits bei einer kritischen Würdigung des Modellkerns zeigen empirische Ergebnisse, dass durchaus positive Effekte einer residualgewinnbasierten wertorientierten Führung zu verzeichnen sind (z.B. *Wallace*, 1998; *Mohnen*, 2008).

Allerdings stellen Zielvorgaben nur einen Teilaspekt der Führung dar. In diesem Abschnitt soll das Konzept residualgewinnbasierter Zielvorgaben über die engen, im wesentlich finanz- bzw. investitionstheoretisch formal fundierten Überlegungen hinaus hinterfragt werden.

So ist beispielsweise die Formulierung von Zielvorgaben nur ein Element des Controlling- systems, das mit weiteren Komponenten für eine wertorientierte Führung ergänzt werden muss (vgl. hierzu ausführlich den Sammelband von *Weber et al.*, 2004). Orientiert man sich an der Struktur des ‚House of Controlling‘ (vgl. *IGC/Weißenberger*, 2006, S. 21), dann sind wertorientierte Anpassungsmaßnahmen auch bezüglich der Bereitstellung wertorientierter Berichtssysteme, der Optimierung der Incentivierung im Rahmen der Performance-Messung sowie der Schaffung entsprechender organisatorischer bzw. IT-technischer Strukturen im Controllerbereich vorzunehmen. Werden diese Aspekte vernachlässigt, tragen wertorientierte Zielvorgaben nicht zur gewünschten Umsetzung einer Wertsteigerung bei.

In einer hierarchischen Perspektive ist zudem zu berücksichtigen, dass die Impulse wertori- entierter Zielvorgaben auch auf den operativen Hierarchieebenen unterhalb der Investment- Center-Ebene umgesetzt werden. Dies kann formal beispielsweise über Kennzahlensysteme wie z.B. Werttreiberbäume geschehen, die mindestens einen sachlogischen Zusammenhang zwischen den finanziellen Zielvorgaben und den auf der operativen Ebene eingesetzten fi- nanziellen oder nichtfinanziellen Kennzahlen herstellen.

Finanzkennzahlen, die sich auf das Ergebnis von Managementaktivitäten beziehen, müssen in aller Regel durch nichtfinanzielle Kennzahlen ergänzt werden, die z.B. im Rahmen einer Balanced Scorecard solche Einflussgrößen auf den Unternehmenserfolg abbilden, die sich in der Datenbasis der Rechnungslegung nicht wiederfinden. Dies sind beispielsweise immate- rielle Faktoren wie der Aufbau von technologischem, Prozess-, Produkt- oder Markt-Know- how, die Stärkung der Marktposition durch Verbesserung der Kundenbindung oder die Schaffung von Synergien. Daneben werden in der internationalen Management-Control- Literatur neben ergebnisbezogenen Kennzahlen („*result controls*“) auch „*action controls*“ bzw. „*personnel and cultural controls*“ (vgl. *Merchant/Van der Stede*, 2007, S. 76) gefordert, d.h. Controllingaktivitäten, die sich unmittelbar auf die Überprüfung der Managementaktivi- täten selbst, z.B. durch die inhaltliche Überprüfung von Investitionsprogrammen, sowie auf die Optimierung von Personalauswahl und -einsatz sowie die Unternehmenskultur beziehen. Sie stehen nicht im Kern des Verständnisses von Controllerarbeit in deutschen Unternehmen, stellen aber wichtige flankierende Maßnahmen für eine effektive wertorientierte Führung dar.

Ein dritter Aspekt betrifft die Frage der Bedeutung anderer Stakeholder neben den (Eigen-) Kapitalgebern (vgl. hierzu auch die Kapitel 4 sowie 18 und 19 dieses Sammelbands). Die Bedeutung der wertorientierten Führung in der aktuellen Diskussion wird insbesondere da- durch getrieben, dass moderne Kapitalmärkte nicht zuletzt auch aufgrund der vorhandenen Informationstechnologien sehr viel stärker dem Idealbild vollkommener Märkte ähneln als andere Faktormärkte, z.B. für Humanressourcen, da in Letzteren u.a. sehr viel höhere Trans- aktionskosten zu verzeichnen sind. Da Kapitalanleger ihre Investitionsstrategien damit leichter revidieren und unter Risiko-Rendite-Gesichtspunkten z.B. durch Diversifikation optimieren können, haben sie eine bessere Möglichkeit zur Abschöpfung von bestehenden Übergewinnen als die Teilnehmer unvollkommenerer Faktormärkte. Insoweit ist es aus Sicht der Verfasserin durchaus kritisch zu hinterfragen, ob die Interessen anderer Stakeholder, wie z.B. von Mitarbeitern, Lieferanten, Kunden, der an einer sauberen Umwelt interessierten Öffentlichkeit o.Ä., im Zuge einer auf die Shareholder ausgerichteten wertorientierten Führung hinreichend berücksichtigt werden, wie dies teilweise unterstellt wird (vgl. z.B. *Albach*, 2001, S. 645ff.). Vielmehr ist zu vermuten, dass dies nur dann der Fall ist, wenn die Austauschbeziehungen zwischen diesen Stakeholdern und dem Unternehmen auf vergleichbar vollkommenen Marktbeziehungen basieren wie die Austauschbeziehungen zwischen dem Unternehmen und den Kapitalgebern.

Ein letzter Aspekt betrifft die Frage verhaltenstheoretischer Überlegungen, die im Rahmen der wertorientierten Führung erst in jüngsten Forschungsansätzen berücksichtigt werden (vgl. z.B. *Hirsch*, 2007). So kann eine für den *homo oeconomicus* modelltheoretisch einwandfrei ausgestaltete Residualgewinnvorgabe in der Praxis an kognitiven Defiziten der entsprechenden Entscheidungsträger durchaus scheitern. Teilweise wird in diesem Zusammenhang angeführt, dass residualgewinnbasierte Zielvorgaben Manager primär dazu motivieren, wenig effektive Projekte zur Reduktion des gebundenen Vermögens anzustoßen, anstatt sich auf die Verbesserung der Überschussgröße (z.B. NOPAT) zu konzentrieren (vgl. *Gleißner*, 2005, S. 229). Vor dem Hintergrund verhaltenstheoretischer Überlegungen lässt sich möglicherweise auch begründen, warum sich das ERIC-Konzept (vgl. *Hebertinger/Schabel/Velthuis*, 2005, S. 159ff.), das für die Ermittlung von Residualgewinnen lediglich eine risikolose Verzinsung ansetzt, um die mehrfache Berücksichtigung von Risiken zu vermeiden, bisher kaum durchsetzen konnte. Neben der Komplexität dieses Ansatzes könnte dies die Befürchtung einer abschwächenden Motivationswirkung auf die Manager durch faktische Reduzierung der Vorgaben bezüglich der Mindestüberschussgröße (z.B. NOPAT) sein, die durch die Verminderung des Kapitalkostensatzes aufgrund der Elimination des Risikozuschlags entsteht (zu einer umfassenden Analyse des ERIC-Konzepts in Relation zum traditionellen EVA-Ansatz vgl. auch *Kunz/Pfeiffer/Schneider*, 2007, S. 259ff.).

3.5 Fazit

Der vorliegende Beitrag zeigt, dass im Rahmen einer wertorientierten Führung konzeptionell solche Zielvorgaben, die als absolute, barwertkompatible Residualgewinne formuliert sind, grundsätzlich geeignet sind, um Zielkongruenz herzustellen, d.h. um in einer idealisierten Modellwelt dezentrale Manager zur Umsetzung von Investitionsprojekten, die zu einer Steigerung des Unternehmenswerts beitragen, zu motivieren. Die Überlegungen machen aber auch deutlich, dass eine ganzheitliche wertorientierte Führung in der Unternehmenspraxis nicht in den Strukturen dieser idealisierten Modellwelt verharren darf, sondern dass die Formulierung residualgewinnbasierter Zielvorgaben nur in einer ganzheitlichen Sicht zu der gewünschten wertorientierten Ausrichtung der Unternehmensführung beiträgt.

Literatur

Aders, Christian; Hebertinger, Martin; Schaffer, Christian; Wiedemann, Florian: Shareholder Value-Konzepte – Umsetzung bei DAX 100-Unternehmen, in: FB, 5. Jg. (2003), S. 719–725.

Albach, Horst: Shareholder Value und Unternehmenswert, in: ZfB, 71. Jg. (2001), S. 643–674.

Bacidore, Jeffrey M.; Bequist, John A.; Milbourn, Todd T.; Thakor, Anjan V.: The Search for the Best Financial Performance Measure, in: Financial Analysts Journal, 53. Jg. (1997), S. 13–19.

Baetge, Jörg; Niemeyer, Kai; Kümmel, Jens: Darstellung der Discounted-Cashflow-Verfahren (DCF-Verfahren), in: Peemöller, Volker H. (Hrsg.): Praxishandbuch der Unternehmensbewertung, Herne 2005, 3. Auflage, S. 265–362.

Baldenius, Tim; Fuhrmann, Gregor; Reichelstein, Stefan: Zurück zu EVA, in: BFuP, 51. Jg. (1999), S. 48–52.

Ballwieser, Wolfgang; Wesner, Peter; KPMG (Hrsg): Value Based Management – Shareholder-Value-Konzepte. Eine Untersuchung der DAX 100-Unternehmen, Frankfurt/Main 2003.

Beißel, Jörg; Steinke, Karl-Heinz: Der CVA als wertorientierte Spitzenkennzahl, in: Weber, Jürgen; Bramsemann, Urs; Heineke, Carsten; Hirsch, Bernhard (Hrsg.): Wertorientierte Unternehmenssteuerung, Wiesbaden 2004, S. 117–124.

Crasselt, Nils; Pellens, Bernhard; Schremper, Ralf: Konvergenz wertorientierter Erfolgskennzahlen (Teil 2), in: wisu, 29. Jg. (2000), S. 205–208.

Crasselt, Nils; Schremper, Ralf: Cash Flow Return on Investment und Cash Value Added, in: DBW, 61. Jg. (2001), S. 271–274.

Dobbs, Richard; Koller, Timothy: How to work the expectations treadmill, in: Corporate Finance, 1998, December, S. 17–20.

Ewert, Ralf: Controlling, Interessenkonflikte und asymmetrische Information, in: BFuP, 44. Jg. (1992), S. 277–303.

Ewert, Ralf: Fair Value-Bewertung und Performancemessung, in: Börsig, Clemens; Wagenhofer, Alfred (Hrsg.): IFRS in Rechnungswesen und Controlling, Stuttgart 2006, S. 197–207.

Ewert, Ralf; Wagenhofer, Alfred: Rechnungslegung und Kennzahlen für das wertorientierte Management, in: Wagenhofer, Alfred; Hrebicek, Gerhard (Hrsg.): Wertorientiertes Management, Stuttgart 2000, S. 4–64.

Ewert, Ralf; Wagenhofer, Alfred: Interne Unternehmensrechnung, Berlin 2008, 7. Auflage.

Gleißner, Werner: Kapitalkosten: Der Schwachpunkt bei der Unternehmensbewertung und im wertorientierten Management, in: FB, 7. Jg. (2005), S. 217–228.

Hachmeister, Dirk: Der Cash Flow Return on Investment als Erfolgsgröße einer wertorientierten Unternehmensführung, in: zfbf, 49. Jg. (1997), S. 556–579.

Hart, Oliver D.: Firms, Contracts, and Financial Structure, Oxford 1995.

Haspelagh, Philippe; Noda, Tomos; Boulos, Fares: Wertmanagement – über die Zahlen hinaus, in: Harvard Business Manager, 24. Jg. (2002), Heft: Januar, S. 46–59.

Hebertinger, Martin; Schabel, Matthias M.; Velthuis, Louis John: Risikoangepasste oder risikofreie Kapitalkosten in Wertbeitragskonzepten, in: FB, 7. Jg. (2005), S. 159–166.

Hostettler, Stephan: Economic Value Added (EVA), Bern 2002, 5. Auflage.

Hungenberg, Harald: Fokussierung versus Diversifizierung, in: Glaum, Martin; Hommel, Ulrich; Thomaschewski, Dieter (Hrsg.): Wachstumsstrategien internationaler Unternehmungen, Stuttgart 2002, S. 21–40.

IGC; Weißenberger, Barbara E: Controller und IFRS, Freiburg i.Br. 2006.

Kieser, Alfred; Walgenbach, Peter: Organisation, Stuttgart 2003, 4. Auflage.

Kunz, Alexis H.; Pfeiffer, Thomas; Schneider, Georg: ERIC vs. EVA. Eine theoretische Analyse in der Praxis diskutierter Wertmetriken, in: DBW, 67. Jg. (2007), S. 259–277.

Lücke, Wolfgang: Investitionsrechnung auf der Basis von Ausgaben oder Kosten?, in: zfhf – Neue Folge, 7. Jg. (1955), S. 310–324.

Merchant, Kenneth; Van der Stede, Wim: Management Control Systems. Performance Measurement, Evaluation and Incentives, Harlow/UK 2007, 2. Auflage.

Modigliani, Franco; Miller, Merton H.: Dividend Policy, Growth and the Valuation of Shares, in: Journal of Business, 34. Jg. (1961), S. 411–433.

Mohnen, Alwine: Empirical Evidence on the Incentive Impact of EVA, Working Paper, Universität Köln, 2008.

Nenning, Gerhard; Kuiper, Nils: Wie zukunftsfähig sind die Strategien deutscher Unternehmen. Stern Stewart Research / Volume 35, Veröffentlichung im Handelsblatt vom 17.10.2006.

Pfaff, Dieter; Kunz, Alexis H.; Pfeiffer, Thomas: Wertorientierte Unternehmenssteuerung und das Problem des ungeduldigen Managers, in: WiSt, 29. Jg. (2000), S. 562–567.

Preinreich, Gabriel: Annual Survey of Economic Theory: The Theory of Depreciation, in: Econometrica, 6. Jg. (1938), S. 219–231.

Rappaport, Alfred: Selecting Strategies that Create Shareholder Value, in: hbr, 59. Jg. (1981), S. 139–149.

Rappaport, Alfred: Creating Shareholder Value, New York 1986.

Reichelstein, Stefan: Investment Decisions and Managerial Performance Evaluation, in: RAST, 2. Jg. (1997), S. 157–180.

Richter, Frank; Honold, Dirk: Das Schöne, das Unattraktive und das Hässliche an EVA & Co, in: FB, 2. Jg. (2000), S. 265–274.

Rogerson, William P.: Intertemporal Cost Allocation and Managerial Investment Incentives, in: Journal of Political Economy, 105. Jg. (1997), S. 770–796.

Simons, Dirk; Weißenberger, Barbara E.: Die Konvergenz von externem und internem Rechnungswesen, in: BFuP, 60. Jg. (2008), S. 137–162.

Schneider, Dieter: Oh EVA, EVA, schlimmes Weib: Zur Fragwürdigkeit einer Zielvorgabe-Kennzahl nach Steuern im Konzerncontrolling, in: DB, 54. Jg. (2001), S. 2509–2514.

Steinle, Claus; Krummaker, Stefan; Lehmann, Gunnar: Bestimmung von Kapitalkosten in diversifizierten Unternehmungen: Verfahrensvergleiche und Anwendungsempfehlungen, in: ZfCM, 51. Jg. (2007), S. 204–218.

Stelter, Daniel: Wertorientierte Anreizsysteme für Führungskräfte und Mitarbeiter, in: Bühler, Wolfgang; Siegert, Theo (Hrsg.): Unternehmenssteuerung und Anreizsysteme, Stuttgart 1999, S. 207–242.

Wallace, James S.: Adopting residual income-based compensation plans: Do you get what you pay for?, in: Journal of Accounting and Economics, 24. Jg. (1998), S. 275–300.

Weaver, Samuel C.: Measuring Economic Value Added: A Survey of the Practices of EVA Proponents, in: Journal of Applied Corporate Finance, 14. Jg. (2001), S. 50–60.

Weber, Jürgen; Bramsemann, Urs; Heineke, Carsten; Hirsch, Bernhard (Hrsg.): Wertorientierte Unternehmenssteuerung, Wiesbaden 2004.

Weber, Jürgen; Schäffer, Utz: Einführung in das Controlling, Stuttgart 2008, 12. Auflage.

Weißenberger, Barbara E.: Anreizkompatible Erfolgsrechnung im Konzern, Wiesbaden 2003.

Weißenberger, Barbara E.: Controlling unter IFRS – Möglichkeiten und Grenzen einer integrierten Unternehmensrechnung, in: Weber, Jürgen; Meyer, Matthias (Hrsg.): Internationalisierung des Controllings, Wiesbaden 2005, S. 185–212.

Weißenberger, Barbara E.: IFRS-Rechnungslegung und Controlling, in: Lüdenbach, Norbert; Hoffmann, Wolf-Dieter: Haufe IFRS-Kommentar, Freiburg i.Br. 2009, 7. Auflage, § 52.

Weißenberger, Barbara E.; Blome, Marcus: Wertorientierte Kennzahlen unter IFRS: CVA als finanzwirtschaftlich fundierte Wertsteigerungskennzahl, in: Accounting, 5. Jg. (2005), Heft 3, S. 9–13.

Wurl, Hans-Jürgen; Mayer, Jörg H.: Ansätze zur Gestaltung effizienter Führungsinformationssysteme für die internationale Management-Holding. Ergebnisse einer empirischen Untersuchung, in: Controlling, 11. Jg. (1999), S. 13–21.

4 Corporate Governance-Gestaltung mithilfe des Controllings? Eine konflikttheoretische Analyse

Jörn Littkemann und Klaus Derfuß

4.1   Einführung

Unter Controlling versteht man allgemein die Planung und Kontrolle (im Sinne einer koordinierten Steuerung) der typischen Betriebs- und Geschäftsprozesse im Unternehmen (vgl. ausführlich *Littkemann*, 2006, S. 8 ff.). Es gilt, die Unternehmensleitung fortwährend beim Treffen wichtiger betrieblicher Entscheidungen zu unterstützen. In der praktischen Gestaltung bedeutet Controlling vor allem das Betreiben eines systematischen Informationsmanagements, das die Kontrolle (als kritischen Nachvollzug) mit der Planung (als gedanklichen Vorvollzug) verknüpft (vgl. *Hauschildt/Schewe*, 1993, S. 17 ff.). Damit steht Controlling sowohl im Dienste der Effektivität (Erreichung der gesetzten Ziele) als auch im Dienste der Effizienz (Vermeidung von Unwirtschaftlichkeiten in Kosten und Zeit bei der Zielerreichung). Um seiner Hauptaufgabe der Unterstützung der Koordination der typischen Unternehmensprozesse nachzukommen, greift das Controlling auf ein umfangreiches Bündel von Instrumenten mit unterschiedlich hohem Quantifizierbarkeitsgrad zurück (vgl. zu einer Auflistung von möglichen Instrumenten *Littkemann*, 2006, S. 45).

Kennzeichnend für das „klassische" Controlling ist, dass es auf die Planung und Kontrolle wirtschaftlicher Abläufe und Prozesse gerichtet ist („Der Controller als das betriebswirtschaftliche Gewissen des Unternehmens"). Das heißt, das Controlling zielt vornehmlich auf die ökonomische Unterstützung von Entscheidungen innerhalb betrieblicher Funktions- bzw. Teilbereiche sowie zwischen diesen. Innerhalb eines Unternehmens besteht allerdings bei den beteiligten und betroffenen Gruppen (z.B. Eigentümer, Manager, Kontrollorgane, Mitarbeiter, Gläubiger) eine Reihe unterschiedlicher Interessen, die nicht unmittelbar mit den „normalen" betrieblichen Abläufen verknüpft sind. Diese können aber beträchtliche Konflikte auslösen und die betrieblichen Abläufe unter Umständen erheblich behindern. Einen Interessenausgleich zwischen diesen vielfältigen Gruppen herbeizuführen, ist unstrittig eine Aufgabe der Unternehmensleitung. Üblicherweise wird dazu ein dauerhafter Ordnungsrahmen geschaffen, der die Entscheidungs- und Durchsetzungsprozesse innerhalb des Unternehmens regelt. Die Ausgestaltung dieser Regelungen wird als Unternehmensverfassung bzw. „neudeutsch" als Corporate Governance bezeichnet und genießt in der Unternehmenspraxis nicht zuletzt durch mehr oder weniger beunruhigende Geschehnisse in der jüngsten Vergangenheit (z.B. Subprime-Krise) größte Aufmerksamkeit (vgl. *Wall*, 2008, S. 228).

Während die anspruchsgruppenbezogene Informationsversorgung sowie die Integration der entsprechenden Informationen in die Planung und Kontrolle, mit ggf. entsprechend angepassten Instrumenten, eine genuine Controllingaufgabe darstellen (vgl. z.B. *Körnert/Wolf*, 2007, S. 135 ff.), ist das Controlling in die Gestaltung der Corporate Governance zumeist nicht bzw. nur rudimentär eingebunden (vgl. *Günther*, 2003, S. 346 ff.). Vielmehr werden Unternehmensführung und Controlling oftmals als stark von einander abweichende Aufgabegebiete angesehen, deren Bewältigung von unterschiedlichen Institutionen wahrgenommen wird. In diesem Beitrag wird jedoch der Standpunkt vertreten, dass das Controlling zukünftig eine größere Rolle in diesem Gestaltungsprozess spielen sollte. Denn die „künstliche" Trennung in Unternehmensführung und Controlling erscheint für die Realisierung der angestrebten (wirtschaftlichen und sonstigen relevanten) Unternehmensziele wenig hilfreich. Vielmehr gilt es die unterschiedlichen Ziele und Interessen der einzelnen Anspruchsgruppen in einem Unternehmen gemeinsam, quasi aus einem Guss zu steuern. Somit müssen die Regelungen der Corporate Governance und der Aufbau des betrieblichen Controllingsystems laufend aufeinander abgestimmt werden, um die Erreichung der Unternehmensziele zu gewährleisten (vgl. *Scheffler*, 2003, S. 404). Der laufende und nachhaltige wechselseitige Austausch zwischen Unternehmensleitung und Controlling erscheint folglich auch in dieser Gestaltungsfrage zwingend erforderlich. Im Grunde genommen kann das Controlling nur auf diesem Wege seiner ursprünglichen Aufgabe, nämlich der Entscheidungsunterstützung der Unternehmensleitung (in allen wichtigen, insbesondere aber den wirtschaftlichen Fragen), vollauf gerecht werden.

Ziel des Beitrags ist es, aus der Perspektive des Controllings zunächst die Möglichkeiten und Grenzen der Gestaltung der unternehmerischen Corporate Governance aufzuzeigen und daraus anschließend Konsequenzen für die tägliche Arbeit des Controllings zu ziehen und ggf. neue Aufgabenfelder für das Controlling abzuleiten. Dabei wird vereinfacht davon ausgegangen, dass es sich um Unternehmen in der Rechtform einer Aktiengesellschaft (mit den drei typischen Unternehmensorganen Vorstand, Aufsichtsrat und Hauptversammlung; vgl. zum sog. dualistischen Modell ausführlich *Schewe*, 2005, S. 78 ff.) handelt, die zudem zumeist über eine gewisse Größe verfügen, so dass die hier aufgeworfenen Fragen – zumindest für diesen Unternehmenstyp – von großer Relevanz sind.

Im folgenden zweiten Abschnitt wird das zugrunde gelegte Verständnis der Corporate Governance in aller Kürze beschrieben. Im dritten Abschnitt werden maßgebliche Corporate Governance-Probleme unter Heranziehung eines konflikttheoretischen Ansatzes diskutiert. Mit den daraus möglicherweise abzuleitenden Konsequenzen für das Controlling befasst sich der vierte und letzte Abschnitt des Beitrags.

4.2 Grundverständnis der Corporate Governance

4.2.1 Begriffsklärung

Unter dem Schlagwort Corporate Governance wird in erster Linie die wissenschaftliche und praxisbezogene Diskussion zur Unternehmensführung und Unternehmensüberwachung geführt. Im Mittelpunkt der Betrachtung steht die Organisation der Leitung und Kontrolle eines Unternehmens mit der Zielsetzung, einen weitgehenden Interessenausgleich zwischen den beteiligten Anspruchsgruppen, auch Stakeholder genannt, zu erreichen. Die konzeptionell prägenden Wurzeln der Corporate Governance stammen aus dem angloamerikanischen Wirtschaftsraum und erlangen seit geraumer Zeit auch in Deutschland zunehmend Bedeutung. Dabei wird hier oftmals – wie auch in diesem Beitrag – der Begriff Unternehmensverfassung als Synonym für Corporate Governance verwendet (vgl. *Michalik*, 2009, S. 545). Im angloamerikanischen Wirtschaftsraum lassen sich inhaltlich drei verschiedene Abgrenzungen des Corporate Governance-Verständnisses identifizieren (vgl. *Wulfetange*, 2002, S. 85 ff.):

- Rechtssprache: In der Rechtssprache bezeichnet Corporate Governance die rechtliche Entscheidungsstruktur eines Unternehmens, wobei der Fokus auf den Aufgaben, Zuständigkeiten und Verantwortlichkeiten der Leitungsorgane liegt.
- Kapitalmarkt: Der Kapitalmarkt definiert Corporate Governance als das Verhältnis zwischen dem Unternehmen, dem Kapitalmarkt (Anteilseigner als Investoren) und den übrigen Stakeholdern (z.B. Kunden, Arbeitnehmer, Lieferanten). Dabei sind alle Stakeholder mit einem relevanten Interesse am Unternehmen von der Unternehmensleitung zu berücksichtigen.
- Kommissionen: Die unterschiedlichen Kommissionen, die zur Verbesserung von Regelwerken der Corporate Governance einberufen werden, beschäftigen sich mit einzelnen Teilbereichen der Unternehmensverfassung. Im Gegensatz zu den juristischen Bemühungen erfolgt im Wesentlichen eine Konzentration auf die interne Unternehmenssteuerung und weniger auf die Neustrukturierung externer Kontrollgremien.

Die deutsche Unternehmenslandschaft weist gegenüber dem angloamerikanischen Wirtschaftsraum vielfältige Unterschiede auf. Insbesondere darf eine nationale Diskussion zur Corporate Governance nicht aus den Augen lassen, dass die Industrie in Deutschland durch einen zahlenmäßig hohen Anteil nicht-börsennotierter sowie familiengeführter Unternehmen charakterisiert ist (vgl. *Hennerkes*, 2002, S. 105 ff.). Zunächst ist jedoch zu klären, welche Definition von Corporate Governance in Deutschland vorherrscht.

Im Allgemeinen wird unter der Verfassung einer sozialen Institution (z.B. Staat, Unternehmen) die Gesamtheit ihrer grundlegenden (konstitutiven) und langfristig gültigen Strukturregelungen verstanden (vgl. *Chmielewicz*, 1993, Sp. 4400). In juristischer Terminologie gehört dazu sowohl die so genannte Betriebsverfassung (z.B. Betriebsrat) als auch die so genannte Unternehmensverfassung (z.B. Mitbestimmung im Aufsichtsrat).

Gegenstand der Corporate Governance ist somit der institutionelle Rahmen zur Regelung von Entscheidungs- und Durchsetzungsprozessen innerhalb eines Unternehmens. Durch die Gesamtheit aller verfassungsmäßigen Regelungen soll das Verhalten eines Unternehmens gegenüber den Stakeholdern bewusst gestaltet werden. Bei diesen Regelungen handelt es sich um dauerhaft angelegte Leitlinien des Verhaltens von Individuen oder Gruppen im unternehmerischen Handlungsfeld. Sie sind im Alltagsgeschäft des Unternehmens ohne Willkür, einheitlich (konkordant) und gleich bleibend (konsistent) anzuwenden. Sie gelten für alle Individuen des betrachteten Corporate Governance-Systems (vgl. *Hauschildt*, 2001, S. 8) und sind von der Unternehmensführung festzulegen und fortwährend zu vertreten.

Diese mit der Unternehmensverfassung verbundenen Ordnungsvorstellungen laufen im Wesentlichen darauf hinaus, einem bestimmten Personenkreis (z.B. Kapitalgeber, Manager, Kontrollorgane, Arbeitnehmer) die Gestaltung des Unternehmensgeschehens im gemeinsamen Handeln zu ermöglichen. Innerhalb des jeweils betrachteten Personenkreises wird zudem die Beteiligung an der Willensbildung nach einem bestimmten Muster (z.B. demokratisch) gestaltet (vgl. *Remer*, 1982, S. 138). In diesem Zusammenhang wird mit Hilfe der Corporate Governance vor allem die Verteilung von Macht und Einkommen im Unternehmen geregelt:

- Machtregelung: Bei der Machtregelung wird eine Zuordnung von Leitungskompetenzen auf das Führungs- oder Leitungsorgan (z.B. Gremium, Einzelperson) vorgenommen.
- Machtkontrolle: Bei der Machtkontrolle erfolgt sowohl eine Kontrolle der unternehmensexternen Machtverteilung (Außenmacht) als auch der unternehmensinternen Machtverteilung (Innenmacht).
- Einkommensverteilung: Bei der Einkommensverteilung wird analog zu der Machtkontrolle zwischen einer externen Verteilungskomponente (z.B. Marktpreise, Zins- und Steuersätze) und einer internen Verteilungskomponente (z.B. interne Verrechnungspreise, Gewinnbeteiligungen, Dividenden) unterschieden.

Die Gestaltung der Corporate Governance stellt dabei ein normatives Problem dar, das sich aus mehreren Quellen speist. Dies sind einerseits die extern auferlegten gesetzlichen Bindungen, wie z.B. die Vorschriften des Arbeitsrechts oder der Mitbestimmungsgesetze. Daneben existieren Regelungen, die aus Vertragsbindungen entstehen und ihren Niederschlag oftmals in Betriebsvereinbarungen finden. Eine weitere Gruppe betrifft diejenigen Regelungen, die zu einer Selbstbindung des Unternehmens führen. Diese werden in der Regel durch die Satzung einer Gesellschaft oder einen Gesellschaftervertrag dauerhaft geregelt und sind lediglich durch eine qualifizierte Mehrheit zu ändern. Die letzte Gruppe umfasst Regelungen, die durch Tradition eines konsistenten und konkordanten Verhaltens entstehen und dadurch eine faktische Bindung hervorrufen. Derartige Regelungen schlagen sich in Verhaltenskodizes, Unternehmensleitsätzen oder auch der Corporate Identity nieder. Die Gestaltung der Corporate Governance basiert somit nicht nur auf gesetzlichen Vorschriften, sondern eröffnet dem Unternehmen auch die Möglichkeit, gestalterisch tätig zu werden.

Dabei ist allerdings zu berücksichtigen, dass bei extern vorgegebenen Verfassungsregelungen der Zwang zu einer konkordanten wie konsistenten Anwendung deutlich höher ist als bei verfassungsmäßigen Regelungen, die durch das Unternehmen freiwillig gesetzt werden. Werden letztere tatsächlich in den Unternehmensalltag eingebunden und nachhaltig praktiziert, spricht man von einer gelebten Corporate Governance (vgl. *Schewe*, 2005, S. 12 f.).

Das deutsche System der Corporate Governance weist somit Besonderheiten auf, die es von dem angloamerikanischen Modell klar differenzieren (vgl. *Segler/Wald/Weibler*, 2007, S. 403 ff.), ruft aber auf internationaler Ebene weitgehend Unverständnis für das „deutsche System" hervor. Dissens besteht vor allem in den unterschiedlichen Zielsetzungen beider Systeme. Während sich das angloamerikanische System u. a. durch einen starken Kapitalmarktbezug und eine hohe Transparenz nach außen auszeichnet, liegt die Zielsetzung des deutschen Systems stärker in einer zunehmenden Strukturierung der Unternehmensorganisation im Innenbereich, die auch für das Controlling eine große Bedeutung im Hinblick auf deren Gestaltung hat. So sind Entscheidungs- und Durchsetzungsprozesse des Managements mit vielfältigen Konsequenzen verbunden, aufgrund derer betroffene Anspruchsgruppen ein Mitbestimmungsrecht einfordern. Das deutsche System der Corporate Governance liefert in diesen Fällen einen geeigneten institutionellen Rahmen für die Professionalität und damit Qualität der Unternehmensführung.

4.2.2   Träger und Betroffene der verfassten Verhaltensweisen

Das Verhalten der Unternehmen wird entscheidend durch ihre Repräsentanten geprägt. Diese umfassen neben den Mitgliedern der Unternehmensleitung unter anderem auch die Gruppe der Arbeitnehmervertreter sowie den Aufsichtsrat. Das Unternehmen an sich ist in ein vielfältiges Beziehungssystem eingebettet. Die diesem System zugrunde liegenden Verbindungen bestehen im Wesentlichen aus den unterschiedlichen Informations- und Marktbeziehungen. Dabei sind einige Anspruchsgruppen stärker institutionalisiert als andere und verfügen dadurch über ein größeres Machtpotenzial (vgl. *Schewe*, 2005, S. 18 ff.). Die folgende Abbildung zeigt die verschiedenen Interessengruppen im Umfeld des Unternehmens.

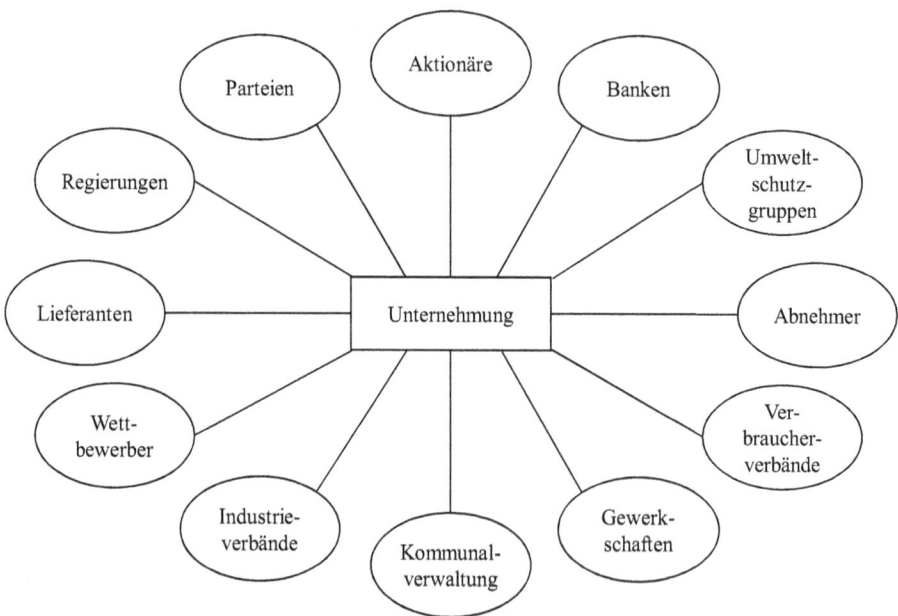

Abb. 4.1: Interessengruppen als Umfeldfaktoren

Eine besondere Bedeutung kommt in diesem Zusammenhang den Mitgliedern der Unternehmensleitung zu. Sie sehen sich an der Schnittstelle zwischen Unternehmen und Öffentlichkeit tagtäglich einer Vielzahl von Interessengruppen gegenüber, mit denen sie so effizient wie möglich zusammenarbeiten müssen. Der wesentliche Anspruch liegt einerseits in dem Ausgleich von teilweise kontroversen Interessen der einzelnen Gruppen sowie andererseits in dem Ermöglichen von Koalitionswechseln innerhalb dieser Gruppen.

Die Organe der Unternehmensleitung sind daher die wichtigsten Träger der Corporate Governance. Neben der Formulierung der offiziellen und damit für alle Aktivitäten verbindlichen Unternehmensziele und dem Vollzug sämtlicher nicht delegierbarer Aufgaben, wie dem Treffen strategischer Entscheidungen, spielen sie daher auch eine wesentliche Rolle bei der

Konzipierung der Unternehmensverfassung. Träger und Betroffene der verfassten Verhaltensweisen sind jedoch nicht immer eindeutig voneinander zu trennen. So sind Arbeitnehmer beispielsweise nicht nur von den verfassungsmäßigen Regelungen betroffen, sondern bestimmen diese auch in entscheidendem Maße mit, z.B. über den Betriebsrat oder die Arbeitnehmervertreter im Aufsichtsrat. Die Betroffenen lassen sich auf individueller, Gruppen- und institutioneller Ebene unterscheiden. Die nachstehende Tabelle zeigt Beispiele hierfür auf.

Tab. 4.1: Betroffene der verfassten Verhaltenweisen

Ebene	Eigentümer	Arbeitnehmer	Gläubiger
Individuen	Einzelner Aktionär	Einzelner Arbeitnehmer	Einzelner Lieferant
Gruppen	Groß- oder Kleinaktionäre	Belegschaft	z.B. bevorrechtigte, nicht gesicherte Gläubiger
Institutionen	Organisierte Aktionärsvereine wie z.B. Schutzgemeinschaft der Kleinaktionäre	Gewerkschaften	z.B. Staat, Haushalte, Lieferanten

4.2.3 Notwendigkeit und Nutzen von Corporate Governance

Die Notwendigkeit einer Corporate Governance zeigt sich in erster Linie dann, wenn ein einheitliches Auftreten des Unternehmens gegenüber der Öffentlichkeit oder den Marktpartnern geboten ist (vgl. *Schewe*, 2005, S. 15). Dies trifft insbesondere auf Krisensituationen zu. Ein effizientes Krisenmanagement ist nur möglich, wenn sichergestellt ist, dass das Unternehmen nach außen hin einheitlich auftritt. Das bedeutet, dass sich die Entscheidungsträger des Unternehmens in ihren Verhaltensweisen nach Möglichkeit nicht widersprechen sollten. Die Anwendung verfassungsmäßiger Regelungen führt dabei zu einer Vereinheitlichung des Informations- und Kommunikationsverhaltens der Repräsentanten eines Unternehmens.

Während die Notwendigkeit von Corporate Governance im Wesentlichen in Ausnahmefällen offenbar wird, zeigt sich ihr Nutzen im alltäglichen Unternehmensgeschehen. Hier führen verfasste Regelungen durch das Vereinheitlichen der Verhaltensweisen und Entscheidungen zu Rationalisierungs- und Koordinationseffekten, die ihrerseits die Effizienz des Unternehmens steigern.

Darüber hinaus sind die Regelungen der Corporate Governance von zentraler Bedeutung für die Steuerung eines Unternehmens. Sie lassen sich in diesem Zusammenhang als zentralisiertes Führungsinstrument charakterisieren, mit dem unterschiedliche und komplexe Durchsetzungsprozesse anhand eines gleichartigen Grundkonzepts ausgerichtet werden können. Insofern helfen die verfassten Regelungen auch bei der Institutionalisierung einer bestimmten Unternehmenskultur.

4.3   Corporate Governance-Probleme und konflikttheoretischer Ansatz

4.3.1   Vorbemerkung

In der Literatur werden zumeist die Ansätze der Prinzipal-Agenten-Theorie zur Lösung auftretender Corporate Governance-Probleme diskutiert (vgl. *Wall*, 2008, S. 228). Klassisches Beispiel für ein solches Problem ist, wie eine einseitige Interessenverfolgung durch die Unternehmensleitung aus Sicht der Eigentümer verhindert werden kann (vgl. dazu ausführlich *Littkemann/Madrian*, 2000, S. 76 ff.). Die Prinzipal-Agenten-Theorie liefert hier Lösungsansätze durch das Installieren entsprechend gestalteter Kontroll- oder Anreizsysteme (vgl. z.B. *Günther*, 2003, S. 331 ff.; *Wall*, 2003, S. 391 f.). Eine geschlossene Theorie zur Lösung der vielfältigen Corporate Governance-Probleme liegt bislang jedoch noch nicht vor (vgl. *Schewe*, 2005, S. 62 ff.). Dies liegt vor allem daran, dass die Ansätze der Prinzipal-Agenten-Theorie zumeist auf die Lösung von Problemen zwischen lediglich zwei Interessengruppen bzw. Personen zielen und demzufolge bislang keine umfassenden Erklärungen bieten. Wie der vorangegangene Abschnitt gezeigt hat, existieren in der Regel jedoch mehr als zwei Interessengruppen, die ihre Ziele und Ansprüche im Unternehmen durchsetzen wollen. Daher wird im Folgenden ein konflikttheoretischer Ansatz vorgestellt, der über den klassischen Interessenausgleich zwischen Eigentümern und Unternehmensleitung hinausgeht und versucht, einen Interessenausgleich zwischen allen Anspruchsgruppen des Unternehmens herbeizuführen.

4.3.2   Grundkonzept

Ausgangspunkt des konflikttheoretischen Ansatzes bildet die Erkenntnis, dass ein Unternehmen als Instrument zur Durchsetzung wirtschaftlicher Einzel- oder Gruppeninteressen genutzt wird. Die Interessengruppen zeichnen sich in erster Linie dadurch aus, dass sie Ansprüche und Ziele mit unterschiedlicher Ausrichtung verfolgen. Folgende Ausrichtungen sind dabei im betriebswirtschaftlichen Kontext denkbar (vgl. *Hauschildt*, 2001, S. 13):

- Interessengruppen mit finanzwirtschaftlicher Ausrichtung (Kapitalgeber, Kapitalnehmer, Fiskus),
- Interessengruppen mit leistungswirtschaftlicher Ausrichtung (Kunden, Lieferanten, Arbeitnehmer, Konkurrenten),
- Interessengruppen mit kontrollorientierter Ausrichtung (externe und interne Aufsichtsorgane),
- Interessengruppen mit wirtschaftspolitisch steuernder Ausrichtung (Staat, Behörden, Verbände),
- Interessengruppen mit informationswirtschaftlicher Ausrichtung (intermediäre wie Meinungsbildner, Beratungsorgane und sonstige Informationsnachfrager).

Zur Beschreibung der Interaktionsbeziehungen ist über die bloße Nennung der unterschiedlichen Interessengruppen hinaus eine Betrachtung der Interessen selber notwendig. Dabei sind neben den tatsächlich von den einzelnen Interessengruppen geäußerten oder durch Aktion geforderten bzw. vertretenen Interessen auch die vermeintlichen Interessen, von deren Existenz die Unternehmensleitung überzeugt ist, zu beachten.

Die einzelnen Interessengruppen verfolgen unterschiedliche Individualziele. Diese gelten mittel- bis langfristig, sind zumeist aber relativ diffus und setzen z.B. keine präzisen Grenzwerte für den Abbruch der Interaktionsbeziehung. Es ist zudem möglich, dass einzelne Vertreter oder Interessengruppen als Ganzes mehr als ein einziges Individualziel verfolgen oder einen Wechsel ihrer Zielgewichtung vornehmen. Im Folgenden werden aus der Vielzahl der oben genannten Interessengruppen vier Gruppen und ihre grundlegenden Interessen näher betrachtet (vgl. *Hauschildt*, 2001, S. 14; *Schewe*, 2005, S. 31; für eine ähnliche Betrachtung der Beziehungen zwischen Mutter- und Tochterunternehmen vgl. *Littkemann*, 2004):

- Unternehmensleitung: Die Unternehmensleitung wird in aller Regel neben dem Einkommensaspekt nach einer gesicherten Fortführung des Geschäfts streben. Dabei spielen nicht nur Aspekte wie Image oder Reputation eine zentrale Rolle sondern auch machtpolitische Zielsetzungen sowie eine größtmögliche Selbstverwirklichung.
- Eigenkapitalgeber: Die Interessengruppe der Eigenkapitalgeber wird in erster Linie nach einer realen Kapitalerhaltung sowie einem nachhaltigen Mindestgewinn streben.
- Fremdkapitalgeber: Das Hauptinteresse der Fremdkapitalgeber liegt in der gesicherten Rückzahlung des Fremdkapitals sowie der vereinbarten Zinszahlungen begründet. Weiterhin besteht ein großes Interesse an entsprechenden Folgegeschäften.
- Arbeitnehmer: Die Interessengruppe der Arbeitnehmer strebt nach einer Sicherung des Arbeitsplatzes sowie der Sicherung eines nachhaltigen Einkommens. Darüber hinaus spielen zumindest für gewisse Teilbereiche der Arbeitnehmerschaft Aspekte der Selbstverwirklichung eine bedeutende Rolle.

Aus dem Katalog der in der Unternehmensumwelt existierenden Individualziele lassen sich nun die Ziele für das Unternehmen ableiten. Jedoch besteht die Gefahr, dass durch Erfüllung des Individualziels einer Interessengruppe die Ziele einer anderen Gruppe nicht oder nur gering erfüllt werden. Somit ist es erforderlich, aus den Zielen für das Unternehmen im Wege der Kompromissfindung Ziele des Unternehmens auszuhandeln.

Die an der Kompromissfindung beteiligten Interessengruppen verhandeln so lange miteinander, bis eine Zielfigur gefunden ist, der alle zustimmen können. Die Durchsetzung der einzelnen Interessen ist dabei in erster Linie eine Machtfrage. Eine willkürliche Machtausübung ist jedoch dadurch eingeschränkt, dass jede Interessengruppe letztlich die Existenz des Unternehmens und auch das Mitwirken aller beteiligten Interessengruppen zu erhalten anstrebt. An dieser Stelle ist der Ansatzpunkt der Corporate Governance zu sehen. Sie schützt die Interessen derjenigen Gruppen, deren Macht so gering ist, dass sie sich im Rahmen der Kompromissfindung nicht durchsetzen können. Die Corporate Governance reguliert quasi den Weg der Kompromissfindung und begrenzt damit die einseitige Machtausübung (vgl. *Werder*, 2007, Sp. 223). Die folgende Abbildung stellt diesen Sachverhalt dar.

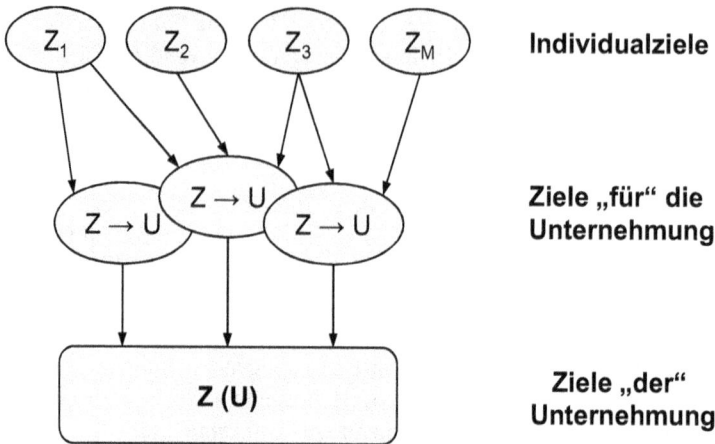

Abb. 4.2: Transformation von Individualzielen in Unternehmensziele

4.3.3   Anwendung im Rahmen der Corporate Governance

Regulierung von Konflikten

Die Corporate Governance stellt wie gezeigt in erster Linie ein Instrument zur Regulierung von unternehmensbezogenen Interessenkonflikten dar (vgl. *Werder*, 2007, Sp. 223). Sie kann darüber hinaus auch selbst als Ergebnis eines Austragungsprozesses von Konflikten zwischen den relevanten Interessengruppen verstanden werden. Die Konfliktaustragung verlagert sich daher oftmals auf die Konzeption der verfassungsmäßigen Regelungen. Die Regelungen der Corporate Governance lassen sich insofern als abhängige und unabhängige Variablen im Konfliktaustragungsprozess der Interessengruppen interpretieren (vgl. *Hauschildt*, 2001, S. 15 ff.; *Schewe*, 2005, S. 28). Diese Vorüberlegungen verlangen nach einer eingehenderen Charakterisierung der Konfliktstruktur. Dazu gilt es einerseits, die beteiligten Konfliktparteien zu benennen. Andererseits ist herauszustellen, in welchen Bereichen ihre Interessen konvergieren oder divergieren.

Die Interessenkonstellationen der Akteure können in einer Konflikt-Konsens-Matrix geordnet werden. Diese verdeutlicht, dass neben den Interessendivergenzen der beteiligten Konfliktparteien auch vielfältige Interessenkongruenzen bestehen. In der Diagonale finden sich die Felder, welche die Intra-Gruppen-Konflikte bzw. -Konsense beschreiben. Derartige Konflikte sind letztlich auf die oftmals heterogene Zusammensetzung der Interessengruppen und die damit einhergehenden unterschiedlich ausgerichteten Partialinteressen zurückzuführen. Der konflikttheoretische Ansatz hebt damit bewusst eine in der Literatur anzutreffende komplexitätsreduzierende Vereinfachung auf, die davon ausgeht, dass alle Interessengruppen intern homogen sind (vgl. z.B. *Körnert/Wolf*, 2007, S. 136). Weitere als Inter-Gruppen-Konflikte bezeichnete Konflikte bestehen selbstverständlich zwischen den einzelnen Interessengruppen und sind in den Feldern unter- und oberhalb der Diagonale verzeichnet. Eine solche Konflikt-Konsens-Matrix gibt die folgende Abbildung wieder.

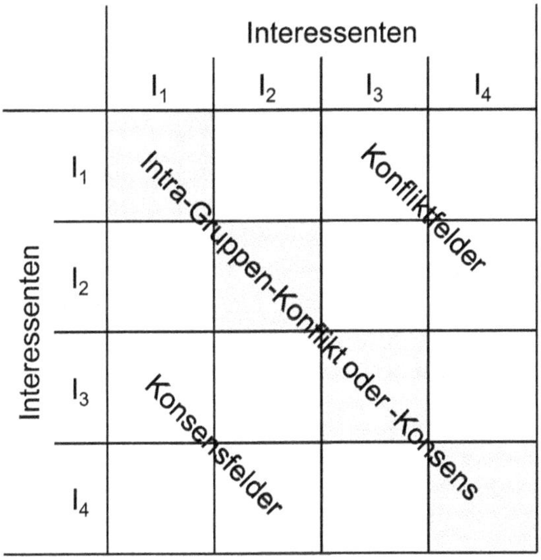

Abb. 4.3: Konflikt-Konsens-Matrix
(Quelle: Hauschildt, 2001, S. 16)

Die folgenden Ausführungen geben detailliert die entsprechenden Konflikte bzw. Konsense der Interessengruppen wieder, beginnend mit der Analyse der Intra-Gruppen-Konflikte (vgl. auch die zusammenfassende Abbildung am Schluss der Ausführungen).

Intra-Gruppen-Konflikte

- Interessenkonflikte innerhalb der Unternehmensleitung:
  Innerhalb der Unternehmensleitung treten in erster Linie klassische Ressortkonflikte auf, die sich aus den unterschiedlichen Anforderungen der einzelnen Geschäftsbereiche ergeben. Ein weiteres Konfliktfeld liegt im teilweise recht ausgeprägten Altersunterschied von Mitgliedern der Unternehmensleitung begründet. Hinzu kommen in der Regel in einer Aktiengesellschaft unterschiedlich lange (Rest-)Vertragslaufzeiten. So werden Vorstände, die mit Auslaufen ihres Vertrags mit Sicherheit aus dem Vorstand ausscheiden, eine andere Zeit- und Risikopräferenz haben als solche, die erst seit kurzem dem Vorstand angehören und bei denen eine Vertragsverlängerung wahrscheinlich ist.

- Interessenkonflikte innerhalb der Eigenkapitalgeber:
  Interessenkonflikte innerhalb der Eigenkapitalgeber treten hauptsächlich zwischen den Groß- und Kleinaktionären auf. Kleinaktionäre sind in erster Linie an einer maximalen Gewinnausschüttung interessiert. Im Gegensatz dazu versuchen Großaktionäre, diese Gewinne zu thesaurieren und in ihrem Sinne Einfluss auf das Unternehmen auszuüben. Ein weiterer Interessenkonflikt besteht zwischen direkten und indirekten Investoren über unterschiedliche Zeithorizonte, Ausschüttungs- sowie Kurspflegeerwartungen. Darüber hinaus können Interessenkonflikte auftreten, wenn eine Eigentümergruppe als Bank gleichzeitig Kreditbeziehungen zum Unternehmen unterhält. Die ungleichen Risikopräfe-

renzen führen dann zu einem unterschiedlichen Investitions- und Wachstumsinteresse sowie zu Konflikten hinsichtlich der Gewinnthesaurierung.

- Interessenkonflikte innerhalb der Fremdkapitalgeber:
Die unterschiedlich gelagerten Interessen von Banken und Nicht-Banken bilden den Schwerpunkt der Konflikte. Banken haben ein rein monetäres Interesse, nämlich die fristgerechte Begleichung ihrer Forderungen. Im Gegensatz dazu zielen Lieferanten auch auf die Sicherung von Folgegeschäften ab. Weitere Interessenkonflikte ergeben sich zwischen den gesicherten bzw. ungesicherten Fremdkapitalgebern aufgrund einer unterschiedlichen Risikoneigung bei Investitionen und anderen konstitutiven Entscheidungen. Daneben sind ungleiche Erwartungshorizonte und Sicherheitsvorstellungen als Gründe für Konflikte zwischen lang- und kurzfristig agierenden Fremdkapitalgebern zu sehen.

- Interessenkonflikte innerhalb der Arbeitnehmerschaft:
Die Arbeitnehmerschaft eines Unternehmens unterteilt sich oftmals in gewerkschaftlich organisierte und nicht-organisierte Arbeitnehmergruppen. Während erstere ggf. auch daran interessiert sind allgemeine politische Vorstellungen der Gewerkschaften durchzusetzen, ist dies bei nicht-organisierten Arbeitnehmern nicht der Fall. Die politischen Vorstellungen der Gewerkschaften richten sich dabei insbesondere auf Fragen der Mitbestimmung bei Entscheidungen. Auch Interessenkonflikte zwischen Arbeitern und Angestellten einerseits und leitenden Angestellten andererseits sind denkbar, da diese im Hinblick auf die Beschäftigung ggf. unterschiedliche Risikoneigungen und Zeithorizonte haben. In Krisenzeiten ist ferner das Ausbrechen von Konflikten zwischen den Arbeitnehmern unterschiedlicher Unternehmenseinheiten möglich, vor allem wenn Werksschließungen und Arbeitsplatzverluste drohen.

Inter-Gruppen-Konflikte und -Konsense
- Verhältnis Eigenkapitalgeber zu Fremdkapitalgebern:
Beide Interessengruppen erstreben einen langfristigen, rentablen Expansionskurs und möchten die Autonomie der Unternehmensleitung einschränken. Einigkeit besteht auch dahingehend, den Einfluss der Arbeitnehmerseite einzudämmen, da sich dieser langfristig negativ auf die Rendite eines Unternehmens auswirken könnte. Konfliktäre Interessen bestehen in erster Linie bei der Gewinnverwendung, Fremdkapitalgeber sind vielfach an einer Thesaurierung der Gewinne interessiert. Hingegen versuchen Eigenkapitalgeber den Einfluss der Fremdkapitalgeber auf unternehmenspolitische Entscheidungen weitgehend zu unterbinden, da sie ggf. risikofreudiger agieren als Fremdkapitalgeber.

- Verhältnis Eigenkapitalgeber zu Arbeitnehmern:
Die Interessen sind hier ebenfalls im Hinblick auf einen rentablen Expansionskurs kongruent, da beide Parteien Interesse an nachhaltiger Beschäftigung haben. Das zentrale Konfliktfeld liegt in der Verteilung des Mehrwerts. Das Interesse der Eigenkapitalgeber besteht in einer verstärkten Thesaurierung oder einer maximierten Ausschüttung der Gewinne. Das primäre Interesse der Arbeitnehmer liegt in der nachhaltigen Sicherung von Arbeitsplätzen. Dieser Konflikt verschärft sich insbesondere in Situationen, in denen sich das Unternehmen nicht mehr auf einem Wachstumspfad befindet und Arbeitsplätze zur Existenzsicherung abgebaut werden.

- Verhältnis Eigenkapitalgeber zur Unternehmensleitung:
Auch im Verhältnis der Eigenkapitalgeber zur Unternehmensleitung besteht Konsens hinsichtlich eines rentablen Expansionskurses. Dominieren die Eigenkapitalgeber, fungiert der Vorstand gewissermaßen als Erfüllungsgehilfe in Sinne des Ausschüttungs- und Eigenfinanzierungsinteresses. Ein möglicher Konflikt wird somit einseitig gelöst. Das eigentliche Konfliktfeld liegt darin begründet, dass der Vorstand ein Eigeninteresse des Unternehmens gegenüber dem Eigenkapitalgeber vertritt. Dies kommt vor allem bei Rekrutierungsfragen zum Tragen. Als Extremfall hier wäre z.B. eine Umkehrung der gesetzlichen Vorgaben denkbar, indem der Vorstand Aufsichtsräte rekrutiert.

- Verhältnis Fremdkapitalgeber zu Arbeitnehmern:
Zwischen diesen beiden Interessengruppen besteht Einigkeit im Hinblick auf die Bildung vergleichsweise hoher Rücklagen. Die Gewinnthesaurierung wird eindeutig präferiert, da beide Gruppen an ausreichenden Ressourcen für wirtschaftliche Engpässe interessiert sind. Konflikte entfalten sich in erster Linie in Krisensituationen, in denen Arbeitsplätze zugunsten finanzieller Sicherheit abgebaut werden. Ein weiterer Konflikt besteht in der Frage, welche Interessengruppe einen höheren Anteil der Wertschöpfung erhalten soll.

- Verhältnis Fremdkapitalgeber zur Unternehmensleitung:
Konsens zwischen diesen Interessengruppen ist in erster Linie in der Rücklagenbildung sowie einer generell rentablen Unternehmensführung zu sehen. Konflikte sind in der unterschiedlichen Risikoneigung begründet. Insbesondere Banken zeichnen sich im Vergleich zu Vorständen oftmals durch risikoaverses Verhalten aus. Bei hohem Machtpotenzial der Fremdkapitalgeber verschärft sich dieser Konflikt eventuell noch bei starkem Autonomiestreben des Vorstands.

- Verhältnis Arbeitnehmer zur Unternehmensleitung:
Beide Interessengruppen sind an einem rentablen Wachstum des Unternehmens interessiert. Sowohl Arbeitnehmer als auch Unternehmensleitung ziehen eine Thesaurierung von Gewinnen der Ausschüttung vor. Dieser Konsens ist oftmals auch in einer Koalitionsbildung gegenüber den Fremdkapitalgebern zu beobachten. Konflikte zwischen beiden Interessengruppen bestehen hauptsächlich im Hinblick auf Arbeitsplatzerhaltung und Rationalisierung. Weiterhin existieren unterschiedliche Risikoneigungen von Arbeitnehmern (eher risikoavers) und Unternehmensleitung (eher risikofreudig).

		Konflikt			
		1. Eigenkapital-geber	2. Fremdkapital-geber	3. Arbeitnehmer	4. Vorstand
Konsens	1. Eigenkapital-geber	groß vs. klein, Unternehmen vs. Privat, Banken vs. Nichtbanken	evtl. unterschiedliche Risikoneigung, Gewinnverwendung, Mitspracheanspruch der Banken, unterschiedliche Konditionen	Mehrwertstreit, Ausschüttung vs. stille Reserven, Effizienz durch Schrumpfung	Unternehmen „an sich", Risikoneigung, Selbstverwirklichungsanspruch, unterschiedliche Fristen (altersbedingt), Selbstrekrutierungsansprüche
	2. Fremdkapital-geber	Konsens über rentablen Expansionskurs, Teilhabe am Wachstum, Kontrolle der Vorstandsautonomie, der Risikobegrenzung, des Arbeitnehmereinflusses	Unterschiedliche Sicherheiten/ Einflussnahmen	Liquidationsneigung vs. Arbeitsplatzsicherung im Verlustfalle, Mehrwertkonflikt, Rekrutierungskonflikte	Einflussnahme über Negativ-Klauseln, Autonomiekonflikt, unterschiedliche Risikoneigungen, Rekrutierung des Vorstandes
	3. Arbeitnehmer	Konsens über rentablen Expansionskurs, Interesse an gesunden, soliden Arbeitsplätzen und Arbeit	Hohe Rücklagenbildung, ähnliche Risikoneigung bei allen Investitionen	Organisiert/nicht organisiert, Betrieb/Gewerkschaften	Unterschiedliche Risikoneigung, Einstellung zur Arbeitsplatzerhaltung
	4. Vorstand	Vorstand als Erfüllungsgehilfe, Konsens über rentablen Expansionsweg	Einig im Leverage-Effekt, in der Rücklagenbildung bei konst. Dividende, Nutzung von Unternehmensverbindungen	Konsens über rentablen Expansionskurs, Interesse am Unternehmen an sich, gegen Liquidierung, Verkauf o. ä.	Ressortkonflikte, Alterskonflikte, Risikoneigung

Abb. 4.4: Beispiele für typische Konflikte/Konsense in einer Aktiengesellschaft
(Quelle: In Anlehnung an Hauschildt, 2001, S. 18 f.)

4.3.4   Kritische Würdigung

Die Konflikt-Konsens-Matrix verdeutlicht, dass die Regulierung von Konflikten im Unternehmen ein ständiger Vorgang ist. Dieser kann nicht durch einen einzelnen Satz einer schriftlich niedergelegten Corporate Governance gelöst werden. Stattdessen sind zur Regulierung der vielfältigen Konflikte zwischen den einzelnen Interessengruppen komplexe und sich im Zeitablauf wandelnde Lösungsansätze gefordert, die unter anderem auf bestehende Machtstrukturen Rücksicht nehmen müssen (vgl. *Hauschildt*, 2001, S. 19):

- Dominiert die Interessengruppe der Arbeitnehmer, so weist das Unternehmen eine arbeitnehmerfreundliche Corporate Governance auf.

- Bei einer schmalen oder abnehmenden Eigenkapitaldecke steigt der Einfluss der Fremdkapitalgeber.
- Kunden und Lieferanten gewinnen an Einfluss auf die Corporate Governance, wenn das Unternehmen z.B. aufgrund langfristiger Verträge an diese gebunden ist.
- Nimmt das Unternehmen Subventionen in Anspruch, verstärkt dies die Einflussnahme des Staates.

Corporate Governance erscheint daher auf den ersten Blick als Abbild der bestehenden Machtverhältnisse im Unternehmen. Es kommt jedoch immer wieder vor, dass sich einzelne widersprechende Interessen dennoch ausbalancieren. Ein Systemveränderer braucht daher eine wesentlich größere Machtbasis als ein Systemkonservierer. Demnach spiegeln Regelungen der Corporate Governance lediglich historische Machtkonstellationen wider. Etwaige Veränderungen erfolgen aus diesem Grund auch nur langsam. Kommt es aber zu Veränderungen, sind diese zumeist deutlich sichtbar, da sie auch Veränderungen im Machtgefüge der Anspruchsgruppen bedeuten.

Die gegenseitige Blockade der Interessen anderer Anspruchsgruppen ermöglicht es dem Vorstand eines Unternehmens, die Regelungen der Corporate Governance in seinem Sinne zu prägen. Darüber hinaus wissen die Vorstände im Zweifel mehr über das Unternehmensgeschehen als externe Anspruchsgruppen. Diese Informationsasymmetrie sichert ihre dominante Stellung im Hinblick auf die Gestaltung der Corporate Governance und hilft insbesondere kreativen Führungskräften bei der Ausweitung ihrer Handlungsspielräume.

4.4   Konsequenzen für das Controlling

Es stellt sich nun abschließend die Frage, inwieweit das Controlling aufgrund dieser konflikttheoretischen Überlegungen in die Gestaltung der Corporate Governance eingebunden werden sollte. Zunächst muss man sich in Erinnerung rufen, dass die Entscheidungsunterstützung der Unternehmensleitung originäre Aufgabe des Controllings ist. Dabei sollte das Controlling allerdings die wirtschaftlichen Zielsetzungen des Unternehmens nicht aus dem Auge verlieren. Aus diesem Grunde kann es unter Umständen zu einem Zielkonflikt mit der Unternehmensleitung kommen.

Als erstes soll das möglicherweise konfliktäre Verhältnis der Unternehmensleitung zu den Eigen- und Fremdkapitalgebern sowie zu den Arbeitnehmern aus Sicht des Controllings erläutert werden.

Konflikte zu den Eigenkapitalgebern bestehen immer dann, wenn der Vorstand eine starke Position innerhalb des unternehmensinternen Machtgefüges inne hat und diese Position behalten bzw. ausbauen möchte. Resultiert die starke Stellung des Vorstandes daraus, dass er in der Vergangenheit in wichtigen strategischen Fragen die „richtigen" wirtschaftlichen Entscheidungen getroffen hat, so werden sich die Eigenkapitalgeber vermutlich auch in Zukunft auf die Entscheidungen des Vorstandes verlassen und sich selbst bei kritischen Punkten in letzter Instanz dem Sachverstand des Vorstands beugen. Dem Controlling obliegt in einer solchen Situation die Rolle eines stillen Beobachters. Solange die „Zahlen stimmen" und auf höchstmögliche Plausibilität geprüft sind, braucht das Controlling nicht in den Entscheidungsprozess einzugreifen.

Schwierig wird es für das Controlling immer dann, wenn die Eigenkapitalgeber sich zu sehr auf den (vergangenen) Sachverstand des Vorstands verlassen und die Risiken weitreichender unternehmerischer Entscheidungen nicht richtig einschätzen können (oder wollen). In diesem Augenblick sollte das Controlling seiner Funktion als oberstes „betriebswirtschaftliches Gewissen" des Unternehmens nachkommen und sich zu Wort melden. Es hat auf die Risiken aufmerksam zu machen und den möglichen Schaden für das Unternehmen in einfachen und verständlichen Risikoanalysen transparent zu machen. Ein ähnliches Problem stellt sich bei einem starken Selbstrekrutierungsanspruch des Vorstands. Erkennt der Controller, dass ein zukünftiger Vorstandskollege nur deshalb von den derzeitigen Vorständen vorgeschlagen wird, um deren Interessen zu schützen, muss er auf (ggf. berechtigte) Zweifel an den fachlichen Fähigkeiten des Vorgeschlagenen aufmerksam machen. Unabhängig davon, wie derartige Entscheidungsprozesse ausgehen, muss das Controlling befürchten, dass die Unternehmensleitung nicht allzu begeistert über die „Einmischung" des Controllings sein dürfte.

In beiden Fällen könnte eine Intervention des Controllings unter Umständen dazu führen, dass die Eigenkapitalgeber die Situation nochmals überdenken und sich der Argumentation des Controllings anschließen. Dies kann letztendlich zur Konsequenz haben, dass einem Rekrutierungswunsch oder einem Vorschlag des Vorstands zur strategischen Ausrichtung des Unternehmens nicht oder lediglich in stark abgemilderter Form gefolgt wird. Das Controlling muss sich dann darauf einstellen, dass es zu Konflikten mit der Unternehmensleitung kommt bzw. kommen kann.

An diesen Beispielen zeigen sich aber auch deutlich die Grenzen der Entscheidungsunterstützung der Leitungsorgane eines Unternehmens durch das Controlling. Eigentlich sollte für das Controlling immer das (zukünftige) wirtschaftliche Wohlergehen des Unternehmens Vorrang haben. Allerdings bleibt fraglich, ob die Stimme des Controllers in den genannten Fällen zu dem Aufsichtsrat oder den Eigenkapitalgebern durchdringt, schließlich sind seine Berichte an den Vorstand zu richten. Dieser berichtet dann direkt an den Aufsichtsrat (vgl. *Scheffler*, 2003, S. 400) und entscheidet entsprechend auch, was er weitergibt und was nicht. Außerdem ist auch ein Controller seinem Arbeitgeber gegenüber zu Loyalität verpflichtet und damit zu allererst dem Vorstand. Er wird diesem also wahrheitsgemäß seine Bedenken mitteilen und dies auch dauerhaft belegbar dokumentieren. Danach wird er allerdings einer (ggf. nur impliziten) Anordnung gemäß schweigen und weitere Schritte dem Vorstand überlassen. Kaum denkbar ist, dass er bewusst an seinen Vorgesetzten vorbei dem Aufsichtsrat entsprechende Informationen zuspielt (vgl. *Berens/Schmitting*, 2003, S. 371 ff.). Anders liegt der Fall jedoch, wenn der Aufsichtsrat von sich aus auf die genannten Vorgänge aufmerksam wird und den Controller gemäß § 109 Abs. 1 S. 2 AktG als Sachverständigen lädt. Dann hat der Controller selbstverständlich dem Aufsichtsrat wahrheitsgemäß zu berichten, auch wenn dies zu Konflikten mit dem Vorstand führen könnte (vgl. *Scheffler*, 2003, S. 400).

Darüber hinaus können in den Fragen der Art und der Höhe der (variablen) Entlohnung des Vorstands Konflikte zwischen Controlling und Unternehmensleitung entstehen. Wenn die Eigenkapitalgeber Anreize für den Vorstand setzen wollen, die nicht an den bilanziellen

Zahlen ansetzen oder über diese hinausgehen, wird oftmals vom Controlling gefordert, interne Daten zusammenzustellen, deren Aussagekraft jedoch nicht immer eindeutig ist. Treffen die Eigenkapitalgeber auf dieser Grundlage ihre Entscheidung über Art und Höhe der variablen Vorstandsentlohnung und fühlt sich die Unternehmensleitung ungerecht entlohnt, kann dies dazu führen, dass der Vorstand dem Controlling einen Teil der Verantwortung für die aus seiner Sicht zu geringe Entlohnung zuschiebt. Das Controlling sollte folglich bestrebt sein, nicht in den Entscheidungsprozess der Vorstandsentlohnung einbezogen zu werden – auch nicht durch die Lieferung wie auch immer abseits des Jahresabschlusses gewonnener Zahlen und Daten. Die Vorstandsentlohnung ist alleinige und nicht delegierbare Aufgabe der Eigenkapitalgeber (bzw. des Aufsichtsrates), genauso wie die Entlohnung des Controllings alleinige und nicht delegierbare Aufgabe der Unternehmensleitung ist. Ein Mitarbeiter kann nicht über die Art und Höhe der Entlohnung seines Vorgesetzten (mit-)entscheiden (vgl. *Wall*, 2008, S. 232); folglich ist die Frage der Vorstandsentlohnung eine Tabu-Zone für das Controlling. Nur der Vollständigkeit halber sei an dieser Stelle erwähnt, dass im Gegensatz dazu Unternehmensleitung und Controlling selbstverständlich Hand in Hand an der Gestaltung des unternehmerischen Anreiz- und Entlohnungssystems für alle Arbeitnehmer arbeiten, um beabsichtigte Verhaltens- und Steuerungswirkungen zu erzielen.

Vergleichsweise einfacher für das Controlling sind hingegen mögliche Konflikte zwischen der Unternehmensleitung und den Fremdkapitalgebern oder Arbeitnehmern zu handhaben. Es gilt z.B. die besten Kreditkonditionen für das Unternehmen auszuhandeln bzw. den Arbeitnehmern die für das Unternehmen optimale Standortpolitik zu verkaufen. In diesen Fragen stehen Vorstand und Controlling eng zusammen. Sie haben sich im Vorfeld der zentralen Gespräche mit den jeweiligen Interessengruppen abzustimmen und auf eine geeignete Verhandlungsstrategie zu einigen. Mögliche Konflikte zwischen Unternehmensleitung und Controlling, z.B. aufgrund einer unterschiedlichen Situationseinschätzung, sind zunächst intern zu klären, um gegenüber den Fremdkapitalgebern bzw. Arbeitnehmern dann als geschlossene Einheit auftreten zu können.

Als zweites und letztes gilt es zu erörtern, inwieweit das Controlling in Konflikte innerhalb der einzelnen hier betrachteten Interessengruppen einbezogen werden sollte. Grundsätzlich aus der Analyse ausklammern kann man aus formalen Gründen die Gruppe der Fremdkapitalgeber, da diese nicht zum Unternehmen gehört und daher auch keinen Zugriff auf das Controlling hat. Bei den drei verbleibenden Interessengruppen, der Unternehmensleitung, den Eigenkapitalgebern und den Arbeitnehmern, ist bei einem Blick in die Konflikt-Konsens-Matrix offensichtlich, dass entsprechende Konflikte ausschließlich innerhalb dieser Gruppen ohne Beteiligung Dritter zu lösen sind. Die innerhalb dieser Gruppen zumeist auftretenden Konflikte basieren entweder auf persönlichen Motiven oder resultieren aus unterschiedlichen Ansichten über die Gewinn*verwendung*. Damit handelt es sich aber um Themen, die nicht zu den originären Aufgabengebieten des Controllings gehören. Das Controlling hat sich im Wesentlichen um Planung und Kontrolle der Erfolgs*entstehung* zu kümmern. Folglich liegt bei den Intra-Gruppen-Konflikten ebenfalls eine Tabu-Zone für das Controlling vor.

Nicht auszuschließen ist jedoch, dass seitens dieser Gruppen Ansprüche an das Controlling zur Lieferung und Aufbereitung von Informationen gestellt werden, auf deren Basis aufgetretene Konflikte beseitigt werden sollen. Das Controlling hat dann eindeutig und klar den Standpunkt zu vertreten, dass diese Informationsversorgung nicht zu seinem Aufgabengebiet gehört. Allerdings hat das Controlling selbstverständlich gemeinsam mit dem Vorstand dafür zu sorgen, dass derartige Intra-Gruppen-Konflikte das Unternehmen nicht schädigen. Als Beispiel eines schädigenden Konflikts zwischen einzelnen Eigenkapitalgebern kann eine (unter anderem) über die Medien geführte Auseinandersetzung über die „richtige" Ausschüttungspolitik genannt werden. In derartigen Situationen müssen Controlling und Vorstand durch geeignete Maßnahmen und nach eingehender Abstimmung versuchen einen möglichen Imageschaden abzuwenden und ein Übergreifen des Konfliktes auf andere Anspruchsgruppen (z.B. Lieferanten) zu verhindern.

Diese Ausführungen machen deutlich, dass auch dem Controlling eine wesentliche Rolle bei der Gestaltung der Corporate Governance und insbesondere bei der Konfliktvermeidung zukommt. Diese muss ggf. auch über die Mithilfe bei der Gestaltung der gesetzlich oder in Kodexen vorgegebenen Sachverhalte hinausgehen (vgl. zu dieser Rolle des Controllings detailliert *Günther*, 2003, S. 346 ff.). Dabei scheinen im Wesentlichen zwei Aufgaben auf das Controlling zuzukommen: Erstens muss es auf die Formalisierung der Konfliktaustragung drängen. Insbesondere muss eindeutig festgelegt werden, wann und an wen das Controlling Informationen liefern muss und wo die Grenzen der Informationsversorgung liegen. Dadurch können Informationsansprüche nicht befugter Stakeholder von vornherein unterbunden werden und das Controlling aus zahlreichen Konflikten herausgehalten werden, deren Regelung Tabu-Zonen darstellen. Zweitens sollte das Controlling auch Möglichkeiten für das Auftreten neuer Konflikte im Auge behalten und an die Unternehmensleitung weitergeben. Wesentliches wäre hier z.B. ein größerer Eigentümerwechsel wie der Einstieg eines institutionellen Investors, der vermutlich deutlich andere Ziele verfolgt als andere Eigentümergruppen. Nur so kann die Unternehmensleitung gemeinsam mit dem Controlling frühzeitig an Konfliktregulierungsstrategien arbeiten.

Zusammenfassend bleibt festzuhalten, dass das Ausmaß der Einbeziehung des Controllings in möglicherweise aufkommende Konflikte innerhalb der und zwischen den relevanten Interessengruppen eines Unternehmens maßgeblich von der gelebten Corporate Governance abhängt. Das Controlling sollte jedoch jederzeit auf der Hut sein und unabhängig von der gelebten Corporate Governance damit rechnen, in Konflikte hineingezogen zu werden, die nichts oder nur rudimentär mit seinem eigentlichen Aufgabenfeld, der Entscheidungsunterstützung der Unternehmensleitung, zu tun haben. Zudem können sich auch Konflikte zur Unternehmensleitung ergeben, wenn sich diese zu stark von der Verfolgung der wirtschaftlichen Zielsetzungen entfernt und das Controlling auf die Einhaltung der wirtschaftlichen Ziele drängt bzw. drängen muss. Nicht zuletzt dadurch erscheint es umso wichtiger, dass das Controlling in die Gestaltung der Corporate Governance eingebunden wird. Es sollte aber auch die Techniken und Methoden des Konfliktmanagements beherrschen (vor allem zum Erkennen und Regulieren von Konflikten; vgl. dazu ausführlich *Littkemann*, 2006, S. 87 ff.), damit es bei Bedarf erfolgreich in die Rolle eines Konfliktmanagers schlüpfen kann.

Literatur

Berens, W.; Schmitting, W.: Zum Verhältnis von Controlling, Interner Revision und Früherkennung vor dem Hintergrund der Corporate Governance, in: Zeitschrift für Planung & Unternehmenssteuerung, 14. Jg. (2003), H. 4, S. 353–377.

Chmielewicz, K.: Unternehmensverfassung, in: Wittmann, W. et al. (Hrsg.), Handwörterbuch der Betriebswirtschaft, Bd. 3, 5. Aufl., Stuttgart 1993, Sp. 4399–4417.

Günther, T.: Theoretische Einbettung des Controlling in die Methodologie der Unternehmensüberwachung und -steuerung, in: Zeitschrift für Planung & Unternehmenssteuerung, 14. Jg. (2003), H. 4, S. 327–352.

Hauschildt, J.: Unternehmensverfassung: Grundlagen und Anwendung, in: Festel, G.; Hassan, A.; Leker, J. (Hrsg.): Betriebswirtschaftslehre für Chemiker, Berlin et al. 2001, S. 8–22.

Hauschildt, J.; Schewe, G.: Der Controller in der Bank: Systematisches Informations-Management in Kreditinstituten, 2. Aufl., Frankfurt am Main 1993.

Hennerkes, B.-H.: Corporate Governance und Familienunternehmen, in: Nippa, M.; Petzold, K.; Kürsten, W. (Hrsg.): Corporate Governance, Heidelberg 2002, S. 105–118.

Körnert, J.; Wolf, C.: Systemtheorie, Shareholder Value-Konzept und Stakeholder-Konzept als theoretisch-konzeptionelle Bezugsrahmen der Balanced Scorecard, in: Zeitschrift für Controlling & Management, 51. Jg. (2007), H. 2, S. 130–140.

Littkemann, J.: Beteiligungsspezifisches Konzerncontrolling: Ergebnisse einer empirischen Untersuchung, in: Zeitschrift für Controlling & Management, 48. Jg. (2004), H. 1, S. 33–46.

Littkemann, J.: Konzeption des Controlling, in: Littkemann, J. (Hrsg.): Unternehmenscontrolling: Konzepte, Instrumente, praktische Anwendungen mit durchgängiger Fallstudie, Herne/Berlin 2006, S. 1–128.

Littkemann, J.; Madrian, J.-P.: Die Rolle des Insolvenzverwalters aus der Perspektive des Prinzipal-Agenten-Ansatzes, in: Beck, M.; Möhlmann, T. (Hrsg.): Sanierung und Abwicklung in der Insolvenz: Erfahrungen, Chancen, Risiken, Herne/Berlin 2000, S. 73–107.

Michalik, C.: Corporate Governance, in: Littkemann, J. (Hrsg.): Beteiligungscontrolling: Band I – Grundlagen sowie bilanzielle, steuerliche und sonstige rechtliche Aspekte des Beteiligungscontrollings, 2. Aufl., Herne/Berlin 2009, S. 543–566.

Remer, A.: Instrumente unternehmenspolitischer Steuerung, Berlin et al. 1982.

Scheffler, E.: Controlling als Bindeglied zwischen Vorstand und Aufsichtsrat, in: Zeitschrift für Planung & Unternehmenssteuerung, 14. Jg. (2003), H. 4, S. 399–413.

Schewe, G.: Unternehmensverfassung: Corporate Governance im Spannungsfeld von Leitung, Kontrolle und Interessenvertretung, Berlin et al. 2005.

Segler, G.; Wald, A.; Weibler, J.: Corporate Governance im internationalen Wettbewerb: Bewertung des deutschen Governance-Systems aus der Sicht institutioneller Anleger, in: Betriebswirtschaftliche Forschung und Praxis, 59. Jg. (2007), H. 4, S. 400–417.

Wall, F.: Management Support Systeme als Komponenten der Corporate Governance, in: Zeitschrift für Planung & Unternehmenssteuerung, 14. Jg. (2003), H. 4, S. 379–397.

Wall, F.: Funktionen des Controllings im Rahmen der Corporate Governance, in: Zeitschrift für Controlling & Management, 52. Jg. (2008), H. 4, S. 228–233.

Werder, A. v.: Corporate Governance, in: Köhler, R.; Küpper, H.-U.; Pfingsten, A. (Hrsg.): Handwörterbuch der Betriebswirtschaft, 6. Aufl., Stuttgart 2007, Sp. 221–229.

Wulfetange, J.: Corporate Governance: Neue Herausforderung für die deutsche Industrie?, in: Nippa, M.; Petzold, K.; Kürsten, W. (Hrsg.): Corporate Governance, Heidelberg 2002, S. 83–104.

Teil B. Stakeholder der Wertschöpfungskette im Controlling

Teil B – 1. Kunden

5 Kundenverlust-Controlling im Customer Relationship Management

Bernd Stauss und Wolfgang Seidel

5.1   Problemstellung

In vielen Dienstleistungsmärkten mit vertraglichen Geschäftsbeziehungen gehört die steigende Kundenfluktuation zu den derzeit besonders dringlichen Managementproblemen. In vielen Branchen wird von „Churnraten" (Kundenabgängen pro Periode in Relation zum mittleren Kundenbestand der gleichen Periode) auf 20 – 30 Prozent berichtet (vgl. *Knauer,* 1999; *Sauerbrey/Henning,* 2000; *Berke,* 2008), sodass häufig nicht einmal die Akquisitionskosten durch Umsätze kompensiert sind und sich die Notwendigkeit einer ständig intensiveren Neukundenakquisition ergibt, nur um den Kundenstamm zu erhalten.

In dieser Situation gewinnt in der praktischen und wissenschaftlichen Diskussion das Customer Relationship Management (Kundenbeziehungsmanagement) und insbesondere dessen Kernelement das Kundenbindungsmanagement stark an Bedeutung (vgl. *Rapp,* 2005; *Hippner/Wilde,* 2006; *Bruhn,* 2008; *Stadelmann/Wolter/Troesch,* 2008). Mit dessen Hilfe wird angestrebt, die ökonomisch attraktiven aktuellen Kunden nachhaltig an das Unternehmen zu binden und für ein Wachstum des jeweiligen Geschäftsbereichs zu sorgen. In der Regel werden Maßnahmen initiiert, die darauf ausgerichtet sind, die Kundenbeziehung im Sinne von regelmäßigen oder erhöhten Umsatzaktivitäten zu intensivieren, etwa der aktive Verkauf von zielgruppengerechten Produkten und Dienstleistungen oder die Gewährung von preislichen und sonstigen Vorteilen im Rahmen von kundenwertorientierten Treueprogrammen oder Rabattsystemen (vgl. *Bruhn/Homburg,* 2008).

Grundsätzlich geht man davon aus, dass mit einem solchen Ansatz die Zufriedenheit und Loyalität des Kunden gesteigert und damit die ökonomischen Ziele erreicht werden können. Diese Annahme mag eine Erklärung dafür sein, warum das Gegenstück zur Kundenbindung, nämlich die Kundenabwanderung, vergleichsweise wenig Beachtung findet. Doch es spricht viel dafür, dass die Annahme nicht ohne Einschränkung zutrifft und zu einer Fehlallokation von Ressourcen und einer Verfehlung des Kundenbindungsziels führen kann. Erkenntnisse der Kundenzufriedenheitsforschung zeigen beispielsweise, dass unterschiedliche Merkmale des Angebots zu besonderer Zufriedenheit (oder Begeisterung) beziehungsweise zu Unzufriedenheit (oder Verärgerung) mit entsprechenden Verhaltenswirkungen führen (vgl. *Bailom et al.,* 1996; *Matzler/Sauerwein/Stark,* 2006). In analoger Weise ist davon auszugehen, dass der Einsatz zufriedenheitssteigernder „Bindungsinstrumente" keineswegs immer Abwanderung verhindern kann, da die Einflussfaktoren für Bindung bzw. Abwanderung unterschiedlich oder zumindest von jeweils unterschiedlicher Verhaltensrelevanz sind (vgl. *Stauss,* 1997). So ist es beispielsweise denkbar, dass die Kundenbindungsmaßnahme eines unternehmerischen Geburtstagsgrußes positive Überraschung beim Kunden hervorruft, aber nicht verhindern kann, dass dieser Kunde bei einem Mangel in der Kernleistung die Geschäftsbeziehung beendet. Insofern ist für Unternehmen, die unter hoher Kundenfluktuation leiden, die Frage von besonderer Relevanz, welche Maßnahmen eingeleitet werden müssen, um Kunden von einem Abbruch der Geschäftsbeziehung abzuhalten. Damit erfolgt ein Perspektivenwechsel hin zur Umsatz- und Ertragserhaltung durch Vermeidung von Kundenverlusten.

Im Folgenden wird zunächst das Konzept des Kundenverlust-Controllings für Unternehmen mit vertraglichen Kundenbeziehungen im Business-to-Customer-Bereich (wie Versicherungen, Banken, Energieversorgungsunternehmen, Telekommunikationsunternehmen) vorgestellt (5.2). Anschließend wird gezeigt, wie das Kundenverlust-Controlling zur Steuerung von relevanten Bereichen des Kundenbeziehungsmanagements – nämlich von Beschwerdemanagement, Abwanderungspräventionsmanagement und Rückgewinnungsmanagement – genutzt werden kann. In diese Darstellung gehen auch Erkenntnisse aus bereits erfolgten praktischen Anwendungen ein (5.3). Der Beitrag schließt mit einem knappen Fazit (5.4).

5.2   Kundenverlust-Controlling

Funktional wird das Kundenverlust-Controlling hier primär im Sinne der Informations- und Ermittlungsfunktion so verstanden, dass es entscheidungsrelevante Informationen für wesentliche Bereiche des Kundenbeziehungsmanagements bereitstellen soll. Es dient der Identifizierung, Analyse und Bewertung von Kundenverlusten und entspricht somit einer Customers-at-Risk-Analyse (vgl. *Seidel*, 2007). Die Teilschritte des Kundenverlust-Controllings werden nachfolgend beschrieben.

5.2.1   Identifikation des Kundenverlustvolumens

Ein erstes Ziel des Kundenverlust-Controllings liegt in der Identifikation des Kundenverlustvolumens, also in der Ermittlung des zahlenmäßigen Umfangs an Kundenverlusten in einer Periode. Hierzu ist die in der Praxis häufig anzutreffende Vorgehensweise nicht ausreichend, Kundenverluste als konsolidierte Netto-Größe im Sinne der Differenz zwischen Kundenendbestand und Kundenanfangsbestand einer Periode zu errechnen. Denn bei dieser Vorgehensweise wird der tatsächliche Umfang an Kundenverlusten verschleiert, da im Kundenendbestand die verlorenen und neu gewonnenen Kunden miteinander verrechnet sind. Um das reale Volumen an Kundenverlusten zu ermitteln, bedarf es einer Kundenbewegungsbilanz, in der die Entwicklung des Kundenanfangsbestands mit den jeweiligen Zugängen und Abgängen in der Periode dokumentiert wird. Abb. 5.1 zeigt den grundsätzlichen Aufbau einer solchen Kundenbewegungsbilanz (in Anlehnung an *Krafft*, 2007). Der Kundenanfangsbestand (40 000) wird um die verlorenen Kunden (20 000) vermindert und die neu gewonnenen Kunden (30 000) erhöht. Ein Vergleich von Kundenanfangsbestand und Kundenendbestand zeigt, dass in der Periode ein Zuwachs von 10 000 Kunden erreicht wurde, zugleich aber wird auch deutlich, in welch hohem Maße in der gleichen Zeit Kunden verloren wurden (20 000). Die für die Aufstellung der Kundenbewegungsbilanz erforderlichen Daten sind bei vertraglichen Geschäftsbeziehungen unmittelbar der Kundendatenbank bzw. der Kundenstatistik zu entnehmen.

	Kundenanfangsbestand	40.000
-	**Verlorene Kunden**	20.000
=	Verbleibende Kunden	20.000
+	Neu gewonnene Kunden	30.000
=	Kundenendbestand	50.000

Abb. 5.1: Kundenbewegungsbilanz

5.2.2   Ermittlung des Volumens vermeidbarer Kundenverluste

Steht das Volumen der Kundenverluste fest, ist im nächsten Schritt zu ermitteln, in welchem Umfang diese Kundenverluste hätten vermieden werden können. Denn die vermeidbaren Kundenverluste stellen das Wachstumspotenzial dar, das es mit Hilfe von Maßnahmen des Kundenbeziehungsmanagements auszuschöpfen gilt.

Bestimmte Kundenverluste können nicht vermieden werden, etwa, wenn Kunden aufgrund von Tod, Umzug oder sonstigen persönlichen Gründen ausscheiden (natürliche Kundenfluktuation). Andere Kundenverluste sollen nicht vermieden werden, sondern werden aktiv vom Unternehmen angestrebt, beispielsweise weil sich Kunden als Folge seltener und geringer Bestellgrößen, Zahlungsverzug oder erforderlichem Betreuungsaufwand als nicht profitabel erweisen und auch für die Zukunft kein Gewinnpotenzial erwarten lassen. In diesen Fällen betreiben Unternehmen selbst aktiv die Beendigung der Geschäftsbeziehung, um weitere ökonomische Verluste zu verhindern.

Die verbleibenden verlorenen Kunden sind im Rahmen einer Lost-Customer-Erhebung zu den Gründen ihrer Kündigung zu befragen. Bei einer geringen Kündigerzahl kann eine Vollerhebung vorgenommen werden; bei einer Vielzahl abgewanderter Kunden – wie dies bei vielen Großunternehmen in den betrachteten Dienstleistungsbranchen der Fall ist – ist eine repräsentative Stichprobe zu ziehen.

Die von den Abwanderern genannten Gründe werden branchen- und unternehmensspezifisch differieren, sie lassen sich aber immer generellen Ursachekategorien zuordnen, sodass sich die verlorenen Kunden bestimmten Typen oder Segmenten zuordnen lassen. Hier sind vor allem folgende Typen verlorener Kunden zu nennen (in Anlehnung an *Stauss/Friege*, 1999; *Michalski*, 2002; *Büttgen*, 2003; *Schöler*, 2006; *Stauss/Friege*, 2006):

- „Vertriebene Kunden" („pushed away customers"): Sie wenden sich ab wegen eines negativer Erlebnisses mit den unternehmerischen Produkten und Dienstleistungen oder eines sonstigen Verhaltens des Unternehmens bzw. ihrer Mitarbeiter.
- „Abgeworbene Kunden" („pulled away customers"): Diese Kunden wechseln zum Wettbewerber, weil sie das Angebot in Bezug auf Qualität oder Preis für überlegen ansehen oder ihnen vom Wettbewerber für den Wechsel ein geldwerter Vorteil angeboten wurde.
- „Ungewollt abwandernde Kunden" („unwillingly going away customers"): Zu dieser Gruppe gehören Kunden, die sich die Aufrechterhaltung der Geschäftsbeziehung finanziell nicht mehr leisten können und daher – eher gegen ihren eigentlichen Wunsch – die Nutzung einstellen.

- „Kunden mit Bedarfswegfall" („moved away customers"): Das sind diejenigen Kunden, die die Geschäftsbeziehung beenden, weil der Bedarf nicht mehr besteht.

Diese Typen verlorener Kunden unterscheiden sich stark im Hinblick auf die Vermeidbarkeit der Abwanderung, d.h. der möglichen unternehmerischen Einflussnahme auf die Verlustursache. Nicht oder kaum beeinflussbar sind der Wegfall des Bedarfs und die Ursachen, die Kunden dazu bewegen, die eigentlich von ihnen gewünschte Geschäftsbeziehung zu beenden. Insofern sind diese Kundenverluste als unvermeidbar zu akzeptieren.

Demgegenüber gehören die „vertriebenen Kunden" zu den grundsätzlich vermeidbaren Kundenverlusten, da negative Kundenerlebnisse prinzipiell durch eine optimierte, konsequent kundenorientierte Ausrichtung von Leistungen, Prozessen und Mitarbeiterverhalten verhindert werden können. Auch die den „abgeworbenen Kunden" zugrunde liegenden Kündigungsgründe sind prinzipiell vermeidbar, da insbesondere durch produkt- und preispolitische Maßnahmen die Wettbewerbsfähigkeit des Angebots erhöht werden kann.

Durch Hochrechnung der in der Lost Customer Befragung ermittelten Prozentsätze für die verschiedenen Typen verlorener Kunden lässt sich nun das Gesamtvolumen der vermeidbaren Kundenverluste und deren Struktur ermitteln. Tab. 5.1 zeigt die entsprechende Vorgehensweise in Fortführung des Demonstrationsbeispiels.

Tab. 5.1: Volumen vermeidbarer Kundenverluste

Gesamtzahl verlorener Kunden		100,0 %	20.000
Unvermeidbare Verluste		10,0 %	2.000
Davon	„Natürliche Fluktuation"	1,5 %	300
	„Absichtlich vertriebene Kunden"	2,5 %	500
	„Ungewollt abwandernde Kudnen"	2,0 %	400
	„Kunden mit Bedarfswegfall"	4,0 %	800
Vermeidbare Kundenverluste		90,0 %	18.000
Davon	„Vertriebene Kunden"	40,0 %	8.000
	„Abgeworbene Kunden"	50,0 %	10.000

5.2.3   Ermittlung des Wertes vermeidbarer Kundenverluste

Nachdem das Volumen vermeidbarer Kundenverluste feststeht, gilt es, diese wertmäßig zu erfassen. Hierfür ist eine Reihe von Vorentscheidungen zu treffen, wobei verschiedene Entscheidungskriterien heranzuziehen sind. Insbesondere ist festzulegen, (1) ob individuelle oder durchschnittliche Kundenwerte heranzuziehen sind, (2) welcher Maßstab zur Berechnung des Kundenwertes genutzt werden soll und (3) auf welche Zeiträume der Kundenwert bezogen werden soll.

Zu (1): Da in vertraglichen Geschäftsbeziehungen vollständige Transparenz über die Kündiger und ihr bisheriges Geschäftsvolumen vorliegt, ist es unter bestimmten Umständen möglich, die Kundenverluste auf individueller Basis zu bestimmen und somit den wertmäßigen Kundenverlust exakt zu ermitteln. Dies ist dann der Fall, wenn die Lost Customer-Befragung als Vollerhebung unter den Kündigern durchgeführt wird und die Antworten hinsichtlich des Kündigungsgrundes unmittelbar dem jeweiligen Kundenkonto zugeordnet werden können. Diese Situation wird aber nur relativ selten gegeben sein. In der Mehrheit der Fälle werden Großunternehmen mit vertraglichen Geschäftsbeziehungen die Lost-Customer Analyse mittels einer repräsentativen Stichprobe durchführen. In diesem Fall ist es nur möglich, mit Durchschnittswerten des Kundenwertes zu rechnen. Allerdings ist eine Verfeinerung der Durchschnittsbetrachtung möglich, wenn sich die befragten abgewanderten Kunden bestimmten Kundenwertklassen zurechnen lassen, sodass eine entsprechende Gewichtung vorgenommen werden kann.

Zu (2): Unterstellt man für die folgende Betrachtung die Verwendung von Durchschnittswerten, ist als nächstes die Frage des Wertmaßstabs zu entscheiden. Traditionell werden Kunden hinsichtlich ihrer Umsatzbedeutung differenziert. Diese Vorgehensweise hat den Vorteil der Einfachheit und Praktikabilität. Allerdings weiß man seit langem, dass keineswegs ein eindeutiger positiver Zusammenhang zwischen der Höhe des Kundenumsatzes und der Kundenprofitabilität besteht (vgl. *Cornelsen, 2000*). Nach empirischen Studien ist es sogar nachweisbar, dass gerade auch die umsatzstärksten Nachfrager in hohem Maße Verlustbringer sein können, da sie häufig nicht nur den größten Druck auf Preise und Konditionen ausüben, sondern auch den höchsten Betreuungsaufwand einfordern (vgl. *Rapp, 2005*). Insofern liegt es nahe, nicht die Umsätze, sondern eher die Kundendeckungsbeiträge zur Grundlage für die Bewertung verlorener Kunden zu machen. Bei der Kundendeckungsbeitragsrechnung werden von den Kundenumsätzen die direkt den Kunden zurechenbaren Kosten abgezogen, um zu ermitteln, ob ein positiver Beitrag zur Deckung der fixen Kosten verbleibt (vgl. *Scheiter/Binder, 1992; Rese, 2006; Köhler, 2006*).

Zu (3): Die herkömmliche Kundendeckungsbeitragsrechnung ist vergangenheitsorientiert, indem beispielsweise der Deckungsbeitrag der letzten Periode vor Kündigung herangezogen wird. Bei dieser Vorgehensweise wird allerdings vernachlässigt, dass mit jeder Abwanderung nicht nur Deckungsbeiträge für eine Periode verloren sind, sondern Deckungsbeiträge für die Gesamtdauer der ansonsten möglichen Kundenbeziehung. Insofern böte es sich an, die vergangenheitsorientierte Perspektive aufzugeben und durch eine zukunftsbezogene Betrachtung des Customer Life Time Values (CLTV) zu ersetzen. Für die Kalkulation dieses Wertes eines Kunden über die Gesamtdauer der Geschäftsbeziehung wird meist die Barwertberechnung der dynamischen Investitionsrechnung angewendet. Dementsprechend werden die Periodengewinne während der wahrscheinlichen restlichen Verweildauer in der Geschäftsbeziehung auf den Betrachtungszeitpunkt abgezinst und so der Gegenwartswert der Beziehung berechnet. In Theorie und Praxis wird auf der Basis dieses Grundgedankens eine Reihe von methodisch verfeinerten und modifizierten Varianten vorgeschlagen (vgl. *Dwyer* 1989; *Jenkinson*, 1995, S. 74ff.; *Blattberg/Deighton*, 1996; *Venkatesan/Kumar*, 2004; *Schirrmeister/Kreuz*, 2006). Konzeptionell erscheint das Customer Life Time Value Konzept überzeugend, weil es sich auf zukünftig zu erwartende Ein- und Auszahlungen aus der Kundenbeziehung stützt. Allerdings hat es gegenüber den vergangenheitsbezogenen Verfahren den Nachteil gravierender Unsicherheiten und Schwierigkeiten bei der Prognose, in welcher zukünftigen Periode wie hohe monetäre Effekte eintreten werden. Insofern erscheint es gerechtfertigt, eher den pragmatischen Weg zu gehen, für die Abschätzung des wertmäßigen

Kundenverlustes den durchschnittlichen Deckungsbeitrag der gerade zurückliegenden Periode heranzuziehen.

In Fortführung des Demonstrationsbeispiels zeigt Tab. 5.2, dass bei einem unterstellten Durchschnittsumsatz eines Kunden von 120 € und einem durchschnittlichen Kundendeckungsbeitrag in Höhe von 10 € eine vermeidbare Umsatzeinbuße in Höhe von 2,16 Mio. € und ein vermeidbarer Verlust an Deckungsbeiträgen in Höhe von 180 000 € entstanden ist.

Tab. 5.2: Wert vermeidbarer Kundenverluste

Vermeidbare Kundenverluste	Anteil verlorener Kunden (in %)	Anzahl verlorener Kunden (absolut)	Verlorene Umsätze (Ø Umsatz/ Kunde: 120 €)	Verlorener DB (Ø DB/ Kunde: 10 €)
„Vertriebene Kunden"	40 %	8.000	960.000 €	80.000 €
„Abgeworbene Kunden"	50 %	10.000	1.200.000 €	100.000 €
Summe	**90 %**	**18.000**	**2.160.000 €**	**180.000 €**

5.2.4 Identifikation und Bewertung von Verlusttreibern

Die Unterscheidung in die Segmente der „vertriebenen" und „abgeworbenen" Kunden beinhaltet bereits eine erste wesentliche Systematisierung von Verlusttreibern.

Bei den „vertriebenen" Kunden, die wegen eines negativen Erlebnisses ausscheiden, liegt der Auslöser für den Kundenverlust im Verhalten des Unternehmens. Es handelt sich also um unternehmensbezogene Gründe der Abwanderung (vgl. *Michalski, 2002*). Dementsprechend besteht ein wesentlicher Ansatz für die zukünftige Verlustvermeidung in der Identifikation und Beseitigung interner Fehlerquellen. Im Falle von „abgeworbenen" Kunden dagegen, die wegen der wahrgenommenen Überlegenheit eines Wettbewerbsangebots ausscheiden, kommt der Impuls zur Kündigung von einer externen Quelle, nämlich dem Wettbewerber. Wenn diese wettbewerbsbezogenen Gründe (vgl. *Michalski, 2002*) vorliegen, ist es primär notwendig, ein Benchmarking der Angebote durchzuführen und gegebenenfalls mit einer Modifikation des Marketinginstrumentariums zu reagieren.

Eine zweite Perspektive der Bewertung von Verlusttreibern berücksichtigt, dass sich die weitaus meisten Ursachen für Kundenabwanderungen entweder auf die Qualität oder auf preisliche Aspekte des Leistungsangebots beziehen. Insofern kann man unter dieser Perspektive von Preis- und Qualitätskündigern sprechen.

Sowohl Preis- als auch Qualitätskündiger können entweder durch eine als negativ wahrgenommene Verhaltensweise des Unternehmens weggestoßen oder aber durch ein Wettbewerbsangebot abgeworben worden sein. So ist es denkbar, dass Kunden wegen einer plötzlichen Preiserhöhung oder erst im Verlauf der Geschäftsbeziehung erkannter Nebenkosten vertrieben oder durch ein attraktives Konkurrenzpreisangebot abgeworben wurden. Analog können Kunden durch Qualitätsmängel in der Kerndienstleistung oder im begleitenden Service weggestoßen oder durch wahrgenommene Qualitätsüberlegenheit der Konkurrenz zur Kündigung bewogen worden sein. Insofern ist von der Existenz von vier Verlusttreibersegmenten verlorener Kunden auszugehen (vgl. Abb. 5.2).

	Vertriebene Kunden	**Abgeworbene Kunden**
Qualitätskündiger	**1** Vertriebene Qualitätskündiger	**2** Abgeworbene Qualitätskündiger
Preiskündiger	**3** Vertriebene Preiskündiger	**4** Abgeworbene Preiskündiger

Abb. 5.2: Segmente verlorener Kunden

Vertriebene Qualitätskündiger sind Kunden, die wegen eines Qualitätsmangels in der Kernleistung oder im begleitenden Service vertrieben wurden, während abgeworbene Qualitätskündiger durch die wahrgenommene Qualitätsüberlegenheit der Konkurrenz weggezogen wurden. Vertriebene Preiskündiger wurden wegen eines Preisproblems, etwa eine unerwartete Preiserhöhung, zur Kündigung bewegt, während abgeworbene Preiskündiger wegen der wahrgenommenen preislichen Überlegenheit zum Wettbewerber wechseln.

Die von den verlorenen Kunden genannten Kündigungsgründe sowie der wertmäßige Gesamtverlust lassen sich schwerpunktmäßig einem der vier Verlusttreibersegmente zuordnen. Damit ist unmittelbar erkenntlich, welche Aspekte der Produkt- bzw. Leistungspolitik sowie der Preispolitik und welche unternehmens- oder wettbewerbsbezogenen Impulse in welchem Umfang für verlorene Kunden und Deckungsbeiträge verantwortlich sind. Tab. 5.3 zeigt eine entsprechende beispielhafte Anwendung. Sie zeigt, dass Deckungsbeitragsverluste in Höhe von 45.000 € auf bessere Konditionen des Wettbewerbers und in Höhe von 36.000 € auf unangekündigte Preiserhöhungen zurückzuführen sind.

Tab. 5.3: Verlusttreiber

Vermeidbare Kundenverluste	Anteil verlorener Kunden (in %)	Anzahl verlorener Kunden (absolut)	Verlorene Umsätze (ø Umsatz/ Kunde: 120 €)	Verlorener DB (ø DB/ Kunde: 10 €)
- Beratungsmängel	14,0%	2.800	336.000 €	28.000 €
- schlechte Erreichbarkeit	2,0%	400	48.000 €	4.000 €
- "Vertriebene Qualitätskündiger"	16,0%	3.200	384.000 €	32.000 €
- unangekündigte Preiserhöhung	18,0%	3.600	432.000 €	36.000 €
- unerwartete Zusatzkosten	6,0%	1.200	144.000 €	12.000 €
- "Vertriebene Preiskündiger"	24,0%	4.800	576.000 €	48.000 €
"Vertriebene Kunden"	40,0%	8.000	960.000 €	80.000 €
- Leistungsqualität höher	6,0%	1.200	144.000 €	12.000 €
- Leistungsumfang größer	14,0%	2.800	336.000 €	28.000 €
- "Abgeworbene Qualitätskündiger"	20,0%	4.000	480.000 €	40.000 €
- Wettbewerbspreis günstiger	7,5%	1.500	180.000 €	15.000 €
- Wettbewerbskonditionen besser	22,5%	4.500	540.000 €	45.000 €
- "Abgeworbene Preiskündiger"	30,0%	6.000	720.000 €	60.000 €
"Abgeworbene Kunden"	50,0%	10.000	1.200.000 €	100.000 €
Qualitätskündiger	36,0%	7.200	864.000 €	72.000 €
Preiskündiger	54,0%	10.800	1.296.000 €	108.000 €
Gesamt	90,0%	18.000	2.160.000 €	180.000 €

5.3 Nutzung des Kundenverlustcontrollings im Customer Relationship Management

5.3.1 Zum Verständnis von Customer Relationship Management

Der Begriff des Customer Relationship Management wird mit unterschiedlicher inhaltlicher Schwerpunktsetzung verwendet. Zum einen wird er vor allem im Kontext der Diskussion von CRM-Systemen auf seine technologische Komponente reduziert und mit der Sammlung und Auswertung von Kundendaten sowie der Automatisierung kundenbezogener Prozesse gleichgesetzt. Zum anderen stehen der Aufbau und die Gestaltung von Kundenbeziehungen zur Erzeugung von Kundenloyalität im Zentrum des Verständnisses (vgl. *Hippner*, 2006). Der folgenden Betrachtung liegt das beziehungsorientierte Verständnis einer kundenorientierten Unternehmensstrategie zugrunde. Dabei wird keineswegs die Relevanz kundenbezogener Informationssysteme bezweifelt, sondern diese werden nicht als Ziel, sondern als Mittel zur Erreichung der strategischen Beziehungsziele angesehen.

Konzeptionelle Grundlage dieses Customer Relationship Managements ist der Kundenbeziehungs-Lebenszyklus (vgl. *Stauss*, 2000a; 2006). Dabei handelt es sich um eine idealtypische Darstellung des Verlaufs einer Geschäftsbeziehung von der Anbahnung bis zur Beendigung. Es wird unterstellt, dass eine Geschäftsbeziehung verschiedene Phasen durchläuft, die mit jeweils unterschiedlichen Wachstumsraten der Beziehungsintensität verbunden sind und phasenspezifische Aufgaben des Kundenbeziehungsmanagements erfordern.

Die Kundenbeziehungs-Lebenszyklus-Betrachtung zeigt, dass im Hinblick auf die Geschäftsbeziehung drei Kundengruppen unterschieden werden können, die jeweils unterschiedliche Anforderungen an das Management stellen. Potenzielle Kunden sind Adressaten des Interessentenmanagements, aktuelle Kunden stellen die Zielgruppe des Kundenbindungsmanagements und gegebenenfalls des Beziehungsauflösungsmanagements dar, und auf die verlorenen Kunden sind die Aktivitäten des Rückgewinnungsmanagements ausgerichtet. Abb. 5.3 zeigt in differenzierter Weise die verschiedenen Zustände, in denen sich Kundenbeziehungen befinden können, sowie die korrespondierenden Ziele und Aufgaben des Kundenbeziehungsmanagements. Zudem werden die drei Elemente hervorgehoben, die wesentlich von der Nutzung eines Kundenverlust-Controllings profitieren können: das Beschwerdemanagement, das Abwanderungspräventionsmanagement und das Kündigungsmanagement.

5.3.2 Kundenverlust-Controlling und Beschwerdemanagement

Ein Beschwerdemanagement umfasst die Planung, Durchführung und Kontrolle aller Maßnahmen, die ein Unternehmen im Zusammenhang mit Beschwerden ergreift. Mit seiner Hilfe wird angestrebt, die negativen Auswirkungen von Kundenunzufriedenheit auf das Unternehmen zu minimieren und die in Beschwerden enthaltenen Informationen auf betriebliche Schwächen und marktlichen Chancen zu nutzen (vgl. *Stauss/Seidel,* 2007, S. 79).

Die Aufgaben des Beschwerdemanagements werden entweder dem direkten Beschwerdemanagementprozess oder dem indirekten Beschwerdemanagementprozess zugeordnet. Bei den Aufgaben des direkten Beschwerdemanagementprozesses (Beschwerdestimulierung, -annahme, -bearbeitung und -reaktion) ist die Aufgabenerfüllung mit einem unmittelbaren Kundenkontakt verbunden, während dies bei den Aufgaben des indirekten Beschwerdemanagementprozesses (Beschwerdemanagementauswertung, -reporting und -informationsnutzung sowie Beschwerdemanagement-Controlling) nicht der Fall ist. Die Ergebnisse des Kundenverlust-Controllings sind insbesondere für das Beschwerdemanagement-Controlling von erheblicher Bedeutung.

Grundsätzlich umfasst ein systematisches Beschwerdemanagement-Controlling drei unterschiedliche Teilaufgabenbereiche: das Aufgaben-Controlling, das Kosten-Nutzen-Controlling und das Evidenz-Controlling (vgl. *Stauss/Seidel,* 2007, S. 307ff.).

Customer	Kunden-typ	Potenzielle Kunden	Aktuelle Kunden					Verlorene Kunden	
Relation-ship	Beziehungs-status	Poten-ziell	Neu	Stabil	Gefähr-det wg. Besch.	Gefähr-det wg. s. Gr.	Nicht attrak-tiv	Verloren aber re-vitalisier-bar	Faktisch verloren
Management	Ziel	Ini-tiieren	Festigen / Stärken		Stabilisieren / Sichern		Auf-lösen	Wieder gewinnen	
	Aufgaben-schwerpunkt	Interessentenmanagement	Neukunden-management	Kundenbindung im eigentlichen Sinne	Beschwerde-management	Abwanderungs-präventions-management	Beziehungsauflösungs-management	Kündigungs-management	Revitalisierungs-management
			Kundenbindungsmanagement					Rückgewinnungs-management	

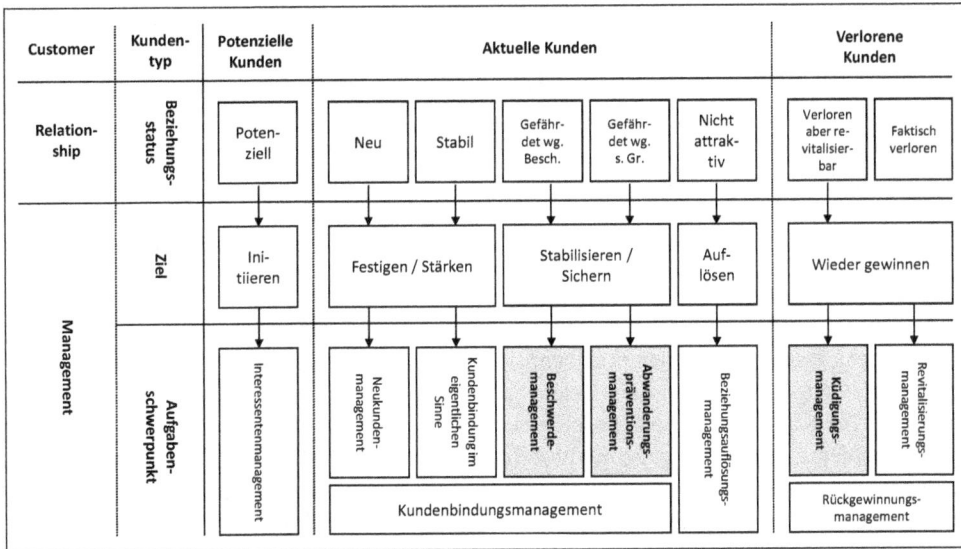

Abb. 5.3: Relevanz des Kundenverlust-Controllings im Kundenbeziehungsmanagement
(Quelle: Stauss/Seidel, 2007, S. 32)

Im Mittelpunkt des Aufgaben-Controllings steht die Festlegung und Überwachung von Quali-täts- und Produktivitätsstandards für alle Aktivitäten des Beschwerdemanagements. Im Kosten-Nutzen-Controlling werden die durch das Beschwerdemanagement verursachten Kosten systematisch aufbereitet und die Nutzenkomponenten des Beschwerdemanagements operationalisiert und monetär quantifiziert. Basis für diese beiden Controlling-Bereiche ist das Evidenz-Controlling. Dessen zentrale Aufgabe ist die Untersuchung, in welchem Um-fang die Kundenunzufriedenheit in Beschwerden zum Ausdruck kommt (vgl. *Stauss/Seidel,* 2006; 2008). Das Kundenverlust-Controlling kann insbesondere hierfür einen ganz wesentli-chen Beitrag leisten.

Ausgangspunkt des Evidenz-Controllings ist der vielfach empirisch belegte Tatbestand, dass sich nur ein Bruchteil der unzufriedenen Kunden mit einer Beschwerde an das Unternehmen wendet. Ergebnisse des Kundenmonitor Deutschland zeigen, dass die sogenannte Nicht-Artikulationsquote, d.h. der Prozentsatz enttäuschter Kunden, die ihre Unzufriedenheit nicht gegenüber dem Unternehmen artikulieren, in vielen Branchen mehr als 70 Prozent ausmacht, in einigen Fällen auch über 80 Prozent beträgt (vgl. *Servicebarometer,* 2008). Je größer die Nicht-Artikulationsquote ist, desto weniger Möglichkeiten hat ein Unternehmen, die gefähr-dete Geschäftsbeziehung zu retten. Insofern kommt es darauf an, das Ausmaß der Nicht-Artikulation zu ermitteln, die Ursachen hierfür differenziert zu erfassen und zielorientiert Gegenmaßnahmen einzuleiten.

Die Nicht-Artikulationsrate, repräsentiert das Verhältnis der Anzahl von Kunden, die ihre Verärgerung nicht in einer Beschwerde zum Ausdruck brachten, zur Gesamtzahl der verär-gerten Kunden. Im Nenner der Nicht-Artikulationsrate steht die Gesamtzahl der Kunden mit Beschwerdeanlass. Zur Ermittlung dieser Größe werden Kunden normalerweise im Rahmen von Kundenzufriedenheitsbefragungen befragt, ob sie mit einem Problem konfrontiert waren, das (eigentlich) einen Anlass für eine Beschwerde darstellt. Die Anzahl der Kunden, die mit „ja" antworten, bilden den Wert für den Nenner. Im Zähler ist die Zahl der Nicht-Beschwerdeführer unter den verärgerten Kunden erfasst. Diese Zahl wird ebenfalls im Rahmen einer Zufriedenheitsbefragung ermittelt. Kunden, die die Frage nach einem Beschwerdeanlass bejahend beantwortet haben, werden gebeten, Auskunft auf die Frage zu geben, ob sie sich auch tatsächlich beschwert haben. Die Summe aller Kunden, die diese Frage verneinen, repräsentiert die Gesamtanzahl der Nicht-Beschwerdeführer unter den verärgerten Kunden.

Der Nachteil dieser herkömmlichen Vorgehensweise liegt darin, dass zwar die Verärgerung und Beschwerdeartikulation der noch vorhandenen Kunden erfasst wird, aber keine Aufschlüsse in Bezug auf die Handlungsrelevanz des negativen Erlebens möglich sind. Für Unternehmen, die Kundenabwanderung vermeiden wollen, ist es aber entscheidend zu wissen, welche Probleme zur Kündigung geführt haben, in welchem Umfang Abwanderer diese Probleme dem Unternehmen in Form einer Beschwerde (nicht) zur Kenntnis gebracht haben und welcher Schaden durch die Nicht-Beschwerdeführer tatsächlich entstanden ist.

Insofern spricht viel dafür, die Erkenntnisse des Kundenverlust-Controllings heranzuziehen. Das gilt auch deshalb, weil sich die Ergebnisse zur Ermittlung der Beschwerdeartikulation unterscheiden, je nachdem ob sie auf der Basis einer generellen Kundenzufriedenheitsmessung oder aber im Rahmen einer Lost Customer-Erhebung berechnet werden, da sich die jeweils befragten Kundengruppen durch Erleben und Verhalten unterscheiden. Dies zeigt auch eine empirische Vergleichsstudie, die unter aktuellen und verlorenen Kunden eines großen deutschen Versicherungsunternehmens durchgeführt wurde. Zum einen wurden 10.000 Kunden der Sachsparte einer Versicherung im Rahmen einer repräsentativen Kundenzufriedenheitsbefragung auch über wahrgenommene Probleme, empfundene Verärgerung und Beschwerdeartikulation befragt. Zum anderen wurde zeitgleich eine repräsentative Befragung von 2.000 Kündigern derselben Versicherungssparte durchgeführt. Beide Studien kamen in Bezug auf die Nicht-Artikulationsquote zu stark abweichenden Ergebnissen. Laut Kundenzufriedenheitsstudie hatten 55 Prozent der Kunden, die sich innerhalb des letzten Jahres über ein Qualitäts- oder Preisproblem des Unternehmens geärgert hatten, keine Beschwerde artikuliert. Demgegenüber gaben 86 Prozent der verlorenen Kunden, die wegen eines Problems die Geschäftsbeziehung gekündigt hatten, an, ihren Ärger nicht gegenüber dem Unternehmen zum Ausdruck gebracht zu haben. Damit wird ersichtlich, dass ein Evidenz-Controlling, das sich auf die herkömmliche Zufriedenheitsbefragung stützt, möglicherweise zu einer massiven Unterschätzung führt, wie gravierend negative Konsumerlebnisse von den Kunden wahrgenommen werden, und zu einer starken Überschätzung der Beschwerdeartikulation. Insofern erscheint es empfehlenswert, auf die bisherige Vorgehensweise zu verzichten und stattdessen ausschließlich die Ergebnisse aus dem Kundenverlust-Controlling heranzuziehen.

Denn erst auf dieser Basis wird das tatsächliche Ausmaß der Nicht-Beschwerdeführung deutlich. Die auf diese Weise ermittelte Nicht-Artikulationsrate zeigt, in welchem Umfang verärgerte Abwanderer nicht die Gelegenheit zur Beschwerde nutzten, sondern ohne jeden vorherigen Kontakt die Geschäftsbeziehung beendet haben. Eine hohe Nicht-Artikulationsrate bei

Abwanderern belegt die Dringlichkeit, die unternehmensindividuellen Ursachen des Verzichts auf die Beschwerdeführung genau zu analysieren und insbesondere die unternehmerisch beeinflussbaren Gründe zu identifizieren. Deshalb werden die Kunden in der Lost Customer-Erhebung konkret danach befragt, warum sie auf eine Beschwerde verzichtet haben. Auf der Basis der so erhaltenen Antworten können Barrieren abgebaut sowie leicht zugängliche Kanäle eingerichtet und kommuniziert werden. Zudem kann eine zielgruppen- und problemspezifische Analyse der Nicht-Beschwerdeführung erfolgen. Stellt sich im Rahmen einer differenzierten Ermittlung – insbesondere für einzelne Kundensegmente und Kundenverlustursachen – heraus, dass bestimmte relevante Segmente eine besonders hohe Nicht-Artikulationsrate aufweisen bzw. bestimmte Probleme unterdurchschnittlich artikuliert werden, können Stimulierungsmaßnahmen auf die identifizierten Segmente und Probleme zielorientiert ausgerichtet werden.

5.3.3   Kundenverlust-Controlling und Abwanderungspräventionsmanagement

Wie die Diskussion der Nicht-Artikulationsquote zeigt, können Kundenbeziehungen auch gefährdet sein, ohne dass dies in Beschwerden zum Ausdruck kommt. Das ist aber nicht nur der Fall, wenn sich unzufriedene Kunden ohne vorherige Artikulation gegenüber dem Unternehmen zur Abwanderung entscheiden. Auch Kunden, die keine negative Erfahrung mit dem Anbieter gemacht und damit keinen Anlass zur Beschwerde haben, können zu der Gruppe der gefährdeten Kunden gehören. So ist es denkbar, dass beim Kunden mit der Zeit das Verbundenheitsgefühl verloren geht, der Wunsch nach Abwechslung steigt oder Wettbewerber dem Kunden ein attraktives Angebot machen. Daher gilt es, im Rahmen eines Abwanderungspräventionsmanagements (oder Kündigungspräventionsmanagements) Anzeichen für einen Rückgang der Beziehungsintensität frühzeitig zu entdecken, Abwanderungsgefahren durch ein proaktives Monitoring von Kündigern („Churn-Analyse") zu identifizieren und die betroffenen Kunden durch gezielte Maßnahmen zur Fortführung der Geschäftsbeziehung zu bewegen (vgl. *Michalski*, 2006).

Hierfür stehen zwei Maßnahmenbündel zur Verfügung: die Identifikation und Beseitigung von abwanderungsrelevanten Problemursachen sowie die Analyse und Beeinflussung des Abwanderungsverhaltens (vgl. *Seidel*, 2007, S. 543).

Um das Entstehen von Unzufriedenheit und Verärgerung zu vermeiden, liegt ein erster Schwerpunkt des Abwanderungspräventionsmanagement in der Identifikation der Problemursachen, die zur Abwanderung führen, und der Einleitung von präventiven Maßnahmen, um entsprechende Probleme in Zukunft zu vermeiden. Hierfür liefert das Kundenverlust-Controlling eine wesentlich bessere Informationsgrundlage als die herkömmlich eingesetzten Instrumente der Zufriedenheitsbefragung und der Beschwerdeanalyse.

In der herkömmlichen Kundenzufriedenheitsbefragung lassen sich die Qualitätsmerkmale mit den negativsten Bewertungen bzw. den größten Anteilen enttäuschter Kunden ermitteln. Dabei gibt es auch Möglichkeiten, die Relevanz der jeweiligen Merkmale für das Loyalitätsverhalten der Kunden zu erfassen. Dies kann entweder dadurch erfolgen, dass Kunden direkt nach der Wichtigkeit des Merkmals bzw. der Bedeutung für ihre Wiederkaufintention befragt werden oder dass indirekt eine regressionsanalytische Berechnung erfolgt. In jedem Fall können aber nur die von den Kunden geäußerten Bewertungen und Handlungsabsichten ermittelt werden, man erhält aber keine Aussagen über das tatsächliche Verhalten. Da allerdings häufig zwischen Verhaltensintentionen und realem Verhalten erhebliche Diskrepanzen bestehen, stellen solche Ergebnisse eine zweifelhafte Planungsgrundlage dar. Darüber hinaus werden Preisaspekte in herkömmlichen Kundenzufriedenheitsbefragungen häufig gar nicht oder nur mit einem Merkmal berücksichtigt, obwohl diese in vielen Fällen die zentrale Abwanderungsursache darstellen (vgl. *Keaveney*, 1995; *Colgate/Hedge*, 2001; *Santonen*, 2007; *Wiedmann/Hennigs/Kudlinska*, 2007). In Bezug auf diese Kritikpunkte weist das Kundenverlust-Controlling eindeutige Vorteile auf. Zum einen basieren die Ergebnisse auf den Aussagen von Kunden, die ihr Verhalten definitiv geändert haben, indem sie mit der Kündigung die Geschäftsbeziehung auflösten. Insofern steht die Verhaltensrelevanz der angegebenen Ursachen eindeutig fest. Zum anderen kann durch eine offene Befragung sichergestellt werden, dass das gesamte Problemerleben der Kunden unter Integration vielfältiger preislicher Aspekte erfasst wird.

Auch gegenüber der Beschwerdenanalyse bietet das Kundenverlust-Controlling wesentliche Vorteile. Durch die Lost Customer-Erhebung werden nicht nur die Probleme der Beschwerdeführer in Art und Häufigkeit berücksichtigt, sondern die aller Abwanderer. Darüber hinaus werden die Probleme in ihrer tatsächlichen Relevanz für den Abbruch der Geschäftsbeziehung erfasst und können im Hinblick auf ihren Anteil an dem wertmäßigen Kundenverlust beschrieben und in eine Rangreihe gebracht werden.

Erste interne Vergleichsstudien zwischen einer Problempriorisierung aufgrund einer Beschwerdeauswertung einerseits und der Problemwahrnehmung von Abwanderern anderseits zeigen erhebliche Unterschiede hinsichtlich der Verhaltensrelevanz wahrgenommener Probleme. Auch wenn diese Unterschiede unternehmensindividuell verschieden ausfallen, so zeigt sich doch die generelle Tendenz, dass preisbezogene Probleme eine wesentlich größere Rolle bei der Abwanderungsentscheidung spielen, als dies aufgrund der Auswertung von Beschwerden zu erwarten war. Eine Erklärung dafür mag darin liegen, dass preisbezogene Probleme aufgrund einer geringer eingeschätzten Erfolgswahrscheinlichkeit weniger zum Gegenstand von Beschwerden gemacht werden als Qualitätsprobleme. Insofern bietet das Kundenverlust-Controlling eine bessere Chance, das Abwanderungsrisiko von Preiskündigern realistisch abzuschätzen.

Zudem bietet die vorgenommene Problempriorisierung auf der Grundlage von Kundenverlustursachen eine aussagefähige Basis für Maßnahmen der Qualitätsverbesserung und der Modifikation preispolitischer Entscheidungen. Auch kann durch die Einrichtung entsprechender Prozesse eine proaktive Kontaktierung potenziell betroffener Kunden ermöglicht werden. Wenn beispielsweise im Rahmen interner Qualitätssicherungsprozesse relevante Probleme aufgedeckt werden, bevor der Kunde dieses Problem wahrnimmt, können diese vom Unternehmen kontaktiert werden, um Kundenunzufriedenheit aktiv vorzubeugen und möglichen Kündigungsabsichten zuvorzukommen.

Der zweite Schwerpunkt des Abwanderungspräventionsmanagements liegt in der gezielten Analyse von Charakteristika und Verhalten verlorener Kunden. Hier sind Indikatoren für zukünftige Kündigungen aufzudecken und kundenspezifische Wahrscheinlichkeiten zu bestimmen, sodass mit kundenindividuellen und proaktiven Maßnahmen Abwanderungen abgewendet werden können. Beispielsweise ist es denkbar, dass sich gefährdete Kunden den Segmenten der potenziellen Preis- oder Qualitätskündiger zuordnen lassen, sodass sie durch segmentspezifische Ansprache und auf ihre jeweilige Bedürfnislage abgestimmte Angebote von einer möglichen Kündigung abgehalten werden können.

5.3.4 Kundenverlust-Controlling und Kündigungsmanagement

Das Kündigungsmanagement ist ein Teilbereich des Rückgewinnungsmanagements, das alle Managementmaßnahmen umfasst, die ein Unternehmen mit dem Zweck ergreift, attraktive Kunden, die eine Geschäftsbeziehung kündigen, zu halten bzw. Kunden, die die Geschäftsbeziehung bereits abgebrochen haben, zurückzugewinnen (vgl. *Stauss/Friege*, 1999; *Sauerbrey/Henning*, 2000; *Stauss*, 2000b; *Michalski*, 2002; *Schöler*, 2006). Befinden sich Vertragskunden in der Kündigungsphase, ist es Aufgabe des Kündigungsmanagements, den Versuch zu unternehmen, den Kunden durch Dialog und Rückgewinnungsangebot zur Fortsetzung der Geschäftsbeziehung zu bewegen. In Bezug auf Kunden, die bereits vor längerer Zeit die Geschäftsbeziehung verlassen haben, ist es wesentliches Ziel des Revitalisierungsmanagements, nach einer bestimmten Abstinenzphase die abgebrochene Geschäftsbeziehung wieder zu beleben.

Das Kundenverlust-Controlling ist vor allem für den Teilbereich des Kündigungsmanagements von Bedeutung. Im Rahmen des Kündigungsmanagements sind zwei mit einander verbundene Teilaufgaben durchzuführen: Führung eines kundenindividuellen Rückgewinnungsdialogs und Unterbreitung eines kundenspezifischen Rückgewinnungsangebots.

Kündigungskunden sind trotz ihrer Kündigung noch bis zum Ablauf des Vertrags Partner in der Geschäftsbeziehung und können daher auch direkt kontaktiert werden. In diesen kundenindividuellen Rückgewinnungsdialogen werden die Gründe für die Kündigung erhoben, die zugleich als Ausgangspunkt für die Argumentation dienen. Dabei kann auf die Typkategorisierung des Kundenverlust-Controllings zurückgegriffen werden. Gespräche mit „Kunden mit Bedarfswegfall" werden dann zwar freundlich, aber auch relativ schnell beendet, da keine realistische Rückgewinnungchance besteht. Im Fall von „Vertriebenen Kunden" geht es darum, den verursachenden Sachverhalt sofort zu klären und dem Kunden ein Angebot zu machen, das es diesem ermöglicht, die Kündigung zurückzunehmen bzw. einer Wiederaufnahme der Geschäftsbeziehung zuzustimmen. Handelt es sich um „abgeworbene Kunden", sind die Gründe für die wahrgenommene Überlegenheit des Wettbewerbsangebots zu eruieren und Möglichkeiten eines zumindest gleich attraktiven Angebots zu prüfen. Gehört der Kündiger zu den „ungewollt ausscheidenden Kunden" ist zu entscheiden, ob eine Lösung zur Überbrückung eines zeitlich begrenzten finanziellen Engpasses angeboten werden soll. In allen Fällen werden die dem Kunden angebotenen Lösungen in Abhängigkeit vom Wert des kündigenden Kunden differenziert ausfallen. Deshalb ist es notwendig, dass dem Dialog führenden Mitarbeiter Informationen über den jeweiligen Kundenwert sowie über die Kostenkonsequenzen verschiedener Handlungsalternativen vorliegen (vgl. *Stauss*, 2000b).

Die im Rahmen von Kündigungsgesprächen geführten Dialoge stellen eine spezielle Form der Lost Customer-Befragung dar. Sie ermöglichen nicht nur die Erhebung von Kündigungsursachen, sondern bieten zugleich die Chance des Erhalts der Kundenbeziehung. Insofern sind diese Lost Customer-Befragungen keineswegs allein ein Instrument der Informationsbeschaffung, sondern ein integraler Bestandteil des Kündigungsmanagements.

Können abwanderungswillige Kunden von ihrem Vorhaben nicht abgehalten werden, ist dennoch nach einer möglichst kundengerechten Lösung zu suchen. Durch eine solche positive Verabschiedung („goodbye – Management") wird verhindert, dass die Geschäftsbeziehung im Streit endet. Dies erhöht die Chancen, dass der Kunde nach einer gewissen Zeit für das Unternehmen wieder zurückgewonnen werden kann oder von selbst zurückkommt.

5.4   Fazit

Die hohe und in vielen Fällen weiter ansteigende Zahl von Kundenabwanderungen gehört für viele Unternehmen mit vertraglichen Geschäftsbeziehungen zu den derzeit dringendsten Problemen. In dieser Situation erhalten Unternehmen vor allem die Handlungsempfehlung, im Rahmen eines Customer Relationship Management Maßnahmen zu ergreifen, um die Zufriedenheit des Kunden zu fördern, möglichst Begeisterung zu erzeugen und auf diese Weise eine Steigerung der Kundenloyalität zu erreichen. So sinnvoll diese Empfehlung ist, so sind doch Zweifel angebracht, ob damit allein das Problem der Kundenfluktuation gelöst werden kann. Zumindest ergänzend scheint es angebracht, einen Perspektivenwechsel vorzunehmen und sich primär um die Ursachen von vermeidbaren Kundenabwanderungen und Maßnahmen zur Vermeidung von Kündigungen zu kümmern. Damit wird Kundenverlust-Controlling zu einem essentiellen Bestandteil des CRM-Konzeptes.

Dies ist das grundlegende Ziel des Kundenverlust-Controllings, das der Identifizierung, Analyse und Bewertung von Kundenverlusten dient.

Die wesentlichen Teilschritte dieses Controllings-Konzeptes liegen in der Identifikation des Kundenverlustvolumens, der Ermittlung des mengenmäßigen und anschließend des wertmäßigen vermeidbaren Kundenverlustes sowie der Identifikation und Bewertung von qualitäts- und preisbezogenen Verlusttreibern.

Die Ergebnisse dieses Kundenverlust-Controllings können auf verschiedene Weise im Rahmen eines Customer Relationship Management genutzt werden. Wesentliche Nutzungsmöglichkeiten bestehen im Beschwerdemanagement, im Abwanderungspräventionsmanagement und im Kündigungsmanagement.

Bisher besteht nur vergleichsweise geringe Evidenz, in welchem Umfang mit Hilfe eines solchen Maßnahmenbündels auf der Basis des Kundenverlust-Controllings Kundenfluktuation reduziert werden kann. Es ist zu hoffen, dass schon wegen des unternehmerischen Problemdrucks einerseits und der Innovativität der wissenschaftlichen Fragestellung anderseits die Erforschung von Kundenverlusten vorangetrieben wird und sich somit auch die Einsichten in den ökonomischen Nutzen eines Kundenverlust-Controllings im Rahmen des Customer Relationship Managements erhöhen.

Literatur

Bailom, F. et al.: Das Kano-Modell der Kundenzufriedenheit, in: Marketing ZFP, 18. Jg. (1996), H. 2, S. 117–126.

Berke, J.: Telekom will mit Weltklasse-Service überzeugen, in: wiwo.de. elektronisch veröffentlicht 2008, unter: http://www.wiwo.de/unternehmer-maerkte/telekom-will-mit-weltklasse-service-ueberzeugen-262498.

Blattberg, R.C.; Deighton, J.: Manage Marketing by the Customer Equity Test, in: Harvard Business Review, 74. Jg. (1996), H. 4, S. 136–144.

Bruhn, M.: Relationship Marketing, 2. Aufl., München 2008.

Bruhn, M.; Homburg, Ch. (Hrsg.): Handbuch Kundenbindungsmanagement, 6. Aufl., Wiesbaden 2008.

Büttgen, M.: Recovery Management – systematische Kundenrückgewinnung und Abwanderungsprävention zur Sicherung des Unternehmenserfolgen, in: DBW, 63. Jg. (2003), H. 1, S. 60–76.

Colgate, M.; Hedge, R.: An investigation into the switching process in retail banking services, in: International Journal of Bank Marketing, 19. Jg. (2001), H. 5, S. 201–212.

Cornelsen, J.: Kundenwertanalysen im Beziehungsmarketing, Nürnberg 2000.

Dwyer, F.R.: Customer Lifetime Valuation to Support Marketing Decision Making, in: Journal of Direct Marketing, 3. Jg. (1989), H. 4, S. 8–15.

Hippner, H.: CRM – Grundlagen, Ziele und Konzepte, in: Hippner, H.; Wilde, K.D. (Hrsg.): Grundlagen des CRM, 2. Aufl., Wiesbaden 2006, S. 15–44.

Hippner, H.; Wilde, K.D. (Hrsg.): Grundlagen des CRM, 2. Aufl., Wiesbaden 2006.

Jenkinson, A.: Valuing Your Customers – From Quality Information to Quality Relationships through Database Marketing, London 1995.

Keaveney, S.: Customer Switching Behavior in Service Industries: An Exploratory Study, in: Journal of Marketing, 59. Jg. (1995), April, S. 71–82.

Knauer, M.: Kundenbindung in der Telekommunikation: Das Beispiel T-Mobil, in: Bruhn, M.; Homburg, Ch. (Hrsg.): Handbuch Kundenbindungsmanagement, 2. Aufl., Wiesbaden 1999, S. 511–526.

Köhler, R.: Kundenorientiertes Rechnungswesen als Voraussetzung des Kundenbindungs-managements, in: Bruhn, M.; Homburg, Ch. (Hrsg.): Handbuch Kundenbindungsmanagement, 6. Aufl., Wiesbaden 2006, S. 467–500.

Krafft, M.: Kundenbindung und Kundenwert, 2. Aufl., Heidelberg 2007.

Matzler, K.; Sauerwein, E.; Stark, Ch.: Methoden zur Identifikation von Basis-, Leistungs-und Begeisterungsfaktoren, in: Hinterhuber, H.H.; Matzler, K. (Hrsg.): Kundenorientierte Unternehmensführung, 5. Aufl., Wiesbaden 2006, S. 290–313.

Michalski, S.: Kundenabwanderungs- und Kundenrückgewinnungsprozesse, Wiesbaden 2002.

Michalski, S.: Kündigungspräventionsmanagement, in: Hippner, H.; Wilde, K.D. (Hrsg.): Grundlagen des CRM, 2. Aufl., Wiesbaden 2006, S. 583–604.

Rapp, R.: Customer Relationship Management, 3. Aufl., Frankfurt/New York 2005.

Rese, M.: Entscheidungsunterstützung in Geschäftsbeziehungen mittels Deckungsbeitrags-rechnung – Möglichkeiten und Grenzen, in: Günter, B.; Helm, S. (Hrsg.): Kundenwert, 3. Aufl., Wiesbaden 2006, S. 293–310.

Santonen, T.: Price sensitivity as an indicator of customer defection in retail banking, in: International Journal of Bank Marketing, 25. Jg. (2007), H. 1, S. 39–55.

Sauerbrey, Ch.; Henning, R. (Hrsg.): Kunden-Rückgewinnung, München 2000.

Scheiter, S.; Binder, Ch.: Kennen Sie Ihre rentablen Kunden, in: Harvard Business Manager, 14. Jg. (1992), H. 2, S. 17–22.

Schirrmeister, R.; Kreuz, C.: Der investitionsrechnerische Kundenwert, in: Günter, B.; Helm, S. (Hrsg.): Kundenwert, 3. Aufl., Wiesbaden 2006, S. 311–333.

Schöler, A.: Rückgewinnungsmanagement, in: Hippner, H.; Wilde, K.D. (Hrsg.): Grundlagen des CRM, 2. Aufl., Wiesbaden 2006, S. 605–631.

Seidel, W.: Customer-at-Risk Management, in: Gouthier, M.H.J. et al. (Hrsg.): Service Excellence als Impulsgeber, Wiesbaden 2007, S. 527–547.

Servicebarometer AG: Kundenmonitor Deutschland 2008, elektronisch veröffentlicht 2008, unter http://www.servicebarometer.com/kundenmonitor/km_tabellen/km_tabellen_t150.jsp.

Stadelmann, M.; Wolter, S.; Troesch, M. (Hrsg.): Customer Relationship Management, Zürich 2008.

Stauss, B.: Führt Kundenzufriedenheit zu Kundenbindung?, in: Belz, Ch. (Hrsg.): Marketing-transfer, Kompetenz für Marketing-Innovationen, Schrift 5, St. Gallen 1997, S. 76–86.

Stauss, B.: Rückgewinnungsmanagement: Verlorene Kunden als Zielgruppe, in: Bruhn, M.; Stauss, B. (Hrsg.): Dienstleistungsmanagement Jahrbuch 2000, Wiesbaden 2000a, S. 449–471.

Stauss, B.: Perspektivenwandel: Vom Produkt-Lebenszyklus zum Kundenbeziehungs-Lebenszyklus, in: THEXIS – Fachzeitschrift für Marketing, 17. Jg. (2000b), H. 2, S. 15–18.

Stauss, B.: Grundlagen und Phasen der Kundenbeziehung: Der Kundenbeziehungs-Lebenszyklus, in: Hippner, H.; Wilde, K.D. (Hrsg.): Grundlagen des CRM, 2. Aufl., Wiesbaden 2006, S. 421–442.

Stauss, B.; Friege, Ch.: Regaining Service Customers, in: Journal of Service Research, 1. Jg. (1999), H. 4, S. 347–361.

Stauss, B.; Friege, Ch.: Kundenwertorientiertes Rückgewinnungsmanagement, in: Günter, B.; Helm, S. (Hrsg.): Kundenwert, 3. Aufl., Wiesbaden 2006, S. 509–530.

Stauss, B.; Seidel, W.: Evidenz-Controlling im Beschwerdemanagement – Ein Ansatz zur Abschätzung des „Verärgerungs-Eisbergs", in: Bruhn, M.; Stauss, B. (Hrsg.): Dienstleistungscontrolling, Wiesbaden 2006, S. 89–111.

Stauss, B.; Seidel, W.: Beschwerdemanagement, 4. Aufl., München 2007.

Stauss, B.; Seidel, W.: "Discovering the customer annoyance iceberg" through evidence controlling, in: Service Business, 2. Jg. 2008, H. 1, S. 33–45.

Venkatesan, R.; Kumar, V.: A Customer Lifetime Value Framework for Customer Selection and Resource Allocation Strategy, in: Journal of Marketing, 68. Jg. 2004, H. 4, S. 106–125.

Wiedmann, K.-P.; Hennigs, N.; Kudlinska, M: Systematisches Churn Management, in: Jahrbuch der Absatz- und Verbrauchsforschung, 53. Jg. 2007, H. 3, S. 312–333.

6 Customer Perceived Value als Komponente von Performance Measurement-Systemen

Regina W. Schröder und Friederike Wall

6.1   Kundenorientiertes Wertmanagement

Ausgelöst durch zunehmend globale Kapitalmärkte und durch eine Wettbewerbsintensivierung um international mobiles Kapital erlangte in den 1980er Jahren die Shareholder-Value-Diskussion an Bedeutung. Seither richtet sich die Unternehmensführung vornehmlich an den Interessen der Anteilseigner und damit am geschaffenen Unternehmenswert aus (vgl. *Hahn/Hungenberg*, 2001, S. 191).

Während *Happel* 2002 noch eine Implementierungslücke des Shareholder-Value-Ansatzes in deutschen Unternehmen feststellt, zählen *Fischer/Vielmeyer* die Messung von Wertbeiträgen bereits zum „Standard-Repertoire des Controlling" (*Fischer/Vielmeyer*, 2002, S. 1). Allerdings richtet sich diese Aussage nicht auf eine spezifische Teilgruppe der Stakeholder, die Anteilseigner, sondern umfasst alle Anspruchsgruppen der Unternehmung. Folglich widersprechen sich die beiden Aussagen im Hinblick auf den Shareholder Value.

Jede Anspruchsgruppe verfolgt zumeist individuelle Interessen, deren erfolgreiche Realisation jeweils nur dann möglich ist, wenn das Unternehmen fortbesteht und sich erfolgreich weiterentwickelt (vgl. *Hahn/Hungenberg*, 2001, S. 151–153). Dazu leisten alle Stakeholder auf die ein oder andere Weise einen Beitrag:

> *"A model for measuring a company's performance helps all members – customers, suppliers, employees, and community – understand and evaluate their contributions and expectations." (Atkinson/Waterhouse/Wells, 1997, S. 25)*

Alle Stakeholder sind folglich daran interessiert, Wert für das Unternehmen zu schaffen und damit den Unternehmenswert zu erhalten. Als dafür nicht nur bedeutsam, sondern gar kritisch erachten *Hahn/Hungenberg* zwei Anspruchsgruppen, die Kunden und die Mitarbeiter (vgl. *Hahn/Hungenberg*, 2001, S. 1150 f.). *Stoi* sieht in diesen Stakeholdergruppen gar die eigentliche Quelle für den Unternehmenswert (vgl. *Stoi*, 2003, S. 180), weshalb es eines mitarbeiter- und eines kundenorientierten Wertmanagements bedarf.

Die zunehmende Bedeutung von Intangibles für das Wertmanagement birgt neue Herausforderungen für das Controlling (vgl. *Stoi*, 2003), denen beispielsweise dadurch Rechnung getragen wird, dass Human Capital ebenso wie das Customer Capital gemessen werden (vgl. *Strack/Hansen/Dörr*, 2001; *Strack/Villis*, 2001; *Fischer/Vielmeyer*, 2002).

Der vorliegende Beitrag nimmt sich des letztgenannten, des Kundenkapitals, an und untersucht, wie dieses im Performance Measurement berücksichtigt werden kann. Dazu stellt der folgende Abschnitt zunächst dar, wie der Kundenwert aus verschiedenen Perspektiven verstanden werden kann. Anschließend widmet sich Abschnitt 6.3 dem Performance Measurement-Konzept mitsamt zwei seiner Systeme, bevor der darauf folgende Abschnitt Möglichkeiten aufzeigt, wie das Performance Measurement fortentwickelt werden kann.

6.2   Perspektiven auf den Kundenwert

Der Kundenwert ist hinsichtlich verschiedener Begriffsdimensionen zu präzisieren. Im Hinblick auf die zeitliche Dimension ist zwischen lang- und kurzfristigen bis hin zu einmaligen Beziehungen zwischen Kunden und Unternehmen zu differenzieren (Abschnitt 6.2.1). In der Akteursdimension lassen sich eine Betrachtung aus Unternehmens- (also der Anbietersicht) oder aus Kundensicht vornehmen (Abschnitt 6.2.2). Dies führt zum Wert des Kunden für das Unternehmen und zu dem vom Kunden wahrgenommenen Wert der Unternehmensleistung.

6.2.1   Zeitliche Dimension: Statische versus dynamische Betrachtung

Kunden und Unternehmen mögen entweder im Rahmen einer einmaligen Transaktion aufeinander treffen, oder sie sind über eine längerfristige Austauschbeziehung miteinander verbunden. Je nach der Beziehungsdauer lassen sich transaktionsbezogene oder statische Kundenwerte von beziehungsbezogenen oder dynamischen Kundenwerten unterscheiden (vgl. *Gouthier/Schmid*, 2001, S. 231).

Ein Unternehmen kann seine Kunden statisch auf Basis **kundenbezogener Deckungsbeiträge** bewerten. Hierfür schlagen *Fischer/von der Decken* ein an die stufenweise Fixkostendeckungsrechnung angelehntes Konzept vor (vgl. *Fischer/von der Decken*, 2001). Demnach gilt es, zunächst die Nettoerlöse je Kunde zu bestimmen. Diese Erlöse sind sodann stufenweise um verschiedene Kostenbeträge zu vermindern. Der Kundendeckungsbeitrag I ergibt sich beispielsweise aus den Nettoerlösen abzüglich der kundenspezifischen Einzelkosten. Zur Ermittlung des Kundendeckungsbeitrags II ist der erste Deckungsbeitrag um die kundenspezifischen, verursachungsgerecht verrechneten Gemeinkosten zu reduzieren. Als nachteilig an einer solchen statischen Rechnung erweisen sich ihre Kurzfrist- und Vergangenheitsorientierung.

Soll der Unternehmenswert langfristig gesichert und möglichst noch gesteigert werden, rückt die Kundenbeziehung in den Vordergrund der Betrachtung; denn nicht die Produkte oder sonstige Leistungen des Unternehmens erbringen die Umsätze sondern die Kundenbeziehungen (vgl. *Diller*, 1995, Sp. 1369). Der Barwert dieser Einzahlungen korrigiert um investierte Auszahlungen beschreibt den Gewinn (bzw. den Verlust), den das Unternehmen aus der Kundenbeziehung generiert (vgl. *Gouthier/Schmid*, 2001, S. 231; *Weber/Lissautzki*, 2006, S. 278). Dieses Ergebnis wird als **Customer Lifetime Value** bezeichnet (*Blattberg/Deighton*, 1996, S. 42; *Weber/Lissautzki*, 2006, S. 278; *Schröder/Wall*, 2004, S. 669). Um den Customer Lifetime Value zu steigern, stehen dem Unternehmen verschiedene Ansatzpunkte zur Verfügung: Es kann versuchen, die Erlöse zu steigern und/oder die Kosten zu senken. Neben solch direkten Angriffsmöglichkeiten kann das Unternehmen auch an der Kundennähe, der Kundenzufriedenheit und/oder der Kundenbindung ansetzen. Diese Faktoren stehen zum einen in mehrstufigen Kausalbeziehungen zueinander, zum anderen üben sie (indirekt) Einfluss auf die entstehenden Kosten und auf die zukünftigen Erlöse aus (vgl. *Krafft*, 1999, S. 526).

Als Konzept, mit dem der langfristige Wert einer Kundenbeziehung bemessen werden kann, bildet der Customer Lifetime Value nicht nur ein Beispiel für dynamische Kundenwerte, sondern steht zugleich exemplarisch für Kundenwerte, die aus Unternehmenssicht bestimmt werden.

6.2.2   Akteursbezogene Dimension: Anbieter- versus Kundenperspektive

Anbieterperspektive: „Value of the Customer"
Wie *Meffert/Burmann/Kirchgeorg* feststellen, ist der Kunde und die Beziehung zu diesem für den Unternehmenserfolg maßgeblich (vgl. *Meffert/Burmann/Kirchgeorg*, 2008, S. 802). Es erscheint daher naheliegend, das Unternehmen kundenorientiert zu führen und dabei das Ziel zu verfolgen, für das Unternehmen wertvolle Kunden an sich zu binden. Dadurch mag der Unternehmenswert nicht nur erhalten, sondern möglicherweise sogar gesteigert werden (vgl. *Blattberg/Deighton*, 1996, S. 136). Deshalb richtet sich das Unternehmen vornehmlich an solche Kunden, die bei einperiodiger Betrachtung einen positiven Deckungsbeitrag oder im Falle längerfristiger Beziehungen einen positiven Customer Lifetime Value besitzen (vgl. *Weber/Lissautzki*, 2006, S. 278).

Eine Alternative zur Kundenbindung bildet die Akquise neuer Kunden. Diese verursacht in der ersten Periode einer möglichen Beziehung zumeist nicht unerhebliche Kosten, deren Investition nicht immer zum Erfolg führt: So lässt sich nicht jeder potenzielle Kunde in einen aktiven Kunden überführen (zur Berechnung der optimalen Akquisitionsausgaben vgl. *Blattberg/Deighton*, 1996, S. 139 f). Gelingt es dem Unternehmen jedoch, einen neuen Kunden für sich zu gewinnen, erzielt es ab der ersten Beziehungsperiode auch Erlöse. In den Folgeperioden stellen sich wiederum die Fragen, ob, wie und unter Aufwendung welcher Kosten der Kunde an das Unternehmen zu binden ist. Folglich ist die Kundenakquise eine Vorstufe der Kundenbindung.

Die zuvor umschriebenen Größen lassen sich in Ein- und Auszahlungen konkretisieren und (nach Diskontierung) im **Customer Lifetime Value** eines Kunden (vgl. Abschnitt 6.2.1), d.h. dessen Kapitalwert für den Anbieter, zusammenführen. Addiert die Unternehmung die Kapitalwerte aller Kunden, so erhält sie einen Einblick, inwieweit die aktuellen Kunden zukünftig zum Unternehmenswert beitragen. Allerdings bleibt dabei ein möglicherweise wesentlicher Anteil des Kundenbeitrags außer Acht, nämlich die Kapitalwerte der zukünftigen Kunden. Dieses Defizit kann durch eine Betrachtung des **Customer Equity** beseitigt werden. Das Customer Equity spiegelt den Gesamtbeitrag aller Kunden zum Unternehmenswert wider (vgl. *Weber/Lissautzki*, 2006, S. 278).

Obwohl das Customer Equity alle Kunden erfasst, ist der Kundenwert für das Unternehmen damit keineswegs vollständig beschrieben; denn dieser setzt sich neben den bislang betrachteten finanziellen Größen auch aus Elementen zusammen, die zumindest nicht unmittelbar monetär bewertet werden können. So besitzt jeder Kunde nicht nur ein Ertragspotenzial, sondern zusätzlich Informations- und Referenzpotenziale (vgl. *Belz*, 2005, S. 327; *Breit-schuh*, 2007, S. 5):

- Jeder Kunde mag über für das Unternehmen interessante und relevante Informationen verfügen. Dabei handelt es sich beispielsweise um Anregungen für veränderte oder neue Leistungen. Der Kunde stellt insofern eine potenzielle Informationsquelle für die Unternehmung dar (informatorischer Kundenwert).
- Weiterhin ist es möglich, dass ein Kunde, der seine Erfahrungen mit dem Unternehmen als positiv beurteilt, die Unternehmensleistung weiterempfiehlt. Daraus können sich neue Kundenbeziehungen entwickeln (kommunikativ/akquisitorischer Kundenwert).

Vorschläge für eine Kundenbewertung, die auch diese nicht-finanziellen Elemente erfassen, sind bislang nur ansatzweise zu finden. Weiterer Forschungs- und Entwicklungsbedarf lässt sich auch für die Ermittlung des Wertes für den Kunden, d.h. des „Value to the Customer" ausmachen.

Kundenperspektive: „Value to the Customer"

Im Gegensatz zum „Value of the Customer", der den Beitrag des Kunden zum Unternehmenswert betrachtet und diesen damit als Input für die Wertschöpfung ansieht, nimmt der „Value to the Customer" den für den Kunden geschaffenen Wert, folglich den Output, in Augenschein. Der „Value to the Customer" beinhaltet eine Leistungsbewertung aus Kundensicht; daher wird der Wert auch als **„Customer Perceived Value"** bezeichnet (vgl. *Schröder/Wall*, 2004, S. 670 und mit weiteren Literaturhinweisen *Payne/Holt*, 2001, S. 168). *Woodruff* definiert diesen Wert als *„customer's perceived preference for and evaluation of those product attributes, attribute preferences, and consequences arising from use that facilitate (or block) achieving the customer's goals and purposes in use situations"* (*Woodruff*, 1997, S. 142).

Matzler erweitert dieses Begriffsverständnis um die vom Kunden wahrgenommenen Kosten, indem er den Kundenwert als die wahrgenommene Differenz zwischen dem (mehrdimensionalen) wahrgenommenen Nutzen und den (mehrdimensionalen) wahrgenommenen Kosten im Vergleich zur Konkurrenz versteht (vgl. *Matzler*, 2000, S. 290). Letztlich beschreibt der „Value to the Customer" damit den Nettonutzen, der dem Kunden seines Erachtens aus der bezogenen Leistung entsteht (vgl. Abb. 6.1).

Insofern kann ein höherer Nettonutzen für den Kunden zum einen durch eine Nutzensteigerung, zum anderen durch eine Reduktion des Aufwands bewirkt werden (vgl. *Ravald/Grönroos*, 1996, S. 23). Beispielsweise muss ein Kunde, falls er eine bereits bestehende Beziehung fortsetzt, keine Energie und Zeit dafür aufwenden, eine ihn zufriedenstellende Leistung samt zugehörigem Anbieter zu finden. Außerdem mag der Nutzen, den er insgesamt aus dem Produkt erzielt, etwa aufgrund von Erfahrungseffekten steigen.

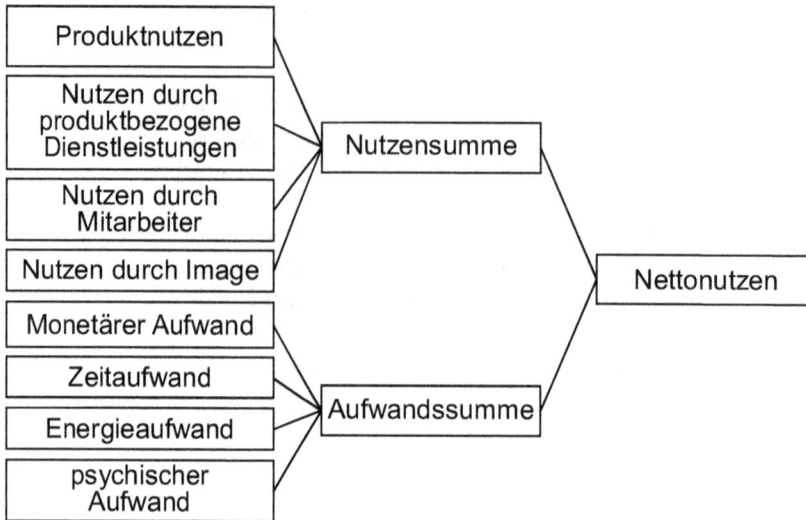

Abb. 6.1: Customer Perceived Value als Nettonutzen
(Quelle: Kotler/Bliemel, 2001, S. 58)

Ähnlich dem „Value of the Customer" kann sich die Entstehung des „Value to the Custo-mer" über mehrere Perioden erstrecken. In diesem Fall sind die einzelnen Nutzen- und Kos-tenkomponenten des Nettonutzens zu diskontieren. Hierbei erhebt sich die Frage, welcher Diskontierungsfaktor genutzt werden soll: Dieser Faktor spiegelt die Einschätzungen des Risikos wider, die vermutlich aus Unternehmens- und aus Kundensicht voneinander abwei-chen, da für den Kunden und das Unternehmen verschiedene Risiken bedeutsam sind und diese unterschiedlich bewertet werden. Ein konzeptioneller Vorschlag für einen solchen dynamischen Wert für den Kunden existiert bislang nicht.

Nach den beiden in diesem Abschnitt unterschiedenen Dimensionen, dem Zeithorizont und der Betrachtungsperspektive, lassen sich vier Erscheinungsformen des Kundenwerts unter-scheiden (vgl. Abb. 6.2).

Obwohl die verschiedenen Formen des Kundenwerts weitgehend unabhängig voneinander vorgestellt wurden, sind sie miteinander verbunden.

	Betrachtungshorizont	
	Kurzfristig	Langfristig
Unternehmenssicht	*Kundenbezogener Deckungsbeitrag*	*Customer Lifetime Value; Customer Equity*
Kundensicht	*(statischer) Customer Perceived Value*	*(dynamischer) Customer Perceived Value*

Betrachtungsperspektive

Abb. 6.2: Systematik der unterschiedenen Kundenwerte

6.2.3   Zusammenhang zwischen Anbieter- und Kundenperspektive

Die in den vorherigen Abschnitten aufgeführten Kundenwertkonzepte sind teils **zeitlich** und/oder teils **inhaltlich** miteinander **verknüpft**.

So ergibt sich der Customer Lifetime Value beispielsweise aus den diskontierten und additiv zusammengefassten Kundendeckungsbeiträgen. Der Customer Lifetime Value ist ferner inhaltlich wechselseitig mit dem Customer Perceived Value verbunden (vgl. *Eggert*, 2001, S. 51 f.). Jedes Unternehmen wird sich bemühen, solche Kunden an sich zu binden, die sich durch einen positiven Deckungsbeitrag beim ersten Kontakt auszeichnen. Dadurch mag langfristig c. p. ein positiver Wert des Kunden für das Unternehmen gesichert werden. Um eine langfristige Kundenbindung zu erreichen, wird das Unternehmen einen möglichst hohen Nettonutzen für den Kunden (vgl. Abb. 6.1) schaffen wollen. Dieser verspricht, dass die Kunden mit der Unternehmensleistung zufrieden sind. Eine solche Kundenzufriedenheit kann sich positiv auf die Kaufentscheidung des Kunden, die erworbenen Mengen und auf die Wiederholung des Einkaufs auswirken (vgl. *Krafft*, 1999, S. 526). Die Kundenzufriedenheit als ein Einflussfaktor des Customer Perceived Value bestimmt so unter anderem den Shareholder Value. Einen solchen Zusammenhang weisen *Anderson/Fornell/Mazvancheryl* gar empirisch nach (vgl. *Anderson/Fornell/Mazvancheryl*, 2004).

Sich daraus ergebende Auswirkungen für das Controlling sind bislang allerdings nur ansatzweise beleuchtet worden. Zwar liegen mit Kundendeckungsbeitrags- und Kundenlebenszyklusrechnungen Konzepte eines Customer Lifetime Value Accounting vor, doch bleibt das Customer Perceived Value Accounting weitgehend unbeachtet. Dies zeigt auch eine empirische Studie von *Schröder/Wall*. Danach besteht in der Praxis zwar Interesse an einem solchen Instrumentarium. Allerdings finden Kennzahlen, die den Wert bemessen, der für den Kunden aus dessen Sicht geschaffen wird, keine oder nur geringe Beachtung. So erfassen nur 37,74 Prozent der antwortenden Unternehmen (n = 53) die aus Kundensicht geschaffene Qualität (vgl. *Schröder/Wall*, 2004, S. 673–675).

Vor diesem Hintergrund werden nachfolgend Performance Measurement Systeme daraufhin untersucht, ob und inwiefern der Customer Perceived Value darin berücksichtigt wird oder zumindest werden kann.

6.3   Performance Measurement-Systeme

Auslöser für die Konzeption von Performance Measurement-Systemen waren die Schwächen, die hinsichtlich bis dahin vorherrschender finanzorientierter Steuerungskonzepte festzustellen sind. So vernachlässigen letztere nicht-monetäre Größen und sind eher kurzfristig und vergangenheitsorientiert angelegt. Zudem bleibt in ihnen die Kundenorientierung weitgehend außer Acht (vgl. *Gleich*, 2002, S. 447; *Baum/Coenenberg/Günther*, 2007, S. 363 f.). Diese Defizite sollen Performance Measurement-Systeme vermeiden.

Nach einem Überblick zur Entwicklung solcher Systeme (Abschnitt 6.3.1) stellen die beiden darauf folgenden Abschnitte zwei ausgewählte Beispiele für Performance Measurement-Systeme vor, die Balanced Scorecard (Abschnitt 6.3.2) und das Performance Prism (Abschnitt 6.3.3).

6.3.1   Entwicklung des Performance Measurements

Für den Begriff „Performance Measurement", der sich mit „Leistungsmessung" oder „Effizienzmessung" übersetzen lässt, liegen vielfältige Definitionsansätze vor (vgl. beispielhaft die von *Schreyer* erstellte Übersicht: *Schreyer*, 2007, S. 27). *Grüning* versteht unter einem Performance Measurement System *„ein System zur Messung und Lenkung der mehrdimensionalen, durch wechselseitige Interdependenzen gekennzeichneten, strategische und operative Aspekte integrierenden Unternehmensperformance ..."* (*Grüning*, 2002, S. 10). Danach stellen derartige Systeme weniger Kennzahlen-, sondern vielmehr Managementsysteme und somit eine Weiterentwicklung der finanzorientierten Steuerungskonzepte dar.

Performance Measurement-Systeme sind an der Schnittstelle zwischen operativem und strategischem Controlling zu verorten und zielen darauf ab, die unternehmerischen Strategien besser umzusetzen und zu implementieren (*Baum/Coenenberg/Günther*, 2007, S. 361). Um diese umfassende Aufgabe zu erfüllen, wurden zahlreiche Ansätze solcher Systeme konzipiert (vgl. den Überblick in *Gleich*, 2002, S. 449 sowie auch den Hinweis auf weitere Performance Measurement-Systeme in *Baum/Coenenberg/Günther*, 2007, S. 390). Hierzu zählen beispielsweise

- die Balanced Scorecard,
- die Performance Pyramid,

- das Quantum Performance Measurement System,
- das Tableau de Bord,
- der Skandia Navigator und
- das Performance Prism.

Je nachdem, welchen Schwerpunkt die Performance Measurement-Systeme setzen, lassen sie sich verschiedenen Generationen zuordnen (vgl. *Neely/Marr/Roos et al.*, 2003):

1. Generation

Die erste Generation kann mit dem Begriff „Balanced Measurement Systems" charakterisiert werden (vgl. *Neely/Marr/Roos et al.*, 2003, S. 129). Neben den traditionellen finanziellen Kenngrößen werden hier auch nicht-finanzielle Kennzahlen berücksichtigt. Ein Beispiel für ein solches System bietet die Balanced Scorecard (vgl. Abschnitt 6.3.2).

2. Generation

Die Abbildung von Transformationsprozessen, also das „Mapping The Flows and Transformations" kennzeichnet die zweite Generation von Performance Measurement-Systemen (vgl. *Neely/Marr/Roos et al.*, 2003, S. 130). Diese Systeme rücken Ursache-Wirkungszusammenhänge in den Vordergrund und betrachten nicht nur mehr sondern auch sich stärker unterscheidende Stakeholder als die Balanced Scorecard. Ein Beispiel hierfür ist das Performance Prism, das sogar einen wechselseitigen Zusammenhang zwischen dem Unternehmen und seinen Stakeholdern annimmt (vgl. Abschnitt 6.3.3).

3. Generation

Die Aufgabe der dritten Generation von Performance Measurement-Systemen sehen Neely/-Marr/Roos et al. darin, die Beziehungen zwischen den nicht-finanziellen und den finanziellen Größen zu schaffen, also im „Linking Financial to Non-Financial" (*Neely/Marr/Roos et al.*, 2003, S. 132). Besonderes Augenmerk liegt dabei auch auf den immateriellen Größen. Bislang liegt wohl kein derartiges Performance Measurement-System vor. Insofern beschränkt sich der Einsatz von Performance Measurement-Systemen in Unternehmen bislang auf solche der ersten und zweiten Generation, wobei die Balanced Scorecard die größte Verbreitung aufweist (vgl. Abb. 6.3).

Nachfolgend werden zwei ausgewählte Konzepte, die jeweils eine Generation von Performance Measurement-Systemen repräsentieren, genauer vorgestellt und diskutiert, die Balanced Scorecard und das Performance Prism.

6.3.2   Beispiel der Balanced Scorecard

In den 1990er Jahren legten *Kaplan* und *Norton* mit der Balanced Scorecard ein viel beachtetes Performance Measurement-Konzept vor, das ein Kennzahlen- wie auch ein Managementsystem darstellt. Den Bedarf für ein solches System begründen sie damit, dass:

"The traditional financial performance measures worked well for the industrial era, but they are out of step with the skills and competencies companies are trying to master today." (Kaplan/Norton, 1992, S. 71)

Im Zentrum der Balanced Scorecard steht die unternehmerische Vision und Strategie, von der ausgehend Ziele abgeleitet werden. Diese spiegeln sich in vier Fragestellungen wider, die jeweils einer Perspektive zugeordnet sind (vgl. Tab. 6.1).

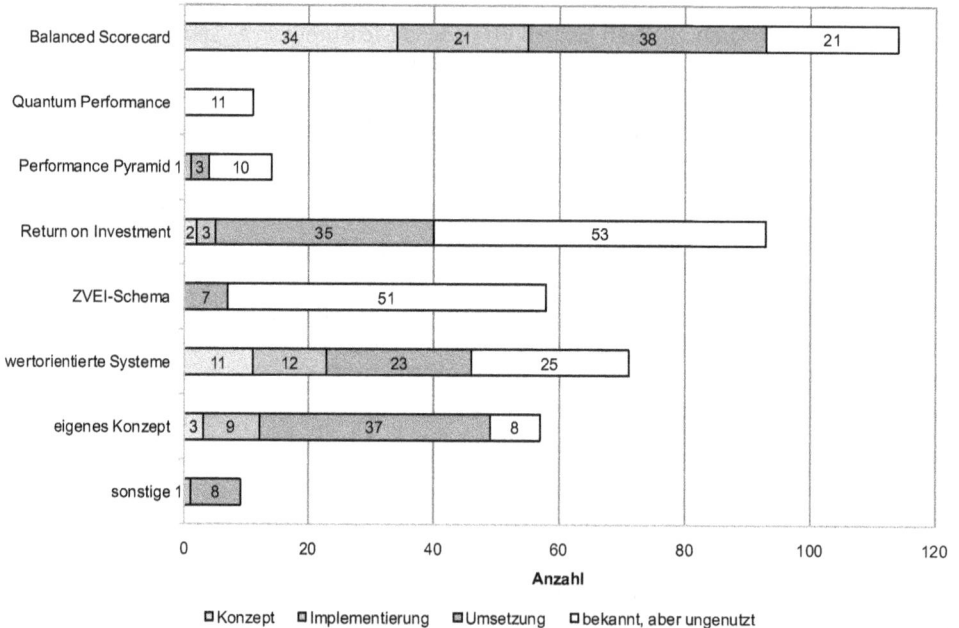

Abb. 6.3: Nutzung und Bekanntheitsgrad von Performance Measurement-Systemen in deutschen Unternehmen (Quelle: Günther/Grüning, 2002, S. 6)

Tab. 6.1: Fragestellungen der Perspektiven in der Balanced Scorecard

Perspektive	Fragestellung
Finanzen	Wie sollen wir gegenüber Teilhabern auftreten, um finanziellen Erfolg zu haben?
Interne Geschäftsprozesse	In welchen Geschäftsprozessen müssen wir die Besten sein, um unsere Teilhaber und Kunden zu befriedigen?
Lernen & Entwicklung	Wie können wir unsere Veränderungs- und Wachstumspotenziale fördern, um unsere Vision zu verwirklichen?
Kunden	Wie sollen wir gegenüber unseren Kunden auftreten, um unsere Vision zu verwirklichen?

(Quelle: Erstellt in Anlehnung an Kaplan/Norton, 1997, S. 7–9)

Für jedes Ziel sind messbare Kennzahlen, Vorgaben und Maßnahmen zu deren Realisation zu formulieren. Lautet das Ziel etwa, den Gewinn bei unveränderter Kapitalbasis zu steigern, so kann die Zielerreichung anhand des Return on Investment (RoI) nachverfolgt werden. Allerdings muss die etwas vage Zielformulierung noch durch einen Vorgabewert (z.B. Steigerung des RoI um 10 Prozent) konkretisiert werden, um den später erreichten Ist-Wert damit vergleichen zu können. Zur Erreichung des formulierten Zielniveaus stehen dem Unternehmen im Beispiel zwei Maßnahmen offen: Es kann entweder seine Kosten senken, oder seine Erlöse steigern.

Insgesamt muss die Unternehmung den Prozess, der sich aus der Formulierung der vier Größen (Ziel, zugehörige Kennzahl samt Vorgabe und Realisationsmaßnahmen) ergibt, für jede der vier Perspektiven mehrfach, aber nicht unbegrenzt häufig durchführen (Das Motto „twenty is plenty" bringt die Begrenzung zum Ausdruck.). Denn die Belastungen, die mit der Definition aller Größen verbunden sind, stoßen auf finanzielle und zeitliche Beschränkungen. Diese Grenzen gilt es insbesondere dann zu bedenken, wenn die Balanced Scorecard nicht auf die vier vorgegebenen Perspektiven begrenzt bleibt. Der Metastudie von Bach zufolge finden sich oftmals auch Scorecards mit mehr (fünf oder gar sechs) oder weniger (nur drei) Perspektiven (vgl. *Bach*, 2006, S. 301).

Die Balanced Scorecard umfasst zudem Ursache-Wirkungsbeziehungen zwischen den Kenngrößen. Diese Abhängigkeiten bestehen zum einen zwischen den betrachteten Perspektiven. Zum anderen beeinflussen sich die Kennzahlen in jeder Perspektive wechselseitig. Für die Aufdeckung von **Ursache-Wirkungsbeziehungen** bieten sich ihre logische Herleitung, ihre empirisch-theoretische Fundierung und ihre empirisch-induktive Gewinnung an (vgl. *Küpper*, 2008, S. 399–412 und die Verfahrensanwendung für die Balanced Scorecard beschreibend *Wall*, 2001). Die logische Herleitung baut auf definitionslogischen Beziehungen und mathematischen Umformungen auf, wohingegen die empirisch-theoretische Herleitung Aussagen und Hypothesen aus der Theorie nutzt. Anders als diese beiden methodischen Ansätze fußt die empirisch-induktive Gewinnung auf Expertenwissen, das mithilfe statistischer Verfahren ausgewertet wird.

Obwohl erkannte Ursache-Wirkungsbeziehungen helfen, die Konsistenz und Vollständigkeit der Balanced Scorecard-Einträge zu wahren und zu zeigen, an welchen Stellen Steuerungsmaßnahmen besonders positive Effekte erzielen, bleiben sie in den Scorecards vieler Unternehmen unberücksichtigt (vgl. *Baum/Coenenberg/Günther*, 2007, S. 394).

Schließlich ist noch anzumerken, dass die Balanced Scorecard nur zwei Stakeholder, die Anteilseigner und die Kunden, näher betrachtet. Die Mitarbeiter mögen zudem in der internen Geschäftsprozess-Perspektive berücksichtigt werden. Alle anderen Interessengruppen bleiben außer Acht. An diesem Schwachpunkt setzt das Performance Prism an.

6.3.3   Beispiel des Performance Prims

Das Performance Prism, das an der *Cranfield University* entwickelt wurde, stellt ein Performance Measurement-System der zweiten Generation dar. Sein Vorzug gegenüber anderen

Systemen besteht darin, dass es eine Vielzahl von Stakeholdern berücksichtigt (vgl. Abb. 6.4 oben), nämlich

- die Anteilseigner,
- die Angestellten,
- die Lieferanten,
- die Kunden und
- Behörden mitsamt der Gesellschaft.

Das Performance Prism nimmt nicht allein die Eigentümerperspektive ein, sondern verlangt, dass sich das Unternehmen in jeden Stakeholder hineinversetzt. Dafür gibt das System fünf Gesichtspunkte mitsamt Fragestellungen vor, unter denen das Unternehmen die Stakeholder und seine Beziehung zu diesen analysieren kann (vgl. Tab. 6.2).

Tab. 6.2: Kernfragen des Performance Prisms

Gesichtspunkt	Fragestellung
Stakeholder Zufriedenheit	Wer sind die Kern-Stakeholder? Was möchten sie vom Unternehmen erhalten?
Strategien	Welche Strategien verfolgt das Unternehmen, um die Wünsche und Bedürfnisse der Stakeholder zu befriedigen?
Prozesse	Welche Prozesse muss das Unternehmen implementieren bzw. implementiert haben, um die Strategien umzusetzen?
Fähigkeiten	Welcher Fähigkeiten bedarf das Unternehmen, um die Prozesse erfolgreich durchzuführen?
Leistungen seitens der Stakeholder	Welche Leistungen erwartet und/oder benötigt das Unternehmen von seinen Stakeholdern?

(Quelle: Erstellt in Anlehnung an Neely, 2007, S. 15)

Eine solche Analyse birgt zweifelsohne nicht unerhebliche Herausforderungen für das Unternehmen. So muss sich das Management beispielsweise nicht nur fragen, welchen Wert es seines Erachtens für den Kunden schafft, sondern auch, wie der Kunde die erbrachte Leistung wahrnimmt. Der Customer Perceived Value (vgl. Abschnitt 6.2.2) ist folglich vom Unternehmen zu ergründen.

Ließe sich die von den Stakeholdern wahrgenommene Leistung feststellen – die erheblichen Informationsprobleme seien für einen Augenblick vernachlässigt – so könnte das Unternehmen daraus wertvolle Hinweise für seine Strategien und Prozesse wie auch benötigte Fertigkeiten gewinnen (vgl. Abb. 6.4 unten):

- Das Unternehmen könnte seine Ressourcen so auf einzelne Unternehmensbereiche allozieren, wie es den geschaffenen Wertbeiträgen für alle oder für bestimmte Stakeholder entspricht.
- Schwachstellen im Leistungsgeflecht ließen sich lokalisieren und hinsichtlich ihrer Auswirkungen auf die geschaffenen Werte für die Stakeholder analysieren.

- Abweichungen bei einzelnen Einsatzfaktoren und Prozessschritten, die für die Stakeholder und die von ihnen wahrgenommene Leistung bedeutsam sind, könnten identifiziert und ihnen mithilfe von Maßnahmen zur Risikosteuerung begegnet werden.
- Die Leistungsbeurteilungen einzelner Mitarbeiter mögen an den geschaffenen Werten orientiert und letztere als Bemessungsgrundlage für Anreizsysteme genutzt werden.

Außerdem kann das Unternehmen die Rückwirkungen, als die vom jeweiligen Stakeholder erbrachten Vorteile, mit dem für diesen geschaffenen Wert vergleichen und daraus ableiten, wie wertvoll ein einzelner Stakeholder (bis hin zur gesamten Anspruchsgruppe) für das Unternehmen ist. Für den Kundenwert und allein für diesen betrachtet, hieße dies, dass der Customer Perceived Value mit dem Customer Lifetime Value zu vergleichen ist und daraus Rückschlüsse für das Management zu ziehen sind.

Zusammenfassend nimmt das Performance Prism erstmals nicht nur die Unternehmens-, genauer die Eigentümersicht, sondern auch verschiedene andere Stakeholderperspektiven (z.B. die Perspektive der Mitarbeiter wie auch die der Kunden) in Augenschein; dennoch bleiben auch hier einige Fragen offen, auf die der folgende Abschnitt hinweist.

6.4   Potenzielle Weiterentwicklungen für Performance Measurement-Systeme

6.4.1   Bedarf an Weiterentwicklungen?!

Die Entwicklung von Performance Measurement-Systemen wurde unter anderem durch die Schwächen finanzorientierter Steuerungssysteme angestoßen. So sollten auch nicht-monetäre Kenngrößen in solchen Systemen Beachtung finden, die zudem eher langfristig und zukunftsorientiert zu gestalten sind (vgl. Abschnitt 6.3). Ferner galt es, die Interessen bislang unberücksichtigter Stakeholder zu bedenken; das Management sollte folglich seine Entscheidungen nicht allein entsprechend der Ziele der Shareholder treffen, sondern die Absichten anderer Stakeholder miteinbeziehen. Schließlich wäre es vorteilhaft, bei der Handlungswahl Beziehungen zwischen den betrachteten Kenngrößen zu beachten. Aus diesen **Anforderungen** an Performance Measurement-Systeme lässt sich folgendes **Profil** ableiten, in dem einige Kriterien näher aufgegliedert sind und anhand dessen Systeme bewertet werden mögen:

- Mehrdimensionalität der Kennzahlen
  - monetär,
  - nicht-monetär,
- Langfrist- und Zukunftsorientierung
  - Beachtung längerfristiger Wirkungen,
  - Analyse (auch) zukünftiger Perioden,
- Stakeholder-Orientierung, d.h. Berücksichtigung der Interessen der
  - Eigentümer,
  - Mitarbeiter,

  – Kunden,
  – Lieferanten und/oder
  – andere Anspruchsgruppen,
• Erfassung und Abbildung von Abhängigkeiten
  – zwischen den Kenngrößen, die für eine einzelne Stakeholdergruppe ermittelt werden,
  – zwischen den Kennzahlen für verschiedene Stakeholdergruppen

Eine Beurteilung finanzorientierter Steuerungssysteme anhand dieses Anforderungsprofils unterstreicht den Bedarf an Performance Measurement-Systemen (vgl. Abb. 6.5). Denn Erstere erfassen nicht nur allein monetäre Kennzahlen; vielmehr sind sie vergangenheitsorientiert ausgerichtet und berücksichtigen ausschließlich die Interessen der Unternehmensführung. Auch bleiben Abhängigkeiten zwischen verwendeten Kenngrößen gänzlich unberücksichtigt.

Anders verhält es sich – zumindest teilweise – mit der Balanced Scorecard (vgl. Abschnitt 6.3.2 und Abb. 6.5). Diese setzt sich, wie beschrieben, zumeist aus vier Perspektiven zusammen, von denen eine explizit auf eine zuvor unbeachtete Stakeholdergruppe, die Kunden, Bezug nimmt. Neben monetären Kennzahlen verwendet die Balanced Scorecard in dieser, aber auch in ihren anderen Perspektiven, nicht-monetäre Größen: *Weber/Schäffer* führen für die Kundenperspektive einer Balanced Scorecard beispielsweise den Marktanteil, Imagewerte und eine Wiederverkaufsquote als Messgrößen an (vgl. *Weber/Schäffer*, 2006, S. 186). Zudem erfasst die Balanced Scorecard – zumindest ansatzweise – die Mitarbeiter, die die Interne Geschäftsprozess-Perspektive wie auch die Lern- und Entwicklungsperspektive (mit)bestimmen. Jede der vier Perspektiven wird schließlich nicht isoliert von den anderen betrachtet, vielmehr sind sie, oder genauer die in ihnen angeführten Messgrößen, über Ursache-Wirkungsbeziehungen miteinander verbunden. *Kaplan/Norton* gelingt es folglich mit der von ihnen konzipierten Scorecard, viele der formulierten Schwächen finanzorientierter Steuerungssysteme auszuräumen, doch verbleiben weitere Entwicklungspotenziale: So berücksichtigt das Grundkonzept der Balanced Scorecard nur wenige Stakeholder und vernachlässigt viele weitere, wie etwa die Lieferanten. Dies führt dazu, dass allein ein Ausschnitt potenziell zwischen den Anspruchsgruppen bestehender Abhängigkeiten erfasst wird. Zudem sind die verwendeten Kenngrößen zumeist vergangenheitsorientiert; doch lassen sich auch erste Ansätze für die Einbeziehung zukünftiger Entwicklungen finden: So schlägt *Reichmann* etwa ein auf die Balanced Scorecard zurückgreifendes Risikomanagementsystem vor (vgl. *Reichmann*, 2001, S. 293–300).

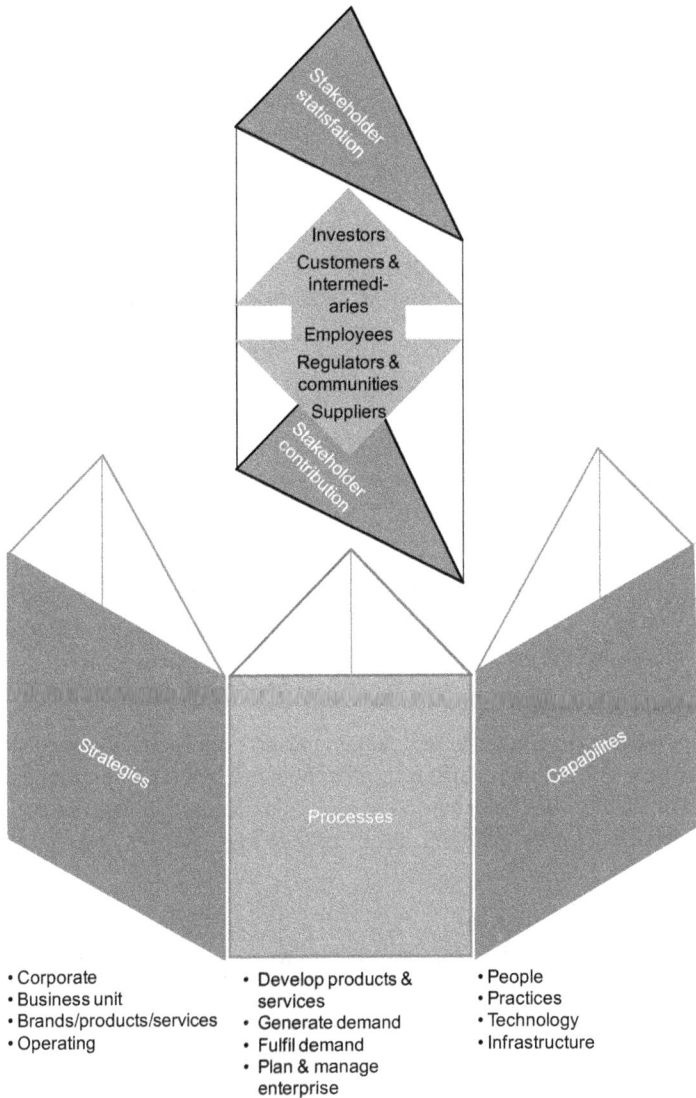

Abb. 6.4: Das Performance Prism
(Quelle: Adams/Neely, 2002, S. 30)

Eine weitere Fortentwicklung und bessere Erfüllung des formulierten Anforderungsprofils stellt das Performance Prism dar. Darin finden zum einen nahezu sämtliche Anspruchsgruppen mitsamt ihrer Interessen Berücksichtigung: Investoren, Kunden und Zwischenhändler, Angestellte, Behörden und andere Regulatoren und schließlich Lieferanten. Zum anderen werden monetäre und nicht-monetäre Kenngrößen mitsamt ihren ein- oder wechselseitigen Abhängigkeiten erfasst. Unerfüllt bleiben hier allerdings noch die zeitorientieren Anforderungen, denn auch das Performance Prism ist vornehmlich vergangenheits- und kurzfristig orientiert (vgl. zusammenfassend Abb. 6.5).

Insgesamt ist festzustellen, dass es mit der ersten und zweiten Generation von Performance Measurement-Systemen gelungen ist, zahlreiche Schwächen finanzorientierter Steuerungssysteme auszuräumen, doch kann die Entwicklung keinesfalls als abgeschlossen gelten. Dies unterstützen auch *Neely/Marr/Roos et al.*, indem sie von Performance Measurement-Systemen der dritten Generation sprechen, hierfür aber (noch) kein Beispiel anführen (vgl. *Neely/Marr/Roos et al.*, 2003, S. 132–135 und Abschnitt 6.3.1). Mithin harren die Systeme noch ihrer Weiterentwicklung, wofür im Weiteren erste Ansätze formuliert werden.

6.4.2   Ansätze für eine Weiterentwicklung

Neely/Marr/Roos et al. formulieren drei Fragen, die zu klären sind, bevor eine Weiterentwicklung von Performance Measurement-Systeme beginnen kann (vgl. *Neely/Marr/Roos et al.*, 2003, S. 132–134):

1. Angemessenheit & Eignung
   Die Umfeldveränderungen erfordern, dass ein Performance Measurement-System flexibel anpassbar bleibt. Gleichzeitig ist die Systempraktikabilität zu wahren, und es ist sicherzustellen, dass das Unternehmen auf die ermittelten Ergebnisse vertrauen kann.

2. Angemessenheit der Informationsbasis
   Die Unternehmung und mit ihr die Entscheidungsträger müssen die Unterschiede zwischen Daten und Informationen, die ihnen vorliegen, erkennen und bewerten. Ferner sind die benötigten Informationen mit dem Informationsangebot abzustimmen und sicherzustellen, dass die erforderlichen Informationen auch nachgefragt werden (vgl. dazu *Chwolka*, 2002 und *Wall*, 2006, S. 47–53).

3. Anwendbarkeit & Nutzung von Schnittstellen
   Ein Performance Measurement-System ist erst anwendbar, wenn es alle Organisationsmitglieder über die erbrachte Leistung informiert und die erzielte Wertschöpfung greifbar macht. Dabei ist insbesondere auf Schnittstellen zwischen den verschiedenen Wertschöpfungsstufen abzustellen.

Zweifelsohne bedürfen diese Forderungen einer näheren Spezifikation, doch bieten sie zumindest einen ersten Rahmen für zukünftige Forschungen und Entwicklungen. Einige Aspekte bleiben dabei indes noch immer unbeachtet:

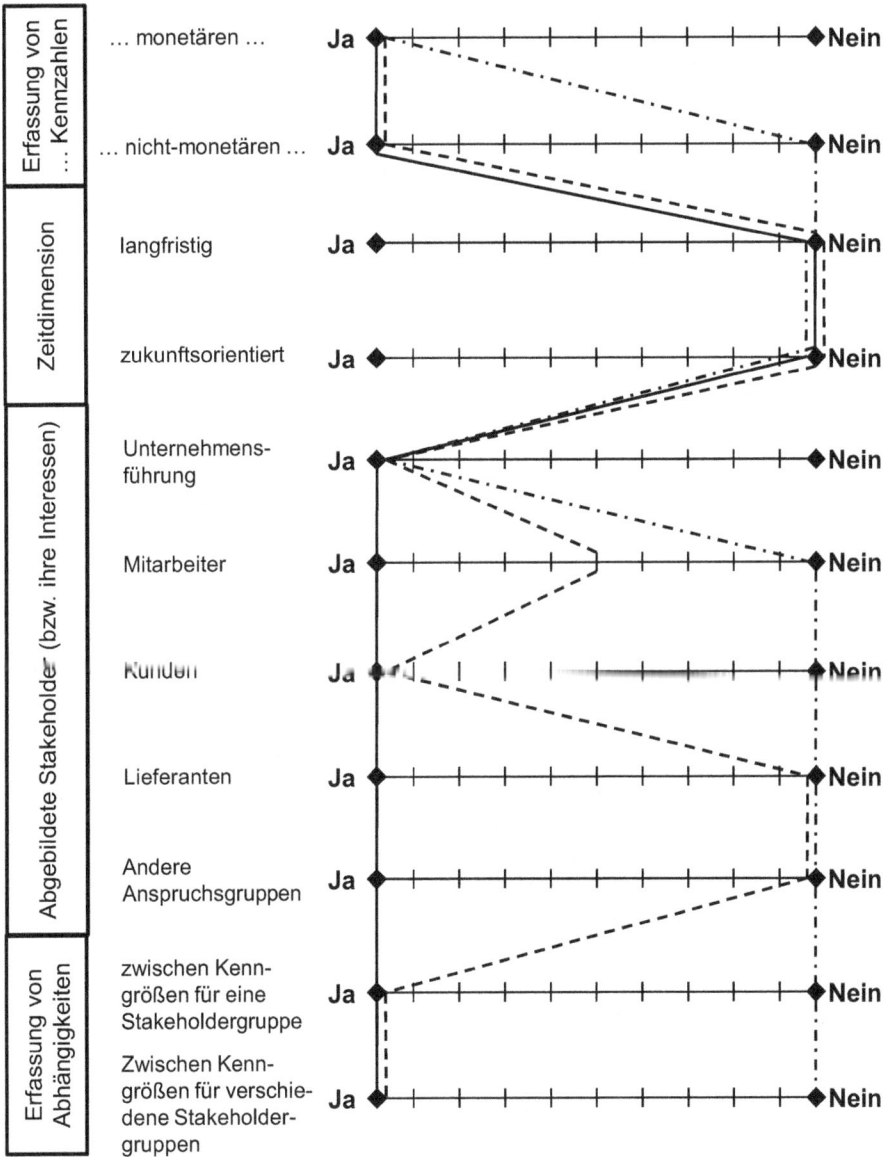

Abb. 6.5: Erfüllung des formulierten Bewertungsprofils

- Analog dem Nettonutzen für den Kunden (vgl. Abb. 6.1), setzen sich die Werte, die das Unternehmen für seine Stakeholder schafft, aus Aufwands- und Nutzeneffekten zusammen. Die gemeinsame Bewertung all dieser Effekte, gegebenenfalls sogar unter Beachtung ihrer wechselseitigen Abhängigkeiten, ist noch nicht geklärt. Insofern steht eine abschließende Beurteilung ihrer Wirkungen für das Performance Measurement noch aus.
- Falls Ursache-Wirkungszusammenhänge zum Beispiel zwischen den Aufwands- und Nutzeneffekten bestehen, sind außerdem die Richtung und Stärke dieser Abhängigkeiten zu klären.
- Bislang wurden die Stakeholderperspektiven weitgehend unabhängig voneinander erörtert. Doch mögen auch diese sich gegenseitig beeinflussen, z.B. positiv verstärken, etwa wenn ein Kunde seine Erfahrungen an potenzielle Kunden oder an Mitarbeiter weitergibt.

Weiteres Entwicklungspotenzial bietet die in Performance Measurement-Systemen bislang unbeachtete Zeitdimension (vgl. Abb. 6.5):

- Denn erbrachte Leistungen (Performance) zeigen ihre Wirkungen nicht immer unmittelbar. Um von der bislang unterstellten unendlichen Realisationsgeschwindigkeit zu abstrahieren, ist zu fragen, wie mit zeitlichen Verzögerungen umzugehen ist.
- Erbrachte Leistungen entfalten ihre Wirkungen oftmals einmal. Andere hingegen zeigen zeitlich gestreute Wirkungen, die kontinuierlich oder diskret mit oder ohne Unterbrechungen anfallen. Während im ersten Fall eine statische Betrachtung ausreicht, erfordern kontinuierlich anfallende Wirkungen eine dynamische Darstellung (vgl. beispielhaft Abb. 6.2).

Schließlich bleibt bislang die Frage weitgehend unbeantwortet, wie die geschaffenen Werte aus Sicht der Eigentümer und durch andere Stakeholder wahrgenommen werden. An dieser Stelle ist zugleich die Schnittstelle zwischen den beiden Perspektiven angesprochen (vgl. dazu nochmals die Dritte von *Neely/Marr/Roos et al.* angesprochene Entwicklungsmöglichkeit). Wie in Abschnitt 6.2.2 erläutert, beurteilen der Kunde und der Anbieter einer Leistung den Wert, den die erbrachte Leistung für den Kunden schafft, unterschiedlich. Insofern ist zu überlegen, ob und inwiefern jede Stakeholderperspektive nach der individuellen Sicht der betrachteten Anspruchsgruppe (z.B. der Kundenperspektive) und der Sicht anderer Stakeholder zu untergliedern ist (vgl. Abb. 6.6). Eine solche Aufspaltung erübrigt sich erst dann, wenn es gelingt, den Überschneidungsbereich beider Perspektiven soweit zu vergrößern, dass sich (hier) die Kundenperspektive und jene des Anbieters entsprechen und beide Anspruchsgruppen die kundenbezogene Performance identisch beurteilen.

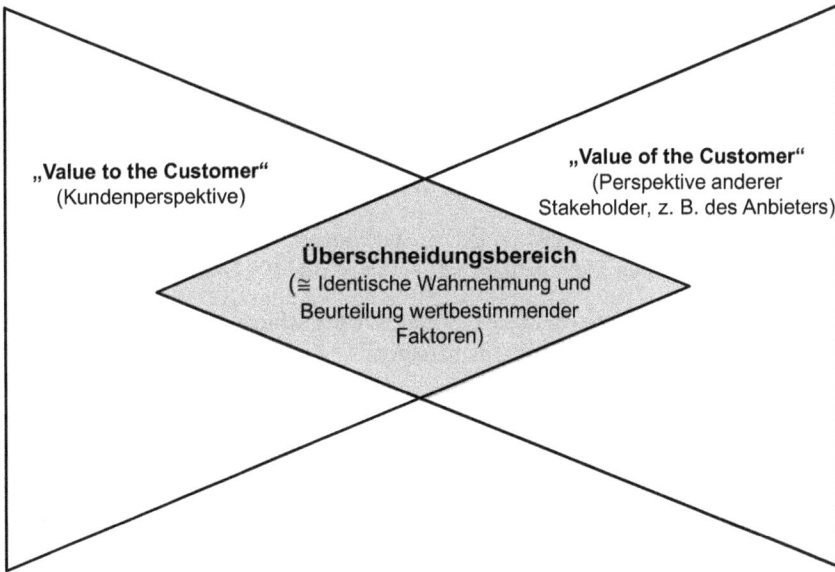

„Value to the Customer"
(Kundenperspektive)

„Value of the Customer"
(Perspektive anderer
Stakeholder, z. B. des Anbieters)

Überschneidungsbereich
($\cong$ Identische Wahrnehmung und
Beurteilung wertbestimmender
Faktoren)

Abb. 6.6: Prinzipdarstellung des Verhältnisses akteursbezogener Beurteilungen des Kundenwerts

6.5   Schlussbemerkungen

Das Ziel des vorliegenden Beitrags bestand darin aufzuzeigen, wie Kundenkapital in das Performance Measurement integriert werden kann. Dabei galt es zwischen der Unternehmens- und der Kundenperspektive zu differenzieren, da aus beiden Sichten die Unternehmensleistung zumeist unterschiedlich zu beurteilen ist. Angesichts der Schwächen finanzorientierter Steuerungskonzepte wurden die Balanced Scorecard als ein Performance Measurement-System der ersten Generation und das Performance Prism als Repräsentant für die zweite Generation erörtert. Zwar bezieht die Balanced Scorecard mit den Kunden eine weitere Anspruchsgruppe ein, doch bleiben die meisten anderen Anspruchsgruppen unberücksichtigt. Zudem nimmt die Scorecard nur die Unternehmenssicht, nicht aber die Stakeholderperspektive ein. Nicht so das Performance Prism, das damit den Weg dahin bereitet, auch die Sicht anderer Stakeholder auf die Unternehmensleistung einzunehmen. Obschon diese Entwicklung nicht verachtet werden darf, bleiben viele weitere Fragen offen (vgl. Abschnitt 6.4) und auch *Freeman* mahnt weitere Entwicklungen für das Performance Measurement (und somit das Controlling) an, indem er darauf hinweist, dass neben den Kunden und Anteileignern noch andere Stakeholder zu bedenken sind (vgl. *Neely/Marr/Roos et al.*, 2003, S. 130).

Literatur

Adams, Ch.; Neely, A.: Prism reform, in: Financial management, (2002), May, pp. 28–31.

Anderson, E.W.; Fornell, C.; Mazvancheryl, S.K.: Customer Satisfaction and Shareholder Value, in: Journal of Marketing, vol. 68 (2004), pp. 172–185.

Atkinson, A.A.; Waterhouse, J.H.; Wells, R.B.: A Stakeholder Approach to Strategic Performance Measurement, in: Sloan Management Review, vol. 38 (1997), no. 3, pp. 25–37.

Bach, N.: Analyse der empirischen Balanced Scorecard Forschung im deutschsprachigen Raum, in: Zeitschrift für Controlling und Management – ZfCM, 50. Jg. (2006), Heft 5, S. 289–304.

Baum, H.-G.; Coenenberg, A.G.; Günther, Th.: Strategisches Controlling, 4. Aufl., Stuttgart 2007.

Belz, J.: Customer Value. Kundenbewertung und Kundenvorteile, in: Controlling, 17. Jg. (2005), Heft 6, S. 327–333.

Blattberg, R.C.; Deighton, J.: Manage Marketing by the Customer Equity Test, in: Harvard Business Review – hbr, vol. 74 (1996), July/August, pp. 136–144.

Breitschuh, J.: König Kunde. Erfolgsfaktor Kundenbindung, in: http://www.economag.de/magazin/2007/3/38+K%F6nig+Kunde, 2007, zuletzt aufgerufen am 28.12.2008.

Chwolka, A.: Informationsbedarf, in: Küpper, H.-U.; Wagenhofer, A. (Hrsg.): Handwörterbuch Unternehmensrechnung und Controlling, 4. Aufl., Stuttgart 2002, Sp. 723–731.

Diller, H.: Kundenmanagement, in; Tietz, B.; Köhler, R.; Zentes, J. (Hrsg.): Handwörterbuch des Marketing, 2. Aufl., Stuttgart 1995, Sp. 1363–1376.

Eggert, A.: Die zwei Perspektiven des Kundenwerts. Darstellung und Versuch einer Integration, in: Günter, B.; Helm, S. (Hrsg.): Kundenwert, Wiesbaden 2001, S. 39–55.

Fischer, Th.; Vielmeyer, U.: Vom Shareholder Value zum Stakeholder Value? Möglichkeiten und Grenzen der Messung von stakeholder-bezogenen Wertbeiträgen, HHL-Arbeitspapier Nr. 52, Leipzig 2002.

Fischer, Th.; Von der Decken, T.: Kundenprofitabilitätsrechnung in Dienstleistungsgeschäften. Konzeption und Umsetzung am Beispiel des Car Rental Business, in: Zeitschrift für betriebswirtschaftliche Forschung – zfbf, 53. Jg. (2001), Heft 3, S. 294–323.

Gleich, R.: Performance Measurement. Grundlagen, Konzepte und empirische Erkenntnisse, in: Controlling, 14. Jg. (2002), Heft 8/9, S. 447–454.

Gouthier, M.H.J.; Schmid, St.: Kunden und Kundenbeziehungen als Ressourcen von Dienstleistungsunternehmen, in: Die Betriebswirtschaft – DBW, 61. Jg. (2001), Heft 2, S. 223.239.

Grüning, M.: Performance-Measurement-Systeme. Messung und Steuerung von Unternehmensleistung, Wiesbaden 2002.

Günther, Th.; Grüning, M.: Performance Measurement-Systeme im praktischen Einsatz, in: Controlling, 14. Jg. (2002), Heft 1, S. 5–13.

Hahn, D.; Hungenberg, H.: PuK. Wertorientierte Controllingkonzepte, 6. Aufl., Wiesbaden 2001.

Happel, M.: Shareholder-Value-Ansatz; Implementierungslücke im Controlling deutscher Unternehmen? Ergebnisse einer empirischen Untersuchung, in: Controlling, 14. Jg. (2002), Heft 4/5, S. 275–282.

Kaplan, R.S.; Norton, D.P.: Balanced Scorecard. Strategien erfolgreich umsetzen, Stuttgart 1997.

Kaplan, R.S.; Norton, D.P.: The Balanced Scorecard – Measures That Drive Performance, in: Harvard Business Review – hbr, vol. 70 (1992), no. 1, pp. 71–79.

Kotler, P.; Bliemel, F.: Marketing-Management. Analyse, Planung und Verwirklichung, 10. Aufl., Stuttgart 2001.

Krafft, M.: Der Kunde im Fokus. Kundennähe, Kundenzufriedenheit, Kundenbindung – und Kundenwert?, in: Die Betriebswirtschaft – DBW, 59. Jg. (1999), Heft 4, S. 511–530.

Küpper, H.-U.: Controlling. Konzeption, Aufgaben, Instrumente, 5. Aufl., Stuttgart 2008.

Matzler, K.: Customer Value Management, in: Die Unternehmung, 54. Jg. (2000), Heft 4, S. 289–308.

Meffert, H.; Burmann, Ch.; Kirchgeorg, M.: Marketing. Grundlagen marktorientierter Unternehmensführung, 10. Aufl., Wiesbaden 2008.

Neely, A.: The search for meaningful measures, in: Management Services, vol. 51 (2007), Summer, pp. 14–17.

Neely, A.; Marr, B.; Roos, G. et al.: Towards the Third Generation of Performance Measurement, in: Controlling, 15. Jg. (2003), Heft 3/4, S. 129–135.

Payne, A.; Holt, S.: Diagnosing Customer Value. Integrating the Value Process and Relationship Marketing, in: British Journal of Management, vol. 12 (2001), no. 2, pp. 159–182.

Ravald, A.; Grönroos, Ch.: The value concept and relationship marketing, in: European Journal of Marketing, vol. 30 (1996), no. 2, pp. 19–30.

Reichmann, Th.: Die Balanced Chance- and Risk-Card. Eine Erweiterung der Balanced Scorecard, in: Lange, K.W.; Wall, F. (Hrsg.): Risikomanagement nach dem KonTraG, München 2001, S. 282–303.

Schreyer, M.: Entwicklung und Implementierung von Performance Measurement Systemen, Wiesbaden 2007.

Schröder, R.W.; Wall, F.: Customer Perceived Value Accounting. Konzeption, Beiträge und Entwicklungsstand, in: Controlling, 16. Jg. (2004), Heft 12, S. 669–676.

Stoi, R.: Controlling von Intangibles. Identifikation und Steuerung der immateriellen Werttreiber, in: Controlling, 15. Jg. (2003), Heft 3/4, S. 175–183.

Strack, R.; Hansen, J.; Dörr, T.: Wertmanagement; Implementierung und Erweiterung um das Human und Customer Capital, in: kostenrechnungspraxis – krp, 2001, Sonderheft 1, S. 63–72.

Strack, R.; Villis, U.: RAVE™ – Die nächste Generation im Shareholder Value Management, in: Zeitschrift für Betriebswirtschaft – ZfB, 71. Jg. (2001), Heft 1, S. 67–84.

Wall, F.: Informationsmanagement, München 2006.

Wall, F.: Ursache-Wirkungsketten als ein zentraler Bestandteil der Balanced Scorecard. Möglichkeiten und Grenzen ihrer Gewinnbarkeit, in: Controlling, 13. Jg. (2001), Heft 2. S. 65–74.

Weber, J.; Lissautzki, M.: Erfolgsorientierte Unternehmenssteuerung mit Kundenwerten, in: Controlling, 18. Jg. (2006), Heft 6, S. 277–282.

Weber, J.; Schäffer, U.: Einführung in das Controlling, 11. Aufl., Stuttgart 2006.

Woodruff, R.B.: Customer value. The next source for competitive advantage, in: Journal of the Academy of Marketing Science, vol. 25 (1997), no. 2, pp. 139–153.

7 Neue Perspektive für das Medizincontrolling: Konzeptionen des Patientenwerts

Regina W. Schröder[*]

[*] Die Autorin dankt Herrn Prof. Dr. Werner Ischebeck für wertvolle Hinweise und Diskussionen zum Beitrag.

7.1   Wertorientierung im Medizincontrolling

Ähnlich Industrieunternehmen stellen Krankenhäuser, als an der Patientenbehandlung beteiligte Organe, Interessenzentren dar, in denen sich alle Anspruchsgruppen bemühen, ihre individuellen Ziele bestmöglich zu erfüllen (vgl. für Industrieunternehmen *Hahn/Hungenberg*, 2001, S. 151). Dies schließt gemeinhin ein, den Fortbestand des Krankenhauses zu sichern. Dafür muss das Krankenhaus (re-)investitionsfähig bleiben und am medizinischen Fortschritt teilhaben. Die somit erforderlichen finanziellen Mittel erwirtschaftet das Krankenhaus zum einen, indem ihm die Kostenträger, zumeist Versicherungen, seine Leistungen entsprechend der Diagnosis Related Groups (DRGs) vergüten. Andererseits fließen dem Krankenhaus für die Patientenbehandlung finanzielle Mittel zu, die beispielsweise von Kommunen, Landkreisen, Stiftungen, gemeinnützigen Trägern und Privaten entrichtet werden.

Wenn auch mit je Träger unterschiedlichen Ausprägungen, sehen sich Krankenhäuser, beispielhaft für das gesamte Gesundheitswesen, der Forderung gegenüber, ihre Wirtschaftlichkeit zu verbessern, also Wert für seine Träger zu schaffen. Die Erreichung dieses Ziels ist an zahlreiche Nebenbedingungen geknüpft, die beispielsweise in Form der Interessen aktueller und zukünftiger Patienten und/oder der Öffentlichkeit zu beachten sind (vgl. *Dierkes/Lingenfelder*, 2006, S. 545 f.). Dem stimmen *Borges/Schmidt* ansatzweise zu, vertreten gleichzeitig aber die Meinung, dass die finanziellen Ziele der Patientenversorgung sogar untergeordnet sein können (vgl. *Borges/Schmidt*, 2002, S. 112).

Die Wertgenerierung von und für Gruppen, die an der Patientenbehandlung mitwirken, ist mit der Wertschaffung für den Patienten verbunden. Das Medizincontrolling steht folglich vor „neuen" Fragen, die seine bisher angeführten Aufgaben (*Pfeuffer/Frieling/Lahuis et al.*, 2005, S. 35) ergänzen, zum Beispiel: Was bezeichnet der Patientenwert? Inwiefern und wie ist dieser Wert mit für andere Beteiligte geschaffenen Werten verbunden? Der vorliegende Beitrag trägt insofern zur Klärung dieser Fragen bei, indem der folgende Abschnitt den Behandlungsprozess eines Patienten fokussiert und alle daran beteiligten Stakeholder analysiert. Besonderes Augenmerk richtet Abschnitt 7.2.3 dabei auf den Patienten und zeigt die Besonderheiten des Gesundheitssektors auf, indem die Frage beantwortet wird, ob der Patient als Kunde des Krankenhauses anzusehen ist. Der dritte Abschnitt erörtert anschließend den Wert eines Patienten und nimmt dafür verschiedene Perspektiven ein: jene der Versicherung des Patienten, jene des Krankenhauses als Behandlungsträger und jene des Patienten selbst. Da die drei Wertkonzepte zunächst weitgehend unabhängig voneinander betrachtet werden, nimmt sich der vierte Abschnitt ihren jeweiligen Interdependenzen an, bevor der letzte Abschnitt Möglichkeiten aufzeigt, wie die vorherigen Betrachtungen auf den gesamten Behandlungspfad und/oder über die Zeit ausgedehnt werden mögen.

7.2   Der Behandlungsprozess und involvierte Stakeholder

Mit der Einführung der DRGs wandte sich der deutsche Gesetzgeber und mit ihm das Gesundheitswesen von dem bisher genutzten verweildauerorientierten Abrechnungssystem ab; statt dessen wurde die Entwicklung zu einem leistungsorientierten System angestoßen. Denn die DRGs beschreiben den Behandlungsprozess eines Patienten, wobei sie entweder die Behandlung durch einen Träger fokussieren oder sich über den gesamten institutionenübergreifenden Behandlungspfad (vgl. Abschnitt 7.2.1) erstrecken. In beiden Fällen sind an dem Behandlungsprozess mehrere Stakeholder beteiligt, wie Abschnitt 7.2.2 am Beispiel eines Krankenhauses zeigt. Gemeinsam ist beiden Betrachtungen des Behandlungspfades, dass dem Patienten, der mitunter auch als Kunde angesehen wird (vgl. Abschnitt 7.2.3), besondere Bedeutung zukommt.

7.2.1   Institutionenübergreifender Behandlungspfad

Der Begriff des Behandlungspfads findet sich in der deutschen ebenso wie der internationalen Literatur mit vielfältigen Bedeutungen. Diese erstrecken sich von auf einzelne Behandlungsträger beschränkten bis zu institutionenübergreifenden Pfaden. Zwei Definitionen sollen dies verdeutlichen:

- *"A critical path defines an optimal sequencing and timing of interventions by physicians, nurses, and other staff for a particular diagnosis or procedure, designed to better utilize resources, maximize quality of care, and minimize delays."* (Coffey/Richards/Remmert et al., 1992, S. 45)
- *"Ein klinischer Behandlungspfad ist der im Behandlungsteam **selbst gefundene** berufsgruppen- und institutionenübergreifende Konsens für die beste Durchführung der gesamten stationären Behandlung unter Wahrung festgelegter Behandlungsqualität sowie unter Berücksichtigung der notwendigen und verfügbaren Ressourcen, ebenso unter Festlegung der Aufgaben sowie der Durchführungs- und Ergebnisverantwortlichkeiten."* (Roeder/Hindle/Loskamp et al., 2003, S. 21)

Je nachdem, welche Form des Behandlungspfads zu analysieren ist, sind verschiedene, insbesondere unterschiedlich viele Anspruchsgruppen zu bedenken. Falls nur eine Institution, beispielsweise eine Akutklinik, die Behandlung vornimmt (vgl. das entsprechende Rechteck in Abb. 7.1), zählen zu den beteiligten Stakeholdern neben Verwaltungskräften, welche die Aufnahme des Patienten bis hin zu seiner Entlassung ebenso wie die Abrechnung mit den Kostenträgern abwickeln, das medizinische Personal, Pflegekräfte und alle anderen mit der Versorgung betrauten Angestellten. Außerhalb des Krankenhauses kommen unter anderem die Krankenkassen hinzu. Sobald die Betrachtung auf den gesamten institutionenübergreifenden Behandlungspfad ausgedehnt wird, erweitert sich der Kreis der Stakeholder um die mit der Einlieferung und/oder Weiterbehandlung betrauten Institutionen. Im Falle einer aneu-

rysmatischen Subarachnoidalblutung mag ein Patient, sobald seine Behandlung in der Akutklinik abgeschlossen ist, beispielsweise

- heimkehren, d.h., es sind keine weiteren Stakeholder an seiner Behandlung beteiligt,
- eine ambulante Weiterbehandlung erfahren oder
- er wird in eine Rehabilitationsklinik überwiesen (vgl. Abb. 7.1).

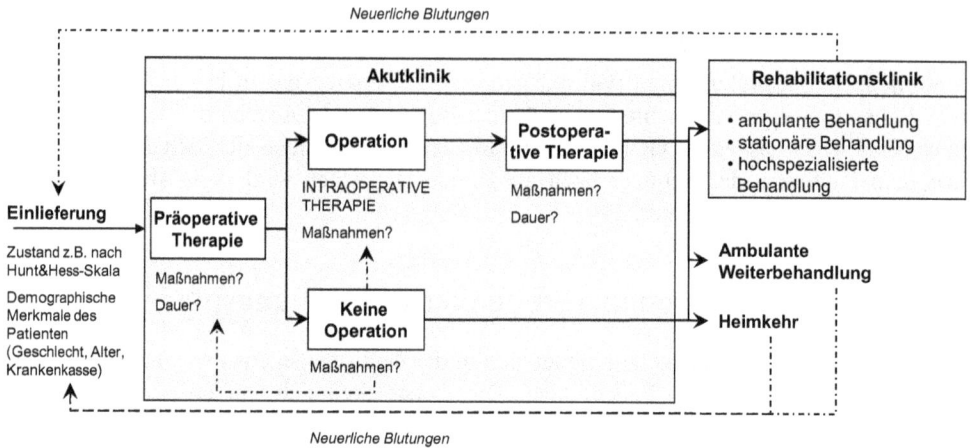

Abb. 7.1: Beispiel für einen institutionenübergreifenden Behandlungspfad
(Quelle: Wall/Schröder/Langner et al., 2006, S. 52)

Wie dieses Beispiel nahe legt, ist ein Behandlungspfad keineswegs fest vorgeschrieben.
Vielmehr können teilweise aufgrund medizinischer Indikation, Wünschen des Patienten
und/oder seiner Angehörigen unterschiedliche Wege beschritten werden und/oder systembe-
dingte Abweichungen auftreten (z.B. wegen Bettenknappheit, Geräteausfall, verspäteter
Lieferung von Laborergebnissen). Je nach der Komplexität des Behandlungspfades, in dem
es auch zu Rückkopplungen kommen mag, wird die Patientenbehandlung von einem mehr
oder minder umfangreichen Netzwerk von Stakeholdern begleitet.

7.2.2   Anspruchsgruppen eines Krankenhauses

Erscheinen die Stakeholder eines Krankenhauses, das im vorherigen Abschnitt exemplarisch
dargestellt wurde und auf das sich die weiteren Überlegungen beschränken, auf den ersten
Blick übersichtlich, weisen *Fottler/Blair/Whitehead et al.* auf die zunehmende Fülle relevanter Anspruchsgruppen hin:

> *"... the number and diversity of stakeholder groups and their power vis-à-vis the*
> *health care organizations have increased, but the level or their supportiveness has*
> *decreased." (Fottler/Blair/Whitehead et al.,* 1989, S. 530)

Diese Vielzahl und Verschiedenheit aller Anspruchsgruppen eines Krankenhauses veranschaulichen *Dierkes/Lingenfelder* exemplarisch für ein regionales Klinikum (vgl. Abb. 7.2).

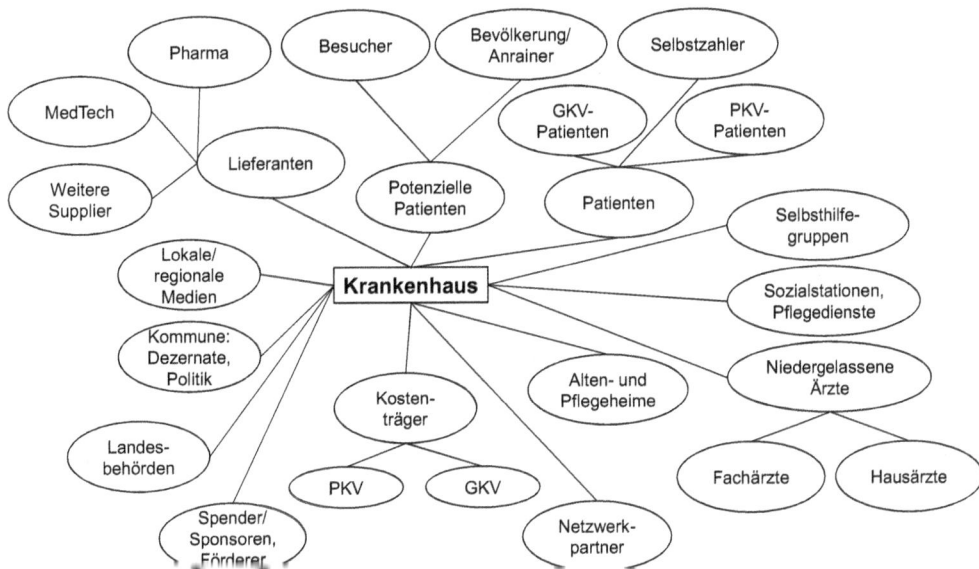

Abb. 7.2: Denkbare Stakeholder eines Krankenhauses
(Quelle: Dierkes/Lingenfelder, 2006, S. 544)

Angesichts dieser Fülle von Stakeholdern erscheint ihre Klassifikation zwar nicht unbedingt erforderlich, aber zumindest hilfreich, um die Wertschaffung im Krankenhaus zu steuern. *Blair* und *Whitehead* setzen zur Unterscheidung der Stakeholder beispielsweise an ihrer Unterstützung („supportiveness") an, genauer an einer potenziellen Kooperation des Krankenhauses mit den jeweils betrachteten Stakeholdern und zugleich an einer möglichen von diesen ausgehenden Bedrohung (vgl. *Blair/Whitehead*, 1988, S. 158 f.). Für beide Kriterien unterscheiden *Blair* und *Whitehead* zwei Ausprägungen: „niedrig" und „hoch", woraus sich vier Arten von Stakeholdern ergeben:

- Unbedeutende Stakeholder stellen weder eine Bedrohung dar, noch verfügen Sie über ein Potenzial zur Zusammenarbeit. Zu dieser Gruppe zählen *Blair* und *Whitehead* beispielsweise spezifische Interessengruppen, zum Beispiel Anteilseigner. Obwohl diese Anspruchsgruppen zumeist für das Krankenhaus bedeutungslos sind, können sie sich zumindest vereinzelt im Zuge einer Kostenbegrenzung zu einer Bedrohung oder zu einem möglichen Kooperationspartner für das Krankenhaus entwickeln.
- Nicht-unterstützende Stakeholder bergen die größten potenziellen Schwierigkeiten für ein Krankenhaus, da sie zwar keinerlei Möglichkeiten zur Zusammenarbeit aufweisen, aber eine aktuelle Bedrohung darstellen. Diese Anspruchsgruppe umfasst beispielsweise konkurrierende Krankenhäuser.

- Zu den zweifelhaften Stakeholdern zählen *Blair* und *Whitehead* unter anderem das medizinische Personal, insbesondere Ärzte und Versicherungen. Da sich solche Stakeholder nicht nur durch ein hohes Kooperations- sondern zugleich durch ein immenses Bedrohungspotenzial auszeichnen, ist diesen Anspruchsgruppen besondere Aufmerksamkeit zu schenken.
- Das konträre Spiegelbild nicht-unterstützender Stakeholder bilden die unterstützenden Anspruchsgruppen, z.B. mit dem Krankenhaus verbundene Unternehmen. Sie tragen die unternehmerischen Ziele und Handlungen mit, stellen aber keine Bedrohung für das Krankenhaus dar.

Eine andere Klassifikation der Stakeholder eines Krankenhauses unterscheidet zwischen internen, externen und dazwischen liegenden Anspruchsgruppen (vgl. unter anderem *Fottler/Blair/Whitehead et al.*, 1989, S. 527 f.). Krankenhausinterne Stakeholder haben nur auf der internen Ebene mit dem Krankenhaus Kontakt, wie etwa sein Management und seine Angestellten. Externe Anspruchsgruppen sind primär außerhalb des Krankenhauses angesiedelt, stehen mit diesem aber (indirekt) in Kontakt. Prinzipiell lässt sich diese externe Stakeholdergruppe dreifach untergliedern:

- in Beteiligte, die Leistungen für das Krankenhaus erbringen (Dies sind etwa die Lieferanten und Geldgeber des Krankenhauses.),
- in Wettbewerber und
- in solche Interessengruppen, die ein spezifisches Interesse am Bestehen des Krankenhauses besitzen, wie die Regierung.

Nicht alle Stakeholder eines Krankenhauses sind eindeutig einer der beiden Kategorien, d.h. den internen oder den externen Anspruchsgruppen, zuzuordnen. Zu den verbleibenden, „dazwischen liegenden" Stakeholdern zählen *Fottler/Blair/Whitehead et al.* beispielsweise Förderer, Steuerzahler und gegebenenfalls ein übergeordnetes Konzernunternehmen.

Im Zentrum jeder medizinischen Behandlung steht der Patient, für dessen Versorgung und möglichst Genesung das Krankenhaus Sorge trägt. Dieser externe Stakeholder (vgl. *Fottler/Blair/Whitehead et al.*, 1989, S. 527) zählt sogleich zu den zweifelhaften Anspruchsgruppen (vgl. *Blair/Whitehead*, 1988, S. 159), weshalb ihm im Rahmen des klinischen Wertmanagements besondere Beachtung zu schenken ist. Dies unterstreicht auch eine von *Fottler/Blair/Whitehead et al.* durchgeführte Untersuchung, die auf die Identifikation maßgeblicher Stakeholder von Krankenhäusern mitsamt ihres Einflusses abzielt. Demnach bilden Patienten die zweitwichtigste Anspruchsgruppe, die nach Meinung der Befragten zunehmende Bedeutung gewinnt (vgl. Tab. 7.1).

Tab. 7.1: Wesentliche Stakeholder im Krankenhaus und ihr Einfluss

Key Stakeholders Identified	Respondents Identifying Stakeholder (percent)	Total Power Score	Respondents Indicating Stakeholder Increasing Power (percent)
• Medical Staff (IF)	94	124	40
• Patients (E)	81	83	77
• Hospital management (I)	50	65	62
• Nonphyisican professional staff (I)	56	58	67
• Board of trustees (IF)	44	56	43
• Federal governement (E)	37	55	67
• Corporate office (IF)	44	48	50
• Nonprofessional staff (I)	44	38	27
• Third party payers (E)	31	33	100
• Elected public officials (E)	25	26	50
E = external stakeholder, IF = interface stakeholder, I = internal stakeholder			

(Quelle: Verkürzt entnommen aus Fottler/Blair/Whitehead et al., 1989, S. 533)

Die weiteren Überlegungen konzentrieren sich daher auf den Patienten und den Einfluss, den er auf die Wertschöpfung im Krankenhaus ausübt.

7.2.3   Der Patient als Kunde

Es ist naheliegend, den Patienten als Kunden im Gesundheitswesen, insbesondere im Krankenhaus, anzusehen. Dies wäre hier insofern vorteilhaft als die weiteren Überlegungen auf solchen zum Kundenwert aufbauen und auf die damit erzielten Ergebnisse zurückgreifen könnten (vgl. anstatt vieler *Schröder/Wall*, 2004; wie auch ihren Beitrag im vorliegenden Herausgeberband). Um zu prüfen, inwiefern die Begriffe „Kunde" und „Patient" tatsächlich äquivalent im Krankenhaus zu verwenden sind, fasst Tab. 7.2 in der Literatur zu findende Abgrenzungen des Patienten- und des Kundenbegriffs im Gesundheitswesen zusammen. Die Aufstellung ergänzend, führt die Tabelle weiterhin Beispiele dafür an, wie die Kundenperspektive der Balanced Scorecard (vgl. *Kaplan/Norton*, 1997) für Krankenhäuser umgesetzt wird.

Tab. 7.2: Verständnis des Patientenbegriffs in der Literatur

Autor(en) & Jahr	Aussage
Borges/Schmidt (2002)	Die Autoren ersetzen die Patientenperspektive durch eine Anspruchsgruppenperspektive, in der sie Patienten und ihre Angehörigen, niedergelassene Ärzte, Medizinstudenten, Krankenkassen, die Fakultät, die Öffentlichkeit, Lehrkrankenhäuser und übrige, umliegende Krankenhäuser zusammenfassen. (vgl. S. 112 f. und Abbildung 8)
Braun von Reinersdorff (2002)	Die Autorin sieht im Patienten den Primärkunden und die Krankenkassen als Sekundärkunden des Krankenhauses an (vgl. S. 133–141):
	„Der Patient wird zunehmend zum Kunden, von dessen Entscheidung für das Krankenhaus und seiner Weiterempfehlung der Erfolg des Hauses abhängt." (S. 133)
Bücker (2005)	*„Der Patient ist heute im Gesundheitswesen zunehmend der Kunde, außer in einer Notfallsituation."* (S. 38)
Conrad (2001)	*„Patienten (und deren Angehörige), niedergelassene Ärzte und Studenten dürften die wesentlichen Kunden eines Universitätsklinikums sein. Natürlich können auch Krankenkassen als Kunden eines Krankenhauses angesehen werden ..."* (S. 85)
Dierkes/Lingenfelder (2006)	*„Dieses bedeutet u. a., Patienten und Einweiser als Kunden zu betrachten ..."* (S. 544)
Hahn/Hahn (1998)	*„Welche Leistungen sollten wir für den Kunden/Patienten erbringen, um die Vision zu verwirklichen und Ziele zu erreichen?"* (S. 333)
Kehl/Güntensperger/Schmidt et al. (2005)	Auf die Frage „Wer ist unser Kunde?" geben die Autoren schließlich die folgende Antwort:
	„Im Zentrum unserer strategischen Entwicklung steht die Rehabilitation multimorbider (mehrfach erkrankter) Patienten." (S. 25)
Kershaw/Kershaw (2001)	Als Kennzahlen für die Kundenperspetive führen die Autoren die folgenden Größen an:
	• Patient satisfaction (survey),
	• Patient retention und
	• Patient referral rate (vgl. S. 32)
Niesner/Friedl/Demirezen (2008)	*„So bietet es sich beispielsweise an, Patienten im Rahmen der Kundenperspektive zu betrachten."* (S. 364) und
	„In der vorliegenden Studie sind sich alle Krankenhäuser über die Anwendung der Finanz- sowie der Kundenperspektive einig. Die damit verbundene Betrachtung formalzielbezogener Erfolgsgrößen sowie die Identifikation der zur finanziellen Erfolgsgenerierung relevanten Kundensegmente sind für alle Krankenhäuser überlebenswichtig." (S. 374)
Pink/McKillop/Schraa et al. (2001)	Als angepasste Kundenperspektive für Krankenhäuser führen die Autoren *„Patient Satisfaction"* an (vgl. S. 4)
Zink/Diefenbach (1999)	Wie schon die Überschrift des Beitrags, „Kundenorientierung – auch ein Thema im Gesundheitswesen", nahelegt, setzen die Autoren „Kunde" und „Patient" gleich.

Eine Einheitlichkeit hinsichtlich des Kundenverständisses im Gesundheitswesen und damit eine eindeutige Beantwortung der Frage, ob der Kunde dem Patienten äquivalent ist, ist folglich keineswegs feststellbar. Zwar lassen sich durchaus Beispiele für eine derartige Beziehung finden (vgl. Tab. 7.2), doch wird der Kundenbegriff vielfach weiter gefasst (vgl. beispielsweise *Conrad*, 2001, S. 85). Da der Kunde offenbar nicht unbedingt mit dem Patienten gleichzusetzen ist, übernimmt Abschnitt 7.3 die Überlegungen zum Kundenwert nicht, sondern stellt davon zumindest teilweise abweichende Perspektiven auf den Patientenwert vor.

7.3 Perspektiven auf den Patientenwert

Während nur zwei Akteure an einer Unternehmens-Kunden-Beziehung beteiligt sind, gestaltet sich das Beziehungsgeflecht für Patienten und ihre Behandlung komplexer, was die bereits ausgeschlossene einfache Übertragbarkeit der Kundenwertkonzepte auf den Patientenwert unterstreicht. In die Patientenbehandlung sind neben dem Patienten zwei Akteursgruppen involviert: der Behandlungsträger, hier das Krankenhaus, einschließlich seiner Angestellten, die für die Behandlung, Pflege und Versorgung verantwortlich sind, und die Gesundheitsversicherung des Patienten, die die vom Krankenhaus vorgenommenen Aktivitäten (größtenteils) honoriert. Das vorliegende Beziehungsgeflecht mitsamt der erbrachten Leistungen und Gegenleistungen zeigt Abb. 7.3.

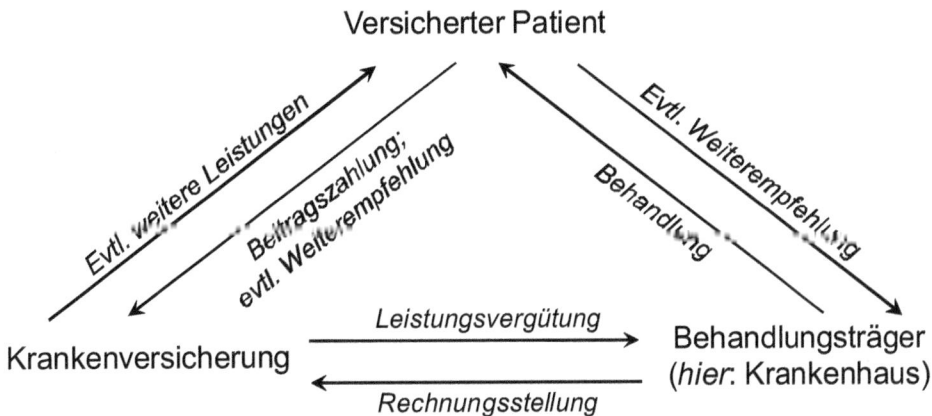

Abb. 7.3: Beziehungen zwischen Patient, Behandlungsträger und Versicherung

Die folgenden Unterabschnitte nehmen jeweils die Position (a) der Versicherung (Abschnitt 7.3.1), (b) des Krankenhauses (Abschnitt 7.3.2) und (c) des versicherten Patienten (Abschnitt 7.3.3) ein, um den mithilfe des Patienten geschaffenen und/oder den von diesem wahrgenommenen Wert zu beurteilen.

7.3.1 Wert eines Patienten für seine Versicherung

Eine Krankenversicherung dient dazu, Erkrankungen zu erkennen, zu heilen, ihre Verschlimmerung zu verhüten oder Krankheitsbeschwerden zu lindern (§ 27 Abs. 1 S. 1 SGB V). Für eine solche Versicherung kann jeder deutsche Bürger zwischen zwei Optionen wählen: einer gesetzlichen (GKV) und einer privaten (PKV) Versicherung, wobei zur GKV auch die allgemeine Krankenversicherung (AKV) zu zählen ist. Die Mehrheit der Bürger, ungefähr 88 Prozent, entscheidet sich für eine gesetzliche Versicherung (vgl. Tab. 7.3), weshalb die weiteren Überlegungen eine solche Versicherung zugrunde legen.

Tab. 7.3: Mitglieder der gesetzlichen und privaten Krankenversicherung im Jahresdurchschnitt

	Jahr			
	2005	**2006**	**2007**	**2008**
GKV-Versicherte (insgesamt)	70.477.283	70.298.156	70.314.011	70.243.851
AKV-Versicherte (ohne Rentner)	52.126.803	51.989.469	52.060.486	52.057.984
GKV-Pflichtmitglieder und mitversicherte Familienangehörige	43.358.841	43.311.528	43.853.321	44.053.428
Freiwillige GKV-Mitglieder und mitversicherte Familienangehörige	8.767.962	8.677.941	8.207.165	8.004.556
PKV-Vollversicherte	8.373.000	8.489.100	8.549.000	n. a.
Zusatzversicherungen (insgesamt)	17.087.800	18.400.500	20.009.400	n. a.

AKV = Allgemeine Krankenversicherung, GKV = Gesetzliche Krankenversicherung, PKV = Private Krankenversicherung

(Quelle: Vgl. Die Gesundheitsberichterstattung des Bundes, 2009a und 2009b)

Bei einer gesetzlichen Versicherung entrichten die Versicherungsnehmer eine gehaltsabhängige monatliche Zahlung an ihre Krankenkasse oder sind über einen Familienangehörigen mitversichert. Die Versicherung übernimmt, sozusagen im Gegenzug, die Behandlungskosten, falls ihr Mitglied erkrankt, und zahlt eine entsprechende Vergütung an den Behandlungsträger, z.B. das Krankenhaus. Für und durch ihre Kunden fallen bei der Krankenversicherung somit Aufwendungen und Erträge an. Um Letztere zu steigern, kann sich die Versicherung bemühen, ihre Nähe zum Versicherten und dadurch seine Zufriedenheit zu steigern, und ihn langfristig an seine Krankenversicherung zu binden (vgl. die von *Steinhübel* formulierte Balanced Scorecard einer Krankenversicherung, insbesondere deren Kundenperspektive; *Steinhübel*, 2006, S. 210). Infolge der Einführung fixer prozentualer Kassenbeiträge zum 1. Januar 2009 besteht der Preiswettbewerb zwischen den Krankenkassen nicht länger und wird heute durch einen Informationswettbewerb abgelöst (vgl. *Preuß*, 2002, S. 57 f.). Für die Wahl eines Behandlungsträgers benötigt der Patient Informationen über die Qualität erbrachter Leistungen. Hierfür richten die Krankenkassen vielfach medizinische Callcenter ein oder stellen ihr Informationsangebot im Internet zur Verfügung.

Über die Zeit betrachtet, erzielt die Krankenversicherung zum einen direkt, zum anderen indirekt höhere Erträge, wenn es ihr gelingt, die Zufriedenheit ihrer Versicherten zu erhöhen; denn vermutlich empfehlen zufriedene Versicherungsnehmer, die ihrer Versicherung gerne verbunden bleiben, diese eher weiter als unzufriedene, woraus sich nicht nur eine größere Gruppe an Versicherungsnehmern, sondern ceteris paribus auch zusätzliche Erträge ergeben (vgl. Abb. 7.4 oben).

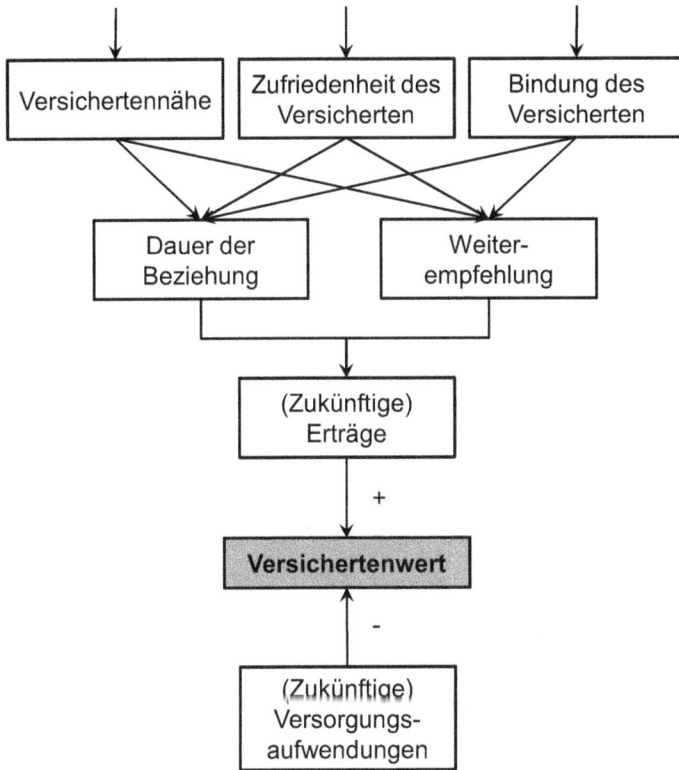

Abb. 7.4: Bestimmungsfaktoren des Patientenwerts aus Sicht seiner Versicherung
(Quelle: Erstellt in Anlehnung an Krafft, 1999, S. 526)

Während die Erträge den **Patientenwert für seine Versicherung (PVV)** positiv beeinflussen, treten die von der Versicherung zu leistenden Aufwendungen wertmindernd hinzu (vgl. Abb. 7.4 unten). Hierzu zählen neben den Aufwendungen, die für das Informationsangebot entstehen, auch die an die Behandlungsträger zu entrichtenden Beträge. Insgesamt ergibt sich der PVV dann aus der Differenz zwischen Erträgen und Aufwendungen, die über die gesamte Beziehung zwischen Versicherungsnehmer und Versicherung anfallen (vgl. Gleichung (1)).

$$PVV = \sum_{t=1}^{T_V} \frac{E_{Vt} - A_{Vt}}{(1 + i_V)^t}$$

mit   (1)

A_V ....Aufwand für Behandlung und Informationsangebot

E_V ....Ertrag aus Versicherungsbeitrag und staatlicher Zahlung

i_V ....Diskontierungssatz der Versicherung

t ....Zeitpunkt, zu dem die Zahlungen anfallen

T_V ....Ende des Vertragsverhältnisses

7.3.2   Wert eines Patienten für das Krankenhaus

Nachdem die DRGs die Fallpauschalen, anhand derer die Aufwendungen des Behandlungsträgers (hier: des Krankenhauses) lange Zeit honoriert wurden, abgelöst haben, sieht sich das Krankenhaus zwei den Patientenwert bestimmenden Determinanten gegenüber: den Aufwendungen, die dem Krankenhaus im Zuge der Behandlung entstehen, und den später realisierten Erträgen, die aus den Zahlungen der Krankenkassen und aus erfolgreichen Weiterempfehlungen des Patienten resultieren.

Die Dauer einer Beziehung zwischen Patient und Behandlungsträger (T_K) bestimmen verschiedene Einflussgrößen, wie zum Beispiel

- die Länge der Erkrankung, die auch zu Rücküberweisungen im Behandlungspfad führen kann (vgl. etwa die neuerlichen Blutungen in Abb. 7.1),
- das Auftreten ähnlicher Erkrankungen, die der Behandlungsträger ebenfalls übernehmen kann,
- die geografische Nähe des Krankenhauses zum Wohnort des Patienten,
- ein wohlwollendes Verhältnis zwischen dem Krankenhaus und dem behandelnden Arzt, der den Patienten, falls erforderlich, einweist,
- die Zufriedenheit des Patienten mit vorangehenden Behandlungen und deren Ergebnissen
- u. a. m.

Obwohl diese Faktoren hier isoliert voneinander aufgeführt sind, sind sie durchaus teilweise miteinander verknüpft. Einige von ihnen bestimmen, auch im Zusammenspiel mit anderen Determinanten, außerdem, ob ein Patient gegenüber anderen potenziellen Patienten positiv über seine Erfahrungen mit dem Behandlungsträger berichtet und diesen damit „weiterempfiehlt" (vgl. *Braun von Reinersdorff*, 2002, S. 133). Folglich ähneln die Bestimmungsfaktoren des **Patientenwertes für das Krankenhaus** den in Abb. 7.4 oben dargestellten Determinanten des PVV.

Gemeinsam mit den Aufwendungen, die dem Krankenhaus für die Behandlung entstehen, bestimmen die erzielten Erträge, die aus der Behandlung resultieren, den sog. „**patient lifetime value**" (PLV) (vgl. *Hahn*, 2006, S. 115–119 wie auch Gleichung (2)).

$$PLV = \sum_{t=1}^{T_K} \frac{E_{Kt} - A_{Kt}}{(1 + i_K)^t}$$

mit   (2)

A_K ....Aufwendungen für die Behandlung

E_K ....Ertrag für die Behandlung und durch Weiterempfehlung

i_K ....Diskontierungssatz des Krankenhauses

t ....Zeitpunkt, zu dem die Zahlungen anfallen

T_K ....Ende der Behandlung(en) durch das Krankenhaus

Die zunehmende Bedeutung des Patienten für das Management im Krankenhaus unterstützt das Patient-Friendly-Billing®-Projekt: *„Consumerism in health care is growing. Consumers are becoming more involved in decisions about their health care, ..."* (*Healthcare Financial Management Association/American Hospital Association/Medical Group Management Association et al.*, 2006, S. 15). So beeinflusst eine verbesserte Erfüllung der Patientenbedürfnisse, die sich in einem höheren PLV niederschlagen kann, die Strategie und Entscheidungen eines Krankenhauses (vgl. *Braun von Reinersdorff*, 2002, S. 135).

7.3.3   Aus Patientensicht geschaffener Wert

Der **Wert für den Patienten (PVP)** wird wesentlich durch seine Zufriedenheit mit und sein Vertrauen gegenüber dem Behandlungsträger bestimmt (vgl. mit Belegen für eine sich daraus ergebende Bindung *Helmig/Dietrich*, 2001, S. 320). Da das Vertrauen des Patienten noch wenig erforscht ist, beschränken sich die weiteren Ausführungen auf seine Zufriedenheit.

Die **Patientenzufriedenheit** bezeichnet die vom Patienten wahrgenommene Qualität erhaltener Leistungen verglichen mit seinen Erwartungen. Demnach wird die Zufriedenheit durch die folgenden Faktoren bestimmt: „Zugang, Kontinuität, Pflegeaspekte, Gründlichkeit, Menschlichkeit, Informationshäufigkeit, Wirksamkeit und Kosten" (*Wüthrich-Schneider*, 2000, Teil 1, S. 1046). Da sich die Zufriedenheit nicht objektiv messen lässt, wird sie gewöhnlich anhand von Befragungen ermittelt (vgl. zu den Merkmalen einer solchen Befragung *Wüthrich-Schneider*, 2000, Teil 2). Die damit gewonnenen Ergebnisse können mit einer sog. „**Wichtigkeits-Zufriedenheits-Matrix**" veranschaulicht werden (vgl. das Beispiel in *Zink/Diefenbach*, 1999, S. 27 und die Vorstellung des Konzepts in *Forschungsgruppe Metrik*, 2006, S. 10–12). Auf der Abszisse der Matrix lässt sich die Bedeutung, die der Patient der Leistung zuordnet, ablesen, während die Ordinate seine Zufriedenheit mit der Leistung angibt. Beide Größen bilden Punktbewertungen von Null bis 100 ab, können also auch prozentual interpretiert werden. Ordnet der Patient einer Leistung beispielsweise eine Wichtigkeit von Null zu, so bedeutet dies, dass er sie als „eher unwichtig" erachtet. Ein Zufriedenheitswert von Null ist hingegen als „schlecht" zu interpretieren. Je nachdem, wie der Patient Wichtigkeit und Zufriedenheit mit der Leistung beurteilt, lassen sich daraus verschiedene Handlungsempfehlungen für das Krankenhaus ableiten (vgl. *Forschungsgruppe Metrik*, 2006, S. 10):

- Das Krankenhaus erbringt eine überaus wichtige Leistung, mit der der Patient hoch zufrieden ist. Dies könnte der Behandlungsträger für Werbezwecke nutzen.
- Gelingt es dem Krankenhaus mit einer als wichtig erachteten Leistung indes nicht, den Patienten zufrieden zu stellen, besteht für diese Leistung noch ein Verbesserungspotenzial.
- Die Situation mag allerdings auch entgegengesetzt aussehen, indem der Patient mit einer eher unwichtigen Leistung mehr als zufrieden ist. In diesem Fall können Einsparungen erwogen werden, mit denen die Wirtschaftlichkeit der Leistung zu steigern ist.
- Schließlich erbringt das Krankenhaus möglicherweise unbedeutende Leistungen, denen der Patient auch keinerlei Bedeutung zumisst. Hier mag ein Verzicht auf die Leistung erwogen werden.

In der Patientenzufriedenheit bleiben die Kosten unberücksichtigt, die dem Patienten entstehen und/oder von ihm wahrgenommen werden. Diese Schwäche versucht der PVP auszugleichen. So gehen in den Wert für den Patienten, *Nelson/Batalden/Godfrey* zufolge, neben der Zufriedenheit des Patienten verglichen mit seinen Erwartungen auch folgende Bestimmungsfaktoren ein: der Gesundheitszustand des Patienten, das mit seiner Behandlung erzielte Ergebnis und die entstehenden Kosten. Gemeinsam bilden die vier Faktoren den sog. **Patientenwertekompass** (vgl. Abb. 7.5).

Die zwischen den betrachteten Größen bestehenden Abhängigkeiten bleiben im Patientenwertekompass anders als beispielsweise in einer Balanced Scorecard unberücksichtigt. Auch lässt sich der aus Patientensicht geschaffene Wert mit den vorhandenen methodischen Ansätzen (noch) nicht bemessen.

7.4   Verknüpfung der Wertkonzepte

Obwohl sich der PVV, der PLV und der PVP (vgl. Abschnitte 7.3.1 bis 7.3.3) grundsätzlich mit demselben Objekt beschäftigen, beleuchten sie jeweils unterschiedliche Aspekte desselben. Alle drei Werte stehen jedoch nicht unabhängig nebeneinander; vielmehr beeinflussen sie sich gegenseitig (vgl. Abb. 7.6). So bestimmen die Krankenversicherung wie auch das Krankenhaus als Behandlungsträger den für den Kunden geschaffenen Wert. Hierfür stehen beiden Akteuren jeweils zwei Optionen offen: Zum einen legen sie die **Qualität** der Behandlung fest, zum anderen determinieren sie den Wert für den Patienten über von ihnen angebotene **Informationen**.

Gesundheitszustand
*Wie ist der Gesundheits-
zustand und welche
Risikofaktoren verbleiben?*

**Behandlungs-
ergebnis**
*Welche Labor-
und Behand-
lungsergebnisse
liegen vor?*

**Zufriedenheit vs.
Erwartung**
*Wie empfindet der
Patient die erhaltene
Versorgung? Wie zu-
frieden ist er?*

Kosten
*Welche mit dem Patienten in
Zusammenhang stehenden
direkten und indirekten
Kosten hat der Versor-
gungsprozess verursacht?*

Abb. 7.5: Patientenwertekompass
(Quelle: Vereinfachte Darstellung nach Nelson/Batalden/Godfrey, 2007, S. 217, 230)

Die Krankenkassen bieten ihren Versicherten ein zunehmend breiteres Informationsangebot an. Neben persönlichen Kontakten und Zeitschriften stellen sie Informationen im Internet zur Verfügung. Durch diese Empfehlungen beeinflussen sie, welches Krankenhaus der Patient für seine (Nicht-Notfall-)Behandlung auswählt, und damit (indirekt) den Patientenwert für das Krankenhaus und die Behandlungsqualität, die der Patient genießt. Letztere wird maßgeblich durch das Krankenhaus bestimmt. Ferner beeinflusst der Behandlungsträger den Wert für den Patienten über verbesserte Informationen, die dem Patienten online zugänglich gemacht werden. Insofern „entwickelt sich der Patient zu einem zunehmend anspruchsvollen und aufgeklärten Abnehmer" (*Braun von Reinersdorff*, 2002, S. 134), der seine Erfahrungen weitergibt und so seine Krankenkasse und/oder das ihn behandelnde Krankenhaus weiterempfiehlt. Abb. 7.6 stellt diese wechselseitige Einflussnahme auf die verschiedenen Patientenwertkonzepte zusammenfassend dar.

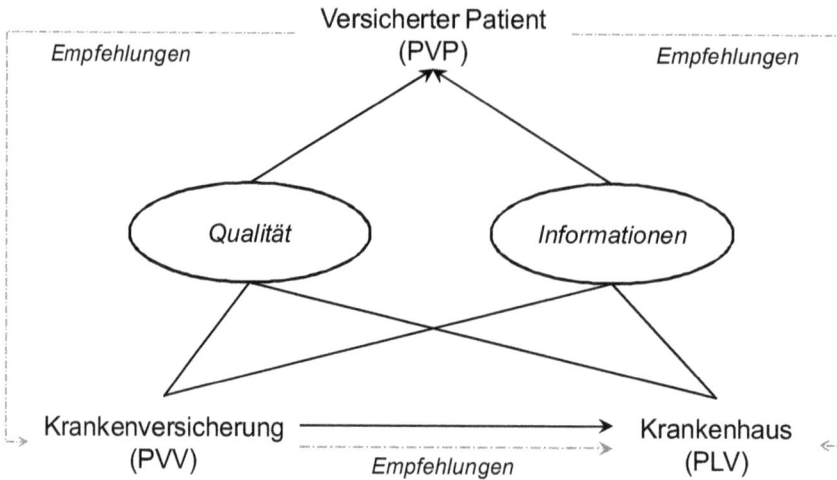

Abb. 7.6: Gegenseitige Beeinflussung der Patientenwertkonzepte

Der Patientenwert aus Sicht seiner Versicherung (PVV) und jener für das Krankenhaus (PLV) sind außer den Empfehlungen über die Leistungsentgelte verbunden, die die Krankenkasse dem Behandlungsträger zahlt. Während diese Zahlungen für die Versicherung Aufwand darstellen und mithin wertmindernd wirken, erhöhen die Erträge den Patientenwert für das Krankenhaus. Es liegt zwar nahe, dass ein qualitativ und quantitativ ausgedehntes Leistungsangebot des Krankenhauses zu höheren Erträgen für dieses führt, doch ist die Zahlungsbereitschaft und -fähigkeit der Versicherungen aufgrund allenfalls geringfügig wachsender Einnahmen beschränkt. Deshalb sind einer Steigerung des PLV über die Erträge, die das Krankenhaus erzielt, Grenzen gesetzt. Hieraus ergibt sich (langfristig) ein Druck auf das Klinikmanagement, seine Aufwendungen zu begrenzen (vgl. *Braun von Reinersdorff*, 2002, S. 141).

7.5   Ansätze zur Ausdehnung der Betrachtung

Der Patientenwert als Konzept eines wertorientierten Medizincontrollings findet bislang wenig Beachtung. Dies mag angesichts der naheliegenden Vermutung verwundern, der Patient sei der Kunde im Gesundheitswesen, sodass die Überlegungen zum Kundenwert vollständig auf den Patientenwert zu übertragen sein sollten!? Allerdings erweist sich diese Vermutung als trügerisch. Zudem sind an der „Anbieter-Kunden-Beziehung" im medizinischen Kontext nicht nur zwei sondern gar drei Parteien beteiligt: der Patient, der Träger seiner Behandlung (hier: das Krankenhaus) und seine Krankenversicherung. Insofern sind je nach der eingenommenen Perspektive drei Ausprägungen des Patientenwertes zu unterscheiden:

- der Wert des Patienten aus Sicht seiner Krankenversicherung (PVV),
- der Wert des Patienten für das ihn behandelnde Krankenhaus (PLV) und
- der Wert für den Patienten (PVP).

Während der PLV auf einen einzelnen Abschnitt des Behandlungpfades ausgerichtet ist, bilden der PVV und der PVP diesen Behandlungsprozess vollständig und sogar institutionenübergreifend ab. Beispielsweise beeinflussen die Einlieferung des Patienten und seine mögliche Weiterbehandlung den Wert, der aus Patientensicht und/oder aus Sicht seiner Versicherung geschaffen wird.

Folglich sind die beiden Ansätze, der PVV und der PVP, längerfristig orientiert als der PLV, wenn der Patient nicht ausschließlich und wiederholend im selben Krankenhaus wegen der gleichen Erkrankung behandelt wird. Der aus Patientensicht generierte Wert (PVP) erstreckt sich über den längsten Zeitraum, da ihm ein natürliches Ende, der Tod, gesetzt ist, wohingegen die Beziehung zwischen der Krankenkasse und dem Versicherten auch vertraglich beendet werden kann.

Anhand des Betrachtungshorizonts wie auch der Anzahl berücksichtigter Behandlungsschritte lassen sich die drei angeführten Patientenwerte nicht nur unterscheiden sondern auch weiter differenzieren. Dies gilt zugleich für die zwischen den Wertansätzen bestehenden Abhängigkeiten, die einer näheren Analyse bedürfen, um daraus Implikationen für die Wertschaffung abzuleiten.

Außerdem eröffnen die alternativen Patientenwertkonzepte erste Möglichkeiten, um Behandlungsträger aus Sicht verschiedener Stakeholder (z.B. des Patienten, der Krankenversicherung) hinsichtlich ihrer Wertgenerierung zu beurteilen und zu beeinflussen. Mithin bieten sie erste Ansatzpunkte für weitere Forschungs- und Entwicklungsanstrengungen.

Literatur

Blair, J. D./ Whitehead, C. J.: Too Many on the Seesaw: Stakeholder Diagnosis and Management for Hospitals, in: Hospital & Health Services Administration, 33. Jg. (1988), Heft 2, S. 153–166.

Borges, P./ Schmidt, R.: Die Balanced Scorecard als Steuerungsinstrument im Krankenhaus, in: Betriebswirtschaftliche Forschung und Praxis, 54. Jg. (2002), H. 2, S. 101–117.

Braun von Reinersdorff, A.: Strategische Krankenhausführung. Vom Lean Management zum Balanced Hospital Management, Bern/Göttingen/Toronto et al. 2002.

Bücker, Th.: Operatives Pflegecontrolling im Krankenhaus. Pflegeökonomisches Handeln im DRG-System, Hannover 2005.

Coffey, R. J./ Richards, J. R./ Remmert, C. S. et al.: An introdution to critical paths, in: Quality Management in Health Care, 1. Jg. (1992), Heft 1, S. 45–54.

Conrad, H.-J.: Balanced Scorecard. Als modernes Management-Instrument im Krankenhaus, Kulmbach 2001.

Dierkes, St./ Lingenfelder, M.: Wertmanagement im Krankenhaus, in: Betriebswirtschaftliche Forschung und Praxis, 58. Jg. (2006), Heft 6, S. 541–565.

Fottler, M. D./ Blair, J. D./ Whitehead, C. J. et al.: Assessing Key Stakeholders. Who Matters to Hospitals and Why?, in: Hospital & Health Services Administration, 34. Jg. (1989), Heft 4, S. 525–546.

Die Gesundheitsberichterstattung des Bundes: Mitglieder und mitversicherte Familienangehörige der gesetzlichen Krankenversicherung am 1.7. eines Jahres (Anzahl), in: http://www.gbe-bund.de/¬oowa921-install/servlet/oowa/aw92/dboowasys921.xwdevkit/xwd_init?gbe.isgbetol/xs_start_neu/-361050027/38277626 (zuletzt aufgerufen am 6. Februar 2009 (a)).

Die Gesundheitsberichterstattung des Bundes: Versicherte in der Privaten Krankenversicherung, in: http://www.gbe-bund.de/oowa921-install/servlet/oowa/aw92/-dvoowasys921.xwdevkit/-xwd_init?gbe.isgbetol/xs_start_neu/361050027/45621479 (zuletzt aufgerufen am 6. Februar 2009 (b)).

Forschungsgruppe Metrik: Metrik – Benutzerhandbuch. Leitfaden für die Interpretation der Patientenzufriedenheitsstudie, in: http://www.st-marienkrankenhaus.de/uploads/media/-2_Patienten_-_Benutzerhandbuch_V08.pdf (zuletzt aufgerufen am 25. Januar 2009).

Hahn, D./Hahn, P.: Controlling im Krankenhaus. Stand und Entwicklungstendenzen, in: Breinlinger-O'Reilly, J./ Krabbe, M. (Hrsg.): Controlling für das Krankenhaus, Neuwied/ Kriftel/ Berlin 1998, S. 315–339.

Hahn, D./Hungenberg, H.: PuK. Wertorientierte Controllingkonzepte, 6. Aufl., Wiesbaden 2001.

Hahn, O.K.: Patient Relationship Management. Ein CRM-Ansatz für die pharmazeutische Industrie, Wiesbaden 2006.

Healthcare Financial Management Association/American Hospital Association/Medical Group Management Association et al.: CONSUMERISM IN HEALTH CARE, in: http://www.hfma.org/NR/rdonlyres/BFC746F9-9118-4581-8D9D-C37856E996DD/0/-PFBBrochure_FullRevise.pdf (zuletzt aufgerufen am 07.02.2009).

Helmig, B./Dietrich, M.: Qualität von Krankenhausleistungen und Kundenbeziehungen. Das Beispiel >>Ambulante Krankheitsbehandlung von Kindern<<, in: Die Betriebswirtschaft, 61. Jg. (2001), Heft 3, S. 319–334.

Kaplan, R.S./Norton, D.P.: Balanced Scorecard. Strategien erfolgreich umsetzen, Stuttgart 1997.

Kehl, Th./Güntensperger, M./Schmidt, W. et al.: Strategieentwicklung und ihre Umsetzung mit der Balanced Scorecard – das Praxisbeispiel der Zürcher Höhenkliniken, in: Der Controlling-Berater, o. Jg. (2005), Heft 4, S. 2–37.

Kershaw, R./Kershaw S.: Developing a Balances Scorecard to Implement Startegy at St. Elsewhere Hopsital, in: Management accounting quarerly, o. Jg. (2001), Heft Winter, S. 28–35.

Krafft, M.: Der Kunde im Fokus: Kundennähe, Kundenzufriedenheit, Kundenbindung – und Kundenwert? in: Die Betriebswirtschaft, 59. Jg. (1999), Heft 4, S. 511–530.

Niesner, H./Friedl, G./Demirezen, M.: Verbreitung und Nutzung der Balanced Scorecard in deutschen Krankenhäusern, in: Betriebswirtschaftliche Forschung und Praxis, 60. Jg. (2008), Heft 4, S. 363–386.

Nelson, E.C./Batalden, P.B./Godfrey, M.M.: Von Klinischen Mikrosystemen lernen. Aufbau und Bedeutung einer ergiebigen Informationsumgebung, in: Bohnet-Joschko, S. (Hrsg.): Wissensmanagement im Krankenhaus: Effizienz- und Qualitätssteigerung durch versorgungsorientierte Organisation von Wissen und Prozessen, Wiesbaden 2007, S. 215–235.

Pfeuffer, B./Frieling, M./Lahuis, G.J. et al.: Controlling im Krankenhaus – ein Praxisbericht aus dem Stiftungsklinikum Mittelrhein, in: Zeitschrift für Controlling und Management, 49. Jg. (2005), Sonderheft 1, S. 28–36.

Pink, G.H./McKillop, I./Schraa, E.G. et al.: Creating a Balanced Scorecard for a Hospital System, in: Journal of Health Care Finance, o. Jg. (2001), Heft Spring, S. 1–20.

Preuß, K.-J.: Die Perspektiven der Kostenträger (GKV und PKV) bei der praktischen Anwendung von Benchmarking, Evaluation und Zertifizierung, in: Preuß, H.-J.; Räbiger, J.; Sommer, J.H. (Hrsg.): Managed Care. Evaluation und Performance-Measurement integrierter Versorgungsmodelle, Stuttgart 2002, S. 43–64.

Roeder, N./Hindle, D./Loskamp, N. et al.: Frischer Wind mit klinischen Behandlungspfaden (I). Instrumente zur Verbesserung der Organisation klinischer Prozesse, in: das Krankenhaus, 95. Jg. (2003), Heft 1, S. 20–27.

Schröder, R.W./Wall, F.: Customer Perceived Value Accounting. Konzeption, Beiträge und Entwicklungsstand, in: Controlling, 16. Jg. (2004), Heft 12, S. 669–676.

Steinhübel, V.: Strategisches Controlling in mittelständischen Unternehmen, in: Controlling, 18. Jg. (2006), Heft 4/5, S. 205–213.

Wall, F./Schröder, R./Langner, H. et al.: Kostenanalyse im institutionenübergreifenden Prozess der Krankheitsbehandlung, in: Reinermann, H. (Hrsg.): Das Dilemma der modernen Medizin. Gratwanderung zwischen Machbarkeit, Sinnhaftigkeit und Bezahlbarkeit, Baden-Baden 2006, S. 41–73.

Wüthrich-Schneider, E.: Patientenzufriedenheit – Wie verstehen?, in: Schweizerische Ärztezeitung, 81. Jg. (2000), Heft 20, S. 1046–1048.

Wüthrich-Schneider, E.: Patientenzufriedenheit – Wie messen?, in: Schweizerische Ärztezeitung, 81. Jg. (2000), Heft 21, S. 1116–1119.

Zinn, W./Diefenbach, U.: Kundenorientierung – auch ein Thema im Gesundheitswesen, in: Qualität in der Gesundheitsversorgung. Newsletter der GQMG, 1. Jg. (1999), Heft 6, S. 24–27.

Teil B – 2. Mitarbeiter

8 Diversity Management und diversitätsbasiertes Controlling: Von der „Diversity Scorecard" zur „Open Balanced Scorecard"

Carsten Herrmann-Pillath

8.1   Einleitung

Seit einigen Jahren erfährt die neue Management-Konzeption des Diversity Management (DM) auch im deutschsprachigen Raum immer mehr Beachtung (siehe etwa die Aufsatzsammlungen von *Becker/ Seidel*, 2007, oder *Koall* et al., 2007, sowie praxisbezogene Kompilationen, etwa *diversityworks*, 2007, *Gemeinschaftsinitiative EQUAL*, 2008 oder *Köppel/ Sandner*, 2008). Im weitesten Sinne geht es um die unternehmerische Aktivierung von individuellen Unterschieden im Humanvermögen einer Unternehmung mit dem Ziel der Entwicklung nachhaltiger Wettbewerbsvorteile. In dieser Weise abstrakt definiert, geraten die kulturspezifischen Ursprünge in den USA aus dem Blickfeld (zum Überblick etwa *Engel*, 2007). Das ist gewünscht, erschwert aber gleichzeitig die Anschlussfähigkeit an die internationale Literatur: Denn der kurze Blick auf die englisch-sprachigen Texte zum DM zeigt sofort, dass DM immer noch mit zum Teil sehr engen Bezügen auf den US Kontext diskutiert wird (beispielhaft hierzu das Lehrbuch von *Bell*, 2007, aber auch programmatische Texte wie *Thomas*, 2006). Das hat zur Folge, dass in deutschen Unternehmen häufig argumentiert wird, DM sei nicht unmittelbar relevant bzw. bereits in anderen Zusammenhängen und mit anderer Terminologie bereits abgedeckt – eine Debatte, die in vergleichbarer Weise auch für andere anglophile Management Konzeptionen zu verzeichnen ist, wie die Corporate Social Responsibility. Zur Verwirrung trägt weiter bei, dass es schon wieder neue Begriffe gibt, die manchmal an seine Stelle treten, wie etwa Inclusiveness Management (*Vincent*, 2003). So mag es manchem Kritiker anmuten, dass alleine diese Diversität von Konzeptionen zeigt, dass Diversität nicht notwendigerweise positiv ist. Allerdings ist mit der lange debattierten Inkraftsetzung des AGG endgültig eine europäische Position zur Vielfalt im Sinne des Diversity Management auch in Deutschland etabliert und schlägt sich unter anderem in der hohen Dynamik von öffentlichen Initiativen zur „Charta der Vielfalt" nieder, mit entsprechenden Maßnahmen im Management vieler deutscher Unternehmen (*Marx/ Vassilopoulou*, 2007).

Vor diesem Hintergrund bleibt eigentlich nichts anderes übrig, als eine dezidiert unabhängige Position einzunehmen und bestimmte Begriffe und Bezüge originär zu definieren. Ich möchte dies im Folgenden tun, mit Blick auf die eingangs getroffene Definition. DM erscheint dann als eine spezielle Perspektive auf das strategische Management, die sich bewusst evolutionstheoretischen Ansätzen gegenüber öffnet. In der Literatur ist der ‚resource based view' ein natürlicher Anknüpfungspunkt (*Barney*, 1991; *Becker, A.*, 2007): Der ‚resource-based view' fußt theoretisch auf der Annahme, dass langfristig nachhaltige Wettbewerbsvorteile eines Unternehmens nur nicht-imitierbare bzw. nicht-übertragbare Merkmale seiner unterschiedlichen Vermögensbestandteile sein können, insbesondere natürlich in Gestalt der organisatorisch eingebetteten Kompetenzen seiner MitarbeiterInnen. Er leitet sich also aus einer genuin evolutorischen Sicht des Marktwettbewerbs ab (*Metcalfe*, 1998). Es geht um die Einmaligkeit der in Frage stehenden Wettbewerbsvorteile, wie beispielsweise ein einzigartiges technisches Wissen und Problemlösungskompetenz, eine einzigartige Marke, oder auch einzigartige Vernetzungen mit Lieferanten und anderen Partnern.

Ich möchte im Folgenden eine solche evolutionsökonomische Sicht auf das DM knapp skizzieren und eine konkrete Schlussfolgerung für das Controlling ziehen (zu einer evolutorischen Sicht auf das Management siehe besonders *Aldrich*, 1999). Die Argumentation ist einfach: Evolutionsökonomisch ist das entscheidende Problem des strategischen Managements, wie Wissen über Wettbewerbsvorteile des Unternehmens generiert und operationalisiert werden kann. Controlling ist aus dieser Sicht auch als ein kreativer Prozess zu verstehen, in dem mit möglichst großer analytischer Schärfe Hypothesen über vermögensbasierte Wettbewerbsvorteile entwickelt und anhand von Zahlenwerken überprüft werden können. Damit das Controlling diese wissensgenerierende Funktion voll ausbilden kann, empfehle ich, es diversitätsorientiert zu organisieren. Was das bedeutet, erläutere ich an einem Management-Instrument, für das bereits eine DM Spezifikation vorliegt, nämlich die Balanced Scorecard, in Gestalt der Diversity Scorecard. Darüber hinausgehend, skizziere ich eine DM-basierte Fortentwicklung der klassischen BSC, die „Open Balanced Scorecard". Die BSC ist der natürliche Anknüpfungspunkt für eine DM Perspektive im Controlling, weil sie ursprünglich genau dafür konzipiert wurde, den Erfolgsbeitrag intangibler Vermögensbestandteile im Unternehmen zu bestimmen und strategisch zu gestalten.

8.2 Diversity Management aus evolutionsökonomischer Sicht

Der evolutionsökonomische Gedanke von der Einzigartigkeit von Wettbewerbsvorteilen spielt auch eine Schlüsselrolle im heutigen Verständnis von DM, das sich nicht nur in der wissenschaftlichen Literatur, sondern auch in der Praxis durchgesetzt hat. So erklärt beispielsweise die Ford Motor Company: „By 2000, the company had expanded its definition of diversity to include not only race, ethnicity, age and gender, but also many things that make people unique: backgrounds, opinions, experiences, perspectives and life situations" (http://www.ford.com/our-values/diversity/diversity-ford/history-diversity/diversity-history-440p, accessed Dec 31, 2008). Damit hat sich der Schwerpunkt klar vom ursprünglichen, gruppenbezogenen Anti-Diskriminierungsansatz verschoben, mit der Konsequenz, dass DM inzwischen eine Fragestellung des strategischen Managements ist (vgl. den Überblick in *Becker, M.*, 2006).

DM eröffnet den Blick auf den einfachen Sachverhalt, dass eine solche Einzigartigkeit selbst weiter disaggregiert werden muss, um zu einer Operationalisierung des „resource based view" zu gelangen. Aus der Sicht der evolutorischen Ökonomik ergibt sich an dieser Stelle aber ein grundsätzliches erkenntnistheoretisches Problem, das unmittelbare Konsequenzen auch für praktische Fragestellungen etwa des Controlling hat (zur Einführung in die Evolutionsökonomik siehe *Herrmann-Pillath*, 2002; 2007a und b). Denn die Vorteilhaftigkeit eines bestimmten Vermögensgutes im dynamischen Wettbewerb kann nur durch den Bezug auf künftige Umfeldkonstellationen festgestellt werden, die selbst aber unsicher sind. Das heisst, das Bewertungsproblem im „resource based view" ist identisch mit dem allgemeinen Problem unternehmerischer Unsicherheit auf der strategischen Ebene, das prinzipiell durch keine

Methode reduziert oder gar annuliert werden kann, die auf vergangenheitsorientierten Daten beruht (vgl. aus Sicht des strategischen Managements *Liebl*, 2000). Wie kann auf der Basis vorhandenen Wissens möglichst erfolgreich mit dieser Unsicherheit umgegangen werden?

8.2.1 Kombinatorische Emergenz nachhaltiger Wettbewerbsvorteile

Genau an dieser Stelle setzt nun DM konstruktiv ein. DM stellt eine spezifische Hypothese zur Generierung nachhaltiger Wettbewerbsvorteile auf. Sie besagt, dass die Einmaligkeit von Wettbewerbsvorteilen nicht auf der Ebene einzelner Vermögensbestandteile zu suchen ist, sondern in deren Kombination, und dass erst diese Kombination geeignet ist, Aspekte von Vermögensbestandteilen zu aktivieren, die gegebenenfalls bei isolierter Betrachtung gar nicht hervortreten (konkret: Wenn *Desvaux* et al., 2008 den „business case for women" proklamieren, wäre also zu klären, ob die positiven Wirkungen eines höheren Anteils von Frauen in Führungspositionen auf den Unternehmenserfolg durch gender-spezifische Eigenschaften entstehen und / oder hauptsächlich durch die bessere Mischung von Männern und Frauen). In diesem Sinne ist DM also ein ganzheitlicher und systemischer Ansatz. DM verlangt, dass die Diversität von Vermögensbestandteilen in der Unternehmung gezielt gestaltet werden muss, um im Zusammenspiel emergente Eigenschaften des Unternehmens zu generieren, die selbst den Charakter einzigartiger Wettbewerbsvorteile haben, und zwar auch wenn die einzelnen Bestandteile generisch sind.

Dieser Ansatz kann gut in allgemeinen evolutionstheoretischen Überlegungen begründet werden, wie sie beispielsweise in der Erforschung technologischer Innovation und Evolution längst Anwendung finden (zum Überblick etwa *Ziman*, 2000). Es besteht eine direkte theoretische Verknüpfung zwischen so unterschiedlichen Denkrichtungen wie der Evolutionsbiologie, der Technologiegeschichte und der Organisationswissenschaft. Das einigende konzeptionelle Gerüst kann aus der Evolutionären Erkenntnistheorie gewonnen werden (*Popper*, 1973; mit Blick auf die volkswirtschaftliche Dimension siehe etwa *Mantzavinos* 2001, mit Blick auf die Organisationstheorie *Armbrüster*, 2005). Sie geht davon aus, dass der einzige Weg zur Gewinnung genuin neuen Wissens ein Prozess der Variation, Selektion und Bewahrung ist, und dass mithin der ökonomische Standardansatz der Optimierung zwar Ergebnisse evolutorischer Prozesse beschreiben kann, aber gleichzeitig impliziert, dass er in Zuständen endet, die keine endogene Neuheit mehr generieren (*Metcalfe*, 1998). Der Prozess der Erzeugung von Varianten ist selbst „blind" im Sinne, dass er prinzipiell die späteren Rückkopplungen nicht antizipieren kann, aber gerade deshalb ist er der einzige „Treibstoff" der Evolution. Modelltheoretisch sind solche Prozesse bereits gut verstanden, wie etwa in der Theorie genetischer Algorithmen als einem Bestandteil der Theorie der „Complex Adaptive Systems" (*Holland*, 1995; *Markose*, 2005; *Miller/ Page*, 2007). Es fehlt aber an einer konsequenten Übertragung auf das Management. Genau dies kann DM leisten. Betonen die meisten Management-Ansätze die Perfektion der Uhr, so konzentriert sich DM auf die Unruh. DM befasst sich also mit dem strategischen Management der kombinatorischen Emergenz nachhaltiger Wettbewerbsvorteile: Dabei besagt der Begriff der „Emergenz", dass die Entstehung dieser Vorteile nicht selbst vollständig planbar ist. An diesen grundlegenden Sachverhalt der Ergebnisoffenheit des strategischen Managements muss sich auch unser Grundverständnis dessen anpassen, was unter einer „Unternehmung" verstanden wird.

8.2.2 Das Leitbild: Die „offene Unternehmung"

Um diese konsequent evolutionstheoretische Perspektive auf die Wissenserzeugung auch operativ umsetzen zu können, erfordert Diversity Management den Übergang zu einem Leitbild der „offenen Unternehmung", *Poppers* Differenzierung zwischen der „offenen" und der „geschlossenen Gesellschaft" aufgreifend (*Gebert/ Boerner*, 1999; vgl. etwa das Konzept des „extended enterprise" von *Post* et al., 2002; publizistisch auch *Economist*, 2006). Auch wenn die Unterscheidung zwischen der „geschlossenen" und der „offenen Unternehmung" sehr plakativ erscheint, ist sie doch hilfreich, einen zentralen Punkt zu verdeutlichen: Während die geschlossene Unternehmung einen Top-Down Prozess der Zielgenerierung und hierarchisch gebundenen Umsetzung darstellt (mit dem korrespondierenden Anspruch auf Wissensvorsprünge an der Unternehmensspitze), überträgt die offene Unternehmung den Prozess der Zielerzeugung selbst an unternehmensübergreifende Netzwerke, lässt also die Grenze des Unternehmens selbst disponibel werden. Dieser Prozess ist heutzutage nicht zuletzt auch Technologie-getrieben und mündet derzeit in vieldiskutierte „Enterprise 2.0" Konzeptionen ein (vgl. aber bereits *Picot* et al., 2003). Seine Prinzipien reichen aber weit über die Technologie hinaus. Diese radikale Schlussfolgerung ergibt sich aus dem Umstand, dass Diversität nolbot nur über die Grenzen des Unternehmens hinweg bestimmt werden kann.

Abstrakt kann dieser Gedanke anhand eines einfachen Modells aus der Social Network Theory illustriert werden, das *Burt* (2000) entwickelt hat. Es basiert auf der einfachen Unterscheidung zwischen ‚strong ties' und ‚weak ties', den einflussreichen Arbeiten von *Granovetter* (1985, 2005) folgend (Abb. 8.1). In sozialen Netzwerken sind ‚strong ties' zwar der Kooperation und Vertrauensbildung förderlich, haben aber den Nachteil, dass sie aufgrund der gemeinsamen Interaktionsgeschichte eine vergleichsweise große Ähnlichkeit der Wissensausstattungen der beteiligten Individuen bedingen. Neue Informationen diffundieren daher vor allem über ‚weak ties', die hochgradig individualisiert, d.h. idiosynkratisch sind. Allerdings setzt eine kooperative Nutzung solcher Informationen auch Vertrauen voraus, das nur in ‚stong ties' generiert wird. Demzufolge ist das aus Sicht der Wissenserzeugung optimale Regime die Netzwerk-Konfiguration C. Diese Konfiguration ist keineswegs eine natürlich sich einstellende, denn die individuellen Differenzen zwischen den Akteuren bergen immer die Möglichkeit von Kommunikationsproblemen oder gar Konflikten in sich, zumindestens aber der Erosion des Vertrauens.

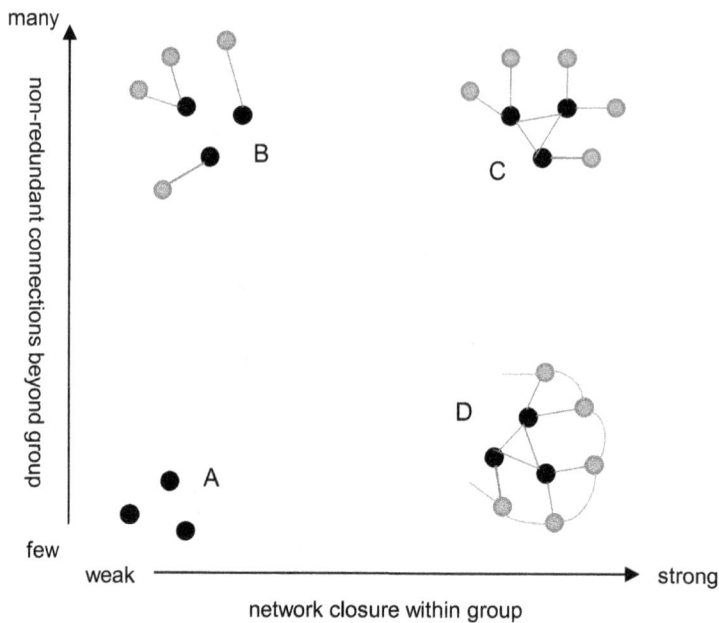

Abb. 8.1: Alternative Netzwerk-Konfigrationen und ‚strong ties' versus ‚weak ties'
(Quelle: Burt, 2000)

Wir können dann als ein wesentliche Aufgabe von DM identifizieren, die Konfiguration C zu generieren und zu stabilisieren. DM fördert einerseits die Differenziertheit der unternehmensexternen Beziehungen von MitarbeiterInnen im Sinne ihrer Inklusion in die Unternehmensprozesse, andererseits wird kooperativ an der Entwicklung von Vertrauensbeziehungen durch die Gestaltung einer unternehmensgebundenen gemeinsamen Identität gearbeitet. Im Idealfall wird also eine Struktur geschaffen, die ihre Dynamik gerade durch die unternehmensübergreifenden Beziehungen erhält, gleichzeitig aber die strategische Einheit des Unternehmens ständig reproduziert.

Diese abstrakte Konzeption begreift also die Unternehmung als einen organisatorischen Kristallisationskern in den sozialen Netzwerken aller ihrer MitarbeiterInnen. Das ist die allgemeinste Weise, das Prinzip der „Offenheit" zu beschreiben: DM verkörpert strategisch die Dezentrierung des strategischen Managements, und hat also im Leitbild der offenen Unternehmung eine zentrale Position (*Herrmann-Pillath*, 2007c). Das wird auch in der Literatur schon deutlich, die betont, dass der vielleicht entscheidende Unterschied zwischen DM und anderen Management-Instrumenten wie etwa dem interkulturellen Management darin besteht, dass DM nur erfolgreich sein kann, wenn es von der Unternehmensspitze getragen und mit Priorität versehen wird (zusammenfassend *Schulz*, 2009). Das heisst vor allem:

- Erstens, DM fokussiert die Konflikt-Dimension und damit die Macht-Thematik im organisationalen Wandel an herausgehobener Stelle. Die offene Unternehmung benötigt ein Management-Instrument, dass die funktional notwendige Etablierung von Hierarchien ständig hinterfragt, was deren nicht-funktionale und damit nicht-intendierte Auswirkungen angeht.

- Zweitens, DM ist aufgrund der Perspektive radikaler Individualisierung ein Generator von ständigen „Öffnungen" in den Prozessen der offenen Unternehmung. Damit installiert DM den für evolutorische Prozesse unerlässlichen Generator von Varietät.

Das bedeutet, im Unterschied zu individualistischen Konzeptionen der „corporate entrepreneurship" (*Sathe*, 2003) fokussiert DM den Prozess der Neuerung in den Netzwerken der offenen Unternehmung. Historisch betrachtet, dürften wir derzeit den Übergang zu diesem Leitbild der offenen Unternehmung erleben, inzwischen akzentuiert durch den zunehmenden gesellschaftlichen Legitimitätsverlust von Management-Eliten.

Theoretisch grundlegend für DM ist naturgemäß der Begriff der „Diversität" selbst. Er hat in den letzten zwei Jahrzehnten einen bemerkenswerten Wandel durchlaufen.

8.2.3 Was ist „Diversität" aus evolutionsökonomischer Sicht?

Aufgrund der US-amerikanischen Begriffsgeschichte wird Diversität oft auf eine begrenzte Zahl von Eigenschaften der Belegschaft von Unternehmen bezogen, beginnend mit der ethnischen Diversität, um dann schrittweise erweitert zu werden um Aspekte wie die Generationen-Diversität oder die Diversität sexueller Orientierungen. Bei solchen Klassi-fikationen wirkt die Antidiskriminierungs-Problematik im Hintergrund fort, insofern im Ergebnis stets Gruppenbildungen über individuelle Differenzierungsmerkmale erfolgen. Das gilt auch für die meistzitierteste Klassifikation, diejenige von Gardenswartz und Rowe (1994) (Abb. 8.2). Das hängt im Wesentlichen damit zusammen, dass auch hier nach den potenziell negativen Folgen von Diversität gefragt wird, also als „Unterschied" solche Merkmale betrachtet werden, die in irgendeiner Form Grenzen zwischen unterschiedlichen Personen im Unternehmen ziehen und damit die Kommunikations- und Transaktionskosten erhöhen (die „productivity saboteurs" nach *Gardenswartz* und *Rowe*).

So wichtig diese Frage ist, so nachdrücklich möchte ich sie an die Seite rücken, hier durchaus auch US Protagonisten des Konzeptes folgend, siehe etwa programmatisch *Thomas* (2006). Denn die Antidiskriminierungs-Problematik ist aus strategischer Sicht reduzierbar auf zwei Fragestellungen: Erstens, wie weit generiert das politische, gesellschaftliche und vor allem auch rechtliche Umfeld des Unternehmens Risiken, die aus Konflikten über die Personalpolitik, Führungsstile und andere Aspekte der Tätigkeit eines Unternehmens entstehen? Zweitens, wie weit sind Diskriminierungsphänomene im Zusammenhang der Aktivitäten eines Unternehmens Hindernisse für die Aktivierung von Diversität für die unternehmerischen Ziele?

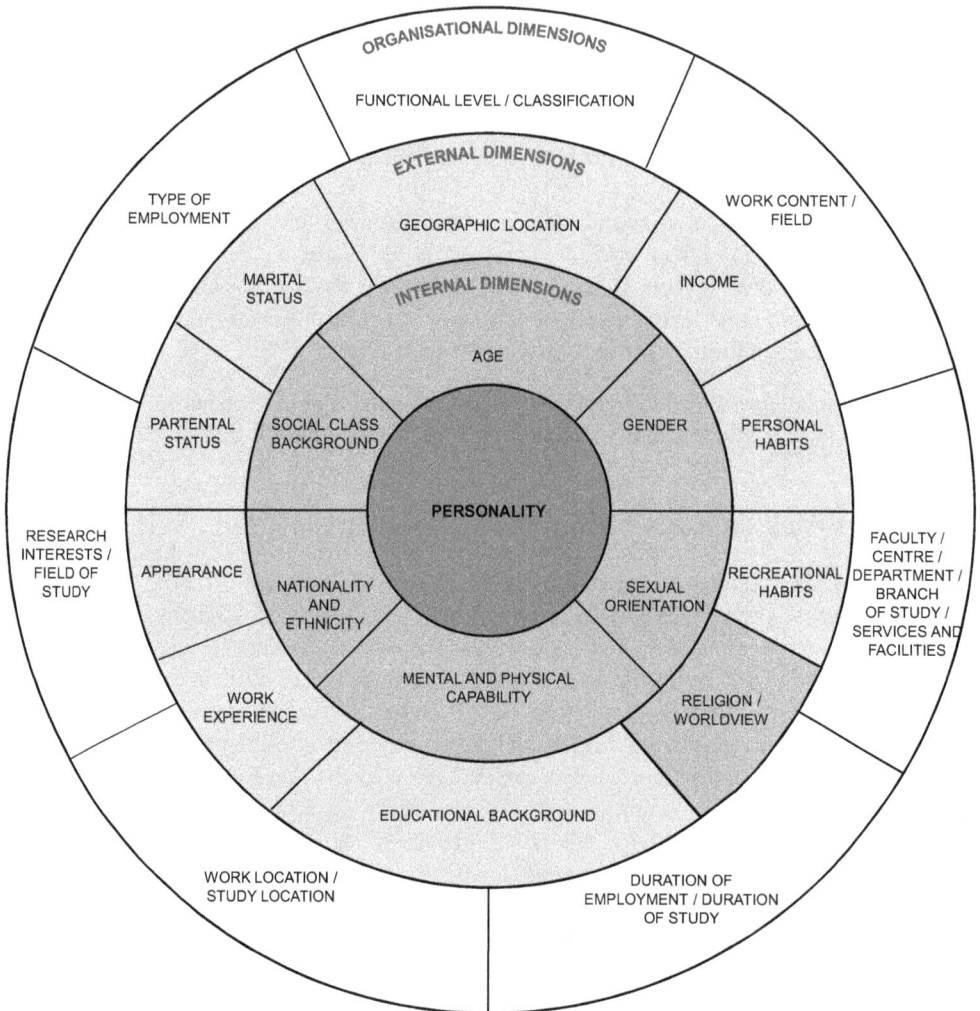

Abb. 8.2: Dimension von Diversität nach herrschender Auffassung
(Quelle: Gardenswartz/ Rowe, 1994)

Das bedeutet, ich nehme eine klar unternehmens- und wettbewerbszentrierte Perspektive ein. Das ist eine Grundsatzentscheidung, die man auch anders fällen kann (die Literatur unterscheidet entsprechend unterschiedliche Ansätze zum DM; siehe im Überblick *Becker, M.,* 2006): Denn natürlich ist auch die Option gegeben, das Unternehmen bzw. Teile seiner Aktivitäten gesellschaftspolitischen Zielen unterzuordnen, eine weit verbreitete Position in der DM Literatur. Ich werde auf diese Option auch noch zu sprechen kommen. Sie ist aber theoretisch nicht hilfreich, um den Zusammenhang zum Controlling herzustellen. Controlling definiert sich als das Bemühen, möglichst eindeutige Vorstellungen über den Zusammenhang zwischen dem Unternehmenserfolg und seinen Determinanten herzustellen, diese so weit wie möglich zu quantifizieren, und dann zu Vorgaben für die Umsetzung strategischer Ziele auf allen Ebenen des Unternehmens zu gelangen. Das bedeutet für unseren Zusammenhang, wie kann Controlling mit der Herausforderung umgehen, Diversität als Potenzial nachhaltiger Wettbewerbsvorteile zu erkennen und zu operationalisieren?

Um diese Frage zu beantworten, ist konzeptionelle Vorarbeit vonnöten. Wesentlich ist hierfür gerade die Abkehr von gruppenbezogenen Kategorisierungen von Unterschiedlichkeit. Das ist möglich, wenn gefragt wird, was eigentlich die für die Wissenserzeugung entscheidenden Formen der Unterschiedlichkeit sind. Evolutionsökonomisch anschlussfähig ist daher der jüngste Versuch von *Page* (2007), Diversität vor allem mit Blick auf kognitive Dimensionen zu fassen.

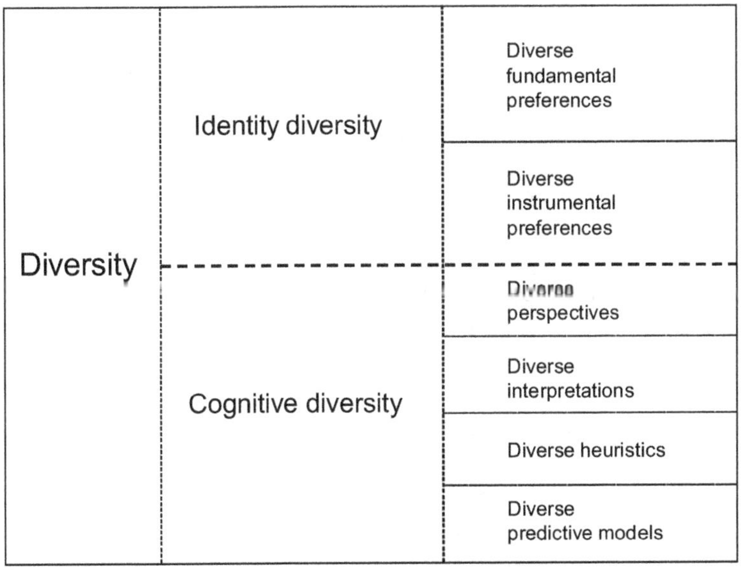

Abb. 8.3: Formen der Diversität nach Page (2007)

Page unterscheidet zwischen kognitiver Diversität und Diversität der Identität. Letztere schlägt sich in der Unterschiedlichkeit der Präferenzen nieder, die wiederum fundamentale oder instrumentelle sein können. Diese Kategorie steht der traditionellen DM Konzeption am nächsten, wenngleich auch sofort deutlich wird, dass sie substanziell ist und eben nicht an Diskriminierungsphänomenen anknüpft. Feministisch würde beispielsweise durchaus die Auffassung vertreten, dass die fundamentalen Präferenzen von Männern und Frauen gleich sind: Diskriminierung führt lediglich dazu, dass der Erfolg bei der Verfolgung dieser Interessen ungleich ist, bzw. im Extrem, dass sich die unterprivilegierte Gruppe sogar sozial oktroyierten Präferenzänderungen unterwirft. *Page* unterstellt hingegen echte Präferenzunterschiede. Sind solche aber in einer Gruppe oder Organisation gegeben, so gilt das Arrow-Theorem zur Unmöglichkeit der Aggregation individueller Präferenzen zu einer kollektiven Präferenz. Fundamentale Diversität von Präferenzen ist also ein ebenso fundamentales Management-Problem und erfordert vermutlich die Durchsetzung einer bestimmten Position durch machtbasiertes Handeln. Instrumentelle Präferenzunterschiede sind hingegen weniger problematisch, da sie sich nur auf unterschiedliche Methoden zur Erreichung gegebenenfalls konsensueller Ziele beziehen.

Ich schlage vor, den Begriff der Identität bei *Page* als „personale Identität" zu bezeichnen und die Kriterien von *Gardenswarz* und *Rowe* als „soziale Identität". Bereits auf dieser Ebene zeigt sich ein grundlegender Unterschied zwischen den traditionellen Kriterien der Diversität im DM und dem Ansatz von *Page*: Es ist nämlich stets zu fragen, ob und wie weit die soziale Identität überhaupt mit Diversität der personalen Identität korreliert. Es kann zum Beispiel der Fall sein, dass soziale Identität Diversität personaler Identität überlagert. Gerade das Aufbrechen von Stereotypen verlangt die Manifestation personaler Identität. Ob das aber wiederum der Erreichung der Unternehmensziele dient, lässt sich per se nicht beantworten.

Das ist völlig anders für den Fall der kognitiven Diversität. Kognitive Diversität ist auf die Lösung von Problemen bezogen, nicht auf Präferenzen. *Page* (2007, S. 162) formuliert hier das aus evolutionsökonomischer Sicht zentrale Theorem des Diversity Management, das „Diversity Trumps Ability Theorem". Es besagt, dass eine Zufallsauswahl von Problemlösern unter bestimmten Bedingungen immer leistungsfähiger ist als eine gezielte Auswahl der besten Problemlöser; ein Korrelat dieses Theorems ist das „Diversity Trumps Homogeneity Theorem", welches besagt, dass von zwei Gruppen von Problemlösern mit gleichen Fähigkeiten diejenige Gruppe mit der größeren kognitiven Diversität immer leistungsfähiger ist. Die Bedingungen für die Gültigkeit des zentralen Theorems lauten: (1) Es muss sich um schwierige Probleme handeln, d.h. sie sind nicht leicht durch einzelne Problemlöser lösbar; (2) die einzelnen Problemlöser müssen in der Lage sein, lokale Optima zu finden; (3) mit Ausnahme des globalen Optimums gibt es immer Lösungen, die für einzelne Problemlöser kein lokales Optimum sind; und (4) die Grundgesamtheit der Problemlöser, aus denen eine Auswahl für die Bildung von Teams gezogen wird, muss relativ groß sein, und das Team selber darf nicht zu klein sein.

Page unterscheidet vier Dimensionen kognitiver Diversität:

- Vielfalt von Perspektiven, d.h. Formen der Darstellung und Wahrnehmung von Problemen;
- Vielfalt von Interpretationen, d.h. Weisen der Kategorisierung und Aufteilung von Problemen;
- Vielfalt von Heuristiken, d.h. Formen der Problemlösung;
- Vielfalt von Vorhersage-Techniken, d.h. Formen der Verknüpfung zwischen Ursachen und Wirkungen.

Auch hier stellt sich also mit Blick auf den traditionellen DM-Ansatz die Frage, wie weit die soziale Identität eigentlich mit kognitiver Diversität korreliert. Relativ klar sind beispielsweise kognitive Differenzen zwischen unterschiedlichen Berufsgruppen, etwa ProgrammiererInnen und KünstlerInnen. Erheblich schwieriger ist es, eine Kategorie wie die Ethnizität oder Kultur mit kognitiver Diversität zu verbinden. Ein klassisches Beispiel ist die Unterscheidung zwischen analytischem kognitiven Stil im europäisch-amerikanischen Kulturkreis und holistischem kognitiven Stil im ostasiatischen Kulturkreis, der sich auch in der jüngsten kognitionswissenschaftlichen Forschung bestätigt hat (*Ji* et al., 2000).

Der Ansatz von *Page* ist der derzeit am weitesten entwickelte, was eine theoretische Fundierung der Kausalität zwischen Diversität und Ergebnis im Sinne der Unternehmensleistung anbetrifft. Gleichzeitig verdeutlicht er aber auch die gewaltige Distanz zwischen dem praktizierten DM und einer angemessenen wissenschaftlichen Fundierung. Solange die traditionellen Kriterien der Diversität nicht eindeutig zu Kriterien wie denjenigen von *Page* in Beziehung gesetzt werden können, bleiben sie eigentlich dem Anti-Diskriminierungszusammenhang verhaftet. Hierfür sind sie auch die angemessenen, im Sinne der zentralen Bedeutung der sozialen Identität für Diskriminierung. Für das Produktivitäts- und Kreativitätsargument sind sie aber zunächst irrelevant.

8.3 Zielbezogene Bestimmung von Diversität

Aus dem Ansatz von *Page* ergibt sich eine unmittelbare praktische Konsequenz: Es gibt keine Bestimmung von Diversität ohne Bezug auf ein zu lösendes Problem. Anders gesagt, Diversität ist immer zielbezogene Diversität (vgl. auch *Hays-Thomas*, 2004, S. 12). Diese Einsicht ist von allgemeiner Bedeutung für Diversity Management im Unterschied zu anderen Zugängen zu Diversity, etwa im gesellschaftspolitischen Kontext. DM muss eine Hypothese über den Zusammenhang zwischen Zielen und Diversität formulieren. Nur dann kann es auch in Bezug zum Controlling gesetzt werden.

Diese Einsicht ist auch von großer Bedeutung für das Diversity Management. Denn sie unterscheidet sich prinzipiell von einer Definition der Diversität, die nur die soziale Identität zugrunde legt. Zwar ist es richtig, dass alle Probleme, die aus der Diversität sozialer Identität entstehen, selbst zielrelevant in allgemeinen Sinne sind, aber dies ist natürlich eine sehr verkürzte Sichtweise. DM hinterfragt vielmehr stets, wie weit soziale Identität mit zielrelevanter Diversität einhergeht oder nicht.

8.3.1 Gravierende Mängel einer wissenschaftlichen Begründung der Erfolgswirksamkeit von Diversität

Wenn sich Diversität nur zielbezogen definieren lässt, wird eigentlich klar, das DM gar nicht in einfacher Weise auf das gesamte Unternehmen bezogen sein kann. Vielmehr ist Diversität teilzielbezogen, muss also die Zielhierarchie ins Blickfeld nehmen, die sich aus den strategischen Zielen ableitet. Zum Beispiel ist die zielbezogene Diversität in der Forschung und Entwicklung vermutlich eine andere als in der Fertigung.

Dieser Aspekt ist wichtig, um eine der allgemeinsten Kausalhypothesen zur Erfolgswirksamkeit von Diversität aufzugreifen: Das ist die These, dass Diversität zur Kreativität und damit Produktivität eines Unternehmens beiträgt, und die theoretisch sehr gut durch den skizzierten Ansatz von *Page* begründet werden kann. Nun liegt auf der Hand, dass Kreativität nicht unbedingt in allen Bereichen des Unternehmens gefragt ist bzw. selbst nur problembezogen Sinn macht. Das gilt aber mutatis mutandis für alle Teilziele. Trägt ethnische Vielfalt in der F&E Abteilung zu deren Produktivität positiv bei? Oder steht fachliche Diversität im Vordergrund? Was geschieht, wenn als Ergebnis einer fachbezogenen Personalauswahl zwar die fachliche Diversität realisiert wird, aber sich ungewollt eine einseitige ethnische Homogenität einstellt (alle Top-Programmierer sind Inder)? Wie kann hier eine zielbezogene Gewichtung unterschiedlicher Aspekte von Diversität stattfinden?

Dieses einfache Beispiel zeigt sofort, dass ein zentrales Problem des DM unser mangelhaftes Wissen über die Kausalzusammenhänge selbst ist (zusammenfassend etwa *Fischer*, 2007, 11ff.). Das ist allerdings auf den zweiten Blick weniger besorgniserregend als es scheint. Die wissenschaftliche Forschung hat bislang keine eindeutigen Belege dafür geliefert, dass Diversität in der Praxis eindeutig und immer positive Wirkungen auf uns interessierende Messgrößen zeigt. Beispielsweise gibt es inzwischen eine ganze Reihe von Untersuchungen zur Leistungsfähigkeit diverser Teams, die je nach Methode und Konstellation zu positiven, aber auch negativen Ergebnissen gelangen; im Einzelnen differieren die Ergebnisse auch für unterschiedliche Dimensionen der Diversität, also je nachdem, ob Gender-Dimensionen oder ethnische Dimensionen betrachtet werden (vielzitierte Untersuchungen sind *Wise/ Tschirhart* 2000; *Ely/ Thomas*, 2001 oder *Kochan* et al., 2004). Wenn schon die Analyse von Teams schwierig ist, wird es noch problematischer, auf der Ebene des gesamten Unternehmens zu argumentieren. Hier wird zumeist ein Mosaik von Beobachtungen zusammengestellt, um eine solche Generalvermutung zugunsten von Diversität zu begründen (etwa *Stuber*, 2004).

Solche Generalvermutungen thematisieren aber nie die Korrelation zwischen unterschiedlichen Dimensionen von Diversität. In diesem Sinne ist DM eng mit portfoliotheoretischen Ansätze im weitesten Sinne verwandt, denn auf Unternehmensebene macht es Sinn, Diversität auf die Vielfalt von Geschäftsfeldern, Märkten und Unternehmensbereichen einer Unternehmung zu beziehen, dabei aber die besondere Problematik kontextueller, Diversitätsbedingter Risiken zu erfassen. Portfoliotheoretisch wird typischerweise auch nach der Korrelation der Risiken über die Felder hinweg gefragt, was de facto bedeuten würde, Diversität in ihrem Gesamtbeitrag zur Unternehmensleistung zu beurteilen. Ein solcher, im Personalmanagement bereits erprobter Ansatz (etwa *Bundesverband*, 2006, S. 190f.) würde aber voraussetzen, Korrelationen zwischen unterschiedlichen Dimensionen von Diversität genau bestimmen zu können. Davon ist die einschlägige Forschung jedoch weit entfernt.

Diese Forschungen haben aber gleichzeitig auch gezeigt, dass die positive Wirkung von Diversität gerade durch ein geeignetes „Managing diversity" verstärkt oder gar erst erzeugt werden kann. Diversität ohne DM ist also zunächst eine Größe, die uninteressant ist. Erfolgsrelevant ist Diversität, die durch DM gestaltet wird, und nur dieser Gesamtkomplex kann dann auch im Controlling berücksichtigt werden. Zu diesem Zweck ist eine DM-Relevanzanalyse geboten.

8.3.2   Relevanzanalyse: Welche Diversität zählt?

Eine Relevanzanalyse bedeutet, dass in Bezug auf ein konkretes Unternehmensziel und die verschiedenen Ziele in Teilbereichen des Unternehmens gefragt wird, welche Aspekte von

Diversität möglicherweise das Unternehmensergebnis beeinflussen. Dieser Ansatz kann weit tragen. Wird zum Beispiel im Unternehmen ein langfristiger Engpass bei hochqualifizierten Fachkräften festgestellt, ist zu fragen, wie weit bezugsgruppenspezifische Potenziale der Rekrutierung ausgeschöpft sind. So mag man zum Beispiel feststellen, dass im Unternehmen Ingenieurinnen deutlich unterrepräsentiert sind, gemessen am Anteil der Absolventinnen in diesem Fachgebiet. Eine solche Beobachtung könnte auf Diskriminierungstatbestände hinweisen. Aber diese sind hier nicht also solche relevant, sondern unter dem Aspekt der negativen Auswirkungen auf die Zielerreichung.

In ähnlicher Weise lassen sich für alle Unternehmensbereiche Unterziele definieren und eine Relevanzanalyse durchführen. Dabei geht es stets darum, relevante Dimensionen von Diversität zu entdecken. Sie liegen nämlich nicht immer auf der Hand. Die Hauptschwierigkeit liegt darin begründet, dass mit dem Übergang zum Leitbild der offenen Unternehmung alle denkbaren Bestandteile personaler Identität jenseits der Unternehmensgrenzen potenziell relevant werden können. Anders gesagt, die Beziehung zwischen Diversität und Zielen ist selbst eine offene und damit ein wesentliches Problem des Wissensmanagements. Um beim obigen Beispiel zu bleiben: Ist ein möglicherweise unterproportionaler Anteil von Briefmarkensammlern unter den Ingenieuren ein Hinweis darauf, gezielt unter Aficionados der Briefmarken nach Ingenieuren zu suchen? Wenn ja, führt das möglicherweise zu einer Verstärkung der Unterrepräsentierung von Ingenieurinnen, wenn es der Fall sein sollte, dass vornehmlich Männer Briefmarken sammeln?

Angesichts der Mängel der wissenschaftlichen Fundierung von DM kann die Relevanzanalyse derzeit im Wesentlichen nur ein Element der diskursiven Sensibilisierung sein. DM wirft die Frage auf, welche denkbaren Formen von Diversität zielrelevant sein können. Sehr häufig bedeutet das nur, dass ein Mechanismus der Öffnung installiert werden muss, so dass Prozesse angestoßen werden, die dann erst relevante Diversität erkennbar werden lassen. Ein Beispiel für einen solchen Mechanismus ist die Besetzung von Führungspositionen in einem internationalen Unternehmen. So könnte es ratsam sein, die Personalauswahl durch gemischte Teams aus unterschiedlichen Ländern und aus unterschiedlichen Unternehmensbereichen durchführen zu lassen, weil durch die implizierte Diversität der Perspektiven möglicherweise zielrelevante Eigenschaften von KandidatInnen entdeckt werden, die bei einem rein internen Prozess in einer Unternehmenseinheit gar nicht thematisiert worden wären. Geschieht dies, so kann durch eine Auswertung der Prozesse gegebenenfalls Transparenz und Systematik für spätere Auswahlprozesse erzielt werden.

Insofern muss sich die DM Relevanzanalyse oft indirekter Verfahren bedienen. Ein wichtiges Instrument ist die Einnahme einer Stakeholder Perspektive. Das bedeutet beispielsweise für die Oberziele des Unternehmens, dass systematisch gefragt wird, welche Bedeutung das Unternehmen für Ziele anderer Gruppen und Personen im Umfeld des Unternehmens hat. Das ist deswegen wichtig, weil zwischen solchen Gruppen und der unternehmensinternen Perspektive Brücken bestehen können, die in Aspekten der Diversität wurzeln. Nehmen wir das rein hypothetische Beispiel eines globalen Unternehmens im Energiesektor. Das Unternehmen ist mit der Herausforderung konfrontiert, gesellschaftlichen Forderungen nach Strategien zum Klimawandel gerecht zu werden. Es identifiziert stakeholder, die sich gegebenenfalls auch unmittelbar für das Unternehmen interessieren. Es stellt gegebenenfalls fest, dass es zur Erreichung seiner Ziele bestimmte Defizite im Bereich des Humanvermögens besitzt. Daraus kann sich ergeben, dass Stakeholder auch eine Gruppe sein mögen, aus denen spezifisches Personal rekrutiert werden kann. Zum Beispiel kann es sich um Angehörige einer ethnischen Gruppe handeln, die unter Umständen besonders stark vom zukünftigen Klimawandel betroffen sein könnte.

Die Relevanzanalyse gewinnt einen systematischen Stellenwert für die Strategieentwicklung einer Unternehmung, wenn sie im Rahmen der Erstellung einer Balanced Scorecard erfolgt. Wenden wir uns also diesem zentralen Thema im DM zu.

8.4   DM-basierte Transformation der Balanced Scorecard

Die Relevanzanalyse des DM muss auf fundierten Kausalanalysen beruhen. Daraus ergibt sich mit einem Blick, dass im Rahmen des Controlling die Balanced Scorecard das dem DM unmittelbar nahestehende und daher auch längst genutzte Instrument der Umsetzung ist. Im Anschluss an *Hubbard* (2004) wurde die Diversity Scorecard entwickelt (*Rieger*, 2007). In der klassischen Darstellung von *Kaplan* und *Norton* (1997) ist die Balanced Scorecard deshalb dem DM kongenial, weil häufig als letzte kausale Fundierung die „Learning and Growth" Kategorie betrachtet wird. Im DM kann an diese Stelle die die Perspektive der Diversität treten. Insofern im Standardansatz der Balanced Scorecard die finanziellen Kennziffern das letzte Maß aller Dinge bleiben, ergibt sich also auch ein Bezug zur portfoliotheoretischen Sicht auf die Diversität.

Allerdings geht dieser Ansatz gleichzeitig über eine solche Interpretation hinaus, weil DM drei neue Gedanken einführt.

- Erstens, die zielrelevante Diversität ist nicht per se für die Unternehmensführung transparent und bekannt, sondern muss erst in einem Prozess erschlossen werden. Anders gesagt, kann Diversität nicht als Datum in die Konstruktion einer BSC eingehen, sondern ist selbst als zielrelevante Diversität erst ein Ergebnis des BSC Prozesses (d.h. man kann nicht mit einem exogen vorgegebenen Diversitätskonzept arbeiten, wie etwa per se den Kategorien gender oder Alter). Damit wird die BSC gerade als Instrument der Relevanzanalyse genutzt, d.h. als ein Mittel der Generierung von Wissen über Ursache-Wirkungs-ketten, was auch der herrschenden Auffassung zum eigentlichen Nutzwert der BSC gerecht wird (*Wall*, 2001).
- Zweitens, Diversität kann nicht einfach in einem aggregierten Optimierungsansatz auf der Ebene des Gesamtunternehmens neutralisiert werden, sondern Diversität impliziert immer Konfliktpotenziale. Es ist gerade die entscheidende Leistung von DM, diese Konfliktpotenziale zu erkennen, sie zu managen und im besten Fall für die Kreativität der Unternehmung zu aktivieren. Dieser beste Fall bedeutet aber gerade nicht, dass Konflikte immer aufgelöst werden. Die DM-basierte BSC muss daher grundsätzlich Konflikte the-

matisieren, im Extremfall sogar auf die Idee der „balance" verzichten. In diesem Fall wird die BSC zu einem Instrument des dynamischen Konflikt-Managements.

* Drittens, und vielleicht entscheidend, steht die Umorientierung von Instrumenten wie der BSC auf das Leitbild der offenen Unternehmung an. Das wird sofort deutlich, wenn man eine BSC Kategorie betrachtet wie diejenige der „internen Prozess-Perspektive". Sobald verschwimmt, wo die Grenze zwischen „intern" und „extern" liegt, gerade wenn letztlich auf den „financial impact" geachtet wird, dann müssen adäquate Methoden gefunden werden, diesen Tatbestand auch in der BSC zu reflektieren. In welchem Umfang muss beispielsweise die interne Perspektive die Kooperation mit Zulieferern und damit letztlich auch deren interne Perspektive mit einschließen?

Im Folgenden überzeichne ich die mögliche Rolle des DM in der Fortentwicklung der BSC, um die entscheidenden Punkte zu akzentuieren. In der Praxis der BSC sind viele der genannten Punkte bereits realisiert, freilich nicht allgemein üblich (vgl. etwa *Bach*, 2006). Meine These ist, dass gerade diese Fortentwicklung der BSC in der Praxis durch eine DM-Methodik am besten systematisiert werden kann.

8.4.1   Die „Diversity Scorecard"

Die Anpassung des Instruments der BSC an das DM erfolgt bislang nicht mit Blick auf die unternehmensweite BSC, sondern mit besonderem Fokus auf solche Aspekte von DM, die strategisch relevant sind. Das bedeutet, DM wird nicht selbst als Instrument der Strategieentwicklung betrachtet, vielmehr werden die strategischen Oberziele nach anderen Kriterien entwickelt und erst anschließend gefragt, in welcher Hinsicht Diversität diese Ziele berührt. Dementsprechend wird die BSC in Gestalt einer Diversity Scorecard modifiziert: Selbstverständlich macht das in diesem Ansatz nur Sinn, wenn das Unternehmen eine vollständige und auch nachhaltig geführte BSC besitzt. Im Kontext der BSC könnte also auch von einem „strategic theme" im Sinne von *Kaplan* und *Norton* (2006) gesprochen werden. Allerdings zeigt dies sogleich das Problem auf, inwieweit die Differenzierung zwischen BSC und DSC die letztere nicht wiederum relativiert. Insbesondere scheint die DSC eine fast paradoxe Intention zu besitzen: Denn während die BSC ausdrücklich das Ziel verfolgt, intangible und nicht-finanzielle Determinanten des Unternehmenserfolges zu erfassen, will die DSC eigentlich gerade die quantitative und finanzielle Dimension der Diversität abbilden.

Die DSC leitet sich aus der BSC vor allem durch die Einführung neuer Kategorien ab. Die Resultante des „Financial Impact" bleibt auch in der DSC erhalten. Neu kommt zunächst hinzu, dass eigens eine Dimension des „Diversity Leadership Commitment" Berücksichtigung findet. Damit wird deutlich, dass DM unbedingt eine volle Unterstützung durch das Top-Management verlangt und daher in der Vision/Strategie Dimension reflektiert sein muss. Beispielsweise setzt DM voraus, dass Diversity auch in der Zusammensetzung des Vorstandes erkennbar sein muss (Beispiel: Siemens hat erstmals in 2008 ein weibliches Vorstandsmitglied). Insofern enthält die DSC eine wesentliche Komponente der Selbstreflektion und Selbst-Bewertung der Strategie, ohne aber gleichzeitig die Strategie selbst an DM auszurichten. Genau an dieser Stelle liegt dann auch, wie oben ausgeführt, die mögliche Bruchstelle aller DM-Ansätze. Es stellt sich auch die gerade aufgeworfene Frage, inwieweit DM also eine nachhaltig fortbestehende Aufgabe der strategischen Führung ist, oder nur ein temporär geltendes strategisches Thema.

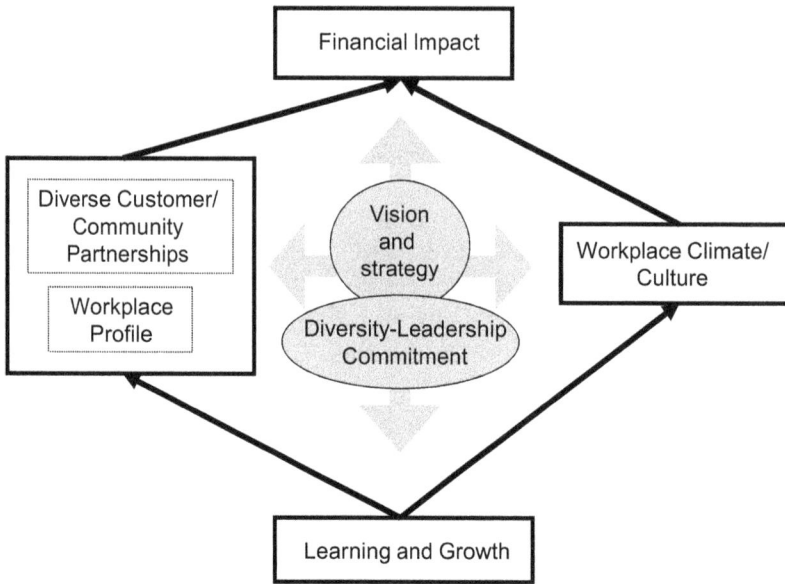

Abb. 8.4: : Struktur der Diversity Scorecard
(Quelle: Modifiziert nach Hubbard, 2004)

Naturgemäß teilt die DSC die Annahme der BSC, dass „Learning and Growth" die Grundlage für alle weiteren Kausalprozesse darstellt, die letzten Endes in einen kompetitiven Wettbewerbsvorteil mit positiven Auswirkungen auf den „Financial Impact" münden. Die DSC fokussiert dann aber genaue jene Bereiche, in denen erwartet wird, dass es eine spezifische Wirkung von Diversität gibt. Das heisst, die BSC wird teilweise komprimiert und reduziert, wobei insbesondere solche Aspekte Betonung finden, die mit der Zusammensetzung der Belegschaft zusammenhängen und dem Personalmanagement. Dabei ist besonders erwähnenswert (und wird in Abb. 8.3 auch in Abweichung von anderen Darstellungen der DSC visualisiert), dass in Bezug auf die Customer Perspective in der klassischen BSC ein noch engerer Zusammenhang zwischen Customer Relations und dem Workplace Profile gesehen wird, d.h. die Diversität der Belegschaft und das ihr korrespondierende DM werden als unmittelbar kausal relevant für nachhaltig erfolgreiche Kundenbeziehungen angesehen. Hier gibt es engere und weitere Faktoren.

- Im engeren Sinne kann zum Beispiel betrachtet werden, inwieweit ein erfolgreiches interkulturelles Marketing voraussetzt, in der Produktentwicklung ein ethnisch diverses Team zu haben, so dass spezifische Kundenwünsche und Wertvorstellungen bereits in dieser Phase Berücksichtigung finden (siehe etwa *Seidel*, 2006).

- Im weiteren Sinne geht es aber auch um die grundsätzliche DM-Hypothese, dass Diversität zu einer Verbesserung der Unternehmensleistung beiträgt, in deren Mittelpunkt naturgemäß die Kundenzufriedenheit steht. Insofern überlapp sich diese Kategorie mit der internen Prozessperspektive. Dennoch rechtfertigt die besondere Betonung der Korrelation zwischen interner und externer Diversität, die Kategorien des Workplace Profile und des Diverse Customer/Community Partnership zu einem Komplex zusammenzufassen.

Die Diverse Customer/Community Perspective ist besonders markant an Gesichtspunkten der Diversität orientiert. Genau an dieser Stelle treten auch die gesellschaftspolitischen Aspekte von DM stärker hervor, insofern das Unternehmen nicht nur die Diversität von Kundengruppen etwa im Marketing berücksichtigen muss, sondern sich darüber hinaus auch mit der Frage beschäftigen muss, wie die Wertvorstellungen von unterschiedlichen Kundengruppen im Unternehmen reflektiert werden müssen, um auch die engeren Unternehmensziele zu erreichen. Damit erfasst diese Kategorie zum Beispiel auch den gesamte Bereich der Corporate Social Responsibility als ein Element des externen DM (*Schulz*, 2009).

Die interne Prozessperspektive erscheint sicherlich am deutlichsten reduziert, was den Vergleich mit der vollen BSC angeht. Hier geht es vor allem um die kontextuellen Bedingungen der Arbeitsorganisation im Unternehmen. Die Schnittstelle zur allgemeinen BSC ist allerdings klar definiert, insofern Messgrößen wie Arbeitsplatzzufriedenheit oder Fehlzeiten relevant sind, wie sie auch in Standardansätzen zum Personalcontrolling Anwendung finden (etwa *Krause/ Arora*, 2008, S. 267ff.). Sie werden aber explizit zu DM Aspekten in Beziehung gesetzt, wie beispielsweise der ethnischen Komposition der Belegschaft oder der Analyse der Familienfreundlichkeit von Karrierepfaden. Grundsätzlich lassen sich alle Personalbezogenen Kenngrößen nach DM Gesichtspunkten anpassen, zum Teil mit direktem Bezug auch auf die Learning and Growth Perspective (Beispiel: Ausdifferenzierung der Kenngröße „Teilnahmequote am betrieblichen Vorschlagswesen" nach Diversitäts-Kategorien).

Schließlich kann auch die Kategorie des Financial Impact auf die DM Perspektive verengt werden. In diesem Fall geht es nicht mehr um den allgemeinen Zusammenhang zwischen DM und Gesamtleistung des Unternehmens, sondern um die unmittelbare finanzielle Auswirkung spezifischer DM Maßnahmen. Beispielsweise kann gefragt werden, inwieweit spezielle Maßnahmen zur Attraktion von Ingenieurinnen sich in den allgemeinen Kosten der Personalrekrutierung niederschlagen.

Zusammenfassend lässt sich sagen, dass beim Prozess der DSC Erstellung entscheidend ist, neue Controlling-Kennzahlen zu definieren, ohne dass dabei der Controlling Prozess selbst verändert wird. Denn, wie gesagt, ein entscheidendes Problem im DM ist die zum Teil mangelhafte Fundierung von Ursache-Wirkungszusammenhängen der Diversität. Deshalb ist die DSC auch ein Instrument zur Gewinnung von Hypothesen über die Zusammenhänge zwischen Diversität und Unternehmensleistung. Gleichzeitig erlauben diese Kennzahlen eine Integration des DM mit den bestehenden Controlling-Strukturen. Wie die nachfolgende Übersicht zeigt, sind viele Kennzahlen bereits aus dem Personal-Controlling vertraut und werden lediglich auf das Konzept der Diversität hin angepasst.

Tab. 8.1: Ausgewählte Controlling-Kennzahlen im Rahmen einer Diversity Scorecard

DSC Perspective	Controlling Kennzahlen (beispielhaft)
Diversity Leadership Commitment	Diversität des Top-Managements in unterschiedlichen Dimensionen; Stellenwert von Diversitätskriterien in der BSC des Unternehmens; Rolle von DM Aspekten im Bonus-System des Vorstandes
Learning and Growth	Demographische Aufschlüsselung der Verteilung von Bildungsabschlüssen und der Teilnahme an Weiterbildungsmaßnahmen im Unternehmen; außerhalb der F&E Abteilung generierte Innovationen
Workforce Profile	Demographische Aufschlüsselung der Belegschaft und Differenz zum Profil Gesamtbevölkerung bzw. relevante Kundengruppen; Anteil von Minderheiten in leitenden Positionen
Workplace Culture/Climate	Demographische Aufschlüsselung von Fehlzeiten und Krankenstand; Diskriminierungs-relevante Personaldaten, etwa Anteil von MitarbeiterInnen mit Behinderung
Diverse Customer/Community	DM basierte Zielgruppen-Analyse der Verteilung von CSR Maßnahmen; DM basierte Analyse der Zulieferer (etwa Anteil von Minoritäten); Demographische Analyse des differentiellen Wachstums unterschiedlicher Kundengruppen
Financial Impact	Reduktion von Gerichtskosten in Antidiskriminierungs-Verfahren; Diversity Return on Investment; Personalkosteneinsparungen durch DM-basierte Rekrutierungsmethoden

Angesichts der oben diskutierten, erheblichen theoretischen Probleme, die es im Zusammenhang der Kausalanalyse von Diversität gibt, ist die DSC freilich ein heroisches Unterfangen, ist doch schon die Kausalanalyse beispielsweise produktionswirtschaftlicher Zusammenhänge mit erheblichen Problemen der Komplexität konfrontiert (*Wall,* 2001). Darüber hinaus bleibt natürlich das grundlegende Problem bestehen, wie eigentlich Diversität selbst definiert wird. In der Praxis orientieren sich die beispielhaft genannten Kennzahlen eindeutig weiterhin am Kriterium der sozialen Identität. Das theoretisch wünschenswerte Kriterium, wie von *Page* entwickelt, lässt sich kaum in Kennzahlensysteme umsetzen.

Daraus ergibt sich aber die konstruktive Überlegung, ob dies indirekt möglich ist, wenn der Prozess der BSC selbst als ein komplexes Problem im Sinne von *Page* betrachtet wird. Das bedeutet, wir fragen, wie kann die Erstellung der BSC im Rahmen des Controlling zum Gegenstand von Diversity Management werden?

8.4.2   Die „Open Balanced Scorecard"

Die DSC wirft die Frage ausdrücklich auf, wie weit die Unternehmensführung selbst DM-orientiert ist. Diese Frage lässt sich aber auch für den Prozess der Erstellung und Implementierung einer BSC stellen. Damit ergibt sich zwanglos der Übergang zur „Open Balanced Scorecard" als einer Verallgemeinerung der Idee der DSC auf das umfassendere Controlling-Instrument der BSC für das gesamte Unternehmen. Es bedeutet, dass der Prozess der Erstellung einer BSC selbst diversitätsbasiert sein muss. Diese Anforderung geht also weit darüber hinaus, das Instrument der Balanced Scorecard an das Erfordernis der Messung von Diversität und ihren Auswirkungen anzupassen, wie das in der DSC geschieht. Vielmehr muss der Prozess der BSC selbst geöffnet werden. Gewöhnlich wird die Erstellung einer Balanced Scorecard als ein Projekt im Unternehmen behandelt, das einem speziellen Team zeitlich befristet übertragen wird. Bereits hier stellt sich die Frage, inwieweit die Komposition dieses Teams ein DM Problem ist; gewöhnlich arbeiten hier MitarbeiterInnen aus dem Controlling und der Unternehmensführung zeitlich befristet zusammen, d.h. die Zusammensetzung des Teams wird funktional legitimiert, nicht aber aus DM Gesichtspunkten abgeleitet.

Betrachtet man aber die Erstellung einer BSC als ein komplexes Problem im Sinne von *Page*, dann muss also bereits in dieser Stufe konsequent dem „diversity trumps ability" Prinzip gefolgt werden. Das bedeutet konkret, es muss:

- versucht werden, eine möglichst große Diversität von kognitiven Stilen und Perspektiven im BSC Team zu haben. Das betrifft nicht nur Fachperspektiven, sondern auch Diversität in anderen Dimensionen, wie etwa Alter, Geschlecht etc. Allerdings setzt dies wiederum eine Relevanzanalyse voraus: Welche Dimension von Diversität ist für ein BSC Projekt relevant?
- in der Anfangsphase strengstens vermieden werden, ein bestimmtes Vorverständnis der Unternehmensziele im Sinne einer Identität vorzugeben. Das betrifft vor allem ein bestimmtes Verständnis der ‚Unternehmenskultur' und bedeutet positiv, der Prozess der BSC Erstellung wird explizit als konfliktträchtig behandelt, ja dient sogar dazu, verdeckte Konflikte explizit werden zu lassen.
- Das Kernelement der BSC, die Vision und Strategie, muss selbst im Prozess der BSC Erstellung disponibel sein. Es muss zulässig sein, aus unterschiedlichen Perspektiven im Team gegebenenfalls BSC Szenarien zu entwickeln, die auch in dieser fundamentalen Hinsicht miteinander konkurrieren. Im Extremfall werden alternative BSC Szenarien entwickelt.

Diese Überlegung zeigt, dass in einem konsequenten DM Ansatz zur BSC die Strategie des Unternehmens nicht einfach vorgegeben werden darf. Vielmehr wird systematisch davon ausgegangen, dass Top-Down-Ansätze der Strategieentwicklung notwendig an der Betriebsblindheit einer diversitätsreduzierten Zusammensetzung des Top-Managements leiden. Der Strategieprozess wird selbst als das möglicherweise zentrale Macht-Problem in der Unternehmung behandelt (ein Paradebeispiel ist die Unfähigkeit des Top-Managements in der amerikanischen Automobilindustrie, sich auf globale Nachfrage-Trends und strukturelle Anpassungsnotwendigkeiten einzustellen). Gerade die „Open Balanced Scorecard" muss dieses Fundamentalproblem lösen helfen. Insofern wird der Prozess der Strategieentwicklung dekonstruiert, denn es wird bewusst versucht, aus den bereichsspezifischen Analysen strategische Ziele neu zu generieren.

Die OBSC gestaltet also – in der Praxis durchaus schon länger angewendet – den BSC Prozess so weit als möglich auch bottom-up (siehe schon *Kaplan* und *Norton,* 2007[1996]). In diesem Fall wird besonders deutlich, dass die BSC nicht nur ein Controlling Instrument ist, sondern zu einem „Strategic Management System" wird. Die OBSC muss sich ausdrücklich in diesem Sinne verstehen. Das bedeutet, der Prozess startet mit einer Dekonstruktion der

BSC des Gesamtunternehmens in bereichspezifische BSC, ohne dabei im ersten Schritt wesentliche Indikatoren der Gesamt-BSC bereits vorzugeben. Die OBSC ist also ein dynamischer Prozess der wechselseitigen Ergänzung, Korrektur und tatsächlichen Ausbalancierung der derart dekonstruierten BSC. Das unterscheidet sich deutlich von der dominanten Praxis, zunächst eine Gesamt-BSC zu gestalten, und anschließend diese auf bereichsspezifische oder gar individuelle BSC herunterzubrechen.

Unterhalb der Ebene der Strategieentwicklung muss also in ähnlicher Weise eine Diversitätsorienterung der BSC Prozesse erreicht werden. Eine einfache Maßnahme ist, systematisch das Expertenprinzip zu durchbrechen und zu vermeiden, dass bereits in der Analysephase aufgrund der Geschlossenheit des BSC Teams bestimmte Perspektiven dominieren. Eine Vorgehensweise besteht darin, die vier Säulen des klassischen BSC Ansatzes (also die Kundenperspektive, die interne Prozessperspektive, die Lern- und Entwicklungsperspektive und die finanzielle Perspektive) bewusst zu fragmentieren und sie jeweils diversen Sub-Teams anzutragen, die zunächst auf der Basis eines vorher erstellten, noch diversen Sets strategischer Ziele nun die Bereichsperspektiven erarbeiten. Wie man sieht, unterscheidet sich die OBSC an dieser Stelle grundlegend von der DSC. Die DSC separiert das Konzept der Diversität analytisch, im Sinne eines strategischen Themas, die OBSC betrachtet die BSC selbst als Gegenstand von DM.

Ein DM Ansatz würde in diesem Kontext erfordern, die Bereichsperspektiven möglichst weitgehend zu öffnen. Ein denkbares Instrument ist die Erweiterung des BSC Teams um eine oder mehrere Fokus-Gruppen, bzw. die Errichtung eines Systems von „Beiräten" für die BSC (also etwa: Kundenbeiräte). Beispielsweise würde der Bereich „Kundenperspektive" um eine Fokusgruppe erweitert, in der KundInnen teilnehmen, um zu verhindern, dass die Kundenperspektive tatsächlich zusammenschrumpft auf die Sicht des Kunden durch die Brille der unternehmensinternen Fachabteilungen. Die Fokusgruppe würde also nicht mehr nur im Kontext etwa der Produktentwicklung operationalisiert werden, sondern würde in einen zentralen strategischen Prozess des Unternehmens integriert. Der entscheidende Punkt ist, dass in einem solchen veränderten Modell der BSC möglichst weitgehend auch zukunftsbezogene Informationen generiert werden.

Dieses Prinzip der Öffnung des strategischen Prozesses kann im weitesten Sinne als ein Modell der „stakeholder inclusiveness" bei der BSC gekennzeichnet werden. Stakeholder Inclusiveness bedeutet, dass die verschiedenen Bereiche des BSC systematisch um die stakeholder Perspektive erweitert werden, konkret etwa durch die allseitige Implementierung von Fokus-Gruppen. Beispielsweise könnte for den Bereich des „Learning and Growth" eine Fokus-Gruppe eingerichtet werden, die StudentInnen einschließt, deren Studienfach für das Unternehmen relevant ist. Deren Zusammensetzung kann sich etwa an demographischen Kennziffern der Bevölkerung orientieren, die sich gegebenenfalls sehr von der internen Zusammensetzung im Unternehmen unterscheiden. Daraus lassen sich gegebenenfalls wichtige Einsichten für das Personal-Management gewinnen, was die Fortentwicklung des Unternehmens zu einem attraktiven Arbeitgeber für Hochqualifizierte angeht.

Stakeholder Inclusiveness kann in der offenen Unternehmung besonders wichtig für die strategische Organisation der Beziehungen zwischen dem Unternehmen und seinen Zulieferern sein. Das betrifft also direkt die Fluidität und Diffusität der Grenzen des Unternehmens. Zulieferer sind in komplexen supply chains oft in besonderem Maße gefordert, ihre eigenen Ziele mit den Zielen des Endproduzenten zu koordinieren. In diesem Sinne kann also die interne Prozessperspektive gar nicht mehr ohne die Zulieferer betrachtet werden. Es ist also vonnöten, in diesem Bereich einen Zulieferer-Beirat zu gründen, der die Sichtweise der Partner des Unternehmens einbringt.

Eine solche Öffnung ist sogar für die scheinbar neutralste Perspektive der BSC möglich, nämlich den Financial Impact. Diese begründet sich zumeist aus der Konzeption des shareholder value heraus. Die BSC hat jedoch von Anbeginn dezidiert die Absicht verfolgt, kurzfristige finanzielle Kennziffern mit Blick auf intangible Faktoren zu relativieren (*Brühl*, 2004, 430ff.). Gerade in der Praxis der BSC besteht aber die Tendenz, angesichts der besseren Greifbarkeit und leichten Kommunizierbarkeit finanzieller Kennziffern diese wiederum zu stark zu betonen, also sogar das ursprüngliche Ziel der BSC aus dem Auge zu verlieren (*Brühl*, 2004, S. 439). Ein Instrument gegen eine solche Sicht wäre die Einrichtung einer „shareholder focus group" in der Financial Impact Perspektive. Hier ginge es vor allem darum, die Interessen von „shareholder activists" frühzeitig einzubinden sowie die Balance zwischen kurz- und langfristigen Zielen aus der Sicht unterschiedlicher Gruppen der Anteilseigner zu definieren. Beispielsweise kann sich ergeben, dass bestimmte langfristige Investitionsziele durchaus auch zu Lasten kurzfristiger Gewinneinbußen konsensfähig sind. Eine Analyse der Diversität der Anteilseigner einer Unternehmung kann unter Umständen gerade bei großen Unternehmen wichtige Informationen über Zukunftstrends generieren.

In diesem Aufsatz kann ich nicht weiter auf Details der OBSC eingehen. Ich möchte zu sammenfassend als einige zentrale Elemente identifizieren (Abb. 8.5):

- Die OBSC ist ein dynamisches System des strategischen Managements, dass top-down und bottom-up Prozesse möglichst machtbalanciert parallel laufen lässt, also zunächst mit einer fragmentierten BSC arbeitet. Die sich im Ergebnis einstellende Gesamt-BSC wird bewusst als eine temporäre Balance von Konflikten gesehen.
- Die OBSC bezieht in hohem Maße unternehmensexterne Personen in Gestalt von Fokusgruppen, Beiräten etc. ein, um das Potenzial von Diversität zu nutzen, neue Einsichten in Ursache-Wirkungs-Zusammenhänge in der BSC zu gewinnen, und um die Unternehmensstrategie nachhaltig im unternehmerischen Kontext zu verankern.
- Die OBSC wird sinnvollerweise durch eine DSC als Satellitensystem ergänzt, das speziell die Rolle der Diversität in der Unternehmensstrategie analysiert.
- Die OBSC wird in einer geeigneten Form auch in der externen Kommunikation der Unternehmung genutzt, um die verschiedenen Stakeholder über die Strategie zu informieren und gegebenenfalls ihre Reaktionen für die weitere Strategieentwicklung zu nutzen.

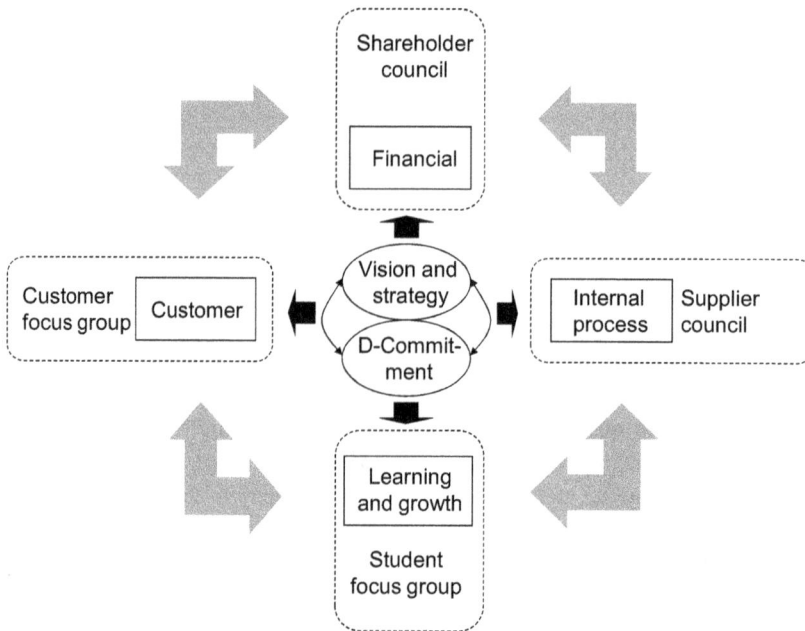

Abb. 8.5: Die Open Balanced Scorecard

8.5   Ist Diversity Management möglich?

Es ist nun an der Zeit, zwei zentrale Dilemmata, ja ein Paradox des diversitätsbasierten Controlling zu thematisieren.

- Das Paradox besteht darin, dass die Relevanzanalyse selbst ein Faktor der Verdrängung von Diversität sein kann, und dass dieses Problem nur aufgebrochen werden kann, indem die Ziele selbst immer wieder radikal hinterfragt werden. Genau das hebt aber wiederum die Stringenz der Relevanzanalyse auf.
- Das Dilemma besteht darin, dass die Analyse von Diversität eben nicht an den Unternehmensgrenzen stehen bleiben kann. Dieser Punkt wird aber gegebenenfalls selbst Gegenstand von Konflikten, wenn es um die MitarbeiterInnen geht. Denn die Diversität von Mitarbeitern betrifft in hohem Maße auch deren Privatleben. Im Extremfall würde ein umfassendes DM die Grenze zwischen dem Privatleben und der Rolle im Unternehmen verschwimmen lassen. Wider Erwarten würde gerade DM zu einem Instrument der totalitären Dominanz des „Business" über die Gesellschaft.

Man kann dieses Problem auch so formulieren, dass gerade der „business case" für DM das DM ad absurdum führt, denn eine rein instrumentalistische Behandlung von Zielen zur Gleichberechtigung, Stärkung der individuellen Autonomie oder der gesellschaftlichen Verantwortung desavouiert eben genau jene Ziele: Denn damit ist auch stets die Möglichkeit gegeben, dass im konkreten Fall diese Ziele auch wieder aufgegeben werden, wenn sich kein „business case" ergibt (zu dieser Kritik an einem „neoliberalen DM" siehe *Bendl*, 2007).

8.5.1   Das Dilemma des Diversity Management

Was zunächst das letztere angeht, so ist dieses Problem durchaus auch in der Antidiskriminierungspraxis zu erkennen. Hier wurde in den USA bereits der Begriff der „lifestyle discrimination" geschaffen, der in einem Schlag die Problematik völlig öffnet (*Sugarman*, 2003). Denn was unter Lifestyle fällt, lässt sich nicht mehr an einfachen Kriterien wie Rasse oder Geschlecht festmachen. Es gibt vielfältige Aspekte des individuellen Lebenswandels, die durchaus direkt relevant sind für die Unternehmensleistung, wie etwa Sport oder Rauchen. Wenn heutzutage amerikanische Unternehmen bereits die Einstellung von Rauchern vermeiden, warum sollte dies nicht auch für überhöhten Zuckerkonsum gelten oder das Betreiben gesundheitlich riskanter Sportarten? Oder umgekehrt betrachtet: Wenn Rauchen die Kreativität von Forschern steigerte (nach deren Aussage), kann dann die F&E Abteilung in einer ansonsten rauchfreien Unternehmung zur Raucherzone erklärt werden?

Auf das DM im Sinne dieses Aufsatzes angewendet, ergibt sich das Problem, inwieweit gerade der Ausbau eines DM Controlling erhebliche Konfliktpotenziale im Bereich der Diskriminierungsproblematik aufwerfen kann. Der Anspruch der radikalen Individualisierung lasst sich pragmatisch kaum durchhalten: Jede beurleblıche Maßnahme muss in Kategorisierungen enden, die unter Umständen bestehende soziale Identitäten fixiert. Wird beispielsweise ein Mentoring Programm für Frauen mit Migrationshintergrund geschaffen, stellt sich immer die Frage, wie weit dies selbst ein Diskriminierungstatbestand ist. Letztes Endes ist sogar möglich, dass solche Maßnahmen in einer Weise die soziale Identität von Menschen thematisieren, die das persönlich gar nicht wünschen.

Man kann sich daher durchaus fragen, wie weit der Arbeitsmarkt und die Vielfalt von Unternehmen selbst ein Medium von Diversität sind, das letztes Endes auch die innerbetrieblichen Anforderungen an das DM abschwächt. Denn soweit der Arbeitsmarkt diskriminierungsfrei operieren würde (was letzten Endes eine Frage der staatlichen Ordnungs- und Rechtspolitik ist), können sich die Individuen diejenigen Formen von DM aussuchen, die sie selbst präferieren. Gerade diese Schnittstelle ließe sich mit dem Instrument der OBSC gut handhaben: Die OBSC muss auch zu einer Verortung des DM selbst kommen, und dieses in geeigneter Weise kommunizieren.

Das Dilemma des DM lässt sich also lösen, wenn die Diversität von DM Konzeptionen selbst anerkannt wird, die in einem dynamischen Wettbewerb unternehmensspezifisch getestet werden. Der gerade von DM-BeraterInnen gerne propagierte Gedanke von ‚best practices' im DM steht dem in Grunde entgegen.

8.5.2   Das Paradox des Diversity Management

Das Paradox des DM besteht darin, dass eine fundierte Analyse der Ziele und zielrelevanter Diversität selbst Diversität reduziert. Insbesondere kann in der praktischen Umsetzung geschehen, dass die generierten Indikatoren verhindern, dass diversitätsorientiertes Verhalten Platz greifen kann. Es ist daher von entscheidender Bedeutung, dass DM Controlling mit dem Instrument der OBSC selbst diversitätsorientiert zu gestalten. Hier schließt sich die Brücke zum eingangs eingeführten Konzept der offenen Unternehmung.

Diese Problematik lässt sich mit dem Slogan der „Einheit in der Vielfalt" gut greifen. Denn DM hat natürlich ganz wesentlich die Aufgabe, zu einer zielorientierten Integration der Vielfalt zu gelangen. Diese Integration reduziert aber wiederum Vielfalt. Das wird besonders bei sehr stark ausgeprägten Unternehmenskulturen deutlich, die das Individuum oft regelrecht vereinnahmen.

Die Lösung dieses Paradoxes verweist erneut auf die OBSC als ein mögliches Instrument: Denn sie ist nur möglich, wenn der Prozess der Entstehung der „Einheit" selbst in hohem Maße inklusiv ist, das heisst möglichst machtfrei verläuft. Dass es sich hier um eine Form der Utopie handelt, ist unstrittig: Aber Utopien haben bekanntermaßen eine hohe mobilisierende Kraft.

8.6   Schlussbemerkung

Die in diesem Papier entwickelte Position zum Diversity Management bildet nicht die herrschende Meinung in der einschlägigen Diskursgemeinschaft ab. Ich habe dafür votiert, den Begriff der Diversität von der sozialen Identität abzulösen. Wenn Diversität vor allem als positiver Beitrag zur Unternehmensleistung begriffen werden soll, ist auch unvermeidbar, sie auf bestimmte Unternehmensziele hin zu relativieren. Wie wir soeben gesehen haben, wirft dies ein Dilemma für das DM auf, das sich als Konflikt zwischen Wert- und Zweckrationalität begreifen lässt. Dieses Dilemma lässt sich nur lösen, wenn die Diversität von DM Konzeptionen selbst anerkannt wird.

Evolutionsökonomisch stellt sich die einfache Frage, wie weit DM selbst zu einem nachhaltigen Wettbewerbsvorteil wird. Auch hier gilt wieder, dass wir gravierende Wissensmängel konstatieren müssen. Gegenwärtig ist DM eindeutig auf dem Vormarsch, wenngleich Skeptiker oftmals nur schöne Schaufenster sehen. Die Zukunft wird zeigen, ob DM zu einem normalen Bestandteil der Unternehmenspraxis wird.

Wenn dies geschehen sollte, ist eine Integration von DM und Controlling unvermeidlich. Unternehmen haben die gesellschaftliche Aufgabe, wirtschaftliches Handeln nachhaltig zu organisieren. Insofern gilt: DM muss sich den Standards des Controlling stellen, und umgekehrt muss das Controlling den Gestaltungsprinzipien des DM folgen. Das Ergebnis dürfte die weitere Stärkung des Controlling als Instrument des strategischen Managements sein. Dies habe ich versucht zu zeigen.

Literatur

Aldrich, Howard: Organizations Evolving, London: 1999.

Bach, Norbert: Analyse der empirischen Balanced Scorecard Forschung im deutschsprachigen Raum, Controlling & Management 50. Jg, Heft 5, 2001: S. 298–304.

Barney, J.: Firm Resourses and Sustained Competitive Advantage, in: Journal of Management, 17(1) (1991): S. 99–120.

Becker, A.: Diversity Management aus der Perspektive betriebswirtschaftlicher Theorien, in: Becker, M. und Seidel, A.: Diversity Management. Unternehmens- und Personalpolitik der Vielfalt, Stuttgart 2006: S. 207–240.

Becker, M.: Wissenschaftstheoretische Grundlagen des Diversity Management, in: Becker, M. und Seidel, A.: Diversity Management. Unternehmens- und Personalpolitik der Vielfalt, Stuttgart 2006: S. 5–51.

Bell, M. B.: Diversity in Organizations, Mason 2007.

Bendl, R.: Betriebliches Diversitätsmanagement und neoliberale Wirtschaftspolitik – Verortung eines diskursiven Zusammenhangs, in: Koall, I. Bruchhagen, V., Höher, F.:, Diversity Outlooks, Münster 2007: S. 10–28.

Brühl, Rolf: Controlling. Grundlagen des Erfolgscontrollings, München 2004.

Bundesverband Deutscher Unternehmensberater: Controlling. Ein Instrument zur ergebnisorientierten Unternehmenssteuerung und langfristigen Existenzsicherung, 5. Auflage, Berlin 2006.

Burt, R. S.: The Network Structure of Social Capital, faculty.chicagogsb.edu/ronald.burt/research/NSSC.pdf, 2000.

Coombes, Paul: Agenda of a Shareholder Activist, in: The McKinsey Quarterly, 2004 Number 2.

Desvaus, G. et al.: A Business Case for Women, in: The McKinsey Quarterly September 2008.

Diversityworks: Vom Nutzen der Vielfalt. Kompendium Diversity Management. Wien 2007.

Economist: The New Organisation. A Survey of the Company, January 21, 2006.

Ely, R.J. und Thomas, D.A.: Cultural Diversity at Work. The Effects of Diversity Perspectives on Work Group Processes and Outcomes, Administrative Science Quarterly 46(2) (2001): 229–273.

Engel, R.: Die Vielfalt der Diversity Management Ansätze. Geschichte, praktische Anwendungen in Organisationen und zukünftige Herausforderungen in Europa, in: Koall, I., Bruchhagen, V., Höher, F.: Diversity Outlooks. Managing Diversity zwischen Ethik, Profit und Antidiskriminierung, Münster 2007: S. 289–299.

Fischer, Michael. Diversity Management and the Business Case. HWWI Research Paper 3–11, Hamburg 2007.

Gardenswartz, L. und Rowe, A.: Diverse Teams at Work: Capitalizing on the Power of Diversity, Irwin 1994.

Gebert, D. und Boerner, S.: The Open and the Closed Corporation as Conflicting Forms of Organization, in: Journal of Applied Behavioral Science, 35 (3) (1999): S. 341–359.

Gemeinschaftsinitiative EQUAL: Diversity Management. Empfehlungen für Kleine und Mittlere Unternehmen, Bundesministerium für Arbeit und Soziales 2008.

Granovetter, M.: Economic Action and Social Structure: The Problem of Embeddedness, American Journal of Sociology 91(3) (1985): S. 481–510.

Granovetter, M.: The Impact of Social Structure on Economic Outcomes, Journal of Economic Perspectives 19(1) (2005): S. 33–50.

Hays-Thomas, R.: Why Now? The Contemporary Focus on Managing Diversity, in: Stockdale, M.S. und Crosby, F.J.: The Psychology and Management of Workplace Diversity, Maldin/Oxford/Carlton 2004: S. 3–30.

Herrmann-Pillath, Carsten: Grundriß der Evolutionsökonomik, zwei Bände, Stuttgart 2002 (vollständig als online-Version bei www.evolutionaryeconomics.net)

Herrmann-Pillath, Carsten: Einführung in die Evolutionsökonomik, Teil I und II, 2007a, Das Wirtschaftsstudium 11/2007: S. 1471–1479, 12/2007: S. 1600–1607.

Herrmann-Pillath, Carsten: Evolutionsökonomik, Schützeichel, R., Hrsg., Handbuch Wissenssoziologie und Wissensforschung, Konstanz: UVK, 2007b: S. 231–241.

Herrmann-Pillath, Carsten: Diversity: Management der offenen Unternehmung, in: Koall, I. Bruchhagen, V., Höher, F.:, Diversity Outlooks, Münster 2007c: S. 202–222

Holland, John H.: Hidden Order. How Adaptation Builds Complexity, Reading et al.: 1995.

Hubbard, E.E.: The Diversity Scorecard. Evaluating the Impact of Diversity on Organizational Performance, Burlington / Oxford 2004.

Ji L. / Nisbett, R. E. / Peng, K.: Culture, Control, and Perception of Relationships in the Environment, Journal of Personality and Social Psychology 78(5) (2000): S. 943–955.

Kaplan, R.S. und Norton D.P.: How to Implement a New Strategy Without Disrupting Your Organization, Harvard Business Review March 2006: 100–109.

Kaplan, R.S. und Norton D.P.: Using the Balanced Scorecard as a Strategic Management System, Harvard Business Review July-August 2007: S. 150–161.

Kochan, T. et al.: The Effects of Diversity on Business Performance. Report of the Diversity Research Network, Human Resource Management 42(1): S. 3–21

Köppel, P. und Sandner, D.: Synergy by Diversity. Real Life Examples of Cultural Diversity in Corporations, Gütersloh 2008.

Krause, H.-U. und Arora, D.: Controlling Kennzahlen. Key Performance Indicators. München 2008.

Liebl, F.: Der Schock des Neuen. Entstehung und Management von Issues und Trends, München 2000.

Mantzavinos, C.: Individuals, Institutions, and Markets, Cambridge, UK.: 2001.

Markose, S.M.: Computability and evolutionary complexity: markets as complex adaptive systems (CAS), in: Economic Journal 115(504) (2005): S. F159–F193.

Merx, A. und Vassilopoulou, J.: Das arbeitsrechtliche AGG und Diversity-Perspektiven, in: Koall, I. Bruchhagen, V., Höher, F.:, Diversity Outlooks, Münster 2007: S. 354–385.

Metcalfe, J. S.: Evolutionary Economics and Creative Destruction, London/New York 1998.

Miller, J. H. and Page, S. E.: Complex Adaptive Systems. An Introduction to Computational Models of Social Life, Princeton, NJ: 2007.

Picot, A. / Reichwald, R. / Wigand, R.: Die Grenzenlose Unternehmung. Information, Organisation und Management. Lehrbuch zur Unternehmensführung im Informationszeitalter, Wiesbaden 2003.

Popper, Karl R.: Objektive Erkenntnis. Ein evolutionärer Entwurf, Hamburg 1973.

Sathe, Vijay: Corporate Entrepreneurship. Top Managers and New Business Creation, Cambridge, UK 2003.

Schulz, A.: Diversitätsmanagement als strategische Konzeption der internationalen Unternehmensführung, Dissertation Witten 2009.

Seidel, A.: Kundenorientierung und Mitarbeitervielfalt – Interdependenzen und Begründungszusammenhang, in: Becker, M. und Seidel, A.: Diversity Management. Unternehmens- und Personalpolitik der Vielfalt, Stuttgart 2006: S. 240–257.

Spehl, Harald: Zur Bedeutung der Vielfalt in Ökonomie und Ökologie, in: Wächter, H. / Vedder, G. / Führing, M.: Personelle Vielfalt in Organisationen, Hampp 2003: S. 1–12.

Stuber, M.: Diversity. Das Potenzial von Vielfalt nutzen – den Erfolg durch Offenheit steigern. Neuwied 2004.

Sugarman, S. D.: "Lifestyle discrimination" in Employment, in: Berkeley Journal of Employment & Labor Law 24(2) (2003): S. 377–438.

Thomas, R. R: Building on the Promise of Diversity. How We Can Move to the Next Level in Our Workplaces, Our Communities, and Our Society, New York 2006.

Wall, Friederike: Ursache-Wirkungsbeziehungen als ein zentraler Bestandteil der Balanced Scorecard. Möglichkeiten und Grenzen ihrer Gewinnung, Controlling, Heft 2, 2001: 65–74.

Wise, L.R. und Tschirhart, M.: Examining Empirical Evidence on Diversity Effects. How Useful is Diversity Research for Public Sector Managers?, Public Administration Review 69(5), 2000: 386–395.

Vinzent, Markus: Interkulturelles Diversity- and Inclusiveness-Management, in: Personalführung 10/2003: S. 30–36.

Ziman, John: Technological Innovation as an Evolutionary Process, Cambridge et al. 2000.

9 HR-Steuerung in Krisenzeiten

Rainer Strack, Jens Baier und Susanne Dyrchs

9.1   Einleitung

2001/2002 hatte das Platzen der „Dotcom"-Blase, das den Kursverfall vieler Unternehmen nach sich zog, massive und branchenübergreifende Auswirkungen auf Unternehmen in direkt, aber auch indirekt betroffenen Industrien. Viele Firmen hatten damals allein auf kurzfristige Maßnahmen und konventionelle, kapitalorientierte Kennzahlensysteme vertraut, es also unterlassen, den zukünftigen Personalbedarf zu antizipieren und den Faktor Mensch in angemessener Weise aktiv in der Unternehmenssteuerung zu berücksichtigen. Kurzfristige Maßnahmen, so notwendig sie sein mögen, nach der „Rasenmähermethode" vorzunehmen, anstatt in differenzierter Weise einzelne Bereiche eines Unternehmens auf den Prüfstand zu stellen, kann erhebliche negative Effekte zur Folge haben, so etwa den Verlust wertvoller Talente und unentbehrlichen Know-hows.

In der aktuellen Finanz- und Wirtschaftskrise, die sehr viel weiterreichende Folgen innerhalb der Realwirtschaft verursachen wird als der Untergang der „New Economy", können derartige Fehler ein Unternehmen langfristig existenziell bedrohen. Durch mangelnde personalstrategische und ökonomische Weitsicht kann ein grundsätzlich gesundes Unternehmen ins Straucheln geraten, wenn nicht gar zu Fall kommen. Auch die Bedeutung der Vorsorge im Hinblick auf eine zukünftige wirtschaftliche Erholung sollte nicht unterschätzt werden. Temporärer Aktionismus in wachstumsschwachen Zeiten zieht leicht fatale zukünftige qualitative und quantitative Personalunterhänge nach sich, während er in weniger kritischen Bereichen zu Überhängen führt. Für Talente ebenso wie erfahrene Mitarbeiter, die einmal dem kurzfristigen Abbau von Personal zum Opfer gefallen sind, lässt sich auf dem Markt nicht in rauen Mengen Ersatz finden. Daher müssen nicht nur kurzfristige, sondern auch mittel- bis langfristige Fragen des personalstrategischen Ressourcenmanagements einbezogen werden.

Vor diesem Hintergrund bedarf es eines personalwirtschaftlichen Kompasses zur strategischen Produktivitäts-, Kosten- und Personalsteuerung. Gerade in Krisenzeiten reicht es nicht aus, rein kapitalorientiert zu steuern. Es bedarf einer ergänzenden Steuerung der finanzwirtschaftlichen Spitzenkennzahl nicht nur aus Kapital-, sondern auch aus Personalsicht. Ein Controlling, das intelligent und aktiv mit der brisanten wirtschaftlichen Situation umgehen will, muss diese Balance zwischen Kapital- und Personalperspektive anstreben.

Um mit der optimalen Anzahl von Mitarbeitern, die über für das Unternehmen relevante Qualifikationen verfügen, kurzfristig die Krise managen und nachhaltig für Aufbau sorgen zu können, benötigt ein Unternehmen ein analytisches Fundament. In diesem Beitrag wird ein innovativer Weg zur quantitativen und wertorientierten Steuerung des Personals aufgezeigt: das Workonomics®-Konzept, welches die Personalsteuerung quantitativ in die häufig primär kapitalorientierte Unternehmenssteuerung integriert. Die Boston Consulting Group hat dieses Konzept entwickelt, um eben diese notwendige Balance zwischen Kapital- und Personalsicht im HR-Bereich herzustellen. Dieses System liefert die wichtigen steuerungsrelevanten Informationen und ermöglicht damit sowohl in Zeiten des wirtschaftlichen Wachstums als auch gerade in Phasen des Abschwungs – der Krise – ein vorausblickendes und strategisches HR-Management.

Im Anschluss an die quantitative Herleitung und inhaltliche Darlegung des Workonomics®-Konzepts im ersten Teil dieses Beitrags (9.2) wird im zweiten Teil (9.3) der Schwerpunkt auf die konkrete Steuerung des individuellen und standortübergreifenden Personalbestands und -bedarfs gelegt. Die hier vorgestellte und praxiserprobte Analysemethodik (Strategic Workforce Planning) erlaubt es jedem Unternehmen, durch die Clusterung von Jobprofilen und die Simulation von wirtschaftlichen Szenarien zukünftige Beschäftigungslücken oder Überkapazitäten in jeder Einheit und Abteilung des Unternehmens zu identifizieren und nachhaltig erfolgreich gegenzusteuern.

9.2 Berücksichtigung des Faktors Mensch

Die aus der Finanzkrise resultierenden Folgen für die Realwirtschaft, wie z.B. negative Einflüsse auf die Bilanz, finanzielle Engpässe, Vertrauensverlust der Verbraucher, Motivationsdefizite der Mitarbeiter oder ein geringeres Investitionsvolumen, stellen Unternehmen vor große Herausforderungen. Um diese zu meistern und ein Fundament für eine bestmögliche Entscheidungsfindung der Unternehmensführung zu legen, bedarf es eines umfassenden, intelligenten Steuerungskonzepts, das ein Unternehmen sicher durch die Krise manövriert und den richtigen Kurs für langfristiges Wachstum einschlägt. Workonomics® schafft diese Ganzheitlichkeit, indem es die finanzwirtschaftliche Spitzenkennzahl aus Personalsicht beschreibt.

Bevor das Workonomics®-Konzept der Boston Consulting Group im Detail vorgestellt wird, soll zunächst auf die klassische kapitalbasierte Steuerung näher eingegangen werden, da diese die Basis für anknüpfende Überlegungen bildet.

9.2.1 „Klassische" kapitalorientierte Unternehmenssteuerung

Seit der Geburtsstunde der Doppik steht das investierte Kapital im Mittelpunkt der Unternehmenssteuerung. Verstärkt in Krisenzeiten gewinnen die ausschließlich kapitalorientierten Kennzahlen wie ROI oder ROE an Bedeutung. Ein Trend zu zunehmend kapital- oder Shareholder-Value-orientierten Kennzahlensystemen hat sich bereits im letzten Jahrzehnt abgezeichnet und in der Praxis vielfach durchgesetzt (vgl. *Strack/Villis*, 2002, S. 147–148).

Lange Zeit wurden zunächst statische Kapitalrenditen, wie z.B. die Gesamtkapitalrendite (ROI) oder die Eigenkapitalrendite (ROE), zur Steuerung in Unternehmen herangezogen. Diese statischen Renditegrößen machen zwar die Effizienz in Unternehmenseinheiten quantitativ messbar, können jedoch nicht profitables Wachstum berücksichtigen (vgl. dazu *Strack/Villis*, 2001, S. 67–70; *dies.*, 2004, S. 207–208).

Im Zuge des Übergangs zu einer stärker dynamischen, wertorientierten Steuerung wurden neue Erfolgskennzahlen entwickelt und eingeführt, unter denen sich die Übergewinnverfahren als führende Maßstäbe für das Erfolgspotenzial eines Unternehmens durchgesetzt haben (vgl. *Siegert*, 1999, S. 24 ff.). Nur der Betrag, der über den Kapitalkosten liegt, stellt dabei einen echten Wertbeitrag dar. Es gibt zwei grundsätzliche Übergewinnverfahren: das EVA®-Konzept (Economic Value Added) von Stern/Stewart (*Stewart,* 1990) und das CVA-Konzept (Cash Value Added) der Boston Consulting Group (*Strack/Villis,* 2001, S. 68–70).

Diese Übergewinnverfahren werden wie folgt definiert:

$$\text{Übergewinn} = \text{Gewinngröße} - \text{Kapitalkosten} \cdot \text{Investiertes Kapital}$$

$$= \big(\text{Kapitalrendite} - \text{Kapitalkosten}\big) \cdot \text{Investiertes Kapital}$$

Wobei die Kapitalrendite definiert ist als

$$\text{Kapitalrendite} = \text{Gewinngröße} / \text{Investiertes Kapital}$$

Damit basieren die Übergewinnverfahren theoretisch auf der Berechnung des Unternehmenswerts; Effizienz und Wachstum beziehen sich im Wesentlichen auf das eingesetzte Kapital, denn die Kapitalrendite misst die Effizienz, während die eingesetzte Kapitalbasis das Wachstum widerspiegelt. Die Stellgrößen in diesen Übergewinnverfahren beziehen sich also ausschließlich auf das Kapital, messen es und ziehen es zur Steuerung heran. Die wesentlichen Hebel zur Wertsteigerung (CVA/EVA®), etwa profitables Investitionswachstum und Kapitalrenditeoptimierung, sind damit rein kapitalorientiert.

Nach Studien der Boston Consulting Group ist heutzutage ein Großteil der DAX-30-Unternehmen personalgetrieben, das heißt, die Personalkosten sind bei weitem höher als die kapitalbezogenen Kosten (vgl. *Sieber/Schaumburg/Ibel/Möllenkamp/Strack,* 2008, S. 55 ff.). Dies gilt nicht nur für DAX-Unternehmen, sondern auch für den Mittelstand, der ebenfalls häufig personalorientierte Geschäftsmodelle fährt. Mit der sukzessiven Transformation vom industriellen (kapitalintensiven) zum serviceorientierten (personalintensiven) Sektor rückt das Kapital immer mehr ins Abseits; das Personal wird dagegen immer stärker zum entscheidenden Produktionsfaktor (vgl. *Siegert,* 1999, S. 24 ff.). Selbst in vielen klassischen Industrieunternehmen dominiert mittlerweile der Faktor Mensch. Mitarbeiter stellen also heute eine zentrale Größe für die Wertsteigerung eines Unternehmens dar. Wie aber wird der Faktor Mensch in übergewinnbasierten Kennzahlen einbezogen?

In Übergewinnverfahren wird die Personaldimension nur durch die Personalkosten als Kostenkomponente der Ergebnisgröße berücksichtigt. In der gängigen Personalsteuerung liegt der Fokus also meist auf der Steuerung von Personalkosten und -bestand, das heißt auf dem Input – der Output, den die Mitarbeiter erwirtschaften, wird nicht ausreichend gemessen. Wir leben demnach in einer personalintensiven Welt, steuern aber immer noch lediglich mit kapitalorientierten Kennzahlen (vgl. *Strack,* 2002, S. 77).

Insbesondere in Unternehmen, in welchen die Personalkosten höher sind als die Kosten des Kapitals, führen bereits geringe Änderungen im investierten Kapital nach traditioneller Kennzahlensystematik ohne personelle Ergänzung zu hohen Fluktuationen in der Kapitalrendite und sind dadurch wenig aussagekräftig (vgl. *Barber/Strack,* 2005, S. 83 f.). Ein weiteres Manko der kapitalorientierten Kennzahlen kommt dann zum Vorschein, wenn ein Unternehmen z.B. den Beschäftigungs-Wachstumstreiber aktiviert. Bei einem reinen Fokus auf die

Kapitalsicht bleibt dies unerkannt. Hier fehlt es an der Einbindung eines personalorientierten Blickwinkels mit entsprechenden Stellgrößen, die die tatsächlichen Veränderungen wiedergeben. Richtet sich das Augenmerk nur auf Kosten und Köpfe (Input), fehlt es an einer quantitativen Messung und Steuerung der Mitarbeiterproduktivität (Output). Ein derartiger Tunnelblick kann gerade in der Krise genau der falsche Ansatz sein.

Es zeigt sich das Dilemma, dass personal- und gleichzeitig wertorientierte Steuerungskennzahlen bisher weitgehend fehlen und damit Personal im Gegensatz zum investierten Kapital nicht adäquat gesteuert wird. Zudem mangelt es in den meisten Unternehmen an messbaren Ergebnissen und einer systematischen Steuerung der weichen Faktoren, die letztendlich die Wertschöpfung beeinflussen.

Bislang nehmen die meisten Unternehmen den Menschen als Erfolgsfaktor, Werttreiber und Steuerungsmoment nicht bewusst genug wahr, denn weder die konventionelle Kennzahlen noch die Eigenkapitalrendite ermitteln den Wert der Mitarbeiter (vgl. *Strack,* 2002, S. 72 ff.). Ein Controlling, das nur eine schlichte, kapitalorientierte Berichterstattung darstellt, ist aber gerade in wirtschaftlich turbulenten Zeiten nicht in der Lage, die notwendige Ziel- und Maßnahmenorientierung des Unternehmens sicherzustellen. Darunter leidet zum einen die Qualität strategischer Entscheidungen, zum anderen aber auch die Fähigkeit, Leistungen des Unternehmens intern und extern adäquat zu beurteilen. Steuerungsmechanismen mit einem kapitalorientierten Fokus sind zwar nach wie vor wichtig, reichen aber besonders in Krisenzeiten nicht aus. Während der kurzfristige Effekt der Renditesteigerung durch Reduktion von Personal klar nachvollziehbar ist, wird das Fehlen einer Abbildung des Zusammenhangs zwischen dem Werthebel Mensch und den damit möglichen Wertsteigerungen zum Risikofaktor eines Unternehmens. Je höher die Personalkosten im Vergleich zu den kapitalbezogenen Kosten (Abschreibungen plus Kapitalkostensatz multipliziert mit dem investierten Kapital) sind, als desto inadäquater erweisen sich die herkömmlichen Analyse- und Steuerungssysteme (vgl. *Barber/Strack,* 2005, S. 83). Denn das vorhandene Portfolio von Kompetenzen, Know-how und Talenten taucht in konventionellen Wertberechnungen nicht auf und fällt so oftmals standardisierten Rationalisierungsprozessen zum Opfer, die ein Unternehmen signifikant schwächen können.

Um in einer möglichen Rezession zu bestehen, kommt es also darauf an, neben dem Kapital den Faktor Mensch zu steuern. Diese Steuerung muss sowohl die quantitative als auch die qualitative Dimension im Auge behalten. Daher müssen qualitative Kennzahlen hinzugezogen werden, wie z.B. Führungsqualität, Erfahrung oder betriebliche Kompetenzen. Aus diesem Grund ist die Einführung eines Kennzahlensystems sinnvoll, das die notwendige Balance zwischen kapitalorientierten und HR-orientierten Steuerungsgrößen herstellt und die völlige Äquivalenz dieser beiden Seiten durch den gemeinsamen Ankerpunkt, die Spitzenkennzahl, gewährleistet.

Es geht mithin nicht um ein „Entweder-oder" zwischen Human- und Kapitalsicht, sondern um einen „Sowohl-als-auch"-Ansatz. Aktuell stellen sowohl qualifizierte Mitarbeiter als auch die Beschaffung von Kapital am Kapitalmarkt knappe Ressourcen dar, so dass insbesondere in der Krise beide Sichtweisen gleichermaßen bedeutsam sind und nur gemeinsam zur effizienten Steuerung eines Unternehmens führen.

9.2.2   Paradigmenwechsel in der Unternehmenssteuerung

Hier setzt das Workonomics®-Konzept der Boston Consulting Group an, das formal die gleichen Steuerungssysteme (Bilanzen, GuV, Investitionsrechnungen usw.) und die Managementerfahrung mit kapitalintensiven Geschäften nutzt, um Schlüsselfragen im Hinblick auf das Personal zu beantworten. Die quantitativ wie qualitativ entwickelten personalorientierten Kennzahlen bilden das „Spiegelbild" der klassischen Controlling- und Finanzkennzahlen. Die Boston Consulting Group hat mit Workonomics® ein System entwickelt, das die völlige Äquivalenz der beiden Seiten Kapital und Personal durch den gemeinsamen Ankerpunkt der Spitzenkennzahl garantiert. Workonomics® ersetzt nicht die kapitalbasierte Steuerung, sondern ergänzt sie um die Steuerung der personellen Ressourcen – des Humankapitals.

Quantitative Herleitung

Ziel von Workonomics® ist es, einen vergleichbaren Grad von Transparenz und Struktur ebenso beim Faktor Mensch zu schaffen wie beim Faktor Kapital – so können beide Systeme verbunden werden. Der EVA® oder CVA – aber auch jede andere Ergebniskennzahl – kann anstatt durch Kapitalgrößen einzig durch personalbezogene Größen ausgedrückt werden. Im Folgenden wird diese Ableitung für den EVA® durchgeführt; sie ist jedoch genauso für alle anderen Übergewinnverfahren, wie z.B. den CVA, anwendbar (vgl. Abb. 9.1; vgl. auch *Strack/Villis,* 2001, S. 69).

Der EVA® ist definiert als Return on Investment (ROI) abzüglich der Kapitalkosten (KK) multipliziert mit dem investierten Kapitel (IK) (Schritt 1); wird die Klammer einfach aufgelöst, erhält man: Ergebnis minus investiertes Kapital multipliziert mit den Kapitalkosten (Schritt 2). Löst man in Schritt 3 das Ergebnis auf und schreibt es als Umsatz abzüglich Personalkosten (PC), Materialkosten (MC) und Abschreibung (AfA) (vgl. Abb. 9.1), kann man diese Gleichung im vierten Schritt mit der Anzahl der Mitarbeiter (P) multiplizieren und durch die Anzahl der Mitarbeiter (P) dividieren – die Gleichung bleibt also durch diese Erweiterung mit 1 unverändert. Als Ergebnis erhält man einen Term, der die finanzwirtschaftliche Spitzenkennzahl aus Personalsicht beschreibt. Der erste Teil ist eine „überlegene" Produktivitätskennzahl, welche die durchschnittliche Wertschöpfung pro Mitarbeiter (VAP) darstellt, der zweite Teil beschreibt die durchschnittlichen Kosten (ACP) und der dritte die Anzahl der Mitarbeiter (P) (Schritt 5 und 6).

① $EVA^{®}$ = $\left[ROI - KK \right]$ IK   Mit ROI = Return on Investment = Ergebnis / IK,
KK = Kapitalkosten, IK = Investiertes Kapital

② = Ergebnis – KK*IK

③ = U – PC – MC – AfA – KK*IK   Mit U = Umsatz, PC = Personalkosten

④ = $\left[\dfrac{U - MC - AfA - KK*IK}{P} - \dfrac{PC}{P} \right]$ P   MC = Materialkosten + sonstige Aufwendungen[2] Mit
P = # Mitarbeiter

$\underbrace{\dfrac{VA}{P} = VAP}$ $\underbrace{ACP}$ Mit VA = Value Added (Wertschöpfung)[1]
VAP = Value Added per Person
ACP = Average Cost per Person

⑤ = $\left[\dfrac{VA}{P} - ACP \right]$ P

⑥ = $\left[VAP - ACP \right]$ P

(1) Wertschöpfung wird i. A. definiert als Umsatz - Materialkosten. Hier ist diese Definition um den Investitionsterm "AfA - KK * IK" ergänzt worden.
(2) Hier könnten auch weitere Terme wie Steuern etc. aufgenommen werden

Abb. 9.1: Neuinterpretation der unternehmensspezifischen Steuerungsgröße durch Transformation Beispiel EVA®

Korrespondenz zwischen Kapital- und Personalsicht

Der EVA®, CVA oder jede andere Ergebniskennzahl kann somit anstatt durch Kapitalgrößen allein durch die drei Human-Resources-relevanten Größen ausgedrückt werden:

- Value Added per Person (VAP), also die durchschnittliche Wertschöpfung der Mitarbeiter, erweitert durch Abschreibungen und Kapitalkosten auf das investierte Kapital (vgl. *Strack/Villis,* 2001, S. 70 ff.). Der VAP kann als Produktivität der Mitarbeiter interpretiert werden;
- Average Cost per Person (ACP), also die durchschnittlichen Personalkosten der Mitarbeiter;
- Anzahl der Mitarbeiter (P), also die Gesamtzahl der Mitarbeiter.

An dem durchgeführten Rechenbeispiel wird die vollkommene Äquivalenz der drei Komponenten Personal, Personalkosten und Produktivität des Mitarbeiters mit dem ROI, den Kapitalkosten und dem investierten Kapital deutlich. Die Rendite des eingesetzten Kapitals (ROI) entspricht der Wertschöpfung pro Mitarbeiter (VAP). Die Kapitalkosten (KK) korrespondieren mit den durchschnittlichen Personalkosten (ACP), das heißt, die Kosten des Kapitals entsprechen den Personal-Kosten (vgl. Abb. 9.2). Letztlich entspricht das investierte Kapital der Anzahl der Mitarbeiter (P), das heißt, der Ressourceneinsatz von Kapital geht einher mit dem Ressourceneinsatz von Personal (vgl. *Barber/Kotzen/Olsen/Strack,* 2002, S. 55). Der Kapital-Investitionsplan findet sein Analogon, nämlich den Mitarbeiter-Entwicklungsplan, auf der HR-Seite, und die Kapitalallokation entspricht der Mitarbeiterallokation (vgl. *Strack,* 2002, S. 73 ff.). Neben den kapitalorientierten Kennzahlen docken sich nun die personalorientierten Kennzahlen an die jeweilige unternehmensspezifische Spitzenkennzahl an.

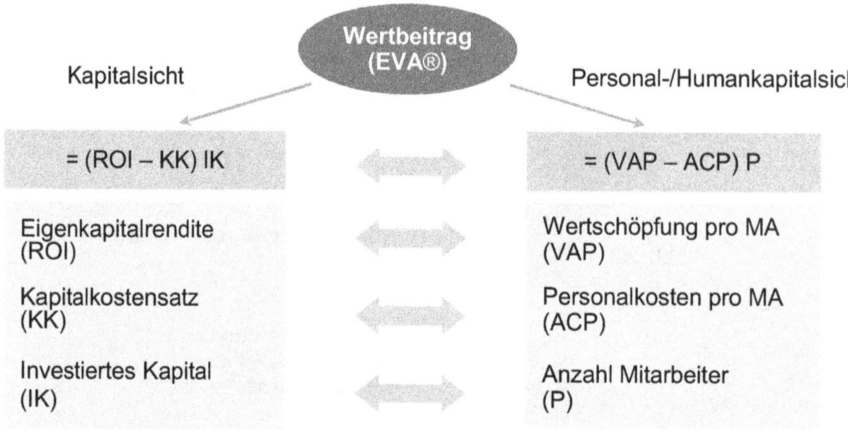

Wertbeitrag (EVA®)

Kapitalsicht   Personal-/Humankapitalsicht

= (ROI – KK) IK   = (VAP – ACP) P

Eigenkapitalrendite (ROI)   Wertschöpfung pro MA (VAP)

Kapitalkostensatz (KK)   Personalkosten pro MA (ACP)

Investiertes Kapital (IK)   Anzahl Mitarbeiter (P)

Abb. 9.2: Notwendige Balance zwischen Kapital- und Personalsicht im HR-Bereich

Gemäß dem Workonomics®-Konzept gibt es also zwei Effizienzmaßstäbe, nämlich die Kapitalrendite als Maßstab für das eingesetzte Kapital und den VAP als Effizienzmaß für die eingesetzten Mitarbeiter. Der VAP gibt dem Management Auskunft über die Produktivität seiner Mitarbeiter und darüber, welchen Beitrag jeder Einzelne zum Übergewinn des Unternehmens leistet (*Strack, 2002, S.* 79 ff.). Gerade in Krisenzeiten ist es wichtig, diese Produktivitätskennzahl zu überwachen und ggf. Gegenmaßnahmen zu ergreifen. Die ergänzende Wachstumsgröße neben dem investierten Kapital ist die Anzahl der Mitarbeiter. Damit werden zum ersten Mal Mitarbeiter und Kapital als gleichberechtigte Ressourcen eines Unternehmens in den Wertbeitrag integriert. Der Faktor Mensch wird also nicht mehr lediglich als Kostenposition wahrgenommen, dessen Reduktion automatisch zur Steigerung der Kapitalrendite führt.

Workonomics® führt personalorientierte Kennzahlen in Analogie zu bekannten Finanz- und Controllingkennzahlen ein. Im Endergebnis herrscht demnach unabhängig von der herangezogenen Spitzenkennzahl völlige Gleichwertigkeit von Kapital- und Personalsicht (vgl. *Strack/Villis,* 2003; S. 388–390). Daraus folgt, dass Personalkostencontrolling (ACP), Produktivitätscontrolling (VAP) und Personalbestandscontrolling (P) signifikante Hebel darstellen, von denen gerade in der Krise aktiv Gebrauch gemacht werden sollte (vgl. dazu Abschnitt 9.2.3; s. auch *Barber/Strack,* 2005, S. 85 ff.).

Einbeziehung qualitativer Zielgrößen

Eine rein quantitative Steuerung ist nicht ausreichend. Personalwirtschaftliche Maßnahmen führen nicht grundsätzlich zu einer direkten Verbesserung der quantitativen Zielgrößen, sondern beeinflussen diese häufig indirekt über das individuelle Mitarbeiterverhalten (*Strack,* 2002, S. 79). Um diesen komplexen Wirkungszusammenhang zu berücksichtigen, ist die quantitative Ergebnisebene um qualitative Zielgrößen und die Prozesssteuerungsperspektive zu erweitern (vgl. Abb. 9.3; s. *Strack/Franke/Dertnig,* 2000, S. 286 f.).

Es bedarf also einer Definition qualitativer Ziele, die einen signifikanten Einfluss auf die quantitativen Ergebnisgrößen haben. Hier sind insbesondere zu nennen (vgl. Abb. 9.3):

- Kompetenzen / Qualifikationen der Mitarbeiter,
- Führungsqualität und
- Motivation.

Die durchgängige Entwicklung von Kompetenzen / Qualifikationen und Führungsfähigkeiten sowie die Förderung der Motivation von Mitarbeitern müssen systematisch über Kenngrößen evaluiert und gemessen werden, um den bestmöglichen Einsatz der Ressourcen zu gewährleisten (vgl. *Strack/Villis/Klose,* 2003, S. 26 f.). Erst die umfassende Betrachtung von quantitativen *und* qualitativen Cockpit-Kenngrößen ist imstande, den Wertbeitrag der Mitarbeiter in den Fokus zu stellen und eine tiefe Verwurzelung neuer Steuerungsmechanismen in der Organisation durchzusetzen. Gerade in Krisenzeiten ist es für ein Unternehmen existenziell entscheidend, dass die Produktivität der Mitarbeiter hoch bleibt. Hierzu gilt es sicherzustellen, dass die Mitarbeiter über die erforderlichen Kompetenzen verfügen, motiviert sind, diese auch anzuwenden, und das Management in der Lage ist, diese Kompetenzen zielgerichtet zum Einsatz zu bringen. Darüber hinaus ist es wichtig, auch die unterliegenden HR-Prozesse zu steuern. Auch für die qualitativen und prozessorientierten Kennzahlen gibt es pragmatische Ansätze zu ihrer Operationalisierung, beispielsweise kurze Befragungen über Websurveys.

9.2.3   Workonomics® als Steuerungsinstrument

Durch die neuen quantitativen und qualitativen Zielgrößen entsteht ein Steuerungskonzept entlang den drei quantitativen Workonomics®-Spitzenkennzahlen VAP, ACP und P.

Wertschöpfungscontrolling (VAP)
Die durchschnittliche Wertschöpfung je Mitarbeiter muss systematisch gesteuert werden. Hierzu werden analog zum Vorgehen im Finanzbereich die unterschiedlichen Treiber je Geschäftsfeld identifiziert und der VAP in Form einer Werthebellogik heruntergebrochen. Auch sollte der VAP um jene Größen bereinigt werden, die nicht primär durch Mitarbeiter beeinflusst werden können, wie z.B. das außerordentliche Ergebnis. Um den größtmöglichen VAP zu erreichen, müssen die richtigen Mitarbeiter an der richtigen Stelle zu finden sein. Auch die Motivation und Führungsstärke spielen für den VAP eine nicht unerhebliche Rolle (vgl. 9.2.2).

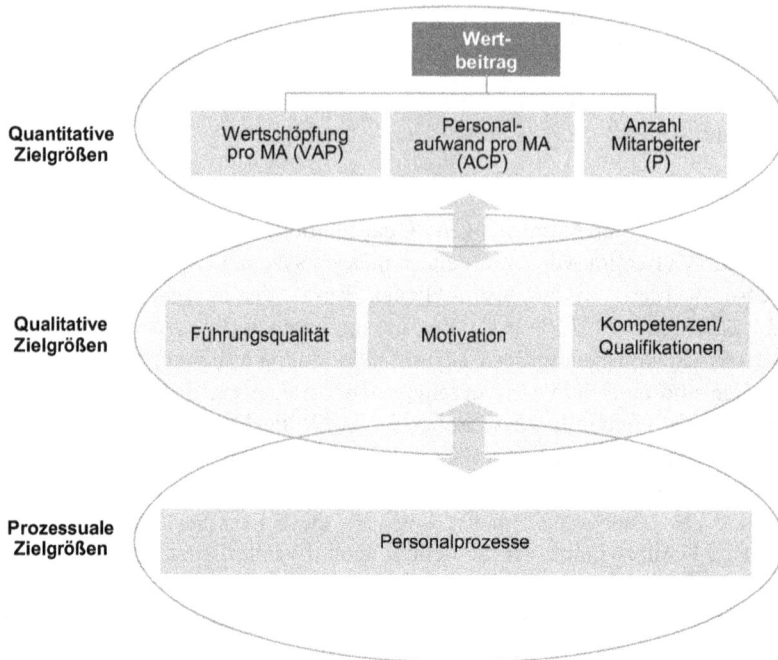

Abb. 9.3: Drei integrale Elemente eines strategischen HR-Controllings

Personalkostencontrolling (ACP)

Die durchschnittlichen Personalkosten (ACP) können in ihre Vergütungsbestandteile zerlegt und in ein strukturiertes Personalkostencontrolling integriert werden. Insbesondere in Krisenzeiten ist die Optimierung der Personalkostenkomponenten notwendig, um die Kostenposition des eigenen Unternehmens kurzfristig zu verbessern. Maßnahmen im Bereich Personalkostensenkung umfassen z.B. die Vermeidung von Mehrarbeit und die Reduktion von Zulagen und Nebenleistungen. Zusätzlich können neue, stärker variable Vergütungsmodelle eingeführt werden.

Kapazitätscontrolling (P)

Im Zuge der quantitativen Personalsteuerung müssen neben der Wertschöpfung und den Personalkosten auch die Kapazitäten sorgfältig gesteuert werden. Ein Kapazitätscontrolling muss gleichzeitig sowohl die Personalbestände als auch die Personalbedarfe steuern. Selbst in Zeiten der Krise kann die Einstellung von Mitarbeitern sinnvoll sein, wenn deren prospektive Wertschaffung (VAP) höher ist als die jeweiligen Mitarbeiterkosten (ACP). Hier kommt der explizite Hebel des profitablen Beschäftigungswachstums zur Geltung. Indizes, wie Eintritts- oder Pipeline-Reports, die sowohl die Quantität der rekrutierten Personen als auch die erfolgreichen Rekrutierungswege aufzeigen, erfassen ebenso maßgebliche Werttreiber wie der in vielen Unternehmen selbstverständliche Fluktuationsindex. Ein aktives Personalbestandscontrolling setzt also eine strategische Planung voraus: das Strategic Workforce Planning. Dieses soll im nächsten Schritt im Detail vorgestellt werden.

9.3   Strategic Workforce Planning

Die strategische Planung von quantitativen und qualitativen Mitarbeiterbeständen und -bedarfen stellt als elementarer Bestandteil des Talent- und Demografiemanagements für alle Unternehmer eine große Herausforderung dar. Diese Einschätzung wird belegt durch die auf einer weltweiten Befragung von 4.741 Führungskräften aus dem HR- und Nicht-HR-Bereich in 83 Ländern basierende, 2008 veröffentlichte HR-Studie der Boston Consulting Group mit dem Titel *Creating People Advantage. How to Address HR Challenges Worldwide Through 2015,* welche gemeinsam von BCG und der World Federation of Personnel Management Associations (WFPMA) durchgeführt wurde.

Eine unternehmensspezifische personalbezogene Bedarfs- und Bestandsanalyse ist gerade, aber nicht nur in Krisenzeiten die Voraussetzung für die Definition und Umsetzung nachhaltig sinnvoller Maßnahmen, denn jede Maßnahme erfordert ein tiefes und standortübergreifendes Verständnis der Mitarbeiterstruktur auf qualitativer wie quantitativer Ebene. Ein Überblick über Personalbestand (inklusive Qualifikationen) und zukünftigen Personalbedarf erweist sich dann schnell als signifikanter Wettbewerbsvorteil, da man so eine sichere Grundlage für kurz- und langfristige Entscheidungen schafft. Eine vorausschauende quantitative und qualitative Analyse des Personalbestands und des zukünftigen -bedarfs beugt pauschalen undifferenzierten Entlassungswellen nach der „Rasenmähermethode" vor. Denn unversehens zieht ein temporärer Aktionismus in wachstumsschwachen Zeiten fatale Personalunterdeckungen in sich anschließenden Wachstumsphasen nach sich. Talente, die einmal dem kurzfristigen Abbau von Personal zum Opfer gefallen sind, werden vom Markt nicht mehr in Massen in die Unternehmen gespült. Durch den faktischen demografischen Wandel ist längst der Kampf um die besten Talente ausgebrochen, der es Unternehmen erschwert, notwendige Fach- und Führungskräfte bei Bedarf jederzeit einzustellen – selbst in Krisenzeiten kann das ein signifikantes Problem bleiben. Daher müssen nicht nur kurzfristige, sondern auch mittel- bis langfristige Fragen der strategischen Personalplanung berücksichtigt werden. Aus diesem Grund hat die Boston Consulting Group das Konzept „Strategic Workforce Planning" entwickelt.

Das Strategic Workforce Planning erfolgt in vier Schritten:

1. Einführung einer systematischen Jobfamilienstruktur
2. Aufbau einer Bestands- und Bedarfslogik
3. Analyse von Kapazitätsrisiken
4. Ableitung erforderlicher Maßnahmen

9.3.1   Einführung einer Jobfamilienstruktur

So wie eine Vertriebsstrategie eine Segmentierung der Kunden erfordert, so setzt ein effektives Workforce Planning im HR-Bereich eine differenzierende Betrachtung der Mitarbeiter- und Talentstruktur voraus. Es reicht nicht aus, mögliche Risiken lediglich nach Standorten oder Organisationseinheiten zu unterscheiden. Erforderlich ist vielmehr eine qualifikationsbezogene Differenzierung, da die sich daraus ergebenden Implikationen je Qualifikationsgruppe durchaus unterschiedlich sein können.

Zur Ausgestaltung einer strategischen Personalplanung ist es notwendig, alle Mitarbeiter qualitativ klassifizieren zu können. Im Rahmen eines pragmatischen, workshopbasierten Ansatzes werden Mitarbeiter in eine mehrstufige „Jobfamilienstruktur" überführt (*Strack/Baier/Fahlander*, 2008, S. 119–128). Mitarbeiter, die Tätigkeiten verrichten, welche ähnliche Kernqualifikationen und Erfahrungen bedingen, werden auf Basis ihrer grundsätzlichen Austauschbarkeit zu Jobfunktionen, Jobfamilien und Jobfamiliengruppen zusammengefasst. Innerhalb einer eng definierten Jobfunktion sind Mitarbeiter im Durchschnitt binnen drei Monaten gegeneinander austauschbar. Arbeitnehmer aus unterschiedlichen Jobfunktionen, die aber zur selben Jobfamilie gehören, sind innerhalb von 18 Monaten und Mitarbeiter, die zu unterschiedlichen Jobfamilien, aber zur selben Jobfamiliengruppe gehören, innerhalb von 36 Monaten austauschbar (vgl. Abb. 9.4).

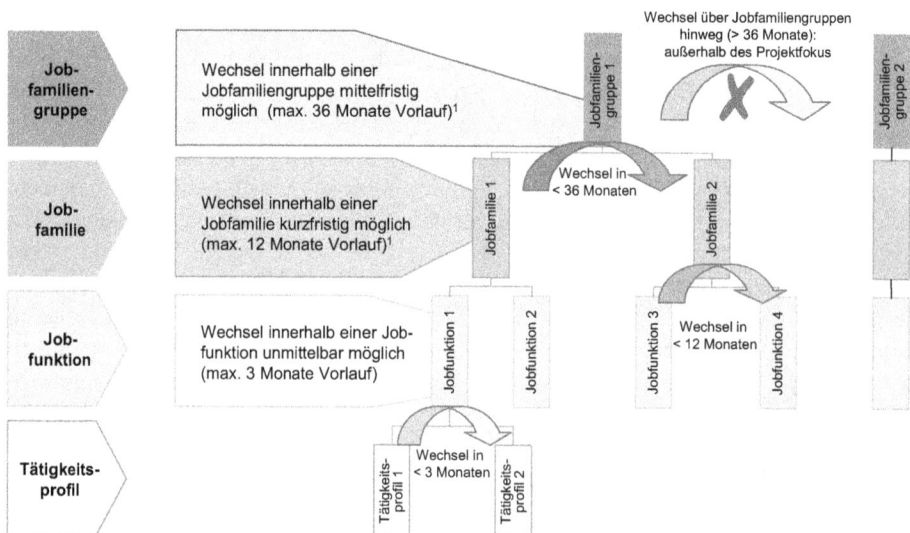

1. Wechsel in beide Richtungen möglich

Abb. 9.4: Logik der Jobclusterung

Die durch diese Segmentierung entstandene Struktur ist für Wachstums- wie auch für Restrukturierungsszenarien bedeutsam, um einen strukturierten und standortübergreifenden Überblick über die Zusammensetzung der Belegschaft zu erhalten.

9.3.2   Aufbau einer Bestands- und Bedarfslogik

Auf der nächsten Stufe des Strategic Workforce Planning werden zwei flexible, IT-gestützte Simulationsmodelle innerhalb kurzer Zeit aufgebaut, die eine Analyse des kurz-, mittel- und langfristigen Personalbestands und -bedarfs ermöglichen (vgl. Abb. 9.5). Analog zum Finanzbereich ist es auch für den HR-Bereich legitim und eklatant wichtig, nicht nur kurz-, sondern auch langfristige, das heißt nachhaltige Zeiträume zu betrachten und mit unterschiedlichen Szenarien einen strategischen Planungszeitraum abzubilden. Auch betriebs- und industriespezifische demografische Risiken müssen in die Simulation integriert werden (*Strack/Baier/Fahlander*, 2008, S. 122 ff.).

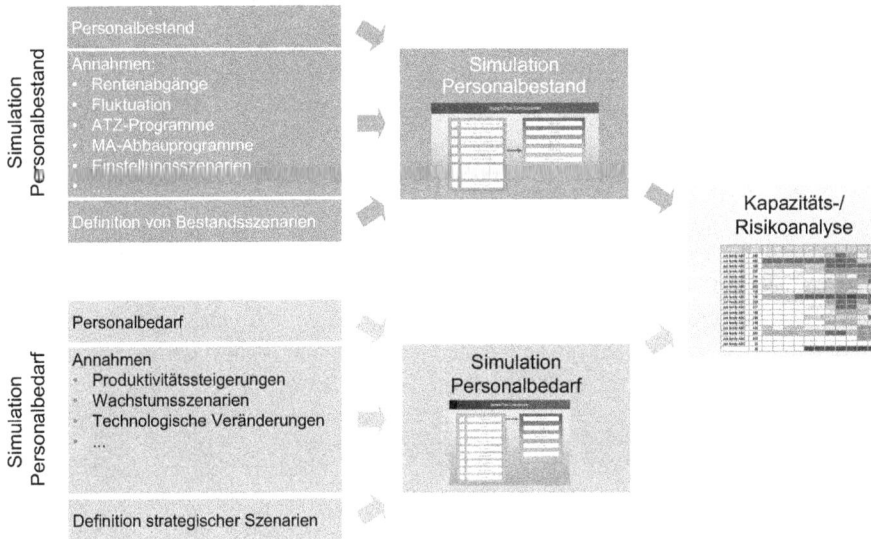

Abb. 9.5: Quantifizierung Kapazitätsprobleme durch Simulation von zukünftigem Personalbestand und -bedarf – Modellogik

Im Rahmen der Bestandssimulation wird die zukünftige Entwicklung des aktuellen Personalbestands bis auf die Ebene der Jobfunktionen heruntergebrochen und analysiert, wobei Simulationsparameter, wie z.B. Fluktuationsquoten oder Rentenabgänge, berücksichtigt werden (konkretes Kundenbeispiel in *Arens/Schmitz/Baier/Strack*, 2007, S. 72 f.).

Die Bedarfssimulation muss unternehmensspezifisch und zum Teil geschäftsbereichsspezifisch ausgebildet werden. Es ist essenziell zu eruieren, welchen Bedarf an Mitarbeitern und Talenten ein Unternehmen in der Zukunft hat, um sowohl Über- als auch Unterdeckungen zu vermeiden. Hierzu sind die wesentlichen Faktoren, die den zukünftigen quantitativen und qualitativen Personalbedarf bestimmen, systematisch aus der aktuellen Unternehmensstrategie abzuleiten und auch im Rahmen von Krisen- und Wachstumsszenarien durchzusimulieren. Zu diesen Faktoren zählen z.B. der An- und Auslauf von Modellen oder die Veränderung von Produktionsmengen und Fertigungszeiten. Jede Veränderung der Parameter wirkt sich auf den zukünftigen Personalbedarf aus und wird flexibel in der Bedarfssimulation abgebildet.

In einer derartigen Simulation wird untersucht, inwieweit sich die wirtschaftliche Krise z.B. auf den Produktmix, die Produktionsmenge oder die Fertigungszeiten auswirkt. Aufgrund der ermittelten Bedarfstreiber lassen sich dann direkte und indirekte Wirkungsbeziehungen quantitativ simulieren und Zusammenhänge zwischen den Parametern und dem Personalbedarf in unterschiedlichen ökonomischen Szenarien ableiten.

Durch die Variationsmöglichkeit der Simulationsparameter und denkbarer wirtschaftlicher Szenarien des Unternehmens können so die Auswirkungen auf den Personalbedarf und -bestand systematisch evaluiert werden. Entscheidend dabei ist, diese Prognosen bis auf Jobfamilienebene nicht einmalig (statisch) – vom heutigen Zeitpunkt aus – zu formulieren, sondern eine fortlaufende Anpassung zu ermöglichen. Die Modelle fußen daher nicht auf in Stein gemeißelten Daten, sondern sind als lebendiges Instrument nachhaltig in den Planungsprozessen des jeweiligen Unternehmens zu verankern.

9.3.3   Analyse von Kapazitätsrisiken

Wird so der zukünftige Personalbestand und -bedarf bis auf die Ebene der Jobfamilien simuliert, lässt sich eine Gap-Analyse durchführen, die vollständige Transparenz über die nunmehr quantifizierbaren Kapazitätsrisiken schafft (vgl. Abb. 9.6). Ein derartiges Steuerungscockpit macht den Blick frei sowohl für den Personalbestand und -bedarf der nächsten Quartale als auch für langfristige Unterhänge in den kommenden Jahren.

Aus der dargestellten Analyse ergeben sich Überhänge in einigen, Unterdeckungen in anderen Jobfamilien – ein Zeichen dafür, dass ein Vorgehen nach dem Gießkannenprinzip im Sinne unternehmensweit einheitlicher Maßnahmen die Probleme weiter verstärkt hätte, anstatt sie zu beheben. Aus Kapazitätssicht liegt ein hohes Risiko genau dann vor, wenn bereits kurz- bis mittelfristig entweder eine kritische Lücke zwischen Personalbedarf und verfügbaren Kapazitäten klafft oder ein erhebliches Überangebot an Mitarbeitern bestimmter Jobfamilien vorliegt (*Strack/Baier/Fahlander*, 2008, S. 119 ff.).

Jobfamilien	Q1/09	Q2/09	Q3/09	Q4/09	2010	2011	2012	2013
Technischer Facharbeiter	18 %	16 %	-12 %	-22 %	-27 %	-29 %	-29 %	-53 %
Logistikplaner	9 %	13 %	12 %	-14 %	-16 %	-22 %	-24 %	-31 %
Arbeiter Maschinenbau	17 %	16 %	19 %	15 %	-25 %	-33 %	-42 %	-42 %
Kaufmännischer Angestellter	15 %	15 %	12 %	-25 %	-23 %	-20 %	-16 %	-15 %
Nacharbeiter	0 %	9 %	8 %	0 %	-9 %	-11 %	-13 %	-15 %
Maschinist Metallbearbeitung	9 %	5 %	0 %	2 %	5 %	9 %	13 %	15 %
Qualitätssicherer	-19 %	-18 %	-19 %	-18 %	-20 %	-21 %	-25 %	-31 %
Technischer Arbeiter	16 %	17 %	18 %	9 %	6 %	3 %	1 %	-4 %
IT-Experte	-23 %	-23 %	-23 %	-23 %	-32 %	-31 %	-31 %	-31 %
Maschinist	-9 %	-14 %	-18 %	-15 %	-12 %	-10 %	-8 %	-6 %
Maschinenführer	-9 %	-9 %	-9 %	-30 %	-44 %	-49 %	-49 %	-62 %
Entwicklungsingenieur	-6 %	-19 %	-24 %	-45 %	-46 %	-52 %	-64 %	-64 %
Entwicklungstechniker	8 %	16 %	16 %	8 %	9 %	15 %	21 %	24 %
...	...	...	...	...	...	...	...	...
FTEs insgesamt	3,1 %	3,4 %	2,5 %	2,5 %				

Illustrativ

Überangebot   Mangel

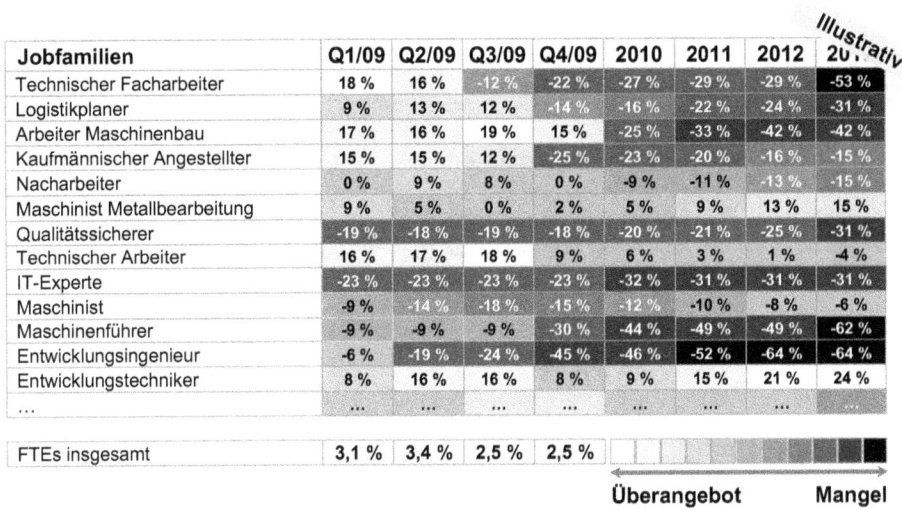

Abb. 9.6: Simulation des Kapazitätsrisikos auf Jobfamilienebene

9.3.4   Ableitung erforderlicher Maßnahmen

Die skizzierten Simulationsergebnisse für verschiedene unternehmensspezifische Szenarien (Umsatzeinbußen, Produktivitätssteigerungen etc.) sind die Grundlage für eine Risikobewertung, die auch externe Faktoren einbezieht und nach einer entsprechenden Auswertung die Entwicklung gezielter und spezifischer Maßnahmen erlaubt (vgl. Beispiel in Abb. 9.7).

Dabei ist nicht nur zu prüfen, wie sich die identifizierten Kapazitätsprobleme durch externe Personalbeschaffung oder Personalabbau bewältigen lassen, sondern es sind auch interne Optimierungshebel zu erwägen. Aufgrund der auf Austauschbeziehungen basierenden Jobfamilienstruktur können zwei wesentliche interne Optimierungshebel unmittelbar aus den Analysen abgeleitet werden: zum einen räumliche Mitarbeitertransfers zwischen Standorten, an denen Jobfamilien im Überhang sind, und Standorten, an denen sie sich in Unterdeckung befinden und zum anderen (Um-)Qualifizierungspotenziale zwischen Jobfunktionen und Jobfamilien, die zur selben Jobfamiliengruppe gehören. Häufig kann bereits durch diese Maßnahmen ein erheblicher Teil der Kapazitätsrisiken eliminiert werden.

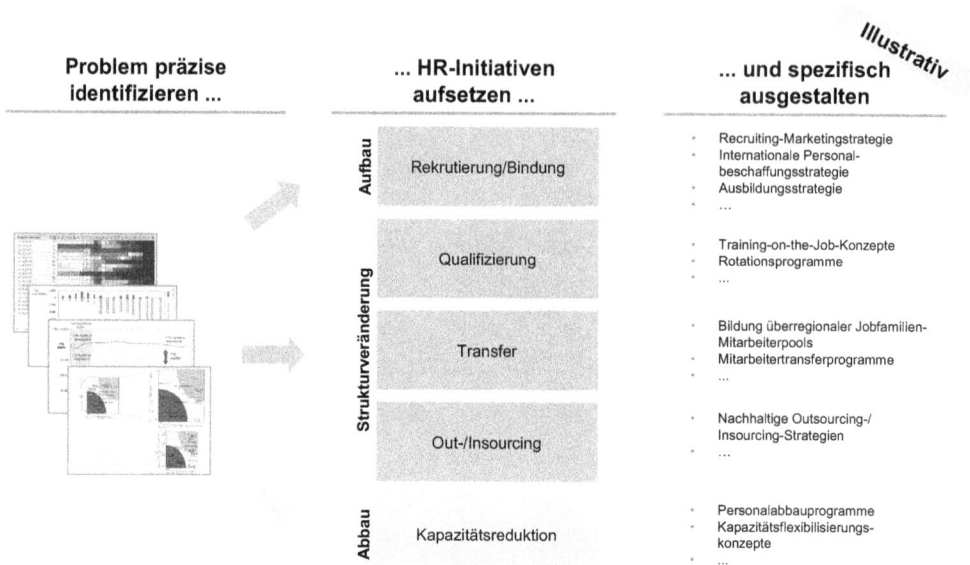

Abb. 9.7: Unternehmensspezifische Maßnahmen werden aufgesetzt

9.4 Transparenz und Steuerung durch ein HR-Cockpit

Unabdingbar ist immer die Kontrolle der Prozesse zur Sicherstellung der Umsetzbarkeit von Maßnahmen, denn nur so kann die Erreichung der strategischen Ziele durch effiziente und effektive Prozesse unterstützt werden. Gerade wenn ein Schiff sich auf hoher See befindet, müssen beim Kapitän alle Informationen zusammenlaufen, um eine sichere und zielorientierte Steuerung zu gewährleisten (vgl. Kundenbeispiel der Commerzbank in *Sieber/Schaumburg/ Ibel/Möllenkamp/Strack*, 3/2008 und 4/2008). Ziel jeder Unternehmensführung muss es daher sein, ein unternehmensspezifisches HR-Cockpit zu entwickeln, das alle wichtigen Kennzahlen und Werttreiber umfasst und als Controllingtool genutzt wird. In einem derartig umfassenden Cockpit werden alle drei Komponenten des Workonomics®-Systems – also Produktivitäts- (VAP), Kosten- (ACP), Personalbestandscontrolling (P) – sowie qualitative Kennzahlen, wie Motivation und Führungskompetenz, aus HR-Sicht zusammengeführt. In diesem Rahmen wird regelmäßig sowohl über den Umsetzungsgrad als auch über bereits konkret erreichte Erfolge berichtet. Für Fokusfelder sind detaillierte Maßnahmen mit Meilensteinen, Budgetschätzungen und Messgrößen festzulegen. Durch die regelmäßige Erhebung von Soll-Ist-Abweichungen wird Transparenz über die Wirkung von Maßnahmen und die Zielerreichung geschaffen (vgl. *Strack/Villis/Klose*, 2003, S. 27). Damit werden sowohl die Prozesse zur Ableitung von Handlungsfeldern und Initiativen als auch die Erfolgskontrolle institutionalisiert. Dieses pragmatische Cockpit bereitet alle personalbasierten Kennzahlen steuerungsorientiert auf und kann so den Führungskräften des Unternehmens zur Verfügung gestellt werden.

Mit dieser Institutionalisierung werden zwei Zwecke verfolgt: die Überprüfung der Zielerreichung und die Sicherstellung der Relevanz der Maßnahmen, um diese erforderlichenfalls anpassen zu können. Auf der einen Seite werden alle Initiativen einer regelmäßigen Erfolgskontrolle unterzogen – nur so kann gewährleistet werden, dass die Ziele schnell erreicht und in der ganzen Organisation umgesetzt werden. Auf der anderen Seite werden aber auch die Handlungsfelder und Initiativen regelmäßig auf ihren Wertbeitrag überprüft. Was konnte bereits erreicht oder sogar abgearbeitet werden, was sollen die nächsten Schritte bzw. neue Initiativen sein? Durch integrierte Benchmarkingoptionen können sehr schnell Quervergleiche vorgenommen und Potenziale identifiziert werden.

9.5 Strategische Personalsteuerung für neue Zukunftsperspektiven

Ziel unserer Ausführungen war es, das Workonomics®-Konzept vorzustellen und die daraus resultierende Äquivalenz von Kapital- und Humanseite in Unternehmen aufzuzeigen. Für die strategische Steuerung eines Unternehmens macht es einen signifikanten Unterschied, ob sich das Topmanagement lediglich an kapitalbasierten Kennzahlen orientiert oder diese um personalorientierte Kennzahlen ergänzt. Gerade in Krisenzeiten muss sichergestellt werden, dass produktives Mitarbeiterwachstum in ausgewählten Bereichen weiterhin möglich ist. Die zweite, personalorientierte Sicht lässt sich an jedwede finanzwirtschaftliche Spitzenkennzahl koppeln und ermöglicht es so dem modernen Unternehmen, einen wichtigen Erfolgsfaktor für die Unternehmensleistung quantitativ abzubilden: den Mitarbeiter, den es zu pflegen, zu entwickeln und zu steuern gilt – auch in der Krise.

Workonomics®-Kenngrößen verändern den Fokus der strategischen Aktivitäten und eröffnen neue Wachstumspotenziale, die in turbulenten Zeiten genutzt werden müssen. Die kapitalorientierte und die personalorientierte Kennzahlensystematik sollten in jedem Unternehmen gleichzeitig angewandt werden, um sich jegliche Wertsteigerungsoptionen zu erhalten. Dabei gehen Aktivitäten der Personal- und Finanzressorts Hand in Hand, denn beide Bereiche sind gleichermaßen für die Wertschaffung eines Unternehmens verantwortlich. Mit Workonomics® werden die Hebel des Personalmanagements in Shareholder-Value-Konzepte integriert, indem die kapitalorientierte Steuerung um mitarbeiterorientierte Kennzahlen ergänzt wird. Auf diese Weise erlaubt Workonomics® eine quantitative und analytische Steuerung des Humankapitals, was zudem die Rolle der Personalabteilung als strategischer Partner erheblich aufwertet (vgl. *Sieber/Schaumburg/Ibel/Möllenkamp/Strack*, 2008, S. 55).

Des Weiteren haben wir im Rahmen des Workonomics®-Konzepts „Strategic Workforce Planning"-Methodik als Vertiefung des Kapazitätscontrollings vorgestellt. Strategic Workforce Planning ermöglicht es einem Unternehmen, einen vorausschauenden Überblick über Mitarbeiteranzahl (P), Qualifikationen und zukünftigen Bedarf an Personal in unterschiedlichen Strategieszenarien zu schaffen. Ein derartiges strategisches Fundament ist für die aktive Gestaltung der wirtschaftlichen Prozesse im Personalmanagement notwendig, um intelligente Zukunftsperspektiven zu eröffnen und die akuten personalwirtschaftlichen Risiken zu kalkulieren.

Mit diesen beiden Werkzeugen sind eine Steuerung des Personals sowie kurzfristige Optimierungen möglich, ohne dabei die langfristige Perspektive aus den Augen zu verlieren. Ein Unternehmen, in dem das aktive Zusammenspiel von Kapital- und Personalsicht gelebte Realität ist und das sich der Wichtigkeit des HR-Bereichs als strategischer Partner der Unternehmensführung bewusst wird, braucht die personalwirtschaftlichen Unwägbarkeiten dieser Zeit nicht zu fürchten. Es gewinnt vielmehr Zeit, um gezielt gegenzusteuern und strategisch zu agieren. Unternehmen, die rechtzeitig so handeln, schaffen sich einen nachhaltigen Wettbewerbsvorteil, der entscheidend dazu beiträgt, die Zukunft des Unternehmens zu sichern und seine Marktstellung auszubauen.

Literatur

Arens, A.; Schmitz, M.; Baier, J.; Strack, R.: Demographic Risk Management, in: Personalmagazin, H. 6/2007, S. 72–74.

Barber, F.; Strack, R.: The Surprising Economics of a "People Business", in: Harvard Business Review, 83. Jg. (2005), H. 6, S. 80–90.

Barber, F.; Strack, R.; Mei-Pochtler, A.: Shareholder-Value und Human Resources, in: Mitbestimmung und Unternehmen, H. 5/2000, S. 7.

Barber, F., Kotzen; J., Olsen, E.; Strack, R.: Quantifying Employee Contribution, in: Shareholder Value Magazine, May 2002, S. 52–58.

Sieber, U., Schaumburg, V.; Ibel, K., Möllenkamp, H.; Strack, R.: Personalsteuerung im HR-Cockpit I, in: Personalmagazin, H. 3/2008, S. 55–58.

Sieber, U.; Schaumburg, V.; Ibel, K., Möllenkamp, H.; Strack, R.: Personalsteuerung im HR-Cockpit II, in: Personalmagazin, H. 4/2008, S. 46–48.

Siegert, T.: Humankapital: Erfolgsmessung und Partizipation, in: Bühler, W.; Siegert, T. (Hrsg.): Unternehmenssteuerung und Anreizsysteme, Stuttgart 1999, S. 17–46.

Stewart, G. B. III: The Quest for Value – A Guide for Senior Managers, New York 1991.

Strack, R.: Controlling the Assets of the New Economy ... and not only the New Economy, in: Fandel, G.; Backes-Gellner, U.; Schlüter, M.; Staufenbiel, J. E. (Hrsg.): Modern Concepts of the Theory of the Firm. Managing Enterprises of the New Economy, Berlin 2003, S. 604–614.

Strack, R. (2002): RAVE™: Die nächste Generation im Shareholder Value Management, in: Controller News – Die Zeitschrift für Controlling und Unternehmensführung, H. 1/2002, S. 23–24.

Strack, R.: Workonomics™: Wertorientierte Steuerung des Humankapitals, in: Klinkhammer, H. (Hrsg.): Personalstrategie. Personalmanagement als Business-Partner, Neuwied 2002, S. 71–90.

Strack, R.; Baier, J.: Talent- und Risikomanagement in unruhigen Zeiten, in: Jäger, W.; Jäger, M.; Lukasczyk, A. (Hrsg.): Talentmanagement – Mitarbeiter erfolgreich finden und binden, Köln 2009, im Erscheinen.

Strack, R.; Baier, J.; Fahlander, A.: Managing Demographic Risk, in: Harvard Business Review, 86. Jg. (2008), H. 2, S. 119–128.

Strack, R.; Baier, J.; Fahlander, A.: Talente fördern – Wissen bewahren, in: Harvard Business Manager, März 2008, S. 24–34.

Strack, R.; Franke, J.; Dertnig, S.: Workonomics™ – Der Faktor Mensch im Wertmanagement, in: Zeitschrift für Führung und Organisation, 69. Jg. (2000), H. 5, S. 283–288.

Strack, R.; Hansen, J.; Dörr, T.: Wertmanagement: Implementierung auf operativer Ebene und Erweiterung zur quantitativen Steuerung des Human und Customer Capitals, in: Kostenrechnungspraxis, Sonderheft 1/2001, S. 63–72.

Strack, R.; Lintner, A.; Bolz, M.: Workonomics™: Helping Retailers Value Human Capital, in: Silverstein, M.; Stalk Jr., G. (Hrsg.): Breaking Compromises II. Opportunities for Action in Consumer Markets, Boston 2002, S. 54–61.

Strack, R.; Villis, U.: Steuerung des „neuen" Kapitals: Kunden, Mitarbeiter und Lieferanten in der wertorientierten Unternehmensführung, in: Wiedmann, K.-P.; Heckemüller, C. (Hrsg.): Ganzheitliches Corporate Finance Management. Konzept – Anwendungsfelder – Praxisbeispiele, Wiesbaden 2003, S. 383–401.

Strack, R.; Villis, U.: Integriertes Wertmanagement: Steuerung des Mitarbeiter-, Kunden- und Lieferantenkapitals, in: Horváth, P.; Möller, K. (Hrsg.): Intangibles in der Unternehmenssteuerung. Strategien und Instrumente zur Wertsteigerung des immateriellen Kapitals, München 2004, S. 203–218.

Strack, R.; Villis, U.: Workonomics™: Das Humankapital wertorientiert steuern, in: Dürndorfer, M.; Friederichs, P. (Hrsg.): Human Capital Leadership. Strategien und Instrumente zur Wertsteigerung der wichtigsten Ressource von Unternehmen, Hamburg 2004, S. 340–353.

Strack, R.; Villis, U.: RAVE™: Die nächste Generation im Shareholder Value Management, in: Zeitschrift für Betriebswirtschaft, 71. Jg. (2001), H. 1, S. 67–84.

Strack, R.; Villis, U.; Klose, F.: Wertsteigerung durch den Mitarbeiter, in: Personalwirtschaft, H. 12/2003, S. 23–27.

Strack, R.; Villis, U.: RAVE™ – Integrated Value Management for Customer, Human, Supplier and Invested Capital, in: European Management Journal, 20. Jg. (2002), H. 2, S. 147–158.

The Boston Consulting Group; World Federation of Personnel Management Associations: Creating People Advantage. How to Address HR Challenges Worldwide Through 2015, Report 2008.

10 Human Resource Accounting

Michael Gebauer

10.1   Einleitung

Die Diskussion um das Thema Humankapital reißt auch Jahre nach der Wahl selbigen Begriffes zum „Unwort des Jahres" nicht ab und wird sicherlich auch in Zukunft kontrovers geführt werden. Doch gleich, wie jemand den Konzepten im Bereich Humankapital gegenübersteht bzw. wie die Begriffe Humankapital, Humanvermögen oder Humanressourcen interpretiert werden, in einem Punkt scheinen alle einig: Die Mitarbeiter tragen mit all ihren Kenntnissen und Fähigkeiten – insbesondere in unserer heutigen Wissensgesellschaft – entscheidend zum Erfolg eines Unternehmens bei. Ausgehend von dieser allgemein akzeptierten Sichtweise sollten moderne Controlling-Instrumente in der Lage sein, Bestands- und Bewegungsgrößen des Erfolgsfaktors Personal abzubilden.

An diesem Punkt setzen die verschiedenen Konzepte des Human Resource Accounting an: Ziel des Artikels ist es zum einen, einen kompakten Überblick über Entwicklung, Methoden und Ausgestaltungsmöglichkeiten des HRA zu geben. Beispielhaft werden einige Methoden in ihrem konkreten Vorgehen skizziert. Gerade neuere Methoden gehen allerdings auch mit speziellen Herausforderungen einher, die vor allem das Problem der Prognose adressieren. Hier wird mit der Integration der Informationsmärkte eine Möglichkeit aufgezeigt, die entscheidend zur Lösung des Prognoseproblems und somit zu einer weiteren Verbreitung der Verfahren des HRA beitragen kann.

10.2   Humankapital und Human Resource Accounting

Der Begriff Humankapital sowie die weitgehend synonym verwendeten Begriffe Humanvermögen, Human Resources und Human Assets sind in der Literatur nicht eindeutig definiert und werden in vielen unterschiedlichen Ausprägungen genutzt. Eine allgemein gehaltene Definition des Begriffs „Humankapital" stammt von Schultz, der darunter alle Kenntnisse und Fähigkeiten einer bestimmten Gruppe von Personen oder einer einzelnen Person mit ökonomischem Wert versteht (vgl. *Schultz*, 1961).

Obwohl die quantitativ orientierte Herangehensweise an das Humankapital unter dem Begriff Human Ressource Accounting (HRA) als noch junge Disziplin zu bezeichnen ist, so finden sich interessanterweise bereits in der Nationalökonomie des 17. Jahrhunderts erste Vorläufer. So war es Sir William Petty, der bereits im 17. Jahrhundert den Versuch unternahm, den Wert des Humankapitals Großbritanniens zu berechnen:

"... Suppose the People of England be Six Millions in Number, that their Expence at 7 l. per Head be Forty-two Millions; Suppose also that the Rent of the Lands be Eight Millions, and the yearly Profit of all the Personal Estate be Eight Millions more; it must needs follow, that the Labour of the People must have supplied the remaining Twenty-six Millions, the which multiplied by Twenty (the Mass of mankind being

worth twenty Years Purchase as well as Land) makes Five hundred and twenty Mil-lions, as the Value of the whole people." (Petty, 1691, S 123).

Der Zweck derartiger Berechnungen lag seinerzeit vor allem darin, den Verlust einer Volks-wirtschaft durch Abwanderungen oder aber auch durch Kriege monetär zum Ausdruck zu bringen. Die Definition des Begriffs HRA wurde 1968 im anglo-amerikanischen Raum ein-geführt als

"... the process of identifying, measuring, and communicating information about hu-man resources to facilitate effective management within an organization." (Brum-met/Flamholtz/Pyle, 1968, S. 20).

Hervorgehend aus den Konzepten der Humankapitaltheorie und der Organisationspsycho-logie, entwickelten sich bis Anfang der 70er Jahre verschiedenartige Methoden zur Messung des Humanvermögens. Bis in die Mitte der 70er Jahre erfolgten mehrere Versuche, die Me-thoden in Unternehmen zu implementieren. In der Folgezeit ließ das Interesse an HRA aller-dings vor allem aufgrund großer Probleme in der Datenbeschaffung und -verarbeitung deut-lich nach. Als sich dann aber speziell die US-amerikanischen Unternehmen in immer größe-rem Konkurrenzdruck zu den japanischen Großunternehmen wiederfanden, regte sich das Interesse an den Ansätzen des HRA erneut. Produktivitätsvorsprünge der japanischen Unter-nehmen wurden mit deren *konsequenter Sicherung des Humankapitals* erklärt, dem die ame-rikanische „hire and fire-Philosophie" entgegenlief.

Vor allem der an Bedeutung zunehmende Dienstleistungssektor sowie die ihm innewohnen-den Probleme mit der Aussagekraft damaliger externer Berichterstattungen führte in den 90er Jahren dazu, dass sich Forschung und Praxis insbesondere in Skandinavien und den USA wieder intensiv des Themas annahmen. Bis zum heutigen Tag gibt es kein allgemein akzep-tiertes Verständnis darüber, welche grundlegenden Formen des HRA anzuwenden seien, die in den letzten Jahren zahlreich auftretenden Vorschläge zur Weiterentwicklung der vorhan-denen Systeme zeigen jedoch, dass eine erfolgreiche Lösung der nach wie vor vorhandenen Probleme in der Handhabung der verschiedenen Verfahren ein großer Nutzen beigemessen wird.

10.3   Methoden des HRA

Die Vielzahl der bislang entwickelten Methoden des HRA lässt sich anhand von drei Merk-malen klassifizieren. Als erstes Klassifikationsmerkmal bietet sich die Unterscheidung in *Input- / Outputdeterminanten* an. Wohingegen sich inputorientierte Verfahren daran orientie-ren, welche Kosten in den Zusammenhang mit den zu bewertenden Humanressourcen ge-bracht werden können, beziehen sich die outputorientierten Verfahren darauf, welchen Wert-beitrag die vorhandenen Mitarbeiter geliefert haben bzw. liefern werden. Das zweite Klassi-fikationsmerkmal bildet das *Bewertungsobjekt*: So kann sich die Bewertung einerseits auf einzelne Individuen beziehen andererseits können Gruppen von Personen Gegenstand der Bewertung sein. Das dritte Klassifikationsmerkmal ist schließlich die *Ergebnisdimension*:

Einige Methoden des HRA liefern monetäre Informationen zum Wert des Humanvermögens; andere Verfahren hingegen bringen nicht-monetäre Größen (beispielsweise in Form eines Punktwertes) zur quantitativen Erfassung der Humanressourcen hervor. Einen Überblick über verschiedene Verfahren liefert die folgende Abbildung.

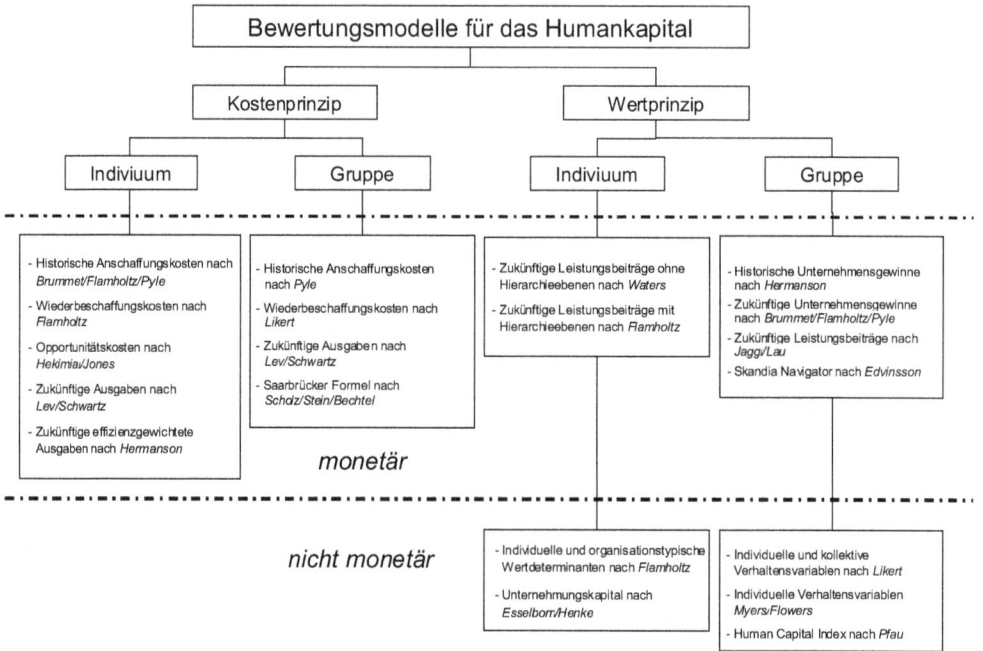

Abb. 10.1: Verfahren des HRA
(Quelle: In Anlehnung an Gebauer, 2002, S. 83)

Zu den nicht-monetären Verfahren sei hier allerdings angemerkt, dass weiterführende Interpretationen ihrer Ergebnisinformation mit Problemen behaftet sind. Ohne eine zusätzliche Beschäftigung mit den verwendeten Skalen sind bei nicht-monetären Verfahren in der Regel keine Aussagen möglich, wohingegen monetäre Ergebnisse vergleichsweise einfach zu interpretieren sind. Zudem ist die Vergleichbarkeit der Ergebnisse nicht-monetärer Verfahren zu denen anderer Verfahren sehr eingeschränkt, wenn nicht sogar unmöglich. Anhand einzelner Beispiele sollen nun die Prinzipien des kostenbasierten sowie des wertbasierten HRA kurz dargestellt werden.

10.3.1   Kostenbasiertes HRA

Wie bereits der Blick auf die Abb. 10.1 zeigt, sind bislang eine Vielzahl unterschiedlicher Ansätze des kostenbasierten HRA entwickelt worden, die an dieser Stelle nicht alle erläutert werden können. Als wichtiges Beispiel für die kostenbasierten Ansätze wird hier das Verfahren der Historischen Anschaffungskosten (Original Costs) in aller Kürze vorgestellt (für einen umfassenderen Überblick über die kostenorientierten Verfahren siehe *Gebauer*, 2005).

Bei dem Verfahren der *Historischen Anschaffungskosten* bilden die tatsächlich zum Bezugspunkt für die Humanressourcen angefallenen Kosten den Ausgangspunkt der Berechnung. Wie die Abb. 10.2 zeigt, wird bei dieser Methode zwischen *Akquisitions- und Lernkosten* differenziert, wobei sowohl direkt anfallende als auch indirekte Kosten Berücksichtigung finden. Somit werden alle einschlägigen Kosten von den Bereichen des Recruitment (z.B. Stellenanzeigen) über die Weiterbildungsaktivitäten bis hin zu Produktivitätsverringerungen während der Trainingsphasen zusammengestellt. Die Summe aller Kosten über die Gesamtheit der Mitarbeiter gibt dann den Wert des Humankapitals an.

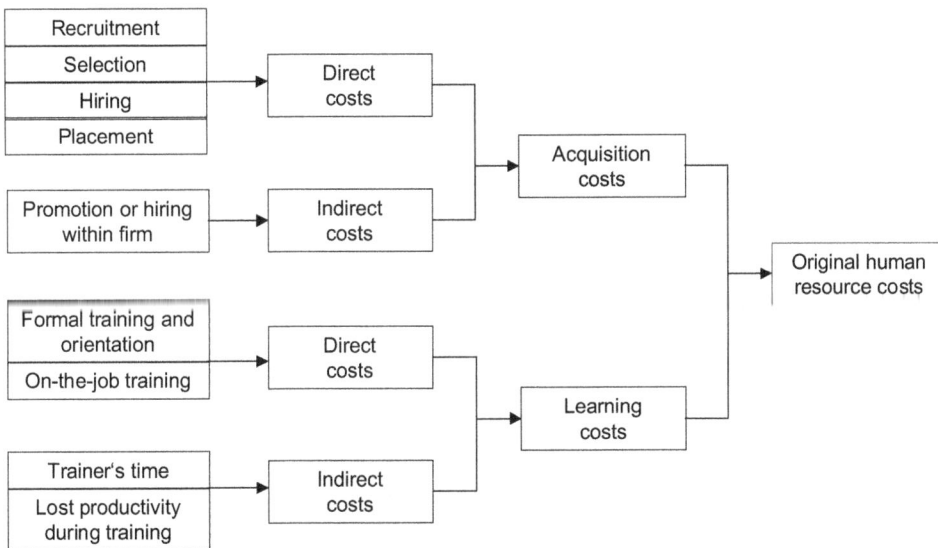

Abb. 10.2: Historische Anschaffungskosten
(Quelle: Flamholtz, 2001, S. 59)

Das Verfahren zielt auf die Informationsgewinnung als Entscheidungsgrundlage für Investitionen in das Humankapital sowie die Bewertung des vorhandenen Humanvermögens und dessen Nutzbarmachung. Der Ansatz beruht im Wesentlichen auf der Auffassung, dass im Personalbereich anfallende Kosten als Investition in einen Vermögenswert verstanden werden können.

So sollen für Investitionsentscheidungen in das Humankapital zum einen die Entscheidungsträger mit Informationen darüber versorgt werden, welche Kosten für die Akquise von Personal unterschiedlicher Hierarchieebenen üblicherweise anfallen. Zum anderen sollen Entscheidungsträger über mögliche Kosten bei der Personalersatzinvestition informiert werden. Doch auch als Hilfe bei Entscheidungen über den Kauf von Unternehmen oder die Fusion mit anderen Organisationen soll das Verfahren wichtige Informationen liefern.

10.3.2   Wertbasiertes HRA

Noch umfangreicher als bei den kostenbasierten Verfahren ist die Anzahl der Methoden zur Bewertung des Humankapitals auf Grundlage wertbasierter Verfahren (vgl. für Kurzdarstellungen und weitere Verweise wiederum *Gebauer*, 2005). Die wertbasierten Methoden gehen dabei von der Feststellung aus, dass zur Abbildung von Vermögenswerten nicht allein Kostengrößen herangezogen werden können, sondern dass vor allem die zukünftig zu erwartenden Nutzenbeiträge ausschlaggebend sind. Als ein Beispiel für ein wertbasiertes Konzept des HRA soll hier das Modell der zukünftigen *Leistungsbeiträge mit Hierarchieebenen (Stochastic Rewards Valuation Model)* skizziert werden (vgl. *Flamholtz*, 2001).

Bei dem Stochastic Rewards Valuation Modell erfolgt die Ermittlung des Humanvermögens anhand eines *fünfstufigen Prozesses*:

5. Zunächst werden für jeden Mitarbeiter die potentiell in der Zukunft zu besetzenden Hierarchieebenen festgestellt.
6. Danach ermittelt man, welche Leistungsbeiträge der Mitarbeiter bei seinen Tätigkeiten/Dienstleistungen auf den einzelnen Hierarchieebenen für die Gesamtleistung des Unternehmens potentiell erbringen wird.
7. Im nächsten Schritt werden die Verweildauern für jeden Mitarbeiter auf seinen zukünftigen Hierarchieebenen geschätzt.
8. Daraufhin werden zum einen die unterschiedlichen Karrierewege und zum anderen die Verweildauern eines Mitarbeiters auf den einzelnen Hierarchiestufen mit Wahrscheinlichkeiten belegt.
9. Zum Abschluss werden die Einzelwerte summiert, und es ergibt sich somit der individuelle Wert eines Mitarbeiters für das Unternehmen.

Das Stochastic Rewards Valuation Modell stellt eine konsequente Orientierung an zukünftigen Wertgrößen dar. Diese Ausrichtung bedingt allerdings die Prognose vieler der zu verarbeitenden Daten. Während es zumindest beim Vorhandensein von Marktpreisen für die jeweiligen Dienstleistungen machbar erscheint, monetäre Größenordnungen abzuschätzen, dürfte die Prognose kompletter Karrierewege für jeden einzelnen Mitarbeiter mit erheblichen Problemen behaftet sein. Zwar ist das Verfahren des Stochastic Rewards Valuation Modell bereits prototypisch zum Einsatz gekommen, eine große Verbreitung erscheint auf seinem aktuellen Entwicklungsstadium aber eher unwahrscheinlich.

10.4   Discounted Human Capital Cash Flow (DHCCF)

Eine Weiterentwicklung der Ideen zum Stochastic Rewards Valuation Model von *Flamholtz* sowie der Vorgehensweisen innerhalb des Konzeptes zukünftiger Leistungsbeiträge von *Jaggi/Lau* (vgl. *Jaggi/Lau*, 1974) stellt das DHCCF-Verfahren dar (zur formellen Herleitung, detaillierten Beschreibung sowie beispielhafter Anwendung im Rahmen einer Fallstudie bei der Douglas Holding AG siehe *Gebauer*, 2005). Ausgangspunkt für die Entwicklung dieses Verfahrens war die Frage nach der Bewertung von personalintensiven Unternehmen, deren *innerer Wert* vor allem in den Kenntnissen und Fähigkeiten der Mitarbeiter steckt, eine Größenordnung, die bislang übliche Bewertungsverfahren nicht zu berücksichtigen in der Lage sind. Es handelt sich gemäß der obigen Klassifikation um ein dem Wertprinzip folgendes, gruppenbasiertes, monetäres Verfahren des HRA.

So nicht bereits vorhanden, werden in einem ersten Schritt Hierarchiestufen gebildet, denen dann alle Mitarbeiter zugeteilt werden. Die Grundlage des nächsten Schrittes besteht in der Annahme, dass sich zukünftige Einzahlungen – zumindest in Personalintensiven Unternehmen – als Funktion der in das Personal getätigten Investitionen darstellen lassen. Somit müssen einerseits zunächst sämtliche Ein- und Auszahlungen, andererseits die Personalinvestitionen ermittelt werden. In der Ableitung der zu erwartenden Einzahlungen aus den Personalinvestitionen besteht eine wesentliche Änderung gegenüber der klassischen Unternehmensbewertung mittels Discouted Cash Flow (DCF). Die Einzahlungen innerhalb des DCF-Verfahrens stammen in der Regel aus Unternehmensplanungen und dementsprechend aus persönlichen Einschätzungen eines vergleichsweise kleinen Personenkreises. Zwar können alle Adressaten der Bewertung für sich entscheiden, inwieweit diese Einschätzungen als plausibel einzustufen sind, die Werte bleiben innerhalb der Bewertung allerdings immer eine unabhängige Variable. Im Gegensatz dazu liefert das DHCCF-Verfahren die Einzahlungen als abhängige Variable. Anhand dessen, was ein Unternehmen in das Personal in Form von Bonuszahlungen, Weiterbildungen, freiwilligen Sozialleistungen etc. zu investieren bereit ist, wird ermittelt, welche Einzahlungen zukünftig zu erwarten sind.

Zugegebenermaßen handelt es sich bei der Aussage, Einzahlungen ließen sich anhand der Personalinvestitionen ermitteln, zunächst um eine vage Annahme. Aus diesem Grund ist ebendiese Annahme in jedem Einzelfall zu prüfen. Dies geschieht im DHCCF-Verfahren mittels Regression. Mit Hilfe heutzutage verfügbarer Möglichkeiten der Datenverarbeitung einerseits sowie der grundsätzlichen Verfügbarkeit aller für die Regression notwendigen Daten – beispielsweise innerhalb eines Data Warehouse – andererseits, stellt die Durchführung einer solchen Regression zur Überprüfung der tatsächlichen Zusammenhänge in den meisten Fällen keine größere Hürde dar. Die Ergebnisse der Regression zeigen, wo und wie stark die die Einzahlungen tatsächlich von in das Personal getätigten Investitionen abhängen. Neben der Offenlegung, welche Investitionen in das Personal in welchem Maße überhaupt sinnvoll erscheinen, ergibt sich nun die Möglichkeit, zukünftige Einzahlungen als abhängige Variable aus den Investitionen zu ermitteln.

Da Regressionen Abhängigkeiten in der Regel nie vollständig anhand der verfügbaren unabhängigen Variablen erklären können, bleiben Unsicherheiten. Zukünftige Einzahlungen werden sich also immer in einer Art Trichter zwischen best und worst case entwickeln. Es kann als Binsenweisheit angesehen werden, dass die jeweils verfügbaren Kenntnisse und Fähigkeiten der Mitarbeiter hierauf ebenfalls einen wesentlichen Einfluss haben werden. Wünschenswert wäre es also, die Ausprägungen der Kenntnisse und Fähigkeiten ebenfalls als eine unabhängige Variable innerhalb der Regression zu verwenden, um deren Einfluss auf die Einzahlungen zu ermitteln. Da die Regression allerdings vergleichsweise kurze Perioden (beispielsweise Monate oder Quartale) verwendet, wird diese Möglichkeit in den seltensten Fällen vorhanden sein. Erhebungen zu Kenntnissen und Fähigkeiten von Mitarbeitern sind sehr aufwändig und werden daher sicherlich höchst selten in so kurzen Abständen überprüft.

Hier finden Untersuchungen eher im jährlichen Rhythmus statt. Daher kann die Entwicklung der Ausprägungen von Kenntnissen und Fähigkeiten zwar nicht innerhalb der Regression, wohl aber zur Einschätzung verwendet werden, ob sich die zukünftigen Einzahlungen in dem oben angesprochenen Trichter vermutlich eher in Richtung worst oder aber in Richtung best case entwickeln werden.

Neben der nun folgenden Festlegung eines für DCF-Verfahren notwendigen kalkulatorischen Zinssatzes und der Überführung aller Daten in ein Ertragswertmodell folgt die Berechnung der Wahrscheinlichkeiten für Karrierewege innerhalb des Unternehmens bis hin zum Austritt aus dem Unternehmen. Die Karrierewege werden ermittelt, um die Besetzung der einzelnen Stufen sowie deren Wertschöpfung in die Bewertung einfließen zu lassen. Die Abb. 10.3 zeigt noch einmal den Verlauf zur Durchführung des DHCCF-Verfahrens.

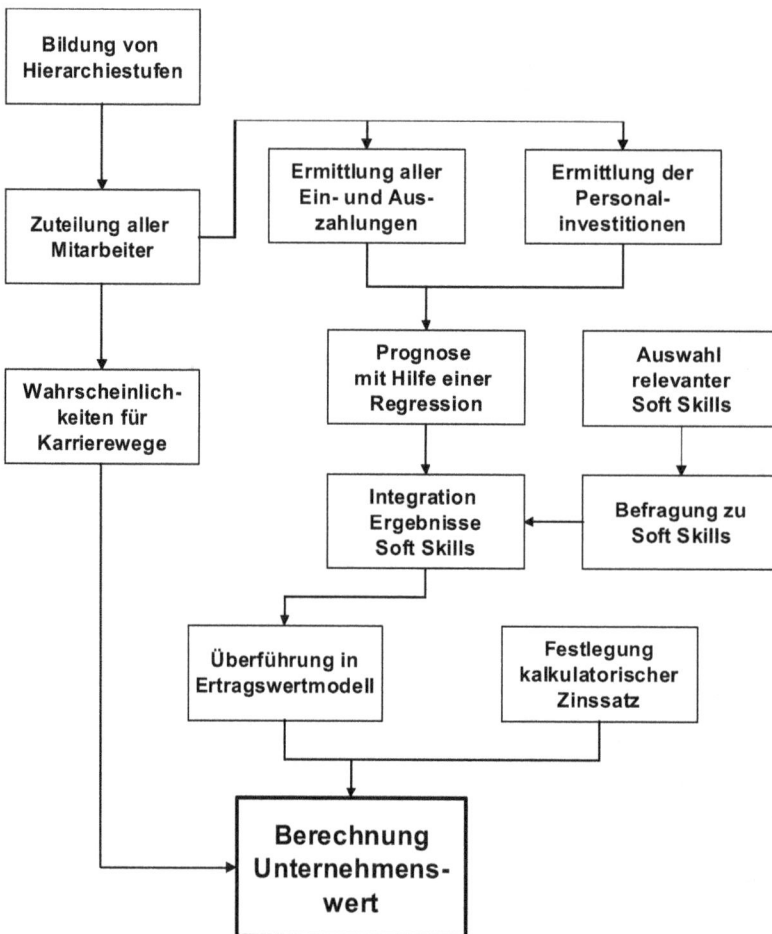

Abb. 10.3: Übersicht DHCCF

Obwohl mit dem DHCCF-Verfahren eine deutliche Erweiterung gegenüber dem rein Finanz-zahlen basierenden DCF-Verfahren einerseits sowie eben durch die Berücksichtigung dis-kontierter Ein- und Auszahlungen gegenüber den bislang verwendeten Verfahren des HRA anderseits gegeben ist, so bleiben an einigen Stellen Prognoseprobleme, die eine deutlichere Verringerung der Unsicherheit in der Bewertung verhindern. Welche Budgets stehen in Zu-kunft für Personalinvestitionen tatsächlich zur Verfügung? Wie werden sich Kenntnisse und Fähigkeiten der Mitarbeiter weiter entwickeln? Wohin tendiert der Arbeitsmarkt und wel-chen Einfluss wird dies beispielsweise auf die Fluktuationsquote nehmen? Dies sind nur einige Fragen, die im Rahmen des DHCCF-Verfahrens eine entscheidende Rolle spielen können. Im Folgenden soll mit den Informationsmärkten ein Verfahren vorgestellt werden, das ebendiese Prognoseprobleme reduzieren kann.

10.5 Informationsmärkte als Lösung für Prognoseprobleme

10.5.1 Herausforderung „Dynamische Prognosen" und Lösungsansatz

Die Fähigkeiten moderner Unternehmen, das eigene Handeln möglichst schnell und kosten-günstig an sich ändernde Rahmenbedingen anzupassen, ist mittlerweile zu einem Erfolgsfak-tor geworden. Daher gilt es an vielen Stellen im Unternehmen, möglichst genaue Vorstellun-gen darüber zu bekommen, was die Zukunft bringen wird. Dementsprechend sind Fehlprog-nosen teuer. *Jain* stellte fest, dass beispielsweise Quartalsprognosen durchschnittlich einen Fehler von 17% aufweisen (Jain, 2005, S. 14). Bei Kosten für Fehlprognosen in Höhe von 0,22% des Umsatzes je abweichenden Prozentpunkt ergeben sich bei einem Unternehmen mit 100 Mio. EUR Umsatz unnötige Kosten aufgrund von Fehlprognosen in Höhe von 3,74 Mio. EUR. Bereits geringe Verbesserungen in den Prognosen können somit erhebliches Einsparpotenzial haben.

Seit geraumer Zeit ist klar, dass unter bestimmten Bedingungen die Masse schlauer ist als der Einzelne (eine Vielzahl von Beispielen findet sich bei Surowiecki, 2005). Allerdings stellte die kosteneffiziente Informationsaggregation bisweilen immer ein Problem dar. Gemäß der Hayekschen Hypothese sind Märkte bestens geeignet, verteilte Informationen zu aggregieren (Hayek, 1945, S. 521). Doch erst seit kurzer Zeit werden Märkte innerhalb von Unternehmen eingesetzt, um die Meinungen und das verstreute Wissen zu sammeln (vgl. Hamel, 2007, S. 200–2004). Mit Hilfe von Informationsmärkten nutzen Unternehmen ihre Mitarbeiter, Kunden oder weitere Personen, deren Know-how das Unternehmen als hilfreich einschätzt, um Stückzahlen, Umsätzen, Marktanteile, Trends und viele weitere Rahmenbedingungen für die eigene Planung prognostizieren zu lassen (vgl. Ankenbrand, 2007, S. 121–122). Durch den Einsatz von Informationsmärkten werden Prognosen verbessert und Kosten aufgrund von Fehlprognosen verringert.

10.5.2   Funktionsweise von Informationsmärkten

Informationsmärkte[2] (information markets, prediction markets) sind eine neue Methode, um Vorhersagen zu treffen. Wo immer dynamische Prognosen notwendig oder gewünscht sind (Unternehmensplanungen, Marktforschung, Wahlprognosen etc.), stellen Informationsmärkte eine hochdynamische und sehr effektive Vorgehensweise dar, zukünftige Ereignisse voraus-zusagen. Mit Hilfe von Informationsmärkten können klassische Prognoseverfahren (Umfragen, Extrapolationen, Multivariate Analysen) ergänzt werden, da diese nur begrenzt flexibel sind. In einem dynamischen Umfeld sind klassische Prognoseverfahren nur mäßig einsetzbar, da sie einerseits bei jeder Durchführung Kosten erzeugen, andererseits in der Regel nicht ersichtlich ist, wann neue Informationen verfügbar sind und ebendiese Kosten einer erneuten Durchführung rechtfertigen. Darüber hinaus können sie nur eingeschränkt komplexe Sachverhalte abbilden, da sie auf Modellen beruhen, die nicht alle Einflussfaktoren berücksichtigen können. Diese sowie einige weitere Nachteile klassischer Prognoseverfahren können mit Informationsmärkten gemildert werden.

Informationsmärkte funktionieren im Prinzip wie Börsen. Nur statt Unternehmensanteilen werden so genannte Informationsderivate gehandelt. Wird beispielsweise eine Prognose der Arbeitslosenquote benötigt, bietet sich die Eröffnung eines entsprechenden Informationsmarktes an. Dieser kann aus den „Aktien" „weniger als 8%", „von 8,0 bis unter 8,2%", „von 8,2 bis unter 8,4%", „von 8,4 bis unter 8,6%" und „8,6% oder mehr" bestehen. Diese (in diesem Beispiel) fünf verschiedenen Aktien können nun von den Experten (Mitarbeiter, Partner, Zulieferer, Kunden, Branchenexperten etc.) gehandelt werden. Je höher der Preis einer dieser Aktien steigt, desto größer wird die Wahrscheinlichkeit eingeschätzt, dass dieses Ereignis dann auch eintritt. Aus der Summe der gewichteten Einzelprognosen kann sodann die Prognose für die gestellte Frage ermittelt werden.

Informationsmärkte machen sich die grundsätzlichen Funktionsweisen von Märkten zu Nutze. Märkte sind in der Lage, eine schier unbegrenzte Anzahl von Informationen zu aggregieren. Die Entscheidungen der Marktteilnehmer für den Kauf oder Verkauf einer Aktie sind von unzähligen Rahmenbedingungen beeinflusst, die sich unmöglich allesamt in Modellen abbilden lassen. Mit Hilfe eines Informationsmarktes werden all diese Entscheidungsparameter in eine einzige Zahl integriert, nämlich der Bereitschaft, zu einem bestimmten Preis ein Informationsderivat zu kaufen bzw. zu verkaufen. Da die Marktteilnehmer den Anreiz haben, auf diesem Markt zu gewinnen, haben sie – im Gegensatz zu beispielsweise Umfragen – auch einen klaren Anreiz, „wahrheitsgemäß" zu handeln. Aus diesem Grund sind Informationsmärkte in vielen Fällen besser in der Lage, zukünftige Ereignisse vorherzusagen.

---

[2]   Mit freundlicher Unterstützung der gexid GmbH, Grettstadt.

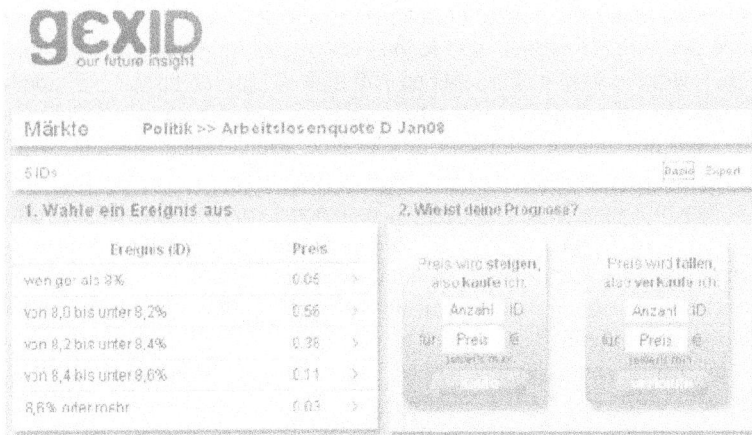

Abb. 10.4: Informationsmarkt der ersten Generation

10.5.3   Betriebsklima und weitere Einsatzgebiete

Die XY AG hat eine jährlich stattfindende Umfrage und Auswertung zur Mitarbeiterzufrie-denheit definiert und entwickelt. Um nun aber täglich und nicht erst nach der Durchführung der nächsten Umfrage über die Mitarbeiterzufriedenheit auf dem Laufenden zu sein, richtet das Unternehmen einen Informationsmarkt ein. Auf diesem Informationsmarkt können die Mitarbeiter auf die einmal im Jahr von der XY AG erhobenen Werte „wetten". Durch das Kaufen/Verkaufen stellen sich auf dem Markt Preise ein, die Wahrscheinlichkeiten darstellen und somit das Ergebnis der nächsten Umfrage prognostizieren. Auf diese Art haben Ge-schäftsleitung sowie alle Beteiligten laufend aktuelle Werte zur Mitarbeiterzufriedenheit, und dies zu einem Bruchteil der Kosten, die sie für tägliche Umfragen ausgeben müssten. Denn auf dem Informationsmarkt handeln die Akteure erst, wenn sie neue Informationen erlangen. Analog zu Finanzmärkten werden neu eintreffende Informationen von den Akteuren selbst verarbeitet. Sollte sich die Einschätzung der Teilnehmer ändern, werden diese selbst aktiv und drücken ihre geänderte Einschätzung in neuen Kauf- oder Verkaufangeboten aus. Wenn ein Teilnehmer die Ansicht erlangt, dass seine ursprüngliche Einschätzung zum Beispiel zu hoch war und damit die in seinem Depot befindlichen Aktien überbewertet sind, wird er selbst aktiv und verkauft diese sofort. Zudem sind die Werte auf den Informationsmärkten wesentlich aussagekräftiger, da jeder Teilnehmer einen klaren Anreiz hat, richtig zu prognos-tizieren. Zur Ermittlung des tatsächlichen Ergebnisses reicht eine einmal im Jahr durchge-führte Zufriedenheitsstudie. Effekt wie die „self fulfilling prophecy" werden durch die An-zahl der Teilnehmer gesteuert, selbst bei moderaten Teilnehmerzahlen ist der Einfluss des Einzelnen auf das Endergebnisse so gering, dass der Effekt nicht auftreten wird.

Grundsätzlich besteht die Möglichkeit, alle die Zukunft betreffenden Fragestellungen mit Hilfe von Informationsmärkten effizient und dynamisch zu prognostizieren. Grenzen beste-hen dahingehend, beispielsweise ethisch-moralisch bedenkliche Themen ebenso auszuschließen wie die Bereiche Finanzen (unterliegt der Bundesanstalt für Finanzdienstleistungs-aufsicht) oder Sport (in Deutschland seitens des Gesetzgebers als Glückspiel definiert). Zum Nutzen von Unternehmen und Organisationen sind jedoch enorme Einsatzpotenziale vorhanden. Absolute Kenngrößen wie die vorn beschriebenen Arbeitslosenquoten lassen sich ebenso prognostizieren wie relative Kenngrößen, also beispielsweise die Frage, wie sich ein Marktanteil entwickelt oder ob und in welchem Maße eine Zielvorgabe erreicht wird. Daneben lassen sich Ereignisse prognostizieren wie „Wie viel Umsatz werden wir mit Produkt x machen?", „Wer gewinnt den Award y?" oder „Welchen Platz werden wir im Ranking z belegen?". Das Prinzip des bereits beschriebenen Informationsmarktes zum Betriebsklima lässt sich auf Bereiche wie Kundenzufriedenheitsanalysen etc. erweitern. Darüber hinaus lassen sich Bereiche vorhersagen wie „Wann wird Projekt xy abgeschlossen?" oder „Wann wird das Produkt xy ausgeliefert?". Zu guter letzt können Informationsmärkte wertvolle Unterstützung im Innovationsmanagement liefern, indem prognostiziert wird, welches Produkt wohl das Beste sein wird, welche Werbekampagne ankommt oder welche Projekte überhaupt umgesetzt werden sollen. Bei fast allen Bereichen, in denen Prognoseprobleme eine entscheidende Rolle spielen, können Informationsmärkte eine große Hilfe sein.

10.5.4   Informationsmärkte der zweiten Generation

Die in Kapitel 10.5.2 beschriebene Funktionsweise von Informationsmärkten basiert auf dem Prinzip „Continous Double Auction", beinhaltet somit eine Analogie zu Börsen, in denen ein geänderter Marktpreis erst dann zu Stande kommt, wenn ein Kauf- und ein Verkaufangebot übereinstimmen und somit eine Transaktion ausgelöst wird. Selbst bei sehr einfach gehaltenen Informationsmärkten dieser Art wird von den Teilnehmern erwartet, ihre jeweiligen Meinungsäußerungen mit der Übersetzung der Wahrscheinlichkeit für den Eintritt eines Ereignisses in den Preis zum Kauf oder Verkauf zu unterlegen. Ergebnisse haben gezeigt, dass auch ohne börsentypische Möglichkeiten wie Leerverkäufe etc. tendenziell nicht die Teilnehmer mit dem größten Wissen sondern diejenigen mit Erfahrungen in Börsensystemen die höchsten Gewinne erzielen. Eine zielgerichtete Incentivierung der Teilnehmer soll aber eben die Teilnehmer mit dem größten Wissen bestmöglich belohnen. Bis diese Effekte eintreten, sind somit Eingewöhnungsphasen notwendig, bis alle Teilnehmer auf vergleichbarem Kenntnisstand in der Nutzung des Systems sind. Es bleibt die Gefahr, dass für die Lösung des Prognoseproblems notwendiges Wissen nicht in das System gelangt, da die Wissensträger aufgrund der Grundkomplexität des Systems eine Teilnahme verweigern.

Als Folge aus diesen Erfahrungen wurden die Informationsmärkte der zweiten Generation entwickelt. Diese Systeme reichen in ihrer einfachen Benutzeroberfläche bereits an simple Umfragen heran (vgl. Abb. 10.5). Statt der Überlegung, wie wahrscheinlich der Ausgang eines bestimmten Ereignisses eingeschätzt wird sowie der Übersetzung dieser Einschätzung in ein Kauf- oder Verkaufangebot, muss der Teilnehmer lediglich seine Einschätzung zum gestellten Prognoseproblem eingeben. Bei diesen Systemen wird bei jeder Abgabe einer Prognose mit Hilfe verschiedener Algorithmen die Funktionsweise eines Marktes im Hintergrund simuliert. Wie bei einem Markt, sichern sowohl frühzeitige als auch möglichst nah an das Ergebnis heranreichende Prognosen die entsprechenden Gewinne. Und wie bei einem Markt, können sich Einschätzungen ändern, die bei Informationsmärkten der zweiten Generation schlicht durch die Eingabe der geänderten Prognose integriert werden. Die Mechanismen im Hintergrund bewahren bei der Berechnung der aktuellen Prognose die Analogie zu Börsensystemen und bringen somit ebenfalls den klassischen Methoden überlegene Prognosen hervor.

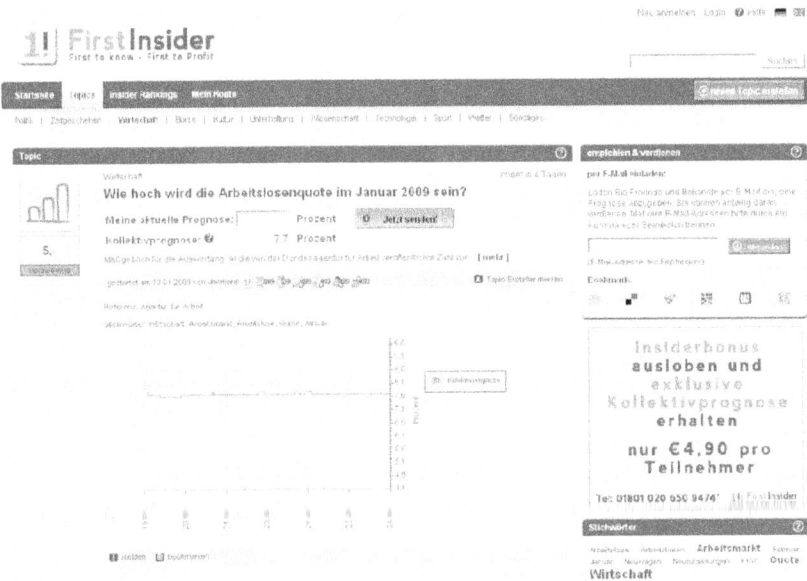

Abb. 10.5: firstinsider.de als Beispiel für einen Informationsmarkt der zweiten Generation

10.6   Fazit

Informationsmärkte erscheinen geradezu prädestiniert für den Einsatz innerhalb des HRA und insbesondere zur Verbesserung der Prognosen im DHCCF-Verfahren. Lassen sich doch verschiedene, sich gegenseitig verstärkende Effekte feststellen. Zunächst erscheint plausibel, dass Entscheider, die in ihren Mitarbeitern nicht wirklich einen wichtigen Erfolgsfaktor ihres Unternehmens sehen, kaum dazu tendieren werden, Methoden zur Messung, Bewertung und Prüfung des Humankapitals einzusetzen. Im Umkehrschluss heißt dies, dass der Einsatz von Methoden des HRA eher dort angeregt werden wird, wo Entscheider tatsächlich an die Kenntnisse und Fähigkeiten der Mitarbeiter glauben. Dieser Glaube an vor allem die Kenntnisse der Mitarbeiter ist ebenso Grundvoraussetzung für den Einsatz von Informationsmärkten. Auch wenn das Funktionieren von Informationsmärkten mittlerweile hinreichend untersucht und nachgewiesen werden konnte, so fällt es doch vielen Entscheidern nach wie vor schwer zu glauben, dass die Vielzahl von Informationsbausteinen, die im Unternehmen verstreut existieren, tatsächlich zu besseren Ergebnissen führen als die Einschätzung weniger, vermeintlicher Experten, die in ihren Einsatzgebieten nur allzu oft zu zukünftigen Entwicklungen befragt werden. Doch wo das HRA immer noch als ein vergleichbar junges Thema angesehen werden kann, so stehen die Informationsmärkte was ihre Verbreitung anbelangt noch völlig am Anfang. Aufgrund der Kohärenz der beiden Gebiete erscheint es jedoch nicht ausgeschlossen, dass der integrierte Einsatz der Systeme beiden Methoden rasch zu deutlich verbesserter Akzeptanz vor allem in der Praxis führen kann.

Literatur

Ankenbrand, B.H.: Die Verbriefung und Bewertung von Namensrechten mittels Informationsderivatebörsen. Diss., Lohmar-Köln 2007.

Brummet, R.L./Flamholtz, E.G./Pyle, C.P.: Accounting for Human Resources, in: Michigan Business Review, Vol. 20, No. 2/1968, S. 20–25.

Flamholtz, E.G.: Human Resource Accounting, 3rd Ed., Boston 2001.

Gebauer, M.: Human Resource Accounting: Measuring the Value of Human Assets and the Need for Information Management, in: Badovinac, B. u.a., Hrsg. (2002): Human Beings and Information Specialists, Proceedings, Ljubliana/Stuttgart 2002, S. 80–89.

Gebauer, M.: Unternehmensbewertung auf der Basis von Humankapital. Diss., Lohmar-Köln 2005.

Hamel, G.: The Future of Management, Boston 2007.

Hayek, F.A.: The use of Knowledge in Society, in: American Economic Review, Vol. 35, 1945, S. 519–530.

Jaggi, B./ Lau, H.: Toward a Model for Human Resource Valuation, in: Accounting Review, Vol. 49, Apr./1974, S. 321–329.

Jain, C.L.: Benchmarking Forecasting Errors, in: The Journal of Business Forecasting, Winter 2005–'06, S. 13–15.

Petty, W.: Political Arithmetick, or a Discourse Concerning The Extent and Value of Lands, People, …, in: Thoemmes Press/Kinokuniya Company Ltd, Hrsg. (1992), History of British Economic Thought: British Seventeenth and Eighteenth-Century Economic Thought, Routledge 1992, S. 91–184.

Schultz, T.W.: Investment in Human Capital, in: American Economic Review, Vol. 51, 1961, S. 1–17.

Surowiecki, J.: The Wisdom of Crowds, New York 2005.

Teil B – 3.   Lieferanten

11 Wertecontrolling als Grundlage für erfolgreiche Geschäftsbeziehungen

Bernhard Hirsch und Christian Nitzl

11.1   Einleitung

Die Diskussion über das Verhältnis von Ethik (darunter fällt auch die Frage nach Werten) und Betriebswirtschaftslehre wird seit einiger Zeit verstärkt geführt (vgl. hierzu *Küpper*, 2007, S. 250 f. und *Schäffer*, 2004, S. 55). Jedoch wird die Verknüpfung zwischen der Betriebswirtschaft und Ethik von der „mainstream-BWL" häufig als Modeerscheinung abgelehnt (*Albach*, 2005), wenngleich auch immer mehr zu beobachten ist, dass das Fach Unternehmensethik häufiger Bestandteil betriebswirtschaftlicher Forschung und Lehre wird. Skandale wie bei VW oder Siemens bestätigen die Notwendigkeit dieses Trends, denn aus der Praxis weiß man, dass das Geschäftsleben nicht ohne die Beachtung von ethischen Wertvorstellungen funktionieren kann (vgl. *Waldkirch*, 2008, S. 25 ff.; *Lin-Hi*, 2008, S. 49). Das „manager magazin" stellte dazu bereits im Jahr 2002 fest: „Die liberale Wirtschaft funktioniert nur, wenn die Verantwortlichen einem informellen Wertekanon folgen. Rechnungen werden (prompt) bezahlt; Verträge eingehalten, Mitarbeiter, Aktionäre, Wettbewerber, Kunden, Zulieferer und das Finanzamt fair behandelt." (*Müller/Rust/Schmitt*, 2002, S. 141)

Die Bedeutung von Wertvorstellungen lässt sich somit auch ökonomisch rechfertigen, wie dieser Beitrag fundiert zeigen will (vgl. ähnlich *Hirsch*, 2002): Gemeinsame Werte schaffen Vertrauen, indem sie das Gegenüber berechenbarer machen. Sie reduzieren auf diese Weise die Komplexität eines immer komplexer werdenden Geschäftslebens. Somit stellen Werte das „Schmiermittel" für das gute Funktionieren von Geschäftsbeziehungen dar. Durch dieses „Schmiermittel" reduzieren sich unter anderem die Kosten, welche durch eine arbeitsteilige Wirtschaft entstehen, da vielfach auf Kontrolle zugunsten von Vertrauen verzichtet werden kann und sich Einigungen durch eine gemeinsame Wertebasis schneller treffen lassen. Somit können Werte als ein Erfolgstreiber für gute Geschäftsbeziehungen gesehen werden.

Das Controlling übernimmt dabei die Aufgabe, die für eine Beurteilung der Verlässlichkeit der Geschäftspartner notwendigen Informationen zu generieren, diese zu strukturieren und dann auch in geeigneter Form den Entscheidungsträgen zu präsentieren. Auf diese Weise dient Controlling somit der Sicherstellung der Rationalität der Führung (vgl. *Weber/Schäffer*, 2006, S. 32 und *Schäffer*, 2004, S. 56 ff.). Dadurch entsteht eine neue große Herausforderung für Unternehmen – das „Wertecontrolling" (vgl. *Hirsch*, 2002). Dessen Relevanz und dessen Aufgaben zu verdeutlichen, ist Zweck dieses Beitrags.

Dazu werden zunächst die Begriffe „Werte", „Kooperation" und „Controlling" definiert und erläutert. Darauf aufbauend wird anhand entscheidungs- und spieltheoretischer Überlegungen die Enabler-Funktion von Werten für das Zustandekommen von Kooperationen aufgezeigt. Nachdem die Bedeutung von Werten herausgearbeitet wurde, wird im darauf folgenden Kapitel auf die Funktion des Wertecontrollings als Informationslieferant eingegangen und dessen Aufgabe bei der Generierung von werterelevanten Informationen für Unternehmensentscheidungen dargelegt. Mit einem Ausblick schließt der Beitrag.

11.2   Definitionen, Funktionen und Abgrenzungen

11.2.1   Werte

Unterschiedliche wissenschaftliche Disziplinen befassen sich mit dem Phänomen Werte und dies auf zum Teil höchst unterschiedliche Weise (so zählt *Lautmann*, 1969, S. 7, ca. 200 unterschiedliche Definitionen).

Der Soziologe Kluckhohn versteht beispielsweise unter Wert „eine Auffassung vom Wünschenswerten, die explizit oder implizit sowie für ein Individuum oder eine Gruppe kennzeichnend ist und welche die Auswahl der zugänglichen Weisen, Mittel oder Ziele des Handelns beeinflusst." (*Kluckhohn*, 1951, S. 395, Übersetzung durch *Honecker*, 1993, Sp. 1256) Nach dieser Definition, so interpretiert Honecker Kluckhohn, „wählen Individuen oder Kollektive zur Lösung von Existenzfragen aus der chaotischen Fülle möglicher Weltbezüge Auffassungen aus, die sie anderen Vorstellungen vom Wünschenswerten vorziehen. Werte sind somit konstitutive Elemente einer Kultur und jedes Sozialsystems, die kulturelle Sinn- und Bedeutungsgehalte vermitteln und damit das Verhalten und Handeln der einzelnen Menschen steuern und leiten." (*Honecker*, 1993, Sp. 1256 f.)

Wird im Gegensatz zu der oben betrachteten soziologischen Sichtweise versucht, den Begriff Wert in der ökonomischen Literatur zu finden, so wird dieser in seinem ursprünglichen Sinn als „Maßstab der Knappheit eines Gutes" (*Klein*, 1991, S. 25) definiert. Bei dieser sehr engen, auf Güter beschränkten Definition, spricht man dann von Tausch-, Gebrauchs- und Ertragswert eines Gutes (vgl. *Honecker*, 1993, Sp. 1257). Auf die Betrachtung dieser Definition soll im Folgenden, weil sie auch in den anderen Wissenschaften gemachten Präzisierungen nicht entspricht, verzichtet werden.

Vielmehr wird der Begriff Werte präzisiert, indem, wie von Homann, dieser in eine enge Beziehung zur Moral gesetzt wird (*Homann*, 1999, S. 7). Unter Moral versteht Homann „ein System von Regeln […], das weder formell gesetzt ist noch durch (staatliche) Zwangsmaßnahmen aufrechterhalten wird." (*Homann*, 1999, S. 60) Nichtsdestotrotz gibt es auch in diesem Fall sozialgestützte Sanktionen bei der Übertretung von Normen z.B. in Form von Schuldgefühlen oder Gewissensbissen (*Homann*, 1999, S. 60). Damit bietet sich an, geteilte Wertvorstellungen als informelle Institutionen zu betrachten. Denn Institutionen werden allgemein als „sozial sanktionierbare Erwartungen, die sich auf die Handlungs- und Verhaltensweisen eines oder mehrerer Individuen beziehen" (*Dietl*, 1991, S. 37) definiert.

Somit dienen Werte „jedem einzelnen als Wegweiser bei der Aufstellung und Realisierung seiner Handlungspläne" (*Picot/Dietl/Franck*, 1997, S. 11). Dadurch, dass sie den Trägern der Werte als moralische Restriktion erscheinen, bestimmen sie deren Handlungsbereich, sie schränken diesen ein (*Homann*, 1999, S. 53). Diese Beschränkungen der Handlungsmöglichkeiten eines Individuums durch dessen Wertvorstellungen können zur Überwindung von Interaktionproblemen zwischen mehreren Individuen – in unserem Fall den Geschäftsbeziehungen – und damit zur Herstellung der Verlässlichkeit von Verhaltenserwartungen führen. Weil Werte Erwartungen über das Verhalten anderer stabilisieren, üben sie eine kooperationsfördernde Funktion aus (vgl. *Hemel*, 2007, S. 53 f.). Werte sind deswegen in diesem Aufsatz folgendermaßen definiert:

Werte werden als ein Set von grundsätzlichen informalen Regeln (Institutionen) verstanden, die Handlungen von Individuen durch Sanktionsmechanismen zwar beschränken, dadurch aber beitragen, Interaktionsprobleme zu überwinden.

Bei dieser Definition wird auf eine inhaltliche Präzisierung oder gar normative Vorgabe von Werten weitgehend verzichtet. Vielmehr steht eine „funktionale Interpretation" (*Honecker*, 1993, Sp. 1258) im Vordergrund.

11.2.2   Kooperationen

Homann definiert den Begriff der Kooperation unter Bezug auf Buchanan als jegliche produktive Zusammenarbeit von Akteuren in einer Gesellschaft. Entscheidend dabei ist, führt Homann weiter aus, dass sich durch die Kooperation „Potential Gains" erzielen lassen (vgl. *Homann*, 1995, S. 4 f., mit Verweis aus *Buchanan*, 1984). Geht man des Weiteren davon aus, dass in der heutigen, komplexen Welt ein Individuum seine Interessen in der Regel nur durch „arbeitsteilige Kooperation [...] mit den Mitmenschen" (*Homann*, 1995, S. 4) durchsetzen kann, so wird die besondere Bedeutung von Kooperationen in der modernen Wirtschaft deutlich. Dieser Ansicht folgt auch Neus, indem er eine Kooperation als „jede Form des gemeinsamen Handelns mehrerer Individuen" (*Neus*, 1998, S. 11) ansieht.

Eine Geschäftsbeziehung kann als eine Form interorganisationeller Kooperation aufgefasst werden, die ihren Ausdruck z.B. in einer vertikalen Austauschbeziehung findet. Dies kann sich unter anderem in einer Lieferantenbeziehung konkretisieren.

Geht man des Weiteren aufgrund von Motivationsproblemen von der Annahme aus, dass Individuen ihr individuelles Eigeninteresse in den Mittelpunkt ihrer Handlungen stellen, so sind Zielkonflikte in Kooperationen mit zu beachten: Mit Entscheidungsbefugnissen ausgestattete Akteure werden Ziele verfolgen, die mit denen einer Kooperation nicht kompatibel sein müssen. Aufgrund von Informationsasymmetrien und beschränkten Delegationsrechten, die gerade in Kooperationen zwischen rechtlich selbständigen Unternehmen von Bedeutung sind, können durch die Anwendung rein formeller Organisationsstrukturen nicht alle Koordinations- und Motivationsprobleme gelöst werden (vgl. *Milgrom/Roberts*, 1992, S. 78).

Hilfreich kann hier die in der Institutionenökonomik beheimatete Vertragstheorie sein, die Kooperationen von Individuen als ein Netz von Verträgen auffasst, die die Zusammenarbeit effizient und paretooptimal regeln (vgl. z.B. *Ebers/Gotsch*, 1999, S. 210). Dazu ist es notwendig, sich vorher mit den Mechanismen, wann und warum Kooperationen zustande kommen und wie sie aufrechterhalten werden, genauer zu beschäftigen. Dabei wird stets von der Annahme ausgegangen, dass Individuen aufgrund der Gefahr, durch opportunistisches Verhalten anderer ausgebeutet zu werden, sowohl innerhalb als auch außerhalb von Organisationen produktive Kooperationen nicht eingehen werden. Somit kommt es im Sinne Homanns zum Verlust von „Potential Gains". Dies verlangt nach Mechanismen, die dieses von allen Beteiligten unerwünschte Dilemma überwinden helfen.

Durch vertragsorientierte Überlegungen, wie der Einführung des Modells unvollständiger Verträge, gelingt es die Bedeutung des Zusammenwirkens von Institutionen für das Zustandekommen von Kooperationen und dadurch die Realisierung von „Potential Gains" zu erklären. Deswegen wird unter Kooperation das Eingehen einer Zusammenarbeit verstanden, mit dem Ziel, individuelle Vorteile daraus zu ziehen.

11.2.3   Controlling

Neus weist darauf hin, dass bei einer Kooperation in der Regel nicht davon auszugehen sei, dass beide Partner den gleichen Informationsstand aufweisen (*Neus*, 1998, S. 453). Gerade in solchen Situationen, aber auch dann, wenn alle Partner zu wenige gesicherte Erkenntnisse über den zu erwartenden Verlauf einer Kooperation haben, seien (neue und verbesserte) Informationen zu generieren.

Werte wirken durch die Institution Vertrauen und entfalten auf diese Weise eine positive Wirkung auf das Zustandekommen von Geschäftsbeziehungen. Dies ist möglich, da Werte über Vertrauen zu einer kooperationsstabilisierende Funktion führen (siehe hierzu die Ausführungen von *Hirsch*, 2002, S. 16 ff.). Die Entscheidung zu vertrauen, hängt jedoch davon ab, welche Informationen über den Vertrauensnehmer, sprich den Geschäftspartner, und die Situation, in der jemand sich vertrauenswürdig verhalten soll, vorliegen (vgl. *Föhr/Lenz*, 1992, S. 144).

All diese Informationen gilt es zu beschaffen und zu strukturieren, damit sie in den Entscheidungsprozess einfließen können: „Entscheidungsrelevant sind all jene Daten, welche die Wahl, dies zu tun und jenes zu unterlassen, umstoßen können: veränderte Ziele, Mittel, Handlungsmöglichkeiten und erwartete künftige Zustände der Welt." (*Schneider*, 1997, S. 79)

Die Aufgabe, Informationen zu beschaffen, zu bearbeiten und zweckorientiert der Unternehmensführung zur Verfügung zustellen, wird in der Literatur häufig dem Controlling zugewiesen. So betonen Schweitzer/Friedl, dass die Hauptaufgabe des Controllings in der Versorgung der Unternehmungsführung mit entscheidungsrelevanten Informationen zu sehen sei (vgl. *Schweitzer/Friedl*, 1992, S. 144).

Begründet wird die Aufgabe der Informationsbeschaffung und -bereitstellung auf unterschiedliche Weise. Reichmann betont den Entscheidungsbezug der Informationsbeschaffung und -verarbeitung, indem er Controlling als die „zielbezogene Unterstützung von Führungsaufgaben beschreibt, die der systemgestützten Informationsbeschaffung und Informationsverarbeitung zur Planerstellung, Koordination und Kontrolle dient"; für ihn stellt Controlling „eine rechnungswesen- und vorsystemgestützte Systematik zur Verbesserung der Entscheidungsqualität auf allen Führungsstufen der Unternehmungen" (*Reichmann*, 1997, S. 12) dar. Diese Entscheidungsqualität könne vor allem dann sichergestellt werden, wenn die Informationserzeugung und -bereitstellung dem subjektiven Informationsbedarf des Entscheiders entsprechen.

Die Informationsversorgung als Bestandteil des Controllings betont auch Weber in seinem integrierenden Ansatz, der die Aufgabe des Controllings in der Sicherstellung der Rationalität der Führung sieht. Weber macht es jedoch von den spezifischen Kontexten abhängig, wie und wie intensiv der Aufgabe der Informationsversorgung nachzukommen sei. So ließen sich bisherige theoretische Ansätze zur Erklärung der Aufgaben des Controllings mit „unterschiedlichen Engpässen rationaler Führung herleiten" (*Weber*, 1999, S. 40. Im Original teilweise kursiv; ähnlich *Weber/Schäffer*, 2006, S. 24). Rationale Führung setze ausreichendes Wissen voraus, dazu zähle Methoden- und Faktenwissen. Liege letzteres nicht vor, seien weder eine reflexive Willensbildung noch eine Willensdurchsetzung möglich. Somit „kommt der Bereitstellung führungsrelevanter Informationen wesentliche Bedeutung für die Sicherstellung rationaler Führung zu." (*Weber*, 1999, S. 40 f.)

Für die Problemstellung dieses Beitrags, der sich mit der Bedeutung von Wertvorstellungen beschäftigt, lassen sich die Aufgaben des Controllings folgendermaßen definieren:

- Die zentrale Aufgabe des Controllings soll die Unterstützung der Unternehmensführung sein, indem es zur Sicherstellung einer rationalen Führung beiträgt. Die Unternehmensführung hat Entscheidungen zu treffen und benötigt dafür entscheidungsrelevante Informationen.
- Unternehmensführungen haben Entscheidungen zu treffen, ob sie anderen Individuen im oder außerhalb des Unternehmens vertrauen sollen oder nicht. Um diese Entscheidungen treffen zu können, benötigt die Unternehmensführung vertrauensbildende Informationen, u.a. über Wertvorstellungen.
- Das Controlling hat eine Informationsversorgung aufzubauen bzw. die bestehende so zu erweitern, dass die für die „Vertrauensentscheidungen" notwendigen Informationen zur Verfügung gestellt werden können.

11.3   Werte als Enabler von Kooperationen

In diesem Abschnitt wird die zentrale These des Beitrags dadurch formuliert, dass die Wertvorstellungen unter genau spezifizierten Bedingungen einer Enabler-Funktion für Kooperationen zugeschrieben wird. Sie basiert auf entscheidungs- und spieltheoretischen Überlegungen, mit denen es gelingt, die situationsspezifische Relevanz von Wertvorstellungen zu beschreiben und zu prognostizieren.

11.3.1   Der Modellrahmen

Entscheidungstheoretische Erkenntnisse werden in diesem Kapitel verstärkt herangezogen, da sie für wirtschaftliches Handeln eine grundlegende Bedeutung haben. Mit Entscheidungen unter Unsicherheit beschäftigt sich systematisch vor allem die präskriptive Entscheidungstheorie. Diese „will Entscheidern helfen, möglichst rationale Entscheidungen zu treffen" (*Eisenführ/Weber*, 1999, S. 4). Dafür schlägt die präskriptive Entscheidungstheorie ein systematisches Verfahren vor, welches es ermöglicht, Fehleinschätzungen zu reduzieren: So soll sich ein Entscheider zuerst überlegen, ob er das richtige Problem löst. Für die Informationsbeschaffung und -verarbeitung soll dann nur so viel Aufwand investiert werden, wie der Bedeutung der Entscheidung angemessen ist. Als nächstes soll der Entscheider bei der Bildung von Erwartungen über die Zukunft relevante objektive Daten in Betracht ziehen, außerdem soll er sich über seine eigenen Ziele und Präferenzen im Klaren sein. Diese Anforderungen decken sich mit der Aufgabe des Controllings, die Rationalität der Führung sicherzustellen und dazu u.a. durch eine entscheidungsrelevante Informationsgenerierung beizutragen.

Sobald nicht nur ein einziger Mensch, sondern mehrere Individuen entscheiden und handeln, entstehen Interdependenzen aus deren Entscheidungen und Handlungen. Um diese angemessen berücksichtigen zu können, ist es erforderlich, sich mit der Spieltheorie zu beschäftigen. Die Institutionenökonomik betrachtet vor allem nicht-kooperative Spiele. Forscher tun dies zum einen deswegen, „weil den Verhaltensannahmen der Institutionenökonomie folgend ein einzelner Mensch zunächst seine eigenen Interessen und nicht unmittelbar die einer Gruppe von Menschen fördern möchte." (*Neus*, 1998, S. 391) Zum anderen geschieht dies aus methodologischen Motiven heraus: Es gibt gute Gründe anzunehmen, dass die Fokussierung der Ökonomik auf Dilemmastrukturen, die durch Grundstrukturen nicht-kooperativer Spiele illustriert werden können, fruchtbare Forschungsergebnisse mit sich bringen kann. Dadurch wird es möglich, sich systematisch mit der Erklärung und Gestaltung *„der Bedingungen und Folgen von Interaktionen"* (*Homann/Suchanek*, 2000, S. 202) zu befassen.

11.3.2 Die Modellierung von Auszahlungen und Opportunismus

Homann illustriert die Bedingungen moderner Gesellschaften systematisch anhand des Gefangenen-Dilemma-Modells und empfiehlt, auch Kooperationen nach diesem Muster zu untersuchen (*Homann*, 1995, S. 6 f.; *Homann/Suchanek*, 2000, S. 413). Im Folgenden wird anhand von jeweils zwei veränderten Spielsituationen die Bedeutung der beiden Phänomene Opportunismus und Identität/Werte als vertraueninduzierende Variable aufgezeigt.

Hierzu wird ein Modell mit zwei Personen 1 und 2 angenommen, die sich beide opportunistisch verhalten. Beide „Spieler" überlegen, eine Kooperation mit dem jeweils anderen einzugehen, können aber ihre gegenseitigen Erwartungen nicht detailliert und umfassend in schriftlichen Verträgen niederlegen. Die Akteure wissen nicht sicher, wie sich ihr Gegenüber verhalten wird, haben jedoch genug Informationen, um das jeweilige Verhalten des anderen *nachträglich* beurteilen zu können (vgl. *Milgrom/Roberts*, 1992, S. 259). Vereinfachend wird vorausgesetzt, dass die Spieler in jeder Spielrunde jeweils zwei Handlungsmöglichkeiten haben. Jeder muss sich entscheiden, ob er sich kooperativ oder nicht kooperativ verhalten will. Entschließen sich beide zu kooperativem Verhalten, können beide am Ende der Spielperiode auch eine positive Auszahlung erwarten. Diese sei exemplarisch mit 2 GE festgelegt; darin sind vorhersehbare Umwelteinflüsse bereits berücksichtigt.

Verhält sich nur Person 1 kooperativ, während Person 2 opportunistisch agiert, ist davon auszugehen, dass Person 2 die Erträge der Zusammenarbeit einseitig abschöpft, Person 1 dagegen durch negative Zahlungen geschädigt wird. Exemplarisch wird angenommen, dass Person 2 mit einer Auszahlung von 3 GE rechnen könnte, während Person 1 eine negative

Auszahlung von -1 zu erwarten hätte. Insgesamt wäre die Kooperation in dieser Konstellation mit einer Gesamtauszahlung von 3 GE – 1 GE = 2 GE zwar erfolgreich, doch Person 1 wäre individuell geschädigt, z.B. weil sie wertvolles Know how in die Geschäftsbeziehung mit eingebracht hat. Spiegelbildlich wären die Auszahlungen, wenn sich Person 1 nicht kooperativ und Person 2 kooperativ verhalten würde.

Unter den eben dargestellten Bedingungen, d.h. wenn dem jeweils anderen nicht vertraut werden kann, dass er sich kooperativ verhält, wird ein rationaler Akteur sich nicht kooperativ verhalten. Dies wird er tun, um einerseits den potentiellen Schaden von -1 GE zu vermeiden und sich andererseits die Chance auf den Opportunismusgewinn von 3 GE (statt 2 GE bei beidseitiger Kooperation) zu sichern. Die Folge ist, dass sowohl Person 1 als auch Person 2 die Kooperation aus der Befürchtung, dass sie durch das nicht kooperative Verhalten des anderen ausgebeutet werden, nicht eingehen werden. Sie erhalten dadurch keine positive Auszahlung und „verpassen" die Gelegenheit, zusätzliche individuelle Auszahlungen zu erhalten, die durch die Zusammenarbeit eigentlich möglich wären (vgl. *Milgrom/Roberts*, 1992, S. 216 f.).

Die folgende Tabelle verdeutlicht die Auszahlungen: Die erste Zahl in jeder Zeile beschreibt die Auszahlung z_1 von Person 1, die zweite die von Person 2, also z_2. Dabei wird nochmals deutlich: Nur wenn Person 1 und Person 2 sich kooperativ verhielten und der jeweils andere dies erwarten könnte, käme eine Kooperation zustande. Davon ist aber aufgrund der Informationen über die individuellen Auszahlungen nicht auszugehen. Die deswegen zu erwartende Auszahlung ist fett gedruckt.

Tab. 11.1: Exemplarische Auszahlungen in der Kooperationsentscheidung

		Person 2	
		Nicht kooperativ	*Kooperativ*
Person 1	*Nicht kooperativ*	**0;0**	3;-1
	Kooperativ	-1;3	2;2

Allgemeiner lassen sich die Auszahlungen folgendermaßen beschreiben, wobei G_n die Opportunismuszahlung („Gewinn") der Person n (n = 1,2), L_n den individuellen Verlust der betroffenen Person und K_n die Kooperationsrente der Person n ausdrückt. Es soll aufgrund der bereits getroffenen Annahmen gelten: $G_n > K_n > L_n$.

Tab. 11.2: Auszahlungen in der Kooperationsentscheidung

		Person 2	
		Nicht kooperativ	*Kooperativ*
Person 1	*Nicht kooperativ*	**0;0**	$G_1;L_2$
	Kooperativ	$L_1;G_2$	$K_1;K_2$

In der Auszahlungsmatrix findet sich ein wichtiges Element einer Vertrauensentscheidung wieder. So drückt K_n die zu erwartende Auszahlung des Entscheiders, also den von der Kooperation zu erwartenden Kapitalwert (KW) aus. Die Differenz zwischen der Opportunismuszahlung G_n des anderen und dessen Kooperationsgewinn K_n beschreibt die (fehlende) Opportunismusgefahr. Ist diese Differenz positiv, d.h. lohnt es sich z.B. für Person 2, sich nicht kooperativ zu verhalten, so wird die Bereitschaft der Person 1, der Person 2 zu vertrauen, gering sein.

11.3.3   Die Integration von Werten in das Modell

Die obige Analyse zeigt: Eine vorhandene Opportunismusgefahr kann der Entstehung einer Geschäftsbeziehung entgegenstehen. Dies ist unter bestimmten Bedingungen nicht zu erwarten, wenn das eben beschriebene Spiel nicht nur einmal, sondern wiederholt gespielt wird. Das bedeutet, dass eine längerfristige Kooperation angestrebt wird und diese als eine Wiederholung von Spielen betrachtet wird, bei denen es immer wieder zu entscheiden gilt, ob dem Mitspieler (weiterhin) Vertrauen geschenkt wird. Dann kann es für jeden Beteiligten aus Eigeninteresse sinnvoll sein, nicht die Auszahlung einer Spielrunde, sondern die Gesamtauszahlung einer Kooperation mit dem anderen Partner zu betrachten.

Reputation bezeichnet in der ökonomischen Literatur den Mechanismus, der einen Partner vertrauen lässt, dass der andere sich nicht unkooperativ verhält, weil er dadurch in späteren Spielen Nachteile erfährt (vgl. *Kreps*, 1990, S. 107). Der Reputationsmechanismus läuft nach festen Regeln ab. Diese Regeln schränken zwar das Handeln aus individuell-handlungstheoretischer Perspektive kurzfristig ein. Auf eine kurzfristige Opportunismuszahlung wird verzichtet, sie erweitern aber langfristig die Handlungsmöglichkeiten der beteiligten Akteure: Kooperationen erscheinen lukrativ, sie entstehen bzw. bleiben bestehen. Die Entscheidung, auf (kurzfristiges) unkooperatives Verhalten zu verzichten, ist für jeden Spieler vorteilhaft, wenn er sonst Reputation zu verlieren hat. Reputation ist dann ein Signal, das potentielle Vertragspartner vertrauen lässt, dass es zu kooperativem Verhalten kommt.

Es kann jedoch Situationen geben, in denen fehlende Opportunismusgefahr und Reputation nicht oder nicht ausreichend vorhanden sind, um potentiell erfolgsversprechende Kooperationen zu ermöglichen. So hat zum einen Kreps in empirischen Untersuchungen festgestellt, dass extrinsische Anreize unter bestimmten Bedingungen zu unerwünschten bzw. unerwarteten Handlungen führen können (*Kreps*, 1997, S. 361). Dies ist vor allem dann der Fall, wenn sich Individuen, zum Beispiel Arbeiter in Unternehmen, mit unvorhersehbaren und vertraglich nicht geregelten Kontingenzen konfrontiert sehen. Diese Situationen könnten vor allem dadurch bewältigt werden, dass ex ante nur vage Handlungsanweisungen und ebenso uneindeutige Belohnungsmechanismen vorgegeben werden und ex post eine faire Beurteilung der erbrachten Leistungen versucht wird. Dann werde die Gefahr opportunistischen Verhaltens bewusst in Kauf genommen.

Des Weiteren ist es aufgrund der Funktionsweise des Reputationsmechanismus nicht möglich, Kooperationen mit bisher unbekannten Akteuren einzugehen. Weil jene z.B. neu auf dem Markt sind, konnten sie noch keine Reputation aufbauen. Gerade kleinere oder mittlere Unternehmen, die auf dem Markt noch keinen Namen haben, haben oft wenig Gelegenheit, einen guten Ruf aufzubauen und diesen dann zu nutzen. Außerdem ist es häufig aufgrund von Informationsasymmetrien nicht gewährleistet, dass die für den Nachweis der Reputation notwendigen Informationen dem Entscheider auch bekannt und zugänglich sind. Zusätzlich ist die Voraussetzung für das Funktionieren des Reputationsmechanismus, dass Kooperationen „nach hinten offen" sind, d.h. dass sie zumindest ex ante keiner zeitlichen Befristung unterliegen, nicht immer gegeben (vgl. hierzu *Holler/Illing*, 1996, S. 22). Gerade zu Beginn einer Kooperation sind die (potentiell) hohen gemeinsamen Erträge, die sich im Laufe einer längerfristigen Kooperation ergeben können, noch relativ schlecht abzuschätzen. Die Versuchung, schnell Vorteile durch opportunistisches Verhalten zu erzielen, ist daher besonders groß. Diese Bedingungen können dazu führen, dass erwünschte Kooperationen nicht zustande kommen. Deswegen ist nach neuen, zusätzlichen vertrauensbildenden Mechanismen zu suchen, die zur Realisierung von Kooperationsgewinnen beitragen.

Werte können eine solche Funktion übernehmen (vgl. *Sjurts*, 1998, S. 286 f. und *Jarvenpaa/Shaw*, 1998, S. 39). Sie üben als informelle Restriktionen zumindest einen mittelbaren Einfluss auf Handlungen von Individuen aus. Diese zwar abstrakte, aber auf Individuen doch wirksame Koordinationsfunktion von Werten erlaubt unter bestimmten Bedingungen eine Veränderung der Auszahlungen in der Entscheidungsmatrix des Vertrauensmodells. So kann die Erfüllung von Wertvorstellungen für den Entscheider einen zusätzlichen (nicht unbedingt) monetären Nutzen darstellen, der durch eine zusätzliche positive Auszahlung in der Vertrauensmatrix abgebildet werden kann.

Messen sowohl Person 1 als auch Person 2 dem Verzicht auf List und Betrug einen positiven Nutzen bei und schreiben sie diesem eine positive „virtuelle" Auszahlung W_n zu, so ergibt sich folgende Auszahlungsmatrix (wobei weiterhin $G_n > K_n > 0 > L_n$ gelten soll):

Tab. 11.3: Zahlungen unter Berücksichtigung von Wertvorstellungen als zusätzliche Auszahlungen für die Personen n={1,2}

		Person 2	
		Nicht kooperativ	*Kooperativ*
Person 1	*Nicht kooperativ*	**0;0**	$G_1;(L_2,W_2)$
	Kooperativ	$(L_1,W_1);G_2$	$(K_1^{ges},W_1); (K_2^{ges},W_2)$

Ist $(L_n,W_n) > G_n$, so ist zu erwarten, dass sich die Personen n={1,2} für ein kooperationsförderndes Verhalten entscheiden. Ob sie tatsächlich „monetär" ausgebeutet werden, hängt vom Verhalten des jeweils anderen ab. Hat dieser Wertvorstellungen, die ähnliche individuelle Auszahlungen auslösen, und verhalten sich dadurch beide kooperationsfördernd, so können beide das Tupel der individuellen „Zahlungen" realisieren, um in der Sprache der Spieltheorie zu bleiben, (K_n,W_n): Beide erhalten dann sowohl positive monetäre Zahlungen in Höhe von K_n, zusätzlich werden sie ihren Werthaltungen gerecht, woraus sie einen zusätzlichen Nutzen W_n erlangen.

Die restriktive Wirkung von Wertvorstellungen auf individuelles Verhalten kann Kooperationen nicht nur „in Gang bringen", sondern auch (dauerhaft) stabilisieren. Weil Wertvorstellungen in jeder Spielrunde berücksichtigt werden, sinkt die Opportunismusgefahr in jeder Runde. Dies erhöht die Planungssicherheit für alle Beteiligten und steigert die organisatorische Effizienz innerhalb einer Kooperation (vgl. auch *Rothenberger*, 1992, S. 62). Haben die potentiellen Partner dagegen unterschiedliche Wertvorstellungen, so kann dies, falls Werte in der konkreten Situation entscheidungsrelevant sind, gar zu (strukturellen) Spannungen führen, die sich in Widersprüchen und Unzufriedenheiten ausdrücken (vgl. allgemein *Giddens*, 1984, S. 198 und *Liebl*, 1996, S. 139).

11.3.4 Implikationen aus dem Modell

Die eben beschriebene Koordinations- und Stabilisationsleistung können Werte jedoch nur unter bestimmten Bedingungen erfüllen. Werte, das wurde bereits gezeigt, bewirken nur dann eine Verhaltensänderung, wenn die von ihnen ausgehende Anreizwirkung – im Modell dargestellt durch veränderte Auszahlungen – die Wirkungen monetärer Anreize überkompensiert, die für opportunistisches Handeln sprechen. Damit wurde deutlich, dass Werte im Kontext mit anderen Institutionen stehen (vgl. *Picot/Dietl/Franck*, 1997, S. 11).

Die koordinierende Wirkung von Werten kommt des Weiteren nur dann zum Tragen, wenn beide Spieler in der konkreten Entscheidungssituation aufgrund bestimmter Wertvorstellungen kooperationsfördernd handeln. Dies ist vor allem bei ähnlichen Wertvorstellungen anzunehmen; vor allem da kann die konkrete Kanalisationswirkung von Werten, dass Handlungen in die gleiche Richtung ausgeführt werden, zur Geltung kommen (vgl. ähnlich *Rothenberger*, 1992, S. 61 f. und die empirische Analyse von *Schröder*, 1986, S. 176 f.): Existieren ähnliche oder identische Werte, so kann jeder Partner, gerade in Situationen, die von großen Umweltunsicherheiten gekennzeichnet sind, das Verhalten des anderen besser einschätzen: Er kann sich fragen, wie er selbst gemäß seiner Wertvorstellungen handeln könnte. Würde er die Kooperation deswegen ablehnen, stellt sich das Vertrauensproblem nicht mehr. Würde er die Kooperation aufgrund seiner Wertvorstellungen eingehen, kann er davon ausgehen, dass sich sein Gegenüber ähnlich verhalten wird.

Werte helfen gerade in unsicheren Situationen, indem sie als kurze, griffige und in der Vergangenheit bereits bewährte Regeln eingesetzt und als „Abbreviatur von langen ökonomischen Überlegungen" (*Homann*, 1999, S. 7) interpretiert und genutzt werden: „Im Sinne einer solchen Abbreviatur können in der (…) Ökonomik dann auch Worte oder Begriffe wie Werte, Pflicht und Sollen Verwendung finden: Sie dienen der bequemeren Verständigung in Bezugsgruppen, in denen darüber grundsätzliche Einigkeit besteht. (…) Damit können sie als Entscheid in einer Streitfrage nur benutzt werden, wenn sie im Kontext der Bezugsgruppe unstrittig sind." (*Homann*, 1999, S. 8)

Werte haben also, falls bestimmte Voraussetzungen erfüllt sind, eine kooperationsfördernde Wirkung. Sie sind Bestandteil einer Vertrauensvermutung; deswegen bedarf es zur Beurteilung der Vertrauenswürdigkeit von eventuellen Kooperationspartnern partnerspezifischer Informationen über deren Wertvorstellungen (vgl. dazu auch *Wieland*, 1999, S. 31 f.). Daraus lässt sich folgende These formulieren:

Wertvorstellungen können als vertrauensfördernde Variable das Zustandekommen von Kooperationen ermöglichen. Ihre Enabler-Funktion kommt dann zum Tragen, wenn alle Kooperationsbeteiligten ihr Handeln an bestimmten Wertvorstellungen orientieren und sie daraus individuelle Vorteile erzielen können, die Verluste aus nicht realisierten Opportunismuschancen überkompensieren.

11.4 Aufgaben des Wertecontrollings

11.4.1 Die Rolle von Informationen über Werte

Informationen über die Handlungsbedingungen, mit denen potentielle Kooperationspartner konfrontiert sind, ermöglichen Vertrauen, weil dadurch die Zufälligkeit zwischen den eigenen Handlungen und den erwarteten Erträgen der Kooperation reduziert werden kann. Auf die Bedeutung von Informationen für handlungsrelevante Entscheidungen weist auf allgemeine Weise Heinrich hin. Er präzisiert die klassische Definition von Informationen als „zweckorientiertes Wissen", indem er Informationen als „handlungsbestimmendes Wissen über vergangene, gegenwärtige und zukünftige Zustände der Wirklichkeit und Vorgänge in der Wirklichkeit" bezeichnet (*Heinrich*, 1993, S. 327). Die Versorgung von Entscheidern mit Informationen zählt „zu den wesentlichen Teilaufgaben des Controlling unabhängig von der verfolgten Controlling-Auffassung." (*Weber*, 1999, S. 175; ähnlich *Weber/Schäffer*, 2006, S. 32) Die Ermittlung des Informationsbedarfs und die sich im Idealfall anschließende Bereitstellung der benötigten Informationen stellen einen komplexen Prozess dar.

Beruhend auf Erkenntnissen des vorhergehenden Kapitels, wird in folgender Graphik dieser Zusammenhang in verdichteter Form in Beziehung zu den daran anschließenden Ausführungen gesetzt:

Wie im vorhergehenden Kapitel ausgeführt wurde, sind Werte vor allem dann kooperationsfördernd, wenn sie zwischen den Partnern identisch oder zumindest ähnlich sind und der durch das Orientieren an Wertvorstellungen erzeugte Nutzen eventuelle individuelle Erträge aus opportunistischem Verhalten überkompensiert.

> Wann werden Wertvorstellungen in Kooperationsentscheidungen berücksichtigt?

> • Wertvorstellungen sind entscheidungsrelevante Komponenten einer Vertrauensvermutung.
> • Ähnliche Wertvorstellungen sind kooperationsfördernd.
> • Wertvorstellungen sind Enabler von Kooperationen, wenn durch sie opportunistisches Verhalten verhindert und Zusammenarbeit ermöglicht wird.

> Welche vertrauensrelevanten Informationen über Werte soll das Controlling generieren?

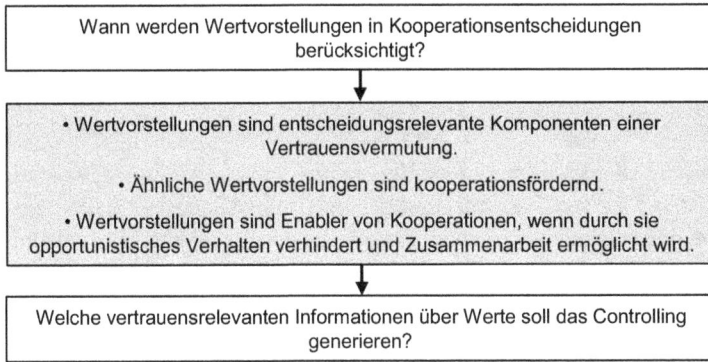

Abb. 11.1: Zusammenhang von Werten und Informationen

Zu bedenken ist aber, dass Informationen über Werte nur dann benötigt werden, wenn der Entscheider von einer grundsätzlichen Vorteilhaftigkeit der betrachteten Kooperation ausgehen kann, also Potential Gains aus der Zusammenarbeit zu erwarten sind. Diese Vorteilhaftigkeit hängt im besonderen Maße von der durch die Kooperationsbeziehung gemeinsam angestrebten Besserstellung der Akteure ab, die unter bestimmten Umweltbedingungen verfolgt wird. Zusätzlich sind es die Bedingungen für jeden einzelnen Kooperationspartner, die seinen Anteil am Gesamterfolg der Zusammenarbeit definieren. Es geht also für jeden Kooperationspartner darum, den zu realisierenden Gesamterfolg einer Kooperation zu maximieren (man könnte bildlich davon sprechen, einen Kuchen gemeinsam möglichst groß zu backen), um einen möglichst großen Anteil am Kooperationsgewinn (ein möglichst großes Stück vom Kuchen), eine hohe Kooperationsrente, zu bekommen.

Gerade die Vorteile von Kooperationen werden in der Literatur immer wieder betont, wenn sie nicht gar als Garant für die Überlebensfähigkeit von Unternehmen bezeichnet werden (vgl. *DeBresson/Amesse*, 1991, S. 369). Jeder Partner – insbesondere in der Zusammenarbeit mit Lieferanten – bringt über die Zeit Ressourcen wie Waren, Dienstleistungen oder Wissen in eine Beziehung mit ein, auf die ein Unternehmen für sich allein nicht oder nur deutlich teurer zugreifen könnte. Der wechselseitige Austausch soll für jedes einzelne beteiligte Unternehmen (Wettbewerbs-)Vorteile gegenüber externen Konkurrenten erzielen. Zusätzlich ermöglicht gerade eine internationale Zusammenarbeit eine flexible Ausschöpfung regionaler und globaler Potentiale und die Nutzung der internationalen Arbeitsteilung (*Picot/Reichwald/Wigand*, 2001, S. 316 ff.).

Die in der Kooperation liegenden Potential Gains können durch transaktionskostentheoretische Überlegungen abgeschätzt werden. So lassen sich durch Geschäftsbeziehungen im Vergleich zu marktlichen Kooperationsformen Anbahnungskosten reduzieren, weil das überschaubarere Umfeld eine mehrmalige Kooperation mit den gleichen, bereits bekannten Personen ermöglicht. Ist ein verlässlicher Partner gefunden und bekannt, lassen sich im Vergleich zum Markt permanent anfallende Verhandlungs- und Einigungskosten vermindern: Eine Kommunikation ohne sprachliche oder kulturelle Hürden kann den Vertragsabschluß spürbar erleichtern. Weil die Zusammenarbeit zwischen selbständigen Partnern erfolgt, reduzieren sich Koordinationskosten, wenn auf Teile einer formalen Aufbauorganisation („Wasserkopf") verzichtet wird. In funktionierenden Geschäftsbeziehungen lassen sich unvollständige Verträge auch bei veränderten Rahmendaten besser anpassen und dadurch im Vergleich zum anonymen Markt Anpassungskosten reduzieren (vgl. *Fritsch*, 1992 und *Sydow*, 1992, S. 299 ff.).

Die Realisierung dieser Vorteile ist allerdings an eine Reihe von Voraussetzungen gebunden: So bedarf ein funktionierendes Netzwerk, um kurzfristiges opportunistisches Verhalten einzelner Partner zu vermeiden oder einzugrenzen, eine langfristig ausgelegte, enge Vernetzung zwischen den Partnern und gegenseitiges Vertrauen.

Gerade Vertrauen und gemeinsame Werthaltungen seien, so Picot et al., „wichtige Bestandteile der Transaktionsatmosphäre. Sie können (…) die Vereinbarung und Abwicklung von Transaktionen erleichtern und beschleunigen und dadurch transaktionskostensenkend wirken. Durch Erzeugung einer vertrauensvollen Atmosphäre können daher symbiotische Arrangements zur unternehmensübergreifenden Erfüllung auch hoch spezifischer Kernaufgaben ökonomisch sinnvoll eingesetzt werden." (*Picot/Reichwald/Wigand*, 2001, S. 289)

11.4.2 Informationsbedarfsanalyse und Informationsbereitstellung

Um den konkreten Informationsbedarf feststellen zu können, sind die vom Auftraggeber gewünschten Informationen zu spezifizieren: „Ein Informationsbedarf ist erst dann hinreichend beschrieben, wenn er alle erforderlichen Informationen enthält und diese zudem in Bezug auf diejenigen Eigenschaften gekennzeichnet sind, die für den jeweiligen Bedarfsfall zu fordern sind." (*Berthel*, 1992, Sp. 873. vgl. auch *Wall*, 1999, S. 41)

Alle Informationen, die zu einem bestimmten Zeitpunkt zur Verfügung stehen, bestimmen das Informationsangebot. Dieses trägt nur dann zur Entscheidungsunterstützung bei, wenn es auf eine Nachfrage trifft (vgl. *Wall*, 1999, S. 33 und *Szyperski*, 1980, Sp. 905). In der Literatur wird der Informationsbedarf dahingehend konkretisiert, dass zwischen einem objektiven und einem subjektiven Informationsbedarf unterschieden wird, der auch als Informationsnachfrage bezeichnet werden kann. Während ersterer sich nur aus der Aufgabenstellung definiert, ist der subjektive Bedarf durch die individuellen Wünsche des Aufgabenträgers determiniert (vgl. *Wall*, 1999, S. 33; *Szyperski*, 1980, Sp. 905 und *Bahlmann*, 1982, S. 49 f.). Idealtypisch decken sich objektiver und subjektiver Informationsbedarf und das Informationsangebot, in der Realität, so zeigen Untersuchungen, weichen sie jedoch voneinander ab.

Es wird nicht immer der Fall sein, dass der Informationsbedarf schon a priori eindeutig bekannt ist, gegebenenfalls lässt sich dieser erst während oder nach der Bearbeitung einer Aufgabe konkretisieren, für die Informationen benötigt werden. Wall weist in diesem Zusammenhang darauf hin, dass die zeitliche Erkennbarkeit des Informationsbedarfs in einem engen Zusammenhang mit der Strukturiertheit der zu bewältigenden Aufgabe stehe: „Der Informationsbedarf für wiederkehrende und gut strukturierbare Aufgaben ist vor der Aufgabenerfüllung bestimmbar. Einzelprobleme, die nicht vorhersehbar und in der Regel schlecht strukturiert sind, können auch im Hinblick auf den Informationsbedarf bestenfalls während der Problemlösung beurteilt werden." (*Wall*, 1999, S. 40. Diese verweist auf *Berthel*, 1992, Sp. 878 f.)

Ist der Informationsbedarf durch die Entscheidungsträger definiert, so hat das Controlling die benötigten Informationen auch tatsächlich bereitzustellen. Dafür ist eine Reihe von Handlungen vorzunehmen, die sich in die (Teil-)Prozesse Informationsgewinnung, -aufnahme, -übertragung, -speicherung, -abgabe und -verwendung gliedern lassen (vgl. *Wall*, 1999, S. 36 ff. und *Kramer*, 1962, S. 93 ff.).

Für die Bereitstellung von Informationen zum Vertrauensaufbau ergeben sich folgende Konsequenzen: Zwar ist die Qualität einer Vertrauensentscheidung maßgeblich von der Entscheidungsqualität der Informationen, die dem Entscheidungsträger zur Verfügung stehen, abhängig. Jedoch sind Informationen über Wertvorstellungen nur dann notwendig, wenn der mit der Gewinnung solcher Informationen verbundene Aufwand mit realistischen Ertragsaussichten verbunden ist: Nur dann, wenn sich eine Kooperation zumindest im Optimalfall lohnt, werden sich Entscheider überhaupt Gedanken machen, diese unter Risiko einzugehen. Ist dies der Fall, ist die Informationsgewinnung problemspezifisch und effizient durchzuführen. Dabei sind sowohl Eigeninteressen der Beteiligten als auch unterschiedliche „Aufnahmekapazitäten" (in Bezug auf Verstehen und Quantität) der Empfänger zu beachten. Anzustreben ist somit eine „problemgerechte Informationsstruktur" (*Frese*, 1998, S. 43; vgl. auch *Volnhals/Hirsch*, 2008, S. 55). Diese setzt sich aus einer Reihe von Einzelinformationen zusammen, deren Generierung im Folgenden begründet und beschrieben wird.

11.4.3   Informationengenerierung über Wertvorstellungen

Werte werden als ein Set von grundsätzlichen informalen Regeln begriffen, die Handlungen von Individuen beschränken. Diese Definition hat sich bisher als zweckmäßig erwiesen. Sie impliziert jedoch, dass Werte ein relativ abstraktes Konstrukt sind. Anders als z.B. eine schriftlich dokumentierte Strategie oder ein durch eine Graphik veranschaulichtes Organigramm eines Unternehmens lassen sich die Wertvorstellungen eines Unternehmens oder eines individuellen Akteurs oft nur schwer fassen. Wertvorstellungen sind im Rahmen der operativen Analyse deswegen häufig nicht direkt erkennbar bzw. messbar (vgl. *Silberer*, 1991, S. 17 ff.). Diese auftretende Komplexität macht zusätzliche Überlegungen dahingehend erforderlich, welche inhaltliche Qualität Informationen über Wertvorstellungen haben können bzw. sollen. Im Folgenden werden deswegen unterschiedliche Möglichkeiten diskutiert, wie es gelingen kann, Informationen über Wertvorstellungen zu generieren.

Aussender und Empfänger von Informationen über Werte haben stets Folgendes zu beachten: Die Informationen über Wertvorstellungen müssen realitätsnah sein, nur dann haben sie eine vertrauensfördernde Wirkung. „Cheap Talk", also eine auf den kurzfristigen Vorteil bedachte Kommunikation von Wertvorstellungen durch ein Unternehmen, die nicht gelebt werden, ruft zumindest längerfristig kontraproduktive Wirkungen hervor und ist deshalb eine Verschwendung von Ressourcen (vgl. *Wolff*, 1999. S. 285).

Befragungen sind eine häufig von der empirischen Werteforschung verwendete und überprüfte Methode, um Informationen über Inhalte und Gewichtungen von Wertvorstellungen zu erhalten. Will man Informationen über Werte aus Befragungen ableiten, muss eindeutig sein, was unter Werten zu verstehen ist und wie einzelne Wertvorstellungen und gegebenenfalls deren Gewichtungen erkannt und abgelesen werden können. Als Indikatoren für Wertvorstellungen eignen sich bei Befragungen vor allem gewichtete Wertebegriffe und Angaben zu verhaltensspezifischen Interessen oder Zielen. Nicht verwendet werden sollen objekt-bzw. verhaltensorientierte Einstellungen, die neben Werten auch Kenntnisse oder sachbezogene Urteile ausdrücken. Werden Werte-Begriff-Vorlagen im Rahmen von Wertemessungen verwendet, so wird in der Regel nur der einschlägige Wertebegriff als einziger Indikator herangezogen (vgl. *Silberer*, 1991, S. 26 ff.).

Für die Problemstellung dieser Arbeit sind aber vor allem die mündlichen Befragungen, die Alltagsgespräche und die Einthemenbefragungen von besonderer Bedeutung. Die schriftliche Befragung hat zwar den Vorteil, dass sie für große Gruppen sehr preiswert durchgeführt werden kann; allerdings fällt es damit teilweise schwer, die Komplexität von Werten angemessen zu erfassen. Zusätzlich kommt hinzu, dass es bei Kooperationsverhandlungen zwischen Unternehmen eher unrealistisch erscheint, ein Unternehmen zu bitten, einen Fragebogen zu seinen Wertvorstellungen auszufüllen (vgl. *Klein*, 1991, S. 55).

Somit kommen vor allem mündliche Befragungen in Frage. Hier können jedoch Interviewfehler, d.h. Verzerrungen der Antworten „aufgrund der Art und Weise, wie der Interviewer fragt bzw. erklärt oder auch durch die non-verbalen Signale, die er, im mündlichen Interview, aussendet" (*Klein*, 1991, S. 55), auftreten. Solche Fehler lassen sich jedoch mit gezieltem Training reduzieren (vgl. *Klein*, 1991, S. 56).

Wertebegriffe lassen sich auch aus Dokumenten, die Unternehmen publizieren, herauslesen. Gerade dann wenn es nicht möglich ist, Gespräche über Werte mit Führungskräften oder Mitarbeitern eines Unternehmens zu führen oder einschlägige Fragebögen zu entwickeln und auszuwerten, kann eine Dokumentenanalyse zur Beschaffung von Informationen über Wertvorstellungen des zu untersuchenden Unternehmens hilfreich sein.

Die Dokumentenanalyse kann dazu beitragen, „Rückschlüsse von sprachlichen Äußerungen von Personen auf ihnen nicht-eigene sprachliche Elemente, wie z.B. auch ihre Werthaltungen" (*Klein*, 1991, S. 61) zu ziehen. Die Qualität der Erhebung und der Auswertung von Dokumentenanalysen hängt vor allem von der Qualität der Interpretation der ausgewerteten Dokumente ab. Voraussetzung für einen sinnvollen Einsatz der Inhaltsanalyse ist ein „gemeinsames Sprachverständnis von Sender, Empfänger und Textanalyst." (*Klein*, 1991, S. 61)

Wertvorstellungen spiegeln sich vor allem in Leitbildern, deren Bedeutung für Unternehmen selbst immer mehr zunimmt und die bei großen Unternehmen eine beachtliche Verbreitung gefunden haben, wieder. Weber sieht den Zweck von Leitbildern darin, „die Werte und Normen des Unternehmens zu spezifizieren und zu detaillieren." (*Weber*, 1999, S. 361) Ein Unternehmensleitbild lässt sich dadurch charakterisieren, dass es zum einen „die gemeinsame Wertebasis eines Unternehmens [reflektiert]", andererseits aber auch „die grundlegenden Überzeugungen und Ziele, die für das Unternehmen gültig sein sollen" formuliert. Zusätzlich „definiert [es] die Verantwortung gegenüber den verschiedenen Stakeholdern (Anspruchsgruppen) eines Unternehmens." (*KPMG*, 1999, S. 10)

Reichen die durch eine Leitbildanalyse gewonnenen Informationen nicht aus bzw. erscheinen die formulierten Wertvorstellungen nicht glaubwürdig, so kann versucht werden, durch eine systematische Analyse aller von dem zu untersuchenden Unternehmen bekannten Dokumente Rückschlüsse auf die im Unternehmen herrschenden Wertvorstellungen zu gewinnen.

Durch das (wiederholte) Finden von Schlüsselwörtern, die das Unternehmen in seinen Statements gegenüber der Öffentlichkeit, in seinen Personalauswahlkriterienkatalogen, in seinen Führungskräfteentwicklungsprogrammen, im Marketing etc. verwendet, können Wertvorstellungen identifiziert werden (vgl. *Hall*, 1994, S. 36).

Informationen über von Unternehmen als wichtig erachtete Wertvorstellungen lassen sich unter Umständen auch aus Sozialbilanzen herauslesen. Ziele dieses Instruments sind die Abbildung „zahlungsorientierte[r], marktmäßige[r] Beziehungen zwischen den Unternehmen und der Umwelt" (*Freidank/Meyer*, 1991, S. 145) und der Anspruch, zusätzliche Informationen über gesellschaftliche Aktivitäten von Unternehmen zu liefern, die in der handelsrechtlichen Rechnungslegung nicht abgebildet werden. Dies können freiwillige, sozialpolitisch motivierte Zahlungen an Mitarbeiter, Investitionen in umweltschützende Maßnahmen und/ oder umweltfreundliche Produkte sein. Unter Umständen lassen sich dadurch Rückschlüsse auf Wertvorstellungen ziehen.

Darüber hinaus besteht die Möglichkeit, dass Informationen über Wertvorstellungen aus Verhaltensbeobachtungen und einer Unternehmenskulturanalyse generiert werden können (vgl. *Hirsch*, 2002, S. 119 ff.). Bei Verhaltensbeobachtungen muss aber darauf geachtet werden, dass diese nur als unterstützende Maßnahmen bei der Generierung von Informationen herangezogen werden, die z.B. aus Befragungen abgeleitete Einschätzungen bekräftigen (vgl *Catton*, 1959, S. 311).

11.5   Schlussbemerkungen und Ausblick

Unser Beitrag thematisiert, unter welchen Bedingungen es für ein Unternehmen ökonomisch zweckmäßig ist, Wertvorstellungen bei Entscheidungen zu berücksichtigen. Um dieses Ziel zu erreichen, wurden methodische Konzepte aus der Institutionenökonomik und der Spieltheorie herangezogen und auf die Problemstellung des Beitrags übertragen.

Die Bedeutung von Wertvorstellungen für Entscheidungen von und in Unternehmen lässt sich nur kontextspezifisch beantworten. Folgende Pole helfen bei der situationsspezifischen Analyse: Es sind (unmittelbare) monetäre Anreize, die einen Rückgriff auf Wertvorstellungen überflüssig machen. Lässt sich aus monetären Anreizen ein eindeutiges Handeln von Kooperationspartnern zugunsten der gemeinsamen Zusammenarbeit schließen, so ist eine Analyse der Wertvorstellungen der Beteiligten unnötig und überflüssig. Umgekehrt dürfen Wertvorstellungen einen potentiellen Partner nur sehr schwer von opportunistischem Verhalten abhalten, wenn ausreichend hohe (monetäre) Anreize dies angemessen erscheinen lassen.

Werte spielen also vor allem dann eine Rolle, wenn die Handlungen eines potentiellen Kooperationspartners aus vordergründigen monetären Überlegungen allein nicht eindeutig prognostiziert werden können. Neben der Reputation des potentiellen Partners können Informationen über ähnliche Wertvorstellungen der Partner ein entscheidendes Signal auslösen, eine Geschäftsbeziehung doch einzugehen und damit hohe Potential Gains zu ermöglichen.

Um Wertvorstellungen als Variable einer Entscheidung für oder gegen eine lukrative, aber risikobehaftete Geschäftsbeziehung nutzen zu können, sind einschlägige Informationen zu generieren. Darüber hinaus üben identische bzw. ähnliche Wertvorstellungen eine stabilisierend Wirkung auf schon bestehende Geschäftsbeziehungen aus. Während zahlreiche Methoden zur primären Identifikation von Wertvorstellungen in Literatur und Praxis bereits vorliegen, gab es zur Transformation ähnlicher Wertvorstellungen in investitionsentscheidungsrelevante Informationen bisher kein Instrument.

Die funktionale Gestaltung von Controllinginstrumenten, mit denen Wertvorstellungen erfasst und verarbeitet werden können war nicht Gegenstand dieses Beitrags. Für weitere Studien zu diesem Thema sei an dieser Stelle auf die Arbeit von Hirsch über die Value Balance Card (*Hirsch*, 2003) verwiesen. Mit der Value Balance Card gelingt es, Informationen über die Ähnlichkeit von Wertvorstellungen zu verdichten. Mit deren Hilfe wird dann eine Wahrscheinlichkeit über kooperatives Verhalten eines potentiellen Kooperationspartners abgeleitet, die wiederum in eine Investitionsrechnung eingebaut werden kann.

Trotz noch vorhandener Schwierigkeiten, aus denen sich weiterer Forschungsbedarf ergibt, überwiegen die Potentiale, die eine Berücksichtigung von Wertvorstellungen im Controlling hat. Er ermöglicht durch die Bereitstellung bisher nicht gekannter Informationen, besser fundierte Entscheidungen zu erzielen. Eine Bereitstellung solcher Informationen wird im Kontext, in dem Unternehmen heute agieren, immer wichtiger: „In dem Umfang, in dem Märkte und Unternehmen (…) international operieren, gewinnt das Management von kulturell bedingten Wertungs- und Wertdifferenzen an Bedeutung. (…) Nur so können die Kostenvorteile globaler Arbeitsteilung realisiert und das weltweit innovativste Wissen erreicht und genutzt werden." (*Wieland*, 1999, S. 99 f.)

Literatur

Albach, H.: Betriebswirtschaftslehre ohne Unternehmensethik!, in: Zeitschrift für Betriebswirtschaft, 75. Jg. (2005), S. 809–831.

Bahlmann, A. R.: Informationsbedarfsanalyse für das Beschaffungsmanagement. Betriebswirtschaftliche Schriften zur Unternehmensführung, Bd. 41: Betriebliche Logistik, Gelsenkirchen 1982.

Berthel, J.: Informationsbedarf, in: Frese, E. (Hrsg.): Handwörterbuch der Organisation, 3. Aufl., Stuttgart 1992, Sp. 872–886.

Buchanan, J. M.: Die Grenzen der Freiheit. Zwischen Anarchie und Leviathan, Tübingen 1984.

Catton, W.R.: A Theory of Value, in: American Sociological Review, 24. Jg. (1959), S. 310–317.

DeBresson, C.; Amesse, F.: Network of Innovators: A Review and Introduction to the Issue; in: Utterback, J. M. (Hrsg.): Network of Innovators, Research Policy, Vol. 20 (1991), Special Issue, S. 363–379.

Dietl, H.: Institutionen und Zeit, Tübingen 1991.

Ebers, M.; Gotsch, W.: Institutionenökonomische Theorien der Organisation, in: Kieser, A. (Hrsg.): Organisationstheorien, 3. Aufl., Stuttgart et al. 1999, S. 199–251.

Eisenführ, F.; Weber, M.: Rationales Entscheiden, 3. Aufl., Berlin u.a. 1999.

Föhr, S.; Lenz, H.: Unternehmenskultur und ökonomische Theorie, in: Staehle, W. H.; Conrad, P. (Hrsg.): Managementforschung 2, Berlin/New York 1992, S. 111–162.

Freidank C.-C.; Meyer H.: Die Sozialbilanz als Ergänzung der handelsrechtlichen Jahresabschlußrechnung, in: Corsten, H.; Schuster, L.; Stauss, B. (Hrsg.): Die soziale Dimension der Unternehmung, Berlin 1991, S. 143–168.

Fritsch, M.: Unternehmensnetzwerke im Lichte der Institutionenökonomik; in: Jahrbuch für Neue Politische Ökonomie, Bd. 11 (1992), S. 89–102.

Frese, E.: Grundlagen der Organisation, 7. Aufl., Wiesbaden 1998.

Giddens, A.: The Constitution of Society: Outline of the Theory of Structuration, Berkeley 1984.

Heinrich, L.: Information, in: Corsten, H. (Hrsg.): Lexikon der Betriebswirtschaftslehre, 2. Aufl., München/Wien, S. 327–330.

Hall, B. P.: Values Shift: A Guide to Personal & Organizational Transformation, Rockport 1994.

Hemel, U.: Ethikcontrolling – Wertschöpfung durch Wertesteuerung, in: Horváth, P. (Hrsg.): Erfolgstreiber für das Controlling, Stuttgart 2007, S. 53–62.

Hirsch, B.: Werte-Controlling, Wiesbaden 2002.

Hirsch, B.: Die Value Balance Card, in: Zeitschrift für Wirtschafts- und Unternehmensethik, 4. Jg. (2003), H. 1, S. 82–101.

Holler, M. J./Illing, G.: Einführung in die Spieltheorie, 3. Aufl., Berlin u. a. 1996.

Homann, K.: Gewinnmaximierung und Kooperation – Eine ordnungsethische Reflexion, Kieler Arbeitspapiere Nr. 691, Kiel 1995.

Homann, K.: Wirtschaftsethik: Wo bleibt die Philosophie?, Manuskript, Ingolstadt 1999.

Homann, K.: Die Legitimation von Institutionen, in: Korff, W. et al. (Hrsg.): Handbuch der Wirtschaftsethik, Bd. 2, Gütersloh 1999, S. 50–95.

Homann, K.; Suchanek, A.: Ökonomik: eine Einführung, Tübingen 2000.

Honecker, M.: Wert, Werte, Werturteilsfreiheit, in: Enderle, G.; Homann, K.; Honecker, M.; Kerber, W.; Steinmann, H. (Hrsg.): Lexikon der Wirtschaftsethik, Freiburg/Basel/Wien 1993, Sp. 1256–1265.

Jarvenpaa, S. L.; Shaw, T. R.: Global Virtual Teams: Integrating Models of Trust, in: Sieber, P.; Griese, J. (Hrsg.): Organizational Virtualness, Bern 1998, S. 35–52.

Klein, S.: Der Einfluß von Werten auf die Gestaltung von Organisationen, Berlin 1991.

Kluckhohn, C.: Values and value-orientation in the theory of action, in: Parson, T./Shils E. (Hrsg.): Towards a general theory of action, Cambridge 1951, S. 388–433.

KPMG: Unternehmensleitbilder in deutschen Unternehmen: Eine Untersuchung von KPMG in Zusammenarbeit mit dem Lehrstuhl für Unternehmensführung an der Universität Erlangen-Nürnberg, Frankfurt 1999.

Kramer, R.: Die betriebswirtschaftliche Bedeutung von Information und Kommunikation, insbesondere für die Struktur des Betriebes, Mannheim 1962.

Kreps, D. M.: Corporate culture and economic theory, in: Alt, J.; Shepsle, K. (Hrsg.): Perspectives on positive political economy, Cambridge 1990, S. 90–143.

Kreps, D. M.: Intrinsic Motivation and Extrinsic Incentives, in: The American Economic Review, Vol. 87 (1997), Nr. 2, S. 359–364.

Küpper, H.-U.: Business Ethics in Germany, in: Zeitschrift für Wirtschafts- und Unternehmensethik, 8. Jg. (2007), H. 3, S. 250–274.

Lautmann, R.: Wert und Norm, Köln/Opladen 1969.

Liebl, F.: Strategische Frühaufklärung: Trends "Issues" Stakeholders, München/Wien 1996.

Lin-Hi, N.: Unternehmensverantwortung im Mittelstand, in: Waldkirch, R. (Hrsg.): Die Moral der Wirtschaft. Gesellschaftliche Verantwortung und Mittelstand, Münster (2008), S. 49–65.

Milgrom, P.; Roberts, J.: Economics, Organization and Management, London et al. 1992.

Müller, H.; Rust, H.; Schmitt, J.: Sittenverfall, in: manager magazin, 32 Jg. (2002), H. 6, S. 138–148.

Neus, W.: Einführung in die Betriebswirtschaftslehre aus institutionenökonomischer Sicht, Tübingen 1998.

Picot, A.; Dietl, H.; Franck, E.: Organisation: eine ökonomische Perspektive, Stuttgart 1997.

Picot, A.; Reichwald, R.; Wigand R.: Die grenzenlose Unternehmung: Information, Organisation und Management, 5. Aufl., Wiesbaden 2001.

Reichmann, T.: Controlling mit Kennzahlen und Managementberichten, 5. Aufl., München 1997.

Rothenberger, P.: Ein Mehrebenenkonzept zur Diagnose von Werten in Unternehmen, Frankfurt/Main u.a. 1992.

Schäffer, U.: Zum Verhältnis von Unternehmensethik und Controlling, in: Zeitschrift für Wirtschafts- und Unternehmensethik, 5. Jg. (2004), H. 1, S. 55–76.

Schneider, D.: Betriebswirtschaftslehre Band 3: Theorie der Unternehmung, München/Wien 1997.

Schröder, W.: Leistungsorientierung und Entscheidungsverhalten, Frankfurt a. M. 1986.

Schweitzer, M.; Friedl, B.: Beitrag zu einer umfassenden Controlling-Konzeption, in: Spremann, K.; Zur, E. (Hrsg.): Controlling: Grundlagen – Informationssysteme – Anwendungen, Wiesbaden 1992, S. 141–167.

Silberer, G.: Werteforschung und Werteorientierung im Unternehmen, Stuttgart 1991.

Sjurts, I.: Kontrolle ist gut, ist Vertrauen besser?, in: Der DBW, 58. Jg. (1998), H. 3, S. 283–298.

Sydow, J.: Strategische Netzwerke und Transaktionskosten. Über die Grenzen einer transaktionskostentheoretischen Erklärung der Evolution strategischer Netzwerke; in: Staehle, W.; Conrad, P. (Hrsg.): Managementforschung, Bd. 2, Berlin 1992, S. 239–311.

Szyperski, N.: Informationsbedarf, in: Grochla, E. (Hrsg.): Handwörterbuch der Organisation, 2. Aufl., Stuttgart 1980, Sp. 904–913.

Volnhals, M.; Hirsch, B.: Information Overload und Controlling, in: Zeitschrift für Controlling & Management, 52. Jg. (2008), Sonderheft 1, S. 50–56.

Waldkirch, R.: Gesellschaftliche Verantwortung im südwestfälischen Mittelstand – Eine Umfrage, in: Waldkirch, R. (Hrsg.): Die Moral der Wirtschaft. Gesellschaftliche Verantwortung und Mittelstand, Münster (2008), S. 25–48.

Wall, F.: Planungs- und Kontrollsysteme, Wiesbaden 1999.

Weber, J.: Einführung in das Controlling, 8. Aufl., Stuttgart 1999.

Weber, J.; Schäffer, U.: Einführung in das Controlling, 11. Aufl., Stuttgart 2006.

Wieland, J.: 1999: Die Ethik der Governance, Marburg 1999.

Wolff, B.: Anreizkompatible Reorganisation von Unternehmen, Stuttgart 1999.

12 Stakeholderintegration durch Netzwerkcontrolling

Klaus Möller und Felix Isbruch

12.1   Einleitung

Unternehmensnetzwerke[1] sind kein neues Phänomen in der Betriebswirtschaft – weder in der Forschung noch in der Praxis. Gleichwohl lässt sich eine steigende Auseinandersetzung mit dem Thema Netzwerke und speziell den Controllingaspekten in und von Netzwerken konstatieren. Woran liegt das?

Angelehnt an die zentralen Ansätze der Strategieforschung lassen sich drei Argumentationslinien für Bildung und Betrieb von Netzwerken identifizieren: (1) Nach dem Resource Based View kann ein Unternehmen durch geschickte Kooperationen fehlende eigene Ressourcen ausgleichen und in Kombination mit anderen Unternehmen und ihren Ressourcen ein Geschäftsziel besser erreichen. Aufgrund des inzwischen zunehmend globalen Wettbewerbs ist eine überlegene Kostenposition notwendig, die nur bei einer ausreichenden Spezialisierung erzielt werden kann. Netzwerke sind daher einerseits eine Reaktion auf den Trend der Konzentration auf Kernkompetenzen (als spezielle Ressourcenbündel) und dienen andererseits wesentlich der Kompetenzkombination, um dem Kunden weiterhin komplette bzw. komplexe Lösungen bieten zu können.

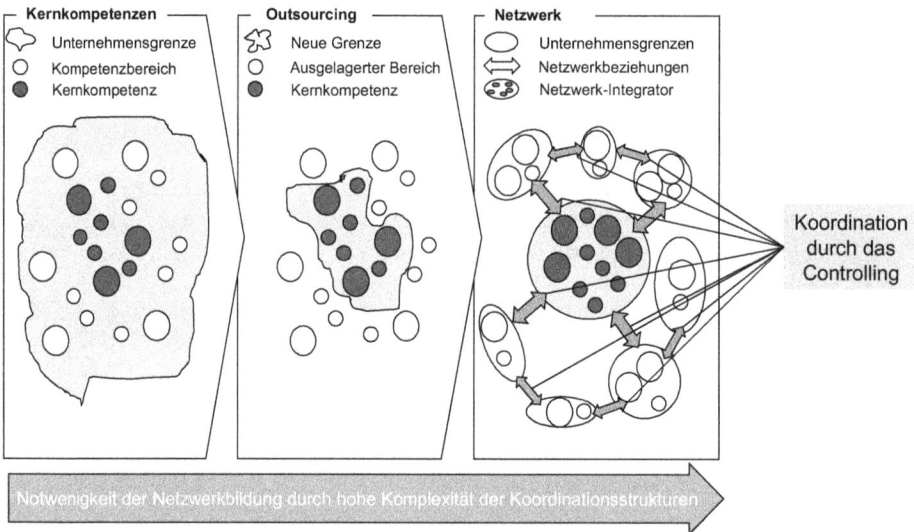

Abb. 12.1: Entwicklung von Netzwerken als „Kompetenzcluster"
(Quelle: Pointner, 2003, S. 33)

---

[1]   Im Folgenden wird aus sprachlichen Gründen in der Regel die einfache Form „Netzwerk" verwendet, obwohl „Unternehmensnetzwerke" gemeint sind, vgl. dazu auch Abschnitt 12.2.2.

(2) Aufgrund dieser Kombination aus Fokussierung und Kooperation ergeben sich zusätzliche Möglichkeiten (und vielfach auch Notwendigkeiten durch das verkleinerte Arbeitsfeld) einer gemeinsamen Markterschließung. Nach dem Market Based View dienen Netzwerke also als Möglichkeit zur Markterschließung bei gleichzeitiger Kompetenzkonzentration der einzelnen Partner. (3) In allen Fällen wird – stillschweigend oder explizit – davon ausgegangen, dass mit Netzwerken Synergiepotenziale erzielt werden können. Netzwerken wird also die Hypothese der Hyperadditivität unterstellt, sie sollen den Erfolg der Partner „überadditiv" verknüpfen: „relational rent as a supernormal profit jointly generated in an exchange relationship that cannot be generated by either firm in isolation and can only be created through the joint idiosyncratic contributions of the specific alliance partners." (*Dyer/Singh*, 1998, S. 662). Einfacher drückt es *Ansoff* (1965) aus: „2 + 2 = 5". Bedeutsam für diese Hyperadditivität ist die enorme Steigerung der Möglichkeiten bei Informations- und Kommunikationstechnologie, die inzwischen die Abstraktion von lokalen Gegebenheiten bei der Netzwerkbildung erlaubt. Inzwischen können auch international dislozierte Kooperationen erfolgreich und effizient umgesetzt werden. Inzwischen kann eine ganze Reihe von Unternehmensnetzwerken bereits auf eine längere erfolgreiche Geschichte zurückblicken und werden als Beispiele von Wissenschaftlern untersucht und von Praktikern als Erfolgsgeschichten vermarktet bzw. kopiert. Allerdings sei bereits hier darauf hingewiesen, dass unter dem Schlagwort „Netzwerk" eine unüberschaubare Vielzahl von Ausprägungen behandelt wird. Eine differenzierte Behandlung dessen, was mit „Netzwerken" gemeint ist und was von ihnen bewirkt wurde, ist daher unumgänglich.

Die Stakeholder-Orientierung weist deutliche Bezüge zur zunehmenden Netzwerkorientierung auf: Unternehmen werden nicht mehr als unabhängig agierende Akteure wahrgenommen, sondern als Partner in einem Netzwerk. Damit wird auch gleichzeitig die Vielschichtigkeit der Netzwerkdiskussion deutlich: Netzwerke in diesem Kontext sind keineswegs „nur" Unternehmensnetzwerke zur Wertschöpfungserzielung, sondern genauso soziale Netzwerke (von Mitarbeitern) sowie Unternehmens-/ Sozialnetzwerke mit erheblichen Wirkungen auf Staat, Gesellschaft und Umwelt. Je nachdem, welches Netzwerkverständnis zugrunde gelegt wird, sind daher ausschließlich Unternehmen oder aber durchaus auch weitere Stakeholder die Akteure eines Netzwerks. Wesentlicher Inhalt der Stakeholder-Diskussion ist die Herausarbeitung und Findung von Zielen, die von allen Stakeholdern mitgetragen werden und nicht nur die finanziellen Ziele der Eigenkapitalgeber darstellen. Hier ergeben sich direkte Parallelen zu Netzwerken, bei denen die Partner ebenfalls eine gemeinsame Zielstellung identifizieren und umsetzen müssen, die die heterogenen Einzelziele der Partner (Know how-Zuwachs, finanzieller Gewinn, Risikominimierung, Marktzutritt etc.) ausgewogen reflektiert. Genau dies ist eine Teilaufgabe des Netzwerkcontrollings, das damit wesentliche konzeptionelle Impulse für die Stakeholder Value Diskussion erbringen kann. Insbesondere kann es eine Einbindung von Stakeholdern und die systematische und ausbalancierte Berücksichtigung ihrer Interessen unterstützen.

Fokussiert man auf das Thema des Netzwerkcontrollings ergibt sich ein heterogenes Bild: Das Interesse aus Wissenschaft und Praxis an der Thematik der erfolgsorientierten Steuerung von Netzwerken ist sehr hoch, wird sie doch (berechtigterweise) als Voraussetzung für die Ausnutzung der Synergiepotenziale gesehen, und damit als notwendig, damit Netzwerke überhaupt ihre Daseinsberechtigung erhalten. Betrachtet man allerdings den Stand der Forschung ist – trotz der Vielzahl der Publikationen – ein eher ernüchterndes Fazit zu ziehen: Eine enorme Menge an Veröffentlichungen beschäftigt sich mit einzelnen Aspekten und Besonderheiten von Netzwerken und ihren Konsequenzen für einzelne Controllingaspekte – ein ganzheitlicher Ansatz eines Controllings wird dabei jedoch weder entwickelt, noch ist er in der Regel intendiert. Nur sehr wenige Arbeiten entwickeln ganzheitliche Ansätze. Diese bleiben dann in ihrer Analyse der Besonderheiten oftmals undifferenziert und konzentrieren sich auf einen präskriptiven Handlungsrahmen unter Nutzung der vorhandenen allgemeinen Controllinginstrumente. Die Verbreitung dieser Ansätze ist in der Forschung gering und in der Netzwerkpraxis praktisch nicht vorhanden. Die „Disziplin" des Netzwerkcontrollings ist offensichtlich noch in einem sehr frühen Stadium. Zu fragen ist dabei durchaus: Ist ein solches eigenständiges Netzwerkcontrolling überhaupt notwendig oder zielführend? Im Vorgriff auf die folgenden Ausführungen sei bereits die Auffassung vertreten, dass diese Frage mit einem klaren „Ja!" zu beantworten ist. Unternehmensnetzwerke weisen eine Reihe von Besonderheiten auf, die eigenständige Controllingansätze notwendig machen. Eine einfache Übertragung oder Anpassung von herkömmlichen Controllinginstrumenten für Einzelunternehmen ist nicht ausreichend.

Ziel des Beitrags ist es daher, die Besonderheiten von Unternehmensnetzwerken und deren Wirkungen für das (Netzwerk-) Controlling herauszuarbeiten, um damit Impulse für eine systematische Stakeholderintegration zu geben. Im folgenden Kapitel 12.2 steht daher die kritische Analyse von Unternehmensnetzwerken und ihren Spezifika im Mittelpunkt. In Kapitel 12.3 werden die Besonderheiten eines Netzwerkcontrollings herausgearbeitet. Kapitel 12.3.3 gibt am Beispiel des interorganisationalen Kostenmanagements eine exemplarische Einführung in die Konsequenzen und Handlungsfelder des Netzwerkcontrollings. Im Fazit und Ausblick in Kapitel 12.4 werden zukünftige Herausforderungen des Netzwerkcontrollings mit besonderem Fokus auf die Stakeholder Value Diskussion aufgezeigt.

12.2   Unternehmensnetzwerke als angepasste Wertschöpfungsstrukturen

Unternehmensnetzwerke sind in vielen Bereichen der Wirtschaft zu finden und lassen sich bzgl. verschiedener Merkmale differenzieren. Für den Einsatz von Controlling ist von besonderer Bedeutung das Ausmaß der Konzentration. Hier unterscheidet man fokale (hierarchische, asymmetrische) und polyzentrische (hetarchische, symmetrische) Unternehmenskooperationen. Bei fokalen Kooperationen existiert ein zentrales Unternehmen, das den Zusammenschluss asymmetrisch prägt und so hierarchische Elemente integriert. Im Gegensatz dazu nehmen bei polyzentrischen Netzwerken ausschließlich gleichwertige Partner teil, die „auf Augenhöhe" interagieren, sich untereinander koordinieren und weiterhin individuelle, dezentrale Entscheidungen treffen (vgl. *Kraege,* 1997, S. 51). Alle Partner haben demnach einen ähnlichen Einfluss und eine ähnliche Machtposition. Beispielhaft für den Erfolg von polyzentrischen Unternehmensnetzwerken kann die seit Jahren bestehende Star-Alliance angeführt werden, ein weltweites Netzwerk von aktuell zwanzig Fluggesellschaften (vgl. Abb. 12.2).

- Die Star Alliance hatte im Jahre 2007 täglich 18.000 Abflüge aus 162 Ländern zu 975 verschiedenen Destinationen.
- Der Marktanteil lag im Jahre 2007 bei 29,8 % (Marktführer).
- Insgesamt beförderte Star Alliance in diesem Zeitraum 459 Millionen Passagiere.

Abb. 12.2: Das Star Alliance-Netzwerk
(Quelle: Star Alliance, 2007)

Im Gegensatz zu polyzentrischen Netzwerken haben sich oft auch fokal organisierte Unternehmens(produktions)netzwerke entlang der Wertschöpfungskette gebildet. Charakteristisch für fokale Netzwerke ist eine asymmetrische Verteilung der Interessenlage und meist auch der Einflussmöglichkeiten, d.h. es existiert ein Unternehmen (das fokale Unternehmen), das die übrigen Partner dominiert. Häufig ist dies identisch mit dem Partner, der den Marktzugang besitzt (vgl. *Jarillo*, 1988, S. 32, der von einer „hub firm" spricht; *Miles/Snow*, 1986, S. 64 nennen diesen „broker"). Die Dominanz darf definitionsgemäß nur wirtschaftlich und nicht rechtlich sein, da es sich sonst um konzernartige Verbindungen auf der Basis eines Beherrschungsvertrages – und nicht mehr um Netzwerke – handelt. Strukturell weisen fokale Netzwerke allerdings durchaus Parallelen zu Konzernen auf, da das fokale Unternehmen in der Regel über erhebliche faktische Weisungsmacht verfügt (vgl. *Hess*, 2002, S. 120). Ebenso sind fokale Franchisingnetzwerke oder Netzwerke zwischen mehreren Unternehmen beim Vertrieb mit einem Hauptunternehmen an neuen Märkten verbreitet.

Insbesondere in der Automobil- und Anlagenbauindustrie finden sich häufig vertikale Kooperationen mit Kunden und Lieferanten entlang der Wertschöpfungskette. Das fokale Unternehmen – meist der Original Equipment Manufacturer (OEM) – besitzt den Marktzugang, führt das Produkt zusammen und koordiniert Zulieferer- und Abnehmernetzwerk. Letzeres besteht dabei wiederum aus mehreren Stufen, wie dem Groß- oder dem Einzelhandel beziehungsweise System-, Modul- und Komponentenlieferanten.

Infolge dessen entstehen zahlreiche neue Formen der Zusammenarbeit. Bestehende Geschäftsmodelle werden um Formate wie Auftragsfertiger, Engineering-Dienstleister oder Systemkooperationen ergänzt. Diese häufig als Supply-Chain-Netzwerke bezeichneten Kooperationen sind durch das Endprodukt definiert und werden durch einen fokalen Hersteller koordiniert. Hierbei werden die vielfältigen Beziehungen und gegenseitigen Abhängigkeiten des fokalen Unternehmens mit den unterschiedlichen vor- und nachgelagerten Wertschöpfungspartnern deutlich.

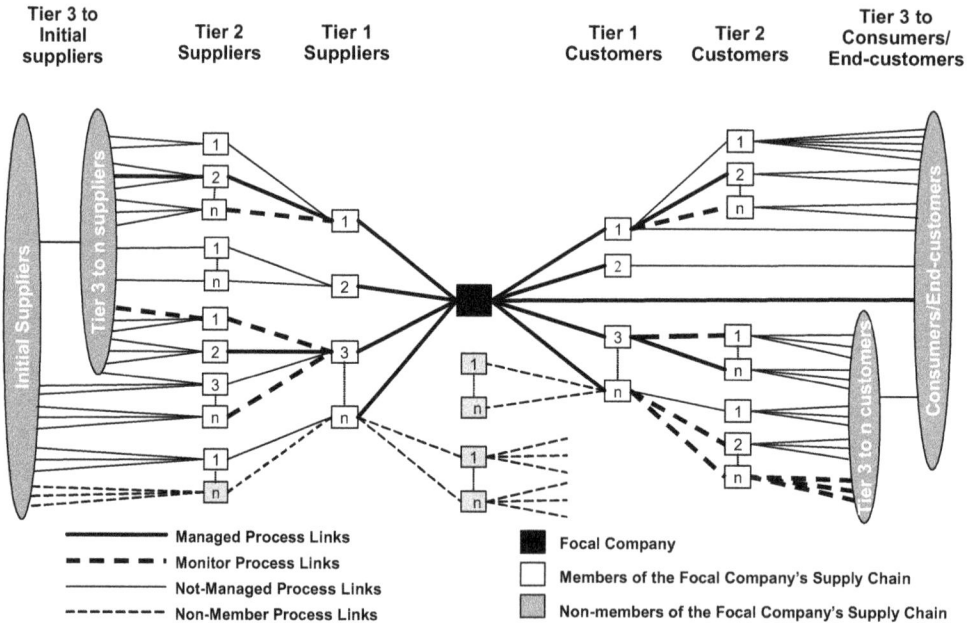

Abb. 12.3: Struktur von Supply Chain Netzwerken
(Quelle: Lambert/Cooper/Pagh, 1998, S. 7)

Abb. 12.3 zeigt die Struktur eines solchen Netzwerkes, das um das fokale Unternehmen herum angeordnet ist. Es lassen sich unterschiedliche Zuliefer- und Abnehmerstufen unterscheiden, wobei die Tier1-Suppliers die direkt an das fokale Unternehmen liefernden Systemlieferanten darstellen. Durch die Arbeitsteilung und Konzentration auf Kernkompetenzen kommt es zum Aufbau von differenzierten Lieferbeziehungen und der Entstehung von hierarchischen Zuliefernetzwerken mit wenigen sehr leistungsfähigen Systemlieferanten als Direktlieferanten an oberster Stelle innerhalb des Zuliefernetzwerkes (vgl. *Gaitanides*, 1997, S. 738; *Pampel,* 1993, S. 93ff.; *Clark/Fujimoto*, 1991, S. 140). Häufig unterhält das fokale Herstellerunternehmen keine direkten Geschäftsbeziehungen zu allen entfernteren Zulieferern, ist jedoch über die vorgelagerten Zulieferstufen dennoch mit den Zulieferern und Abnehmern vernetzt. Bei der Kooperation zwischen Hersteller und Zulieferer handelt es sich ferner in der Regel um eine auf Dauer angelegte Beziehung (vgl. *Freiling*, 1995, S. 27f.), der

Wettbewerb ist jedoch nicht komplett ausgeschaltet (vgl. *Männel*, 1996, S. 37). Insgesamt vereinen Hersteller-Zulieferkooperationen die Eigenschaften Autonomie und Interdependenz, Kooperation und Wettbewerb, Markt und Hierarchie sowie Stabilität und Flexibilität (vgl. *Männel*, 1996, S. 49; *Sydow* 2003, S. 301).

12.2.1   Netzwerkeffekte, Netzwerkziele und Netzwerkrisiken

Die Motivation zum Eintritt in ein Netzwerk wird mit Synergieeffekten, einer Erhöhung der Wettbewerbsfähigkeit und einer Senkung der Transaktionskosten begründet (vgl. *Morschett*, 2003, S. 390). Besonders die dynamische Veränderung der Marktnachfrage und die erhöhte Produktkomplexität bei einer gleichzeitig erhöhten Marktunsicherheit führen dazu, dass Kooperationen mit arbeitsteiligen Austauschbeziehungen besser zur Erledigung von Aufgaben geeignet sind. Hierbei spielen Netzeffekte, also Interdependenzen zwischen den einzelnen Teilen eines Systems eine zentrale Rolle. Diese sollen im Folgenden systematisiert werden (vgl. *Möller*, 2008, S. 672):

* Größeneffekte (Economies of Scale) liegen dann vor, wenn über Ausnutzung von Größenvorteilen in der Produktion die Erfolgssituation durch Kostendegression verbessert werden kann. Innerhalb von Unternehmensnetzwerken kann dies durch die Spezialisierung der Partner auf die Leistungserstellung eines Produktes, einer Dienstleistung oder eines Prozesses erfolgen.
* Verbundeffekte (Economies of Scope) entstehen durch gemeinsame Nutzung von Ressourcen. Eine kooperative Produktion wird damit gegenüber einer Einzelproduktion günstiger. Basis von Verbundeffekten ist die mögliche Mehrfachnutzung von Produktionsfaktoren, die insbesondere für immaterielle Produktionsfaktoren wie Wissen möglich ist, die sich bei Gebrauch nicht abnutzen. Verbundeffekte können in einer ersten Stufe in Bündelungseffekte (horizontale Verbünde) und Verkettungseffekte (vertikale Verbünde) unterteilt werden, und anschließend weiter nach der Art der Bündelung in sachliche, zeitliche und räumliche Effekte.
* Einen Spezialfall stellen Dichteeffekte (Economies of Density) dar, die sich auf Kostenvorteile durch eine dichte lokale Präsenz auf Absatz- und/oder Kundenseite beziehen. Besonders relevant sind Economies of Density in infrastruktur- oder forschungsorientierten Unternehmensnetzwerken (Logistik/Spedition, Filialsysteme, Technologieparks etc.), da durch eine hohe räumliche Konzentration der Netzwerkpartner die Kooperationsbeziehungen besser ausgestaltet werden können.
* Einbettungseffekte können sowohl auf der Mikroebene (relationale Einbettungseffekte) als auch auf der Makroebene (strukturelle Einbettungseffekte) wirksam für Netzwerke sein (vgl. *Granovetter*, 1992). Relationale Einbettungseffekte resultieren aus Verhaltenserwartungen und Vertrauen im Zuge wiederholter Transaktionen zwischen den einzelnen Partnerunternehmen. Dadurch können zum einen Transaktionskosten gesenkt werden (Economies of Transaction), da Verhandlungs- und Kontrollkosten wegfallen bzw. verringert werden. Daneben wird hierdurch der Zugang zu sensiblen Informationen und Knowhow erleichtert (Economies of Information). Strukturelle Einbettungseffekte basieren auf einer gesteigerten Informationseffizienz innerhalb des gesamten Netzwerkes (vgl. *Wald*, 2002, S. 20).

- Netzexternalitäten ergeben sich, wenn der Nutzen eines Partners von der Zahl der anderen Partner abhängig ist (so wächst der Nutzen für einen Flugpassagier überproportional mit der Zahl der möglichen Destinationen). Zu beachten sind aber Grenz- bzw. Komplexitätseffekte: Bei steigender Partnerzahl kann die Netzwerkleistung bzw. der Partnernutzen durch gestiegene Infrastruktur- oder Koordinationskosten auch wieder sinken (negative Netzexternalitäten/ Überfüllungseffekte/ Staukosten). Hieraus resultiert das Konzept der kritischen Masse, d.h. bei Über- oder Unterschreitung einer bestimmten Zahl von Netzwerkteilnehmern treten derartige Positiv- oder Negativeffekte auf.

Innerhalb eines Netzwerkes verfolgen Unternehmen häufig ähnliche Ziele. Interdependenzen zwischen den einzelnen Stakeholdern, insbesondere Kunden und Abnehmern, aber auch Konkurrenten, werden in die Kooperation integriert. In diesem Zusammenhang ist insbesondere die Identifizierung gemeinsamer Ziele relevant, die z.B. auf Basis eines Zielkataloges erfolgen kann. Zu berücksichtigen ist dabei, dass es zwischen den Partnern zu Zielkonflikten kommen kann. Daher ist ein systematisches Vorgehen im Rahmen einer Verträglichkeitsanalyse zu empfehlen (vgl. *Hess*, 2002, S. 222ff.). Zentrale Ziele sind dabei Zeitvorteile, Knowhow-Vorteile, Kostenreduktion, Erlössteigerung, Risiko- und Lastenteilung, Marktzugang, Ressourcenvorteile, Wettbewerbsbeeinflussung, Steigerung des Fit-to-Market und New-to-Market sowie eine Konzentration auf Kernkompetenzen (vgl. *Möller*, 2008, S. 674). Eine ausgewogene Sichtweise darf nicht nur die (in der Regel positiv formulierten) Netzwerkziele im Auge haben, sondern muss auch die Risiken berücksichtigen. Als besonders kritische Phasen innerhalb des „Netzwerklebenszyklus" werden die Anfangsphasen gesehen (Planung und Aufbau). Mögliche Netzwerkrisiken sind der Verlust der Kernkompetenz/unkontrollierter Abfluss von Wissen (Kompetenzerosion), die Zurechnung von Verantwortlichkeiten, Einbuße strategischer Autonomie/Erschwerung strategischer Steuerung, einseitige Abhängigkeit, Steigerung von Koordinationskosten, Senkung der Selbstbindung der Beteiligten durch geringere Identifikationsmöglichkeiten, Senkung der Wirtschaftlichkeit durch Konflikte, Opportunismus, Koordinationsaufwand, Kommunikationsprobleme, Kompromisse, Ausschluss alternativer Partnerschaften (Lock-out-Situationen), Weiterbestehen unproduktiver Beziehungen (Lock-in-Situationen) sowie der Verlust organisationaler Identität und damit z.B. abnehmende Möglichkeiten zur Identifikation (vgl. *Möller*, 2006a, S. 68ff.).

12.2.2   Begriffsbestimmung zu Unternehmensnetzwerken

Der Begriff des Unternehmensnetzwerkes ist in der Wissenschaft bisher nicht eindeutig definiert. *Unternehmens*netzwerk beinhaltet bereits die Konzentration auf die betriebliche Organisationsform „Unternehmen" bei den Kooperationspartnern. Damit können soziale, biologische, infrastrukturelle etc. Netzwerke ausgeschlossen werden. Überbetriebliche Kooperationen wie bspw. Verbände werden damit ebenso ausgeklammert wie innerbetriebliche Kooperationen zwischen Konzernunternehmen. Für eine adäquate Begriffsfassung erscheint es zweckmäßig, die Definition der zwischenbetrieblichen Kooperation oder des Unternehmensnetzwerkes im weiteren Sinne anhand von konstitutiven Merkmalen durchzuführen (vgl. *Möller* 2006a, S. 64 ff. und die dort zitierte Literatur).

Als zentrale Bedingung wird angesehen, dass es sich um eine freiwillige Kooperation mindestens zweier rechtlich selbstständiger Partnerunternehmen handelt, auch wenn diese mit einer partiellen Entscheidungseinschränkung einhergeht. Bei völliger Autonomie greift der Netzwerkgedanke der Kooperation mit Partnern zur Zielerreichung nicht mehr, bei völliger Abhängigkeit ist die Freiwilligkeit der Formierung konterkariert (vgl. *Hess,* 2002, S. 8; *Wildemann,* 1997, S. 427). Des Weiteren muss eine gemeinschaftliche Aufgabenerfüllung gegeben sein, die gemeinsame Erstellung von Produkten oder Dienstleistungen muss im Vordergrund stehen. Zudem wird die Erreichung eines gemeinsamen Ziels oder Zwecks durch Koordination der Teilaufgaben in einer expliziten Vereinbarung der Zusammenarbeit festgehalten. Zwischen den Netzwerkpartnern bestehen Geschäftsbeziehungen, d.h. „langfristig angelegte, von ökonomischen Zielen geleitete Interaktionsprozesse und Bindungen zwischen Mitgliedern verschiedener Organisationen, die auf eine Folge von Austauschvorgängen gerichtet sind." (*Gemünden,* 1990, S. 34) Häufiges Kennzeichen von Netzwerken ist gegenseitiges Vertrauen, als Grundvoraussetzung sei die wettbewerbsrechtliche Zulässigkeit der Zusammenarbeit genannt. Zusammenfassend ist ein Unternehmensnetzwerk eine freiwillige Kooperation mindestens zweier rechtlich selbstständiger Unternehmen, die zur gemeinschaftlichen Aufgabenerfüllung zusammenarbeiten. Zudem werden gemeinsame Ziele verfolgt, die Zusammenarbeit ist durch Vertrauen gekennzeichnet und wettbewerbsrechtlich zulässig. Inzwischen haben sich neben dem Netzwerkbegriff eine Vielzahl unterschiedlicher Kooperationsbegriffe etabliert: Franchising, Supply Chain, Joint Venture, Konsortium, Virtuelles Unternehmen, Strategische Allianz, Verbände etc. (vgl. *Picot/Reichwald/Wigand,* 2003, S. 123; *Drews,* 2001, S. 11ff. und S. 46f.; *Morschett,* 2003, S. 393ff.; *Sydow,* 2003, S. 296ff.).

Der zentrale Koordinationsmechanismus in Unternehmensnetzwerken ist Vertrauen. Manche Autoren betonen zudem die Bedeutung von Vertrauen für den Netzwerkerfolg. Controlling kann einerseits die Entstehung von Vertrauen durch die Schaffung geeigneter Strukturen begünstigen und andererseits die durch die Einschränkung von Handlungsmöglichkeiten entstehende Koordination nutzen (vgl. *Sydow,* 1998, S. 54). „Gerade explizite Verhaltensnormen (…), die in traditionellen, hierarchischen Organisationsformen zu einer Begrenzung des Opportunismus herangezogen werden, scheiden wegen ihrer flexibilitätsreduzierenden Wirkung und der fehlenden hierarchischen Instanz als Koordinationsinstrumente für Netzwerke aus" (*Wildemann,* 1997, S. 433). Vertrauen vermag diese Lücke, die auch durch die mangelnde Beobachtbarkeit der Aktionen der Partner entsteht, zu schließen (vgl. *Picot/Reichwald/Wigand,* 2003, S. 124 und S. 560; *Sydow/Windeler,* 2000, S. 13; auch empirisch ist ein überwiegend geringer Detaillierungsgrad der Vereinbarungen zu beobachten, vgl. *Voß,* 2002, S. 395), und bietet sich an, „wenn Möglichkeiten zur effizienten Reduktion der Opportunismusspielräume verstellt sind (Organisationsversagen)" (*Rößl,* 1996, S. 324). Eine weitergehende Betrachtung des Vertrauensaspekts scheint daher notwendig.

12.2.3 Vertrauen in Unternehmensnetzwerken

Vertrauen ist ein Mechanismus zur Stabilisierung unsicherer Erwartungen und zur Verringerung der damit einhergehenden Komplexität menschlichen Verhaltens und ist zudem ein Instrument sozialer Kontrolle (vgl. *Luhmann,* 2000, S. 24 und S. 28; *Ripperger,* 1998,

S. 14ff.; *Winkler*, 1999, S. 186). Eine Einbeziehung von Vertrauen ist durch die mangelnde Beobacht- und Kontrollierbarkeit der Aktionen der Partnerunternehmen erforderlich und letztlich auf einen Mangel an Informationen zurückzuführen (vgl. *Das/Teng*, 2001, S. 259f.; *Wohlgemuth*, 2002, S. 235). Dies zeigen auch empirische Untersuchungen (vgl. *Picot/Reichwald/Wigand*, 2003, S. 298f. und S. 238; *Das/Teng*, 2001, S. 262). Vertrauen wird verstanden als „die freiwillige Erbringung einer riskanten Vorleistung [durch den Vertrauensgeber, A.d.V.] unter Verzicht auf explizite vertragliche Sicherungs- und Kontrollmaßnahmen gegen opportunistisches Verhalten (Vertrauenshandlung) in der Erwartung, dass der Vertrauensnehmer motiviert ist, freiwillig auf opportunistisches Verhalten zu verzichten (Vertrauenserwartung)“ (*Ripperger*, 1998, S. 60). Erst das Risiko eines Schadens für den Vertrauensgeber schafft die Grundlage für das Entstehen einer Vertrauenssituation (vgl. *Deutsch*, 1976, S. 142ff.; *Luhmann*, 2000, S. 28f.; *Ripperger*, 1998, S. 42 und S. 46f.; *Sjurts*, 1998, S. 285f.). Die riskante Vorleistung besteht im Anvertrauen von materiellen oder immateriellen Ressourcen oder Informationen. Diese wird ein rational handelnder Akteur dann platzieren, wenn er dem Vertrauensnehmer eine vertrauenswürdige Motivation unterstellt (Vertrauenserwartung), der Erwartungsnutzen der Handlung positiv ist und das mit der Handlung verbundene Risiko seine subjektive Risikoneigung nicht übersteigt. Die Vertrauenserwartung ist demnach kritischer Erfolgsfaktor für die Entstehung von Vertrauen, sie basiert auf situationsbezogenem spezifischem Vertrauen und auf Vertrautheit (vgl. *Ripperger*, 1998, S. 94f. und S. 240f.; *Wieland*, 1996, S. 167; *Ullrich*, 2004, S. 69ff.).

Vertrauen absorbiert Verhaltensrisiken und senkt den Koordinationsaufwand. Die so erzielte Ersparnis von Kosten, die durch Mechanismen zur Verhinderung opportunistischen Verhaltens erforderlich wären, sichert den Netzwerkerfolg (vgl. *Loose/Sydow*, 1994, S. 165; *Das/Teng*, 2001, S. 254; *Zaheer/McEvily/Perrone*, 1998, S. 152, die dies auch empirisch belegen). Zentral für die Entwicklung von Vertrauen ist die Existenz zuverlässiger Reputationssysteme. So entsteht soziales Kapital (vgl. *Bourdieu/Wacquant*, 1996, S. 151f.), das den Zugriff auf Human-, Sach- und Informationsressourcen regelt. Der potenzielle Nutzen der verfügbaren Ressourcen wird dadurch vervielfacht. Eine Vertrauenskultur begünstigt das Entstehen von Vertrauen, indem sie durch die Schaffung und Wirksamkeit verlässlicher Reputationsmechanismen den Zugang zu Sozialkapital regelt und so die Kosten für opportunistisches Verhalten erheblich erhöht (vgl. *Luhmann*, 2000, S. 41; *Jarillo*, 1988, S. 37; *Ripperger*, 1998, S. 222ff.). Dem Aufbau positiver Reputation kommt demnach eine zentrale Bedeutung in Netzwerken zu, bestimmt sie doch als eine Art „Netzwerkwährung“ die Menge an Ressourcen, auf die ein Partner zugreifen kann. Die Reputation führt dazu, dass die grundsätzliche Entscheidung für vertrauenswürdiges Verhalten dann eine rationale Strategie ist (vgl. *Ripperger*, 1998, S. 205; *Klaus*, 2002, S. 221f.; *Staber*, 2000, S. 69). Dieser Aufbau positiver Reputation und der Verzicht auf eine opportunistische Ausnutzung weist Parallelen zum Konzept der Corporate Social Responsibility (CSR) auf. In der Enttäuschung der Vertrauenserwartung und der damit verbundenen negativen Reputation besteht ein nicht sozial verantwortliches Verhalten, da auf Kosten der Stakeholder des Unternehmens zum eigenen Vorteil die Geschäftsbeziehung ausgenutzt wird. Erfolgreiches Netzwerkcontrolling trägt damit auch zur „Social Responsibility“ des Unternehmens bei.

Die skizzierte, spezifische Form von Unternehmensnetzwerken stellt neue Anforderungen an das Management und Controlling. Insbesondere die rechtliche Selbstständigkeit der beteiligten Partnerunternehmen und der vergleichsweise hohe Koordinationsaufwand spielen dabei eine zentrale Rolle. Darüber hinaus sollte idealerweise für jeden der beteiligten Partner der Nutzen an der Teilnahme am Netzwerk sichergestellt sein. Controlling kann durch den Aufbau verlässlicher und wirksamer Reputationsmechanismen und die Berücksichtigung von Vertrauen einen wichtigen Beitrag zur Entstehung von Vorteilen für die Netzwerkpartner beitragen (vgl. *Loose/Sydow*, 1994, S. 187f.; *Sjurts*, 1998, S. 292; *Krystek*, 2002, S. 419; *Picot/Reichwald/Wigand*, 2003, S. 560). Außerdem kann eine Etablierung vertraglicher Anreiz- und Sanktionssysteme die individuelle Risikowahrnehmung senken und damit die Chancen für Vertrauenshandlungen in Unternehmenskooperationen erhöhen. Controlling in Netzwerken agiert dabei immer zwischen Vertrauen und Kontrolle, Abhängigkeit und Autonomie (vgl. *Krystek/Zumbrock*, 1993, S. 95; *Loose/Sydow*, 1994, S. 186f.; *Ripperger*, 1998, S. 129; *Sjurts*, 2000, S. 256ff.; *Krystek*, 2002, S. 423; *Ullrich*, 2004, S. 204; *Strulik*, 2004, S. 88). Kontrollmechanismen dürfen demnach Vertrauen nicht verdrängen, sondern müssen es ergänzen (vgl. *Osterloh/Weibel*, 2000, S. 99).

12.3   Management und Controlling von Netzwerken

Controlling soll das Management in Einzelunternehmen unterstützen, daher ist auch für das Netzwerkcontrolling das Management von und in Unternehmensnetzwerken der Ausgangspunkt der Überlegung. Zuerst soll daher das Management von Netzwerken gekennzeichnet werden und die zentralen Managementaufgaben skizziert werden. Darauf aufbauend werden Ansatzpunkte und Besonderheiten für das Controlling von Netzwerken abgeleitet.

12.3.1   Management von Netzwerken

Das Management von Netzwerken wird mit unternehmensnetzwerkspezifischen Problemen konfrontiert, die sich von denen in Konzernen und Einzelunternehmen unterscheiden. Sie liegen insbesondere in der Koordination prinzipiell polyzentrischer Systeme und der Bewältigung spezifisch ausgeprägter Spannungsverhältnisse wie denen zwischen Kooperation und Wettbewerb, Autonomie und Abhängigkeit sowie Vertrauen und Kontrolle (vgl. *Sydow/Windeler*, 1994, S. 6). Die erfolgreiche Handhabung dieser Grundprobleme durch das Netzwerkmanagement stellt einen kritischen Erfolgsfaktor in Unternehmensnetzwerken dar.

Bei der Beschreibung des Netzwerkmanagements wird häufig auf den Vorschlag von *Sydow* und *Windeler* zurückgegriffen (vgl. *Möller*, 2006a, S. 118; *Sydow/Windeler*, 1994, S.2 ff.; zu einem Überblick *Sydow*, 2003, S. 301). Dabei werden vier zentrale Aufgaben unterschieden, die das Management von Netzwerken umfassend beschreiben: Selektion, Allokation, Regulation und Evaluation. Zwischen den Aufgabenbereichen existieren sowohl Vorlauf-, Folge- als auch Ursache-Wirkungsbeziehungen (Rekursivität). Konzept, Ablauf und Wirkung auf den Netzwerk- bzw. Unternehmenserfolg konnten inzwischen im Rahmen einer empirischen Querschnittsanalyse bei über 100 Netzwerken nachgewiesen werden (vgl. *Möller* 2006b, S. 1023). Grundsätzlich handelt es sich bei allen Teilaufgaben um Tätigkeitsbereiche des Managements. Das Controlling hat die Aufgabe, entsprechende Systeme zur Erfüllung der

Teilaufgaben zu entwerfen, aufzubauen, zu pflegen und zu betreiben während das Management diese Systeme nutzt (vgl. *Horváth*, 2006, S. 139). Damit kommt der Evaluationsfunktion eine besondere Bedeutung zu, da in ihrem Rahmen Informationen für die übrigen Teilfunktionen entscheidungsorientiert aufbereitet werden. Sie stellt die Kernaufgabe für ein Netzwerkcontrolling dar und unterstützt die drei übrigen Funktionen im Sinne einer Querschnittsfunktion (vgl. Abb. 12.4). Die einzelnen Aufgaben sollen im Folgenden präzisiert und ausgestaltet werden.

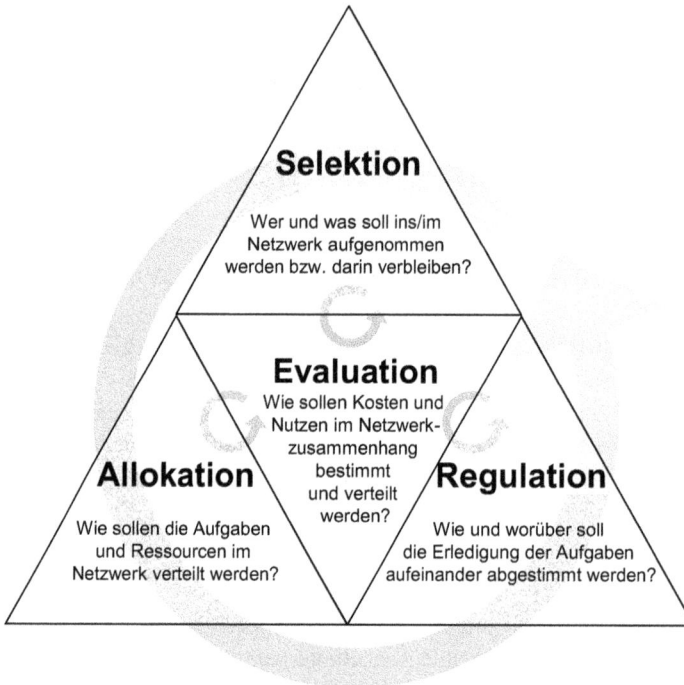

Abb. 12.4: Das Management von Netzwerken nach Sydow/Windeler
(Quelle: Möller, 2006a, S. 115, modifiziert nach Sydow, 2003, S. 301)

Die Selektionsaufgabe erstreckt sich auf die Auswahl von Leistungen, Zielen, Strategien und Partnern. Die Selektion wettbewerbsrelevanter Potenziale erfolgt aufgrund von Kriterien, die spezifisch an die jeweilige Netzwerkform und -situation angepasst werden müssen. Bei der Selektion muss das Controlling daher geeignete Instrumente bereithalten, welche Partner aufgenommen und welche Projekte von welchem Partnerunternehmen durchgeführt werden. In diesem Zusammenhang ist auch die Erarbeitung gemeinsamer Ziele des Unternehmensnetzwerks relevant, die jedoch durch mögliche Konflikte zwischen den Zielen der Partnerunternehmen erschwert wird.

Die Allokationsfunktion befasst sich mit der Verteilung von Aufgaben, Ressourcen und Zuständigkeiten auf die einzelnen Partnerunternehmen unter Beachtung der spezifischen Kompetenzen und Konkurrenzvorteile. Hier muss Controlling die Bedarfe koordinieren und auf diese Weise unter Berücksichtigung der jeweiligen Kernkompetenzen und der Reputation aber auch der gegebenen Informationsasymmetrien der Partnerunternehmen die Aufgaben verteilen. Ziel der Allokation ist die bestmögliche Abstimmung des Leistungsprozesses zur Erreichung der Netzwerkziele unter Beachtung von Anreiz-, Sanktions- und Informationsgesichtspunkten. In diesem Bereich sollten mehrere Faktoren berücksichtigt werden, wie etwa spezifische Investitionen, Vertrauen und Reputation sowie in der Vergangenheit besonders erfolgreiche Konfigurationen.

Die Regulation beschäftigt sich mit der „Entwicklung und Durchsetzung von Regeln der Zusammenarbeit" (*Sydow*, 2003, S. 314), also mit zentralen Gesichtspunkten der Koordination. Die Regulation soll auf diese Weise ein Gleichgewicht zwischen Kooperation und Wettbewerb, Autonomie und Abhängigkeit sowie Vertrauen und Kontrolle herstellen. Die Regulation zielt vor allem auf die Erhaltung der langfristigen und kurzfristigen Flexibilität der Unternehmenskooperation durch Schaffung geeigneter Regelungs- und Steuerungsmechanismen ab. Controlling muss durch die Schaffung von Freiräumen Möglichkeiten zur Flexibilität und Ausnutzung dezentraler Wissensvorsprünge und zur Entwicklung von Vertrauen bieten.

Die Evaluation als letzte Aufgabe des Unternehmensnetzwerkmanagements dient der Quantifizierung und Bewertung der Netzwerkaktivitäten und kann als Querschnitts- und Unterstützungsfunktion betrachtet werden. Sie liefert die Grundlage für die Ausführung der anderen Aufgaben und ist darüber hinaus eng mit den Funktionen des Controllings verbunden. Die Evaluation erstreckt sich auf die gesamte Kooperation, auf einzelne Beziehungen sowie auf den Leistungsbeitrag der individuellen Partner zum Netzwerkerfolg. Zur Evaluation gehört die Entwicklung geeigneter Kriterien und Maßstäbe, mit denen die, von den anderen Funktionen benötigten, Informationen etwa im Bereich der Partnerselektion oder der Ressourcenverteilung permanent unterstützt werden (vgl. *Sydow*, 2003, S. 315; *Sydow/Windeler*, 1994, S. 6; *Möller*, 2006a, S. 129f.; *Drews*, 2001, S. 72).

12.3.2 Besonderheiten eines Netzwerkcontrollings

Basierend auf den Aufgaben des Netzwerkmanagements lassen sich die Aufgaben des Netzwerkcontrollings als Führungsunterstützungsfunktion ableiten. Zudem müssen die dargestellten Besonderheiten von Netzwerken systematisch berücksichtigt werden. Unterscheidet man in Anlehnung an Horváth (vgl. *Horváth*, 2006, S. 139) konsequent zwischen dem Management und dem Controlling, die beide als Elemente des Führungssystems zusammenarbeiten, ergibt sich als zentrale Aufgabe des Netzwerkcontrollings die Sicherung eines ergebniszielorientierten Netzwerkmanagements. Das Netzwerkcontrolling muss durch geeignete Instrumente und Systeme die ergebniszielorientierte Erfüllung der Aufgaben des Netzwerkmanagements (Selektion, Allokation, Regulation, Evaluation, vgl. das vorherige Kapitel) unterstützen und sicherstellen. Ferner unterscheidet sich dieses Netzwerkcontrolling von dem Controlling in Einzelunternehmen durch zentrale Punkte (vgl. Abb. 12.5).

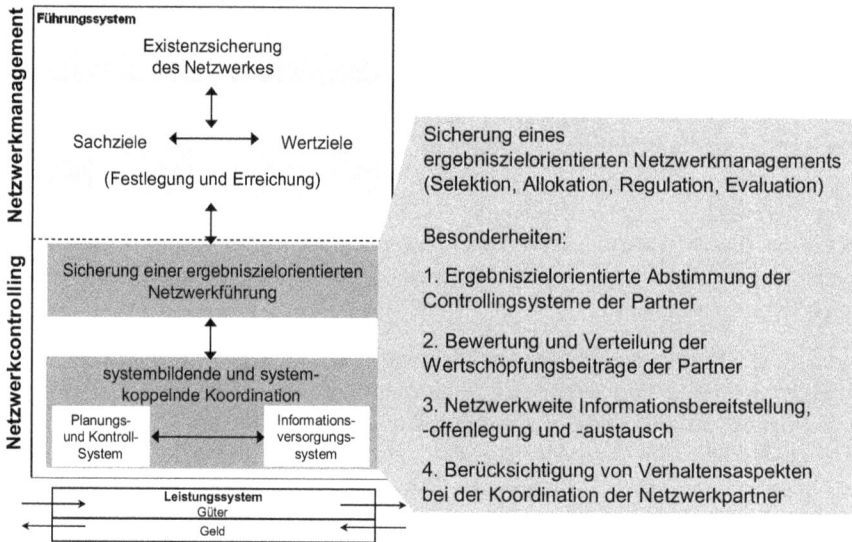

Abb. 12.5: Controlling und seine Besonderheiten in Netzwerken

1. Die Controllingsysteme der Partner müssen auf die vom Netzwerkmanagement festgeleg-
   ten Netzwerkziele abgestimmt werden. Die Abstimmung der Partnercontrollingsysteme
   und die damit verbundene Koordination der Teilziele der einzelnen Partnerunternehmen
   stellen hohe Anforderungen an das Netzwerkcontrolling. Damit einher geht auch die Sicherstellung der Synergie- und weiterer Netzwerkeffekte, beispielsweise durch die Sicherung der netzwerkweiten effizienten Leistungserstellung durch Maßnahmen wie ein
   netzwerkweites Kostenmanagement.
2. Die Bewertung und Verteilung der Wertschöpfungsbeiträge der Partner ist erforderlich,
   um für jeden einzelnen Partner ein ausgewogenes, individuelles Verhältnis von Anreizen
   und Beiträgen sicherzustellen. Das Netzwerkcontrolling muss dabei neben objektiven,
   wertorientierten Aspekten auch Verhaltens- und Machtaspekte bei der Bewertung und
   Verteilung des Netzwerkerfolgs berücksichtigen. Gleichzeitig können auf diese Weise
   opportunistische Ausnutzung wie Trittbrettfahren vermieden sowie die Auswahlkriterien
   und -kompetenzen überprüft werden. Diese Bewertung bildet die Basis für Verbesse-
   rungsmaßnahmen.
3. Informationsbereitstellung, -offenlegung und -austausch müssen netzwerkweit stattfinden. Hierbei ergibt sich besonders die Problematik der rechtlichen Selbstständigkeit der
   Partnerunternehmen, die zum Teil auch untereinander in Wettbewerb stehen. Des Weiteren ergeben sich durch die Offenlegung von Informationen innerhalb des Netzwerks eine
   Verschiebung der Machtsituation sowie die Gefahr der opportunistischen Ausnutzung.
   Dem ist durch adäquate Methoden und Instrumente sowie der Schaffung geeigneter Systeme entgegenzuwirken.
4. Ebenfalls durch die Selbstständigkeit der Netzwerkpartner verursacht entsteht die Notwendigkeit der Berücksichtigung von Verhaltensaspekten bei deren Koordination. Hierarchische Weisungen wie „command and control" können vor allem in polyzentrischen

Netzwerken nicht zur Koordination herangezogen werden, vielmehr sind häufig eine partizipative Abstimmung sowie kooperative Gruppen- oder Koalitionsentscheidungen zu beobachten. Vertrauen stellt den zentralen Mechanismus dar. Adäquate Anreiz- und Konfliktlösungsstrukturen unterstützen die Allokation und Regulation.

12.3.3 Kostenmanagement in Netzwerken als aktuelles Handlungsfeld des Netzwerkcontrollings

Im Folgenden soll exemplarisch ein aktuelles Handlungsfeld des Netzwerkcontrollings aufgezeigt werden, in dem Netzwerkcontrolling bereits erfolgreich umgesetzt wird. Es handelt sich um das Interorganisationale Kostenmanagement (IOCM), bei dem Kosteneinsparpotentiale gemeinsam von Organisationen bzw. Netzwerkpartnern identifiziert und realisiert werden.

Der Begriff Kostenmanagement bezeichnet die proaktive und zielorientierte Gestaltung und Beeinflussung von Kostenstruktur, -niveau und -verlauf (vgl. *Kajüter*, 2000; *Franz/Kajüter*, 2002). Das IOCM stellt eine Erweiterung des Kostenmanagements in dem Sinne dar, dass auf Netzwerkebene Kosteneinsparpotentiale identifiziert werden, hierbei sind koordinierte Aktionen zwischen den Wertschöpfungspartnern im fokalen Zuliefernetzwerk – meist mehrere Zulieferer und Kunde – erforderlich. So können weitergehende Potentiale identifiziert werden als dies bei unabhängigen Kostenreduktionsmaßnahmen der Unternehmen möglich wäre (vgl. *Cooper/Slagmulder,* 2004, S. 289). Unter dem Begriff des IOCM soll im Folgenden die systematische und formalisierte, unternehmensübergreifende Identifikation und Realisierung von Kosteneinsparpotenzialen verstanden werden, die in Teams von allen am Netzwerk beteiligten Partnerunternehmen betrieben wird (vgl. *Cooper/Yoshikawa*, 1994, S. 54; *Cooper/Slagmulder*, 1999, S. 145).

In der allgemeinen Dimension im zentralen Bereich der Handlungsfelder lässt sich die wertschöpfungskettenübergreifende, integrierende Steuerung, Planung und Kontrolle subsumieren. Grundlage dafür ist ein inter- und intraorganisationales Performance Measurement, das verwertbare, verlässliche Daten als Grundlage für die Instrumente und wertschöpfungsübergreifende Identifikation von Kosteneinsparpotentialen bereitstellt. Zudem werden Interdependenzen mit den Voraussetzungen, den Instrumenten aber auch mit der organisationalen Zuordnung deutlich. Zentrale Instrumente des IOCM sind vor allem das unternehmensübergreifende Prozesskostenmanagement als Grundlage, Interorganisationales Target Costing, Interorganisationales Lifecycle Costing sowie Interorganisationales Performance Measurement. Auf diese Weise kann eine umfassende, integrierende Sichtweise auf die gesamte Wertschöpfungskette etabliert werden, die im Sinne eines End-to-End Prozesses alle Kostenaspekte im Extremfall von der Rohstoffbeschaffung bis zur Entsorgung berücksichtigt und in das Kostenmanagement mit einbezieht. Zur Sicherstellung dieser umfassenden, integrierenden Sichtweise ist die Etablierung interdisziplinärer Teams erforderlich (Organisation). Die Instrumente müssen dabei an die spezifische Form der Zusammenarbeit angepasst, aufeinander abgestimmt, kombiniert und bei Bedarf durch weitere ergänzt werden. Bei der Organisation des IOCM ist eine Kombination aus interdisziplinärer, intraorganisationaler und netzwerkweiter Organisation vorstellbar. Auch hier spielt die konkrete Ausprägung der Zusammenarbeit eine zentrale Rolle. Existiert ein fokales Unternehmen (wie es in der Automobilindustrie häufig der Fall ist), kann dieses die Koordination und Organisation der häufig interdisziplinären Teams übernehmen. In jedem Fall ist eine Abstimmung der intra- und interorganisationalen Prozesse des IOCM notwendig. Das konkrete Erscheinungsbild des IOCM stellt dann eine Kombination aus den drei Elementen in jeweils unterschiedlicher Ausprägung dar.

Durch Anwendung des IOCM können durch die Integration aller Netzwerkpartner die Kosten vor allem auf drei Arten gesenkt werden: (1) Kostensenkung während der Produktentwicklung, (2) Kostensenkung während der Fertigung sowie (3) Erhöhung der Effizienz der Schnittstelle zwischen den Partnern (vgl. *Cooper/Slagmulder*, 1999, S. 2). Der größte Effekt für Kostensenkungsmaßnahmen lässt sich in den frühen Phasen des Produktlebenszyklus während der Produktentwicklung und des Produktanlaufs erzielen, da hier der größte Teil der Produktkosten determiniert wird. Hierbei dient das Kostenmanagement als Impulsgeber, der die Bedürfnisse des Kunden an die Zulieferer weitergibt und so die Marktorientierung und die Wettbewerbsvorteile des gesamten Wertschöpfungsnetzwerks fördert. Schon während des Produktentwicklungsprozesses findet ein interorganisationaler Informationsaustausch statt, bei dem in gemeinsamen Teams die kostengünstigste Umsetzung der Kundenspezifikationen erreicht werden kann. Im Bereich des Target Costing lassen sich als zentrale Instrumente vier Ansätze identifizieren (vgl. *Cooper/Slagmulder*, 1999, S. 147–151; ähnlich *Seuring*, 2001, S. 70–84): Das Chained Target Costing (CTC) als allen weiteren Techniken zugrundeliegendes, netzwerkweites Target-Costing. Alle Mitglieder des Wertschöpfungsnetzwerks beteiligen sich hierbei aktiv an der Erreichung des marktseitig durchsetzbaren Preises für die einzelnen Komponenten des Endproduktes. Als zweites die Functionality-Price-Quality Technique, bei der durch geringe Abweichungen vom Target Price die Kosteneinsparung durch eine Einschränkung der Funktionalität oder Qualität (FPQ) erreicht werden soll. Reicht dies zur Deckung der Zielkostenlücke nicht aus, kommen Interorganizational Cost Investigations (ICI) zum Einsatz: Durch gemeinsame wertanalytische Untersuchungen von Hersteller und Zulieferern und eine Umgestaltung der Produktkomponenten sollen die Zielindizes der vom Markt akzeptierten Preise erreicht werden. Als viertes und letztes Instrument ist das Concurrent Cost Management (CCM) zu nennen. In interorganisationalen Projektteams wird der gesamte Wertschöpfungsprozess grundlegend in Frage gestellt, dies geschieht zudem bereits in den frühen Phasen der Produktentwicklung. Durch die vielfältigen interorganisationalen Beziehungen wird deutlich, dass die tiefgreifende Zusammenarbeit der beteiligten, rechtlich selbstständigen Partnerunternehmen deutlich über eine marktübliche Transaktion hinausgeht. Die Abstimmung der Prozesse zwischen den Unternehmen und die Sicherstellung der Vorteile für die beteiligten Partner bei gleichzeitiger Absicherung gegen die Risiken der weitgehend offenen Zusammenarbeit erfordern in besonderem Maße die Koordination durch Netzwerkcontrolling.

Voraussetzung für den Einsatz der IOCM Instrumente ist eine transparente Gestaltung der Kostenstrukturen zwischen den Partnerunternehmen. Da Automobilhersteller selbst – infolge ihres gesunkenen Anteils an der Wertschöpfung – kaum noch Möglichkeiten zur Realisierung interner Kostensenkungen besitzen, sind sie zur Identifikation und Optimierung von Kostentreibern auf die Informationen der Systemzulieferer angewiesen. Entsprechend offen sollte der Austausch von Informationen bezüglich Entwicklungs-, Prozess- und Logistikkosten zwischen den Kooperationsteilnehmern gestaltet sein. Eine Möglichkeit des unternehmensübergreifenden, netzwerkweiten Kostenmanagements liefert das Open Book Accounting (OBA) (vgl. *Mouritsen/Hansen/Hansen*, 2001, S. 236; *Möller/Isbruch*, 2008). Eine einheitliche Begriffsdefinition existiert bei diesem aus der Praxis stammenden Konzept (noch) nicht, als zentral ist das Bestreben der Kooperationspartner anzusehen, ihre unternehmensinternen Kosten innerhalb des Netzwerkes darzustellen und zu gestalten (vgl. *Kajüter/Kulmala*, 2005, S. 201; *Mouritsen/Hansen/Hansen*, 2001, S. 222f.; *Hoffjan/Kruse*, 2006, S. 95). Wie sich dies konkret ausdrückt, d.h. in welchem Rahmen die Kosteninformationen offengelegt werden, ist unternehmensabhängig und individuell zu gestalten. Open book accounting ist grundsätzlich in jeder Unternehmensbeziehung anwendbar, besonders Systemkooperationen bieten ein hohes Potential zur Nutzung etwa im Rahmen des IOCM (vgl. *Kajüter/Kulmala*, 2005, S. 202). Lange existierten lediglich Fallstudien, die die Erfolgswirkung von IOCM untersuchen und die theoretisch vorgestellten Konzepte überprüfen (vgl. *Cooper/Slagmulder*, 2004; *Mouritsen/Hansen/Hansen*, 2001; *Möller/Isbruch*, 2007; *Möller/Isbruch*, 2008). *Möller/Isbruch* analysierten den Anwendungsstand und die Erfolgswirkung des IOCM in einer großangelegten empirischen Studie in der Automobilzulieferindustrie. Hierbei zeigt sich, dass die Zusammenarbeit innerhalb des Netzwerkes Vorteile, Synergien und Netzeffekte hervorruft, die gerade auch durch die Abstimmung in den frühen, kostendeterminierenden Phasen des Produktentwicklungsprozesses stattfinden müssen.

12.4 Zukünftige Herausforderungen des Netzwerkcontrollings

Es wurde deutlich, dass die Berücksichtigung der spezifischen Form von Unternehmensnetzwerken neue Herausforderungen an das Controlling stellt und neue Themenbereiche eröffnet. Dies bringt einerseits Konsequenzen für das Controlling der Einzelunternehmen mit sich, welches sich neben der Koordination mit der Umwelt auch um die Koordination mit den Partnerunternehmen und damit auch mit kooperationsbezogenen Einflussfaktoren befassen muss. Andererseits ergibt sich die Notwendigkeit der Etablierung eines eigenständigen Netzwerkcontrollings, das sich mit der Unterstützung des Netzwerkmanagements und der Sicherstellung der Zielerreichung der Netzwerkziele befasst.

Die partielle Abwesenheit hierarchischer Strukturen in Unternehmenskooperationen verlangt eine Zusammenarbeit auf Basis von freiwilligem Entgegenkommen, gleichzeitig entsteht durch die häufig erforderlichen Verhandlungen ein erhöhtes Konfliktpotential. Die Ergebnisse sind schwerer messbar, „weiche" Faktoren und Intangibles gewinnen zunehmend an Bedeutung, wie etwa bei der Schaffung von Erfolgspotentialen und der Entwicklung einer Vertrauenskultur. Dies impliziert eine veränderte Ausgangsbasis für die Entwicklung von Instrumenten zur Koordination und Steuerung. Der Erfolg der Unternehmensnetzwerke ist darüber hinaus in erheblichem Maße von der Bereitschaft der Partner zu vertrauensvoller

Zusammenarbeit abhängig. Deren Förderung muss daher ein zentraler Punkt beim Controlling in Netzwerken sein.

Entsprechend sollen im Folgenden drei zukünftige Herausforderungen im Bereich des Netzwerkcontrollings vorgestellt werden: Im Bereich des Performance Measurements die Operationalisierung des meist relativ abstrakt formulierten Netzwerknutzens, eine mehrdimensionale Netzwerkerfolgsbetrachtung, die alle Stakeholder integriert sowie die systematische Berücksichtigung von Verhaltensaspekten in Netzwerken.

12.4.1 Performance Measurement: Operationalisierung des Netzwerknutzens

Der Nutzen aus der Teilnahme am Unternehmensnetzwerk gestaltet sich für jedes Partnerunternehmen individuell und leitet sich aus den individuellen Zielen ab. Durch die netzwerkweit verteilte materielle Wertschöpfung (durch die Herstellung von Produkten und Dienstleistungen) aber vor allem auch immaterielle Wertschöpfung (Know how-Austausch, Marken-Spill-over-Effekte etc.) ergeben sich neue Herausforderungen für eine mehrdimensionale Performancemessung. Die Bewertung der erbrachten Wertsteigerung/Wertschöpfung der beteiligten Partner gewinnt damit eine enorme Bedeutung. Einerseits werden sich Unternehmen bei einem vernetzten Wertschöpfungsprozesses nur beteiligen, wenn ihr Wertbeitrag angemessen honoriert wird. Andererseits muss eine integrierte Steuerung des vernetzten Prozesses stattfinden, damit die Produktion unter Kosten-, Zeit- und Qualitätsaspekten optimal erfolgen kann. Insbesondere für den Wettbewerb auf dem Endkundenmarkt ist es notwendig, den Wertbeitrag einer in einem Netzwerk produzierten Leistung präzise ermitteln zu können. Nur so kann eine erfolgsorientierte Planung, Steuerung und Kontrolle für die erforderlichen Produkt- bzw. Investitionsentscheidungen stattfinden. Erste konzeptionelle Überlegungen eines solchen Network Value Added wurden aus verschiedenen Perspektiven bereits angestellt (vgl. *Michel,* 1996; *Möller,* 2006; *Pohlen/Coleman,* 2005; *Otto/Obermaier,* 2006; *Möller,* 2009). Eine solche Kennzahl setzt sich aus materiellen und immateriellen Wertschöpfungsbeiträgen zusammen, um eine mehrdimensionale Bewertung zu ermöglichen. Mittels des Network Value Added lassen sich netzwerkspezifischen Organisations-, Kooperations-, Informations-/Technologie- und Produkt-/Leistungspotentiale bestimmen und Ansatzpunkte für wertsteigernde Strategien und Maßnahmen, die Auswirkung auf die Werttreiber der Umsätze, Kosten, Steuern, des Kapitals, Risikos und des Nutzwertes (immateriell) ableiten. Derartige Überlegungen sind Voraussetzung für eine partnerspezifische Verteilung der Netzwerkwertschöpfung, die eine hohe Akquisitions- und Bindungswirkung für die Partner hat und damit entscheidend für die Stabilität und Funktionsfähigkeit des Netzwerks sein dürfte. Die bisher vorliegenden Vorschläge sind ausschließlich auf konzeptionellem Niveau und müssen für eine praktische Verwendung weiterentwickelt bzw. anwendungsorientiert gestaltet werden.

12.4.2 Mehrperspektivische Erfolgsmessung und Effizienzoptimierung

Der Erfolg und seine effiziente Erreichung muss in Netzwerken mehrdimensional betrachtet werden und auch die Perspektiven der weiteren Stakeholder und nicht nur der Partnerunternehmen berücksichtigen. Hierbei spielen zunehmend auch volkswirtschaftliche Kriterien eine wichtige Rolle, etwa inwieweit ein Wohlfahrtsvorteil für die gesamte Gesellschaft entsteht oder ob durch die Bildung des Netzwerks durch Konzentration und Quasi-Monopole lediglich die Gewinne des Netzwerks optimiert werden. Grundsätzlich ist dabei der Dreiklang nachhaltiger Forschungsansätze aus ökonomischen, ökologischen und sozialen Zielen bzw. Kriterien zu berücksichtigen. Auch politische Aspekte wie die Wahrung des Zugangs zu Rohstoffen oder Energie kann eine relevante Entscheidungsdimension sein. Ein solcher mehrperspektivische Stakeholder-Ansatz reflektiert die Wahrnehmung von Corporate Social Responsibility (CSR) und weitet diese auf Netzwerke aus, es entsteht eine Network Responsibility (vgl. *Loew* et al., 2004, S. 74; *Müller*, 2004; *Epstein*, 2008; *Porter/Kramer*, 2006, S. 80). In einem solchen mehrdimensionalen Wertschöpfungsansatz gilt es, die verschiedenen Stakeholder mit ihren verschiedenen Ergebnisperspektiven, Nutzenverständnissen und Nutzenfunktionen zu integrieren. Deutlich wird diese Thematik z.B. im Rahmen finanzieller Analysen: Durch die Verbundenheit der Netzwerkpartner ergeben sich für einen netzwerkexternen Partner potenziell unübersehbare Risiken bei einer Kontrahierung mit einem Netzwerkpartner, da dieser über Innenverhältnisse mit den weiteren Netzwerkpartnern verbunden ist (vgl. *Baumann*, 2008). Konsequenterweise müsste ein Risikomanagement solche Netzwerkrisiken berücksichtigen. Die mehrperspektivische Betrachtung muss entsprechend neben den Positiv- auch Negativaspekte berücksichtigen. Entsprechend kann sich ein komplexes Geflecht aus Chancen und Risiken in verschiedenen Nutzen- und Schadensperspektiven im Rahmen einer ganzheitlichen Stakeholderbetrachtung ergeben. Konsequenterweise müsste das dynamisiert werden, um nach einer Entscheidung zur Bildung eines Netzwerks auch die permanente Optimierung zu unterstützen. Im Kern geht es hier um die Klärung des Verständnisses von Effizienz. In einem multiplen Setting wie einem Netzwerk kann eine rein ökonomische Sichtweise aus der Perspektive eines Partners keinen Anspruch auf ein übergeordnetes Netzwerkoptimum haben. Insofern muss die Herausarbeitung einer „Netzwerkeffizienz" für jedes Netzwerk unter Einbezug aller Stakeholder erfolgen.

12.4.3 Verhaltensaspekte in Unternehmensnetzwerken

Durch die rechtliche Selbstständigkeit der Partnerunternehmen stellen sich neue Anforderungen an das Netzwerkcontrolling, da etablierte hierarchische Koordinationsmechanismen durch Weisungen nur begrenzt für Unternehmensnetzwerke geeignet sind. Zentraler Koordinationsmechanismus ist in Unternehmensnetzwerken das Vertrauen und damit auch das Verhalten der Partner untereinander. Häufig kooperieren in einem Netzwerk Konkurrenten in einer Zwischenform zwischen Markt und Hierarchie (Koopetition). Bisherige Untersuchungen haben ergeben, dass soziale Normen, ein gutes Kooperationsklima und die Höhe des Opportunismusrisikos zentrale Erfolgsfaktoren für Unternehmensnetzwerke sind. Sie werden ihrerseits durch Vertrauen und Macht beeinflusst. Auf der einen Seite steht der Koordinationsmechanismus des Vertrauens, der Reputation und des sozialen Kapitals. Durch einen langfristigen Horizont, kooperationsspezifische Investitionen sowie positive Referenzerfahrungen und eine gute Reputation entsteht die gegenseitige Erwartung des Verzichts der opportunistischen Ausnutzung. Letztere kann aufgrund kalkulativer Überlegungen (spieltheoretischer Ansatz) oder aufgrund von diffuser Unterstützung (sozialtheoretischer Ansatz) entstehen. Auf der anderen Seite besteht gerade in fokalen Kooperationen ein Machtungleichgewicht zugunsten des fokalen Unternehmens. Dies fördert das Risiko für Opportunismus und Manipulation, eine ausgewogene Partnerschaft „auf Augenhöhe" kann nur schwer entstehen. Die Beschäftigung mit Vertrauen hat inzwischen bereits eine große Tradition auch in der Betriebswirtschaftslehre. In der Analyse der (risikobegrenzenden) Wirkungen von Commitment und glaubwürdiger Selbstbindung auf Macht und Vertrauen werden aber noch erhebliche Entwicklungsmöglichkeiten für die Forschung im Bereich des Netzwerkcontrollings gesehen. Ist beispielsweise in einem Unternehmensnetzwerk kein Vertrauen vorhanden, gehen wertvolle Effizienzpotentiale durch die aufwändige Absicherung mittels Verträgen verloren, zudem werden für die Optimierung notwendige Informationen zurückgehalten oder zu einseitigen Vorteilen verfälscht. Das Netzwerkcontrolling muss daher die Verhaltensperspektive stärker mit berücksichtigen und bspw. durch Schaffung netzwerkinterner Reputations- und Bewertungssysteme diese integrieren. Die Realisierung vieler Vorteile von Unternehmensnetzwerken hängt stark von der Fähigkeit ab, mittels informeller Regeln und Sanktionsmechanismen opportunistisches Verhalten einzelner Partnerunternehmen auf ein minimal mögliches Niveau zu senken.

Es lässt sich festhalten, dass die Etablierung eines Netzwerkcontrollings eine vielversprechende Aufgabe für Forschung und Anwendung im Controlling darstellt und noch zahlreiche offene Fragen beinhaltet.

Literatur

Baumann, S.: Projektfinanzierung in Supply Chain Netzwerken: Eine neo-institutionenökonomische Analyse am Beispiel der Automobilindustrie, Wiesbaden 2008.

Bourdieu, P.; Wacquandt, L.J.D.: Reflexive Anthropologie, Frankfurt am Main 1996.

Clark, K.B.; Fujimoto, T.: Product development performance: strategy, organization, and management in the world auto industry, Boston 1991.

Cooper, R.; Slagmulder, R.: Supply Chain Development For The Lean Enterprise: Interorganizational Cost Management, Portland 1999.

Cooper, R.; Slagmulder, R.: Interorganizational cost management and relational context, in: Accounting, Organizations and Society, 29. Jg. (2004), H. 1, S. 1–26.

Cooper, R.; Yoshikawa, T.: Interorganizational cost management systems: The case of the Tokyo-Yokohama-Kamakura supplier chain, in: International Journal of Production Economics, 37. Jg. (1994), H. 1, S. 51–62.

Das, T.K.; Teng, B.-S.: Trust, Control, and Risk in Strategic Alliances: An Integrated Framework, in: Organization Studies, 20. Jg. (2001), H. 2, S. 251–283.

Deutsch, M.; Lückert, H.-R. (Hrsg.): Konfliktregelung: Konstruktive und destruktive Prozesse, München 1976.

Drews, H.: Instrumente des Kooperationscontrollings: Anpassung bedeutender Controllinginstrumente an die Anforderungen des Managements von Unternehmenskooperationen, Wiesbaden 2001.

Dyer, J. H.; Singh, H.: The Relational View: Cooperative Strategy and sources of interorganizational competitive advantage, in: Academy of Management Review, 23. Jg. (1998), H. 4, S. 660–679.

Epstein, M. J.: Making Sustainability work, San Francisco 2008.

Franz, K.-P.; Kajüter, P.: Kostenmanagement: Wertsteigerung durch systematische Kostensteuerung, Stuttgart 2002.

Freiling, J.: Die Abhängigkeit der Zulieferer: Ein strategisches Problem, Wiesbaden 1995.

Gaitanides, M.: Integrierte Belieferung – Eine ressourcenorientierte Erklärung der Entstehung von Systemlieferanten in der Automobilindustrie, in: Zeitschrift für Betriebswirtschaft, 67. Jg. (1997), H. 7, S. 737–757.

Gemünden, H.G: Innovation in Geschäftsbeziehungen und Netzwerken, Arbeitspapier des Instituts für angewandte Betriebswirtschaftslehre und Unternehmensführung, Karlsruhe 1990.

Granovetter, M.: Problems of Explanation in Economic Society, in: Nohria, N.; Eccles, R.C. (Hrsg.): Networks and Organizations: Structure, Form, and Action, Boston (Mass.) 1992, S. 25–56.

Hess, T.: Netzwerkcontrolling: Instrumente und ihre Werkzeugunterstützung, Wiesbaden 2002.

Hoffjan, A.; Kruse, A.: Open book accounting in supply chains. When and how it is used in practice?, in: Cost management, 20. Jg. (2006), H. 11/12, S. 94–95.

Horváth, P.: Controlling, 10. Aufl., München 2006.

Jarillo, J. C.: On Strategic Networks, in: Strategic Management Journal, 9. Jg. (1988), H. 1, S. 31–41.

Kajüter, P.: Proaktives Kostenmanagement, Wiesbaden 2000.

Kajüter, P.; Kulmala, H.I.: Open-book accounting in networks: Potential achievements and reasons for failures, in: Management Accounting Research, 16. Jg. (2005), H. 2, S. 180–204.

Klaus, E.: Vertrauen in Unternehmensnetzwerken: Eine interdisziplinäre Analyse, Wiesbaden 2002.

Kraege, R.: Controlling strategischer Unternehmenskooperationen: Aufgaben, Instrumente und Gestaltungsempfehlungen, München 1997.

Krystek, U.: Verstärkte Netzwerk- und Verhaltensorientierung – zwei Wünsche an die Controllingforschung mit „synergetischem Potenzial", in: Weber, J.; Hirsch, B. (Hrsg.): Controlling als akademische Disziplin: Eine Bestandsaufnahme, Wiesbaden 2002, S. 415–426.

Krystek, U.; Zumbrock, S.: Planung und Vertrauen: Die Bedeutung von Vertrauen und Misstrauen für die Qualität von Planungs- und Kontrollsystemen, Stuttgart 1993.

Lambert, D.M.; Cooper, M.C.; Pagh, J.D.: Supply Chain Management: Implementation Issues and Research Opportunities, in: The International Journal of Logistics Management, 9. Jg. (1998), H. 2, S. 7.

Loew, T. et al.: Bedeutung der internationalen CSR-Diskussion für Nachhaltigkeit und die sich daraus ergebenden Anforderungen in Unternehmen mit Fokus Berichterstattung, Bericht Münster und Berlin 2004.

Loose, A.; Sydow, J.: Vertrauen und Ökonomie in Netzwerkbeziehungen – Strukturationstheoretische Betrachtungen, in: Sydow, J.; Windeler, A. (Hrsg.): Management interorganisationaler Beziehungen: Vertrauen, Kontrolle und Informationstechnik, Opladen 1994, S. 160–193.

Luhmann, N.: Vertrauen: Ein Mechanismus zur Reduktion sozialer Komplexität, 4. Aufl., Stuttgart 2000.

Männel, B.: Netzwerke in der Zulieferindustrie: Konzepte – Gestaltungsmerkmale – betriebswirtschaftliche Wirkung, Wiesbaden 1996.

Michel, U.: Wertorientiertes Management strategischer Allianzen, München 1996, S. 91.

Miles, R.E.; Snow, C.C.: Organizations: New Concepts for New Forms, in: California Management Review, 28. Jg. (1986), H. 3, S. 62–73.

Möller, K.: Wertschöpfung in Netzwerken, München 2006a.

Möller, K.: Unternehmensnetzwerke und Erfolg – eine empirische Analyse, zfbf, 58. Jg. (2006b), H. 8, S. 1051–1076.

Möller, K.: Controlling in Unternehmensnetzwerken, in: Controlling, 20. Jg. (2008), H. 12, S. 671–679.

Möller, K.: Influencing Variables for Intangible and Financial Performance: Causes and Effects, in: Journal of Intellectual Capital, 10. Jg. (2009), H. 3, S. 224–245.

Möller, K.; Isbruch, F.: Interorganisationales Kostenmanagement – Erfolgspotential oder Kooperationsrisiko?, in: Zeitschrift für Planung und Unternehmenssteuerung, 18. Jg. (2007), H. 4, S. 387–406.

Möller, K.; Isbruch, F.: Interorganisationales Kostenmanagement in Hersteller-Zuliefer-kooperationen der Automobilindustrie, in Zeitschrift für Controlling & Management, 52. Jg. (2008), H. 5, S. 296–303.

Morschett, D.: Formen von Kooperationen, Allianzen und Netzwerken, in: Zentes, J.; Swoboda, B.; Morschett, D. (Hrsg.): Kooperationen, Allianzen und Netzwerke: Grundlagen – Ansätze – Perspektiven, Wiesbaden 2003, S. 387–414.

Mouritsen, J.; Hansen, A.; Hansen, C.O.: Inter-organizational controls and organizational competencies: episodes around target cost management/functional analysis and open book accounting, in: ManagementAccounting Research, 12. Jg. (2001), H. 2, S. 221–244.

Müller, M.: Investitionsentscheidungen vor dem Hintergrund einer Nachhaltigen Entwicklung, in: ZfCM Sonderheft 1/2004, S. 96–105.

Osterloh, M.; Weibel, A.: Ressourcensteuerung in Netzwerken: Eine Tragödie der Allmende?, in: Sydow, J.; Windeler, A. (Hrsg.): Steuerung von Netzwerken: Konzepte und Praktiken, Wiesbaden 2000, S. 88–106.

Otto, A.; Obermaier, R.: Bewertung von Unternehmensnetzwerken – eine Analytik zur kausalen Erklärung des Netzeffekts, in: Matzler, K.; Hinterhuber, H.; Renzl, B.; Rothenberger, S. (Hrsg.): Immaterielle Vermögenswerte, Berlin 2006, S. 365–397.

Pampel, J.: Kooperation mit Zulieferern. Theorie und Management, Wiesbaden 1993.

Picot, A.; Reichwald, R.; Wigand, R. T.: Die grenzenlose Unternehmung: Information, Organisation und Management, 5. Aufl., Wiesbaden 2003.

Pohlen, T.; Coleman, B.J.: Evaluating Internat Operations and Supply Chain Performance Using EVA and ABC, in: SAM Advanced Management Journal, Spring 2005, S.49.

Pointner, W.: Umbruch in der Automobilindustrie? Von den Grenzen des Outsourcings, Frankfurt am Main 2003, S. 33.

Porter, M.E.; Kramer, M.R.: Strategy & Society, in: Harvard Business Review, (2006), H. 12, S. 78–92.

Ripperger, T.: Ökonomik des Vertrauens: Analyse eines Organisationsprinzips, Tübingen 1998.

Rößl, D.: Selbstverpflichtung als alternative Koordinationsform von komplexen Austauschbeziehungen, in: Zeitschrift für betriebswirtschaftliche Forschung, 48. Jg. (1996), H. 4, S. 311–334.

Seuring, S.: Supply Chain Costing, München 2001.

Sjurts, I.: Kontrolle ist gut, ist Vertrauen besser? Ökonomische Analysen zur Selbstorganisation als Leitidee neuer Organisationskonzepte, in: Die Betriebswirtschaft, 58. Jg. (1998), H. 3, S. 283–298.

Sjurts, I.: Kollektive Unternehmensstrategie: Grundfragen einer Theorie kollektiven strategischen Handelns, Wiesbaden 2000.

Staber, U.: Steuerung von Unternehmensnetzwerken: Organisationstheoretische Perspektiven und soziale Mechanismen, in: Sydow, J.; Windeler, A. (Hrsg.): Steuerung von Netzwerken: Konzepte und Praktiken, Wiesbaden 2000, S. 58–87.

Star Alliance (2007), http://www.staralliance.com/int/press/facts_figures/star_backgrounder_history_chronological.pdf.

Strulik, T.: Nichtwissen und Vertrauen in der Wissensökonomie, Frankfurt am Main 2004.

Sydow, J.: Understanding the Constitution of Interorganizational Trust, in: Lane, C.; Bachmann, R. (Hrsg.): Trust within and between Organizations, 1998, S. 31–63.

Sydow, J.: Management von Netzwerkorganisationen – Zum Stand der Forschung, in: Sydow, J. (Hrsg.): Management von Netzwerkorganisationen: Beiträge aus der „Managementforschung", 3. Aufl., Wiesbaden 2003, S. 293–354.

Sydow, J.; Windeler, A.: Über Netzwerke, virtuelle Integration und Interorganisationsbeziehungen, in: Sydow, J.; Windeler, A. (Hrsg.): Management interorganisationaler Beziehungen: Vertrauen, Kontrolle und Informationstechnik, Opladen 1994, S. 1–21.

Sydow, J.; Windeler, A.: Steuerung von und in Netzwerken – Perspektiven, Konzepte vor allem aber offene Fragen, in: Sydow, J.; Windeler, A. (Hrsg.): Steuerung von Netzwerken: Konzepte und Praktiken, Wiesbaden 2000, S. 1–24.

Ullrich, C.: Die Dynamik von Coopetition: Möglichkeiten und Grenzen dauerhafter Kooperation, Wiesbaden 2004.

Voß, W.: Ganzheitliche Bewertung von Unternehmensnetzwerken: Konzeption eines Bewertungsmodells, Frankfurt am Main et al. 2002.

Wald, A.: Netzwerkstrukturen und -effekte in Organisationen: Eine Netzwerkanalyse in internationalen Unternehmen, Wiesbaden 2002.

Wieland, J.: Ökonomische Organisation, Allokation und Status, Tübingen 1996.

Wildemann, H.: Koordination von Unternehmensnetzwerken, in: Zeitschrift für Betriebswirtschaft, 67. Jg. (1997), H. 4, S. 417–439.

Winkler, G.: Koordination in strategischen Netzwerken, Wiesbaden 1999.

Wohlgemuth, O.: Management netzwerkartiger Kooperationen: Instrumente für die unternehmensübergreifende Steuerung, Wiesbaden 2002.

Zaheer, A.; McEvily, B.; Perrone, V.: Does Trust Matter? Exploring the Effects of Interorganizational and Interpersonal Trust on Performance, in: Organization Science, 9. Jg. (1998), H. 2, S. 141–159.

Zentes, J.; Swoboda, B.; Morschett, D.: Kooperationen, Allianzen und Netzwerke: Grundlagen – Ansätze – Perspektiven, Wiesbaden 2003.

Teil C. Nicht-marktliche Stakeholder im Controlling

13 Nachhaltigkeit und Sustainability Accounting

Thomas M. Fischer, Angelika Sawczyn und Benedikt Brauch

13.1   Einleitung

In marktwirtschaftlichen Wirtschaftssystemen dominieren i. d. R. ökonomische Zielkriterien. In den letzten Jahren hat sich jedoch in der Öffentlichkeit ein stärkeres Bewusstsein für die Herausforderungen, welche sowohl im Sozialbereich (z.B. Ausbildung und Motivation der Mitarbeiter, Problematik der Verteilungsgerechtigkeit etc.) als auch im Umweltbereich (z.B. Problematik der Ressourcenknappheit, Notwendigkeit zur Reduktion der Emissionen etc.) bestehen, entwickelt.

Die drei Dimensionen Ökonomie, Soziales und Ökologie bilden die Basis für das nachhaltige Wirtschaften. Eine erste allgemein anerkannte Definition von Nachhaltigkeit wurde von der Brundtland-Kommission veröffentlicht, welche Nachhaltigkeit als eine Entwicklung beschreibt, die den gegenwärtigen Bedürfnissen gerecht wird, ohne die Möglichkeiten der Bedürfnisbefriedigung zukünftiger Generationen zu behindern (vgl. *World Commission on Environment*, 1987, S. 43).

Aufgrund der sozialen und ökologischen Herausforderungen wird zunehmend von Vertretern der Politik und der Gesellschaft gefordert, dass Unternehmen über die bestehenden gesetzlichen Verpflichtungen hinaus Verantwortung in der Gegenwart und für die Zukunft übernehmen sollten. Dies bedeutet „nicht nur gesetzliche Bestimmungen einzuhalten, sondern [...] mehr investieren in Humankapital, in die Umwelt, in Beziehungen zu anderen Stakeholdern" (*Europäische Kommission* (Hrsg.), 2002, S. 3).

Zu den Stakeholdern gehören Eigentümer, Fremdkapitalgeber, Lieferanten, Mitarbeiter, Kunden, Staat und Gesellschaft. Dabei wird betont, dass bei der Formulierung der Unternehmensziele die Interessen aller Anspruchsgruppen gleichberechtigt berücksichtigt werden sollen (vgl. *Munilla/Miles*, 2005, S. 372). Problematisch bei der Ausrichtung an den Interessen der Stakeholder(-gruppen) ist, dass hierbei Zielantinomien auftreten können (vgl. *Thompson/Driver*, 2005, S. 64; *Graafland/Ven*, 2006, S. 115). Daher muss im Einzelfall abgewogen werden, inwieweit die Interessen des Unternehmens Vorrang vor denen bestimmter Stakeholder haben können (vgl. *Riordan/Gatewood/Bill*, 1997, S. 402).

Damit ein Unternehmen seine Existenz langfristig sichern, d.h. auf den Märkten eine führende Position dauerhaft halten kann, muss es in den drei o. g. Dimensionen Ökonomie, Soziales und Ökologie, der sog. „Triple Bottom Line" (vgl. *Elkington*, 1997, S. 69 ff.), erfolgreich sein. Um dieses zu erreichen, müssen die Interessen der relevanten Stakeholder(-gruppen) hinsichtlich ökonomischer, sozialer und ökologischer Aspekte aufeinander abgestimmt werden (vgl. *Habisch et al.*, 2005, S. 7) und mit den Kernkompetenzen des Unternehmens in Einklang gebracht werden. Eine Unternehmensstrategie, die sowohl ökonomische, soziale als auch ökologische Ziele beinhaltet und auf die Kernkompetenzen des Unternehmens abgestimmt ist, wird zunehmend Basis strategischer Wettbewerbsvorteile und entscheidend für die langfristige Existenzsicherung eines Unternehmens werden (vgl. *Porter/Kramer*, 2007, S. 25). Aus diesem Grund sollten Unternehmen das Konzept der Nachhaltigkeit als integralen Bestandteil in ihre Strategien aufnehmen.

Nachfolgend werden zunächst verschiedene Konzepte der Nachhaltigkeit (vgl. 13.2) beschrieben und voneinander abgegrenzt. Anschließend wird das Sustainability Accounting grundlegend dargestellt (vgl. 13.3). Dabei wird die Ausgestaltung der wichtigsten Elemente, Sustainability Controlling (vgl. 13.3.1) und Sustainability Reporting (vgl. 13.3.2), kritisch analysiert.

13.2 Konzepte der Nachhaltigkeit

Das Konzept der Nachhaltigkeit wurde bereits im 18. Jahrhundert im Bereich der Forstwirtschaft geprägt; zur Sicherung des Waldbestandes sollte nur soviel Holz geschlagen werden, wie durch Neuanpflanzungen nachwachsen konnte (vgl. *Loew et al.*, 2004, S. 25). Eine Weiterentwicklung der Nachhaltigkeitsidee fand in Europa aufgrund der Umweltschutzdiskussionen während der 1970er Jahre statt (vgl. *Crane/Matten/Spence*, 2008, S. 56). Durch die Umweltkonferenz in Rio de Janeiro (1992) wurde das Konzept der Nachhaltigkeit zu einer international anerkannten Zielsetzung entwickelt, die Nachhaltigkeit als Vision einer „gemeinsamen Zukunft" der Menschen beschreibt (vgl. *Loew et al.*, 2004, S. 68). In der „Agenda 21" wurden erstmals detaillierte Handlungsaufträge gegeben, die internationale, staatliche, wirtschaftliche sowie zivilgesellschaftliche Akteure erfüllen sollen, um gemeinsam einen Beitrag zur Nachhaltigkeit zu leisten (vgl. *Meffert/Münstermann*, 2005, S. 16).

Das Konzept der Nachhaltigkeit baut auf den drei Dimensionen – Ökonomie, Soziales und Ökologie – auf und stellt ein gesamtgesellschaftliches Konzept dar, welches auf volkswirtschaftlichen und politischen Überlegungen beruht. Abb. 13.1 veranschaulicht, dass ökonomische, soziale und ökologische Ziele voneinander abhängig sind und somit Nachhaltigkeit nur erreicht werden kann, wenn alle drei Zieldimensionen der Triple Bottom Line im Unternehmen realisiert werden.

Als Hersteller von Gütern und Dienstleistungen, als Arbeitgeber oder als Handelspartner sind Unternehmen Haupttreiber von Wohlstand und damit wirtschaftlicher Nachhaltigkeit. Die ökonomische Dimension der Nachhaltigkeit zielt dabei auf betriebswirtschaftliche Ziele wie langfristige Sicherstellung der Liquidität und dauerhafte Erfüllung der Renditeforderungen der Kapitalgeber ab (vgl. *Dyllick/Hockerts*, 2002, S. 8; *Schäfer/Lindenmayer*, 2005, S. 16).

Qualifizierte Mitarbeiter, ein hohes Nachfragepotenzial, ein funktionierendes Wettbewerbsumfeld und die Verfügbarkeit von Ressourcen sind zwingende Voraussetzungen der Unternehmenstätigkeit (vgl. *Schäfer/Lindenmayer*, 2005, S. 7). Unternehmen sind zumindest langfristig auf ein stabiles soziales Umfeld sowie eine intakte Umwelt angewiesen und haben somit ein ganz eigenes Interesse an sozialer und ökologischer Nachhaltigkeit (vgl. *Habisch*, 2003, S. 41 f.; *Meffert/Münstermann*, 2005, S. 1). Daraus resultiert, dass soziale Nachhaltigkeit sich vorrangig mit der Thematik der Verteilungsgerechtigkeit beschäftigt und durch ökologische Nachhaltigkeit vor allem der Aspekt der begrenzten Aufnahmekapazität der Ökosysteme betont wird.

Abb. 13.1 zeigt das Grundmodell des Nachhaltigkeits-Dreiecks (vgl. *Schaltegger et al.*, 2007, S. 14), in dem gezielt die Zusammenhänge zwischen den einzelnen Dimensionen der Nachhaltigkeit integriert wurden (vgl. *Dyllick/Hockerts*, 2002, S. 5; *Schaltegger/Bennett/Burrit*, 2006, S. 3–7).

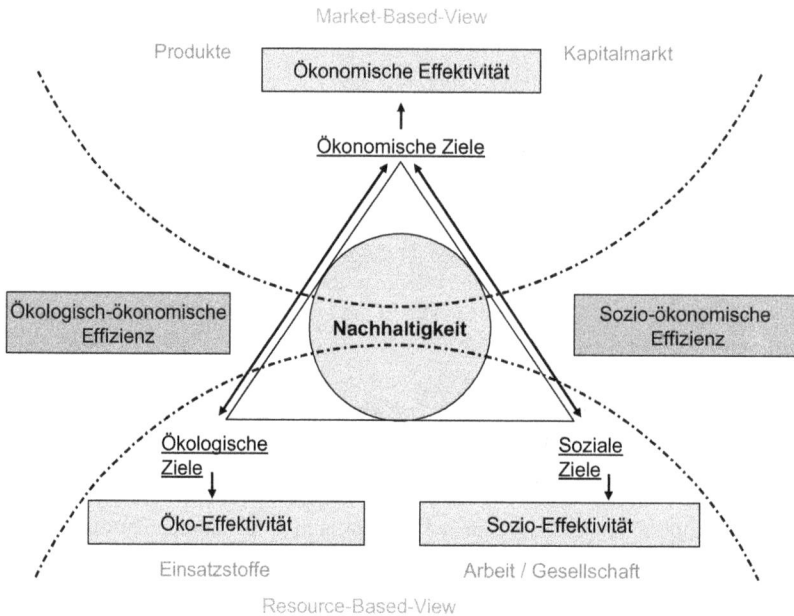

Abb. 13.1: Weiterentwicklung des Nachhaltigkeits-Dreiecks

Das Nachhaltigkeits-Dreieck enthält eine Effektivitäts- und eine Effizienzebene. Auf der Effektivitätsebene der Triple Bottom Line sind zunächst die richtigen Ziele für die drei Bereiche festzulegen. Anschließend soll sowohl auf der ökologisch-ökonomischen wie auch auf der sozio-ökonomischen Effizienzebene eine bestmögliche Zielerreichung erwirkt werden (vgl. *Schaltegger et al.*, 2007, S. 14 ff.).

Unter ökonomischer Effektivität wird unter Zuhilfenahme betriebswirtschaftlicher Kennzahlen die Erreichung eines möglichst guten ökonomischen Ergebnisses verstanden. Dieser Sachverhalt stellt somit das klassische Unternehmensziel dar (vgl. *Schaltegger et al.*, 2007, S. 14) und wird auch als Market-Based-View bezeichnet.

Öko-Effektivität bezeichnet die absolute Zielerreichung in Bezug auf Umweltaspekte, wie z.B. CO_2-Ausstoss pro Produktionsvolumen. Angesichts der begrenzten Kapazität der Umwelt zur Bereitstellung von Ressourcen und Aufnahme von Abfallprodukten geht es hier um die Einhaltung von Mindestanforderungen oder das Niveau, auf das negative Auswirkungen zu reduzieren sind (vgl. *Dyllick/Hockerts*, 2002, S. 21–23; *Schaltegger/Bennett/Burrit*, 2006, S. 9).

Sozio-Effektivität entspricht der Forderung der Stakeholder, dass Unternehmen sozialen Mindeststandards gerecht werden sollen, die die Erwartungen hinsichtlich gesellschaftlicher Auswirkungen, wie z.B. Arbeitsbedingungen, widerspiegeln (vgl. *Dyllick/Hockerts*, 2002, S. 25–26). Durch Öko- und Sozio-Effektivität wird die Ressourcenbasis eines Unternehmens im Hinblick auf die verwendeten materiellen und immateriellen Einsatzgüter determiniert. Umgekehrt bildet die Ressourcenbasis die wesentliche Voraussetzung für die nachhaltig zu erzielende ökologisch-ökonomische und sozio-ökonomische Effizienz.

Unter ökologisch-ökonomischer Effizienz wird das Verhältnis zwischen der verursachten Umweltbeanspruchung zur erwirtschafteten Geldeinheit verstanden. Die ökologische Größe wird dabei als Schadschöpfung, die ökonomische Größe als Wertschöpfung bezeichnet. Die Schadschöpfung wird aus der Summe aller direkt und indirekt verursachten Umweltbelastungen, die von einem Produkt oder einer Dienstleistung ausgehen, bestimmt. Die Wertschöpfung ist definiert als Umsatz abzüglich Vorleistungen (vgl. *Schaltegger et al.*, 2007, S. 17). Kennzahlen der ökologisch-ökonomischen Effizienz sind z.B. emittiertes CO_2 in Mio. Tonnen/Wertschöpfung oder verbrauchte Energie pro Betriebsstunde/Wertschöpfung.

Sozio-ökonomische Effizienz wird als Verhältnis zwischen den sozialen Externalitäten, die ein Unternehmen verursacht, und der Wertschöpfung bestimmt. Soziale Externalitäten sind die Summe aller negativen sozialen Auswirkungen, die bei Produktion eines Produktes oder von einer Dienstleistung ausgehen, wie z.B. Krankheitstage pro Mitarbeiter (vgl. *Schaltegger et al.*, 2007, S. 17). Kennzahlen der sozioökonomischen Effizienz sind z.B. Personalunfälle/Wertschöpfung.

Wenn es gelingt, die ökologisch-ökonomische und die sozio-ökonomische Effizienz zu steigern, können sich erhebliche Vorteile für das Unternehmen ergeben. Wichtige Ansätze hierfür sind die Erzielung von Kosteneinsparungen durch effizienteren Ressourceneinsatz, die Erschließung neuer Kundengruppen, die Forcierung von Innovationen sowie die Steigerung der Motivation und Bindung der Mitarbeiter (vgl. *Schaltegger et al.*, 2007, S. 15–16; *Schäfer/Lindenmayer*, 2005, S. 22 f.).

Nachfolgend werden die Konzepte der Corporate Citizenship (vgl. 13.2.1), Corporate Social Responsibility (vgl. 13.2.2) und der Corporate Sustainability (vgl. 13.2.3) differenziert erläutert.

13.2.1   Corporate Citizenship

Corporate Citizenship (CC) ist ein Konzept unternehmerischer Verantwortung (vgl. *Münstermann*, 2007, S. 12), das weltweit Verbreitung gefunden hat. Nach einer Definition der deutschen Bundesregierung ist CC mit dem „Engagement von Unternehmen zur Lösung sozialer Probleme im lokalen Umfeld des Unternehmens und seiner Standorte" zu umschreiben (vgl. *Bundesregierung*, 2005, S. 127). Bezeichnend für das gesellschaftliche Engagement der Unternehmen in Form von CC sind die vier Handlungsformen Corporate Volunteering, Corporate Foundation, Corporate Giving und Cause-Related Marketing (vgl. *Münstermann*, 2007, S. 12).

Beim Corporate Volunteering findet ein aktives Engagement von Mitarbeitern für soziale Projekte statt. Unternehmen, wie z.B. The Body Shop („Get active!"), Deutsche Bahn AG („Mitarbeiter helfen"), Deutsche Bank AG („Initiative plus"), Henkel KGaA („MIT-Initiative"), fördern dieses Engagement durch eine Freistellung der Mitarbeiter unter Fortzahlung der Bezüge, damit diese ihr Fachwissen in das jeweilige Projekt einbringen können (vgl. *Bundesministerium für Familie, Senioren, Frauen und Jugend (Hrsg.)*, 2002, S. 8 ff.).

Bei der Corporate Foundation wird meist eine Unternehmensstiftung aus der Erkenntnis gegründet, dass Eigentum verpflichtet. Das bekannteste Beispiel in Deutschland ist die Bertelsmann-Stiftung, die sich zum Ziel gesetzt hat, eine möglichst umfassende und nachhaltige gesellschaftliche Wirkung ihrer Arbeit zu erreichen, indem sie den Dialog und die Toleranz zwischen Kulturen fördert und ihre Arbeit auf Projekte fokussiert, die der gesellschaftlichen Entwicklung dienlich sind (vgl. *Bertelsmann Stiftung* (Hrsg.), 2008, S. 1 ff.).

Corporate Giving spiegelt sich in Sponsoring- und Spendenmaßnahmen wider, mit denen ein Unternehmen gemeinnützige Zwecke wie z.B. Sportveranstaltungen, Preisverleihungen oder Jugendförderung unterstützt (vgl. *Münstermann*, 2007, S. 12 f.).

Beim Cause-Related Marketing findet eine Verzahnung von gesellschaftlichen Aspekten und Marketingstrategien statt, indem z.B. in Entwicklungsländern Medikamente zunächst kostenfrei verteilt werden, was zum einen der Bevölkerung zu Gute kommt, zum anderen wird mit dieser Maßnahme eine Kundenbindung der Zielgruppe erreicht (vgl. *Münstermann*, 2007, S. 12 f.).

Damit CC auch vorteilhaft für das Unternehmen ist, muss es in die Unternehmensstrategie eingebunden werden. Dieses wird im Rahmen des Konzepts der Corporate Social Responsibility erreicht, das eine Verknüpfung von strategisch gesellschaftlichem Engagement mit der Absicherung des operativen Geschäfts schafft (vgl. *Riess* (Hrsg.), 2006, S. 8).

13.2.2   Corporate Social Responsibility

Corporate Social Responsibility (CSR) wurde in den fünfziger Jahren in den USA aus der wissenschaftlichen Auseinandersetzung über die gesellschaftliche Verantwortung von Unternehmen entwickelt. Diese Entwicklung stand in engem Zusammenhang mit einer allgemein ausgeprägten Kultur bürgerschaftlichen Engagements, in der die Übernahme gesellschaftlicher Verantwortung durch Unternehmen schon damals eine bedeutende Rolle spielte (vgl. *Bowen*, 1953, S. 6; *Meffert/Münstermann*, 2005, S. 4).

Bis etwa 1970 war CSR eine rein normativ begründete Erweiterung der unternehmerischen Verantwortung. Unternehmen wurden als Teil der Gesellschaft in der Pflicht gesehen, sich aktiv an der Verbesserung der Lebensqualität zu beteiligen. Die Verantwortung über gesetzliche Verpflichtungen (Compliance) hinaus wurde damals getrennt von wirtschaftlichen Interessen gesehen (vgl. *Carroll*, 1999, S. 268 ff.). Diese Entwicklung formalisierte sich in den Unternehmen bis 1980 in Form von Corporate Citizenship (CC). Unternehmen versuchen durch CSR zur Lösung von Problemen in ihrem Umfeld beizutragen, für die sie teilweise auch selbst verantwortlich sind, um dadurch gesellschaftliche Entwicklungen im eigenen Interesse positiv zu beeinflussen (vgl. *Backhaus-Maul*, 2008, S. 485–488).

Das CSR-Konzept wird durch ein Pyramidenmodell (vgl. Abb. 13.2) mit vier Ebenen beschrieben. Darin besitzen Unternehmen nicht nur eine grundlegende wirtschaftliche und rechtliche Verpflichtung gegenüber den Stakeholdern, sondern auch eine ethische und philanthropische Verantwortung. Die wirtschaftliche Ebene bildet die Basis der Pyramide, weil die Gesellschaft von den Unternehmen primär eine Versorgung mit Gütern und Dienstleistungen verlangt, die unter Berücksichtigung der Gewinnmaximierung zu erfolgen hat. Die zweite Ebene bildet die gesetzliche Dimension, bei der die Gesellschaft dem Unternehmen gesetzliche Verantwortung vorschreibt. Bei der dritten Ebene erwarten die Stakeholder ethische Verantwortung von den Unternehmen gegenüber der Gesellschaft. Die letzte Ebene des Pyramidenmodells ist die philanthropische Verantwortung, die von der Gesellschaft erwünscht wird, indem Unternehmen freiwillig Maßnahmen zur Unterstützung der Gesellschaft ergreifen, wie z.B. durch Spenden (vgl. *Carroll*, 1991, S. 40–43). Der Vorteil dieses Modells liegt in der Systematisierung der Begriffe, wobei die ökonomische Verantwortung als zentrales Element des Modells betrachtet wird. Als nachteilig ist anzusehen, dass es sich hierbei um ein deskriptives Modell handelt, so dass das Management keine Aussagen zu Handlungsempfehlungen aus dem Modell schließen kann.

Abb. 13.2: Die CSR-Pyramide
(Quelle: Carroll, 1991, S. 34)

In Europa wurde das Konzept der CSR erst zu Beginn des 21. Jahrhunderts im Rahmen der Lissabon-Konferenz (März 2000) von der Europäischen Union (EU) aufgegriffen. Dieses Konzept dient als Grundlage für Unternehmen, um „auf freiwilliger Basis soziale Belange und Umweltbelange in ihre Unternehmenstätigkeit und in ihre Wechselbeziehungen mit den Stakeholdern zu integrieren" (*Europäische Kommission* (Hrsg.), 2001, S. 5).

13.2.3   Corporate Sustainability

Ausgehend von dem dreidimensionalen Konzept der Nachhaltigkeit wird unter Corporate Sustainability (CS) „das Prinzip der simultanen Einbeziehung ökonomischer, ökologischer und sozialer Einflussgrößen in das unternehmerische Handeln mit dem Ziel der Ressourcenerhaltung für künftige Generationen" (vgl. *Quick/Knocinski*, 2006, S. 616) verstanden. Dieses Verständnis von CS zielt auf die Optimierung der Unternehmensmaßnahmen im Hinblick auf die ökonomischen, sozialen und ökologischen Nachhaltigkeitsherausforderungen ab. Dazu zählen die soziale Verteilungsgerechtigkeit, die begrenzte Aufnahmekapazität der Ökosysteme sowie die Erfüllung der betriebswirtschaftlichen Zielsetzungen des Unternehmens, wie z.B. die Erfüllung von Renditeforderungen der Kapitalgeber.

Einen entscheidenden Beitrag zur Entwicklung der CS leistete Elkington, der eine dreifache, kapitalerhaltende betriebliche Wertschöpfung in sozialer, ökologischer und ökonomischer Hinsicht forderte, und damit den Begriff der „Triple Bottom Line" prägte (vgl. *Elkington*, 1997, S. 69 ff.). Die Triple Bottom Line erweitert die traditionelle Perspektive von Unternehmen sich im Controlling und Reporting nicht nur auf ökonomische, d.h. finanzielle Zieldimensionen zu beschränken, sondern zusätzlich nicht-finanzielle Indikatoren für die ökologische und soziale Performance zu integrieren (*Preller*, 2007, S. 51).

Sowohl das Konzept der CSR wie auch das Konzept der CS sind durch eine starke Orientierung an Zielsetzungen der Stakeholder gekennzeichnet. Zwar werden in beiden Konzepten die drei Dimensionen der Triple Bottom Line angesprochen, jedoch wird beim Konzept der CSR besonders die Integration der beiden Dimensionen Ökologie und Soziales in den Vordergrund gestellt, was einen bedeutsamen Unterschied zum Konzept der CS darstellt, welches vor allem durch das Streben nach der gleichwertigen Umsetzung aller drei Dimensionen in der Triple Bottom Line charakterisiert ist.

Die Frage nach dem „besseren" Konzept ist unternehmensabhängig. So stellt die Wertschöpfung eines Finanzdienstleistungsunternehmens potentiell ein geringeres Risiko für die Umwelt dar als ein Chemiekonzern. Das Management des jeweiligen Unternehmens muss dann unter Beachtung der Kernkompetenzen entscheiden, ob es in der Lage ist, eine gleichmäßige Zielerreichung in allen drei Dimensionen der Triple Bottom Line zu erreichen oder ob es für das Unternehmen vorteilhafter ist, eine unterschiedlich stark ausgeprägte Integration der Dimensionen Ökologie und/oder Soziales in die bestehende Unternehmensstrategie anzustreben.

Corporate Sustainability zielt auf eine Optimierung der ökonomischen, sozialen und ökologischen Unternehmensleistungen ab, die durch eine Integration in die Unternehmensstrategie erzielt werden können. Beim CSR-Konzept wird dagegen stets die Freiwilligkeit betont. (vgl. *Riess* (Hrsg.), (2006), S. 16. Aufgrund der strategischen Bedeutung von Nachhaltigkeit ist für Unternehmen diese Freiwilligkeit zumindest aus betriebswirtschaftlicher Sicht de facto nicht gegeben. Als Beispiel kann das Unternehmen „Nike" aufgeführt werden, das zu Beginn der 90er Jahre auf Grund der ungenügenden Arbeitsbedingungen (z.B. Überstunden-Zwang, Kinderarbeit, Rechtsmissachtung) in vor allem asiatischen Produktionsstätten stark kritisiert wurde. Nach anfänglicher Missachtung der Kritik wurde der Druck durch die Öffentlichkeit so stark, dass „Nike" einen „Code of Conduct" zur Regelung der in den Subunternehmen herrschenden Arbeitsbedingungen erstellte, der zunächst nur proklamatorischen Charakter hatte. Die Kritik nahm im Laufe der Zeit infolge weiterer Berichterstattung nicht ab, so dass 1998 ein 6-Punkte-Plan ausgearbeitet wurde (vgl. *Hendry/Fujikawa*, 2000).

Durch die Integration von Nachhaltigkeitsaspekten in die Unternehmensstrategie lässt sich zum einen das unternehmerische Risiko, das mit einer Missachtung gesellschaftlicher Forderungen einhergeht, reduzieren. Zum anderen lässt sich durch gezielte Nutzung von Gestaltungsspielräumen bei der Implementierung der Triple Bottom Line in die Unternehmensstrategie monetärer Nutzen bis hin zu langfristigen Wettbewerbsvorteilen für das Unternehmen erreichen. Die Gestaltungsspielräume liegen vor allem in den vier Handlungsformen der CC. Je nachdem wie stark die Handlungsformen unter Berücksichtigung der Kernkompetenzen des Unternehmens in die Unternehmensstrategie integriert werden, kann ein Unternehmen die Chancen, die dadurch erzielt werden, für sich nutzen. Ein Unternehmen, das nach dem „Gießkannenprinzip" verfährt und z.B. mehrere Projekte gleichzeitig in Form von Corporate Giving unterstützt, wird nicht den Nutzen erreichen, den ein Unternehmen erlangen kann, das sich langfristig auf einige wenige Projekte konzentriert, bei dem die Kernkompetenzen in Form von Fachwissen oder technischer Ausstattung, in die Projekte integriert werden (vgl. *Kotler/Lee*, 2005, S. 10–18; *Porter/Kramer*, 2002, S. 59–62).

In Abb. 13.3 werden die Abgrenzung und die Zusammenhänge der drei Konzepte Corporate Citizenship, Corporate Social Responsibility sowie Corporate Sustainability dargestellt. Unternehmen können durch Implementierung von einer der drei Nachhaltigkeitskonzeptionen in ihre Unternehmensstrategie die Ziele zur Förderung der Nachhaltigkeit in unterschiedlicher Intensität erreichen.

Abschließend ist zu bemerken, dass sich zwischen den Konzepten der CSR und der CS zunehmend eine Konvergenz der Inhalte und Aufgaben abzeichnet. In der gesellschaftlichen und unternehmerischen Diskussion wird zwischen den Begriffen nur selten differenziert (vgl. *Löw et al.*, 2004, S. 47, 74; *Meffert/Münstermann*, 2005, S. 16).

Damit das Konzept der CS verwirklicht werden kann und somit die positiven Effekte dieses Konzeptes genutzt werden können, muss die CS in die Unternehmensstrategie eingebunden werden, denn hierdurch kann das Unternehmen langfristige Unternehmensvorteile erzielen (vgl. *Schaltegger*, 2004, S. 511; *Münstermann*, 2007, S. 20–21; *Kotler/Lee*, 2005, S. 10–18; *Porter/Kramer*, 2002, S. 59–62). Nur wenn durch CS ökonomische Vorteile für das Unternehmen erreicht werden, können damit soziale und ökologische Belange nachhaltig, d.h. langfristig, unterstützt werden (vgl. *Suchanek*, 2004, S. 111).

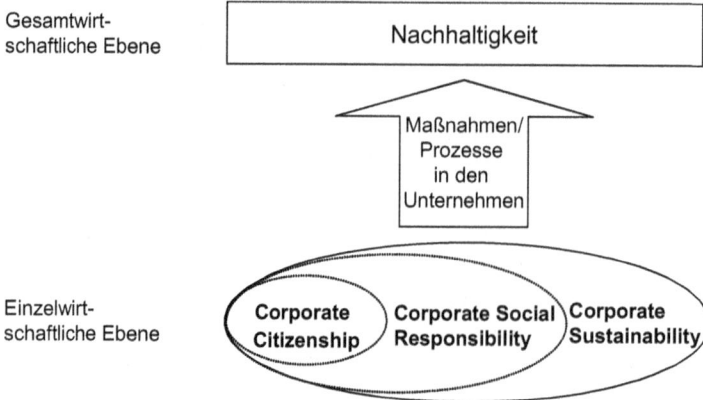

Abb. 13.3: Beitrag von Corporate Citizenship, Corporate Social Responsibility sowie Corporate Sustainability zur gesamtwirtschaftlichen Nachhaltigkeit
(Quelle: In Anlehnung an Loew et al., 2004, S. 72)

Mehrere Aspekte sind von Bedeutung, um eine erfolgreiche Implementierung des Konzepts der CS in die Unternehmensstrategie zu erreichen. So spielen beispielsweise Glaubwürdigkeit und Vertrauen eine zentrale Rolle. Dieses kann durch eine langfristige Projektbindung erreicht werden, die einen dauerhaften Wettbewerbsvorteil generiert, wenn durch das Nachhaltigkeitsprojekt eine soziale/ökologische Verbesserung des Wettbewerbsumfeldes zu einer Verbesserung der ökonomischen Ergebnisse führt. Anreize werden dafür geschaffen, wenn die ökonomischen und sozialen/ökologischen Belange an ihren Schnittstellen Synergieeffekte erzeugen, die dadurch langfristig einen Mehrwert in ökonomischer Hinsicht erzielen (vgl. *Porter/Kramer*, 2002, S. 59–62). Als Beispiel kann das Unternehmen Cisco angeführt werden, das im Zuge des Mangels an IT-Kräften die Cisco Networking Academy gründete, welche die notwendigen Voraussetzungen für IT-Jobs durch den Zugang zu Bildung und Arbeitsmöglichkeiten schafft. Cisco profitiert durch die Rekrutierung von fähigen Mitarbeitern und schafft sich somit einen Wettbewerbsvorteil gegenüber der Konkurrenz (vgl. *Porter/Kramer*, 2006, S. 65–66).

Aufgrund der begrenzten Ressourcen eines Unternehmens ist bezüglich der Sozial- oder Umweltmaßnahmen eine Auswahl erforderlich (vgl. *Porter/Kramer*, 2006, S. 86). Daher sind, ausgehend von der Unternehmensstrategie, die individuellen Beziehungen mit den Stakeholdern und der Umwelt gezielt zu analysieren, so dass besonders relevante Aspekte identifiziert und entsprechende Steuerungsziele festgelegt werden können (vgl. *Schaltegger/Wagner*, 2006, S. 3). Diese Aspekte beziehen sich vor allem auf die sozialen und ökologischen Auswirkungen der Wertschöpfungsprozesse und auf das Wettbewerbsumfeld der Unternehmen (vgl. *Porter/Kramer*, 2006, S. 88 ff.).

Abb. 13.4 verdeutlicht die Umsetzung der Corporate Sustainability im Unternehmen. Für die Einbindung des Konzepts in die Unternehmensstrategie und die Durchführung von operativen Nachhaltigkeitsentscheidungen müssen Unternehmen zunächst einmal ein Sustainability Management einführen. Hiermit ist ein Sustainability Accounting zu verbinden, um Informationen des Unternehmens über die Leistung in den drei Nachhaltigkeitsdimensionen zu generieren und zu analysieren (Sustainability Controlling) und an die Stakeholder zu kommunizieren (Sustainability Reporting). Dabei unterstützt das Sustainability Accounting mit seinen umfangreichen internen Informationen das Sustainability Management. Gleichzeitig kommt es zu Rückkopplungseffekten vom Sustainability Management auf das Sustainability Accounting durch die Nutzung von internen Daten.

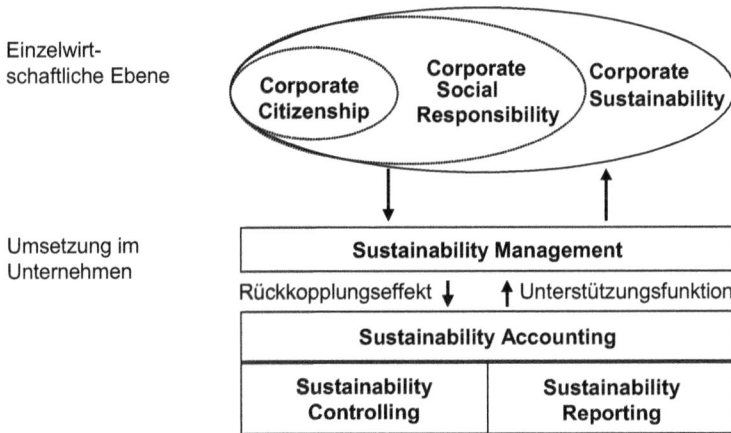

Abb. 13.4: Umsetzung der Corporate Sustainability im Unternehmen

13.3   Sustainability Accounting

Sustainability Accounting beinhaltet die Generierung, Analyse und Kommunikation von finanziellen und nicht-finanziellen ökonomisch-, ökologisch- und sozialbezogenen Informationen mit dem Ziel, die Unternehmensleistung in den Bereichen Ökonomie, Soziales und Ökologie zu verbessern (vgl. *Sigma Project*, 2003, S. 7).

Zu einem umfassenden Sustainability Accounting gehören die beiden Bereiche Sustainability Controlling und Sustainability Reporting, die miteinander verbunden sind:

Das Sustainability Controlling beschäftigt sich vor allem mit der Generierung und Analyse der ökonomisch-, ökologisch- und sozialbezogenen Informationen und unterstützt mit diesen Angaben das Sustainability Management und somit die Unternehmensführung.

Das Sustainability Reporting nutzt die intern gewonnenen Informationen des Sustainability Controlling über die Nachhaltigkeitsmaßnahmen des Unternehmens zur umfassenden Kommunikation an die Stakeholder und um einen Verbindlichkeitscharakter bezüglich der Nachhaltigkeitsmaßnahmen zu erzielen.

In Abb. 13.5 wird der Zusammenhang zwischen den einzelnen Teilbereichen des Sustainability Accounting dargestellt. Die wesentlichen Aufgaben und Inhalte von Sustainability Controlling und Reporting werden nachfolgend ausführlicher erläutert.

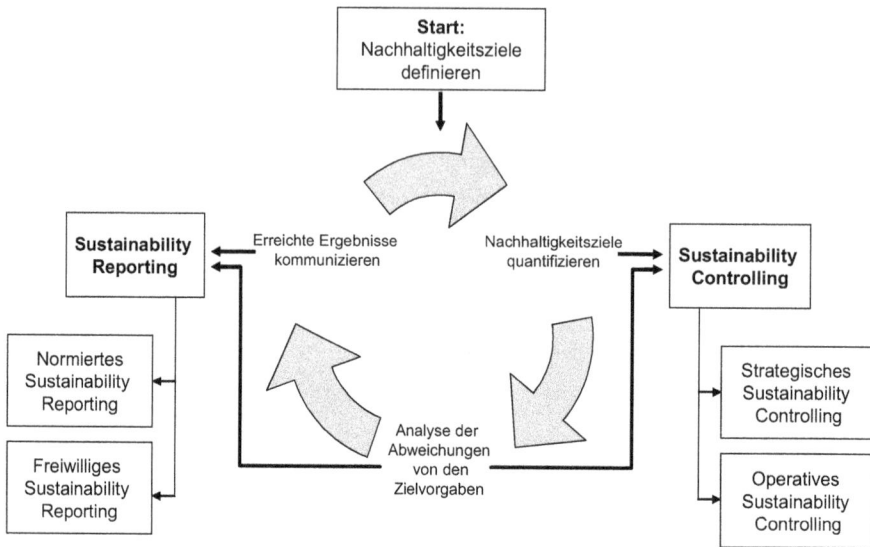

Abb. 13.5: Kreislauf des Sustainability Accounting

13.3.1   Sustainability Controlling

Controlling ist das „Subsystem der Führung, das Planung und Kontrolle sowie Informationsversorgung […] ergebniszielorientiert koordiniert und so die Adaption und Koordination des Gesamtsystems unterstützt" (*Horváth*, 2006, S. 134).

Für die Umsetzung der Corporate Sustainability kommt dem Controlling als Führungsunterstützungssystem mit der Aufgabe einer zielorientierten Steuerung durch Bereitstellung von Informationen zur Planung und Kontrolle große Bedeutung zu (vgl. *Coenenberg/Fischer/Günther*, 2007, S. 8). Um Unternehmensziele erreichen zu können, müssen diese in Teilziele gegliedert, geplant und fortlaufend kontrolliert werden, was zur Aufgabe des strategischen Controllings gehört. Zur Planung und Kontrolle der zentral verfolgten Zielgrößen, wie z.B. Maximierung des Periodenergebnisses, ist es notwendig, geeignete Indikatoren und Kennzahlen zur Messung der operativen Tätigkeit zu definieren, wobei diese Aufgabe dem operativen Controlling zugeordnet ist.

Im Rahmen des Sustainability Controlling ist auf die zielorientierte Steuerung von Nachhaltigkeitsleistungen abzustellen. Dabei wird unter Nachhaltigkeitsleistung „grundsätzlich die Formulierung strategischer Unternehmensziele unter Berücksichtigung des Nachhaltigkeitsprinzips sowie das Ausmaß (von) [Erg. des Verf.] deren Erreichung im Rahmen der operativen Unternehmenstätigkeit" (*Haller*, 2006, S. 62) verstanden. Damit die Nachhaltigkeitsleistungen effizient gesteuert werden können, ist es erforderlich „eine integrative Erweiterung des Controllings um nachhaltigkeitsbezogene Zusammenhänge" (*Preller*, 2007, S. 51) vorzunehmen.

Das Sustainability Controlling muss die a) Informationsfunktion, b) Planungs- und Kontrollfunktion und c) Koordinationsfunktion erfüllen (vgl. grundlegend zu den Funktionen des Controllings z.B. *Ossadnik*, 2003, S. 34 ff.).

Zu a)   Zur Erfüllung der Informationsfunktion sollte das Sustainability Controlling entscheidungs-relevante Informationen zu den gegenwärtigen und zu den erwarteten Leistungen in den drei Nachhaltigkeitsdimensionen zur Verfügung stellen können (vgl. *Preller*, 2007, S. 52). Das Sustainability Controlling umfasst dabei nicht nur die Informationsgewinnung, sondern auch die Informationsverarbeitung und -aufbereitung in allen drei Bereichen sowohl für die interne als auch die externe Berichterstattung (vgl. *Coenenberg/Fischer/Günther*, 2007, S. 22 f.; *Preller*, 2007, S. 52). Relevante Informationen werden dabei intern für Planung und Kontrolle sowie als Grundlage für Entscheidungen des Managements benötigt. Zudem sind die Informationsbedürfnisse der Stakeholder durch Berichterstattung zu befriedigen.

Zu b)   Zur Erfüllung der Planungs- und Kontrollfunktion sind vorgegebene Ziele der Corporate Sustainability in einem Planungsprozess durch Kennzahlen, wie z.B. Umsatzanteil von schadstoffarmen Produkten am Gesamtumsatz, steuer- und kontrollierbar zu machen (vgl. *Horváth*, 2006, S. 543; *Sigma Project*, 2003, S. 11–19). Mit diesen Kennzahlen ist es möglich, Vorgabewerte für die Abweichungsanalyse festzulegen. Um entscheidungsrelevante Informationen zu aggregieren und in Beziehung zueinander zu setzen, können die Kennzahlen in Kennzahlensysteme integriert werden (vgl. *Pineiro Chousa/Romero Castro*, 2006, S. 99–103). Aus einem Kennzahlensystem lassen sich Vorgaben zur Steuerung einzelner Bereiche oder Ebenen des Unternehmens ableiten.

Zu c)   Im Rahmen der Koordinationsfunktion ist es Aufgabe des Sustainability Controlling, die Nachhaltigkeitsziele, welche in die Unternehmensstrategie integriert wurden, so abzustimmen und zu koordinieren, dass sie für strategische und operative Maßnahmen entscheidungsnützliche Informationen liefern (vgl. *Preller*, 2007, S. 52). Nach dem Triple Bottom Line-Konzept führt die aktive Gestaltung ökonomischer, sozialer und ökologischer Aspekte im Unternehmensumfeld zu Wertschöpfung in allen drei Dimensionen. Ferner sind Auswirkungen ökologischer oder sozialer Indikatoren auf ökonomische Indikatoren aufzuzeigen, um Effekte der integrierten Nachhaltigkeitsziele abzubilden (vgl. *Schäfer*, 2007, S. 17; *Schaltegger/Wagner*, 2006, S. 10).

Nachfolgend wird eine Unterscheidung in strategisches und operatives Sustainability Controlling vorgenommen, um mögliche integrative Erweiterungen des Controllings um Nachhaltigkeitsaspekte systematisch aufzuzeigen.

13.3.2   Strategisches Sustainability Controlling

Strategisches Controlling ist für die „Koordination von strategischer Planung und Kontrolle mit der strategischen Informationsversorgung" zuständig. Ziel ist die strategische Führung des Unternehmens zu unterstützen und somit zur Sicherung der langfristigen Unternehmenserhaltung beizutragen (vgl. *Hórvath*, 2006, S. 235; *Baum/Coenenberg/Günther*, 2007, S. 5 ff.).

Das strategische Sustainability Controlling verfolgt diese Zielsetzung unter expliziter Berücksichtigung der Nachhaltigkeitschancen und -risiken. Folglich müssen die Instrumente zur Analyse der Unternehmenssituation und zur Erarbeitung von Strategien um Nachhaltigkeitsaspekte erweitert werden.

Das bekannteste und effizienteste Instrument für die Strategieumsetzung ist die Balanced Scorecard, die eine Strategie in konkrete Zielvorgaben und Kennzahlen umsetzt und diese dann überwacht (vgl. *Kaplan/Norton*, 1996, S. 21 ff.).

Als zentrale Entscheidungsgrundlage für die Festlegung der Ziele sind die Kernkompetenzen des Unternehmens zu berücksichtigen, welche definiert sind als die Ressourcen und Fähigkeiten, die ein Unternehmen in die Lage versetzt, neue Produkte und Märkte zu erschließen und somit Wettbewerbsvorteile zu generieren (vgl. *Prahalad/Hamel*, 1990, S. 81 ff.). Hierdurch soll langfristig gesichert werden, dass ökonomische Ziele mit den sozialen bzw. ökologischen Zielsetzungen nicht konkurrieren, sondern durch Integration miteinander verbunden werden. Folglich können konvergierende Interessen zwischen den Eigentümern der Unternehmen, den Managern und den restlichen Stakeholdern weitgehend vermieden werden (vgl. *Porter/Kramer*, 2002, S. 59–62).

Um aus der Balanced Scorecard ein Instrument des strategischen Nachhaltigkeitsmanagements zu entwickeln, ist die Integration aller drei Dimensionen des Nachhaltigkeitskonzepts – Ökonomie, Soziales und Ökologie – gemäß ihrer strategischen Wichtigkeit erforderlich (vgl. *Schäfer/Langer*, 2005, S. 6). Die Sustainability Balanced Scorecard (SBSC) dient dazu, Umwelt- und Sozialaspekte zusätzlich zu den ökonomischen Gesichtspunkten „bei der Identifikation, Steuerung und Kontrolle der strategischen Erfolgsfaktoren" einzubeziehen, um eine Verbesserung der Unternehmensleistung in allen drei Nachhaltigkeitsbereichen zu erreichen (vgl. *Schaltegger/Dyllick*, 2002, S. 37).

Es gibt mehrere Gründe, die dafür sprechen, dass die SBSC für das Nachhaltigkeitsmanagement in einem Unternehmen geeignet ist.

- Der Hauptgrund liegt in der Möglichkeit, dass auch nicht-finanzielle Erfolgsfaktoren in das System eingebaut werden können. Bereits Kaplan/Norton erwähnen in ihren Arbeiten, dass der Nachhaltigkeitsbereich in die Balanced Scorecard integriert werden kann, indem die Perspektiven der Balanced Scorecard über die Interessengruppen „Kunden" und „Mitarbeiter" hinaus um relevante Stakeholder erweitert wird oder „good corporate citizenship" als Strategiekomponente eingeführt wird (vgl. *Kaplan/Norton*, 1996, S. 34).
- Die SBSC ist ein zukunftsorientiertes Instrument, das mit Hilfe von branchenspezifischen Leistungsindikatoren (Key Performance Indicators), wie z.B. CO_2 in g/km (Automobil-

branche), die unternehmerische Vision bzw. das nachhaltige Leitbild in die Unternehmensstrategie umsetzt. Folglich ist sie kompatibel mit der Implementierung von Nachhaltigkeitsaspekten, die möglicherweise erst in der Zukunft Auswirkungen auf das Unternehmen haben (vgl. *Schaltegger/Dyllick*, 2002, S. 38).

- Der dritte wichtige Grund ist die Erfassung der inneren Zusammenhänge in Ursache-Wirkungsketten, mit denen Kausalbeziehungen aufgezeigt werden (vgl. *Schaltegger/Dyllick*, 2002, S. 39). So können Auswirkungen von Sozial- und Umweltaspekten, die in die Unternehmensstrategie integriert wurden, auf den langfristigen Unternehmenserfolg bestimmt werden und das Management kann jederzeit koordinierend eingreifen, um eine Optimierung der Unternehmensstrategie zu erzielen.

13.3.3   Operatives Sustainability Controlling

Das operative Controlling dient primär der Erreichung der Unternehmenszielgröße „Periodenerfolg" im kurzfristigen Zeithorizont (vgl. *Horváth*, 2006, S. 236). Im Rahmen des operativen Sustainability Controllings sollen Ergebnisverbesserungen unter Beachtung der sozialen und ökologischen Oberziele des Unternehmens erreicht werden. Die Erreichung des ökologischen Oberziels wird geprägt durch den effizienten Umgang mit Ressourcen bei der Produktherstellung. Das soziale Oberziel bezieht sich sowohl auf die Mitarbeiter im Unternehmen, z.B. die Arbeitsbedingungen für Mitarbeiter, wie auch auf das soziale Umfeld des Unternehmens, z.B. Sozialstandards in der Lieferantenkette.

Aufgrund des primär kurzfristigen Zeithorizonts im operativen Controlling werden „Umwelt- und Arbeitnehmerbelange", die vorwiegend einen mittel- bis langfristigen Zeithorizont umfassen, ins strategische Controlling integriert. Somit ist beim operativen Sustainability Controlling die Zielgröße „Periodenerfolg" immer unter Beachtung der Zielerreichung des strategischen Sustainability Controllings zu verfolgen.

Da ein positives Periodenergebnis die Zielgröße der Bilanz und Erfolgsrechnung im externen Rechnungswesen sowie der Kosten- und Leistungsrechnung im internen Rechnungswesen ist, sind in diesen Bereichen im Rahmen der Integration von Nachhaltigkeitsaspekten in das operative Controlling Veränderungen möglich. So führt die Integration von Nachhaltigkeitsaspekten dazu, dass einzelne Systeme der Rechnungslegung, wie z.B. die Erfolgsrechnung oder auch die Bilanz, angepasst oder erweitert werden müssen, um den Anforderungen gerecht zu werden (vgl. *Sigma Project*, 2003, S. 11–12).

Beispielsweise ist die zeitraumbezogene Erfolgsrechnung um die nachhaltigkeitsbezogenen Größen zu erweitern, indem explizit Aufwendungen und Erträge, die durch Nachhaltigkeitsmaßnahmen entstanden sind, abgebildet werden. Des Weiteren ist die Darstellungsform so anzupassen, dass daraus abgeleitet werden kann, welche direkten Auswirkungen die nachhaltigkeitsbezogenen Größen Ertrag und Aufwand auf das Periodenergebnis haben. Unter Verwendung dieser Größen können die Kennzahlen „Economic Value Added", „Environmental Value Added" und „Social Value Added" (vgl. *Sigma Project*, 2003, S. 11–19) bestimmt werden, die dann wiederum dem Management als Zielgrößen dienen können. Die Bestimmung des „Environmental Value Added" und des „Social Value Added" erfolgt auf Grundlage einer modifizierten Gewinn- und Verlustrechnung, in der jeweils die Kosten aus ökologischen und sozialen Maßnahmen und die „Erträge", die meist aus der Vermeidung von Strafzahlungen oder weiteren Kosten für Umwelt- und Sozialbelange resultieren, gegenübergestellt werden. So kann ermittelt werden, welche Ergebnisbeiträge durch Maßnahmen in Umwelt- und Sozialbelange generiert oder liquidiert wurden (vgl. *Sigma Project*, 2003, S. 11–19).

Als weiteres Beispiel dient die erweiterte Darstellung der Bilanzposten „immaterielle Vermögenswerte", „Verbindlichkeiten" und „Rückstellungen" (vgl. *Günther/Günther*, 2003, S. 195 f.). Nach § 248 Abs. 2 HGB a. F. besteht ein explizites Aktivierungsverbot selbst erstellter immaterieller Vermögensgegenstände des Anlagevermögens. Der Regierungsentwurf zum Bilanzrechtsmodernisierungsgesetz sieht eine Aufhebung des § 248 Abs. 2 HGB vor. Stattdessen wird die Pflicht zur Aktivierung der auf die Entwicklungsphase entfallenden Herstellungskosten von immateriellen Vermögensgegenständen eingeführt. Die Begriffe „Entwicklung" und „Forschung" werden in dem neu geschaffenen § 255 Abs. 2 HGB-E definiert. Humankapital und nachhaltigkeitsorientierte Führungsstrategien sind immaterielle Vermögenswerte, die Wettbewerbsvorteile generieren können. Gleichwohl unterliegen das Human- und das Sozialkapital des Unternehmens sowohl nach IFRS wie auch HGB weiterhin einem Aktivierungsverbot.

Auch Rückstellungen oder Verbindlichkeiten können Auswirkungen von Nachhaltigkeitsmaßnahmen aufzeigen, da angezeigt wird, wie viel ein Unternehmen an Human-, Sozial- und Ökokapital aufgebraucht hat. Hierbei können „Schatten-Verbindlichkeiten" bzw. „Schatten-Rückstellungen" als Indikatoren gebildet werden, um den Verbrauch der ansonsten nicht in der Bilanz erfassten immateriellen Ressourcen, wie z.B. ungeschriebene Verpflichtungen des Unternehmens gegenüber seinen Mitarbeitern oder auch Rückstellungen für geplante Maßnahmen zur Erhaltung von ökologischen Ressourcen, abzubilden (vgl. *Günther/Günther*, 2003, S. 195 f.; *Sigma Project*, 2003, S. 13 ff.).

Kritisch ist zu sehen, dass die Orientierung der Corporate Sustainability am langfristigen Unternehmenserfolg kurzfristigen finanziellen Zielen entgegenstehen kann. Somit haben Manager, die nur noch kurze Zeit im Unternehmen tätig sind, keinen Anreiz, langfristig angelegte Nachhaltigkeitsprojekte mit evtl. hohen Anfangsinvestitionen durchzuführen. Zum Beispiel würden Investitionen in emissionsreduzierende Fabrikanlagen oder in die Ausbildung von Mitarbeitern kurzfristig die finanzielle Ergebnissituation des Unternehmens verschlechtern und dazu führen, dass der erfolgsabhängige Teil der Managervergütung geringer ausfallen würde. Langfristig könnten die Investitionen zu einer verbesserten Ergebnissituation führen, da zum einen die Umweltabgaben aufgrund des geringeren Emissionsausstoßes reduziert und zum anderen die Mitarbeiterproduktivität verbessert werden könnten. Damit Nachhaltigkeitsziele im Unternehmen realisiert werden, müssen Bemessungsgrundlagen für die Anreizsysteme so gewählt werden, dass Managern, die in Nachhaltigkeitsmaßnahmen investieren, keine Vergütungsnachteile entstehen (vgl. *Székely/Knirsch*, 2005, S. 10).

Da viele Risiken und Potentiale der Corporate Sustainability nicht direkt, sondern indirekt über die Wahrnehmung der Stakeholder auf das Unternehmen wirken (vgl. *Schäfer*, 2007, S. 18; *Schaltegger/Wagner*, 2006, S. 4), muss das Sustainability Controlling in engem Bezug zum Sustainability Reporting stehen. Die Schnittstelle zwischen beiden muss so ausgestaltet sein, dass die durch das Sustainability Controlling bereitgestellten entscheidungsrelevanten Informationen bezüglich der Corporate Sustainability nicht nur an das Management kommuniziert werden können, sondern auch an die Stakeholder. Dies ist insofern von Wichtigkeit, als dass ohne Kommunikation der entsprechenden Informationen über die Corporate Sustainability das Management nicht beurteilen kann, inwiefern dessen Nachhaltigkeitsmaßnahmen Einfluss auf die Stakeholder haben und welche Fortschritte die Corporate Sustainability im Zeitablauf aus Sicht der Stakeholder erreicht hat (vgl. *Schaltegger/Bennett/Burritt*, 2006, S. 15).

13.3.4   Sustainability Reporting

Das Reporting umfasst die Veröffentlichung von unternehmensbezogenen Daten im Rahmen der internen und externen Berichterstattung. Bei der externen Berichterstattung wird zwischen der verpflichtenden Offenlegungspflicht und der freiwilligen Publizität von Unternehmensinformationen unterschieden (vgl. *Wagenhofer/Ewert*, 2003, S. 281–282).

Das Sustainability Reporting ist zum einen nötig für die Erfüllung der gesetzlichen Offenlegungspflichten, wie z.B. im (Konzern-)Lagebericht gemäß § 289 Abs. 3 und § 315 Abs. 1 Satz 4 HGB. Auch im Discussion Paper des IASB zum Management Commentary wird gefordert, dass sowohl finanzielle als auch nicht-finanzielle Informationen, die für die heutige und zukünftige Entwicklung, Performanz und Position des berichtenden Unternehmens bedeutend sind, offengelegt werden (vgl. *IASB* (Hrsg.), 2005, S. 21).

Zum anderen wird das Sustainability Reporting auch verstärkt von Unternehmen im Rahmen der freiwilligen Publizität in Form von eigenständigen nicht-finanziellen Unternehmensberichten angewendet. Unter nicht-finanziellen Unternehmensberichten werden z.B. Personal-, Sozial- und Umweltberichte verstanden. Das Sustainability Reporting im Rahmen der freiwilligen Berichterstattung „umfasst die Ermittlung, die Veröffentlichung und die Rechenschaftslegung der unternehmerischen Leistung gegenüber internen und externen Stakeholdern" (*Global Reporting Initiative* (Hrsg.), 2006, S. 3) im Hinblick auf die Dimensionen Ökonomie, Soziales und Ökonomie. Innerhalb der Kategorie „freiwillige Publizität" werden Sustainability Reports heute weltweit am häufigsten veröffentlicht (vgl. *Schaltegger et al.*, 2007, S. 11–12). Sustainability Reports stellen eine Weiterentwicklung der Sozial- und Umweltberichte dar, die zum Ziel haben, alle drei Dimensionen der Triple Bottom Line (Ökonomie, Soziales und Ökologie) integriert in einem Bericht darzustellen.

13.3.5   Normiertes Sustainability Reporting

Die Stakeholder, z.B. Anteilseigner, (institutionelle) Investoren, Kunden, Mitarbeiter, Lieferanten und Gesellschaft, fordern aufgrund ihres Informationsinteresses, dass Unternehmen über ihre Nachhaltigkeitsleistungen berichten (vgl. *Knörzer*, 2001, S. 14; *Cramer*, 2002, S. 104). Gesetzgeber vieler Industriestaaten haben innerhalb der letzten Jahre z. T. Regelungen für eine verpflichtende Berichterstattung über Nachhaltigkeitsaspekte erlassen (vgl. *Institut für ökologische Wirtschaftsforschung (IÖW) und Future e.V.* (Hrsg.), 2007, S. 7). Auch private Standardsetzer, wie z.B. das IASB, diskutieren seit längerem, wie die Berichterstattung über Nachhaltigkeitsleistungen von Unternehmen in einem „Management Commentary" umgesetzt werden kann (vgl. *IASB* (Hrsg.), 2005, S. 21).

In Deutschland müssen Unternehmen im Rahmen der Offenlegungspflichten im (Konzern-) Lagebericht gemäß § 289 Abs. 3 bzw. § 315 Abs. 1 Satz 4 HGB sowie gemäß DRS 15.32 auch nicht-finanzielle Leistungsindikatoren, wie Umwelt- und Arbeitnehmerbelange, in die Analyse der Geschäftstätigkeit miteinbeziehen, soweit sie für das Verständnis des Geschäftsverlaufs oder der Lage von Bedeutung sind. Aus dieser Formulierung wird ersichtlich, dass der deutsche Gesetzgeber versucht, die traditionelle, vor allem ökonomisch orientierte Berichterstattung, um die Dimensionen Ökologie und Soziales zu erweitern. Um die Vermögens-, Finanz- und Ertragslage von Unternehmen umfassend abbilden zu können, ist es essentiell, die drei Dimensionen integrativ zu verbinden und Wechselwirkungen zu thematisieren. Somit müssten Unternehmen sowohl über die ökonomische, Öko- und Sozio-Effektivität, als auch über die ökologisch-ökonomische und die sozio-ökonomische Effizienz im (Konzern-)Lagebericht berichten.

Im Konzernlagebericht (2007) der *BMW AG* wird z.B. im Bereich der Sozio-Effektivität das Mitarbeiterprojekt „Heute für Morgen" erläutert, in welchem der demographische Wandel in den fünf Handlungsfeldern „Gesundheitsmanagement und -prävention", „Arbeitsumfeld", „Qualifizierung und Kompetenzen", „Individuelle Lebensarbeitszeitmodelle" und „Kommunikation" berücksichtigt wird. Im Bereich der Öko-Effektivität wird im Konzernlagebericht über konzernweite Umweltschutzmaßstäbe sowie über deren Erreichung berichtet. Beispiele für ökologisch-ökonomische Effizienz stellen dabei der Energieverbrauch je produzierte Einheit oder die Emissionen CO_2 je produzierte Einheit dar (vgl. Abb. 13.6).

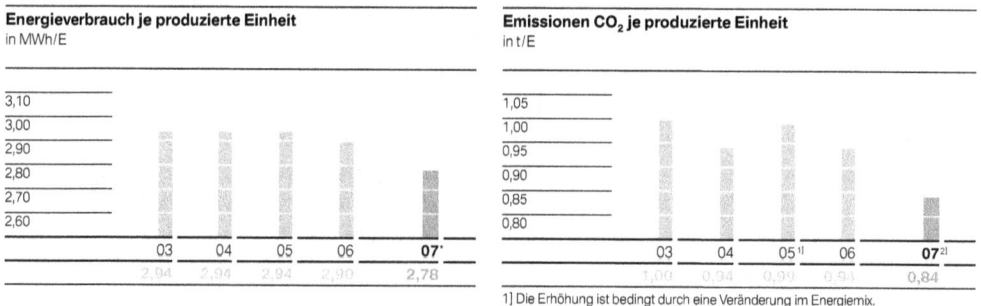

Abb. 13.6. Energieverbrauch je produzierte Einheit und Emissionen CO_2 je produzierte Einheit (Quelle: BMW AG, Geschäftsbericht 2007, S. 31)

Auch im Konzernlagebericht (2007) der *Bayer AG* befindet sich ein Abschnitt zur Nachhaltigkeit, in dem auf die branchenspezifischen Indikatoren im Bereich Gesundheit, Sicherheit und Umwelt sowie Mitarbeiter und Gesellschaft eingegangen wird, die in Tab. 13.1 aufgezeigt sind. Daneben werden Projekte im Bildungs-, Forschungs-, Sport- und Kulturbereich sowie der Beitrag zum Klimaschutz beschrieben und neue Zielsetzungen formuliert.

Tab. 13.1: Key-Performance-Indikatoren der Bayer AG

Kategorie	Key-Performance-Indikatoren	2006	2007
Gesundheit, Sicherheit und Umwelt			
Gesundheit und Sicherheit	Arbeitsunfälle von Bayer-Mitarbeitern mit Ausfalltagen (MAQ-Wert)	2,8	2,4
	Berichtspflichtige Arbeitsunfälle von Bayer-Mitarbeitern (MAQ-Wert)	4,3	3,7
	Bedeutende Umweltereignisse	8	3
	Transportunfälle	9	10
Emissionen und Abfälle	Direkte Treibhausgasemissionen (CO_2-Äquivalente in Mio. t)	3,9	3,9
	Indirekte Treibhausgasemissionen (CO_2-Äquivalente in Mio. t)	3,7	3,7
	Flüchtige organische Verbindungen in 1.000 t/a	2,9	2,9
	Gesamt-Phosphor im Abwasser in 1.000 t/a	0,8	1,0
	Gesamt-Stickstoff im Abwasser in 1.000 t/a	0,7	0,7
	Gesamter organisch gebundener Kohlenstoff in 1.000 t/a	1,5	1,8
	Erzeugter gefährlicher Abfall in Mio. t/a	0,3	0,3
	Deponierter gefährlicher Abfall in Mio. t/a	0,1	0,1
Ressourceneinsatz	Wassereinsatz in Mio. m³/d	1,2	1,2
	Energieeinsatz in Petajoule (1015 Joule) t/a	86,1	91,7
Mitarbeiter und Gesellschaft			
Vielfalt und Chancen	Prozentsatz an Frauen im oberen Management des Bayer-Konzerns	3,8	4,3
	Anzahl der Nationalitäten im oberen Management des Bayer-Konzerns	17	16
Aus- und Weiterbildung	Aus- und Weiterbildungskosten als Prozentsatz der Personalkosten	2,2	2,0
Beschäftigung	Anzahl der Mitarbeiter pro Region zum 31.12. (Festanstellungen und befristete Arbeitsverhältnisse)		
	Europa	57.800	56.200
	Nordamerika	17.200	16.800
	Fernost / Ozeanien	17.300	18.900
	Lateinamerika / Nahost /Afrika	13.700	14.300

(Quelle: Bayer AG, Geschäftsbericht 2007, S. 73)

Anhand dieser Beispiele für gesetzliche Bestimmungen im Bereich der externen Berichterstattung und der Diskussionen um die Ausgestaltung des Management Commentary wird deutlich, dass Unternehmen in der Zukunft neben der Veröffentlichung der ökonomischen Daten verstärkt Informationen über die Dimensionen Ökologie und Soziales veröffentlichen werden müssen, wenn diese für die zukünftige Lage des Unternehmens von Bedeutung sind.

13.3.6   Freiwilliges Sustainability Reporting

Zahlreiche Unternehmen nehmen in ihrem (Konzern-)Lagebericht noch nicht ausführlich Stellung zu sozialen und ökologischen Inhalten, sondern verweisen z.B. auf CSR Reports, Sozial- oder Umweltberichte etc. (vgl. beispielsweise *E.ON AG*, Geschäftsbericht 2007, S. 61; *RWE AG*, Geschäftsbericht 2007, S. 131; *DaimlerChrysler AG*, Geschäftsbericht 2007, S. 95).

Ein wichtiger Anreiz zur freiwilligen Erstellung von diesen Berichtsformaten ist das Motiv der Reputation. Die Integration von Nachhaltigkeitsaspekten in die Unternehmensstrategie und die Berichterstattung über die Nachhaltigkeitsleistungen kann zur Reputationssteigerung beitragen (vgl. *Schaltegger et al.*, 2007, S. 16). Hohe Reputation ist allgemein mit einer höheren Kundenbindung, mit höheren Produktpreisen und Margen, mit einer geringeren Mitarbeiterfluktuation und mit geringeren Vertragsschluss- und Monitoringkosten verbunden. (vgl. *Caminiti*, 1992, S. 49; *Shapiro*, 1983, S. 678).

Bei der freiwilligen externen Berichterstattung über Nachhaltigkeit bestehen bislang große Unterschiede zwischen den Unternehmen. Einige Organisationen, wie z.B. die Social Accountability International (SAI), die International Organization for Standardization (ISO), das Institute of Social and Ethical Accountability (ISEA) und die Global Reporting Initiative (GRI) haben Handlungsempfehlungen bzw. Standards für das Sustainability Reporting entwickelt. Diese sollen vor allem einen Beitrag zur besseren Vergleichbarkeit zwischen den berichtenden Unternehmen leisten. Besonders bedeutsam ist die Global Reporting Initiative, deren „Sustainability Reporting Guidelines" am häufigsten von Unternehmen für das Sustainability Reporting verwendet (vgl. *Schaltegger et al.*, 2007, S. 17) und als de-facto-Standard in der freiwilligen Berichterstattung angesehen werden (vgl. *Gordon*, 2004, S. 15; *Haller*, 2006, S. 67).

Die Regelungen für Aufbau und Inhalt von Sustainability Reports werden im GRI-Berichtsrahmen (GRI Reporting Framework) festgelegt, der aktuell in der Version 3.0 vorliegt (vgl. Global Reporting Initiative (Hrsg.), 2006). Kernelement des GRI-Berichtsrahmens ist der GRI-Leitfaden (GRI Sustainability Reporting Guidelines), der die Prinzipien der Berichterstattung (Reporting Principles), eine Anleitung für die Berichterstattung (Reporting Guidance), sowie die Standardangaben (Standard Disclosures), in denen konkrete Informationen der Nachhaltigkeitsleistung in Form von Indikatoren erfasst werden, enthält (vgl. *Global Reporting Initiative* (Hrsg.), 2006, S. 4). Entsprechend der drei Nachhaltigkeitsdimensionen werden die Indikatoren in ökonomische (z.B. Ergebnis nach Region), soziale (z.B. Arbeitsunfälle) und ökologische (z.B. Energieeffizienz) Größen unterteilt (vgl. *Woods*, 2003, S. 62–63).

Zusätzlich zum GRI-Leitfaden existieren technische Protokolle sowie Indikatorprotokolle, die Definitionen und Hinweise für die Erhebung der Daten enthalten (vgl. Haller, 2006, S. 67 f.). Schließlich beinhaltet der GRI-Berichtsrahmen noch Sector Supplements, die branchenspezifische Eigenheiten berücksichtigen und weitere Indikatorangaben enthalten. Sie sollten ergänzend zum GRI-Leitfaden verwendet werden, ohne dessen Regelungen jedoch vollständig zu ersetzen (*Global Reporting Initiative* (Hrsg.), 2006, S. 3 f.; *Haller*, 2006, S. 68).

In naher Zukunft sollte vor allem die Standardisierung, Verifizierung und Glaubwürdigkeit des Sustainability Reportings verbessert werden. Ferner müssen zusätzliche Maßnahmen ergriffen werden, die dazu führen, dass Sustainability Reports nicht nur vorwiegend von großen, multinationalen Unternehmen vorgelegt werden, sondern auch kleine und mittelständische Unternehmen hierzu Angaben machen (vgl. *Clausen/Loew*, 2005, S. 615).

13.4   Nachhaltigkeitsorientierte Produktentwicklung

Die Finanzkrise, steigende Rohstoffpreise und das zunehmende Umweltbewusstsein der Kunden zwingen die Unternehmen zu einer Analyse ihrer Produktportfolios. Kein Unternehmen bleibt davon unberührt, auch wenn es vereinzelte Branchen, wie z.B. die Automobilindustrie oder Energiewirtschaft, stärker trifft als andere.

Das zentrale Umweltproblem stellt dabei die steigende Energienachfrage dar, die vor allem auf das schnelle Wachstum der Volkswirtschaften in Entwicklungsländern zurückzuführen ist (vgl. *World Energy Council*, 2007, S. 1). Dies wird zu einem rasanten Anstieg der weltweiten CO_2-Emissionen führen, falls keine adäquaten Maßnahmen seitens der Unternehmen, Regierungen und Konsumenten unternommen werden (vgl. *World Energy Council*, 2007, S. 1).

Immer mehr Unternehmen reagieren auf die neuen ökologischen Herausforderungen und wollen durch innovative ökoeffiziente Produkte Marktnischen besetzen, in der Hoffnung als Innovationsführer Marktanteile und Umsätze zu steigern. So hat Sun Microsystems vor ca. sieben Jahren seinen Fokus auf den Energieverbrauch gerichtet, was mit hohen Entwicklungsausgaben verbunden war. Diese führten zur Entwicklung eines Mikroprozessors, welcher bspw. 64 Aufgaben gleichzeitig ausführen kann. Dabei verbraucht der Chip für jede dieser Aufgaben nur eine Leistung von 1,5 Watt, während der Bedarf bei den Produkten der Wettbewerber zwischen 50 und 130 Watt pro Aufgabe liegt (vgl. *Kroker*, 2008, S. 136–139).

Für die Energieversorger ist die Klimaschutzproblematik existenziell, denn sie können i. d. R. ihren Emissionsbedarf nicht mit den ihnen zugeteilten Zertifikaten im Rahmen des durch die EU-Klimaschutzpolitik vorgesehenen Emissionsrechtehandels decken. Folglich müssen sie weitere Optionen nutzen, wie z.B. Ausgleichsmaßnahmen durch Beteiligung an Projekten zur Emissionsreduzierung in Schwellen- und Entwicklungsländern, die zur Ergänzung des Emissionsrechtehandels eingesetzt werden können (vgl. *KPMG*, 2008, S. 30 ff.). So hat bspw. die *RWE AG* im Jahr 2006 ein Joint Venture mit der österreichischen Carbon Entwicklungs GmbH geschlossen, die spezialisiert ist in der Vermeidung von Lachgasemissionen in Salpetersäureanlagen. Lachgas weist das 310fache Treibhausgaspotenzial von CO_2 auf, so dass Maßnahmen zur Reduktion einen erheblichen Beitrag zum Klimaschutz leisten und folglich die *RWE AG* damit weitere Emissionsrechte erwerben kann. Im Jahr 2007 wurden für den Zeitraum 2008–2012 auf diesem Wege Emissionsrechte für etwa 25 Mio. Tonnen CO_2 vertraglich gesichert, wobei ein Drittel aus den Klimaschutzprojekten des oben beschriebenen Joint Ventures mit regionalen Schwerpunkten in Ägypten, China und Südkorea stammt (vgl. *RWE AG*, 2008, S. 31).

Kritisch ist momentan die Entwicklung in der Automobilbranche zu sehen, wo die Komplexität des Umweltschutzes bewirkt, dass die Hersteller an ihre Grenzen stoßen. Das Ziel der Weiterentwicklung von herkömmlichen Verbrennungsmotoren zu serienreifen Elektroantrieben ist schwierig umzusetzen, auch wenn Slogans, wie „Fahrspaß und innovative Technik" oder „Vorsprung durch Technik" (noch) für deutsche Autohersteller eine prägende Maxime darstellen. Zentrales Problem stellen die Lithium-Ionen-Batterien dar, die gemessen an ihrem Gewicht mehr Energie speichern als andere Batterien. Momentan kann aber kein Hersteller die Lithium-Ionen-Batterien in nennenswerten Stückzahlen liefern (vgl. *Stadler*, 2008, S. 41). Weitere Voraussetzungen, die bei einer flächendeckenden Einführung von Elektroautos vorliegen müssen, sind vor allem das Personal, welches für den Umgang mit Hochvolt-Batterien geschult werden muss, und die Infrastruktur für das Aufladen der Batterien. Auch wenn das erste Elektroauto der Welt von der Firma Tesla ein Prestigeobjekt ist, bleibt fraglich, wie konkurrenzfähig ein Produkt sein wird, dessen Batteriekosten ein Fünftel des Gesamtpreises ausmachen (vgl. *Stadler*, 2008, S. 41).

13.5   Zusammenfassung

Vor dem Hintergrund der derzeitigen und zukünftigen Herausforderungen in den drei Bereichen Ökonomie, Soziales und Ökologie spielt das Konzept der Nachhaltigkeit eine immer größere Rolle.

Durch eine gezielte Einbindung des Konzepts in die Unternehmensstrategie kann das Unternehmen langfristige Wettbewerbsvorteile erzielen. Dabei ist zu beachten, dass für eine erfolgreiche Implementierung in die Unternehmensstrategie Aspekte wie z.B. langfristige Bindung an Nachhaltigkeitsziele und Ausrichtung auf die Kernkompetenzen von großer Bedeutung sind. Nur so können an den Schnittstellen zwischen ökonomischen, sozialen und ökologischen Belangen Synergieeffekte erzeugt werden, die dazu beitragen langfristig die Unternehmenserfolge zu verbessern.

Für die Implementierung von Nachhaltigkeitsmaßnahmen in die Unternehmensstrategie hat das Sustainability Accounting eine große Bedeutung. Es kann in die beiden Bereiche Sustainability Controlling und Sustainability Reporting unterteilt werden, die wechselseitige Verbindungen zueinander aufweisen.

Das Sustainability Controlling beschäftigt sich vor allem mit der Generierung und Analyse der ökonomisch-, ökologisch- und sozialbezogenen Informationen und unterstützt mit diesen Angaben das Sustainability Management und somit die Unternehmensführung. Das Sustainability Reporting nutzt die intern gewonnenen Informationen des Sustainability Controlling über die Nachhaltigkeitsleistungen der Unternehmen zur internen und externen Informationsversorgung der Stakeholder.

Im Hinblick auf die Bedeutung von Corporate Sustainability sind Standardisierung, Überprüfbarkeit und Glaubwürdigkeit die wichtigsten Anforderungen für die unternehmerische

Nachhaltigkeit, um den Stakeholdern die entscheidungsrelevanten Informationen in der geforderten hohen Qualität zur Verfügung stellen zu können.

Literatur

Backhaus-Maul, H.: USA, in: Habisch, A.; Schmidpeter, R.; Neureiter, M. (Hrsg.): Handbuch Corporate Citizenship – Corporate Social Responsibility für Manager, Berlin/Heidelberg 2008, S. 485–492.

Baum, H.-G.; Coenenberg, A., Günther, T.: Strategisches Controlling, 4. Auflage, Stuttgart 2007.

Bertelsmann Stiftung (Hrsg.): Gesellschaftspolitische Ziele und Perspektiven der Bertelsmann Stiftung, Gütersloh 2008.

Bowen, H. R.: Social responsibilities of the businessman, New York 1953.

Bundesministerium für Familie, Senioren, Frauen und Jugend (Hrsg.): Unternehmen und Gesellschaft: Praxisbeispiele vom unternehmerischen Bürgerengagement mittels Personaleinsatz bis zum Projekteinsatz in sozialen Aufgabenfeldern als Teil der Personalentwicklung, 4. überarbeitete Auflage, Köln 2002.

Bundesregierung: Wegweiser Nachhaltigkeit 2005: Bilanz und Perspektiven, Kabinettsbeschluss vom 10. August 2005, Berlin 2005.

Caminiti, S.: The Payoff from a Good Reputation, in: Fortune, 125. Jg. (1992), S. 49–53.

Carroll, A. B.: The Pyramid of Corporate Social Responsibility: Toward the Moral Management of Organizational Stakeholders, in: Business Horizons, 34. Jg. (1991), S. 39–48.

Carroll, A. B.: Corporate Social Responsibility: Evolution of a Definitional Construct, in: Business Society, 38. Jg. (1999), S. 268–295.

Clausen, J.; Loew, T.: Leitlinien und Standards der Nachhaltigkeitsberichterstattung, in: Michelsen, G.; Godemann, J.(Hrsg.): Handbuch Nachhaltigkeitskommunikation – Grundlagen und Praxis, München 2005, S. 608–616.

Coenenberg, A. G.; Fischer, T. M.; Günther, T.: Kostenrechnung und Kostenanalyse, 6. Aufl., Stuttgart 2007.

Cramer, J.: From Financial to Sustainable Profit, in: Corporate Social Responsibility and Environmental Management, 9. Jg. (2002), H. 2, S. 99–106.

Crane, A.; Matten, D.; Spence, L. J.: Corporate Social Responsibility, New York 2008.

Dyllick, T.; Hockerts, K.: Beyond the business case for corporate sustainability, in: Business Strategy and the Environment, 11. Jg. (2002), H. 2, S. 130–141.

Elkington, J.: Cannibals With Forks: The Triple Bottom Line of 21st Century Business, Oxford 1997.

Europäische Kommission (Hrsg.): Grünbuch – Europäische Rahmenbedingungen für die soziale Verantwortung von Unternehmen, Brüssel 2001.

Europäische Kommission (Hrsg.): Mitteilung der Kommission betreffend die soziale Verantwortung der Unternehmen: Ein Unternehmensbeitrag zur nachhaltigen Entwicklung, Brüssel 2002.

Global Reporting Initiative (Hrsg.): Leitfaden zur Nachhaltigkeitsberichterstattung, Amsterdam 2006.

Gordon, R.: The Global Reporting Initiative: Meeting Reporters' Needs, in: Chartered Accountants Journal, 85. Jg. (2004), H. 7, S. 12–15.

Graafland, J.; Ven, B. V. D.: Strategic and Moral Motivation for Corporate Social Responsibility, in: Journal of Corporate Citizenship, 5. Jg. (2006), H. 22, S. 111–123.

Günther, E.; Günther, T.: Zur adäquaten Berücksichtigung von immateriellen und ökologischen Ressourcen im Rechnungswesen, in: Controlling, 15. Jg. (2003), H. 3/4, S. 191–199.

Habisch, A.: Corporate Citizenship – Gesellschaftliches Engagement von Unternehmen in Deutschland, Berlin/Heidelberg 2003.

Habisch, A.; Jonker, J.; Wegner, M.; Schmidpeter, R. (Hrsg.): Corporate Social Responsibility Across Europe, Berlin, Heidelberg, New York 2005.

Haller, A.: Nachhaltigkeitsleistung als Element des Value Reporting, in: Fischer, T. M. (Hrsg.): Value Reporting, Zeitschrift für Controlling und Management, 50. Jg. (2006), Sonderheft 3, S. 62–73.

Hendry, J.; Fujikawa, T.: Nike in Asia – Just Do It! Case Study. The Judge Institute of Management, University of Cambridge 2000.

Horváth, P.: Controlling, 10. Aufl., München 2006.

IASB (Hrsg.): Discussion Paper, Management Commentary, London 2005.

Institut für ökologische Wirtschaftsforschung (IÖW) und Future e.V. (Hrsg.): Nachhaltigkeitsberichterstattung in Deutschland, Münster 2007.

Kaplan, R.; Norton, D.: The Balanced Scorecard – Translating Strategy into Action, Boston, 1996.

Knörzer, A.: Nachhaltigkeit – Ein Konzept zur Steigerung des Unternehmenswerts, in: Thexis, 18. Jg. (2001), H. 2, S. 14–18.

Kotler, P.; Lee, N.: Corporate Social Responsibility – Doing the Most Good for Your Company and Your Cause, Hoboken 2005.

KPMG International: Climate Changes your Business: KPMG's review of the business risks and economic impacts at sector level, Amstelveen 2008.

Kroker, M.: Scott McNealy, Gründer des US-Computerherstellers Sun Microsystems, über grüne Rechner, angriffslustige Wettbewerber und die Folgen der Finanzkrise, in: WirtschaftsWoche, vom 29.09.2008, Nr. 40/2008, S. 136–139.

Loew, T.; Ankele, K.; Braun, S.; Clausen, J.: Bedeutung der internationalen CSR-Diskussion für Nachhaltigkeit und die sich daraus ergebenden Anforderungen an Unternehmen mit Fokus Berichterstattung, Münster/Berlin 2004.

Meffert, H.; Münstermann, M: Corporate Social Responsibility in Wissenschaft und Praxis – eine Bestandsaufnahme, Arbeitspapier Nr. 186 der Wissenschaftlichen Gesellschaft für Marketing und Unternehmensführung e.V., Leipzig 2005.

Münstermann, M.: Corporate Social Responsibility – Ausgestaltung und Steuerung von CSR-Aktivitäten, Wiesbaden 2007.

Munilla, L. S.; Miles, M. P.: The Corporate Social Responsibility Continuum as a Component of Stakeholder Theory, in: Business & Society Review, 110. Jg. (2005), H. 4, S. 371–387.

Ossadnik, W.: Controlling, 3. Auflage, München 2003.

Pineiro Chousa, J.; Romero Castro, N.: Integrating Sustainability into Traditional Financial Analysis, in: Schaltegger, S./Bennett, M./Burritt, R. (Eds.): Sustainability Accounting and Reporting, Dordrecht 2006, S. 83–108.

Porter, M. E.; Kramer, M. R.: The Competitive Advantage of Corporate Philanthropy, in: Harvard Business Review, 80. Jg. (2002), H. 12, S. 56–69.

Porter, M. E.; Kramer, M. R.: Strategy & Society – The Link Between Competitive Advantage and Corporate Social Responsibility, in: Harvard Business Review, 84. Jg. (2006), H. 12, S. 78–92.

Porter, M. E.; Kramer, M. R.: Corporate Social Responsibility, in: Harvard Business Manager, 85. Jg. (2007), H. 1, S. 16–34.

Prahalad, C.; Hamel, G.: The Core Competence of the Corporation, in: Harvard Business Review, 68. Jg. (1990), S. 79–91.

Preller, E.: Controlling und Sustainability, in: Controlling, 19. Jg. (2007), H. 1, S. 51–53.

Quick, R.; Knocinski, M.: Nachhaltigkeitsberichterstattung: Empirische Befunde zur Berichterstattungspraxis von HDAX-Unternehmen, in: ZfB, 76. Jg. (2006), H. 6, S. 615–650.

Riess, B. (Hrsg.): Verantwortung für die Gesellschaft – verantwortlich für das Geschäft: Ein Management-Handbuch der Bertelsmann Stiftung, Gütersloh 2006.

Riordan, C. M.; Gatewood, R. D.; Bill, J. D.: Corporate Image: Employee Reactions and Implications for Managing Corporate Social Performance, in: Journal of Business Ethics, 16. Jg. (1997), H. 4, S. 401–412.

RWE AG: Wann, wenn nicht jetzt: Zukunftsorientiertes Handeln – daran warden wir gemessen, Bericht 2007, Essen 2008.

Schäfer, H.: Lohnt sich verantwortungsbewusstes Handeln? – Corporate Social Responsibility im Kontext der wertorientierten Unternehmensführung, in: Controlling, 19. Jg. (2007), H. 1, S. 15–20.

Schäfer, H.; Langer, G.: Sustainability Balanced Scorecard – Managementsystem im Kontext des Nachhaltigkeits-Ansatzes – aktueller Stand und Perspektiven, in: Controlling, 17. Jg. (2005), H. 1, S. 5–13.

Schäfer, H.; Lindenmayer, P.: Unternehmenserfolge erzielen und verantworten – Ein finanzmarktgesteuertes Beurteilungs- und Steuerungsmodell von Corporate Responsibility, Gütersloh 2005.

Schaltegger, S.: Sustainability Balanced Scorecard – Unternehmerische Steuerung von Nachhaltigkeitsaspekten, in: Controlling, 16. Jg. (2004), H. 8/9, S. 511–516.

Schaltegger, S.; Bennett, M.; Burrit, R.: Sustainability Accounting and Reporting – Development, Linkages and Reflection, in: Schaltegger, S./Bennett, M./Burrit, R. (Hrsg.): Sustainability Accounting and Reporting, Dordrecht u. a. 2006, S. 1–33.

Schaltegger, S.; Dyllick, T. (Hrsg.): Nachhaltig managen mit der Balanced Scorecard – Konzept und Fallstudien, Wiesbaden 2002.

Schaltegger, S.; Herzig, C.; Kleiber, O.; Klinke, T.; Müller, J.: Nachhaltigkeitsmanagement in Unternehmen – Von der Idee zur Praxis: Managementansätze zur Umsetzung von Corporate Social Responsibility und Corporate Sustainability, Berlin/Lüneburg 2007.

Schaltegger, S.; Wagner, M.: Integrative Management of Sustainability Performance, Measurement and Reporting, in: International Journal of Accounting, Auditing and Performance Evaluation, 3. Jg. (2006), H. 1, S. 1–19.

Shapiro, C.: Premiums for High Quality Products as Returns to Reputations, in: The Quarterly Journal of Economics, Vol. 98 (1983), S. 659 – 679.

Sigma Project: The Sigma Guidelines-Toolkit, Sustainability Accounting Guide, London 2003.

Stadler, R.: Aus (mit der) Freude am Fahren(?) in: Suddeutsche Zeitung Magazin, Heft 41/2008, S. 38–42.

Suchanek, A.: Gewinnmaximierung als soziale Verantwortung von Unternehmen? Milton Friedman und die Unternehmensethik, in: Pies, I.; Leschke, M. (Hrsg.): Milton Friedmans ökonomischer Liberalismus, Tübingen 2004, S. 105–124.

Székely, F.; Knirsch, M.: Leadership and Corporate Responsibility – Metrics for Sustainable Corporate Performance, Berlin 2005.

Thompson, G.; Driver, C.: Stakeholder champions: how to internationalize the corporate social responsibility agenda, in: Business Ethics, 14. Jg. (2005), H. 1, S. 56–66.

Wagenhofer, A.; Ewert, R.: Externe Unternehmensrechnung, Berlin 2003.

Woods, M.: The Global Reporting Initiative, in: The CPA Journal, 73. Jg. (2003), H. 6, S. 60–65.

World Commission on Environment and Development: Our common future, Oxford 1987.

World Energy Council: Die Energiewirtschaft legt ihr Konzept zur Bewältigung des Klimawandels vor, London 2007.

14 Zielorientiertes Nachhaltigkeitsmanagement mit dem Sustainable-Value-Ansatz am Beispiel der Automobilindustrie und der BMW Group

Ralf Barkemeyer, Frank Figge, Tobias Hahn,
Andrea Liesen, Verena Schuler und Erich Wald

14.1   Einleitung

Im Laufe der letzten Jahre haben Nachhaltigkeitsaspekte für Unternehmen erheblich an Bedeutung gewonnen. Für das Management bringt dies die Herausforderung mit sich, nicht nur ökonomische Aspekte, sondern auch ökologische und soziale Aspekte systematisch und zielorientiert zu steuern und zu managen. In diesem Zusammenhang wird immer wieder die Forderung nach einer besseren Integration ökologischer und sozialer Aspekte in die Kernprozesse des Managements und des Controllings geäußert (vgl. *Jamali*, 2006). Ökologische und soziale Themen sollen demnach nicht länger in so genannten Satellitensystemen gesteuert werden, die parallel zu den Kernmanagementprozessen ablaufen. Ein systematisches und integriertes Management von Nachhaltigkeitsaspekten erfordert mindestens zwei grundlegende Dinge: Zum einen müssen für ökologische und soziale Aspekte genauso wie für finanzielle Aspekte systematisch Ziele formuliert werden, die dann in konkrete Maßnahmen münden. Nur so kann eine zielorientierte Steuerung mit regelmäßiger Erfolgskontrolle und gegebenenfalls Korrekturmaßnahmen erfolgen. Zum zweiten muss der gewählte Ansatz zum Management ökologischer und sozialer Aspekte kompatibel und anschlussfähig zu bestehenden Management- und Steuerungsinstrumenten und -prozessen im Unternehmen sein. Nur so kann gewährleistet werden, dass ökologische und soziale Aspekte nicht isoliert, sondern im Zusammenspiel mit ökonomischen und finanziellen Zielen gemanagt werden.

In diesem Beitrag stellen wir dar, wie mit dem neuartigen Sustainable-Value-Ansatz eine solche systematische und integrierte Herangehensweise an das Management von Nachhaltigkeitsaspekten gewährleistet werden kann. Nach einer kurzen Vorstellung des Sustainable-Value-Ansatzes, zeigen wir die Ergebnisse eines weltweiten Vergleichs der Nachhaltigkeitsleistung in der Automobilbranche mit diesem Ansatz. Dies dient als Grundlage für die darauf folgende Ableitung strategischer Nachhaltigkeitsziele am Beispiel der BMW Group. Zum Schluss des Beitrags zeigen wir die Ansatzpunkte für die Integration dieser Ziele in die Steuerungsprozesse von Unternehmen auf.

14.2   Methodische Grundlage: Der Sustainable-Value-Ansatz

Der Sustainable-Value-Ansatz wurde im Laufe der vergangenen Jahre als erster opportunitätskostenbasierter Ansatz zur Nachhaltigkeitsbewertung von Unternehmen entwickelt und angewandt (vgl. *Figge*, 2001; *Figge/Hahn*, 2004a; 2005; 2008; *Hahn/Figge/Barkemeyer*, 2007; *Hahn/Figge/Liesen*, 2008). Das grundlegende Merkmal des Sustainable-Value-Ansatzes ist es, dass er im Gegensatz zu vorherrschenden belastungsorientierten Ansätzen den Einsatz ökologischer und sozialer Ressourcen anhand von Opportunitätskosten statt anhand von Belastungskosten bewertet. Dies ermöglicht eine konzeptionell neue und zugleich pra-

xistaugliche Herangehensweise an die Bewertung und die Steuerung der Nachhaltigkeitsperformance von Unternehmen.

14.2.1   Konzeptionelle Grundlage

Die Verwendung von Opportunitätskosten zur Bewertung der Unternehmensperformance
und zur Ermittlung der Kapitalkosten ist im Finanzmanagement seit Jahrzehnten Standard
(vgl. *Bastiat*, 1870; *Green*, 1894; *Haney*, 1912). Da Kapital nur begrenzt zur Verfügung
steht, können Investoren mit ihrem Kapital nicht gleichzeitig alle Investitionsmöglichkeiten
ausschöpfen. Die entgangenen Erträge aus den nicht wahrgenommenen Investitionsalterna-
tiven stellen für den Investor Kosten dar. Diese Kosten werden als Opportunitätskosten bezeichnet. Die Opportunitätskosten eines Investments sind demnach der Ertrag, der bei einer
alternativen Verwendung des Kapitals bei vergleichbarem Risiko auf dem Markt (als
Benchmark) erzielt worden wäre. Um ökonomischen Wert zu erzielen, müssen Unternehmen
demnach ihre Kapitalkosten decken, d.h. der risikoadjustierte Ertrag muss über den Opportunitätskosten des eingesetzten Kapitals liegen. In der Praxis werden die Kapitalkosten häufig
über eine marktdurchschnittliche Verzinsung oder die Performance eines Marktindexes bestimmt (vgl. *Feibel*, 2003). Das folgende einfache Beispiel verdeutlicht diese wertorientierte
Bewertungslogik (vgl. Abb. 14.1).

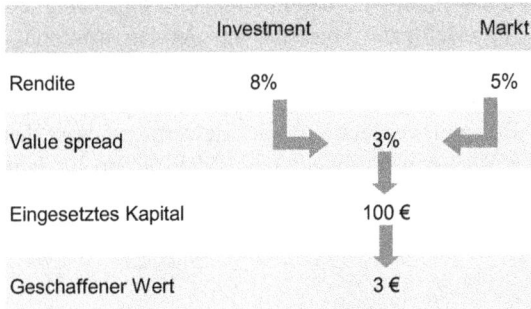

Abb. 14.1: Wertorientierte Bewertungslogik

Auf dieser Grundlage wurden in der Folge wertorientierte Ansätze zur Unternehmens- und
Performancebewertung wie z.B. der Shareholder-Value-Ansatz (vgl. *Copeland/Koller/
Murrin*, 2000; *Rappaport*, 1986) oder der Economic Value Added (vgl. *Stewart*, 1991; 1999)
entwickelt, die heutzutage auch zur Steuerung des Kapitaleinsatzes im Zuge einer
wertorientierten Unternehmenssteuerung weit verbreitet sind. All diesen Ansätzen ist
gemein, dass sie nur diejenigen Investitionen und Projekte positiv bewerten, bei denen die
Erträge über den Opportunitätskosten des eingesetzten Kapitals liegen. In der Praxis der
wertorientierten Unternehmenssteuerung findet dies in der Verwendung von internen
Mindestverzinsungsraten oder *hurdle rates* seinen Niederschlag, die als Zielvorgaben die
Rolle der Opportunitätskosten einnehmen.

14.2.2 Opportunitätskostenbasierte Bewertung mit dem Sustainable-Value-Ansatz

Der Sustainable-Value-Ansatz greift die in der Literatur und in der Praxis verbreitete Opportunitätskostenlogik auf und erweitert sie. Folgt man dem Leitbild der Nachhaltigkeit, ist es nicht ausreichend, nur den Einsatz ökonomischer Ressourcen bei der Unternehmensbewertung und -steuerung zu berücksichtigen. Vielmehr muss auch der Einsatz ökologischer und sozialer Ressourcen zielorientiert gesteuert werden, wenn ein Unternehmen einen Beitrag zur nachhaltigen Entwicklung leisten soll. Firmen brauchen jedoch nicht nur ökonomische, sondern auch ökologische und soziale Ressourcen, um einen Ertrag zu erzielen. Um die Nachhaltigkeitsleistung von Unternehmen bewerten zu können, müssen wir daher das gesamte Bündel der eingesetzten Ressourcen in Betracht ziehen. Deshalb bewertet der Sustainable-Value-Ansatz den Einsatz ökologischer und sozialer Ressourcen ebenfalls anhand von Opportunitätskosten. Der Sustainable-Value-Ansatz untersucht somit, ob ein Unternehmen nicht nur sein Kapital, sondern auch seine ökologischen und sozialen Ressourcen wertschaffend einsetzt. Folglich wird mit dem Sustainable-Value-Ansatz ermittelt, ob ein Unternehmen auch die Opportunitätskosten seiner eingesetzten ökologischen und sozialen Ressourcen deckt. Wie bei der ökonomischen Bewertung auch, sind die Opportunitätskosten als der Ertrag definiert, der bei einem alternativen Einsatz der Ressourcen erzielt würde. Um mit seinen ökologischen und sozialen Ressourcen Wert zu schaffen, muss ein Unternehmen folglich mehr Ertrag erzielen, als der Markt mit diesen Ressourcen erwirtschaftet hätte. Diese Vorgehensweise gewährleistet zwei Punkte: Zum einen wird dadurch die Anschlussfähigkeit zum Finanzmanagement und -controlling hergestellt, die ebenfalls auf der Opportunitätskostenlogik basieren. Zum anderen ermöglicht dies eine monetäre Bewertung der Nachhaltigkeitsleistung von Unternehmen und somit eine Übersetzung in die Sprache des Managements und der Märkte. Das folgende Beispiel verdeutlicht die Bewertungslogik des Sustainable-Value-Ansatzes am Beispiel der Wasserperformance der BMW Group im Jahr 2005 (siehe auch Abb. 14.2).

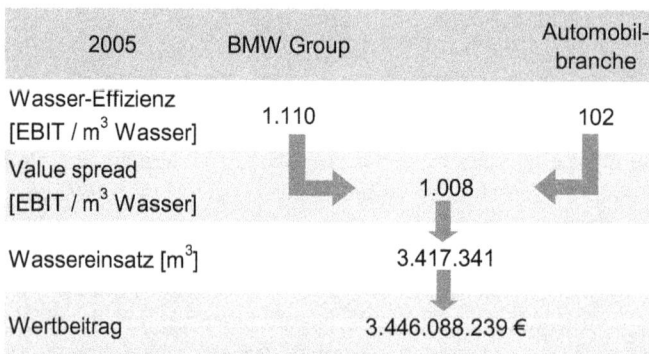

2005	BMW Group	Automobil-branche
Wasser-Effizienz [EBIT / m^3 Wasser]	1.110	102
Value spread [EBIT / m^3 Wasser]	1.008	
Wassereinsatz [m^3]	3.417.341	
Wertbeitrag	3.446.088.239 €	

Abb. 14.2:Berechnung des Wertbeitrags des Wassereinsatzes bei der BMW Group im Jahr 2005 (Quelle: Hahn/Figge/Barkemeyer, 2008)

Die BMW Group setzte im Jahr 2005 3.417.341m^3 Wasser ein und erzielte gleichzeitig einen operativen EBIT von rund 3,79 Milliarden €. Teilt man den Ertrag des Unternehmens durch die Menge des eingesetzten Wassers, ergibt sich eine Wassereffizienz des Unternehmens von rund 1.110 € EBIT pro m^3 Wasser. Der Opportunitätskostenlogik folgend wird diese Effizienz des Unternehmens nun mit der Effizienz des Benchmarks bzw. des Marktes verglichen. In diesem Beispiel dient die durchschnittliche Effizienz von 16 Automobilherstellern weltweit als Benchmark.[4] Im Branchendurchschnitt wurde im Jahr 2005 nur eine Wassereffizienz von etwa 102 € EBIT pro m^3 Wasser erzielt. Der Benchmark dient zur Bestimmung der Opportunitätskosten. Er zeigt an, wie viel Ertrag (hier: EBIT) pro m^3 Wasser entstanden wäre, wenn dieses nicht in der BMW Group, sondern bei den anderen Automobilherstellern eingesetzt worden wäre. Bildet man die Differenz zwischen der Effizienz des Unternehmens und der des Benchmarks, erhält man den sogenannten Value Spread. Er drückt aus, wie viel mehr oder weniger Ertrag pro eingesetzter Ressource im Unternehmen im Vergleich zum Benchmark erzielt wurde und bildet somit eine Überrendite (bzw. Unterrendite) oder eine Rendite nach Opportunitätskosten ab. Im betrachteten Fall erzielte die BMW Group pro m^3 eingesetzten Wassers rund 1.008 € mehr EBIT als die Branche im Durchschnitt. Multipliziert man diesen Value Spread mit der Gesamtmenge der eingesetzten Ressource, erhält man den Wertbeitrag dieser Ressource. Analog zur Berechnung des ökonomischen Wertbeitrags im Beispiel oben (vgl. Abb. 14.1) drückt der Wertbeitrag den monetären Wert des über- oder untereffizienten Einsatzes einer Ressource in monetären Größen aus. Mit einem Value Spread von 1.008 € EBIT pro m^3 Wasser und einem Gesamtwassereinsatz von 3.417.341 m^3 ergibt sich für die BMW Group im Jahr 2005 ein Wertbeitrag des Wassereinsatzes von rund 3,45 Milliarden €. Dadurch, dass die Wassermenge bei der BMW Group eingesetzt wurde, sind 3,45 Milliarden € mehr EBIT erzielt worden, als wenn die Wassermenge bei den anderen Herstellern im Durchschnitt verwendet worden wäre.

14.2.3   Bewertung des Einsatzes von mehreren Ressourcen

Diese Betrachtung lässt sich mit allen ökonomischen, ökologischen und sozialen Ressourcen[5] durchführen, die sich sinnvoll quantifizieren lassen und zu denen belastbare Daten auf Unternehmens- und Benchmarkebene vorliegen. Die folgende Abb. 14.3 zeigt die Bewertung der Nachhaltigkeitsperformance der BMW Group im Jahr 2005 auf der Basis eines Bündels von insgesamt neun verschiedenen Ressourcen. Konzeptionell wird für jede einzelne Ressource die oben beschriebene Betrachtung durchgeführt und ein ressourcenspezifischer Wertbeitrag ermittelt (letzte Spalte in Abb. 14.3). Dabei wird jedoch jedes Mal der gesamte Ertrag einer einzigen Ressource zugerechnet. Um bei einer Aggregation eine Mehrfachzählung auszuschließen, muss die Summe der Wertbeiträge zur Ermittlung des sogenannten

---

[4] Der Benchmark ergibt sich aus dem gewichteten Durchschnitt der Wassereffizienz der folgenden 16 Automobilhersteller: BMW Group, Daihatsu, DaimlerChrysler, Fiat Auto, Ford, GM, Honda, Hyundai, Isuzu, Mitsubishi, Nissan, PSA, Renault, Suzuki, Toyota und Volkswagen Group.

[5] Der hier verwendete Ressourcenbegriff geht über ein rein naturwissenschaftliches Verständnis hinaus und umfasst alle ökonomischen, ökologischen und sozialen In- oder Outputs, die für die Erzielung eines Ertrages notwendig sind.

Sustainable Value durch die Anzahl der betrachteten Ressourcen geteilt werden (vgl. *Figge/Hahn*, 2004b; 2005). Der Sustainable Value drückt aus, wie viel mehr oder weniger Ertrag ein Unternehmen mit dem Einsatz des betrachteten Resourcenbündels im Vergleich zum Benchmark erzielt hat. Er ist somit ein Maß für eine nachhaltige Überschussrendite. Nachhaltiger Wert oder Sustainable Value entsteht demnach dann, wenn ein Unternehmen sein Ressourcenbündel effizienter einsetzt als der Markt. Dies ist bei der BMW Group im Vergleich zur Automobilbranche der Fall, wie aus Abb. 14.3 ersichtlich wird. Das Unternehmen erzielte mit dem betrachteten Ressourcenbündel insgesamt einen Sustainable Value von rund 2,93 Milliarden €.

Wie in Abb. 14.3 deutlich wird, kann mit dem Sustainable-Value-Ansatz die Opportunitätskostenlogik auf andere Ressourcen als ökonomisches Kapital ausgeweitet werden. Gleichzeitig sind die Ergebnisse aufgrund ihrer methodischen Kompatibilität problemlos integrierbar. Der Sustainable-Value-Ansatz ermöglicht somit die Erweiterung des wertorientierten Managementparadigmas um ökologische und soziale Aspekte, ohne dabei eine komplette Neuausrichtung des Managements zu erfordern.

	Menge der eingesetzten Ressource	Effizienz der BMW Group [€/Einheit]	Effizienz der Branche [€/Einheit]	Wertbeitrag
Kapitaleinsatz [€]	74.566.000.000 * (	0,051 -	0,025) =	1.905.337.764€
CO_2-Emissionen [t]	1.304.971 * (	2.907 -	708) =	2.869.053.864€
NO_x-Emissionen [t]	545 * (	6.959.633 -	999.441) =	3.248.304.768€
SO_x-Emissionen [t]	8 * (	456.987.952 -	1.886.825) =	3.777.339.356€
VOC-Emissionen [t]	2.726 * (	1.391.416 -	174.375) =	3.317.652.879€
Abfallerzeugung [t]	454.821 * (	8.340 -	2.269) =	2.761.155.769€
Wassereinsatz [m³]	3.417.341 * (	1.110 -	102) =	3.446.088.239€
Arbeitsunfälle [Anz]	1.061 * (	3.574.929 -	811.168) =	2.932.350.774€
Beschäftigte [Anz]	105.798 * (	35.851 -	15.861) =	2.114.911.663€
Sustainable Value der BMW Group im Jahr 2005				**2.930.243.897€**

Abb. 14.3: Sustainable Value der BMW Group im Jahr 2005
(Quelle: Hahn/Figge/Barkemeyer, 2008)

14.2.4   Berücksichtigung der Unternehmensgröße

Bei der Finanzanalyse wird erwartet, dass größere Unternehmen (betragsmäßig) höhere Gewinn-, Umsatz- oder Cashflow-Beträge aufweisen. Dieser Größeneffekt stört jedoch, wenn die Performance verschiedener Unternehmen miteinander verglichen werden soll. Für Unternehmensvergleiche werden die Performancezahlen wie Gewinn oder Cashflow mit anderen Indikatoren ins Verhältnis gesetzt, welche die Größe des Unternehmens widerspiegeln. So wird z.B. der Gewinn häufig ins Verhältnis zum Kapitaleinsatz oder zum Umsatz gesetzt.

Anhand von Kennzahlen wie der Kapitalrentabilität oder der Umsatzrentabilität können dann sinnvolle Unternehmensvergleiche angestellt werden.

Der Sustainable Value zeigt in absoluten Größen, wie viel Wert dadurch entsteht, dass ein Unternehmen seine Ressourcen effizienter einsetzt als der Benchmark. Bei Vergleichen zwischen Unternehmen tritt dabei dasselbe Problem auf: Große Unternehmen setzen gewöhnlich größere Mengen an Ressourcen ein und erzielen daher auch einen größeren (positiven oder negativen) Sustainable Value. Zur Durchführung aussagekräftiger Unternehmensvergleiche muss der Sustainable Value daher größenbereinigt werden. Eine Möglichkeit zur Berücksichtigung der Unternehmensgröße stellt die sogenannte Sustainable-Value-Marge dar. Dafür wird der Sustainable Value durch den Umsatz des Unternehmens geteilt. Diese relative Kennzahl erlaubt sinnvolle Performancevergleiche zwischen den analysierten Unternehmen. Im Jahr 2005 erzielte die BMW Group 6,28 € Sustainable Value pro 100 € Umsatz, d.h. die Sustainable-Value-Marge lag bei 6,28 % (vgl. *Hahn/Figge/Barkemeyer*, 2008).

14.3   Sustainable Value in der Automobilindustrie

Als Ausgangspunkt für die Ableitung strategischer Ziele für das Nachhaltigkeitsmanagement bei der BMW Group wurde die Nachhaltigkeitsperformance von 16 Automobilherstellern mit dem Sustainable-Value-Ansatz zwischen 1999 und 2005 bewertet und verglichen (vgl. *Hahn/Figge/Barkemeyer*, 2008). Dabei wurden die folgenden Automobilhersteller betrachtet: BMW Group, Daihatsu, DaimlerChrysler, Fiat Auto, Ford, GM, Honda, Hyundai, Isuzu, Mitsubishi, Nissan, PSA, Renault, Suzuki, Toyota, und Volkswagen Group.

Im Rahmen dieser Analyse wurde der Einsatz von insgesamt neun verschiedenen Ressourcen untersucht. Diese untergliedern sich in eine ökonomische, sechs ökologische und zwei soziale Ressourcen (siehe Abb. 14.4). Voraussetzung für die Berücksichtigung von Unternehmen und Indikatoren war die sinnvolle Quantifizierbarkeit der Indikatoren sowie eine ausreichende Verfügbarkeit belastbarer Daten der betrachteten Unternehmen. Bei der Analyse ist zu beachten, dass die Untersuchung die Geschäftstätigkeit der Unternehmen – also im Wesentlichen die Herstellung von Fahrzeugen – betrachtet, das heißt, dass die Umwelt- und Sozialindikatoren den selben Geltungsbereich aufweisen, wie die Gewinnzahlen. Aspekte in der Zulieferkette und in der Nutzungsphase sind nicht berücksichtigt.

Ökologische Ressourcen	Soziale Ressourcen	Ökonomische Ressourcen
CO_2-Emissionen	Anzahl der Arbeitsunfälle	Kapitaleinsatz
NO_x-Emissionen	Anzahl der Beschäftigten	
SO_x-Emissionen		
VOC-Emissionen		
Abfallerzeugung		
Wassereinsatz		

Abb. 14.4: In der Analyse berücksichtigte ökonomische, ökologische und soziale Ressourcen

Als Ertragsgröße wird in dieser Analyse der operative Gewinn vor Steuern und Zinsen (EBIT) aus gewöhnlicher Geschäftstätigkeit herangezogen. Zur Berechnung der Sustainable-Value-Marge wurden außerdem die Umsatzzahlen der Automobilhersteller erhoben. Zur Erhebung der Daten über den Einsatz der verschiedenen betrachteten Ressourcen sowie der Gewinn- und Umsatzzahlen wurde auf die Berichterstattung der Unternehmen zurückgegriffen. Als Datenquellen dienten Jahres-, Geschäfts- und Finanzberichte sowie Umwelt-, Nachhaltigkeits- und Sozialberichte der Unternehmen. Außerdem wurde auf Veröffentlichungen auf den Internetseiten der Unternehmen zurückgegriffen. Aus diesen genannten Datenquellen wurden die Performancedaten der 16 Automobilhersteller für den betrachteten Zeitraum ermittelt. Die erhobenen Daten wurden auf Qualität, Vollständigkeit und Vergleichbarkeit überprüft und falls notwendig entsprechend aufbereitet. Die so gewonnenen Datensätze wurden zur Berechnung des Sustainable Value der Automobilhersteller herangezogen. Gleichzeitig wurden die erhobenen Daten der Automobilhersteller auch dazu verwendet, die branchendurchschnittlichen Effizienzen des Ressourceneinsatz zu berechnen, die als Benchmark dienten.

14.3.1   Ergebnisse – Absoluter Sustainable Value

Abb. 14.5 gibt einen Überblick über den absoluten Sustainable Value der 16 betrachteten Automobilhersteller im Zeitraum von 1999 bis 2005. Insgesamt bewegt sich der von den Unternehmen geschaffene Sustainable Value im Betrachtungszeitraum in einem Spektrum von -13,72 Milliarden € (GM 2005) bis zu +6,50 Milliarden € (Toyota 2005). Auffällig ist, dass drei Hersteller über den gesamten Untersuchungszeitraum hinweg einen positiven Sustainable Value aufweisen (BMW Group, Honda, Toyota). Bei zwei weiteren Herstellern sind keine vollständigen Zeitreihen verfügbar; in den Jahren, in denen eine Betrachtung möglich ist, weisen aber auch sie einen durchgängig positiven Sustainable Value auf (Hyundai, Nissan). Ferner können drei Unternehmen identifiziert werden, bei denen über den gesamten Betrachtungszeitraum ein negativer Sustainable Value ermittelt wurde (FIAT Auto, GM, Mitsubishi). Die acht verbleibenden Unternehmen schwanken um den Branchendurchschnitt und weisen sowohl positive als auch negative Sustainable-Value-Werte auf.

	1999	2000	2001	2002	2003	2004	2005
BMW Group	1.400.966.459 €	1.896.370.119 €	2.665.413.182 €	2.430.319.149 €	2.257.434.219 €	2.610.151.339 €	2.930.243.897 €
Daihatsu	-230.630.570 €	-66.595.734 €	44.666.837 €	-174.125.312 €	-96.576.444 €	-83.905.614 €	15.772.727 €
DaimlerChrysler	4.356.271.228 €	-185.247.761 €	-2.304.331.580 €	1.414.477.132 €	1.198.706.441 €	1.803.637.977 €	1.532.178.795 €
Fiat Auto	-1.415.741.691 €	-1.238.909.849 €	-1.219.717.826 €	-1.750.443.200 €	-1.389.213.240 €	-1.340.154.093 €	-929.643.382 €
Ford	-105.608.141 €	977.758.751 €	-3.866.479.632 €	-3.532.873.323 €	-2.469.689.131 €	-1.186.706.668 €	-1.598.343.591 €
GM	-3.449.412.623 €	-3.192.806.955 €	-5.388.452.245 €	-8.732.589.203 €	-6.311.083.201 €	-7.515.032.801 €	-13.717.362.303 €
Honda	478.626.935 €	800.889.176 €	1.727.172.512 €	1.249.134.558 €	924.971.512 €	864.987.463 €	1.949.268.779 €
Hyundai	n/a	n/a	1.757.273.503 €	1.339.792.898 €	806.052.381 €	302.486.148 €	772.098.974 €
Isuzu	-435.583.374 €	-246.638.804 €	-59.382.526 €	-55.672.840 €	326.549.046 €	288.787.331 €	261.616.713 €
Mitsubishi	-495.152.237 €	-868.821.625 €	-126.896.802 €	-6.985.975 €	-153.082.383 €	-727.595.391 €	-253.979.797 €
Nissan	n/a	n/a	n/a	2.039.833.952 €	1.994.571.268 €	1.769.378.239 €	2.282.111.459 €
PSA	-915.011.715 €	-450.171.773 €	338.220.444 €	161.118.692 €	-370.794.759 €	-336.058.715 €	183.564.545 €
Renault	-256.498.590 €	-231.241.035 €	-831.970.798 €	-540.733.219 €	-533.731.843 €	528.852.199 €	-62.564.790 €
Suzuki	-57.676.649 €	7.624.395 €	182.162.776 €	136.347.953 €	166.031.947 €	156.577.461 €	162.359.832 €
Toyota	1.623.358.170 €	3.025.886.253 €	5.358.867.527 €	5.091.582.010 €	5.690.916.273 €	5.031.069.397 €	6.502.026.706 €
Volkswagen	-497.907.203 €	-228.095.159 €	1.723.454.627 €	930.816.728 €	-2.041.062.087 €	-2.166.474.273 €	-29.348.562 €

Abb. 14.5: Absoluter Sustainable Value in der Automobilindustrie
(Quelle: Hahn/Figge/Barkemeyer, 2008)

Deutlich positive Entwicklungen des absoluten Sustainable Value zwischen 1999 und 2005 sind bei Toyota (1999: 1,62 Milliarden €; 2005: 6,50 Milliarden €), der BMW Group (1999: 1,40 Milliarden €; 2005: 2,93 Milliarden €) und Honda (1999: 479 Millionen €; 2005: 1,95 Milliarden €) zu erkennen. Eine stark negative Tendenz weist der Sustainable Value von DaimlerChrysler (1999: 4,36 Milliarden €; 2005: 1,53 Milliarden €), Ford (1999: -106 Millionen €; 2005: -1,60 Milliarden €) und GM (1999: -3,45 Milliarden €; 2005: -13,72 Milliarden €) auf. Die negative Entwicklung dieser drei Branchenschwergewichte wirkt sich durch die Verschlechterung des Benchmarks merklich auf die Ergebnisse aus: Während in den Jahren 1999 und 2000 noch die Mehrzahl der Hersteller eine negative Performance relativ zum Branchendurchschnitt aufweisen (10 bzw. 9 von 14), ändert sich dieses Verhältnis in den Folgejahren. In den Jahren 2002 bis 2004 weist mindestens die Hälfte der nunmehr 16 Unternehmen einen positiven Sustainable Value auf (2002: 9/16; 2003: 8/16; 2004: 9/16). Nur noch sieben Hersteller bewegen sich im Jahr 2004 unterhalb des Branchendurchschnitts. Im Jahr 2005 bewirkt die deutliche Performanceverschlechterung von GM, dass lediglich fünf weitere der insgesamt 16 Hersteller einen negativen Sustainable Value aufweisen.

14.3.2   Ergebnisse – Sustainable-Value-Marge und Ranking der Hersteller

Wie oben bereits erläutert, können anhand der Sustainable-Value-Marge größenbereinigte Vergleiche zwischen den verschiedenen Unternehmen angestellt werden. In Abb. 14.6 ist die Sustainable-Value-Marge, d.h. das Verhältnis zwischen Sustainable Value und Umsatz der jeweiligen Hersteller, angegeben. Außerdem zeigt Abb. 14.6 den Trend der Sustainable-Value-Marge für das Jahr 2006 für diejenigen Unternehmen, für die zum Zeitpunkt der Analyse bereits veröffentlichte Daten für das Jahr 2006 vorlagen. Dabei wird zwischen einer schwachen (von bis zu einem Prozentpunkt) und einer starken erwarteten Veränderung (von mehr als einem Prozentpunkt) der Sustainable-Value-Marge unterschieden.

Es wird deutlich, dass die Ausnahmestellungen von Toyota und GM bei der Betrachtung des absoluten Sustainable Value zum Teil auf die Unternehmensgröße der beiden Konzerne zurückzuführen sind. Zwar liegt Toyota auch hier in der Spitzengruppe und GM weist eine stark negative Sustainable-Value-Performance auf, der Unterschied zu den anderen betrachteten Unternehmen ist jedoch geringer als bei der Untersuchung des absoluten Sustainable Value. Im Gegensatz dazu nehmen beispielsweise die BMW Group und FIAT Auto entgegen ihres betragsmäßig eher moderaten (positiven bzw. negativen) absoluten Sustainable Value bei der Betrachtung der Sustainable-Value-Marge Extrempositionen ein. Relativ zum Unternehmensumsatz übertrifft die BMW Group den vorherigen Spitzenreiter Toyota mitunter deutlich, während FIAT Auto mit Ausnahme des Jahres 2005 das vorherige Schlusslicht GM in seiner Performance zum Teil stark unterbietet. Ein ähnlicher Effekt ist auch bei Isuzu zu erkennen: führte bei der Betrachtung des absoluten Sustainable Value die geringe Unternehmensgröße noch zu lediglich moderaten Veränderungen des absoluten Sustainable Value, nimmt die Sustainable-Value-Marge von Isuzu eine deutlich ausgeprägtere Entwicklung. Ausgehend von einer Sustainable-Value-Marge von -5,24% und somit dem letzten Platz im Jahr 1999, steigerte sich die Performance in der zweiten Hälfte des Betrachtungszeitraums zu einem deutlich positiven Wert von bis zu 4,56% im Jahr 2003.

	1999	2000	2001	2002	2003	2004	2005	2006*
BMW Group	4,07%	5,09%	6,93%	5,73%	5,44%	5,89%	6,28%	
Daihatsu	-2,33%	-0,76%	0,59%	-2,38%	-1,40%	-1,06%	0,19%	
DaimlerChrysler	2,90%	-0,11%	-1,51%	0,94%	0,86%	1,30%	1,02%	
Fiat Auto	-2,94%	-4,95%	-4,99%	-7,90%	-6,94%	-6,52%	-4,76%	
Ford	-0,07%	0,53%	-2,13%	-2,04%	-1,70%	-0,86%	-1,12%	
GM	-2,08%	-1,60%	-2,72%	-4,66%	-3,85%	-4,83%	-8,87%	
Honda	1,09%	1,71%	3,74%	2,67%	2,26%	2,01%	4,46%	
Hyundai	n/a	n/a	5,17%	3,50%	2,36%	0,82%	1,73%	
Isuzu	-5,24%	-2,65%	-0,80%	-0,84%	4,56%	4,11%	3,66%	
Mitsubishi	-2,34%	-3,97%	-0,60%	-0,05%	-1,61%	-7,82%	-2,59%	
Nissan	n/a	n/a	n/a	4,16%	4,09%	3,39%	4,11%	
PSA	-2,71%	-1,15%	0,72%	0,40%	-0,74%	-0,69%	0,26%	
Renault	-0,68%	-0,58%	-2,29%	-1,49%	-1,42%	1,30%	-0,15%	
Suzuki	-0,47%	0,05%	1,40%	1,07%	1,44%	1,31%	1,23%	
Toyota	2,43%	3,17%	5,60%	5,52%	5,98%	4,98%	5,91%	
Volkswagen	-0,79%	-0,36%	1,95%	1,07%	-2,34%	-2,44%	-0,03%	

* = Trend

Abb. 14.6: Sustainable-Value-Marge in der Automobilindustrie
(Quelle: Hahn/Figge/Barkemeyer, 2008)

In Abb. 14.7 wird ein Ranking der Hersteller auf Basis der Sustainable-Value-Marge vorgenommen. Mit der BMW Group und Toyota finden sich zwei Unternehmen durchgängig in der Spitzengruppe der Rangliste. Mit Ausnahme des Jahres 2003 ist die BMW Group über den gesamten Betrachtungszeitraum hinweg der Hersteller, der mit dem von ihm genutzten Ressourcenbündel den höchsten Sustainable Value pro Umsatz erwirtschaftet. Im Jahr 2003 führt Toyota die Rangliste der Automobilproduzenten an. Neben der BMW Group und Toyota befindet sich zudem Honda konstant im oberen Drittel der Rangliste. In den Jahren, in denen hinreichend Daten für Hyundai und Nissan vorlagen, belegten diese beiden Hersteller ebenfalls vordere Plätze in der Rangliste.

Die letzten Plätze in der Rangliste werden innerhalb des Untersuchungszeitraums von FIAT Auto, GM, Isuzu und Mitsubishi belegt. Während Isuzu lediglich im Jahr 1999 das Schlusslicht bildet, befindet sich FIAT Auto durchgängig in den Jahren 2000 bis 2003 am Ende der Rangliste. Mitsubishi nimmt im Betrachtungszeitraum überwiegend eine Position im unteren Mittelfeld der Rangliste ein, belegt allerdings im Jahr 2004 den letzten Platz. GM befindet sich ebenfalls konstant im hinteren Bereich und belegt im Jahr 2005 den letzten Platz der Rangliste. Innerhalb des Betrachtungszeitraums ist dabei eine negative Entwicklung erkennbar. War das Unternehmen noch im Jahr 1999 auf Platz 9 von 14 analysierten Unternehmen zu finden, belegte es in den Jahren 2001 bis 2005 jeweils einen der drei letzten Plätze der Rangliste.

	1999	2000	2001	2002	2003	2004	2005
BMW Group	1	1	1	1	?	1	1
Daihatsu	10	9	8	14	10	12	10
DaimlerChrysler	2	6	11	8	8	7	8
Fiat Auto	13	14	15	16	16	15	15
Ford	5	4	12	13	13	11	13
GM	9	11	14	15	15	14	16
Honda	4	3	4	5	6	5	3
Hyundai	n/a	n/a	3	4	5	9	6
Isuzu	14	12	10	11	3	3	5
Mitsubishi	11	13	9	10	12	16	14
Nissan	n/a	n/a	n/a	3	4	4	4
PSA	12	10	7	9	9	10	9
Renault	7	8	13	12	11	8	12
Suzuki	6	5	6	6	7	6	7
Toyota	3	2	2	2	1	2	2
Volkswagen	8	7	5	7	14	13	11

Abb. 14.7: Ranking der Automobilhersteller (Sustainable-Value-Marge)
(Quelle: Hahn/Figge/Barkemeyer, 2008)

Weitere Unternehmen, bei denen im Branchenvergleich in dem Betrachtungszeitraum ein Negativtrend deutlich wird, sind DaimlerChrysler (1999: Platz 2; 2005: Platz 8) und Ford (1999: Platz 5; 2005: Platz 13). Eine positiver Trend ist bei Isuzu (1999: Platz 14; 2005: Platz 5) und PSA (1999: Platz 12; 2005: Platz 9) zu erkennen. Bei der Betrachtung von unternehmensspezifischen Trends ist zu beachten, dass in den Jahren 2001–2005 mit Hyundai und Nissan (ab 2002) zwei zusätzliche Unternehmen in das Ranking eingeschlossen sind, die jeweils vordere Positionen einnehmen. PSA hat sich zwischen 1999 und 2005 vom zwölften auf den neunten Platz verbessert; in einer Rangliste mit der ursprünglichen Anzahl von Automobilherstellern würde sich das Unternehmen jedoch im Jahr 2005 auf dem siebten Platz befinden.

Eine Gruppe von Unternehmen, die sich mit Ausnahme weniger Jahre relativ konstant im Mittelfeld der Rangliste befinden, wird von Daihatsu, Renault und Volkswagen gebildet, wobei Volkswagen in Jahren 2003 und 2004 deutlich abfällt und lediglich den vierzehnten beziehungsweise dreizehnten Platz unter den 16 Herstellern einnimmt.

14.3.3   Detailergebnisse der BMW Group

Die BMW Group hat für alle untersuchten Performancebereiche über den Analysezeitraum positive Wertbeiträge erzielt. Das bedeutet, dass das Unternehmen alle betrachteten ökonomischen, ökologischen und sozialen Ressourcen effizienter eingesetzt hat als die Automobilbranche im Durchschnitt (siehe Abb. 14.8).

	1999	2000	2001	2002	2003	2004	2005
	Wertbeiträge in Millionen €						
Kapitaleinsatz	1.000	1.535	2.093	1.683	1.363	1.546	1.905
CO_2-Emissionen	1.549	1.967	2.803	2.601	2.389	2.752	2.869
NO_x-Emissionen	1.265	2.167	2.859	2.703	2.578	2.961	3.248
SO_x-Emissionen	2.421	2.787	3.369	3.488	3.331	3.750	3.777
VOC-Emissionen	1.733	2.172	2.896	2.681	2.632	3.151	3.318
Gesamtabfallmenge	1.258	1.683	2.465	2.331	1.982	2.484	2.761
Wasserverbrauch	2.046	2.423	3.094	3.101	2.938	3.305	3.446
Anzahl der Arbeitsunfälle	633	1.412	2.506	1.769	1.801	1.880	2.932
Anzahl der Beschäftigten	704	922	1.903	1.516	1.303	1.662	2.115
Sustainable Value	**1.401**	**1.896**	**2.665**	**2.430**	**2.257**	**2.610**	**2.930**
Sustainable Value Marge	**4,07%**	**5,09%**	**6,93%**	**5,73%**	**5,44%**	**5,89%**	**6,28%**

Abb. 14.8: Detailergebnisse BMW Group
(Quelle: Hahn/Figge/Barkemeyer, 2008)

Der Sustainable Value ist im Zeitraum 1999 bis 2005 von 1,4 Milliarden € auf 2,9 Milliarden € gestiegen. Dies bedeutet zum Beispiel für das Jahr 2005, dass durch die Nutzung des betrachteten Ressourcenbündels durch die BMW Group 2,9 Milliarden € EBIT mehr geschaffen wurden als wenn dieses Bündel von der Automobilindustrie im Durchschnitt genutzt worden wäre. Im Ranking der Sustainable-Value-Marge (vgl. Abb. 14.7) befindet sich die BMW Group entsprechend durchgängig in der Spitzengruppe. Auf Basis der zum Analysezeitpunkt für das Jahr 2006 bereits vorliegenden Unternehmensdaten ist davon auszugehen, dass die Sustainable-Value-Marge der BMW Group im Jahr 2006 leicht ansteigen wird (vgl. Abb. 14.6).

Im Folgenden wird nun ein besonderes Augenmerk auf drei ausgewählte Performancebereiche gelegt: CO_2-Emissionen, Abfallerzeugung und VOC-Emissionen. Diese drei Bereiche sind durch ihre besondere Umweltrelevanz für die Automobilherstellung gekennzeichnet. Die folgende Abb. 14.9 zeigt die jeweilige Effizienz der BMW Group für diese drei Performancebereiche aus dem Jahr 2005 und stellt diese dem Fünfjahresmittel (2001–2005) der jeweiligen Effizienzen der Automobilindustrie im Durchschnitt gegenüber. Die Effizienz ist definiert als das Verhältnis zwischen dem Gewinn vor Steuern und Zinsen (EBIT) aus gewöhnlicher Geschäftstätigkeit und der jeweiligen Menge der Emissionen bzw. des erzeugten Abfalls. In der letzten Spalte der Tabelle wird schließlich der Effizienzfaktor der BMW Group angegeben. Dieser zeigt, um welchen Faktor die jeweilige Effizienz der BMW Group über oder unter der des langjährigen Branchenmittels liegt. Der Effizienzfaktor berechnet sich aus dem Verhältnis der Effizienz der BMW Group und der Effizienz der Branche und ist dimensionslos. Dadurch, dass sowohl der Gewinn als auch die Umweltperformance einfließen, ist der Effizienzfaktor ein integrierter ökonomisch-ökologischer Indikator.

	Effizienz der BMW Group 2005	Effizienz der Autobranche im 5-Jahres-Mittel	Effizienzfaktor BMW
CO_2-Emissionen	2.907 €/t	786 €/t	3,7 : 1
VOC-Emissionen	1.391.416 €/t	204.299 €/t	6,8 : 1
Gesamtabfallmenge	8.340 €/t	3.102 €/t	2,7 : 1

Abb. 14.9: Effizienzvergleich in den Bereichen CO2-Emissionen, VOC-Emissionen und Abfallerzeugung (Quelle: basierend auf Hahn/Figge/Barkemeyer, 2008)

Der Effizienzfaktor zeigt den Effizienzvorsprung an, den sich die BMW Group im Vergleich zu ihren Wettbewerbern in diesen zentralen Umweltbereichen erarbeitet hat. Der Effizienzfaktor ist dabei einerseits von der Performance des Unternehmens selbst und andererseits von der Performance der Wettbewerber abhängig. Verbessern sich die anderen Hersteller bei gleichbleibender Performance der BMW Group, sinkt der Effizienzfaktor und somit der Effizienzvorsprung des Unternehmens. Selbst eine Verbesserung der Effizienz seitens der BMW Group ist keine Gewähr dafür, dass sich auch der Effizienzfaktor verbessert. Steigert die Branche ihre Effizienz stärker als das Unternehmen, sinkt der Effizienzfaktor und somit der Vorsprung. Abb. 14.10 zeigt den Ist-Stand der CO_2-Effizienz und die korrespondierenden Effizienzfaktoren ausgewählter Automobilhersteller für das Jahr 2005 im Vergleich zum Fünfjahresdurchschnitt in der Branche.

Diese vertiefte Analyse des Ist-Stands der Nachhaltigkeitsperformance der BMW Group dient als Grundlage für die Ableitung von strategischen Zielen, die dann in den Planungs- und Steuerungsprozess des Unternehmens eingespeist werden können. Dies wird im folgenden Abschnitt ausgeführt.

Unternehmen	CO_2-Effizienz 2005	CO_2-Effizienz der Branche im 5-Jahres-Mittel	Faktor
BMW Group	2.907 €/t	786 €/t	3,7 : 1
Ford	308 €/t	786 €/t	1 : 2,6
Honda	5.705 €/t	786 €/t	7,3 : 1
Renault	1.780 €/t	786 €/t	2,3 : 1
Volkswagen	464 €/t	786 €/t	1 : 1,7

Abb. 14.10: Ist-Stand der CO2-Effizienz ausgewählter Automobilhersteller (Quelle: basierend auf Hahn/Figge/Barkemeyer, 2008)

14.4 Ableitung strategischer Zielvorgaben für das Nachhaltigkeitsmanagement bei der BMW Group

Die Ergebnisse dieser Performanceanalyse stellen eine wichtige Inputgröße für die Ableitung strategischer Ziele zur integrierten Steuerung der Nachhaltigkeitsperformance in der BMW Group dar. Durch die Zielformulierung soll unter anderem erreicht werden, dass der oben beschriebene Effizienzvorsprung vor den Wettbewerbern mindestens gehalten wird. Das heißt, dass die Effizienzfaktoren in den verschiedenen Performancebereichen zumindest konstant gehalten werden. Gleichzeitig sieht sich die Automobilindustrie – wie andere Wirtschaftsbereiche auch – mit politischen Vorgaben und Zielen zur Reduktion von Umweltbelastungen konfrontiert. Die strategische Herausforderung vor der die BMW Group steht, besteht folglich unter anderem darin, den Effizienzvorsprung vor dem Wettbewerb zu halten bei gleichzeitig sich verschärfenden Vorgaben aus der Politik zur Senkung der Umweltbelastungen.

14.4.1 Integration politischer Zielvorgaben

Die politischen Vorgaben zur Senkung von Umweltbelastungen in Deutschland in den Bereichen Treibhausgasemissionen, VOC-Emissionen und Abfallerzeugung folgen in erster Linie aus der europäischen Umweltgesetzgebung. In Abb. 14.11 sind die für Deutschland bis 2010 angestrebten Reduktionen der CO_2- und VOC-Emissionen sowie der Abfallerzeugung dargestellt, wie sie sich aus der EU-Lastenverteilung zur Reduktion von Treibhausgasen zur Umsetzung des Kyoto-Protokolls (vgl. *Rat der Europäischen Union*, 2002), der NEC-Richtlinie zur Verringerung von Luftschadstoffen (vgl. *Europäische Gemeinschaften*, 2001) und aus den Abfallzielen aus dem 6. EU-Umweltprogramm ergeben (vgl. *Europäische Kommission*, 2001).

Deutschland	Emissionsniveau im 5-Jahres-Mittel (2001-2005)	Zielwert für 2010	notwendige Reduktion	politische Grundlage
CO_2-Emissionen	891.651.512 t	815.554.645 t	8,5%	Kyotoprotokoll
VOC-Emissionen	1.311.168 t	995.000 t	24,1%	NEC-Richtlinie
Gesamtabfallmenge	362.828.000 t	325.330.400 t	10,3%	6. EU-Umweltprogramm

Abb. 14.11: Umweltpolitische Zielvorgaben für Deutschland

Aus Abb. 14.11 wird außerdem die notwendige Reduktion der Umweltbelastungen in Deutschland ersichtlich, die im Vergleich zum 5-Jahres-Mittel (2001–2005) zur Erreichung der Zielvorgaben für das Jahr 2010 notwendig sind. Diese Reduktionsraten kann man nun auf die Performance der Automobilbranche übertragen. Damit geht die Annahme einher, dass die Automobilbranche dieselben relativen Verbesserungen der Umweltperformance erzielen muss wie die Gesamtwirtschaft, um die gesteckten politischen Ziele zu erreichen. Um diese Annahme in konkreten Zielvorgaben abzubilden, werden die politisch vorgegebenen Reduktionsraten auf die Performance der Automobilbranche angewendet. Daraus ergeben sich dann die in Abb. 14.12 dargestellten Zieleffizienzen für das Jahr 2010 für die Automobilindustrie. Zur Ermittlung dieser Zieleffizienzen wird bei unverändertem Gewinnniveau das Umweltbelastungsniveau (also die CO_2-Emissionen, VOC-Emissionen und die erzeugte Abfallmenge) entsprechend der Zielvorgaben reduziert. Die Zieleffizienzen ergeben sich folglich aus dem Quotienten zwischen dem Gewinn in der Automobilindustrie (auf dem Niveau des 5-Jahres-Mittels von 2001-2005) und der reduzierten Umweltbelastung.[6] Außerdem zeigt Abb. 14.12 die notwendige prozentuale Effizienzsteigerung, die insgesamt bzw. jährlich ab 2006 erzielt werden muss.

Autobranche	Effizienz der Autobranche im 5-Jahres-Mittel	Zieleffizienz der Autobranche für 2010	Insgesamt notwendige Effizienzsteigerung bis 2010	Jährlich notwendige Effizienzverbesserung ab 2006
CO_2-Emissionen	786 €/t	859 €/t	9,3%	1,8%
VOC-Emissionen	204.299 €/t	269.216 €/t	31,8%	5,7%
Gesamtabfallmenge	3.102 €/t	3.459 €/t	11,5%	2,2%

Abb. 14.12: Zieleffizienzen für die Automobilindustrie für das Jahr 2010

---

[6] Bei einer gleichzeitig angestrebten Gewinnsteigerung erhöht sich das angestrebte Effizienzniveau entsprechend weiter.

14.4.2   Ableitung von Zieleffizienzen

Diese Zieleffizienzen können nun als Benchmark für eine zukunftsorientierte Bewertung der Performance der BMW Group verwendet werden. Dies unterstützt gleichzeitig die Erarbeitung der notwendigen strategischen Nachhaltigkeitsziele, wenn der Effizienzvorsprung vor der Branche unter Berücksichtigung der umweltpolitischen Zielvorgaben gehalten werden soll. Die BMW Group muss ihre CO_2-Effizienz demnach ab 2006 jährlich um 1,8% steigern, um den Vorsprung einer um den Faktor 3,7 besseren Effizienz vor dem Wettbewerb und Einbeziehung der politischen Umweltziele zu halten. Dies gilt analog für die anderen beiden hier betrachteten Performancebereiche. Diese Logik ist in Abb. 14.13 nochmals grafisch veranschaulicht.

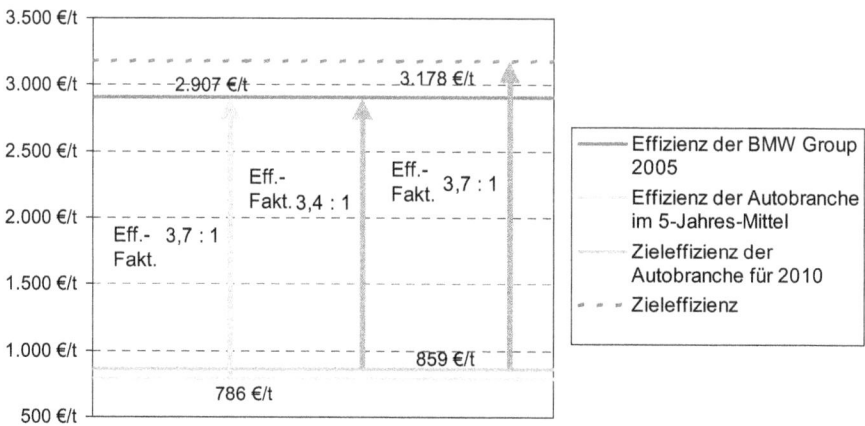

Abb. 14.13: CO2-Zieleffizienz für die BMW Group für das Jahr 2010

Wie aus Abb. 14.13 ersichtlich wird, schrumpft der Effizienzvorsprung für CO_2-Emissionen von 3,7 : 1 auf 3,4 : 1, wenn die BMW Group ihre Performance nicht verbessert und man das Branchenziel von 859 €/t als Benchmark anlegt. Um den alten Effizienzvorsprung von 3,7 : 1 wieder zu erreichen, muss das Unternehmen seine CO_2-Effizienz von 2.907 €/t auf 3.178 €/t steigern. Nur dann liegt die CO_2-Effizienz der BMW Group wieder um dem Faktor 3,7 über dem – nun höheren – Branchenbenchmark. Entsprechendes gilt für die Zieleffizienzen, die von der BMW Group für VOC-Emissionen und die Abfallerzeugung erreicht werden müssen, wenn unter Berücksichtigung der politischen Umweltziele der Effizienzvorsprung vor der Branche von 6,8 : 1 (VOC-Emissionen) bzw. 2,7 : 1 (Abfallerzeugung) gehalten werden soll. Die resultierenden Zieleffizienzen liegen bei 1.753.103 €/t für VOC-Emissionen bzw. 8.995 €/t für die Abfallerzeugung.

14.5   Ausblick

Die so ermittelten Zielvorgaben stellen wichtige Anhaltspunkte für die Formulierung strategischer Zielvorgaben für eine integrierte Steuerung der Nachhaltigkeitsperformance in Unternehmen dar. Zusammen mit den Ertragszielen des Unternehmens können so für alle relevanten ökologischen und sozialen Aspekte Zieleffizienzen abgeleitet werden. Diese Zieleffizienzen können dann analog zu den *hurdle rates* für die angestrebte Kapitalverzinsung aus der wertorientierten Unternehmenssteuerung als Mindestverzinsungsraten für eingesetzte ökologische und soziale Ressourcen in Planungs- und Steuerungsprozesse integriert werden. Konkret bedeutet dies beispielsweise für die Integration von Nachhaltigkeitsaspekten in das Investitionscontrolling, dass nur solche Projekte realisiert werden sollten, bei denen nicht nur die angestrebte Kapitalverzinsung, sondern eben auch die angestrebten ökologischen und sozialen *hurdle rates* erreicht werden. Dazu werden bei der Projektplanung und -budgetierung die erwarteten Erträge sowie die erwarteten Umwelt- und/oder Sozialeinwirkungen ermittelt und miteinander ins Verhältnis gesetzt. Erreicht dieser Wert die jeweils angestrebte Zieleffizienz, trägt die Investitionsmaßnahme zur Erreichung der strategischen Nachhaltigkeitsziele bei. Somit kann systematisch ermittelt werden, welche Investitionsmaßnahmen nicht nur die strategischen Finanzziele, sondern auch die strategischen Umwelt- und Sozialziele erreichen. Dies gelingt, ohne von der etablierten Vorgehensweise der wertorientierten Unternehmensführung und -steuerung abzuweichen. Somit ist eine entscheidende Voraussetzung dafür geschaffen, Umwelt- und Sozialaspekte systematisch und standardmäßig in Controllingprozesse zu integrieren und aus ihrem Nischendasein zu befreien.

Das Beispiel der BMW Group und der Automobilindustrie zeigt, wie anhand des Sustainable-Value-Ansatzes die Nachhaltigkeitsperformance von Unternehmen auf der Grundlage der Opportunitätskostenlogik gemessen und strategisch gesteuert werden kann. Diese Vorgehensweise ermöglicht eine systematische Integration von Nachhaltigkeitsaspekten in die Kernmanagementprozesse. Der Sustainable-Value-Ansatz erfüllt die grundlegenden Voraussetzungen zur Ableitung von strategischen Zielen und zur systematischen Integration von Umwelt- und Sozialaspekten, da er die Opportunitätskostenlogik erweitert und auch für ökologische und soziale Ressourcen nutzbar macht. Es gilt in diesem Zusammenhang aber auch, die Grenzen des Ansatzes zu berücksichtigen. Der Sustainable-Value-Ansatz erfordert eine solide und belastbare quantitative Datengrundlage. Diese ist, was ökologische und soziale Performancedaten betrifft, in vielen Unternehmen leider immer noch nicht im erforderlichen Ausmaß gegeben. Des weiteren können nur solche Nachhaltigkeitsaspekte integriert werden, die sich sinnvoll quantitativ messen und abbilden lassen. Angesichts der Vielschichtigkeit und Vielfalt der Aspekte, die mit Unternehmensbeiträgen zu einer nachhaltigen Entwicklung in Verbindung gebracht werden, mag dies wie eine große Einschränkung klingen. Aus einer pragmatischen Perspektive wäre es jedoch zweifelsohne ein großer Schritt nach vorne, wenn diejenigen Aspekte, die sich sinnvoll quantifizieren lassen, systematisch in das Management und die Entscheidungsprozesse von Unternehmen integriert würden. Der Sustainable-Value-Ansatz bietet ein Instrumentarium dazu.

Literatur

Bastiat, F.: Ce qu'on voit et ce qu'on ne voit pas. in F. Bastiat (Hrsg.), Oeuvres complètes de Frédérick Bastiat, mises en ordre, revues et annotées d'après les manuscrits de l'auteur. 3; Aufl., Band 5, Paris 1870, S. 336–392.

Copeland, T. E.; Koller, T.; Murrin, J. Valuation. Measuring and Managing the Value of Companies. 3. Aufl., New York 2000.

Europäische Gemeinschaften: Richtlinie 2001/81/EG des Europäischen Parlaments und des Rates vom 23. Oktober 2001 über nationale Emissionshöchstmengen für bestimmte Luftschadstoffe, in: Amtsblatt der Europäischen Gemeinschaften, L 309 (2001), S. 22–30.

Europäische Kommission. Das 6. Aktionsprogramm der EG für die Umwelt 2001–2010. Luxemburg 2001.

Feibel, B. J.: Investment Performance Measurement. Hoboken 2003.

Figge, F.: Environmental Value Added – Ein neues Maß zur Messung der Öko-Effizienz, in: Zeitschrift für angewandte Umweltforschung, 14. Jg. (2001), H. 1–4, S. 184–197.

Figge, F.; Hahn, T.: Sustainable Value Added – Measuring Corporate Contributions to Sustainability beyond Eco-Efficiency, in: Ecological Economics, 48. Jg. (2004a), H. 2, S. 173–187.

Figge, F.; Hahn, T.: Value-oriented impact assessment: the economics of a new approach to impact assessment; in: Journal of Environmental Planning and Management, 47. Jg. (2004b), H. 6, S. 921–941.

Figge, F.; Hahn, T.: The Cost of Sustainability Capital and the Creation of Sustainable Value by Companies, in: Journal of Industrial Ecology, 9. Jg. (2005), H. 4, S. 47–58.

Figge, F.; Hahn, T.: Sustainable Investment Analysis with the Sustainable Value Approach – A Plea and a Methodology to Overcome the Instrumental Bias in Socially Responsible Investment Research, in: Progress in Industrial Ecology, 5. Jg. (2008), H. 3, S. 255–272.

Green, D. I.: Pain-Cost and Opportunity-Cost, in: The Quarterly Journal of Economics, 8. Jg. (1894), H. 2, S. 218–229.

Hahn, T.; Figge, F.; Barkemeyer, R.: Sustainable Value creation among companies in the manufacturing sector, in: International Journal of Environmental Technology and Management, 7. Jg. (2007), H. 5/6, S. 496–512.

Hahn, T.; Figge, F.; Barkemeyer, R.: Sustainable Value in Automobile Manufacturing: An analysis of the sustainability performance of the automobile manufacturers worldwide. Berlin and Belfast 2008.

Hahn, T.; Figge, F.; Liesen, A.: CO_2-Performance deutscher Unternehmen: Eine wertorientierte Analyse, in: Umweltwirtschaftsforum, 16. Jg. (2008), H. 1, S. 73–79.

Haney, L. H.: Opportunity Cost, in: The American Economic Review, 2. Jg. (1912), H. 3, S. 590–600.

Jamali, D.: Insights into triple bottom line integration from a learning organization perspective, in: Business Process Management Journal, 12. Jg. (2006), H. 6, S. 809–821.

Rappaport, A.: Creating shareholder value. The new standard for business performance. New York 1986.

Rat der Europäischen Union: Entscheidung des Rates vom 25. April 2002 über die Genehmigung des Protokolls von Kyoto zum Rahmenübereinkommen der Vereinten Nationen über Klimaänderungen im Namen der Europäischen Gemeinschaft sowie die gemeinsame Erfüllung der daraus erwachsenden Verpflichtungen (2002/358/EG), in: Amtsblatt der Europäischen Gemeinschaften, L 130 (2002), S. 1–20.

Stewart, G. B.: The quest for value. The EVA management guide. New York 1991.

Stewart, G. B.: The quest for value: a guide for senior managers. New York 1999.

15 Corporate Responsibility als Kennzahlensystem

Alexander Bassen und Ana Maria Kovács

15.1   Einleitung

Corporate Responsibility (CR) hat sich im Management und Reporting von Unternehmen in den letzten Jahren zunehmend etabliert. Unternehmen haben die Notwendigkeit erkannt, im globalen Wettbewerbsumfeld neben ökonomischer auch soziale, umwelt- und governancebezogene Verantwortung nachzuweisen. Solch ein Ansatz kommt einerseits den Erwartungen einer immer breiter werdenden Stakeholdergemeinschaft entgegen und trägt gleichzeitig dazu bei, auch Wettbewerbsvorteile und nachhaltige Geschäftsmodelle aufzubauen und zu erhalten. Der vorliegende Beitrag veranschaulicht den Kontext und die Bedeutung von CR-Management und -berichterstattung börsennotierter Unternehmen und fasst derzeitige Bemühungen für Kennzahlen und implizit eine allgemein nutzerfreundliche Darstellung CR-bezogener Sachverhalte zusammen.

15.2   Corporate Responsibility – eine Definition

Obwohl in Unternehmen sowie in der Öffentlichkeit noch kein einheitliches Verständnis über Reichweite und Abgrenzung von Corporate Responsibility existiert, bietet die Wissenschaft ein hilfreiches konzeptionelles Rahmenwerk. So wird CR im Rahmen des Stakeholder-Dialogs angesiedelt (*Bassen/Meyer/Schlange* 2006) und als Ansatz betrachtet, der auf die Konzepte Nachhaltigkeit, Corporate Citizenship und Corporate Governance aufbaut und deren Elemente (ökonomische, ökologische und soziale Verantwortung) umfasst. (Vgl. Abb. 15.1).

Corporate Responsibility bezieht sich auf die Strategie eines Unternehmens und gehört neben anderen Faktoren zu den extra-finanziellen Faktoren, die die zukünftige wirtschaftliche Leistung eines Unternehmens beeinflussen. Synonym wird auch über Corporate Social Responsibility, Nachhaltigkeit oder Environmental, Social and Governance-issues (ESG) gesprochen. Die Europäische Kommission beschreibt in ihrem Grünbuch CR als „[…] ein Konzept, das den Unternehmen als Grundlage dient, auf freiwilliger Basis soziale Belange und Umweltbelange in ihre Unternehmenstätigkeit und in die Wechselbeziehungen mit den Stakeholdern zu integrieren" (*Europäische Kommission* 2001:8). Meistens wird dieses Konzept zusätzlich um ökonomische Belange erweitert, um alle drei Dimensionen der Nachhaltigkeit zu erfassen, nämlich Ökonomie, Ökologie und Soziales. Ökonomisch, ökologisch sowie sozial verantwortungsvolles Handeln von Unternehmen gründet auf den unternehmenseigenen Werten und ethischen Prinzipien. Es spiegelt sich in den Führungsinstrumenten und -strukturen (Corporate Governance) ebenso wider wie im Beitrag des Unternehmens zu einer zukunftsfähigen Gesellschaft (Sustainability/Nachhaltigkeit) sowie im bürgerschaftlichen Engagement in Form von Spenden für wohltätige Zwecke oder Unternehmensstiftungen (Corporate Citizenship). Idealerweise wird der Charakter eines derartigen Beitrags im Dialog mit den unterschiedlichen Stakeholdern des Unternehmens ermittelt (*Kleinfeld/Henze* 2007:4).

Abb. 15.1: Corporate Responsibility Konzept
(Quelle: Vgl. Bassen/Meyer/Schlange 2006)

15.3 Bedeutung von Corporate Responsibility am Kapitalmarkt

Aufbauend auf diesem Grundverständnis wird CR dahingehend konkretisiert, dass sich Unternehmen mit Aktivitäten befassen, die eine ökonomische, soziale und ökologische Agenda fördern, die gesetzliche Vorschriften übertreffen. Neuere Theorien von CR (*Baron* 2001, *Bagnoli/Watts* 2003, *McWilliams/Siegel* 2001) dokumentieren, dass Unternehmen sich auf „gewinnmaximierende" CR fokussieren. Es wird davon ausgegangen, dass Unternehmen ihren Stakeholdern gegenüber verantwortungsvoll handeln, weil sie sich daraus einen Nutzen erhoffen. Diese Vorteile sollen mutmaßlich die mit CR verbundenen höheren Kosten ausgleichen (*Siegel/Vitaliano* 2006). Nutzen kann z.B. eine bessere Reputation, die Fähigkeit, einen Aufpreis für Produkte bzw. Dienstleistungen zu berechnen oder CR für das Anwerben und das Halten hochqualifizierter Mitarbeiter und – von besonderer Bedeutung dieses Beitrags – der erwartete Vorteil einer besseren Risikoerkennung und -vermeidung sein. Verantwortungsvolles Handeln überträgt sich somit indirekt auf Kostersparnisse, Wettbewerbsvorteile und schließlich Gewinne. Der Fokus dieses Beitrags liegt auf Risikomanagement durch CR im Rahmen von Kennzahlensystemen.

15.3.1 Corporate Responsibility als Ansatz zur Risikoerkennung und -vermeidung

Unternehmen sind, abhängig von der Industrie und den Regionen in denen sie agieren, unterschiedlichen CR-Risikobelastungen ausgesetzt. Während einige CR-Faktoren bereits regelmäßiger Überprüfung sowohl intern als auch extern unterzogen werden, gewinnen andere erst seit kurzem mehr an Aufmerksamkeit. So ist zum Beispiel Corporate Governance mittlerweile ein klassischer Untersuchungsbereich im Rahmen von Unternehmensbewertungen. Soziale und umweltbezogene Aspekte hingegen erfahren branchenübergreifend erst neuerdings mehr Aufmerksamkeit. Diese Situation kann auf die historisch bedingt höhere regulatorische Agenda bezüglich Corporate Governance und der darauffolgenden verbesserten Transparenz durch angemessene Datenerfassung, Anforderungen und Offenlegung zurückgeführt werden. Hingegen rücken soziale und umweltbezogene Auswirkungen unternehmerischen Handelns branchenübergreifend erst seit kurzem in den Fokus von Investoren. Finanzanalysten prognostizieren aber, dass diese zunehmend gründlichen Prüfungen unterworfen werden (*ECCE* 2007). Im Bereich umweltbezogener Aspekte spielt der Klimawandel eine beträchtliche Rolle und sowohl Unternehmen als auch Investoren achten zunehmend auf mit dem Klimawandel einhergehende zukünftige Regulierungen, die deshalb hier kurz exemplarisch skizziert werden. Die neuesten Erkenntnisse aus dem Carbon Disclosure Project Bericht für 2008 zeigen die besondere Kapitalmarktrelevanz des Klimawandels. Unter den befragten Unternehmen herrscht ein breiter Konsens bezüglich des bestehenden Handlungsdrucks: 80% bestätigten die Bedeutung des Klimawandels als Geschäftsrisiko und 35–40% berichten, bereits konkrete Maßnahmen ergriffen zu haben. Unternehmen werden bald unter veränderten Bedingungen operieren, da sie bei kohlenstoffbasierten Energiequellen entweder mit eingeschränkter Verwendung, erhöhter Besteuerung oder verschärfter Regulierung rechnen müssen (*Bassen* 2008). Die Größenordnung bevorstehender CO_2-Regulierung ist noch unklar, jedoch absehbar. Auch sind sich Unternehmen einig, dass die finanziellen Folgen des Klimawandels weit über den Bereich der offensichtlichen emissionsintensiven Industrien hinaus reichen werden. Diejenigen Unternehmen, die derartige Regulierungen voraussehen und dementsprechend aus der Entwicklung von Technologien Chancen ableiten, können – im Gegensatz zu Wettbewerbern, die sich für diese Herausforderungen nicht angemessen rüsten – ihren Shareholdern vermutlich ein niedrigeres Risikoprofil und verbesserte Renditechancen vorweisen (*CFA Institute* 2008:4).

15.3.2   Ableitung eines Kennzahlenbedarfs

Voraussetzung für das Management von CR stellen angemessene unternehmensinterne Steuerungs- und Kontrollmechanismen dar. Es werden Ziele formuliert, Maßnahmen und Ergebnisse regelmäßig und systematisch überprüft. Angestrebte Ziele können mit Leistungsindikatoren verbunden sein, anhand derer das Unternehmen seine Aktivitäten messen und bewerten kann (*Kleinfeld/Henze* 2007). Zudem wird von Unternehmen aus externer Perspektive vermehrt erwartet, CR bezogene Information bereitzustellen. Analysten und Investment Manager interessieren sich laut einer Studie des European Centre for Corporate Engagement zunehmend für Informationen nachhaltigkeitsbezogener Natur (*ECCE* 2007:2). Dies steht im Einklang mit der Theorie der Kapitalmarkteffizienz. Diese besagt, dass Aktienkurse alle mit einer Aktie verbundenen Informationen widerspiegeln. Jede neue Information verfügt über das Potential, die grundlegende Bewertung einer Aktie zu beeinflussen. Umso umfassender und vertrauenswürdiger die vorhandene Information, desto präziser kann die Bewertung der zukünftigen Leistung der jeweiligen Aktie erfolgen. Zum jetzigen Zeitpunkt kann die Wissenschaft noch keinen eindeutigen Beweis bezüglich einer positiven Auswirkung von CR auf die finanzielle Leistung eines Unternehmens anbieten (s. hierzu *UNEP* 2007.). Allerdings ist eine negative Auswirkung auf die finanzielle Leistung eines Unternehmens bei schlechter CR Leistung unbestreitbar und deutet zumindest auf eine negative Kausalität hin. Auch wenn Informationen bezüglich der CR-Performance den Aktienkurs eines Unternehmens bei normalem Betrieb nicht beeinflussen, achten Investoren zum Beispiel bei Gefahr einer monetär quantifizierbaren Rechtsstreitigkeit besonders auf die jeweilige Information.

Es ist somit ersichtlich, dass die Ermittlung von CR-Inhalten den Unternehmen sowie Kapitalmarktakteuren ein gründliches Verständnis der Risiken und Chancen eines Unternehmens und somit fundierte Investitionsentscheidungen ermöglicht. Zudem können Investoren CR als Proxy für Managementqualität heranziehen, insofern dass es die Fähigkeit eines Unternehmens widerspiegelt, auf langfristige Trends zu reagieren und Wettbewerbsvorteile zu erhalten (*Ling et al.* 2007, zitiert in *UNEP* 2007:44). Die Analyse von CR bezogenen Fragestellungen hilft auch, das Verständnis über zukünftige Trends einer bestimmten Industrie oder sogar der gesamtwirtschaftlichen Entwicklung zu verbessern. (*Llewellyn* 2007:1).

15.3.3   Sustainable & Responsible Investing

Von einer aussagekräftigen CR-Berichterstattung profitieren massiv auch sich an Sustainable & Responsible Investing (SRI) beteiligende Kapitalmarktakteure. Unternehmen versuchen CR orientierte Investoren über ihre Aufnahme in wichtige SRI-Indizes zu erreichen. Zudem versprechen sich Unternehmen durch ihre Aufnahme in SRI-Indizes neben Gewinn an Image und Glaubwürdigkeit besonders eine Steigerung der Nachfrage an Aktien, da viele nachhaltigkeitsorientierte Anleger und Fondsmanager bei der Auswahl der Aktien keine eigene Bewertung der Unternehmen vornehmen, sondern sich an der Bewertung des SRI-Index orientieren (*Beile/Jahnz/Wilke* 2006:18). Des Weiteren sichern sich Unternehmen durch CR-Berichterstattung auch grundlegend die Chance, von manchen Anlegergruppen wie z.B. Pensionsfonds überhaupt in Betracht gezogen zu werden, da solche oft CR-Aspekte voraussetzen. Nachfolgend werden die wesentlichen Akteure im Bereich SRI skizziert.

SRI – Indizes, Fonds & Ratings

NACHHALTIGKEITSINDIZES

Nachhaltigkeitsindizes bieten zusätzliche Orientierung bei der Auswahl und Bewertung von Geldanlagen. Eine Aufnahme in einen Nachhaltigkeitsindex ist auch ein Gütesiegel für Unternehmen, schließlich trägt sie zu einem positiven Image bei und sorgt für mehr Aufmerksamkeit bei potenziellen Investoren. Darum bemühen sich immer mehr Unternehmen, in Nachhaltigkeitsindizes aufgenommen zu werden.

Indexanbieter wählen die Aktien nach unterschiedlichen Kriterien aus: Manche konzentrieren sich auf die jeweils besten CR-Performer einer jeden Branche, andere beschränken sich bei der Aktienauswahl auf wenige, ihnen angemessen erscheinende Branchen und schließen andere Bereiche von vornherein aus, und wieder andere setzen z.B. auf ökologische Vorreiter.

Seit 1990 wird der KLD's Domini 400 Social[SM] als erster Nachhaltigkeitsindex von Partner Domini Social Investments und Kinder, Lyndenberg, Domini & Co (KLD) berechnet. 250 der 400 Titel für den Domini Social stammen aus dem S&P 500-Index, die übrigen Titel werden außerhalb des amerikanischen S&P 500 gesucht. Zu den Kriterien, die die Mitgliedschaft eines Unternehmens im Domini 400 Social ausschließen, gehören unter anderem die Herstellung von Alkohol, Tabak oder die Kernenergie.

FTSE4Good gehört der britischen Finanzzeitschrift Financial Times und der London Stock Exchange. Für diesen Index werden die nachhaltigsten Unternehmen der jeweiligen Branche von den Titeln der konventionellen FTSE-Indizes ausgewählt. Ausgeschlossen sind Unternehmen, die Tabak oder Waffensysteme produzieren, Kernkraftwerke sowie Unternehmen, die strategische Elemente oder Dienstleistungen zur Herstellung nuklearer Waffensysteme liefern. Es gibt Unterindizes für Europa, die USA, Japan und Großbritannien.

Die Dow Jones World Sustainability Indexes (DJSI) wurden von der Schweizer Sustainable Asset Management Group gemeinsam mit der US-amerikanischen Dow Jones & Company ins Leben gerufen. Die Sustainability Indizes beruhen auf den Dow Jones Global Indexes, die 2.500 Unternehmen enthalten. Ziel ist es, die aus nachhaltiger Sicht jeweils zehn Prozent besten Unternehmen eines Bereichs, die sogenannten ‚Sustainability Leader', nach dem „Best in Class"-Auswahlverfahren zusammenzustellen. Durch diesen Ansatz sollen in den Index nicht aufgenommene Unternehmen einen Anreiz bekommen, nachhaltiger zu wirtschaften und ihre CR-Leistung zu verbessern. Vom DJSI gibt es zahlreiche nationale Subindizes.

Der Calvert Social Index wird seit April 2000 durch die US-amerikanische Calvert Group berechnet. Ziel des Indexes ist es, die Wertentwicklung von Firmen zu zeigen, die besonders viel soziales Engagement zeigen. Die Titel im Calvert Social Index werden aus den 1.000 nach Marktkapitalisierung größten Unternehmen der USA zusammengestellt. Dabei berücksichtigt Calvert Ausschlusskriterien wie Alkohol, Glücksspiel oder Rüstung.

Die Fähigkeit, die CR-Leistung eines Unternehmens zu analysieren hängt maßgeblich von der Offenlegung derartiger Informationen seitens des Unternehmens selber ab. Die Einbeziehung von Unternehmen in SRI Indizes ist dementsprechend ein Ergebnis der Offenlegungsstrategien und Transparenz als auch dessen tatsächlicher CR-Leistung.

SRI-Ratings richten sich an institutionelle Investoren und Asset Manager, die Nachhaltigkeit als zusätzliche Entscheidungsvariable in ihre Anlageentscheidungen einfließen lassen. SRI-Ratings werden in aller Regel von unabhängigen Research Agenturen erstellt, die sich auf die Bewertung von CR-Leistung und Erstellung von SRI-Ratings spezialisiert haben. Ratings bilden die Grundlage für manche Nachhaltigkeitsfonds. Zurzeit gibt es viele kleine Anbieter, die von höchst unterschiedlichen Methoden und Motiven geprägt sind.

SRI-Fonds bieten Investoren, die neben finanzieller Leistung auch eine optimale CR-Performance verfolgen die Möglichkeit, ihre Anlagen in Unternehmen mit einer guten CR-Leistung zu tätigen. Konkret bedeutet dies, dass Unternehmen, die sich aufgrund ihrer finanziellen Leistung für ein Investment qualifizieren auch bezüglich ihrer Nachhaltigkeitsleistungen und -risiken untersucht werden. SRI-Fonds haben unterschiedliche Auswahlprüfverfahren und Standards, einige sind strenger als andere. Passive Nachhaltigkeitsfonds hingegen verfolgen Nachhaltigkeitsindizes.

15.4 Corporate Responsibility-Kennzahlensysteme am Kapitalmarkt

15.4.1 Problematik Messung und Berichterstattung

Die Darlegungsform CR-bezogener Informationen sind üblicherweise gesondert ausgegebene Nachhaltigkeitsberichte. Da jedoch das interne Verständnis von CR-Prioritäten und Verpflichtungen gegenüber Stakeholdern bei jedem Unternehmen verschiedenartig ist, fallen interne Leistungsmessungs- sowie externe Berichterstattungsansätze sehr unterschiedlich aus. Dies schlägt sich in der Vielzahl von Corporate Responsibility-, Umwelt-, Nachhaltigkeits- und Corporate Governance-Berichten nieder, die sich je nach Unternehmen, Industrie, Region und anderen Determinanten an unterschiedliche Interessengruppen richten. Aufgrund des sich daraus ergebenden Informationsüberflusses und wegen ihrer Bereitstellung verhelfen diese Informationen den diversen Stakeholdergruppen und insbesondere Kapitalmarktteilnehmern bei ihren Investitionsentscheidungen nur begrenzt (*DVFA* 2008: 6). Offenlegungen enthalten oft „einen nicht akzeptablen Anteil an Eigenlob" (*IÖW* 2005:31), sind kompliziert, verhindern eine Reduzierung auf die wesentliche Information und sind oft auch für erfahrene Nutzer schwer zu verstehen und zu verwenden. Da nachhaltigkeitsbezogene Faktoren meistens unternehmensspezifisch sind, variieren Offenlegungen zwischen Unternehmen und Berichtszeiträumen (leider auch innerhalb derselben Unternehmen). Dies ergibt eine inkonsistente Darstellung zwischen Unternehmen. Außerdem verwenden Unternehmen unterschiedliche Bezeichnungen und Definitionen für ihre Offenlegung von CR-Aspekten und verhindern somit eine systematische Vergleichbarkeit. Zudem besteht aus Investorensicht – von den bereits angesprochenen Problemen abgesehen – die Frage, inwiefern und genau welche CR-Faktoren die zukünftige wirtschaftliche Entwicklung eines Unternehmens überhaupt beeinflussen. Die Tatsache, dass sie meistens nicht quantifiziert und vor allem nicht monetarisiert sind erschwert es, ihre Leistung in eine entsprechende finanzielle Größenordnung zu übersetzen, also Urteile über eine Auswirkung auf zukünftige finanzielle Performance zu ermöglichen. (*Yen*, 2004, S. 15). Hieraus ergeben sich die folgenden Problemfelder der Messung und Berichterstattung von CR:

* keine standardisierte Definition und Offenlegung,
* unregelmäßige Kommunikation an den Finanzmarkt,
* narrative Ausführung,
* Information ist zwischen Printmedien und Online-Quellen verstreut,
* auch wenn quantifiziert, sind Angaben schwer zwischen Perioden und mit Wettbewerbern zu vergleichen,
* Bedeutung und Auswirkung von CR-Faktoren ist schwer einzuschätzen.

15.4.2   Ansätze für CR-Kennzahlen

Neben bestehenden Bestrebungen für die Vereinheitlichung von CR-Offenlegungen gewinnen vor allem nichtmonetäre Kennzahlen für die Verdeutlichung von CR-Leistungen sowohl intern als auch extern immer mehr an Bedeutung. Sie kommen den Anforderungen von Investoren, die als primäre Stakeholder börsennotierter Unternehmen gelten, entgegen. Solche nichtfinanziellen Zahlen ermöglichen es, unter Heranziehung klar definierter Messwerte Unternehmen bezüglich deren tatsächlicher CR-Leistungen untereinander und zwischen Perioden zu vergleichen. Dank ihres numerischen Charakters bieten diese eine schnelle Zusammenfassung der CR-Leistung eines Unternehmens. Kennzahlen haben drei grundlegende Funktionen: Kontrolle, Kommunikation und Optimierung (*Francheschini et al.* 2007:10). Manager und Mitarbeiter eines Unternehmens können ihnen zustehende Ressourcen mit Hilfe von Indikatoren messen und somit kontrollieren. Dabei entwickelt sich ein Lernprozess. Außerdem ermöglichen Kennzahlen eine Kommunikation mit Belegschaft und Management als auch externen Stakeholdern. Sie geben auch Gelegenheit für eine Leistungsoptimierung, da sie Differenzen zwischen Ist- und Sollzustand aufdecken (Ergebniskontrolle).

Auf europäischer Ebene ist die Offenlegung von CR-Leistungsindikatoren zurzeit durch die EU Accounts Modernisation Directive 2005, und dementsprechend auf nationaler Ebene durch die Umsetzung durch den Gesetzgeber, insbesondere BilReG geregelt. BilReG richtet das Kapitalmarkt-Reporting deutscher Unternehmen an IAS/IFRS Regeln aus. Es beinhaltet Anforderungen an Unternehmen, nicht-finanzielle Leistungsindikatoren zu Sachverhalten wie Umwelt, Mitarbeiter und CR zu berichten, da diese für das Verständnis der Situation eines Unternehmens, seiner Wachstumsfaktoren sowie der zugrundeliegenden Risiken notwendig sind (*DVFA* 2008).

Controllern stehen derzeitig zwei Möglichkeiten zur Verfügung. Die erste besteht darin, eigene Kennzahlen zu erarbeiten. Vorteil von unternehmensspezifisch erarbeiteten Kennzahlen ist, dass sie die Fähigkeit haben, alle spezifischen unternehmensrelevanten CR-Aspekte abzudecken. Zudem besteht das Potential einer verstärkten Beteiligung der Mitarbeiter an der Implementierung von CR-Maßnahmen, wenn sie an der Ausarbeitung der Kennzahlen beteiligt waren. Nachteilig bei unternehmenseigenen Kennzahlen ist jedoch, dass diese in der Berichterstattung Externen kaum dienlich sind, da – wenn sie nicht einem Standard entsprechen – eine breite Vergleichbarkeit verhindern.

Die andere Möglichkeit ist, bewährte Messwerte für das Controlling und Reporting von CR zu benutzen. Analog den Anforderungen der klassischen Rechnungslegung sind auch für den Ausweis und die Vergleichbarkeit der CR-Leistung von Organisationen Regelwerke entwickelt worden. Vorteile hierbei sind vor allem, dass existierende Rahmenwerke sicherstellen, dass es sich bei den Messgrößen um auf Relevanz geprüfte Kennzahlen handelt. Definitionen und Berechnungsmethoden sind schriftlich niedergelegt. Dies ermöglicht vergleichbare und aussagekräftige Kennzahlen für mehrere Unternehmungen, die sich auch auf vergleichbare Zeiträume und Maßeinheiten beziehen. Dabei ist es wesentlich die Zielgruppe, die mit der jeweiligen Offenlegung erreicht werden soll, zu berücksichtigen, da es unterschiedliche Möglichkeiten für die Darstellung von CR-Informationen in Form von Kennzahlen gibt.

Zurzeit gibt es zwei allgemein anerkannte Kennzahlensysteme, auf die zurückgegriffen werden kann.

Die **Global Reporting Initiative** – GRI (www.globalreporting.org) ist eine weltweite Initiative, deren Ziel in der Erstellung von Standards für CR-Berichte besteht. Sie bezieht sowohl Unternehmen als auch die Zivilgesellschaft mit ein und entwickelt ihre Richtlinien ständig weiter. Der letzte GRI-Entwurf enthält etwa 50 Kern-Indikatoren, welche die wirtschaftliche, ökologische und soziale Entwicklung des Unternehmens für ein breites Stakeholderspektrum abbilden sollen. Der GRI G3 hat den Anspruch Messgrößen zu liefern, die alle Aspekte der Auswirkungen eines Unternehmens auf sein Umfeld abbilden und der GRI-Leitfaden gibt ausführliche Hinweise, wie die einzelnen Aspekte jeweils im Detail darzustellen sind. Meistens erfolgt die Übersicht über die GRI-Indikatoren innerhalb eines Nachhaltigkeitsberichts durch einen Index, mit dem auf die jeweiligen – meistens narrativen – Stellen im Bericht verwiesen wird. Die GRI ist in der Nachhaltigkeitsberichterstattung etabliert und hat für zahlreiche Institutionen eine hohe Bedeutung. So orientieren sich die Fragebögen vieler Rating-Agenturen für Nachhaltigkeitsfonds an ihren Indikatoren.

Obwohl die GRI-Indikatoren und -Leitlinien eine weltweite Anerkennung genießen, handelt es sich um ein sehr breites Spektrum von Kennzahlen, die Unternehmen als Auswahlpool für die Unterstreichung wesentlicher Aussagen im Bericht dient (*Österreichisches Institut für Nachhaltige Entwicklung* 2003:35). Dies birgt jedoch gewisse Nachteile: die Auswahl der Indikatoren, die für das Unternehmen relevant sind, kann unter Umständen sehr aufwändig sein. Zudem ist der Aufwand für die Erhebung aller GRI Indikatoren sehr groß und selten sinnvoll. Neben Leistungsindikatoren stehen im GRI G3-Leitfaden zur Nachhaltigkeitsberichterstattung auch zahlreiche Prozessindikatoren. Darüber hinaus ist die Aussagekraft der GRI-Leistungsindikatoren durch ihre unsystematische Darstellung für Investoren, die vergleichende Risikoanalysen verfolgen, deutlich beschränkt.

Einen viel engeren Adressatenkreis bedienen die von der **DVFA** (Deutsche Vereinigung für Finanzanalyse und Asset Management) entwickelten **ESG Key Performance Indicators (ESG KPIs)**.

Die DVFA ist der Berufsverband der Investment Professionals in Deutschland und Mitglied des europäischen Dachverbandes EFFAS – European Federation of Financial Analysts Societies. Der derzeitige Reportingleitfaden reagiert auf die von Investment Professionals wahrgenommenen Defizite bei der Integration von CR-Aspekten in die Unternehmensbewertung (*Bassen/Kovacs* 2008). Im Gegensatz zu den GRI-Indikatoren, die in einem Multi-Stakeholder Dialog erarbeitet wurden, stammen die von der DVFA erarbeiteten KPIs aus einem internationalen, ausschließlich mit Unternehmen, Investoren und Finanzanalysten geführten Dialog. Insgesamt handelt es sich um 30 Leistungsindikatoren (KPIs), die sich aus 12 allgemeinen und 18 vorläufigen industriespezifischen KPIs zusammensetzen. Die noch in Entwicklung stehenden Indikatoren entstammen einem iterativen Herleitungsprozess aus einer Vorauswahl von 600 gebräuchlichen Leistungsindikatoren. Im Anschluss wurden die KPIs über eine internationale Umfrage von 122 Investment Professionals auf Relevanz und Validität geprüft (*DVFA* 2008). Die Methodologie, durch die die ESG-Leistungsindikatoren erarbeitet wurden beabsichtigt, dass diese

- eine Korrelation zu den Erfolgs- und Risikofaktoren der unternehmerischen Tätikeit veranschaulichen
- aussagekräftig und relevant für Investitionsentscheidungen sind
- fest in Unternehmensmanagementsystemen verankert sind
- vergleichbar, quantifiziert und Benchmarks zwischen Mitwerbenden ermöglichen
- Dynamiken anschaulich darstellen (z.B. zwischen Berichtsperioden)
- überschaubarer Größenordnung sind
- der Bezeichnung „Schlüsselindikatoren" treu sind (*DVFA* 2008:7).

	E		S		G		V	
	Environmental		Social		Governance		Long-term Viability	
General KPIs which apply to all industry groups	E1	Energy Efficiency	S1	Staff Turnover	G1	Contributions to Political Parties	V1	Customer Satisfaction
	E2	Deployment of Renewable Energy Sources	S2	Training & Qualification				Revenues from New
			S3	Maturity of Workforce	G2	Anti-competitive Behaviour, Monopoly	V2	Products
			S4	Absenteeism				
			S5	Restructuring-related Relocation of Jobs	G3	Corruption		
Sector-specific KPIs which apply to certain sectors	E3	CO₂ Emissions	S6	Diversity	G4	Litigation Payments	V3	R&D Expenses
	E4	NO, SO Emissions	S7	% of Credit Loans, Undergone ESG Screening	G5	Dimension of Pending Legal Proceedings	V4	Number of Patents
	E5	Waste	S8	% of Funds Managed in Accordance to ESG Criteria			V5	Investments in Research on New Risk
	E6	Environmental Compatibility	S9	Financial Instruments held in Accordance to ESG Criteria				
	E7	End-of-Lifecycle Impact	S10	Investments in Accordance with ESG			V6	Customer Retention
			S11	Supplier Agreements in Accordance with ESG				
			S12	Health & Safety of Products				

Abb. 15.2: DVFA ESG Key Performance Indicators
(Quelle: DVFA, 2008, S. 3)

Die von der DVFA vorgeschlagenen Leistungsindikatoren zielen präzise auf die Stakeholdergruppe der Investoren. Daher bieten sie diesen – vor allem bei einer zukünftigen weiten Verbreitung – wesentlich konkretere Unterstützung bei der Unternehmensbewertung und Risikoanalyse als die weitfassenden GRI Kennzahlen. Unternehmensintern können die ESG KPIs dank ihrer Prägnanz im Controlling auch besonders gut eingesetzt werden.

15.5 Zusammenfassung und Ausblick

Unternehmen werden voraussichtlich im Ausblick auf steigende Ressourcenkosten von Wasser, Strom, usw. zunehmend auf CR-bezogene Leistungsindikatoren innerhalb ihrer internen Steuerung zurückgreifen. Was die externe Perspektive anbelangt ist festzuhalten, dass die DVFA in der Entwicklung der Leistungsindikatoren als kritischen Erfolgsfaktor die Anerkennung der KPIs seitens Finanzanalysten und Investoren beachtet hat. Zusätzlich kommt dazu, dass Unternehmen ohnehin manche CR-Leistungsindikatoren benutzen – jedoch in heterogener Weise. Daher ist zu erwarten, dass das von der DVFA gebotene Rahmenwerk einen wesentlichen Beitrag zur Professionalisierung von CR-Controlling und -Reporting bietet und Transparenz fördert, was letztendlich zu besseren Investitionsentscheidungen führen wird.

Obwohl sich die GRI-Indikatoren an ein deutlich breiteres Anspruchsgruppenspektrum richten, bestehen doch ganz offensichtlich Überschneidungen zwischen den DVFA-Indikatoren und den von der GRI empfohlenen Indikatoren (s. dazu *Braun/Clausen/Loew* 2007: 2). Die o.g. Autoren schlagen vor, bei den von der DVFA vorgeschlagenen Indikatoren stärker auf bestehende und bewährte Berechnungsmethoden zu verweisen. So könnten Unternehmen, die bereits entsprechend der GRI Leitlinien berichten, ESG KPIs leichter übernehmen.

Zweifellos besteht allgemein der Nachteil leistungsbezogener Kennzahlen in deren mangelnder Fähigkeit, kontextbefreit qualitative Interpretationen zu ermöglichen. Die besondere Herausforderung bei CR-Leistungsindikatoren liegt in der eindeutigen Interpretation der Daten, die viel schwieriger als im Bereich der Financials ist. Deshalb erscheint es sinnvoll abzuwägen, an wen eine bestimmte Information gerichtet ist/ welche Anspruchsgruppen man erreichen möchte und die Darstellung der jeweiligen Information entsprechend zu gestalten. Die DVFA bietet jedoch hierzu in ihren Richtlinien eine interessante Empfehlung. Unternehmen sollen dementsprechend nicht nur über eigene Leistungen berichten, sondern dieser Information durch den Anhang zusätzlicher Vergleichsgrößen (externe Nachweise wie z.B. industriebezogene Durchschnittswerte, Messwerte von Mitwerbern, etc.) einen Kontext herstellen.

Ein weiterer Diskussionspunkt könnte – ähnlich wie bei CR-Berichten – die Verifizierung von Leistungsindikatoren durch externe Auditoren sein. Unternehmen orientieren sich an Definitionen und Berechnungsmethoden und halten im Bericht fest, dass sie „in Übereinstimmung" mit den jeweiligen Richtlinien berichten, es findet jedoch keine offizielle Überprüfung statt. Vermutlich ist jedoch durch eine allgemein erhöhte Transparenz eine gegenseitige Kontrolle durch Mitwerber als Selbstregulierungsmechanismus zu sehen.

Die Hauptbegünstigten einer Verbreitung von CR-Leistungsindikatoren sind eindeutig Kapitalmarktteilnehmer, die sich an SRI beteiligen. Obwohl CR eine wesentliche Rolle innerhalb von SRI-Strategien spielt, sind die gegenwärtigen Methoden zur Datenerhebung, -Auswertung und insbesondere für den Vergleich von SRI-relevanten, d.h. CR-Information aufwendig. Standardisierte Offenlegung derartiger Daten mindert die Informationserfassungs- und Bearbeitungskosten und ermöglicht dementsprechend einer breiteren Investitionsgemeinschaft den Zugang zu SRI Strategien sowie auch die Berücksichtigung von CR-Risiken in klassischen Anlagen.

Literatur

Bassen, A; Meyer, K.; Schlange, J.: The Influence of Corporate Responsibility on the Cost of Capital. An Empirical Analysis, Hamburg 2006.

Beile, J.; Jahnz, S.; Wielke, P.: Nachhaltigkeitsberichte im Vergleich – Auswertung und Analyse von Zielsetzungen, Aufbau, Inhalten und Indikatoren in 25 Nachhaltigkeitsberichten. Im Auftrag der Hans Böckler Stiftung, Hamburg November 2006.

Bagnoli, M.; Watts, S.: Selling to socially responsible consumers: Competition and the private provision of public goods, in: Journal of Economics and Management Strategy, 12 (2003), S. 419–445.

Baron, D.: Private politics, corporate social responsibility and integrated strategy, in: Journal of Economics and Management Strategy, 10 (2001), S. 7–45.

Bassen, A.: Carbon Disclosure Project – Bericht Deutschland 2008, WWF, BVI Bundesverband Investment und Asset Management e.V., Frankfurt a. M. 2008.

Bassen, A; Kovács, A. M.: Environmental, Social and Governance Key Performance Indicators from a Capital Market Perspective, Zeitschrift für Wirtschafts- und Unternehmensethik Jg. 9 (2008) H. 2, S. 182–192

Braun, S.; Clausen, J.; Loew, T.: Gemeinsamer Kommentar zum DVFA-Entwurf „Key Performance Indicators for Extra-/Non Financial Reporting", Berlin 2008, online abrufbar unter: http://www.4sustainability.org/downloads/Braun_Clausen_Loew2007_Kommentar_DVFA.pdf (20.11.2008).

CFA Institute: Environmental, Social, and Governance Factors at Listed Companies: A Manual for Investors, herausgegeben von CFA Centre for Financial Market Integrity (2008), online abrufbar unter: www.cfainstitute.org/centre/topics/esg/ (20.11.2008).

DVFA: KPIs for ESG. Key Performance Indicators for Environmental, Social and Governance Issues. A Guideline for Corporates on How to Report on ESG and a Benchmark for Investment Professionals on How to Integrate ESG into Financial Analysis, DVFA Financial Papers No. 8/08_e, DVFA, Dreieich.

ECCE – European Centre for Corporate Engagement: Use of Extra-Financial Information by Research Analysts and Investment Managers, Maastricht 2007, online abrufbar unter: http://www.corporate-engagement.com/download.php?publicationID=197720 (20.11.2008).

Europäische Kommission: Europäische Rahmenbedingungen für die soziale Verantwortung der Unternehmen, Grünbuch, Europäische Kommission – Generaldirektion Beschäftigung und Soziales, Luxemburg 2001.

Franceschini, F.; Galetto, M.; Maisano, D.: Management by Measurement – Designing Key Indicators and Performance Measurement Systems, Springer Verlag Heidelberg/Berlin 2007.

iöw/ future e.V. – Loew, T.; Clausen, J.; Westermann, U.: Nachhaltigkeitsberichterstattung in Deutschland. Ergebnisse und Trends im Ranking 2005. Berlin 2005 online abrufbar unter: www.ranking-nachhaltigkeitsberichte.de (20.11.2008).

Kleinfeld, A.; Henze, B.: Herausforderungen im CSR Management, in: b2b-excellence letter, Jg. 6 (2007), H. 3, S. 4–8.

Llewellyn, J.: The Business of Climate Change: Challenges and Opportunities, Lehman Brothers 2007 online abrufbar unter: http://www.lehmantrust.biz/who/intellectual_capital/-pdf/business_of_climate_change_i.pdf (20.11.2008).

McWilliams, A.; Siegel, D.: Corporate social responsibility: A theory of the firm perspective, in: Academy of Management Review, 26. Jg. (2001), H. 1, S. 117–127.

Österreichisches Institut für Nachhaltige Entwicklung: Reporting about Sustainability – In 7 Schritten zum Nachhaltigkeitsbericht, Wien 2003.

Siegel, D. S.; Vitaliano, D. F.: An Empirical Analysis of the Strategic Use of Corporate Social Responsibility, in: Rensselaer Working Papers in Economics, No. 0602, Januar 2006.

UNEP – United Nations Environment Programme Finance Initiative & Mercer (Hrsg.): Demystifying Responsible Investment Performance. A Review of Key Academic and Broker Research on ESG Factors, 2007, online abrufbar unter: www.calvert.com/pdf/-demystifying_responsible_investment_performance.pdf (20.11.2008).

Yen, A. C.-C.: Effects on Investor Judgements from Expanded Disclosures of Non-financial Intangibles Information, Dissertation, University of Texas-Austin 2004, online abrufbar unter: http://hdl .handle.net/2152/1150 (20.11.2008).

16 Controlling der forstlichen Produktion

Peter Letmathe und Thomas Urigshardt

16.1   Einleitung

Die geregelte und die ungeregelte Nutzung haben das Erscheinungsbild der Wälder und ihr inneres Wirkungsgefüge erheblich verändert (*Mantel*, 1990, S. 29f. und 474). Die Auswirkungen der geregelten forstlichen Bewirtschaftung lassen sich nicht pauschal beurteilen (*Noss*, 1999, S. 139). Als wesentliche Veränderungen der letzten beiden Jahrhunderte führt *Noss* (1999, S. 135ff.) den Verlust alter Wälder, die Verarmung der Waldstruktur, den Größenrückgang der Waldflächen, die zunehmende Isolierung der Waldstücke und die umfangreiche Erschließung der Waldgebiete an. In den letzten Jahren sind zudem anthropogen verursachte klimatische Veränderungen in den Mittelpunkt der Betrachtung gerückt. Sie manifestieren sich zum einen in Veränderungen wichtiger forstlicher Standortfaktoren, etwa der Niederschlagsverteilung, und zum anderen in extremen Wetterereignissen, vor allem starken Stürmen, wie zuletzt dem Orkantief *Kyrill* im Januar 2007. Zusätzlich ist der Wald als bedeutender Kohlenstoffspeicher ein wichtiger Faktor im klimarelevanten Kohlenstoffkreislauf. Waldveränderungen und vor allem Waldverluste sind aus diesem Grund eine Ursache für Veränderungen im Klimasystem der Erde. Um beidem, den wirtschaftlichen Interessen der Waldeigentümer und den externen Ansprüchen der Gesellschaft, gerecht zu werden, die Forstbetriebe somit umfassend nachhaltig zu bewirtschaften, benötigt die Betriebsleitung ein abgestimmtes Controlling. Für die Nachhaltigkeit der forstwirtschaftlichen Betriebe sind Zustands- und Entwicklungsinformationen über die Stabilität des Waldökosystems und die biologische Vielfalt unabdingbar. Diese werden hier als Monitoring-Informationen bezeichnet (*Spellmann/Hillebrand/Cornelius*, 2001). Aus den Eigentümerinteressen und den externen Ansprüchen lässt sich eine Reihe betrieblich relevanter Ziele ableiten. Zwischen diesen Zielsetzungen bestehen Wechselwirkungen; betriebliche Maßnahmen wirken intendiert und nicht intendiert immer auch in andere Zielbereiche hinein. Controlling, an betrieblichen Mehrfachzielsetzungen orientiert, leistet einen maßgeblichen Beitrag zur Zielerreichung und zur Abstimmung dieser Wechselwirkungen (*Küpper*, 2008, S. 167ff.).

Die Begriffsabgrenzung von Monitoring und Controlling, wie Sie in diesem Aufsatz gewählt wird, ist in der Literatur jedoch nicht einheitlich in dieser Weise zu finden. Der Monitoringbegriff wird auch im Zusammenhang mit nicht-ökologischen oder nicht-biologischen Betrachtungen verwendet (*Zimmerman*, 2006). Im Gegenzug wird gerade in der englischsprachigen Literatur „controlling" (als Verb) im Sinne der Überwachung oder des Beaufsichtigens gebraucht, nicht zuletzt auch in der Ökologie und der Biologie (z.B. *Pinay et al.*, 1992; *Bonan*, 1989).

16.2 Forstliche Produktion

16.2.1 Besonderheiten des Forstbetriebs

Allgemein zeichnen sich die Forstbetriebe durch *Besonderheiten* aus, die eine Anpassung der bekannten Controllingkonzepte unumgänglich machen. Zum Teil sind vergleichbare Herausforderungen in anderen Wirtschaftszweigen zu finden, andere wiederum gelten speziell für die Forstwirtschaft. Ohne Anspruch auf Vollständigkeit liegen folgende Spezifika vor:

- Identität von Produktionsmitteln (Baum) und Hauptprodukt (verholzte Baumbestandteile) sowie bedeutsame Wechselwirkungen zwischen technischer Produktion und biologischer Produktivität (*Schmithüsen u.a.*, 2003, S. 205; *Yin/Newman*, 1996, S. 187).
- Umweltwirkungen ergeben sich in erster Linie aus dem Wirtschaften im Ökosystem Wald und weniger aus der Zuführung von Stoffen und Energie aus der betrieblichen Umwelt. Eine gemeinsame Basis zur Betrachtung der Umweltwirkungen bieten die resultierenden Syntropieveränderungen.
- Länge der Produktionsdauer, die, abhängig von der Baumart, den angestrebten Sortimenten und den Standortbedingungen, im Hochwald (*Röhrig/Gussone*, 1982, S. 241; *Bauer*, 1962, S. 70) zwischen knapp 100 und 200 Jahren oder sogar darüber liegt (*Schwennsen*, 1994, S. 164). Dadurch ergibt sich insbesondere eine zeitliche Entkopplung der (biologischen) Nutzung und der marktlichen Verwertung der Produkte.
- Hohe Kapitalbindung von zudem langer Dauer bei sehr geringem Kapitalumschlag (*Schmithüsen u.a.*, 2003, S. 205).

Tab. 16.1 enthält eine vergleichende Gegenüberstellung dieser und weiterer Besonderheiten der forstlichen Produktion nach Speidel und Oesten bzw. Oesten/Roeder.

Aus den Betriebsgrößen, auf die sich die Betrachtungen hier schwerpunktmäßig beziehen, ergeben sich weitere Rahmenbedingungen für das Controlling. Noch mit engem Bezug zur Forstwirtschaft ist zuerst der **Umfang der wirtschaftlichen Tätigkeit** zu nennen. Einerseits kann deren Bedeutung gegenüber anderen Aufgaben, die der Wald zu erfüllen hat, zurücktreten, wenn der Waldeigentümer im Einkommen, welches er aus der Erzeugung marktlich absetzbarer Produkte erzielen kann, nicht die alleinige Möglichkeit zur Nutzung seiner Eigentumsrechte sieht. Dies trifft auf Wald im öffentlichen Eigentum häufig stärker zu als auf Privatwald. Zudem können im Einzelbetrieb (Teil-)Flächen mit abweichenden Aufgabenschwerpunkten unterschieden werden; entweder auf Grund gesetzlicher Vorgaben oder durch strategische Überlegungen der Betriebsleitung, die eigenständig Vorranggebiete für bestimmte Produkte und Leistungen (*Oesten/Roeder*, 2002, S. 40ff. und 294; *Schanz/Blum*, 1999), beispielsweise für den Naturschutz, ausweist. Andererseits kann der Forstbetrieb als sogenannter aussetzender Betrieb bewirtschaftet werden (*Speidel*, 1984, S. 29). Dies ist dann der Fall, wenn die Betriebsfläche und/oder der Altersaufbau der Bestände keine regelmäßige (jährliche) Holznutzung zulässt. Der aussetzende Betrieb kann jedoch auch strategischen Überlegungen entstammen, wenn auf Grund einer starken Orientierung an den marktlichen Rahmenbedingungen (z.B. Entwicklung der Holzpreise) zeitweise auf die Bereitstellung und den Absatz grundsätzlich verfügbarer Produkte verzichtet wird (*Oesten/Roeder*, 2002, S. 161, sowie *Vokoun/Amacher/Wear*, 2006).

Tab. 16.1: Vergleichende Gegenüberstellung der Charakteristika forstwirtschaftlicher Betätigung

Eigenarten der Forstbetriebe (nach Speidel)	Besonderheiten der Holzproduktion (nach Oesten)
Abhängigkeiten von den natürlichen Bedingungen	Abhängigkeiten vom natürlichen Standort
Lange Produktionsdauer	Zeitliche Entkopplung von biologischer Produktion und marktorientierter Nutzung
Schwierigkeiten bei der Ertragsbestimmung durch ...	Identität von Produkt und Produktionsmittel
(a) Identität von Produktionsmittel und Produkt sowie (b) Problem der nicht eindeutigen Produktreife	Problematische Bestimmung der Produktreife
Bewertungsprobleme	Diffiziles Mengen- und Werverhältnis von Vorrat und Zuwachs
Geringer Kapitalumschlag	
	Hoher Eigenfinanzierungsanteil
Gekoppelte Produktion von Sachgütern und Dienstleistungen	Kuppelproduktion
Große Flächenausdehnung	
	Produkt Holz als Werkstoff mit besonderen Eigenschaften

(Quellen: Speidel 1984, S. 26f.; Oesten 2002, S. 36; Oesten/Roeder 2002, S. 141ff.)

Pluralität der Ziele und fehlende Wirtschaftlichkeitsziele: Die Problematik der Mehrfachziele wird vor allem in der Forstpolitik (*Nießlein*, 1985, S. 51ff.) thematisiert. Sie wirkt sich allerdings auf weitere Disziplinen aus, etwa auf die Kerndisziplin Waldbau oder die forstliche Betriebswirtschaftslehre. Wesentliche Ursachen der Mehrfachziele sind die neben der wirtschaftlichen Nutzung (Rohstoffquelle, Einkommen für Eigentümer und abhängig Beschäftigte) bestehenden gesellschaftlichen und ökologischen Funktionen (Emissionssenke, Wasserschutz, Bodenschutz, Habitatfunktion usw.). Weltweit haben sich zwei grundsätzliche Strategien zum Umgang mit dieser Anforderung ergeben: flächige Abtrennung der nichtökonomischen Funktionen durch Ausweisung großer Schutzgebiete oder Multifunktionalität auf der gesamten Fläche (*Burschel/Huss*, 1997, S. 6ff.).

16.2.2   Entscheidungsgegenstände der forstlichen Produktion

Um (strategisches) Controlling in der Forstwirtschaft betreiben zu können, müssen zunächst einmal die typischen Auswertungszwecke analysiert werden. Abb. 16.1 enthält eine Zusammenstellung der wesentlichen Entscheidungsgegenstände der forstlichen Produktion sowie der relevanten Zielebenen, die auch die Nachhaltigkeitsdimensionen der ökologischen und gesellschaftlichen Sphäre betreffen.

Die Wahl der **Baumarten** ist unter dem Aspekt der „Holzproduktion" besonders relevant. Für den Waldbau und damit für die gesamte biologische Produktion hat die Baumartenwahl elementare Bedeutung (*Röhrig/Bartsch/von Lüpke*, 2006, S. 49; *Leibundgut*, 1991, S. 92; *Leibundgut*, 1985, S. 149 ff.). Von besonderer Bedeutung für die Baumartenwahl sind das

Baumwachstum, der Wachstumsverlauf, die Eignung einer Baumart für den jeweiligen Standort, die verwertbare Holzmenge bzw. Holzmasse, die Holzqualität sowie die Holzpreise und -nachfrage. Neben Aspekten der Holzproduktion sollten auch Anfälligkeiten für Krankheiten und klimatische Ereignisse, die Seltenheit einer Baumart, die ästhetische Qualität und die Beförderung der Artenvielfalt in die Entscheidung einfließen.

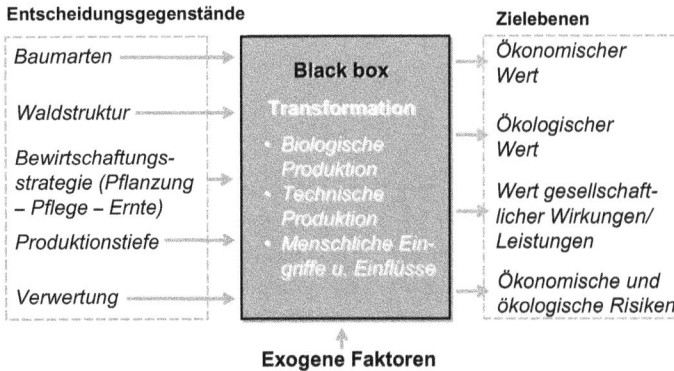

Abb. 16.1: Entscheidungsgegenstände und Zielebenen des Forstbetriebs

Bäume und Baumarten sind in ihrem Zusammenwirken, ihrer Vielfalt (Diversität) (z.B. *Burschel*, 1993, S. 123) sowie ihrer Verteilung zu beurteilen und somit zusammenfassend unter dem Aspekt der **Waldstruktur**. Die Waldstruktur umfasst dabei die flächige Verteilung und Trennung der verschiedenen Baumarten, die Wuchshöhen (auch Wachstumsverläufe, maximale Wuchshöhen), die Altersstruktur, die Übergangsbereiche zu anderen Ökosystemen (Ökotone) sowie die Verbindung und Vernetzung von Einzelbiotopen (Biotopverbund). Schon aus der Aufzählung wird deutlich, dass es sich bei der Waldstruktur um eine dynamische Größe handelt, die durch forstwirtschaftliche Entscheidungen, die natürlichen Verläufe sowie exogene Faktoren ständigen Veränderungen unterliegt.

Bewirtschaftungsstrategien beziehen sich auf die Art der Leistungserbringung unter Erfüllung der Nachhaltigkeitsforderung (gleichbleibend, Exploitation) und damit einhergehend auf die Art der gezielten Veränderung des biologischen Systems „Wald" sowie auf die technisch-wirtschaftliche Erschließung. Abb. 16.2 fasst die strategischen Ansätze der Waldbewirtschaftung zusammen.

Bewirtschaftungsstrategien

Abb. 16.2: Strategische Ansätze der Bewirtschaftung

Für die Festlegung, welche materiellen und immateriellen Güter der Betrieb erstellen will (*Speidel*, 1984, S. 32f.), sind Entscheidungen über die angestrebte **Produktionstiefe** erforderlich. Da die forstliche Produktion dem Bereich der Urproduktionen zuzuordnen ist, ist eine nennenswerte Rückwärtsintegration nicht möglich. Die biologische Produktion ist die Domäne der Forstbetriebe. Ohne diese handelt es sich nicht um Forstbetriebe im hier verstandenen Sinne. Überlegungen zur Produktionstiefe beziehen sich daher nahezu ausschließlich auf die technische Produktion in Form der Holzernte (einschließlich der Sortimentsbildung) (*Grammel*, 1988, S. 54) und des Holztransports. Hinzu kommen erste Veredelungsschritte des Rohstoffs Holz und weitere logistische Tätigkeiten wie Fraktionierung, Sortierung und Mengenbündelung. Bezogen auf den Gesamtprozess Holzernte-Holzbringung-Holztransport sind folgende Tiefen denkbar (hierzu z.B. *Hillmann*, 2005, S. 1241):

1. Produktion bis zur Ernte: Beschränkung auf die biologische Produktion und Holzverkauf „auf dem Stock".
2. Produktion bis zur Übergabe des Holzes im Wald: Holzernte und Bringung in Eigenregie, ggf. durch beauftragte Dienstleister.
3. Produktion bis zur Holzanlieferung: Übernahme weiterer logistischer Tätigkeiten (evtl. auch Feinsortierung der Dimensionen und Qualitäten sowie Mengenbündelung für Dritte) bis zum Kunden.
4. Integration weiterverarbeitender Schritte (bspw. Betrieb eines eigenen Sägewerks).

Die **Verwertung** umfasst die Erzielung von Entgelten für die erbrachten Leistungen, wobei die Ausgestaltung des Absatzes im Bereich der reinen Holzwirtschaft ähnlichen Bedingungen unterliegt wie in „klassischen" Märkten. Dabei ist zu beachten, dass es sich bei der Holzproduktion um eine Kuppelproduktion handelt, bei der die anfallenden Holzsorten und -qualitäten sowie die vorhandenen erntereifen Baumarten das Angebotsspektrum bestimmen (*Schmithüsen et al.*, 2003, S. 156 und 206). Weiterhin versuchen forstwirtschaftliche Betriebe zunehmend, auch holzbegleitende Leistungen (Bereitstellung von Dienstleistungen, Erntegeräten etc.) sowie die von ihnen erbrachten Infrastrukturleistungen und sonstige (Wald-) Leistungen (z.B. Wasserschutz, Erholungsleistungen, Lawinenschutz) zu vermarkten (*Schmithüsen et al.*, 2003, S. 156ff.). Da hier rechtliche Rahmenbedingungen sowie die „Öffentliche-Gut-Problematik" enge Grenzen setzen, kann davon ausgegangen werden, dass von der Gesellschaft über die Holzbereitstellung hinaus erwünschte Leistungen nur zu geringen Verwertungserlösen führen.

Die hier betrachteten Entscheidungsgegenstände der forstlichen Produktion zeigen einerseits die Verschiedenartigkeit von Forstbetrieben verglichen mit Unternehmen des produzierenden Gewerbes oder des Dienstleistungssektor auf. Aufgrund des breiten Leistungsbündels und der Fristigkeit der Entscheidungen ist die Forstwirtschaft kaum mit der Landwirtschaft zu vergleichen. Andererseits sind die Entscheidungskonsequenzen aufgrund der komplexen Wirkzusammenhänge und der hohen Unsicherheit (z.B. Klimaentwicklung) nur schwer abzuschätzen.

16.2.3   Stakeholderinteressen und Ziele der forstlichen Produktion

Private Güter, die der Wald bzw. die Forstwirtschaft zur Verfügung stellen, sind Rohholz, Jagd, und forstliche Nebenprodukte. Hingegen sind Erholung, Landschafts-, Luft-, Wasser- und Bodenschutz öffentliche Güter mit allenfalls eingeschränkter Ausschließbarkeit und unterschiedlichen Graden der Rivalität (*Bergen/Löwenstein/Olschewski*, 2002, S. 147). Meist wird zwischen der Nutzfunktion, der Schutzfunktion und der Erholungsfunktion differenziert (z.B. *Zundel* 1990, S. 69ff.; *Nießlein* 1985, S. 40). Statt Nutzfunktion wird auch von der Produktionsfunktion, an Stelle der Erholungsfunktion von der Rekreationsfunktion gesprochen und die Schutzfunktion wird alternativ als Protektionsfunktion bezeichnet (*Thomasius/Schmidt* 1996, S. 300f.). Unter der Nutzfunktion wird allen voran die Holzerzeugung verstanden. Weiterhin zählen hierzu die Nutzung von sonstigen Baumbestandteilen, einschließlich der Früchte und die Jagd sowie die Nutzung sonstiger Waldtiere und -pflanzen. Bei den von *Bastian* (1991) vorgeschlagenen Funktionen der Naturraumnutzung wird die ökologische Funktion in die (abiotische) Regulation von Stoff- und Energiekreisläufen und die (biotische) Regulation von Populationen und Biozönosen aufgespalten (*Mannsfeld*, 1999, S. 38ff.). Insgesamt werden die vielfältigen und in ihrer Schwerpunktbildung variablen Ansprüche an den Wald unter dem Begriff der Multifunktionalität des Waldes gesammelt (*Schmithüsen et al.*, 2003, S. 44; *Kohm/Franklin*, 1997). Wie Abb. 16.3 verdeutlicht, wirkt die Schwerpunktbildung auf die funktionale Gestaltung eines angemessenen Waldbausystems.

Auch unter Nachhaltigkeitsgesichtspunkten wirkt wirtschaftliches Handeln in drei Dimensionen: einer wirtschaftlichen und einer sozialen Dimension sowie einer Dimension der ökologischen Folgen (*Oesten/Roeder*, 2002, S. 59ff, 70ff. u. 85ff.). In englischsprachigen Veröffentlichungen entspricht dieser Anspruch dem „sustained yield forest management" (z.B. *Nälsund*, 1977, *McDonald*, 2006, S. 389ff.) Aus den Bereichen der Nachhaltigkeit ergeben sich die bereits in Abb. 16.1 aufgeführten Zielebenen.

Abb. 16.3: Waldfunktionen und deren Realisierung durch die Waldbewirtschaftung
(Quelle: Thomasius/Schmidt, 1996, S. 300)

16.3   Ergebnisse einer empirischen Befragung

16.3.1   Stichprobe und methodisches Vorgehen

Im Rahmen des von der WestLB-Stiftung geförderten Projekts „Verknüpfung von ökonomischem Controlling und ökologischem Monitoring zur Gewährleistung forstlicher Nachhaltigkeit" wurde im Jahr 2006 eine empirische Untersuchung durchgeführt, die den aktuellen Stand des forstwirtschaftlichen Controllings sowie die daraus resultierenden Entwicklungsbedarfe erhoben hat. Befragt wurden Waldgenossenschaften im Kreis Siegen-Wittgenstein. Von den 176 angeschriebenen Betrieben sendeten 96 die Bögen zurück; dies entspricht einer Rücklaufquote von 54,5 %. Durch die räumliche Beschränkung und die ebenfalls eingeschränkte Grundgesamtheit (insbesondere die Dominanz der Waldgenossenschaften) sind die Ergebnisse nicht ohne weiteres auf die Gesamtheit der Privatwaldbetriebe übertragbar. Dennoch lassen sich aus der Analyse wichtige Aussagen über die Anforderungen und Entwicklungsbedarfe des forstwirtschaftlichen Controllings im nichtöffentlichen Waldbesitz ableiten.

Der Fragebogen war in drei große Blöcke unterteilt. Teil 1 ‚Allgemeine Fragen zum Waldeigentum und zum Forstbetrieb' enthielt Fragen zu den „betrieblichen Rahmendaten" und zur Person des Bearbeiters des Fragebogens, in der Regel die Vorsteherin/der Vorsteher der Genossenschaft. Teil 2 ‚Derzeitige Situation' widmete sich dem aktuellen Vorgehen der genossenschaftlichen Forstbetriebe im Hinblick auf betriebswirtschaftliche Aufgaben und Instrumente mit Controlling-Bezug. In Teil 3 ‚Ansätze für Verbesserungen' wurde erfragt, wo die Bearbeiter den größten Bedarf für Verbesserungen gegenüber dem Status quo sahen.

16.3.2 Darstellung der Grundgesamtheit

Bei 91 Forstbetrieben (94,8%) handelt es sich um Waldgenossenschaften gemäß Gemein-schaftswaldgesetz, zwei Betriebe (2,1%) sind Waldwirtschaftsgenossenschaften nach Lan-deswaldgesetz, zwei Betriebe (2,1%) stehen allgemein im gemeinschaftlichen Eigentum und ein einzelner Betrieb (1%) steht den Angaben zufolge im Einzeleigentum. Bei 13,8 Prozent der Forstbetriebe überwiegen Mischbestände bei den Baumarten, während 86,2 Prozent eine flächige Trennung der Baumarten vornehmen. Eine Verteilung der jährlichen Umsätze (N = 72) ist der Tab. 16.2 zu entnehmen.

Tab. 16.2: Verteilung der Unternehmen nach Umsatzklassen

Umsatz 2005	Häufigkeit	Anteil
Unter 25.000 Euro	41	56,9 %
25.000 bis unter 50.000 Euro	20	27,8 %
50.000 bis unter 100.000 Euro	9	12,5 %
Über 100.000 Euro	2	2,8 %

Obwohl der hohe Anteil der Waldgenossenschaften eine Eigenart der Region Siegen-Wittgenstein ist, repräsentiert die Stichprobe den kleinen bis mittelgroßen nichtöffentlichen Waldbesitz. So haben nach Daten des *Statistischen Bundesamtes* (2008, S. 336) bundesweit 72,7 Prozent eine Waldfläche von unter 10 Hektar und weitere 21,6 Prozent der Betriebe eine Fläche von 10 bis 50 Hektar.

16.3.3 Forstwirtschaftliches Controlling in der Praxis

Die Befragung zeigt, dass sowohl Kosten und Erlöse als auch Ausgaben und Einnahmen von jeweils deutlich über 80 Prozent der Betriebe erfasst werden. Damit kann davon ausgegangen werden, dass zumindest ein aussagekräftiges Bild über die aktuelle Erfolgssituation in den Unternehmen vorliegt (vgl. Abb. 16.4).

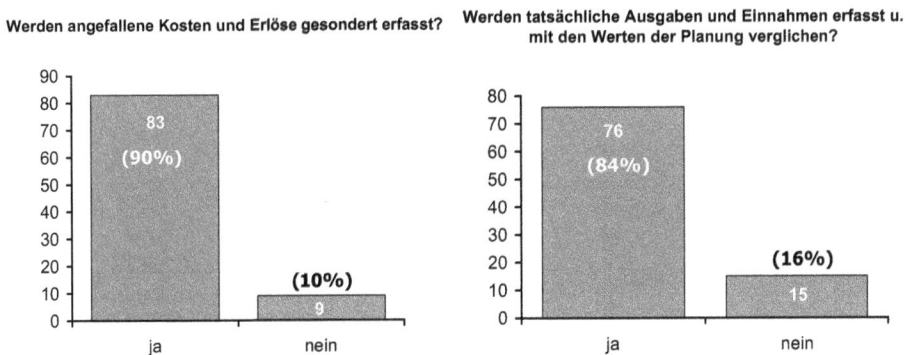

Abb. 16.4: Erfassung von Kosten/Erlösen sowie Ausgaben/Einnahmen

Auch im Bereich der Planung erfolgt zu 74 Prozent eine regelmäßige Anpassung der Planung an sich verändernde Rahmenbedingung. Zudem prüfen 86 Prozent der Betriebe, ob die durchgeführten Maßnahmen der Planung entsprechen. Auf Basis der in Abb. 16.5 dargestellten Ergebnisse kann somit konstatiert werden, dass auch die meisten kleineren Forstbetriebe über ein zumindest rudimentäres Controlling verfügen.

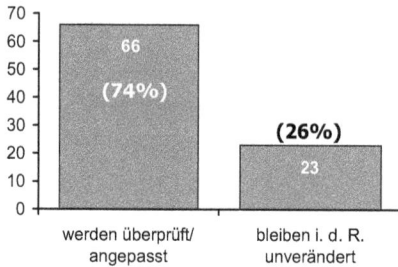
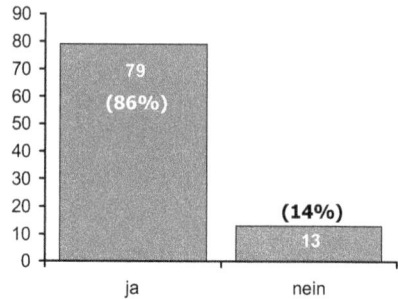

Abb. 16.5: Kontrolle und Planung

Etwas anders sieht das Bild aus, wenn Planabweichungen erfasst und analysiert werden sollen. Zwar geben immerhin 56 Prozent der Unternehmen an, das Abweichungen systematisch auf ihre Ursachen hin untersucht werden, aber nur bei 6 Prozent erfolgt eine Nachkalkulation mit Standardkosten, während immerhin 38 Prozent dafür Istkosten verwenden. Allerdings führen 56 Prozent der Betriebe gar keine Nachkalkulation durch. Dieses Ergebnis zeigt, dass die meisten Betriebe zwar über eine laufende Erfolgskontrolle verfügen, aber häufig keine im Sinne eines ausgebauten Controllings leistungsfähige Abweichungsanalyse, die zur Vermeidung künftiger Unwirtschaftlichkeiten genutzt werden kann.

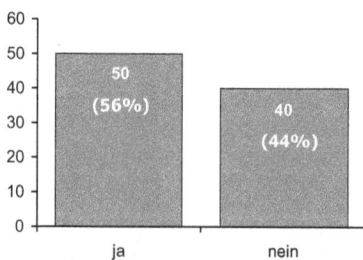
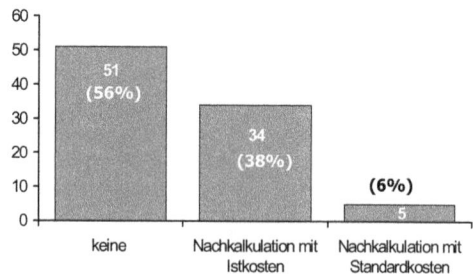

Abb. 16.6: Nachkalkulation und Abweichungsanalyse

Gleichzeitig geben die Forstbetriebe an, dass sie kaum eigene ökologische Monitoringdaten erheben, was aufgrund der Kleinflächigkeit der meisten Betriebe nachvollziehbar ist. Die verwendeten ökologischen Monitordaten entstammen daher zumeist den nur in großen Zeitabständen erhobenen Inventurdaten der gesetzlich vorgeschriebenen Betriebsgutachten und sind für Steuerungsaufgaben nur bedingt aussagekräftig.

Bei den Anforderungen sehen viele Forstbetriebe einen mittel bis stark ausgeprägten Bedarf, ihr betriebswirtschaftliches Controlling auszubauen. Dies gilt sowohl für die Planung, Steuerung und Kontrolle auf der Kostenseite als auch für die bessere Abschätzung der Erlöse (Preisentwicklungen und marktliche Opportunitäten). Anforderungen an ein erweitertes ökologisches Monitoring werden hingegen von den meisten Unternehmen nicht formuliert, was darauf schließen lässt, dass die Unternehmen diesem Aspekt zum einen in ihrer Zielhierarchie eine untergeordnete Bedeutung beimessen und dass sie zum anderen kaum Möglichkeiten sehen, die waldbegleitenden Leistungen (Rekreations- und Protektionsfunktionen) marktlich bzw. politisch zu verwerten.

16.4 Ausgestaltung des forstwirtschaftlichen Controllings

16.4.1 Anforderungen an das forstwirtschaftliche Controlling

Die grundlegenden Anforderungen an ein forstliches Controlling leiten sich zum einen aus den allgemeinen Anforderungen ans Controlling ab, wie sie für soziale Systeme als Controllingobjekte gelten (*Urigshardt/Jacobs/Letmathe*, 2008), und werden zum anderen durch spezielle Anforderungen ergänzt, die sich aus den Spezifika der forstlichen Produktion ergeben. Da in der Controlling-Literatur keine allgemein anerkannten Anforderungen ans Controlling zu finden sind, wurden sieben Anforderungen herausgearbeitet:

1. *Führungsunterstützung* ist (abstrakt zusammengefasst) die Aufgabe des Controllings;
2. *Zukunftsorientierung* bezieht sich auf Steuerung als in die Zukunft gerichtete Aufgabe;
3. *Zielbezogenheit* hängt ebenfalls mit der Steuerungsfunktion zusammen, da Controlling die Zielerreichung gewährleisten soll;
4. *Effektivität und Effizienz bzw. Kosten-Nutzen-Relation* betrachtet die Zielerreichung und setzt den Mitteleinsatz ins Verhältnis dazu;
5. *Umweltorientierung* lenkt den Blick des Controllings auf die gesamte, d.h. die natürliche und die wirtschaftlich-soziale Umwelt;
6. *Garantenstellung für Verfügbarkeit und Qualität der Informationen* umfasst die Sicherstellung der Informationsversorgung;
7. *Anforderungen aus der Gesamtsicht interdependenter Systeme* ergeben sich durch die wechselseitige Beeinflussungen, etwa der Ziele untereinander, durch Ziele und Maßnahmen, durch zeitversetzte Ursache-Wirkungs-Beziehungen, durch unterschiedliche Bestandteile der Organisation, durch die vielfältigen Stakeholderinteressen usw.

Die Kontextabhängigkeit des Controllings kann als weitere (allgemeine) Anforderung gedeutet werden. Hier wird sie jedoch als übergeordnetes Prinzip gesehen, mittels dessen die spezifischen Anforderungen des forstlichen Controllings abgeleitet werden. Abb. 16.7 verdeutlicht diesen Weg von den allgemeinen Anforderungen bis hin zum einzelbetrieblichen Controlling.

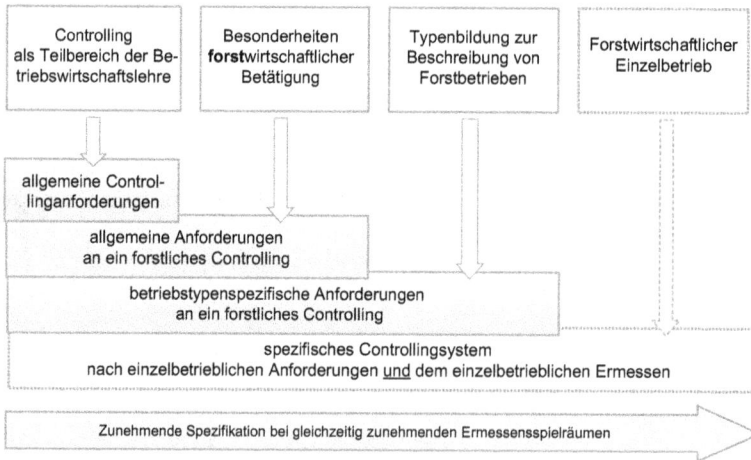

Abb. 16.7: Ableitung der Anforderungen aus dem Kontext

Konkrete Anforderungen, die sich unmittelbar auf das forstliche Controlling übertragen ließen, sind in der forstökonomischen Literatur nicht zu finden. Stattdessen wurden die einzelnen Besonderheiten zu „Problemfeldern" zusammengefasst. Im Einzelnen sind dies:

1. die Problemfelder der betrieblichen *Holzproduktion*, insbesondere der technischen Produktion,
2. die Problemfelder der *biologischen Produktion*,
3. die Problemfelder der *Kostenstruktur*,
4. das Problemfeld der *Finanzierung*,
5. das Problemfeld *fehlender Faktor- und Gütermärkte* sowie
6. das Problemfeld der Anforderungen aus *erweiterter Nachhaltigkeit*.

Zur Verdeutlichung werden die sechs genannten Problemfelder kurz mit einem Beispiel unterlegt, aus dem sich jeweils mittelbar eine Anforderung ergibt.

Zu (1): Beispielsweise ist die Bestimmung der Produktreife problematisch. Der Reifegrad ergibt sich aus einer Kombination von Zuwachsverlauf am einzelnen Baum, äußeren und inneren Qualitätsmerkmalen sowie der derzeitigen und zukünftigen Nachfragesituation. Allgemein lässt sich die Ernteentscheidung über einen längeren Zeitraum hinweg verschieben. Die hohe Bedeutung des „richtigen" Erntezeitpunkts für die Wertschöpfung verlangt daher, in Relation zum maximal erzielbaren Wert der Sortimente, aktuelle und detaillierte Informationen über Vorratsentwicklung, Qualität und Marktsituation (*Ebert*, 1991, S. 3).

Zu (2): Zur biologischen Produktion zählen alle forstbetrieblichen Tätigkeiten, die vor der Ernteentscheidung liegen. Die Produktivität in diesem Bereich wird maßgeblich durch die Wahl des Eingriffszeitpunkts bestimmt. Schwach dimensioniertes Holz zeichnet sich durch eine ungünstige Kosten-Erlös-Relation aus. Eingriffe in Bestände schwacher Dimension werden daher gerne vermieden oder zumindest aufgeschoben. Auf der anderen Seite haben die Eingriffe die Aufgabe, den Zuwachs zu fördern und auf die besten Bestandesglieder zu lenken.

Zu (3): Eine eindeutige Kostenzuordnung ist oft nicht möglich, da Produkte und nicht absetzbare Leistungen in enger Verbindung zueinander entstehen (*Schmithüsen et al.*, 2003, S 206; *Oesten/Roeder*, 2002, S. 145). Diese gekoppelte Produktion, die sich auf die biologische und die technische Produktion erstreckt, erfordert eine praktikable Lösungen mit einem Mindestmaß an Genauigkeit.

Zu (4): Die Möglichkeiten der Kapitalbeschaffung sind stark eingeschränkt. Gründe sind die Höhe der Kapitalbindung, deren Dauer und die vergleichsweise geringe Rentabilität. Somit müssen die „üblichen" Maßstäbe für das forstliche Controlling an diese Bedingungen angepasst werden, sofern forstliche Bewirtschaftung nicht von vorne herein als unwirtschaftlich abgeschrieben werden soll.

Zu (5): Weder alle Einsatzfaktoren noch alle vom Wald erbrachten Leistungen werden über Märkte gehandelt. So handelt es sich beispielsweise bei den Einsatzfaktoren der biologischen Produktion, abgesehen von der Arbeitsleistung und dem eingesetzten (gebundenen) Kapital, nahezu ausschließlich um freie Güter. Auch für viele Waldleistungen, die die Rekreations- und Schutzfunktion des Waldes betreffen, existieren weder Märkte noch werden diese ersatzweise abgegolten.

Zu (6): Nachhaltigkeit bezieht sich in der Forstwirtschaft nicht alleine auf die Nutzungsinteressen der Waldeigentümer. Die Forderungen der sonstigen Anspruchsgruppen gehen bisweilen über die Nachhaltigkeit hinaus (*Bergen/Löwenstein/Olschewski*, 2002, S. 354f.), die sich eigentlich auf den Erhalt des Kapitalstocks beschränkt. Werden beispielsweise Verbesserungen durch Naturschutzmaßnahmen angestrebt, nimmt das Naturkapital sogar zu. Eine „übernachhaltige" Bewirtschaftung führt dann zu dauerhaft steigenden Anforderungen, sofern der gestiegene Kapitalstock automatisch zum neuen Nachhaltigkeitsmaßstab wird.

16.4.2   Betriebswirtschaftliches Controlling

Je nach Entscheidungsgegenstand kann das betriebswirtschaftliche Controlling unterschiedliche Perspektiven einnehmen, die allerdings Wechselwirkungen aufweisen:

- Bei der *Baumartenwahl* kann prinzipiell ein deckungsbeitragsorientiertes Vorgehen erfolgen. Jeder Baumart können neben den Kulturkosten (Pflanzung und Sicherung der Kultur), die Pflegekosten (Maßnahmen bis zur ersten Durchforstung), die Erntekosten sowie die zu erwartenden Erlöse zugewiesen werden. Bei der Deckungsbeitragsrechnung müssen die Erlös- und Kostenpositionen aufgrund der langen Wachstumsphase diskontiert werden. Neben der zu betrachtenden Unsicherheit in Bezug auf Holzpreise und erzielte Holzqualitäten sind auch Interdependenzen zu den weiteren Entscheidungen zu beachten, z.B. die Abhängigkeit des Pflegeaufwands von der Waldstruktur.

- Bei der *Waldstruktur* ist zu beachten, dass diese in erheblichem Maße die Bewirtschaftungskosten beeinflusst. Eine Mischwaldstruktur geht tendenziell mit einer verbesserten Ökosystemstabilität und Waldgesundheit einher und bedarf daher häufig einer weniger aufwändigen Waldpflege. Eine auf wenige ertragreiche Baumarten angelegte Struktur führt hingegen zu geringeren Erntekosten und weiteren Spezialisierungsvorteilen. Auch die Verwertungserlöse werden durch die Waldstruktur beeinflusst. So führt eine Mischwaldstruktur aufgrund geringerer Gefahr des Schädlingsbefalls in der Regel zu geringeren Ausfallrisiken und bietet die Möglichkeit stärkere Dimensionen zu erzielen. Zusätzliche Erlöse können sich auch durch den Tourismus sowie höhere Einnahmen aus der Jagd ergeben, da Mischwälder einerseits als attraktiver gelten und andererseits in der Regel größere Wildtierbestände aufweisen.

- Bei der *Bewirtschaftungsstrategie* sind die direkten Kosten durch die vorgenommenen Pflege- und Erntemaßnahmen relevant. Diese lassen sich bei gegebenem Pflege und Ernteumfang durch geeignete Technologiewahl sowie durch Nutzung biologischer Prozesse optimieren. Ein generell zu geringes Pflegeniveau oder verzögerte Ernteentscheidungen können allerdings einerseits die Waldgesundheit als Ganzes sowie anderseits die erzielten Holzmengen und -qualitäten negativ beeinflussen. Den direkten Kosten der gewählten Bewirtschaftungsstrategie sind somit die ggf. entgangenen Verwertungserlöse als Opportunitätskosten zuzurechnen. Die Minimierung der Gesamtkosten, einschließlich der Opportunitätskosten, unter Berücksichtigung der Anspruchsniveaus der verschiedenen Zielebenen, ist dann Gegenstand der Optimierung der Gesamtstrategie.

- *Produktionstiefe*: Geht man davon aus, dass alle Tätigkeitsfelder bis zur Ernteentscheidung obligatorischer Bestandteil eines Forstbetriebs sind, so ist die nachgelagerte vertikale Integration weiterer Produktionsschritte mit der Situation des In- oder Outsourcings von Prozessschritten bei Unternehmen des produzierenden Gewerbes vergleichbar. Daher können hier konventionelle Investitionsrechnungsverfahren und kurzfristig Deckungsbeitragsrechnungen sowie Break-Even-Analysen angewendet werden. Mit Auswirkungen auf die biologische Produktion sind in diesem Zusammenhang mögliche Veränderungen der Produktionstiefe in den Feldern Tourismus (z.B. Betrieb eines Restaurants oder einer Pension), Jagd (Vergabe von Jagdlizenzen) sowie in den bisher kostenlos erbrachten Protektionsfunktionen (z.B. Verbesserungen der Trinkwasserqualität) zu prüfen.

- Die *Verwertung* zielt auf eine Maximierung der insgesamt über die Zeit erzielbaren Verwertungserlöse ab. Dabei ist der Zeitpunkt der Ernteentscheidung von besonderer Bedeutung. Ein großer Vorteil liegt darin, dass die Ernteentscheidung hinausgezögert werden kann, um so Phasen niedriger Holzpreise und einer geringen Nachfrage nach bestimmten Holzarten zu umgehen. Methodisch bieten sich hier Verfahren eines modifizierten Revenue Managements (*Kimms/Klein* 2005, S. 1ff.) an, wobei die verschiedenen Absatzkanäle für Holz und Holzprodukte zu berücksichtigen sind. Die Erschließung neuer Einnahmenquellen, bei der Produktionstiefe schon thematisiert, ist ein zweiter wichtiger Ansatzpunkt zur Verbesserung der Absatz- und Erlössituation.

16.4.3   Ökologisches Monitoring

Das ökologische Monitoring bezieht sich auf wichtige Daten, die den Zustand von Ökosystemen erfassen. Dabei kann es sich um Informationen handeln, die *chemische* (Versauerung, Überdüngung, Schwermetallbelastung, sonstige Schadstoffeinträge) und *physikalische Bodeneigenschaften* (Verdichtung und Erosion des Waldbodens) möglichst genau erfassen. Bodenveränderungen können durch die Waldstruktur, Bewirtschaftungsmaßnahmen sowie exogene Faktoren (insbesondere Schadstoffeinträge und Wetterextreme) verursacht werden. Ein intakter Waldboden ist eine wichtige Voraussetzung für das Wachstum vieler Baumarten sowie die Waldgesundheit im Allgemeinen. Bodenveränderungen kann nur teilweise durch Bewirtschaftungsmaßnahmen entgegengewirkt werden, z.B. der Kompensationskalkung zur Säurepufferung des Waldbodens; im Normalfall sind sie irreversibel.

Die *Waldflächenverteilung* hat Auswirkungen auf die Artenvielfalt und Populationsdynamiken von Pflanzen und Tieren. Auch bestimmte Waldstrukturen können in großflächigen Gebieten besser realisiert werden. Für den Forstbetrieb können sich bei kleinflächigen Forsten Kostennachteile bei der Bewirtschaftung und der Ernte ergeben. Häufig werden kleinere Forste aussetzend bewirtschaftet.

Vorkommen seltener Pflanzen- und Tierarten sowie die Artenvielfalt ergeben sich durch die Waldstruktur, die Bewirtschaftungsstrategie sowie durch exogene Faktoren, vor allem durch den natürlichen Standort. Auch Tourismus und Jagd können als konsumierende anthropogene Eingriffe vor Ort die Zusammensetzung der Tier- und Pflanzenwelt wesentlich beeinflussen (*Reichholf*, 1993, S. 135ff.). Insbesondere Veränderungen der Artenzusammensetzung und der Populationen einzelner Arten sind als Problemindikatoren zu werten und sollten daher eingehend analysiert werden.

Die *Waldästhetik* wird im Wesentlichen durch die Waldstruktur sowie die erholungsadäquate Infrastruktur (Wege, Rastmöglichkeiten, Beschilderungen und Hinweistafeln) beeinflusst. Generell können abwechslungsreiche Waldbilder, eine sich verändernde Landschaft, Aussichtspunkte sowie stehende und fließende Gewässer als attraktivitätssteigernd angesehen werden. Schonende Bewirtschaftungsstrategien, die das Wegenetz intakt halten und starke Eingriffe vermeiden, führen ebenfalls zu einer wahrgenommenen Verbesserung der Waldästhetik. Da die Einschätzung der Waldästhetik in hohem Maße subjektiv ist, können entsprechende Daten nicht direkt gemessen, sondern sie müssen über Befragungen von Waldnutzern gewonnen werden.

Die *ökologische Stabilität, Waldgesundheit und Resistenz gegenüber klimatischen Veränderungen* (unter Berücksichtigung der standörtlichen Gegebenheiten) kann durch das Aufkommen von Schädlingen und die Anzahl sowie Schwere von erkrankten Bäumen erfasst werden. Dabei können einzelne Baum- und Pflanzenarten in besonderem Maße betroffen sein. Generell kann die Waldgesundheit durch Verzicht auf Dominanzökosysteme sowie durch spezifische Waldpflegemaßnahmen verbessert werden. Endogen ergeben sich somit Beeinflussungspotenziale durch die Auswahl der Baumarten, durch die Waldstruktur und die Bewirtschaftungsstrategie. Exogenen Faktoren, wie Klimaveränderungen und Schadstoffeinträgen, kann dagegen nur bedingt vorausschauend sowie abwehrend begegnet werden. Besonders wichtig ist daher die Baumartenwahl, etwa um erwarteten Klimaveränderungen Rechnung zu tragen.

16.4.4   Verknüpfungnotwendigkeit beider Controllingkreise

Die vorangegangenen Ausführungen haben gezeigt, dass zwischen den Entscheidungsgegenständen sowie dem wirtschaftlichen Erfolg, der Erreichung ökologischer Ziele und den gesellschaftlichen Ansprüchen zahlreiche Interdependenzen bestehen. Dabei ergeben sich kurzfristige Interessenskonflikte, was in der empirischen Studie auch durch die mangelnde Nachfrage nach ökologischen Daten zum Ausdruck kam. So sind Vorgaben zur Waldstruktur, zum Schutz von Pflanzen- und Tierarten, zur Bereithaltung eines intakten Wegenetzes für Erholungszwecke und sonstige Nutzungseinschränkungen für die Forstbetriebe Restriktionen, die Kosten verursachen, ohne dass adäquate Erlöse gegenüberstehen. Insbesondere die Aufrechterhaltung der Rekreations- und Schutzfunktion, aber auch in Teilen der Produktionsfunktion lässt sich kaum verwerten.

Bei langfristiger Perspektive liegen dagegen zahlreiche Synergien zwischen wirtschaftlichen, ökologischen und gesellschaftlichen Zielen vor. Aus Sicht der Forstbetriebe führen eine angemessene Baumartenwahl, die Verbesserung der Waldstruktur in Richtung weniger störungsanfälliger Mischwälder, das Ökosystem schonende Bewirtschaftungsstrategien sowie eine Verwertung, die nicht auf Kahlschlägen und tiefgreifenden (destabilisierenden) Eingriffen in das Waldsystem beruht, auch zu einer Verbesserung der wirtschaftlichen Situation. So kann eine natürliche Verjüngung Kulturkosten reduzieren; eine verbesserte Waldgesundheit führt zu niedrigeren Pflegekosten, zu höheren Holzqualitäten und zum Werterhalt der Waldflächen. Die vorhandenen Zielkonflikte und Zielkomplementaritäten für die in den beiden vorangegangenen Abschnitten angesprochenen Entscheidungsgegenstände sowie die relevanten Aspekte des ökologischen Monitoring sind in der Tab. 16.3 zusammenfassend dargestellt. Dabei ist zu beachten, dass die in der Tabelle enthaltenen Aussagen pauschalisierte Tendenzen darstellen, die einer weiteren tiefergehenden Diskussion bedürfen.

Tab. 16.4: Zielbeziehungen beim forstwirtschaftlichen Controlling bezogen auf wirtschaftliche sowie ökologische und gesellschaftliche Ziele

	Boden	Waldfläche	Arten	Waldästhetik	Waldge-sundheit
Standortgerechte Baumartenwahl	Kurzfristig neutral, lang-fristig Kom-plementarität	Neutral	Komplementarität bis Konkurrenz, je nach Baumart	Neutralität bis Komplementarität (da subjektiv)	Komplemen-tarität
Vielfältige Wald-struktur	Kurzfristig neu-tral, langfristig Komplemen-tarität	Neutral	Komplementarität	Neutralität bis Komplementarität (da subjektiv)	Kurzfristig neutral, langfristig Komplentari-tät
Extensive Be-wirtschaftungs-strategie	Komplemen-tarität	Neutral	Konkurrenz	Komplementarität	Komplemen-tarität
Ausschöpfung der Verwer-tungspotenziale	Neutral	Kurzfristig Konkurrenz, langfristig Komplemen-tarität	Kurzfristig Konkurrenz, langfristig Kom-plementarität	Kurzfristig Konkurrenz, langfristig Kom-plementarität	Kurzfristig Konkurrenz, langfristig Komplemen-tarität

Aus Controllingsicht lassen sich das klassische, an wirtschaftlichen Zielgrößen ausgerichtete Controlling und das ökologische Monitoring miteinander verknüpfen, indem allen Entscheidungen jeweils die kurz- und langfristigen monetären Auswirkungen sowie die Folgen für die Erreichung ökologischer und gesellschaftlicher Ziele zugerechnet werden. Beispielsweise wird aus der Tabelle ersichtlich, dass ein standortgerechter Mischwald nicht nur ökologisch und gesellschaftlich sinnvoll ist, sondern dass er langfristig auch zur verbesserten Erreichung wirtschaftlicher Ziele beiträgt. Für die umfassende Umsetzung der damit verbundenen methodischen Anforderungen fehlt allerdings noch die Zusammenführung der entsprechenden methodischen Ansätze und Bewertungsverfahren. Eine rein monetäre Bewertung stößt, zumindest derzeit, noch an ihre Grenzen. Gründe sind die vielfältigen Datengrundlagen, Unterschiede in den Wertmaßstäben, unsichere Daten, die weit in die Zukunft reichen müssten, aber auch unklare gesellschaftliche Rahmenbedingeungen.

16.5   Schlussbemerkungen

Betrachtet man die vorhandenen Zielbeziehungen sowie die Ergebnisse der empirischen Befragung, so lassen sich zwei wichtige Ergebnisse festhalten. Zum einen zeigt sich mangelndes Interesse vieler Waldbesitzer an einer Ausweitung der ökologischen Datenbasis, was mit einer eher kurzfristigen Sichtweise sowie mit unzureichender gesellschaftlicher Anerkennung erklärt werden könnte. Zum anderen sind die meisten Betriebe viel zu klein, um eine solche Datenbasis aufzubauen und aufrecht zu erhalten. Beide Punkte müssen auch vor dem Hintergrund gesehen werden, dass die Forstbetriebe insbesondere für die erbrachten Waldleistungen im Bereich der Rekreations- und Schutzfunktion keine oder nur geringe monetäre Kompensate erhalten. Dennoch, und dieser Punkt lässt sich gerade aus der ökologischen und gesellschaftlichen Bedeutung unserer Wälder ableiten, sollten vorhandene Interdependenzen verstärkt Gegenstand des forstwirtschaftlichen Controllings sein, um so eine gezielte Planung, Steuerung und Kontrolle aller forstbetrieblichen Aufgaben zu erreichen. Die hierzu bereits begonnene Diskussion muss in der Zukunft noch verstärkt werden. Dabei müssen auch die Interessen kleiner forstwirtschaftlicher Betriebe und ihr gesamtes Leistungsspektrum stärkere Beachtung finden. Dass dies nicht zu Lasten der ökonomischen Nachhaltigkeit geht, haben die vorhergehenden Ausführungen gezeigt. Komplementär dazu sollten Forschungsansätze zum forstwirtschaftlichen Controlling weiter ausgebaut und mit ökologischen Datenbasen verknüpft werden.

Literatur

Bastian, O.: Biotische Komponenten in der Landschaftsforschung und -planung. Probleme ihrer Erfassung und Bewertung, Habil. Martin-Luther-Universität Halle-Wittenberg 1991.

Bauer, F.W.: Waldbau als Wissenschaft, Band 1: Waldbauliche Wissenschaftslehre und Grundlegung, BLV Verlagsgesellschaft, München u.a. 1962.

Bergen, V., Löwenstein, W., Olschewski, R.: Forstökonomie – Volkswirtschaftliche Grundlagen, Franz Vahlen, München 2002.

Bonan, G.B.: Environmental factors and ecological processes controlling vegetation patterns in boreal forests, in: Landscape Ecology, Vol. 3 (1989), Nr. 2, S. 111–130.

Burschel, P., Huss, J.: Grundriß des Waldbaus – Ein Leitfaden für Studium und Praxis, Verlag Paul Parey, Hamburg/Berlin, 2. Aufl. 1997.

Burschel, P.: Forstökologie, in: Kuttler, W. (Hrsg.): Handbuch zur Ökologie, Analytica Verlag, Berlin 1993, S. 121–129.

Ebert, H.-P.: Zur waldbaulichen Ernteentscheidung, in: Forst und Holz, 46. Jg., Nr. 1/1996, S. 3–6.

Grammel, R.: Holzernte und Holztransport – Grundlagen, Verlag Paul Parey, Hamburg/Berlin 1988.

Hillmann, M.: Kostendruck, Wettbewerb und Vereinsgedanke – Forstwirtschaftliche Zusammenschlüsse im Spannungsfeld, in: AFZ-Der Wald, Nr. 23/2005, S. 1240–1241.

Kimms, A., Klein, R.: Revenue Management im Branchenvergleich, in: Zeitschrift für Betriebswirtschaft, Ergänzungsheft 1 „Revenue Management" (2005), S. 1–30.

Kohm, K.A., Franklin, J. F. (Hrsg.) (1997): Creating a Forestry for the 21st Century – The Science of Ecosystem Management, Island Press, Washington D.C. 1997.

Küpper, H.U.: Controlling, Schäffer-Poeschel, Stuttgart, 5. Aufl. 2008.

Leibundgut, H.: Unser Wald – Ein Beziehungs- und Wirkungsgefüge, Paul Haupt, Bern/ Stuttgart 1991.

Leibundgut, H.: Der Wald in der Kulturlandschaft – Bedeutung, Funktion und Wirkungen des Waldes auf die Umwelt des Menschen, Paul Haupt, Bern/Stuttgart 1985.

Mannsfeld, K.: Naturraumpotenziale, Landschaftsfunktionen, in: Bastian, O., Schreiber, K.-F. (Hrsg.): Analyse und ökologische Bewertung der Landschaft, Spektrum Akademischer Verlag, Heidelberg/Berlin, 2. Aufl. 1999, S. 36–40.

Mantel, K.: Wald und Forst in der Geschichte – ein Lehr- und Handbuch, Schaper Verlag, Alfeld/Hannover 1990.

McDonald, S.L.: Sustained yield forest management: some observations on its economic significance and implications for resource policy, in: The American Journal of Economics and Sociology, Vol. 13. (2006), S. 389–399.

Nießlein, E.: Forstpolitik – Ein Grundriß sektoraler Politik, Verlag Paul Parey, Hamburg/ Berlin 1985.

Noss, R.F.: Indicators for Monitoring Biodiversity: A Hierarchical Approach, in: Conservation Biology, Vol. 4 (1990), S. 355–364.

Oesten, G.: Rechtfertigen Besonderheiten der Forstwirtschaft die Existenz einer eigenständigen Wissenschaftsdisziplin Forstökonomik? In: Forst und Holz, 57. Jg. (2002), Nr. 1/2, S. 37–41.

Oesten, G., Roeder, A.: Management von Forstbetrieben, Band I: Grundlagen, Betriebspolitik, Verlag Dr. Kessel, Remagen-Oberwinter 2002.

Pinay, G., Fabre, A., Vervier, Ph.. Gazelle, F.: Control of C, N, P distribution in soils of riparian forests, in: Landscape Ecology, Vol. 6 (1992), Nr. 3, S. 121–132.

Reichholf, J.H.: Comback der Biber – Ökologische Überraschungen, Beck, München 1993.

Röhrig, E., Bartsch, N., von Lüpke, B.: Waldbau auf ökologischer Grundlage, UTB (Ulmer), Stuttgart, 7. Aufl. 2006.

Röhrig, E., Gussone, H. A.: Waldbau auf ökologischer Grundlage, Band 2: Baumartenwahl, Bestandesbegründung und Bestandespflege, Verlag Paul Parey, Hamburg/ Berlin, 5. Auflage 1982.

Schanz, H., Blum, A.: Produktorientierte Betriebsführung in Forstbetrieben – Betriebswirtschaftliches Allgemeingut oder Besonderheit? In: Forst und Holz, 54. Jg. (1999), Nr. 5, S. 131–136.

Schmithüsen, F., Schmidhauser, A., Mellinghoff, S., Kammerhofer, A., Kaiser, B.: Unternehmerisches Handeln in der Wald- und Holzwirtschaft – Betriebswirtschaftliche Grundlagen und Managementprozesse, Deutscher Betriebswirte-Verlag, Gernsbach 2003.

Schwennsen, A.: Controlling – Anwendungsmöglichkeiten im Forstbetrieb, in: Löffler, H. (Hrsg.): Rationalisierungsmöglichkeiten im Forstbetrieb, Hans-Seidel-Stiftung im Eigenverlag, München 1994, S. 153–169.

Speidel, G.: Forstliche Betriebswirtschaftslehre, Verlag Paul Parey, Hamburg/Berlin, 2. Aufl. 1984.

Spellmann, H., Hillebrand, K., Cornelius, P.: Konzept zur Erfassung und Sicherung der Nachhaltigkeit in multifunktional genutzten Wäldern, in: Forst und Holz, 56. Jg. (2001), Nr. 15, S. 469–473.

Statistisches Bundesamt: Statistisches Jahrbuch 2008, SFG Servicecenter Fachverlage, Reutlingen 2008.

Thomasius, H., Schmidt, P.A.: Wald, Forstwirtschaft und Umwelt, Economica Verlag, Bonn 1996.

Urigshardt, T.; Jacobs, J.; Letmathe, P.: Externes Controlling als Ansatz für Kleinst- und Kleinunternehmen?, in: Lingnau (Hrsg.): Die Rolle des Controllers im Mittelstand, Eul-Verlag, Lohmar 2008, S. 1–23.

Vokoun, M., Amacher, G.S., Wear, D.N.: Scale of harvesting by non-industrial private forest landowners, in: Journal of Forest Economics, 2006, Nr. 11, S. 223–244.

Yin, R., Newman, D.H.: The effect of catastrophic risk on forest investment decisions, in: Journal of Environmental Economics and Management, Vol. 31 (1996), S. 186–197.

Zimmerman, J. L. (2006). Accounting for decision making and control. McGraw-Hill/Irwin, Boston MA, 5th ed. 2006.

Zundel, R.: Einführung in die Forstwissenschaft, UTB-Verlag, Stuttgart 1990.

Teil D. Integration der Perspektiven eines wertorientierten Controllings

17 Stakeholder-orientiertes Controlling als Koordination bei mehrfacher Zielsetzung

Friederike Wall

17.1   Einleitung

Das Controlling ist traditionell auf das Erfolgsziel und damit auf die Interessen der Eigenkapitalgeber ausgerichtet. Allerdings haben die vorangegangenen Beiträge in diesem Herausgeberband deutlich gemacht, dass mittlerweile vielfältige leistungsfähige Ansätze vorliegen, die dem Controlling differenzierte Informations- und Steuerungsmöglichkeiten auch für andere Stakeholder bieten. Versteht man Controlling als umfassende Koordination dezentraler Entscheidungen auf die obersten Unternehmensziele hin, so sind diese Ansätze in ein umfassendes Steuerungskonzept zu integrieren.

Zugleich erhebt sich die Frage, wie eine **Koordination** des Unternehmensgeschehens auf die Interessen **mehrerer Stakeholder** durch das Controlling erfolgen kann. Damit steht das Controlling im Rahmen einer Stakeholder-orientierten Unternehmensführung vor einer ungleich komplexeren Koordinationsaufgabe als bei einer Eigentümer-orientierten Ausrichtung des Unternehmensgeschehens. Im Zuge einer Stakeholder-Orientierung gehen die Interessen von Nicht-Eigentümern nicht nur als **Mittel** zur Erreichung des Erfolgsziels, sondern selbst als **Ziel** in die Unternehmenssteuerung ein (vgl. z.B. *Freeman/McVea,* 2001, S. 194; *Smith,* 2003, S. 86; *Stadler./Matzler/Hinterhuber* et al., 2006, S. 42).

Ziel des vorliegenden Beitrags ist es, die Koordinationsaufgabe des Controllings im Zuge einer Stakeholder-orientierten Unternehmensführung zu charakterisieren und ausgewählte Lösungsansätze aufzuzeigen. Die Problemstellung des vorliegenden Beitrags lässt sich folgendermaßen konkretisieren:

Im Weiteren wird angenommen, dass die Unternehmensleitung die Entscheidung getroffen hat, das Unternehmensgeschehen nicht nur auf die Interessen der Eigenkapitalgeber auszurichten, sondern auch die Interessen anderer Stakeholder zu berücksichtigen. Die weiteren Darstellungen richten sich in erster Linie darauf, das komplexe Koordinationsproblem, das ein stakeholder-orientiertes Controlling zu lösen hätte, genauer zu charakterisieren. Der Beitrag arbeitet heraus, dass es sich um ein Koordinationsproblem bei mehrfacher Zielsetzung handelt (Abschnitt 1.2) und erörtert ausgewählte Lösungsansätze (Abschnitt 1.3). Zudem werden Aspekte der Implementierung eines stakeholder-orientierten Controllings skizzenhaft umrissen (Abschnitt 1.4).

17.2   Mehrfache Zielsetzungen als Besonderheit eines Stakeholder-orientierten Controllings

17.2.1   Koordinationsfunktion des Controllings

Die Koordinationsfunktion des Controllings resultiert aus dem Umstand, dass die Unternehmensleitung das komplexe Entscheidungsproblem „Leistungserstellung und -verwertung" zerlegen und zumindest teilweise auf dezentrale Entscheidungsträger delegieren muss. Zwischen den solchermaßen dezentralisierten Entscheidungen können vielfältige Wechselbeziehungen bestehen (sachliche Interdependenzen). Zudem ist nicht auszuschließen, dass die dezentralen Entscheidungsträger eigene Ziele, auch zulasten der Unternehmensziele verfolgen (Verhaltensinterdependenzen). Vor dem Hintergrund dieser (zweifachen) Interdependenzproblematik sind die Entscheidungen der dezentralen Entscheidungsträger aufeinander und auf die Unternehmensziele hin abzustimmen. Dieser Koordinationsbedarf soll (auch) durch das Controlling gedeckt werden.

Mit einer Stakeholder-orientierten Unternehmensführung wird das skizzierte Koordinationsproblem nun im Vergleich zu einer „bloßen" Ausrichtung auf den Shareholder Value komplexer. Die Koordination der dezentralen Entscheidungen muss nicht nur auf ein Ziel, sondern auf mehrere Ziele hin ausgerichtet werden. So wird schließlich für jede als relevant erachtete Interessengruppe zumindest ein Ziel zu beachten sein. Eine Stakeholder-orientierte Unternehmensführung verlangt mithin Entscheidungen unter mehrfacher Zielsetzung (vgl. z.B. *Jensen*, 2001, S. 301; *Ballwieser*, 2002, Sp. 1744) und damit ist auch die **Koordination auf mehrfache Zielsetzungen** hin vorzunehmen.

Dies ist insbesondere dann problematisch, wenn die Ziele einer Interessengruppe nur zulasten der Ziele einer anderen Interessengruppe erreicht werden können. Solchermaßen konfliktäre Beziehungen können auf zwei grundsätzlich verschiedenen Ursachen beruhen, konkurrierenden Zielbeziehungen und divergenten Mittel-Zielbeziehungen, wie nachfolgend genauer dargestellt wird.

17.2.2   Zielbeziehungen

Um unter mehrfacher Zielsetzung rationale Entscheidungen treffen zu können, sind die Beziehungen zwischen den Zielen zu analysieren. Üblicherweise werden drei Wirkungsbeziehungen unterschieden (vgl. z.B. *Heinen*, 1991, S. 15 ff.):

- **Komplementarität**: Mit einem höheren Zielerreichungsgrad des einen Ziels geht auch ein höheres Ergebnis bei einem anderen Ziel einher.
- **Konkurrenz**: Ein höherer Zielerreichungsgrad hinsichtlich des einen Ziels bedingt ein schlechteres Ergebnis bei einem anderen Ziel.
- **Indifferenz**: Inwieweit das eine Ziel erreicht wird, ist irrelevant für den Zielerreichungsgrad bei einem anderen Ziel.

Eine besondere Form von komplementären Zielbeziehungen liegt vor, wenn ein Ziel als Mittel zur Erreichung eines anderen Ziels und damit als **Unterziel** eines Oberziels interpretiert wird. Auf diese Weise entsteht eine Zielhierarchie. Welches Ziel als Ober- und welches als Unterziel angesehen wird, ist abhängig von der **Präferenz des Entscheidungsträgers** (vgl. z.B. *Küpper*, 2008, S. 115).

Dabei können Ziele begrifflich-definitorisch oder empirisch miteinander verknüpft sein (vgl. *Küpper*, 2008, S. 114 f.). Ein **begrifflich-definitorisch** begründeter Zielkonflikt zwischen **Eigentümer-** und **Mitarbeiterinteressen** besteht beispielsweise im Hinblick auf die Entlohnung: Plausibler Weise streben Mitarbeiter eine hohe Entlohnung an. Die Entlohnung geht jedoch als Personalaufwand in die negative Gewinnkomponente Aufwand ein und geht mithin letztlich zulasten der Eigentümer. Unabhängig davon mögen jedoch **empirische** Belege dafür sprechen, dass mit der Entlohnung die Mitarbeiterzufriedenheit steigt, welche sich wiederum positiv auf den Gewinn auswirkt (vgl. z.B. *Rucci/Kirn/Quinn,* 1998). Möglicherweise wird also aus Shareholder-Sicht eine definitorisch begründete Zielkonkurrenz durch eine empirisch ermittelte komplementäre Zielbeziehung überlagert.

Um für die stakeholder-orientierte Unternehmenssteuerung ein Zielsystem entwickeln zu können, müssen die empirischen und begrifflich-definitorischen Beziehungen zwischen den Zielen der relevanten Stakeholder analysiert werden. Die Stellung **konfliktärer** Ziele in einer Zielhierarchie hängt dann maßgeblich auch davon ab, welcher Ansatz zur Lösung des Zielkonflikts verfolgt wird. Darauf geht Abschnitt 3 dieses Beitrags ein.

Zielbeziehungen sind **situations- und kontextabhängig** (vgl. z.B. *Küpper*, 2008, S. 115). Daher ist nicht davon auszugehen, dass die Beziehungen zwischen zwei Zielen für alle Teil-Entscheidungsprobleme gleich sind: Während beispielsweise eine geringe Umweltbelastung der Produktion die Kosten des Produktionsbereichs massiv erhöhen mag (negativer Gewinnbeitrag), könnte dies aufgrund gestiegenen Umweltbewusstseins der Kunden eine erhöhte Kauf- und/oder Zahlungsbereitschaft und damit höhere Umsätze nach sich ziehen (positiver Gewinnbeitrag). Empirische und begrifflich-definitorische Zielbeziehungen sind somit für jedes Teilentscheidungsproblem zu analysieren und zu operationalisieren.

Zusammenfassend lässt sich also festhalten: Im Hinblick auf die Zielfigur unterscheidet sich eine Stakeholder-orientierte von der Shareholder-orientierten Unternehmensführung: Bei Ausrichtung auf die Eigentümerinteressen werden **Ziele anderer Stakeholder** idealtypisch nur insoweit berücksichtigt, als sie in einem **komplementären** Verhältnis zum Wert des Eigenkapitals stehen und damit als dessen Unterziele interpretiert werden können. Dagegen werden die Ziele anderer Interessengruppen bei einer Stakeholder-orientierten Unternehmensführung **unabhängig** von der Beziehung zu den Interessen der Eigenkapitalgeber berücksichtigt.

Abb. 17.1 zeigt im oberen Teil idealtypisch die Shareholder-orientierte Zielstruktur für den Fall, dass das Gesamtentscheidungsproblem in zwei Teilentscheidungen zerlegt und auf zwei dezentrale Bereiche delegiert wurde. Ein Stakeholder-orientiertes Ziel (z.B. Umweltverträglichkeit von Produkten und Produktion) wird dabei nur insoweit berücksichtigt, als es insgesamt einen positiven Beitrag zum Ziel aus Eigentümersicht leistet, also zu diesem ein Unterziel darstellt. Der untere Teil der Abbildung deutet hingegen die Zielbeziehungen für den

Fall einer stakeholder-orientierten Unternehmensführung an. Hier werden das Eigentümer-ziel (z.B. Unternehmenswert) ebenso wie das Stakeholder-Ziel (z.B. Umweltfreundlichkeit) sowohl auf übergeordneter Ebene als auch auf Bereichsebene berücksichtigt.

Prinzip der Zielfigur bei Shareholder-Orientierung

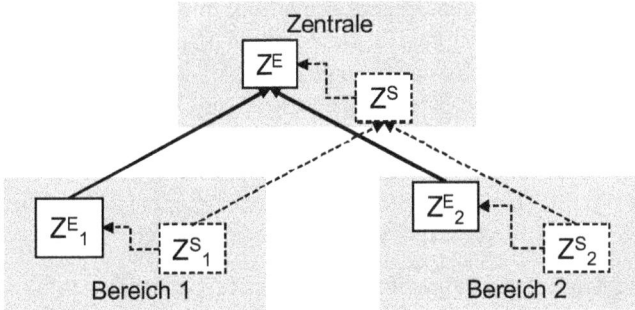

Prinzip der Zielfigur bei Stakeholder-Orientierung

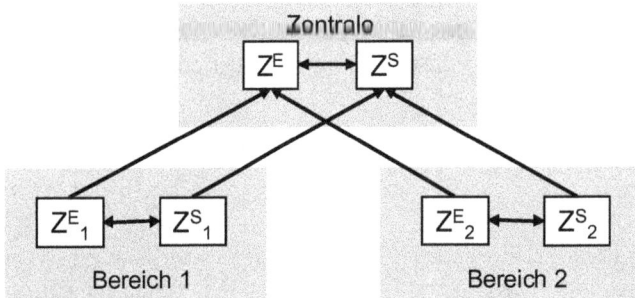

wobei Z^E :   Eigentümer-orientiertes Ziel
         Z^S :   Stakeholder-orientiertes Ziel
         ----> :   nur bei Komplementarität von Z^S zu Z^E
                    zu berücksichtigende Zielbeziehung
         <---> :   zu berücksichtigende Zielbeziehung

Abb. 17.1: Prinzipdarstellung der Zielbeziehungen bei shareholder- versus stakeholder-orientierter Unternehmens-führung

17.2.3   Mittel-Ziel-Netzwerk

Um eine rationale Entscheidung treffen zu können, müssen die Beiträge der Entscheidungsalternativen zu den Zielen der relevanten Stakeholder abgeschätzt werden. Es bedarf eines
Mittel-Ziel-Wirkungsmodells, das bei Mehrfachzielsetzungen eher den Charakter eines **Mit-
tel-Ziel-Netzwerks** besitzt (vgl. *Eisenführ/Weber*, 2003, S. 65).

Das Controlling kann mit Blick auf die Eigentümerinteressen auf ein breites Fundament an
theoretisch wie empirisch fundierten Einsichten über Wirkungszusammenhänge zurückgreifen. Exemplarisch sei die **Produktions- und Kostentheorie** genannt. Diese stellt Hypothesen über den Zusammenhang zwischen Ausbringungsmenge, mengen- und wertmäßigem
Faktorverbrauch sowie Einflussgrößen (z.B. Faktorqualität, Fertigungsprogramm, Faktor-
preise oder Anpassungsform bei Änderungen der Beschäftigung) bereit. Es wäre noch zu
prüfen, inwieweit derzeit auch für die Ziele anderer Stakeholder vergleichbar gesicherte
Wirkungszusammenhänge für das Controlling nutzbar gemacht werden können.

Die Stakeholder-orientierte Unternehmensführung wird nun aber nicht nur durch konfliktäre
Zielsetzungen der Stakeholder erschwert. Ein **Trade-Off** ist auch zu lösen, wenn die zur
Verfügung stehenden Entscheidungsalternativen unterschiedliche Beiträge zu den Zielen der
verschiedenen Stakeholder leisten. Im Extremfall mag die eine Alternative zwar hohe Beiträge zur Zielerreichung einer Interessengruppe leisten – aber zulasten der Interessen eines
anderen Stakeholders, während die andere Alternative moderate positive Beiträge zu den
Zielen beider Stakeholder liefert. Welche Alternative ist dann zu präferieren? Auf Ansätze
zur Lösung von Zielkonflikten geht Abschnitt 3 dieses Beitrags genauer ein.

17.2.4   Entscheidungsinterdependenzen bei mehrfacher
Zielsetzung

Aus der Zerlegung des Entscheidungsproblems in Teilentscheidungen für dezentrale Manager resultiert die Koordinationsaufgabe des Controllings: Zwischen den Teilentscheidungen
können vielfältige Interdependenzen bestehen, die zu vernachlässigen, Einbußen hinsichtlich
der Erreichung des Gesamtziels nach sich zieht. Das Controlling soll im Rahmen seiner Koordinationsfunktion sicherstellen, dass diese Interdependenzen in geeigneter Weise berücksichtigt werden.

Die betriebswirtschaftliche Literatur weist eine Reihe von Ansätzen zur Klassifikation von
Entscheidungsinterdependenzen auf. Beispielsweise wird unterschieden zwischen (vgl. z.B.
Frese, 1998, S. 58 ff.)

- **Prozessinterdependenzen**: Zwei Bereiche sind aufgrund des Leistungsvollzugs miteinander verbunden. Beispielsweise sind bei der Produktionsprogrammplanung auch die Ab-
satzmöglichkeiten zu bedenken, während umgekehrt bei den Vertriebsaktivitäten die pro-
duzierbaren Mengen zu berücksichtigen sind.
- **Ressourceninterdependenzen**: Zwei Bereiche benötigen die gleiche knappe Ressource
(z.B. Lagerraum). Aufgrund der Begrenzung finanzieller Ressourcen liegen Ressourceninterdependenzen letztlich immer vor.

- **Marktinterdependenzen**: Die marktbezogenen Entscheidungen der Bereiche wirken sich auf den jeweils anderen Bereich aus. Dies ist etwa der Fall bei Preisentscheidungen des Bereichs, die auch einen Preisdruck für den Markt eines anderen Bereichs nach sich ziehen können.

Andere Klassifikationen unterscheiden beispielsweise zwischen

- Beschaffungs-, Produktions- und Absatzverbund (vgl. *Weber/Schäffer*, 2006, S. 63)
- Ressourcen-, Erfolgs-, Risiko- und Bewertungsverbund (vgl. *Ewert/Wagenhofer*, 2008, S. 396 f.; *Ossadnik*, 2003, S. 26 f.)
- gepoolten, sequentiellen und reziproken Interdependenzen (vgl. *Thompson*, 1967, S. 54 ff.)
- Ziel-, Mittel- und Risikointerdependenzen (vgl. *Küpper*, 2008, S. 67 f.)

Für die Koordinationsfunktion des Controllings bei stakeholder-orientierter Unternehmensführung erscheint nun folgendes relevant: Es genügt nicht, die Entscheidungsinterdependenzen „nur" im Hinblick auf das Erfolgsziel (Shareholder-Orientierung) zu analysieren und im Wege geeigneter Abstimmungsmechanismen zu berücksichtigen. Vielmehr werden durch die Zerlegung der Gesamtentscheidung in Teilentscheidungen und deren Delegation auch Interdependenzen im Hinblick auf die Ziele der anderen Stakeholder „zerschnitten". Letztlich entsteht bezüglich jedes Stakeholders ein Koordinationsproblem.

Abb. 17.2 ergänzt die vorstehende Abb. 17.1 entsprechend. Der obere Teil spiegelt wiederum den Fall einer Shareholder-Orientierung wider. Die Wirkungen der Entscheidungen werden im Hinblick auf die resultierenden Gewinnbeiträge analysiert. Die Koordinationsfunktion des Controllings erstreckt sich auf die dabei zu berücksichtigenden Entscheidungsinterdependenzen. Das „Stakeholder-Ziel" der Umweltverträglichkeit von Produktion und Produkten ist nur insoweit relevant, als es als Mittel zur Erfolgssteigerung dienen kann. Dagegen skizziert der untere Teil der Abbildung den Koordinationsbedarf bei Stakeholder-Orientierung.

Dabei stellt Abb. 17.2 aus Gründen der Übersichtlichkeit die zu berücksichtigenden Mittel-Ziel-Wirkungsbeziehungen stark vereinfachend dar. So ist genauer danach zu unterscheiden, auf welche Komponente des Entscheidungsfelds des anderen Bereichs sich eine Alternative auswirkt (vgl. *Frese*, 1998, S. 116 ff.). In Betracht kommen folgende Konstellationen:

- Eine Handlungsalternative von Bereich 1 wirkt sich direkt auf eines oder mehrere der Ziele von Bereich 2 aus. Dies ist beispielsweise der Fall, wenn eine Konstruktionsentscheidung im FuE-Bereich sowohl die Kosten als auch die Umweltfreundlichkeit der Produktion beeinflusst.
- Eine Handlungsalternative von Bereich 1 begrenzt oder erweitert den Alternativenraum von Bereich 2 und wirkt sich damit möglicherweise indirekt auch auf die Zielerreichung von Bereich 2 aus. Dies ist beispielsweise der Fall, wenn beide Bereiche auf die gleiche knappe Ressource zugreifen. Eine Nutzung der Ressource durch Bereich 1 reduziert dann den Handlungsspielraum von Bereich 2 und damit ggf. die Erreichung der (Shareholder- und Stakeholder-orientierten) Ziele dieses Bereichs.

- Eine Handlungsalternative von Bereich 1 beeinflusst die Umweltzustände, denen sich Bereich 2 gegenübersieht, und auf diese Weise möglicherweise auch indirekt die Zielerreichung von Bereich 2. Dieser Fall tritt beispielsweise ein, wenn eine Preisentscheidung von Bereich 1 auch das Käuferverhalten auf dem Absatzmarkt von Bereich 2 ändert.

Prinzipskizze Shareholder-orientiertes Mittel-Ziel-Netz

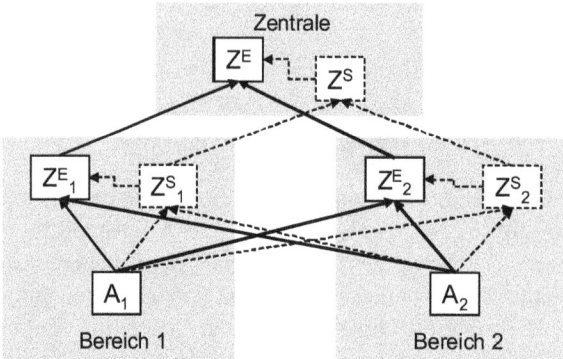

Prinzipskizze Stakeholder-orientiertes Mittel-Ziel-Netz

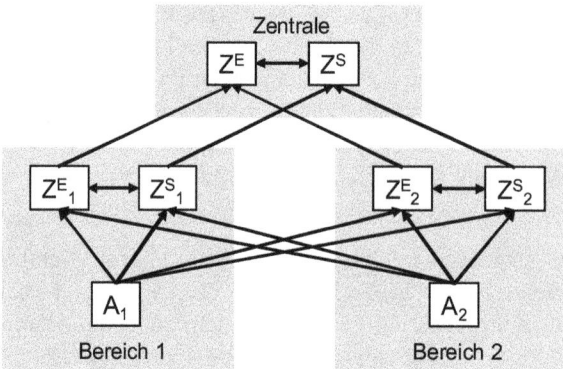

wobei Z^E : Eigentümer-orientiertes Ziel
Z^S : Stakeholder-orientiertes Ziel
A : Alternativenraum von Bereich 1 bzw. 2
----> : nur bei Komplementarität von Z^S zu Z^E
zu berücksichtigende Ziel-/Wirkungsbeziehung
<---> : zu berücksichtigende Ziel-/Wirkungslbeziehung

Abb. 17.2: Interdependenzen bei Shareholder- und bei stakeholder-orientierter Unternehmensführung

Das Koordinationsproblem des Controllings bei Stakeholder-Orientierung ist damit offensichtlich komplexer als bei Shareholder-Orientierung. Während das Controlling mit Blick auf das (eigentümerbezogene) Erfolgsziel allerdings über eine Reihe von bewährten übergreifenden Koordinationsmechanismen verfügt (z.B. Budgetierung, Kennzahlensysteme), ist immerhin zu hinterfragen, ob diese Mechanismen auch für die Ziele anderer Stakeholder geeignet sind bzw. welche alternativen Ansätze bereitstehen.

Zusammenfassend lässt sich folgendes festhalten: Anders als bei einer (Eigentümer-) wertorientierten Unternehmensführung erfordert ein Stakeholder-orientiertes Controlling, die dezentralen Entscheidungen im Hinblick auf die mehrfachen Zielsetzungen aller als relevant erachteten Stakeholder hin zu koordinieren. Damit hat ein Stakeholder-orientiertes Controlling drei (zusätzliche) Problemstellungen zu bewältigen, die über das bislang vorherrschende Shareholder-orientierte Controlling hinausgehen:

1. Zielkoordination bei konkurrierenden Zielen der Stakeholder
2. Generierung von Mittel-Ziel-Wirkungsnetzen im Hinblick auf die Ziele der (Nicht-Eigentümer-) Stakeholder
3. Koordination dezentraler Entscheidungen und Manager im Hinblick auf die Ziele aller Stakeholder

Wie bereits angedeutet, erscheinen insbesondere für die Punkte 2 und 3 noch zusätzliche Forschungsaktivitäten im Controlling erforderlich. Dagegen kann das Controlling für die Zielkoordination bei konkurrierenden Zielen (Punkt 1) auf einen breiten Verfahrensfundus zurückgreifen, wie der nachfolgende Abschnitt aufzeigen soll.

17.3   Bestimmung von Stakeholder-Zielen für das Controlling

17.3.1   Stakeholder-orientierte Klassifikation von Entscheidungssituationen

Der Stakeholder-Ansatz fasst den Stakeholder-Begriff weit („... *any group or individual who can affect or is affected by the achievement of the organization's objectives*", Freeman, 1984, S. 46). Für ein Stakeholder-orientiertes Controlling erscheint es daher zunächst erforderlich zu ermitteln, welche Interessengruppen bei der Unternehmenssteuerung berücksichtigt werden sollen. Liegen die relevanten Anspruchsgruppen fest, so müssen deren (vermutete) Ziele ermittelt werden. Ohne Klarheit über die Interessen der als relevant erachteten Stakeholder ist keine zielgerichtete Koordination durch das Controlling möglich.

An dieser Stelle erscheint es zweckmäßig, weiter danach zu unterschieden, wie die Interessen relevanter Stakeholder Eingang in die steuerungsrelevante Zielfigur für das Controlling finden.

- Es lassen sich Entscheidungssituationen mit und ohne **Beteiligung** von (Nicht-Eigentümer-)Stakeholdern im Entscheidungsprozess unterscheiden. Sind Stakeholder oder ihre Interessenvertreter in den Entscheidungsprozess involviert, so handelt es um eine Gruppenentscheidung, für welche die entsprechenden Einsichten der Entscheidungslehre und ggf. Spieltheorie relevant sind (vgl. *Eisenführ/Weber*, 2003, S. 311 ff).

- Ferner kann danach unterschieden werden, ob es **generelle Vorgaben** für die Berücksichtigung der Interessen von (bestimmten) Stakeholdern gibt oder ob die Zielfigur zumindest in Grenzen **situationsspezifisch** angepasst werden kann.

Daraus ergibt sich eine zweidimensionale Klassifikation (Abb. 17.3).

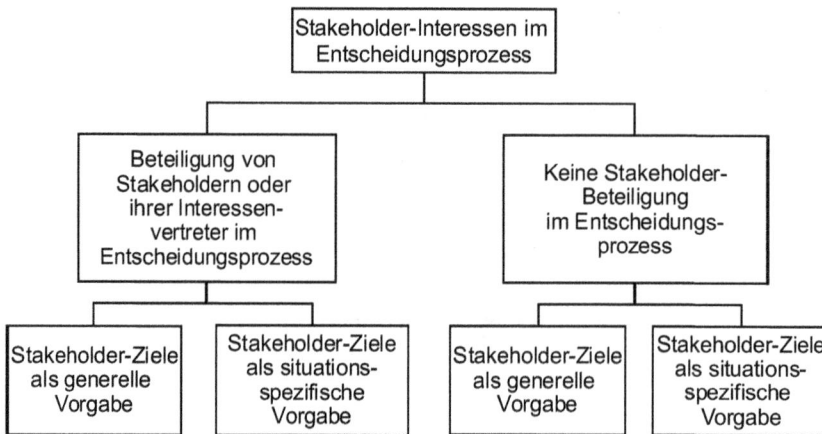

Abb. 17.3 Berücksichtigung von Stakeholder-Interessen in Entscheidungsprozessen

17.3.2 Beteiligung von Stakeholdern im Entscheidungsprozess

Wenn (Nicht-Eigentümer-)Stakeholder im Entscheidungsprozess beteiligt werden, hat dies den Vorteil, dass

- Stakeholder ihre Zielvorstellungen direkt einbringen können
- Stakeholder an der Generierung von Handlungsalternativen mitwirken können
- Zielkonflikte zwischen den Stakeholdern durch Verhandlungen unmittelbar gelöst werden können.

Gleichwohl ist die Stakeholder-Mitwirkung nicht ohne Schwierigkeiten. Dafür gibt es verschiedene Ursachen (vgl. z.B. *Eisenführ/Weber*, 2003, S. 54 f.; *Jaeger*, 1989, Sp. 1199), wie z.B. die folgenden:

- Akteure haben Schwierigkeiten, ihre Präferenzen losgelöst von konkreten Entscheidungsproblemen und -situationen zu formulieren,
- die Mitglieder einer Interessengruppe haben möglicherweise unterschiedliche Ziele,
- Akteure legen ihre Interessen nicht unbedingt wahrheitsgemäß offen („hidden intention").

Die Beteiligung von (Nicht-Eigentümer-)Stakeholdern bzw. ihrer Interessenvertreter ist teilweise gesetzlich normiert und Bestandteil der **Corporate Governance**. Eine institutionalisierte Interessenvertretung findet sich beispielsweise nach dem Mitbestimmungsgesetz (MitbestG). Nach § 27 Abs. 2 MitbestG wählen die Aufsichtratsmitglieder der Arbeitnehmer den stellvertretenden Aufsichtsratvorsitzenden, sofern der Aufsichtsrat sich nicht mit einer Zwei-Drittel-Mehrheit auf einen Vorsitzenden und seinen Stellvertreter einigen kann. Der stellvertretende Vorsitzende ist Mitglied des Präsidialausschusses des Aufsichtsrats, in dem viele Entscheidungen vorbereitet oder getroffen werden. Die Arbeitnehmervertreter im Aufsichtsrat wirken an der Wahl der Vorstände mit und § 31 MitbestG sieht eine differenzierte Konfliktregulierung vor, wenn eine Entscheidung mit Zwei-Drittel-Mehrheit nicht zustande kommt. Beispielhaft sei ferner auf das Betriebsverfassungsgesetz (BetrVG) verwiesen, das dem Betriebsrat in § 81 Abs. 1 Mitbestimmungsrechte z.B. hinsichtlich zeitlicher Anpassungsmaßnahmen (Nr. 3) oder der Entlohnung (Nr. 4) zubilligt und zugleich ein Konfliktlösungsverfahren (Einigungsstelle) vorsieht.

Freilich lassen sich auch Beispiele für die Mitwirkung von (Nicht-Eigentümer-)Stakeholdern ohne rechtliche Normierung finden. Dies ist etwa bei einem Softwarehaus der Fall, Kunden-/Nutzervereinigungen in die Entwicklung neuer und verbesserter Software-Releases einbindet.

Gregory/Keeney schlagen für die Beteiligung von (Nicht-Eigentümer-) Stakeholdern und für die Lösung von „*social tradeoff decisions*" einen dreistufigen Prozess vor – begleitet jeweils von entsprechenden Workshops (vgl. *Gregory/Keeney*, 1994, S. 1036 ff.):

1. **Abstimmung des Entscheidungskontexts** („*setting the decision context*")
   Im ersten Schritt geht es nach *Gregory/Keeney* darum, über das zu lösende Entscheidungsproblem Einigkeit herbeizuführen. Dabei gilt es insbesondere sicherzustellen, dass das Entscheidungsproblem breit genug gefasst wird und sich alle Stakeholder im Problemverständnis „wieder finden" können.

2. **Bestimmung von Zielen** („*specifying the objectives to be achieved*")
   Im zweiten Schritt werden die Stakeholder nach ihren Zielen befragt. Anschließend sollen diese in eine Struktur gebracht werden, in der zwischen Fundamental- und Instrumentalzielen unterschieden wird. In dieser Phase soll noch keine Priorisierung der Ziele verschiedener Stakeholder erfolgen, so dass sich verhältnismäßig leicht ein Konsens zwischen den Stakeholder-Gruppen über die Fundamentalziele herstellen lässt.

3. **Identifikation von geeigneten Entscheidungsalternativen** („*identifying alternatives to achieve these objectives*")
   Der dritte Schritt dient dazu, Entscheidungsalternativen zu generieren. Abgesehen von sog. „Standardalternativen", die sich unmittelbar aus dem Entscheidungsproblem ergeben, sollen anhand der zuvor entwickelten Liste mit Zielen innovative Alternativen gene-

riert werden. Wie *Gregory/Keeney* hervorheben, werden zu diesem Zeitpunkt die meisten Interessengruppen den anderen das Recht zugestehen, dass deren jeweils favorisierte Alternative ebenfalls in die abschließende Verhandlung aufgenommen wird. Dies sei zugleich eine Voraussetzung für eine Konsensbildung. Auf dieser Basis werden weitere Alternativen generiert, welche die Trade-Offs zwischen den verschiedenen Zielen in unterschiedlicher Weise berücksichtigen. Im Wege von Verhandlungen soll schließlich die Auswahl der Alternative erfolgen.

In einem solchen Prozess können dem Controlling verschiedene Funktionen zukommen, wie beispielsweise die Versorgung der beteiligten Akteure mit Informationen über die Konsequenzen von Handlungsalternativen auf die verschiedenen Ziele.

Offensichtlich ist aber auch, dass wohl nur wenige Entscheidungsprobleme mit einem solchermaßen (zeit-) aufwendigen Entscheidungsprozess gelöst werden können. Vielmehr wird die Mehrzahl der Entscheidungen, für welche das Controlling eine Abstimmung herbeiführen soll, ohne unmittelbare Einbindung von Stakeholder-Vertretern zu treffen sein.

17.3.3   Entscheidungsprozesse ohne Stakeholder-Beteiligung

Ohne direkte Einbindung der Stakeholder in den Entscheidungsprozess müssen deren Ziele zuvor und ggf. aus anderen Quellen erhoben werden und anschließend in das Zielsystem überführt werden. Der Vielfalt möglicher Stakeholder entsprechend kommen beispielsweise Befragungen (z.B. Kunden-, Mitarbeiterbefragungen) in Betracht, auch wenn dies offensichtlich nicht für alle Stakeholder möglich ist (z.B. Ansprüche der „Gesellschaft"). Relevante Zielvorstellungen können auch in Gestalt von rechtlichen Normen und Standards formuliert sein (z.B. Emissionsgrenzwerte, standardisierte Produktmerkmale).

Um eine Zielfigur für die Unternehmensführung und damit auch für die Koordination dezentraler Entscheidungen durch das Controlling zu entwickeln, ist nun folgendes relevant:

- Rechtliche Vorgaben oder Standards gehen als **Nebenbedingungen** in die Zielfigur einer Stakeholder-orientierten Unternehmensführung ein, d.h. als unbedingt zu erreichende Ziele, die den Lösungsraum einschränken.

- Weitere Stakeholder-orientierte Ziele sind konsequenterweise ebenfalls im Zielsystem zu berücksichtigen und dabei müssen insbesondere **Zielkonflikte** gelöst werden. Die Zielfigur festzulegen und damit Trade-Offs zwischen verschiedenen Stakeholder-orientierten Zielen zu lösen, ist eine **Zielentscheidung**, die wohl der Unternehmensleitung obliegen dürfte – unterstützt vom Controlling.

Die betriebswirtschaftliche Planungslehre verwendet für Entscheidungen unter mehrfacher Zielsetzung auch den Begriff der **Multi-Criteria-Planung**. Diese umfasst „*die Entwicklung, Untersuchung, Beurteilung und Auswahl von Planungsalternativen aufgrund mehrerer, nicht direkt miteinander in Einklang zu bringender Gesichtspunkte (z.B. klassischer ökonomischer Ziele wie etwa Durchlaufzeitminimierung und Leerzeitminimierung in der Ablaufplanung, neuerer sozio-ökonomischer Ziele wie Umweltschutz oder gutes Klima am Arbeitsplatz,*

Implementierungsziele wie Einklang mit öffentlicher Meinung ...)" (*Jaeger*, 1989, Sp. 1199). Die Planungslehre kennt zahlreiche Verfahren der Multi-Criteria-Planung. Einige Verfahren seien nachfolgend umrissen (vgl. ausführlicher z.B. *Küpper*, 2008, S. 116 ff.; *Jaeger*, 1989, Sp. 1200 ff.). Dabei wird davon ausgegangen, dass

- die (vermuteten) Ziele der als relevant erachteten Stakeholder ("Artenpräferenz") ermittelt sind und
- hinsichtlich des erwünschten Zielausmaßes ("Höhenpräferenz")
- in der Zeit ("Zeitpräferenz") und
- unter Berücksichtung der Risikoneigung ("Risikopräferenz") der Stakeholder

operationalisiert werden können (vgl. z.B. *Hamel*, 1989, Sp. 2302 ff.). Im Vordergrund steht nachfolgend, welche Ansätze zur Entscheidung bei mehrfacher Zielsetzung zur Verfügung stehen.

- **Zielunterdrückung**
  Eine Vereinfachung des Entscheidungsproblems unter mehrfacher Zielsetzung ist dadurch zu erreichen, dass der Entscheidungsträger sich entschließt, bestimmte Ziele außer Acht zu lassen. Dies kann dann eine akzeptable Möglichkeit sein, wenn sich die Entscheidungsalternativen im Hinblick auf die nicht berücksichtigten Ziele nicht nennenswert unterscheiden. *Küpper* spricht von **Zieldominanz**, wenn generell nur ein Ziel verfolgt wird und von **Zielchisma**, wenn in unterschiedlichen Entscheidungssituationen jeweils ein anderes Ziel verfolgt wird (vgl. *Küpper*, 2000, S. 119). Eine weitere Möglichkeit besteht darin, anhand einer Rangordnung der Ziele eine **lexikographische Ordnung** herzustellen: Zunächst werden die Alternativen im Hinblick auf ein wichtigstes Ziel hin bewertet; sind zwei Alternativen bezüglich dieses Ziels gleich vorteilhaft, so werden sie im Hinblick auf das zweitwichtigste Ziel bewertet usw. Welche Ziele sich in einer konkreten Entscheidungssituation also auswirken, hängt davon ab, in welche Rangordnung die Ziele gebracht wurden und welche Ausprägungen die Entscheidungsalternativen hinsichtlich des wichtigsten, des zweitwichtigsten usw. Zieles aufweisen.

- **Festlegung eines bestimmten Zielniveaus**
  Eine andere Möglichkeit besteht darin, ein Ziel als zu maximierendes (minimierendes) auszuwählen, während für die anderen Ziele nur zu erreichende Zielniveaus festgelegt werden. Diese Möglichkeit, die Interessen von (Nicht-Eigentümer-)Stakeholdern zu berücksichtigen, spricht *Ballwieser* an (vgl. *Ballwieser*, 2002, Sp. 1745). So kann beispielsweise der Unternehmenswert als zu maximierende Zielgröße festgelegt werden, während die Interessen der anderen Stakeholder im Wege von zu erreichenden Zielniveaus berücksichtigt werden und damit als **Nebenbedingungen** den Lösungsraum einschränken.

- **Zielkompromiss**
  Zahlreiche Verfahren der Multi-Criteria-Planung stellen einen Zielkompromiss her. Der Grundgedanke besteht darin, die Ausprägungen der Handlungsalternativen hinsichtlich der verschiedenen Ziele (Attribute) zu addieren und schließlich die Alternative auszuwählen, die die höchste Summe aufweist. Dieses Prinzip liegt z.B. Nutzwertanalysen oder Scoring-Modellen zugrunde. Nach diesem Prinzip können Einbußen hinsichtlich ei-

nes Zieles durch höhere Beiträge zu anderen Zielen kompensiert werden. Diese Gruppe von Verfahren erfordert eine Reihe von nicht unproblematischen Teilschritten:

- **Skalentransformation**: Um die Beiträge von Handlungsalternativen zu unterschiedlichen Zielen addieren zu können, müssen sie gleichnamig gemacht werden. Die „Rohwerte" müssen also in eine einheitliche Maßeinheit (z.B. Punkte) transformiert werden. Dabei entsteht auch die Schwierigkeit, dass die Größenordnung der Rohwerte der verschiedenen Ziele stark unterschiedlich sein kann. Bereits mit der Skalierung werden also „Substitutionsrelationen" zwischen den verschiedenen Zielen, also z.B. den verschiedenen Stakeholder-Interessen geprägt.

- **Festlegung von Zielgewichten**: Die (transformierten) Zielkriterien gehen gewichtet in die Summe der Zielgrößen ein. Dieser Schritt verlangt vom Entscheidungsträger, dass er explizit die Substitutionsrelationen zwischen den verschiedenen Zielen, d.h. hier den Stakeholder-Interessen festlegt. Wieviel ist eine Einheit des einen Ziels in Relation zu einem anderen Ziel wert?

- **Addition**: Die transformierten und gewichteten Zielwerte werden in der Zielfunktion addiert und diese Zielfunktion, d.h. die Summe, ist zu maximieren. Dieses Vorgehen ist allerdings nur dann rational zu begründen, wenn additive **Differenzunabhängigkeit** vorliegt. (Ein bestimmtes Attribut ist differenzunabhängig von den anderen Attributen, wenn der zusätzliche Wert einer bestimmten Verbesserung bezüglich dieses Attributs unabhängig davon ist, welche Ausprägungen bei den anderen Zielkriterien vorliegen.) Eine Erhöhung der Mitarbeiterzufriedenheit um eine Einheit müsste also stets den gleichen Wert besitzen – unabhängig davon, wie hoch die Umweltbelastung der Produktion oder die Ertragssituation des Unternehmens ist. Inwieweit diese Voraussetzung erfüllt ist, wäre zu hinterfragen. Ggf. kann Unabhängigkeit durch Umdefinition von Zielen erreicht werden.

Offensichtlich eröffnen die skizzierten, aber auch andere Verfahren zur Lösung von Zielkonflikten den Entscheidungsträgern einen großen Spielraum. Wie (stark) die Ziele welcher Stakeholder in die Entscheidungsfindung eingehen, ist damit abhängig von Zielentscheidungen im Rahmen der Zielkoordination. Dabei können sich auch recht „subtile" Teilentscheidungen, wie z.B. die Skalentransformation, gravierend auf die Zielfigur und damit die Abbildung der Stakeholder-Interessen in der Entscheidungsfindung auswirken. Damit entstehen zugleich auch diskretionäre Handlungsspielräume, die Manager zu eigenen Gunsten ausnutzen können, wie *Jensen* feststellt: *"Because stakeholder theory provides no definition of better, it leaves managers and directors unaccountable for their stewardship of the firm's resources. With no criteria for performance, managers cannot be evaluated in any principled way. Therefore, stakeholder theory plays into the hands of self-interested managers allowing them to pursue their own interests at the expense of society and the firm's financial claimants ... Viewed in this way it is not surprising that many managers like it"* (*Jensen*, 2001, S. 305).

17.4 Spezifische Teilaufgaben eines Stakeholder-orientierten Controllings

Die vorangegangenen Darstellungen richten sich vornehmlich darauf, die Koordinationsaufgabe näher zu charakterisieren, der das Controlling bei Stakeholder-orientierter Unternehmensführung gegenübersteht. Koordination verlangt stets die Präzisierung einer Zielfigur, auf die hin koordiniert werden kann. Damit erweist sich die mehrfache Zielsetzung, mit der die Stakeholder-Orientierung zwangsläufig einhergeht, als zentral, um die Besonderheiten eines Stakeholder-orientierten Controllings herauszuarbeiten.

Die Koordinationsfunktion des Controllings kann in verschiedene Teilbereiche der Koordination gegliedert werden (vgl. z.B. *Küpper*, 2008, S. 35 ff.; *Horváth*, 2009; *Horváth*, 1978, S. 194 ff.; vgl. auch *Weber/Schäffer*, 2006). Abhängig von der zugrunde gelegten Controllingkonzeption (vgl. für einen Überblick z.B. *Wall*, 2008, S. 463 ff.) sind beispielsweise zu unterscheiden:

* Planung bzw. Planungssystem
* Kontrolle bzw. Kontrollsystem
* Informationsversorgung bzw. Informations(versorgungs)system
* Personalführung bzw. Personalführungssystem

Tab. 17.1 führt – gegliedert nach diesen Koordinationsbereichen – beispielhaft Teilaufgaben auf, die sich aus einer Stakeholder-orientierten Unternehmensführung für das Controlling ergeben.

Die in den vorstehenden Abschnitten skizzierten Ansätze zur Ermittlung der Stakeholder-Ziele, zur Analyse der Zielbeziehungen und zur Lösung von Zielkonflikten betreffen in erster Linie das **Planungssystem**. Angesichts dezentraler Entscheidungskompetenzen genügt es allerdings nicht, allein die Zielbeziehungen auf Unternehmensgesamtebene zu analysieren und etwaige Zielkonflikte auf dieser übergeordneten Ebene zu lösen. Vielmehr muss jedem dezentralen Bereich ein Zielsystem für Entscheidungen vorgegeben werden, d.h. die mehrfache Zielsetzung auf Unternehmensebene muss in geeigneter Weise „heruntergebrochen" werden. Da Zielbeziehungen und damit auch Zielkonflikte kontextabhängig sind, sind diese mithin auch für jede Unternehmensebene bzw. Teilentscheidung zu analysieren und etwaige Zielkonflikte in einer Weise zu lösen, die mit der Zielfigur auf oberster Ebene korrespondiert (Abb. 17.2).

In engem Zusammenhang mit der Planung steht die Kontrolle, welche allgemein als Vergleich einer Normgröße mit einer zu prüfenden Größe (z.B. Soll-Ist-Vergleich) definiert werden kann. Im Rahmen eines Stakeholder-orientierten Controllings verlangt die mehrfache Zielsetzung, Kontrollen nicht nur bezüglich einer Zieldimension durchzuführen; vielmehr sind letztlich bezüglich aller als relevant erachteten Stakeholder-Ziele Kontrollen z.B. **Soll-Ist-Vergleiche**, ggf. mit **Abweichungsanalysen** erforderlich.

Tab. 17.1: Spezifische Teilaufgaben eines Stakeholder-orientierten Controllings nach Koordinationsbereichen

Koordinationsbereich	Teilaufgaben
Planung/Planungssystem	• Ermittlung der Ziele der als relevant erachteten Stakeholder
	• Analyse von Zielbeziehungen
	• Entwicklung von Mittel-Ziel-Netzwerken
	• Lösung von Zielkonflikten zwischen Stakeholder-Zielen
	• „Herunterbrechen" der mehrfachen Zielsetzung auf Bereichs- und Abteilungsziele
	• Formulierung von Stakeholder-orientierten Zielvorgaben für dezentrale Entscheidungsträger
Kontrolle/Kontrollsystem	• Soll-Ist-Vergleich im Hinblick auf die Stakeholder-Ziele
	• Analyse von Soll-Ist-Abweichungen auch im Hinblick auf die Relationen der Beiträge zu verschiedenen Stakeholder
Informationsversorgung/ Informationsversorgungssystem	• Bereitstellung von Prognoseinformation über die Zielbeiträge von Entscheidungsalternativen zu den Stakeholder-Zielen
	• Dokumentation der erreichten Ist-Beiträge zu den Stakeholder-Zielen
	• Entwicklung Stakeholder-orientierter IT-basierter Informationssysteme
Personalführung/ Personalführungssystem	• Auswahl geeigneter Stakeholder-orientierter Performance-Maße als Bemessungsgrundlage der Vergütung
	• Koordination der Performance-Maße im Anreizsystem mit den Planungszielen (v.a. Zielgewichtung)
	• Gestaltung von stakeholder-orientierten Belohnungs- und Ausschüttungsregeln im Anreizsystem

Diese Problemstellung ergibt sich selbst dann, wenn die Entscheidung zuvor auf der Basis eines Verfahrens getroffen wurde, das einen Zielkompromiss herbeiführt: Wird beispielsweise eine Entscheidung im Wege einer Nutzwertanalyse getroffen (Summe der gewichteten und transformierten Ausprägungen einer Entscheidungsalternative bezüglich der Stakeholder-Ziele), so ist im Nachhinein zu analysieren, ob

4. insgesamt der Ist-Nutzwert dem Soll-Nutzwert entspricht und
5. die Zusammensetzung des Ist-Nutzwerts der des Soll-Nutzwerts entspricht.

Sollte letzteres nämlich nicht der Fall sein, wurden de facto die Interessen einer Stakeholder-Gruppe zulasten der Ziele einer anderen Interessengruppe übererfüllt.

Es ist offensichtlich, dass sowohl für die Planung als auch für die Kontrolle im Rahmen einer Stakeholder-orientierten Unternehmensführung entsprechende **Informationssysteme** erforderlich sind. Schließlich gilt es abzuschätzen, welche Beiträge die Entscheidungsalternativen im Unternehmen zu den Zielen der verschiedenen Stakeholder leisten werden bzw. geleistet haben. Es bedarf mithin spezifischer Performance-Konzeptionen, Performance-Maße und Messverfahren, aber auch IT-Systeme, um diese Informationen generieren zu können.

Die Verhaltenssteuerungsfunktion des Controllings (personale Koordination) berücksichtigt den Umstand, dass Manager mitunter ihre eigenen Interessen verfolgen und zwar auch zulasten der übergeordneten Zielsetzung (opportunistisches Verhalten). Interessenkonflikte kommen beim Vorliegen von Informationsasymmetrien zwischen Zentrale und Manager zum Tragen. Zur Interessenharmonisierung dienen **Anreizsysteme** als Instrument der Personalführung.

Um das Entscheidungsverhalten der Manager auf die Stakeholder-Interessen auszurichten, sind auch die Anreizsysteme entsprechend auszugestalten. Insbesondere wird sich die mehrfache Zielsetzung im Anreizsystem niederschlagen müssen. In die **Bemessungsgrundlage** der Entlohnung gehen dann mehrere Performance-Maße ein, welche die Stakeholder-Interessen widerspiegeln. Die Relation, in der diese Performance-Maße in der Entlohnungsfunktion stehen, wird letztlich bestimmen, wie der Manager den **Trade-Off zwischen konfliktären Stakeholder-Interessen** löst. Dies bedeutet zugleich, dass die Zielfigur, die im Rahmen eines Stakeholder-orientierten Planungssystems festgelegt wurde, sich in geeigneter Weise im Anreizsystem widerspiegeln muss.

17.5   Schlussbemerkung

Eine Stakeholder-orientierte Unternehmensführung bewirkt, dass die Entscheidungen im Unternehmen nicht nur auf eine, die Eigentümer-orientierte Zielsetzung auszurichten sind, sondern auf eine mehrfache Zielsetzung: Für jede als relevant erachtete Anspruchsgruppe sind die jeweiligen Ziele bei der Entscheidungsfindung zu berücksichtigen.

Für das Controlling geht damit eine deutlich höhere **Komplexität** der Koordinationsaufgabe einher: Im Rahmen einer Shareholder-orientierten Unternehmensführung sind die legitimen Interessen anderer Anspruchsgruppen nur insoweit zu berücksichtigen, als sie ein Mittel zur Erreichung der Shareholder-Ziele darstellen – soweit also eine komplementäre Beziehung zu den Eigentümer-Zielen besteht. Dagegen muss die Abstimmung dezentraler Entscheidungen bei Stakeholder-Orientierung auf die mehrfache Zielsetzung der verschiedenen Stakeholder hin erfolgen, was insbesondere dann problematisch ist, wenn die konfliktäre Beziehungen zwischen den Interessen bestehen.

Unabhängig von dieser eher grundsätzlichen Ausweitung der Koordinationsproblematik des Controllings dürfte eine Stakeholder-orientierte Unternehmensführung das Controlling aber vor eine Reihe neuer Herausforderungen stellen. Beispielsweise sind üblicherweise die Performance-Maße und die zugehörigen **Rechenwerke** zur laufenden Dokumentation sowie zur Planung und Kontrolle auf die Eigentümer-Ziele ausgerichtet. Vergleichbar ausgefeilte Rechenwerke für die Ziele anderer Stakeholder sind bislang wohl eher selten im Einsatz. Zugleich stellt sich aber auch die Frage, welche Anforderungen das Controllinginstrumentarium z.B. für Mitarbeiter-, Kunden- oder Umweltziele erfüllen müsste.

Sollte sich in Controllingforschung und -praxis mithin künftig eine stärkere Stakeholder-Orientierung abzeichnen, müsste wohl bald auch ein strukturierter Anforderungskatalog für das relevante Controllinginstrumentarium vorgelegt werden, um weitere Forschungs- und Entwicklungsanstrengungen zu konzentrieren.

Literatur

Ballwieser, W.: Shareholder Value, in: Küpper, H.-U.; Wagenhofer, A. (Hrsg.): Handwörterbuch Unternehmensrechnung und Controlling, 4. Aufl., Stuttgart 2002, Sp. 1745–1754.

Eisenführ, F.; Weber, M.: Rationales Entscheiden, 4. Aufl., Berlin u.a. 2003.

Ewert, R./Wagenhofer, A.: Interne Unternehmensrechnung, 7. Aufl., Berlin u.a. 2008.

Freeman, R. E.: Strategic Management: A Stakeholder Approach, Boston (MA) 1984.

Freeman, R. E./McVea, J.: A Stakeholder Approach to Strategic Management, in: Hitt, M./Freeman, R. E./Harrison, J.: Handbook of Strategic Management, Oxford 2001, S. 189–207.

Frese, E.: Organisation, 7. Aufl., Wiesbaden 1998.

Gregory, R.; Keeney, R.L.: Creating Policy Alternatives Using Stakeholder Values, in: Management Science, 40. Jg. (1994), Nr. 8, S. 1035–1048.

Hamel, W.: Zielplanung, in: Szyperski, N. (Hrsg.): Handwörterbuch der Planung, Stuttgart 1989, Sp. 2302–2316.

Heinen, E.: Industriebetriebslehre als entscheidungsorientierte Unternehmensführung, in: Heinen, E. (Hrsg.): Industriebetriebslehre, 9. Aufl., Wiesbaden 1991, S. 1–71.

Horváth, P.: Controlling, 11. Aufl., München 2009.

Horváth, P.: Controlling – Entwicklung und Stand einer Konzeption zur Lösung der Adaptions- und Koordinationsprobleme der Führung, in: ZfB, 48. Jg. (1978), S. 194–208.

Jaeger, A.: Multikriteria-Planung, in: Szyperski, N. (Hrsg.): Handwörterbuch der Planung, Stuttgart 1989, Sp. 1199–1205.

Jensen, M. C.: Value Maximisation, Stakeholder Theory and the Corporate Objective Function, in: European Financial Management, 7. Jg. (2001), Nr. 3, S. 297–317.

Küpper, H.-U.: Controlling: Konzeption, Aufgaben, Instrumente, 5. Aufl., Stuttgart 2008.

Ossadnik, W.: Controlling, 3. Aufl., München/Wien 2003.

Rucci, A. J./Kirn, S. S./Quinn, R. T.: The Employee-Customer-Profit Chain at Sears, in: Harvard Business Review, 76. Jg. (1998), Nr. 2, S. 83–97.

Smith, H. J.: The Shareholders vs. Stakeholders Debate, in: MIT Sloan Management Review, 44. Jg. (2003), Nr. 4, S. 85–90.

Stadler, C./Matzler, K./Hinterhuber, H. et al.: The CEO's attitude towards the Shareholder Value and the Stakeholder Model: A Comparison between the Continental European and the Anglo-Saxon Perspectives, in: Problems & Perspectives in Management, 4. Jg. (2006), Nr. 3, S. 41–48.

Thompson, J. D.: Organizations in Action. Social Science Bases of Administrative Theory, New York 1967.

Wall, F.: Controlling zwischen Entscheidungs- und Verhaltenssteuerungsfunktion – Konzeptionelle Gemeinsamkeiten und Unterschiede innerhalb des Fachs, in: Die Betriebswirtschaft, 68. Jg. (2008), Nr. 4, S. 463–482.

Weber, J./Schäffer, U.: Einführung in das Controlling, 11. Aufl., Stuttgart 2006.

18 Zwischen Stakeholder- und Shareholder-Orientierung: Anforderungen an umfassende Steuerungsinstrumente für das Controlling

Regina W. Schröder

18.1   Abgrenzung der Steuerung

Die deutsche Übersetzung des Begriffs „to control" lautet „steuern", so dass das unternehmerische Controlling allgemein als Steuerung, oder genauer als Steuerung im Unternehmen aufzufassen ist (vgl. zum viel diskutierten Verständnis und alternativen Konzeptionen des Controllings beispielhaft *Scherm/Pietsch*, 2004). Steuerung stellt dabei einen geordneten, informationsverarbeitenden Prozess dar, der eine Planrealisation veranlassen und diese zielführend beeinflussen soll (vgl. *Schweitzer*, 2001, S. 20). Anders als im Falle einer Anpassung, erfolgt die Festsetzung des Ziels außerhalb des Unternehmens und wird diesem vorgegeben. Folglich werden die Richtung und Art des Verhaltens zur Zielerreichung von außen bestimmt (vgl. *Horváth*, 2003, S. 99) und das Unternehmen sieht sich teilweise mehrfachen Zielsetzungen gegenüber (vgl. den Beitrag von *Wall* im vorliegenden Herausgeberband).

Der zur Steuerung einzuschlagende Prozess umfasst drei Aufgabenbereiche (vgl. mit weiteren Literaturnachweisen *Friedl*, 2003, S. 256-258):

- die Durchsetzung
  Zu dieser Aufgabe zählt es, die Voraussetzungen für eine Planrealisation zu schaffen und die damit betrauten Mitarbeiter vorzubereiten.

- die Kontrolle
  Im Zuge der Kontrolle als Form einer Überwachung gilt es, erwartete und schließlich realisierte Zielabweichungen festzustellen.

- die Sicherung
  Diese knüpft insofern an Kontrollen während des Prozessablaufes an, als sie die Auswahl und schließlich Umsetzung von Maßnahmen umfasst, mit denen potenzielle Zielverfehlungen vermieden werden können.

Jede dieser drei Aufgaben sollte das Controlling mithilfe von Steuerungsinstrumenten unterstützen, so dass sein „Werkzeugkasten" entsprechende methodische Hilfsmittel umfassen muss (vgl. zum Begriff des Controllinginstruments unter anderem *Horváth*, 1993 wie auch *Schäffer/Steiners*, 2005).

Das Controlling verfügt bereits heute über ein reichhaltiges Instrumentarium (für einen Überblick zu Controllinginstrumenten vgl. beispielhaft *Friedl*, 2003, S. 126 f. und *Wall*, 2008, S. 471-474), dessen Darstellung und Diskussion die Literatur beträchtliches Interesse widmet: Einer Analyse von *Wall* zufolge, beschäftigen sich etwa 53 % des Umfangs von Controllinglehrbüchern mit einer Darstellung einzelner Instrumente, während sich nur 21 % der Seiten in Standardlehrbüchern der Organisation damit beschäftigen (vgl. *Wall*, 2002, S. 81 f.). Allerdings richten sich die vorhandenen Instrumente bislang vornehmlich auf die Information und (somit) Unterstützung des Managements; die Interessen anderer Stakeholder finden nur wenig Beachtung (als Ausnahme von der Regel sei hier exemplarisch an die Diskussion zum Customer Value erinnert, vgl. *Blattberg/Deighton*, 1996; *Schröder/Wall*, 2004 ebenso wie den Beitrag letzterer in diesem Herausgeberband).

Angesichts der aktuell diskutierten **Corporate Social Responsibility**, die eine stärkere Beachtung der Stakeholder verlangt (vgl. *Horváth*, 2008, S. 668), erheben sich dreierlei Fragen: Zum einen ist zu überlegen, inwiefern die aktuell diskutierten wertorientierten Steuerungssysteme den Interessen anderer Stakeholder als der Unternehmensleitung Beachtung schenken. Falls dem nicht so ist, bleiben zum anderen die Fragen offen, welche Ansprüche sich aus einer solchen Anforderung für das Controlling und sein Instrumentarium ergeben und wie diesen Forderungen entsprochen werden kann. Zu einer Beantwortung dieser Fragestellungen trägt der vorliegende Aufsatz bei, indem der zweite Abschnitt (18.2) bislang vorliegende Ansätze für eine wertorientierte Steuerung vorstellt und ihre Verbreitung in der Praxis anhand empirischer Untersuchungen diskutiert. Ausgehend von der in Abschnitt 18.3 aufgezeigten Entwicklung des Controllings von einer Shareholder- zu einer Stakeholderorientierung, formuliert der darauf folgende vierte Abschnitt (18.4) dann Anforderungen an integrierte Steuerungskonzepte, die nicht nur den Ansprüchen der Unternehmensleitung sondern auch jenen anderer Stakeholder gereicht werden. Mit einer kurzen Zusammenfassung und einem Ausblick schließen die Ausführungen.

18.2   Ansätze für eine wertorientierte Steuerung

In den 1980er und 1990er Jahren erlangten der Unternehmenswert wie auch die Interessen der Anteilseigner zunehmende Bedeutung. Dies spiegelt sich unter anderem im Instrumentarium des Controllings wider, das heute unternehmenswertorientierte Kennzahlen (Abschnitt 18.2.1) in nicht unerheblichem Maße (vgl. Abschnitt 18.2.2) umfasst.

18.2.1   Wertorientierte Kennzahlen

Ausgehend vom Gedanken einer wertorientierten Unternehmensführung entwickelten *Rappaport*, *Copeland*, *Stern/Stewart* und *Lewis* alternative Konzepte, die jeweils mit spezifischen Kennzahlen verbunden sind (vgl. *Hahn/Hungenberg*, 2001, S. 191-218).

Kennzahlen stellen solche Größen dar, die relevante Tatbestände in einfacher und verdichteter Form wiedergeben. Die Vielzahl heute vorliegender Kenngrößen lassen sich nach unterschiedlichen Kriterien ordnen, zum Beipiel (vgl. etwa die von *Crössmann/Kroh*, 2004, S. 42; *Friedl*, 2003, S. 398 f. vorgeschlagenen Merkmale):

- nach ihrer Aussagenart (z.B. in normative Kennzahlen),
- nach ihrer Darstellungsform (z.B. in absolute und in relative Kennzahlen),
- nach der betrieblichen Funktion, zu deren Erfassung die Kennzahlen eingesetzt werden (z.B. in Produktions-, Personal- und in Finanzkennzahlen),
- nach ihrem zeitlichen Bezug (z.B. in für das Geschäftsjahr ermittelte oder für einen spezifischen Tag ermittelte Größen),
- nach der Abbildung strategischer Erfolgsfaktoren (z.B. qualitätsbezogene oder kostenorientierte Kennzahlen)
- u. a. m.

Nach ihrer Ausrichtung auf den Unternehmenswert lassen sich ferner wertorientierte und nicht-wertorientierte Kennzahlen unterscheiden, wobei erstere weiter nach ihrem Bezug zur Unternehmensrechnung in interne und externe Wertkennzahlen zu differenzieren sind (vgl. *Fischer*, 2002, S. 162-166).

Zur Unterstützung einer unternehmenswertorientierten Steuerung kann das Controlling auf vielfältige Kenngrößen zurückgreifen. Hierzu zählen etwa:

- der Residualgewinn,
- der Economic Value Added (EVA),
- der Cash Flow Return on Investment (CFRoI) und
- der Discounted Cash Flow (DCF).

Allerdings können Kennzahlen nicht nur inhaltlich wertorientiert ausgestaltet sein; vielmehr werden sie selbst zu einem wertorientierten Steuerungsinstrument, *„wenn man sie als Ziele verwendet"* (*Küpper*, 2008, S. 395). Dies geschieht beispielsweise, indem sie als Bemessungsgrundlagen für Anreizsysteme eingesetzt werden (vgl. *Middelmann*, 2001, S. 496 f.). Einer Untersuchung von *Pellens/Tomaszewski/Weber* zufolge, verwenden 15,3 % (d.h. 9) der untersuchten Unternehmen eine wertorientierte Erfolgsgröße und gar nur 10,2 % (d.h. 6) eine wertorientierte Renditegröße als Bezugsgröße für die gezahlte Entlohnung (vgl. *Pellens/Tomaszewski/Weber*, 2000, S. 1831).

18.2.2   Verbreitung in der Praxis

Unternehmenswertorientierte Steuerungskonzepte haben zulasten traditioneller Wertkonzepte an Bedeutung gewonnen (vgl. *Ruhwedel/Schultze*, 2002, S. 620 f., die die Jahre 1997 bis 2000 untersuchen, und Abb. 18.1). Zu einem vergleichbaren Ergebnis gelangen *Schultze/Steeger/Schabert* in einer jüngst veröffentlichten Untersuchung, in der sie eine an die Studie von *Ruhwedel/Schultze* anknüpfende Zeitperiode, genauer die Jahre 2000 bis 2005, analysiert haben (vgl. *Schultze/Steeger/Schabert*, 2009 und Tab. 18.1). Dabei ist allerdings zu bedenken, dass die 30 untersuchten im DAX-gelisteten Unternehmen und die 70 nicht im DAX notierten Unternehmen es *„unterlassen, Informationen anzugeben, wenn es nicht länger von Vorteil für sie ist"* (*Schultze/Steeger/Schabert*, 2009, S. 21).

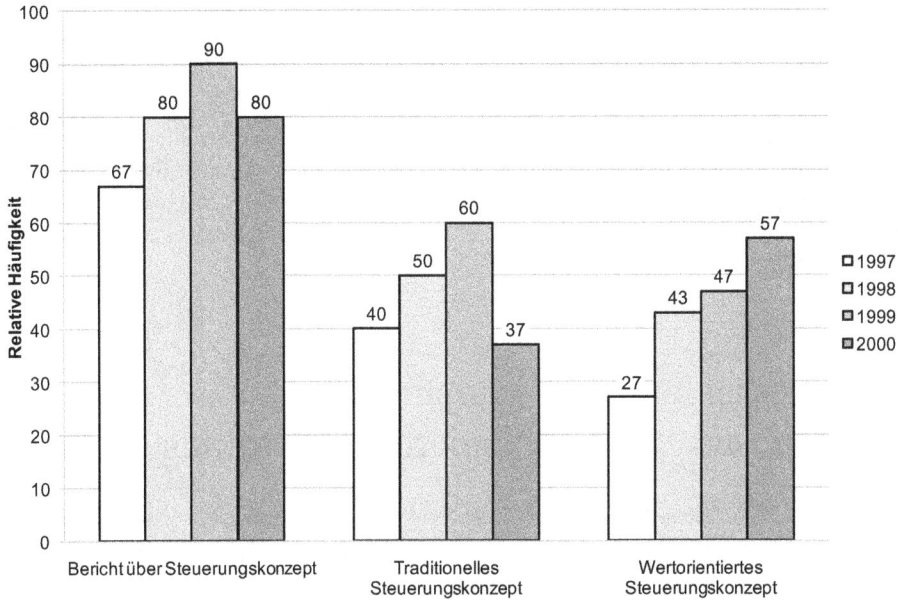

Abb. 18.1: Einsatz der Steuerungskonzepte in der Praxis (Jahre: 1997-2000)
(Quelle: Ruhwedel, Schultze, 2002, S. 621)

Tab. 18.1: Verbreitung traditioneller und wertorientierter Steuerungskonzepte in der Praxis (Jahre: 2000-2005)

		2000	**2001**	**2002**	**2003**	**2004**	**2005**
DAX-Unternehmen							
Bericht über Steuerungskonzept		83 %	k. A.	k. A.	87 %	k. A.	97 %
Davon	Traditionelles Steuerungskonzept	40 %	k. A.	k. A.	k. A.	k. A.	53 %
	Wertorientiertes Steuerungskonzept	43 %	k. A.	k. A.	k. A.	k. A.	43 %
Non-DAX-Unternehmen							
Bericht über Steuerungskonzept		23 %	k. A.	k. A.	41 %	k. A.	60 %
Davon	Traditionelles Steuerungskonzept	11 %	k. A.	k. A.	19 %	k. A.	37 %
	Wertorientiertes Steuerungskonzept	11 %	k. A.	k. A.	23 %	k. A.	23 %

(Quelle: Vgl. Schultze/Steeger/Schabert, 2009, S. 18)

Ähnlich verhält es sich, wie verschiedene Studien belegen, mit wertorientierten Kennzahlen. So haben Residualgewinnkonzepte deutlich an Bedeutung gewonnen. Für den Zeitraum 2000 bis 2005 belegen *Schultze/Steeger/Schabert* etwa, dass der Einsatz des Economic Value Added (EVA) um 7 % (von 16 % auf 23 %) zugenommen hat. Zu einem ähnlichen Ergebnis gelangen *Anders/Hebertinger/Schaffer et al.*, die eine Zunahme der EVA-Verwendung von 39 % auf 54 % feststellen (vgl. *Anders/Hebertinger/Schaffer et al.*, 2003, S. 720).

Insgesamt kann folglich zwar eine zunehmender Einsatz wertorientierter Steuerungssysteme im Unternehmen festgestellt werden, doch dienen die verwendeten Kennzahlen vornehmlich einer Information der Unternehmensführung, sind also weniger darauf ausgerichtet, die Wertschaffung für andere Anspruchsgruppen abzubilden. Der folgende Abschnitt widmet sich daher der Frage, welche Veränderungen eine Entwicklung von der Shareholder- zur Stakeholderorientierung für das Controlling mit sich bringt.

18.3   Entwicklung vom shareholder- zum stakeholderorientierten Controlling

Wie *Hahn/Hungenberg* feststellen, ist die *„Wertsteigerung als Ziel aller Anspruchsgruppen der Unternehmung"* anzusehen (*Hahn/Hungenberg*, 2001, S. 151). Zwar sind alle Stakeholder daran interessiert, ihre Individualziele zu erreichen, doch ist ihnen dies nur möglich, wenn das Unternehmen erhalten bleibt und sich erfolgreich weiterentwickelt. Folglich teilen sämtliche Anspruchsgruppen die Ziele der Anteilseigner, sind aber nicht allein auf eine Wertsteigerung (bzw. -erhaltung) des Unternehmens ausgerichtet; vielmehr verfolgen sie gleichzeitig das Ziel, aus ihrer Beziehung zum Unternehmen Wert für sich selbst zu generieren.

Daraus ergibt sich zum einen die Forderung nach einer wertorientierten Unternehmensführung, die auch die für die Unternehmensstakeholder geschaffenen Werte einbezieht. Zum anderen wird ein wertorientiertes Controlling erforderlich, das nicht allein auf die Interessen der Shareholder auszurichten ist, sondern die Unternehmensleitung auch mit Informationen über die Ziele der Stakeholder und deren Erreichung informiert. *Hahn/Hungenberg* leiten daraus ab, dass das Controlling kunden-, mitarbeiter- und lieferantenorientiert auszugestalten ist (vgl. Abb. 18.2). Diese Forderung ist auszudehnen bzw. zu verändern, falls mehr und/oder andere Stakeholder mit dem Unternehmen verbunden sind. Für ein derart umfassendes stakeholderorientiertes Controlling liefern die Beiträge in diesem Herausgeberband erste Anhaltspunkte, indem sie sich auf verschiedene unternehmensinterne und -externe Anspruchsgruppen, deren Ziele und Interessen richten. Allerdings erfolgt bei nahezu allen bislang vorliegenden Controllinginstrumenten jeweils eine auf einzelne Stakeholder beschränkte Analyse. Die zwischen den für und durch sie generierten Werten bestehenden Abhängigkeiten und die sich daraus für das Controlling ergebenden Anforderungen bleiben außer Acht.

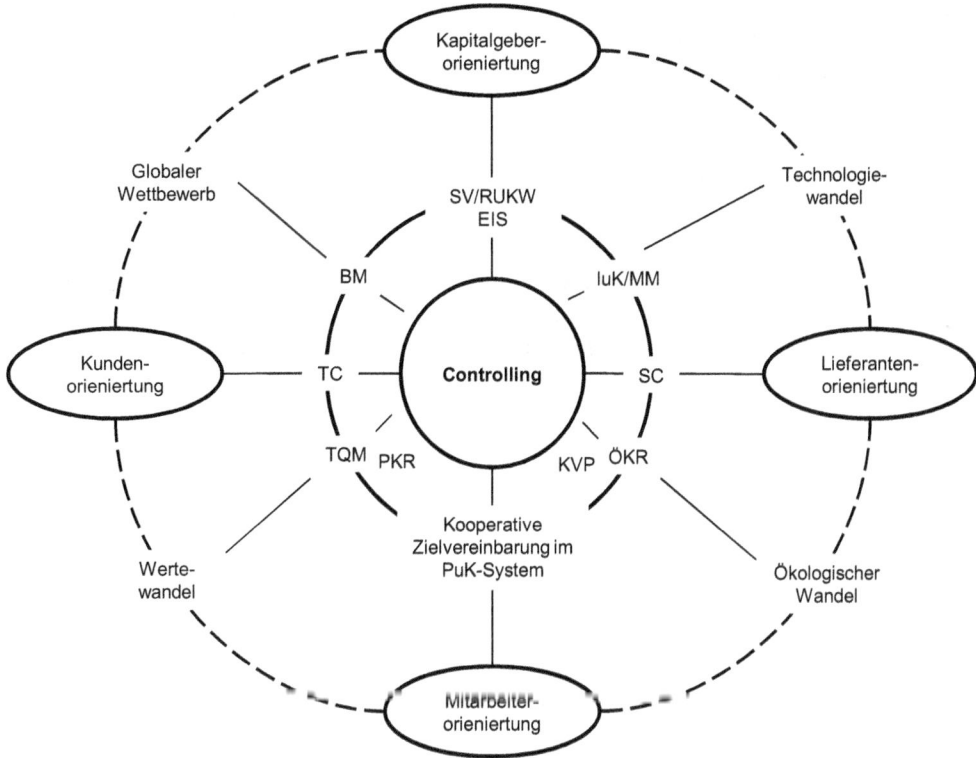

Abb. 18.2: Integration des Controllings in einer verstärkt kunden-, lieferanten-, kapitalgeber- und mitarbeiterorientierte Führung mit entsprechenden Instrumenten
(Quelle: Mit Modifikationen nach Hahn/Hungenberg, 2001, S. 284)

18.4   Ansprüche an integrierte wertorientierte Steuerungssysteme

Küpper unterscheidet nach ihrem Bezug auf einzelne oder mehrere Führungsteilsysteme zwischen isolierten und übergreifenden Koordinationsinstrumenten (vgl. *Küpper*, 2008, S. 39-44). Da diese Begrifflichkeiten folglich bereits belegt sind, sollen im Weiteren isolierte und integrierte Steuerungssysteme unterschieden werden: Während erstere allein die Interessen einer einzelnen Anspruchsgruppe (z.B. der Shareholder) betrachten, beziehen letztere mehrere Stakeholdergruppen in ihre Überlegungen ein. Integrierte Steuerungsinstrumente lassen sich weiter danach differenzieren, inwiefern sie Abhängigkeiten zwischen den Zielen der Stakeholder Beachtung schenken. Insgesamt ergibt sich somit die in Abb. 18.3 dargestellte Aufgliederung der Steuerungsinstrumente.

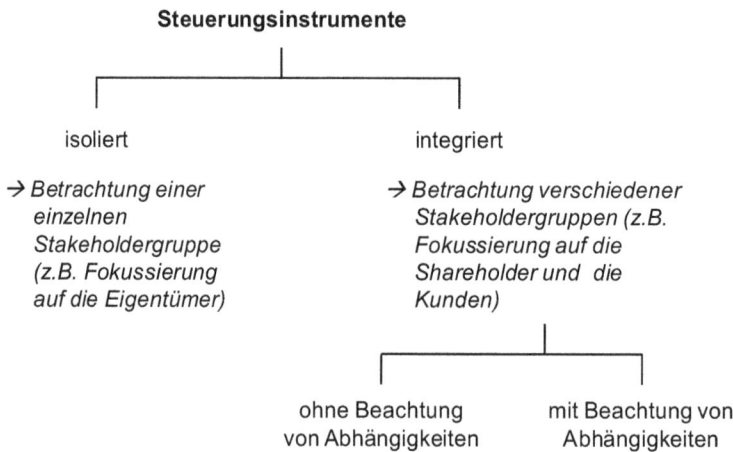

Abb. 18.3: Aufgliederung von Steuerungssystemen

Da isolierte Steuerungsinstrumente, insbesondere solche, die sich auf die Eigentümerinteressen beziehen, im Controlling vergleichsweise weit verbreitet sind, richten sich die weiteren Überlegungen allein auf integrierte Steuerungsinstrumente.

18.4.1   Bedarf an Effektivität und Effizienz

Als allgemeine Anforderungen an Controllinginstrumente lassen sich ihre Effektivität und Effizienz formulieren (vgl. auch *Friedl*, 2003, S. 61):

• Die **Effizienz** verlangt, dass der Einsatz eines Instruments allenfalls Kosten verursacht, die dem erbrachten Nutzen entsprechen.

- Die **Effektivität** bezieht sich auf eine Bedarfsdeckung. In diesem Sinne mag ein Steuerungsinstrument etwa als effektiv bezeichnet werden, wenn es dazu beiträgt, ein angestrebtes Ziel zu erreichen.

Da Controllinginstrumente zumeist durch das Unternehmen eingesetzt werden, ist die **Effizienz** eines Tools allein aus seiner Sicht zu beurteilen. Während das Unternehmen die ihm durch den Instrumenteneinsatz entstehenden Kosten vergleichsweise schnell erfassen kann, ist die Frage nach dem Nutzen nicht unbedingt ohne Weiteres zu beantworten. Denn es können verschiedene Nutzenformen betrachtet werden, z.B.

- der Nutzen, der sich für das Unternehmen selbst aus dem Methodeneinsatz ergibt (etwa zusätzliches Wissen hinsichtlich des Einsatzes und der Voraussetzungen von Instrumenten),

- die Summe der Nutzen, die der Instrumenteneinsatz anderen Stakeholdern verschafft,

- den Nutzen, den das Unternehmen für sich aus den Reaktionen der anderen Stakeholder auf den für sie erbrachten Nutzen ziehen kann.

Als schwierig zu beantwortende Frage erweist sich die **Effektivität**; denn diese hängt von der verfolgten Zielsetzung ab. Auch hierbei sind verschiedene Fälle zu unterscheiden:

1. Es wird allein das Ziel verfolgt, den Wert des Unternehmens zu steigern und seinen Fortbestand zu sichern.

2. Das Unternehmen strebt eine zufriedenstellende, wenn nicht gar möglichst hohe Wertschaffung für
   - einen ihrer Stakeholder oder
   - mehrere ihrer Stakeholder an.

3. Den unternehmerischen Controllingaktivitäten liegt ein Zielkumul zugrunde, das sich aus dem unternehmerischen Ziel, den Unternehmenswert zu erhalten, wenn nicht gar zu steigern, und dem Streben nach einer Wertschaffung für einen (oder mehrere) andere(n) Stakeholder zusammensetzt (Dieser Fall kombiniert folglich die beiden zuvor genannten Fälle.).

Der erste Fall wie auch der erste Unterfall der zweiten Option seien hier nicht näher analysiert, da ihnen eher eine isolierte Betrachtung nur eines Stakeholders zugrunde liegt, was der zuvor formulierten Beschränkung auf eine Analyse integrierter Steuerungssystem widerspricht.

Dessen ungeachtet, setzt eine stakeholderorientierte Nutzung von Controllinginstrumenten voraus (Der Fall einer ausschließlichen Ausrichtung auf Eigentümerinteressen sei hier infolge seiner breiten Beachtung in der Literatur ausgeschlossen.), dass die Ziele oder Interessen der verschiedenen Stakeholder dem Controlling bekannt sind.

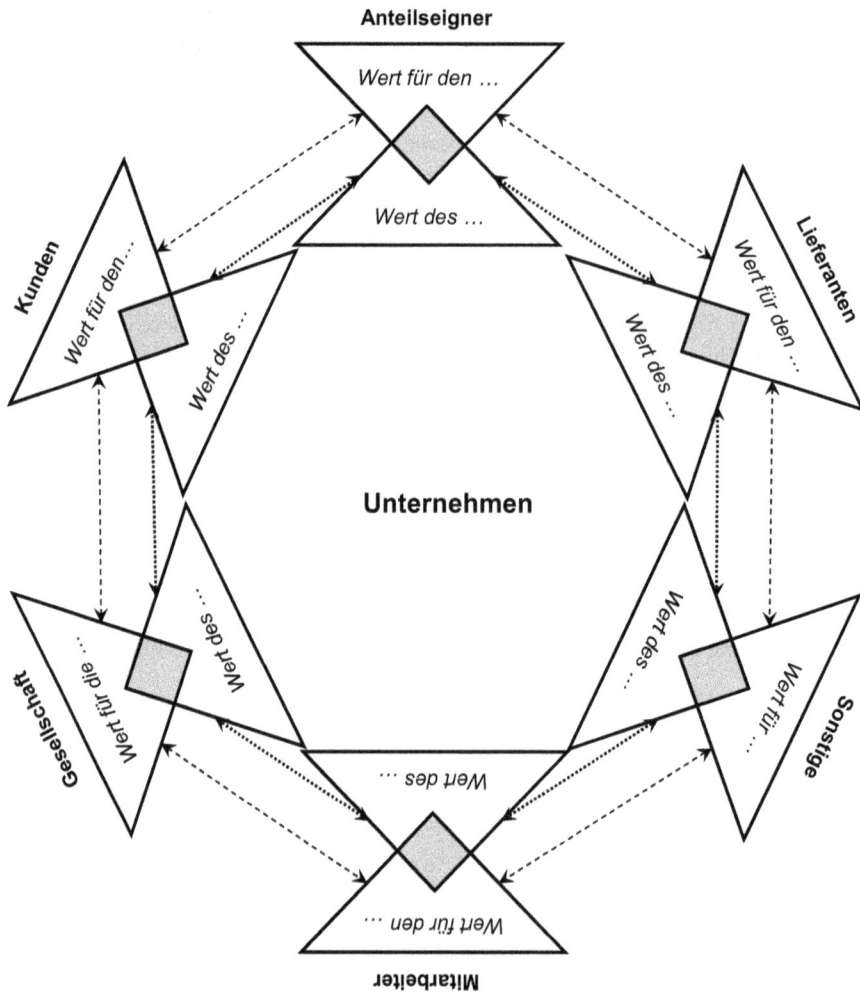

Abb. 18.4: Zusammenspiel der Werte aus Stakeholdersicht

18.4.2 Interessen der Stakeholder und ihre Vernetzung

Wie zu Beginn des Abschnitts 18.3 formuliert, sind sich die Stakeholder einig, dass der Unternehmenswert zu steigern ist. Dazu leistet jeder einen direkten oder indirekten Beitrag, indem er selbst einen Wert mit sich bringt (vgl. die Hinweise *„Wert des …“*, *„Wert für …“* und *„Wert für die …“* in Abb. 18.4). Beispielsweise legen *Meffert/Burmann/Kirchgeorg* dar, dass der Kunde und die Beziehung zu diesem für den Unternehmenserfolg maßgeblich ist (vgl. *Meffert/Burmann/Kirchgeorg*, 2008, S. 802). Ähnlich verhält es sich mit anderen Stakeholdern, zum Beispiel mit den Mitarbeitern und den Lieferanten. Im Gegenzug erwarten die Stakeholder, selbst einen Wert (Nutzen) aus der Beziehung mit dem Unternehmen ziehen zu können (vgl. die Hinweise „*Wert für den* ... " in Abb. 18.4).

Beide Wertkonzepte sind zwar miteinander verknüpft (vgl. die grau unterlegten Flächen in Abb. 18.4.); doch stimmen sie zumeist nicht überein. Insofern können die Interessen anderer Stakeholder nicht unmittelbar aus den Unternehmensinteressen abgeleitet werden. Vielmehr sollten Unternehmen mithilfe geeigneter Instrumente (z.B. mithilfe eines Informationsmanagements oder von Anreizsystemen) versuchen, die wahrgenommenen und die geschaffenen Werte zu harmonisieren (vgl. mit Bezug auf den Kunden und seinen Wert beispielhaft *Schröder/Wall*, 2004 und auch ihren Beitrag im vorliegenden Herausgeberband). Gelingt dies nicht entstehen sog. **Wertlücken**. Diese bezeichnen Differenzen zwischen den aus unternehmensinterner Sicht (z.B. aus der Perspektive des Managements) und externer Sicht (z.B. jener der Kunden) wahrgenommenen Werten (vgl. *Fischer*, 2002, S. 166).

Bei den bisherigen Überlegungen bleiben allerdings zwischen den Interessen verschiedener Stakeholder bestehende Abhängigkeiten unberücksichtigt. Je größer die Anzahl berücksichtigter Stakeholder und/oder ihrer Ziele ist, umso vielfältiger sind auch die zu beachtenden (Inter-)Dependenzen. Diese unterscheiden sich unter anderem:

- Nach ihrer Eindeutigkeit (Unterscheidung linearer und zyklischer Abhängigkeiten)
  Zwischen zwei Zielen besteht auf den ersten Blick nur eine direkte, *lineare* Beziehung. Doch können die beiden Ziele zusätzlich über andere Ziele verbunden sein. Solch indirekte Abhängigkeiten mögen die direkte Zielbeziehung entweder verstärken oder ihr entgegenlaufen, so dass Wirkungsrichtung und Stärke eines derart *zyklischen* Zielverbundes nicht unmittelbar offensichtlich sind.

- Nach ihrer Wirkungsrichtung (Differenzierung dependenter und interdependenter Zusammenhänge)
  Eine *Dependenzbeziehung* liegt vor, wenn eines der Ziele ein anderes beeinflusst und gleichzeitig eine Rückwirkung von diesem Ziel auf das erste Ziel ausgeschlossen ist. Eine *Interdependenz* der Ziele ist indes dann gegeben, wenn diese einschränkende Bedingung nicht erfüllt ist, d.h., wenn sich die Ziele gegenseitig beeinflussen.

  Die gegenseitigen Abhängigkeiten lassen sich ferner nach der Anzahl involvierter Stakeholder in *duale* und *mehrfache* Beziehungen unterscheiden. Erstere sind beispielsweise in Abb. 18.4 als Beziehungen zwischen jeweils zwei Stakeholdergruppen dargestellt. In einer mehrfachen Beziehung stehen indes mehrere Gruppen in einem wechselseitigen Verhältnis zueinander.

- Nach dem Verhältnis induzierter Wirkungen
  So mag eine Steigerung des Zielerreichungsgrades bei einem Ziel entweder die Verfehlung eines anderen Zieles verstärken oder diese mindern. Zielbeziehungen lassen sich folglich in *komplementäre*, d.h. gleichgerichtete, und *konfliktäre*, d.h. entgegen gesetzte, Abhängigkeiten unterteilen. Aufgrund der Vielzahl stakeholderbezogener Ziele wirkt sich ein Ziel nicht auf die Erfüllung jedes anderen Zieles aus; vielmehr verhält sich die Mehrheit der Ziele, zumindest direkt, *indifferent* zueinander.

Solche Abhängigkeiten zwischen Interessen sind nur feststellbar, falls die Ziele verschiedener Stakeholder diesen gegenseitig bekannt sind. Daraus ergibt sich nicht nur die im Weiteren adressierte Frage einer Offenlegung individueller Ziele; vielmehr ist auch zu fragen, inwiefern ihre Ziele den Stakeholdern selbst bewusst sind. Außerdem bleibt offen, wie das Controlling bzw. seine Instrumente mit möglicherweise konfliktären Zielen umgeht. Allgemein formuliert könnte die Lösung in einer Zielgewichtung bestehen (vgl. dazu wie auch zu anderen Elementen eines agency-theoretischen Stakeholder Value-Ansatzes *Witt*, 2001, S. 104-111).

18.4.3   Offenlegung individueller Ziele?!

Annahmegemäß sind die individuellen Interessen eines einzelnen Stakeholders diesem eher bekannt als anderen Stakeholdern. Mithin liegt eine **Informationsasymmetrie** (genauer: eine hidden characteristics Situation) vor, die bereits vor dem Zustandekommen einer Beziehung zwischen den Stakeholdern, also ex ante, entstanden sein mag (vgl. zum Problem verborgener Eigenschaften beispielhaft *Jost*, 2001, S. 27-30).

Eine solche Asymmetrie kann aufgelöst werden, indem der Stakeholder entweder freiwillig seine Interessen offenlegt oder dazu motiviert wird. In beiden Fällen kann der Stakeholder zwischen einer wahrheitsgemäßen Offenlegung und einer Täuschung wählen. Um den Stakeholder dazu zu veranlassen, seine Interessen wahrheitsgemäß aufzudecken, kann das Unternehmen dem sog. **revelation principle** (dem „Offenlegungsprinzip") zufolge auf ein Anreizsystem zurückgreifen, dass den Stakeholder zu einem wahrheitsgemäßen Bericht veranlasst (für eine ausführliche Darstellung des Revelationsprinzips vgl. etwa *Ewert/Wagenhofer*, 2008, S. 425-429).

Obwohl es dem Unternehmen damit möglich sein sollte, die Interessen aller Stakeholder aufzudecken, ergeben sich zwei Fragen: Zum einen ist auch hier die Effizienz kritisch zu hinterfragen; zum anderen bleibt offen, welche Bedeutung der Zeit im betrachteten Zusammenhang zukommt. Beispielsweise ist es mithilfe eines Anreizsystems – dem Revelationsprinzip zufolge – zwar möglich, den Stakeholder zu einer wahrheitsgetreuen Offenlegung zu veranlassen, doch ist zu fragen, ob das Prinzip seine Wirkung unmittelbar entfaltet oder zeitliche Verzögerungen (*time lags*) auftreten mögen.

18.4.4   Weitere Anforderungen

Mit den in den vorherigen Abschnitten (18.4.1 bis 18.4.3) formulierten Kriterien der Effektivität und Effizienz ebenso wie die Beachtung und Ausrichtung auf die Stakeholderinteressen mitsamt einer Berücksichtigung ihrer Abhängigkeiten ist der Anforderungskatalog an integrierte Controllinginstrumente sicherlich nicht als abgeschlossen anzusehen. Vielmehr bedarf es Ergänzungen um weitere Kriterien. Dazu zählen beispielsweise:

*   die *Wesentlichkeit*:
    Prinzipiell soll sich die Auswahl einzusetzender integrierter Controllinginstrumente an den Informationsbedarfen adressierter Anspruchsgruppen orientieren.

- die *Vollständigkeit*:
  Es sind alle Stakeholder mitsamt ihren Interessen sowie deren jeweiligen Realisations-graden zu erfassen und zu steuern. Dabei gilt es sogleich eventuell vorliegende Abhän-gigkeiten zu beachten.

- die *Klarheit* und *Nachvollziehbarkeit*:
  Ein integriertes Controllinginstrument soll prägnante und für alle seine Ergebnisse erhal-tenden Stakeholder verständliche und nachvollziehbare Informationen liefern.

- die *Richtigkeit*:
  Grundsätzlich sollen die Ergebnisse willkürfrei und intersubjektiv nachprüfbar sein. Dies mag sich allerdings insofern als problematisch erweisen, als die für einzelne Stakeholder geschaffenen Werte vielfach von deren Wahrnehmung abhängen.

18.5   Abschließende Bemerkungen und Ausblick

Nahezu alle bislang konzipierten und implementierten Controllinginstrumente richten sich auf die Eigentümerinteressen sind also vornehmlich shareholder-orientiert. Die Ziele der mit der Unternehmung verbundenen anderen Anspruchsgruppen bleiben hingegen außer Acht. Um diesen zukünftig verstärkte Beachtung zu schenken, ist es zunächst erforderlich, die Interessen einzelner Stakeholder(gruppen) und Wege zu ihrer Erreichung näher zu spezifizie-ren. Außerdem ist der Wahrnehmung der Ergebnisse und Zielerreichungsgrade durch die Stakeholder verstärkte Beachtung zu schenken; dies könnte beispielsweise durch ein „Per-ceived Value Controlling" geschehen. Schließlich sind Abhängigkeiten zwischen den ge-schaffenen Werten in höherem Maße zu berücksichtigen: „*Über die Wirkungszusammenhän-ge der Steuerungs- und Kontrollindikatoren benötigen wir mehr Wissen.*" (Horváth, 2008, S. 668).

Literatur

Anders, Ch.; Herbertinger, M.; Schaffer, Ch. et al.: Shareholder Value-Konzepte – Umset-zung bei den DAX100-Unternehmen, in: Finanzbetrieb, (2003), Heft 11, S. 719-725.

Blattberg, R.C.; Deighton, J.: Manage Marketing by the Customer Equity Test, in: Harvard Business Review – hbr, vol. 74 (1996), July/August, pp. 136-144.

Crössmann, J.; Kroh, Ph.: Möglichkeiten und Grenzen von Kennzahlensystemen, in: is report, 8. Jg. (2004), Heft 5, S. 40-45.

Ewert, R.;Wagenhofer, A.: Interne Unternehmensrechnung, 7. Aufl., Berlin 2008.

Fischer, Th.M.: Wertorientierte Kennzahlen und Publizität der DAX 30-Unternehmen, in: Controlling, 14. Jg. (2002), Heft 3, S. 161-168.

Friedl, B: Controlling, Stuttgart 2003.

Hahn, D.; Hungenberg, H.: PuK. Wertorientierte Controllingkonzepte, Wiesbaden 2001.

Horváth, P.: Stichwort „Controllinginstrumente", in: Wittemann, W. (Hrsg.): Handwörter-buch der Betriebswirtschaftslehre, Teilband 1, 5. Aufl., Stuttgart 1993.

Horváth, P.: Controlling, 9. Aufl., München 2003.

Horváth, P.: Strategisches Controlling. Von der Budgetierung zur strategischen Steuerung, in: Controlling, 20. Jg. (2008), Heft 12, S. 663-669.

Jost, P.-J.: Die Prinzipal-Agenten-Theorie im Unternehmenskontext, in: Jost, P.-J. (Hrsg.): Die Prinzipal-Agenten-Theorie in der Betriebswirtschaftslehrem Stuttgart 2001, S. 9-43.

Küpper, H.-U.: Controlling. Konzeption, Aufgaben, Instrument, 5. Aufl.. Stuttgart 2008.

Meffert, H.; Burmann, Ch.; Kirchgeorg, M.: Marketing. Grundlagen marktorientierter Unter-nehmensführung, 10. Aufl., Wiesbaden 2008.

Middelmann, U.: Neuere Entwicklungen des wertorientierten Controlling. Potenziale und Realisierung in der Praxis – dargestellt am Beispiel ThyssenKrupp, in: Die Betriebswirt-schaft – DBW, 61. Jg. (2001), S. 493-508.

Pellens, B.; Tomaszewski, Cl.; Weber, N.: Wertorientierte Unternehmensführung in Deutschland, in: Der Betrieb – DB, 53. Jg (2000), S. 1825–1833.

Ruhwedel, F.; Schultze, W.: Value Reporting: Theoretische Konzeption und Umsetzung bei den DAX 100-Unternehmen, in: Zeitschrift für betriebswirtschaftliche Forschung – zfbf, 54. Jg. (2002), S. 602-632.

Schäffer, U.; Steiners, D.: ZP-Stichwort: Controllinginstrument, in: Zeitschrift für Planung & Unternehmenssteuerung – ZP, 16. Jg. (2005), S. 115-120.

Scherm, E.; Pietsch, G. (Hrsg.): Controlling. Theorien und Konzeptionen, München 2004.

Schröder, R.W.; Wall, F.: Customer Perceived Value Accounting. Konzeption, Beiträge und Entwicklungsstand, in: Controlling, 16. Jg. (2004), Heft 12, S. 669-676.

Schultze, W.; Steeger, L.; Schabert, B.: Wertorientierte Berichterstattung (Value Reporting). Konzeptioneller Rahmen und Anwendung bei deutschen börsennotierten Unternehmen, in: Controlling, 21. Jg. (2009), Heft 1, S. 13-22.

Schweitzer, M.: Planung und Steuerung, in: Bea, F.X.; Dichtl, E.; Schweitzer, M. (Hrsg.): Allgemeine Betriebswirtschaftslehre. Bd. 2: Führung, 8. Aufl., Stuttgart 2001, S. 16-126.

Wall, F.: Das Instrumentarium zur Koordination als Abgrenzungsmerkmal des Controlling?, in: Weber, J.; Hirsch, B. (Hrsg.): Controlling als akademische Disziplin. Eine Bestandsauf-nahme, Wiesbaden 2002, S. 6790.

Wall, F.: Controlling zwischen Entscheidungsunterstützung- und Verhaltenssteuerungsfunktion. Konzeptionelle Gemeinsamkeiten und Unterschiede innerhalb des Fachs, in: Die Betriebswirtschaft – DBW, 68. Jg. (2008), Heft 4, S. 463-482.

Witt, P.: Corporate Governance, in: Jost, P.-J. (Hrsg.): Die Prinzipal-Agenten-Theorie in der Betriebswirtschaftslehre, Stuttgart 2001, S. 85-115.

Autorenverzeichnis

Jens Baier, Dipl.-Kfm.
ist Partner und Geschäftsführer und seit 2000 im Düsseldorfer Büro der Boston Consulting Group tätig. Er ist Mitglied der BCG-Praxisgruppen Organization/HR, Industrial Goods und Energy. Seine Projekterfahrung liegt neben strategischen Themen vor allem in Organisation- und HR-Fragestellungen sowie in den Bereichen Controlling und Restrukturierung. Er ist Autor diverser Veröffentlichungen zum Thema Strategische Personalplanung und Demographic Risk Management u. a. im Harvard Business Review Februar 2008. Jens Baier ist Diplom-Kaufmann und hat Betriebswirtschaft an der Wissenschaftliche Hochschule für Unternehmensführung (WHU), Vallendar; der Ecole Supérieure de Commerce de Reims, Reims, Frankreich und an der University of Michigan – School of Business Administration, Ann Arbor, USA studiert.

Ralf Barkemeyer, Dipl.-Kfm., Dipl.-Umweltwissensch.
ist seit Januar 2009 Lecturer and der Queen's University Management School Belfast, Nordirland. Seine Forschungsschwerpunkte liegen in den Bereichen unternehmerische Nachhaltigkeit und nachhaltige Wertschöpfung, sowie dem Zusammenhang zwischen Corporate Social Responsibility und internationaler Entwicklungszusammenarbeit. Derzeit verfasst er seine Promotion zum Thema Effektivität von Corporate Social Responsibility in der internationalen Entwicklungszusammenarbeit.

Alexander Bassen, Univ.-Prof. Dr.
ist seit 2003 Inhaber des Lehrstuhls für Betriebswirtschaftslehre, insb. Kapitalmärkte und Unternehmensführung an der Universität Hamburg. Seine Forschungsschwerpunkte liegen in der Bereichen Investor Relations sowie der Wirkung nicht-finanzieller Informationen (Environmental, Social and Governance) an Kapitalmärkten.

Benedikt Brauch, Dipl.-Kfm.
arbeitete als wissenschaftlicher Mitarbeiter am Lehrstuhl für Betriebswirtschaftslehre, insbesondere Rechnungswesen und Controlling der Friedrich-Alexander Universität Nürnberg-Erlangen. Im Rahmen seiner Forschungstätigkeit beschäftigte er sich vor allem mit der Thematik des Nachhaltigkeitscontrolling und -reporting. Gegenwärtig ist er bei der Allianz SE im Bereich der Konzernrevision tätig.

Klaus Derfuß, Dipl.-Kfm.
ist seit 2003 wissenschaftlicher Mitarbeiter am Lehrstuhl für Betriebswirtschaftslehre, insbesondere Unternehmensrechnung und Controlling, an der FernUniversität in Hagen und arbeitet gegenwärtig an seiner Dissertation über *„Voraussetzungen und Wirkungen der Budgetierung: Eine Meta-Analyse der verhaltenswissenschaftlichen Forschung"*. Seine Forschungsschwerpunkte liegen in den Bereichen Behavioral Accounting sowie Beteiligungscontrolling.

Susanne Dyrchs, Dr.
ist seit 2008 Consultant im Kölner Büro der Boston Consulting Group. Sie ist Mitglied der
BCG-Praxisgruppen Organization/HR und Financial Institutions. Ihre Projekterfahrung um-
fasst neben finanzwirtschaftlichen und strategischen Fragestellungen die Themen People
Management und Organisation. Sie studierte internationale Beziehungen und Jura an der
Universität zu Köln, am University College London sowie an der Columbia University in
NewYork und ist Doktor der Rechtswissenschaften.

Frank Figge, Prof. Dr.
hat den Lehrstuhl für Management und Sustainability an der Queen's University Belfast,
Nordirland inne. Seine Forschungsschwerpunkte liegen im Bereich der wertorientierten Messung und des wertorientierten Managements unternehmerischer Nachhaltigkeit, dem Management von Diversität und im Bereich Sustainable Finance.

Thomas M. Fischer, Univ.-Prof. Dr.
ist seit Oktober 2006 Inhaber des Lehrstuhls für Betriebswirtschaftslehre, insbesondere
Rechnungswesen und Controlling an der Friedrich-Alexander-Universität Erlangen-
Nürnberg. Zuvor war er von 1997 bis 2002 Inhaber des Lehrstuhls für Unternehmensrech-
nung und Controlling an der Handelshochschule Leipzig (HHL) und von 2003 bis 2006
Inhaber des Lehrstuhls für Controlling und Wirtschaftsprüfung an der Kath. Universität
Eichstätt-Ingolstadt. Promoviert und habilitiert hat Prof. Dr. Thomas M. Fischer an der Uni-
versität Augsburg bei Prof. Dres. h. c. A. G. Coenenberg. Zu seinen Arbeitsgebieten und
Forschungsschwerpunkten gehören Intellectual Capital und Unternehmensbewertung, Kapi-
talmarktpublizität, Nachhaltigkeitsorientiertes Controlling und Informationsversorgung von
Stakeholdern.

Michael Gebauer, Dr. rer. pol.
betreute Projekte zur Unternehmensbewertung auf der Basis von Humankapital sowie zur
Qualität und Wertschöpfung im Personalwesen. Seit Mitte 2006 ist er Partner der gexid
GmbH, seit Ende 2007 kaufmännischer Leiter und nunmehr Geschäftsführer der Cardiac
Research GmbH. Herr Gebauer fungierte als Lehrbeauftragter der Universität Wit-
ten/Herdecke sowie der Sino-German School of Governance, u.a. in Nanjing/China und
Beijing/China.

Tobias Hahn, Dr. rer. pol.
ist Associate Professor for Corporate Sustainability, CSR and Environmental Management
an der Euromed Management School in Marseille, Frankreich. Seine Forschungsschwerpunkte liegen in den Bereichen Nachhaltigkeit von Unternehmen, nachhaltige Wertschöpfung, unternehmerische Nachhaltigkeitsstrategien und Stakeholder Management.

Carsten Herrmann-Pillath, Prof. Dr. rer. pol.
ist seit 1996 Lehrstuhlinhaber für Evolutionsökonomik und Institutionentheorie an der Universität Witten / Herdecke und seit 2008 Professor für Business Economics und Direktor des East West Centre for Business Studies and Cultural Science an der Frankfurt School of Finance and Management. Seine Forschungsinteressen sind interdisziplinär und haben sich in mehr als 250 wissenschaftlichen Artikeln und elf Büchern niedergeschlagen, mit einem Schwerpunkt in der Evolutionsökonomik und ihren Anwendungen insbesondere auf die internationale Wirtschaft und im Vergleich von Wirtschaftssystemen und -organisationen, namentlich China. Er arbeitet zur Zeit an zwei Büchern „The Economics of Identity and Creativity. A Cultural Science Approach" und „Foundations of Evolutionary Economics".

Bernhard Hirsch, Univ.-Prof. Dr.
ist seit dem 1. September 2006 Professor für Controlling an der Universität der Bundeswehr München. In den Jahren 2001 bis 2006 war er als Wissenschaftlicher Assistent und Habilitand bei Professor Jürgen Weber am Lehrstuhl für Controlling & Telekommunikation der WHU – Otto Beisheim School of Management in Vallendar tätig. Er habilitierte sich an der WHU im Frühjahr 2006 mit einer Arbeit zum Thema „Behavioral Controlling". Während seiner Zeit an der WHU agierte Prof. Hirsch mehr als drei Jahre als Geschäftsführer des Center for Controlling & Management, in dem zahlreiche führende deutsche Unternehmen eng mit Forschern der WHU zusammenarbeiten.

Felix Isbruch, Dipl.-Kfm.
ist seit April 2007 wissenschaftlicher Mitarbeiter an der Georg-August-Universität Göttingen und Redakteur der Zeitschrift „Controlling". Nach dem Studium der Betriebswirtschaftslehre an der Ludwig-Maximilians-Universität München arbeitet er gegenwärtig an seiner Dissertationsschrift *„Informationsoffenlegung in Hersteller-Zuliefererkooperationen",* sein Forschungsschwerpunkt ist das Controlling von Unternehmenskooperationen.

Ana Maria Kovács, MA
war wissenschaftliche Mitarbeiterin am Lehrstuhl für Betriebswirtschaftslehre, insb. Kapitalmärkte und Unternehmensführung an der Universität Hamburg. Ihre Forschungsschwerpunkte liegen in den Bereichen Corporate Responsibility, Sustainability & Reporting.

Peter Letmathe, Prof. Dr.
ist seit 2002 Inhaber des Lehrstuhls für Betriebswirtschaftslehre mit dem Schwerpunkt Wertschöpfungsmanagement in kleinen und mittleren Unternehmen an der Universität Siegen. Seit Juli 2003 ist er zusätzlich Vorstandsvorsitzender des von ihm gegründeten Siegener Mittelstandsinstituts (SMI), einem In-Institut der Universität Siegen. Seine weiteren Stationen umfassen: Studium der BWL an der Universität Bielefeld, wissenschaftlicher Mitarbeiter an der Universität GH Essen (Promotion 1998) und an der Ruhr-Universität Bochum (Habilitation 2002), Professur für Umwelt- und Technologiemanagement an der Universität Bayreuth, Gastprofessur an der Clemson University (USA). Seine Forschungsschwerpunkte umfassen dezentrale Controlling-Konzepte, Emissions Trading, Reverse Logistics, Umweltbezogene Kostenrechnungen, dezentrales Produktionsmanagement, Verfügbarkeitsmanagement.

Andrea Liesen, MBA in Global Business Management
ist seit 2006 wissenschaftliche Mitarbeiterin am Institut für Zukunftsstudien und Technologiebewertung – IZT. Ihre Forschungsschwerpunkte am IZT liegen in den Bereichen unternehmerische Nachhaltigkeit sowie nachhaltige Wertschaffung. Derzeit verfasst sie ihre Promotion zum Thema Treibhausgasemissionen und Effizienz der Finanzmärkte.

Volker Lingnau, Univ.-Prof. Dipl.-Ing. Dr. rer. oec.
Inhaber des Lehrstuhls für Unternehmensrechnung und Controlling an der TU Kaiserslautern, Gastprofessor an der Universität Grünberg (Polen) und Dozent an der württembergischen VWA. Studium des Wirtschaftsingenieurwesens und Promotion an der TU Berlin, Habilitation für Betriebswirtschaftslehre an der Universität Mannheim. Hauptforschungsgebiete: Controlling und mentale Prozesse (insbesondere Kognition), Controlling in kleinen und mittelständischen Unternehmen, institutionelles Controlling.

Jörn Littkemann, Univ.-Prof. Dr.
ist Inhaber des Lehrstuhls für Betriebswirtschaftslehre, insbesondere Unternehmensrechnung und Controlling, an der FernUniversität in Hagen, Studienbetriebsleiter der VWA Westfalen-Mitte e. V. in Arnsberg und Dortmund sowie Gesellschafter des Beratungsunternehmens bsls.partner GmbH in Münster; seine Forschungsschwerpunkte liegen in den Bereichen Unternehmens-, Beteiligungs-, Innovations- und Sportcontrolling.

Klaus Möller, Univ.-Prof. Dr. rer. pol.
ist seit 2007 Inhaber der Professur für Unternehmensrechnung und Controlling an der Georg-August-Universität Göttingen und schriftführender Herausgeber der Zeitschrift „Controlling". Nach dem Studium zum Wirtschaftsingenieur (Maschinenbau) an der Technischen Universität Darmstadt erfolgten Promotion und Habilitation bei Prof. Dr. Dr. h.c. mult. Péter Horváth an der Universität Stuttgart. Seine Forschungsgebiete sind Performance Measurement, Innovations- und Kooperationscontrolling.

Christian Nitzl, Dipl.-Kfm. Univ.
ist seit 2008 wissenschaftlicher Mitarbeiter an der Universität der Bundeswehr München und arbeitet gegenwärtig an seiner Dissertation zum Thema „Der Einfluss von Vertrauen in der Interaktionsbeziehung zwischen Manager und Controller". Von 2002 bis 2007 studierte er an der Ludwig-Maximilians-Universität München Betriebswirtschaftslehre mit den Schwerpunkten Kapitalmarktforschung, Marktorientierte Unternehmensführung und Strategische Entscheidungen.

Angelika Sawczyn, Dipl.-Kffr., Dipl.-Vw.
ist seit Mai 2008 als wissenschaftliche Mitarbeiterin am Lehrstuhl für Betriebswirtschaftslehre, insbesondere Rechnungswesen und Controlling an der Friedrich-Alexander-Universität Erlangen-Nürnberg tätig. Ihr Studium der Betriebs- und Volkswirtschaftslehre absolvierte sie von 2003 bis 2008 an der Humboldt-Universität zu Berlin. Ihre Forschungsschwerpunkte liegen im Bereich Corporate Social Performance Measurement, Sustainability Accounting und Wertmanagement.

Regina W. Schröder, Dr. rer. pol.
ist seit 2005 wissenschaftliche Assistentin an der Universität Witten/Herdecke und arbeitet gegenwärtig an ihrer Habilitationsschrift zur *„Aufnahme der Zeit in die Entscheidungstheorie. Einflüsse auf Entscheidungsunterstützungs- und Verhaltenssteuerungsfunktion des Controllings"*; 2005 promovierte sie dort mit einer Arbeit zur *„Risikoaggregation unter Beachtung der Abhängigkeiten zwischen Risiken"*; ihre Forschungsschwerpunkte liegen im Bereich des Customer Perceived Value Accounting, des Risikomanagements und des Controllings im Gesundheitswesen.

Verena Schuler, Dr. rer. pol.
ist seit 2005 verantwortlich für die Kommunikation von Nachhaltigkeitsthemen im Bereich der Konzernkommunikation und Politik der BMW Group. Von 2002 bis 2004 promovierte sie an der Universität Oldenburg und bei der BMW Group zum Thema: Umsetzung von Umwelt- und Sozialstandards in der Automobilindustrie in Emerging Markets. Während ihres Studiums der Betriebswirtschaftslehre in Regensburg, Phoenix/USA und München sammelte Sie praktische Erfahrungen bei verschiedenen Unternehmen (Siemens, Oracle, ServicePlan, Eisenmann, etc.) im In- und Ausland.

Wolfgang Seidel
studierte Betriebswirtschaftslehre an den Universitäten Regensburg und Bayreuth. Von 1993 bis 1996 war er als wissenschaftlicher Mitarbeiter am Lehrstuhl für Dienstleistungsmanagement, an der Wirtschaftswissenschaftlichen Fakultät der Katholischen Universität Eichstätt-Ingolstadt tätig. 1994 gründete er servmark, eine Unternehmensberatung für Servicemarketing und Kundenmanagement mit Sitz in Eching bei München. Die Beratungsschwerpunkte liegen insbesondere in den Bereichen Kunden-, Beschwerde- und Qualitätsmanagement.

Bernd Stauss, Univ.-Prof. Dr.
ist Inhaber des Lehrstuhls für Dienstleistungsmanagement an der Ingolstadt School of Management der Katholischen Universität Eichstätt-Ingolstadt. Im Mittelpunkt seiner wissenschaftlichen Arbeit stehen Managementfragestellungen, die bei der Erstellung und Vermarktung von Dienstleistungen für interne und externe Kunden auftreten. Seine aktuellen Forschungsschwerpunkte liegen in den Feldern Dienstleistungsqualität, Service Customer Relationship Management, Kundenbindung durch Zufriedenheits- und Beschwerdemanagement sowie Business Process Outsourcing im Customer Care.

Rainer Strack, Prof. Dr.
ist Senior Partner und Geschäftsführer im Düsseldorfer Büro der Boston Consulting Group. Seit seinem Start bei BCG 1994 hat Rainer Strack verschiedenste Projekte im Bereich Strategie, Controlling, Restrukturierung, Organisation und HR-Management geleitet. Er leitet die Praxisgruppe Organisation, Change Management und Human Resources in Deutschland und Europa. Für die Entwicklung neuer Steuerungskonzepte auf der Personal- und Kundenseite und deren Implementierung erhielt er 2001 den Erich-Gutenberg-Preis. Er ist Autor zahlreicher Artikel, die u. a. im Harvard Business Review, in der Zeitschrift für Betriebswirtschaft und in der FAZ erschienen sind, und ist Mitglied des Herausgeberbeirats der Zeitschrift Führung und Organisation (ZFO). Rainer Strack hat Physik und Wirtschaftswissenschaften an der RWTH Aachen studiert und in Physik promoviert. 2008 wurde er zum Honorarprofessor an der Universität Witten Herdecke ernannt.

Thomas Urigshardt, Dipl.-Kfm.
war von 2003 bis 2008 wissenschaftlicher Mitarbeiter am Lehrstuhl für Betriebswirtschaftslehre mit dem Schwerpunkt Wertschöpfungsmanagement in kleinen und mittleren Unternehmen und am Siegener Mittelstandsinstitut (SMI) der Universität Siegen. Er promoviert zum Thema Forstliches Controlling. Weitere Forschungsschwerpunkte liegen im Bereich des KMU-Controllings und der ökologieorientierten Energiewirtschaft.

Erich Wald, Ing.
ist seit 2003 in der BMW Group innerhalb der Zentralabteilung „Nachhaltigkeit und Umweltschutz" mit dem Thema „Nachhaltig Wirtschaften" betraut; sein Schwerpunkt liegt im Bereich Strategie- und Methodenentwicklung sowie deren Umsetzung.

Friederike Wall, Univ.-Prof. Dr. rer. pol.
ist seit April 2009 Inhaberin des Lehrstuhls für Controlling und Strategische Unternehmensführung der Alpen-Adria-Universität Klagenfurt. Zuvor war sie seit 1996 an der Universität Witten/Herdecke beschäftigt. Dort hatte sie den Dr. Werner Jackstädt-Stiftungslehrstuhl für Betriebswirtschaftslehre, insb. Controlling und Informationsmanagement inne. Habilitiert hat sich Prof. Dr. Friederike Wall an der Universität Hamburg. Ihre Forschungsschwerpunkte richten sich u.a. auf Controllinginformationssysteme, Methoden der agentenbasierten Simulation im Controlling und das Controlling bei Unternehmenszusammenschlüssen.

Barbara E. Weißenberger, Univ.-Prof. Dr. rer. pol. habil.
ist seit 2002 Inhaberin der Professur für Betriebswirtschaftslehre IV, insbesondere Controlling und integrierte Rechnungslegung, an der Justus-Liebig-Universität Gießen. Ihre Forschungsschwerpunkte liegen in den Feldern „Controlling und IFRS-Rechnungslegung" sowie „Best Practice der Controllerarbeit". Ausführliche Informationen zu beiden Forschungsschwerpunkten und Publikationen finden Sie unter http://wiwi.uni-giessen.de/controlling/.

Stichwortverzeichnis

Moderne BWL

Henner Schierenbeck, Claudia B. Wöhle
Grundzüge der Betriebswirtschaftslehre
17., völlig überarbeitete und aktualisierte
Auflage 2008 | 935 S. | gebunden
€ 29,80 | ISBN 978-3-486-58772-2

Das Wissen um betriebswirtschaftliche Grundtatbe-
stände ist eine notwendige Voraussetzung für jeden,
der in Betrieben an verantwortlicher Stelle tätig ist
oder sich als Studierender auf eine solche Tätigkeit
vorbereitet. Dabei kommt es häufig nicht so sehr auf
ein spezifisches Detailwissen, als vielmehr auf die
Fähigkeit an, betriebswirtschaftliche Zusammenhänge
konzeptionell zu erfassen und betriebliche Probleme
in ihrem spezifisch ökonomischen Wesenskern zu
begreifen. Aufbau und Inhalt des Lehrbuches sind von
dieser Grundüberlegung geprägt.

Ebenfalls erhältlich ist die Dozentenausgabe mit
CD-ROM für € 39,80.

**Das Buch richtet sich an Studierende der Betriebswirt-
schaftslehre sowie an Teilnehmer anderer wirtschafts-
naher Studiengänge.**

Prof. Dr. Dres. h.c. Henner Schierenbeck lehrt am Institut für Betriebswirtschaftslehre an der Universität
Basel.

Univ.-Prof. Dr. Claudia B. Wöhle lehrt Betriebswirtschaftslehre an der Paris Lodron-Universität Salzburg.

Oldenbourg

150 Jahre
Wissen für die Zukunft
Oldenbourg Verlag

Bestellen Sie in Ihrer Fachbuchhandlung oder
direkt bei uns: Tel: 089/45051-248, Fax: 089/45051-333
verkauf@oldenbourg.de